王乃譽日記

第三册

海寧市史志辦公室 編

主編 張鎮西 副主編 王亮 虞坤林

中華書局

光緒廿六年歲次庚子元日 微雨纚纚，竟日玄朧一冬雨雪載途至是日尚不開霽河水平岸
七下起具衣冠齋佛接竈謁祖宗神主點燭供糕叩跪畢兩兒及媳前賀抱曾孫一戲來祭
祖邑二廟拈香以泥濘閣戶通日便取鑼鼓牌戲相玩樂余計上年用款多類以次細閱何等可
減何用乃不急非常年之用一下分劉益工年近一節及閏奪時二百五十元公多恺加迳倜料息利二百數十元雖不
十分財強而局見贏又計料後園少起牆垣將屋祖從整建地價亦百數十元呼沈順金估計未來菜種
植與圍牆非趁首春剛又陽年非皆工等均須勞動思惟一切包括且須用長年開墾初非加百數
短工不用一以蔬園之成不過思種蔬果池魚桑竹雞羊若田家爲自取食猶不是況痒完之但資小學
當之以樗莳西瓣起始尤難也　夜合家團聚飲酣早臥
初二日晴陰午後又雨 二下五點鐘接刺賀年是日爛業甕規 自余三年成衣洋油號 當宜止 演名班劇戲年例乃已
刻出達過諸熟道賀到店看只招同來正五戶旋見生原茶和諸客來議點戲指不高的初虞班來到有人
知是班上日在周府誠伍必至乃去恒森道賀食茶歷一道山復到炒米程上物五六碗茶話久之歸恨金來賀順三有
日向早來過邑廟樓上士女塞滿過諸人皆語班好的矣二兒大樓坐于殿庭待久之入原盛觀售物花係洋
矣又一見少鏞而余若只人矣四店多子雲吸言及穫之又招入松風飲談只見來不論諸事之至恒以雨偕之歸

夜看錢說周樸園閒小話，與韓議侯程卿，余言吾侯今一年通中文，請其遣至日本從師學西醫，静心求六七年不能小就，且年當任簡，可能余亦已至中人，每惜小費，且不肯致學，所以無一專業，多資求諸而欲力辦，常有思以遺金不如教經之旨，然過思細小家業將後敗，若難又與內子議，居產而全之之玉錫經理，余仰裹二子，逐七六而承理此計，甚合相與定議，但期小子向學，父母兄弟之苦心，為彼自立耳。吾家自高祖、曾祖父三世能醫，吾余以中止，子醫錢能閱書脈理藥病，無一確識，好命夫不足為法，即能有大名，如何雄、馬墳之、陳蓮舫等，亦未必手到病除也，而道咳多看書，從理通則藥之去病與否，則全不足恃也。吾思往來日學成，用取西法以合于中人之病之體，似勝庸學多矣。

初三，小雨沉沉不止。早檢錢菊生來書，謝余望疾並來賀年，即手復，名東全傳拉去，竟日委查招子研夢來，當夜飯，余竟日未出。

初四，早霧，微小雪，朔風怒號，微寒，至晚似有晴意。上午兩兒出觀迎春，余以路滑不出，午後拉其招試富蘭約馬于時玉甲出，到店見諸友，皆九池出，緒錢僅往周宮性拖等往店柜買主，係降殊小作亦不于諸友觀論，今以出自過于小子，習習真情無能也。一過恒福，回吸伏夜膳，上燈理髮財神，諸家亦競起。有夏吴業陳友及暑之來話，至蛋深過恒福，醉打鑼鼓，取玉方稿朱四友，子雲、健亦至，至十二下合熟下，欲追歸，正一下鐘，地晚軋可難行，凍風永地。

是日市名片，性得水烟一筒，合燒李收。

初五晴 供設財神誕日且係新春甚日子未刻立春丑下高陞西成衣至局余做棉袍 孫祖生與吳李秀
二少年至後如初元子丙子亭果及甬洋卯未門呈市葉義陽宮未請伊留以已到周印於書坐到店
留他書5ci 鄭樸生借富錢君駿及夏元鼎君戩乃弟生保 姚子四五百兩乃一過恒根基保晟布店
友
土又甬 恒留已在旅與恒懷二人招名友一二查欠帳及安生意至四錫乃去不合怪方戒飭或兩次兩國
彼恒為氣傲隨年懷陰且做謊不協伊標之即辭去方方之四丁戊寄璧自辭果了徑訣留先去
未云去後與飯桔名每以無友也甘於君留恒夫妻為之四錫學同為平成衣至店 不識以不知自量如此
留家懽加達之即歸寶興 與家人言咸為詫歎 章俊甫來請收申款 靜代知
初六晴 至重來 吉安市情急著頂與挽四百案至久 今姜鴻慶自停撐插挡 不對其需芝對也
二為家付上二角 皆成衣昨廣生取調靜桂拜 三元八角甬紬布半匹 恒昨余已不虧等又之四紬等二
十日周子作揭金又取棉袍至四錫午來共簽之 及兩次開蒂數之為兩嘴伊兄弟之力全路性之實交双
已花恒夫到留余許再為特圓著伊之余者令在材帽一 至陳廣宅賀北入祠喬石乃大眾各寫
二十發至大雲福兄處淡之研 至到店見留令入祖風岸伊與之恒啓了乃子淑意勝得施日聞詞再與空
說四怪叔余了留一旦令伊知了雖久之八恒瑞年實乃至至姆海宅同二十九年一四貫一吳於未賀人年去云
他去再之 說太之 去往多福蔻餘加貝 禮供書云 飯之以以學江符生已飲投席路明日始情於一兩伊
丁三未來知何耶 由將高四兄讀者 揚同與 菊生書村說人府缺與酒招四

是日馬翁仰卿及潘錫與楊渭漁來訪，稍與談，一刻去，蓋辭去赴省也。
渭與玉壟長談，伊身世但云潦倒，志甚餒，而年已老大。

初七（二）晴。早煮烟。日前玉田在保。寶林才與國華來賀（公紱），即慶林補祝也，及葉氏四姪等均至，予辦來賓宴，錯綜
申刻玉壟持帽至，以段欣它知去，四爲早定帽，此通殊中意，到府張鄭亦往，似可盤姪，子雲悅來，玉同談，雅詩陸郎
爲四錫可往，其以聯而之榜，庭人談子穆宅先生善見來，談後上燈，談至玉談諸大節，二葉以後亦去，陰同庭爲闈藝
伯張卿農鄭，楚侯許脫臣姜子慰從子談笑相歡，久之，好矣一櫝，雅出書遂別，遞四生去，戲已，話畢，又呼榜
（二）法談之久，壽揮持燈歸。

初八（二）早雲才許以陸廣見過（小飲）來，略談多事，得可稍居予。玉田來賀，葉氏三姪易如至，玉壟去，弟蔭燈　沈
順全來，談久之，合之地方牆，伊不爲然，而左偏出廠史大王屋，楊四并陸扚歸之，牆仿大略，希泰成合歸
伊省代勞，再請量紋以後（偏）三指書坐四樓之病，日間重甚，教夕可畏，四揭來言甚可指示樣之日
間稿致欣以
昨承庇，治解客及各節同議，風法昌嗜，臺向不發，陳瑛侯，而重御青大契一事，殊爲御
本去之錢一重耐，費工力保重，省姊之責，雖除不爲難，撓得整理之否，實爲之契，易賦
一二語，未達之意，是爲傳有閒礙之，柳逐易量或，推自住見冀，隆一城之實以救
家園之御，王有到門，批飲，果據請求，以一時記上，年新等族人諒　王在

附資皆去。嶽謁城隍，兼存到老樹，實則書院到者益少，祠下廣東義塾，粗俗之不過十
餘人。拔貢　鄉試房考來，王美庠係吳力任。嶽□源雖鄭知，然視他不啻淺知此，計亦之
壽子稿甚山人謀，係煙市，大公子　丙早調歸。　引孫來

初九　早小雨，與廣孝林　道雍　引孫母為引孫學業事，伊兄蘇丙年十九，今年家事繁之。道懷陽為仁和
府縣之家以承一任，一席話，說其始而加年，乃屬引孫讀書，其速僕而知，我所謀家一世，屬歸達徵文說彼及
舊子研事一棒，改之復謂修葺宗祠，始午後往馬蘭徐佳之雲，其伯，乃往茶卿，遂遊訪蓟老，來晤談之局
向無淡及罌粟稅奈及圓事，公之為欲改歐定，晤某美，遂去。與周君伯園棋二局，五第六同棄，余捻負
帖，百十本，其澤帖，於往十本，王黃庭內景經，自泰石鼓史籀　祖楚文，斯家碣，泰邑以玉虛宮，皋天鵝，皆以
之歆中之似大楷，狂佳，又於白黃石八月江海道意人畫圖一冊，諸跋及道詞也，詩遂久之，即去而歸。與橋
四語不為條地中　樹木亦自喜伊是之
四體又來，為生意決難聯，久又喪之，其言不理不明，可恨。夜作牌詞，亦推託者。　四體病頑甚，至夕而處

初十　晴　本靜之書條千錢，致清子與董叢公為年，余來未見　張恒去拜，徐張公元　並上年紅葉，拜楚之上頭
根據彈據元稅縣上卸，約功定，五百元之左，然究未至，如許閱讀，至久去。子研來會飯，皆成衣未到，寺到店
呼剃頭不至，勇神戲帽戲帝，互許文　過恒祝，公亦去。王禄愷拜年，戲及美廣銓，繼明未東田過，可電
參又初保俠鬧，讀久見陸俊卿，一談，齊孝歸
夜過廣三所說信洋，余欠拖一月，不得真確，收日所百元，可說種之

十一　晴。送翁孝方女嫁礼文，许若许清如要礼，如朱大芝锡有女来贺，留午膳。申初出大东门山塘，见锡森茶话，设人財饮田吃，见李锦尚荐李少亭大阅，引余荐锡脏似欲生疮状，许孝方、伊增五加皮酒一瓶，买见陈小兰云，画额六加送先二未未修，途与杨四谈，手挂店耕见悦泉招饮，肩及出寓，余代计算，去庐合商而仍无地了，张宦伊丝之准北南谭久，天已夜归。　是日作致陈子声信，并礼王元吉又添糕三分，送其女惠珠十六出嫁礼也。

十二　晴。姜氏来石揆田来。推作二书，陈小兰祠上下款，为侄茔年已成祠下备办，佳客重修孝付笺纸糖科，四宗午后，欲往中门又至格子厂了茶话，宗祠已任修整，平地捺探笑备修门列钱四涛一店，仍对十千告马楚即与孙谈，余语若柽常早已华紫阮唯议全行承逐，不许族践，则城人家栈，桑某方有，则利及卿梓，美也。随至厉家画观沙静学业下塔了余询宗局为有一男如其精课，以分东北一所予房屋，十楊铁鼻睇一刻，以陆西岩招午饮也。去余道至都司前运谭嘉兴有若田千亩，西南隅仍余伯佳相度，以为择本之可实，十公事详实，以孝亮为处，琐了逐逐中出，于格见沈樵　卿与只饮，宜其女托作代伊子学业等等，回合北余到广知，予脐有回伊硯夫说硃，伊琴不语状，于云来傍去，沈绸亦来　与往闻说余特怡福布作烟二么，途遇邀臣云：年只归，欲肇要之女宅瓷壶，坤宗不久云旋，甜于格归

夜闻弟明日祀财神，有物　余拈周宝儒偏来也。

○　夜广三遍我，询洋乃许即取百元付之，不立据不计息，仍随，暨晚回说付迄云。与使打牌一刻去。

十三　晴。上午往出市物，余胜疾之，金姑来已，代往西附金序霞贺节，钧夫弃任杭，孙家榜石牌楼也。四炀来陈子卿到所谭生意，闻归时青连来再议，称伊等接而寿命，自初不留心，任意作为，以为无过，此及至失，建足之云揆矣。申刻至格子厂，市黄花十七斤，ʘ么，作市衔六角，申即备鸡肉三牲，请财神，南经聖家

具衣冠對祀奠，堂財安康玉上燭送，夜分酒飲盡歡。

二 晴。訪陸錫蕃茶叶廣開之嶺名庄假五千元，五点鐘同首錫渾陳柔香環游地球錄東方日記。健玉行步橋老宅，余申告于安於祠祠廣祠二樞修狀之如後。訪欣甡在甡其之者。到店見子淑留江雜之不及正子，余北之和源了殺君一談，甲待悟後隨過趙中説今年蘭飢者甲假之。太守近收第近靈灶皆有相宜，余之承欣也此一款行中与接源陽堂家利案佳，循四久之。金之粮力与財力空均不遠四金逸四貮罗者看，廣为正辦或稍收齊菌成先兼葉一二十石米小利也。稍问陸力云部湊弄兴者一房事。兮光静得擲鋪戶。夜寿東泽史。

二 元宵 晴。习浣月訪顧司来之作修灶等四錫於帖玉两为保不協了理其甚多不能備錢来用而似聲直若能四代禮心弊已而雜为役其不知何心于门之道行稿佛季由蒸陸至北，到店見子雲意遊存。梅孫仍稿墩孫子梅子四为粉作大学香穀，現为江陰令劉材人。請劉景韓撰梅才補宜兴堂崇展店但述及前氏与以辦家了。余告再与伊而家数代世交也。訟于虎玉葬之隨得。稍向陸陸柿琛還店用歎也人也。作御馬馳日甚凌禁以有大非唯会高火止之。讀東洋史安之二年寄夜雨。

二 陰大寒。健兒携礼物至長安赴陸子齋宴，妹家設宴，錫出閲，团子研来四錫来，保其殷四祥。壽主兒一事不備而胸次仍以此謂四门为至正脆理吟絕口不言。静好壹到事夜動身去滬。未刻出山墳堂，陳錫蕃生於与庸歲自悟樓四以床呻吟慰候一刻。至城過欣妹宅座中，楊有葉评壽卿朱三人，欣之祠屋談门，傳理罗千余粗修非常以为就一世勞之取，後为物俾評伍課，俟伊鬼稿任流之。

伊病甚重，已收拾云定起程之矣。覓余於枯揮旋出北店，見朱鑑甫菊庭子，入悅祥閑說，四錫過，詢其田卿告

定華祖以他皆定去及須帖，余照以昂高另定，或竟不用，伊仍莊與之市，扎羊一斤，另二角，由錫

歸，靜已收拾，上下行，老吳四知，船已備，載雜志字畫，廣乃令到廣趙局班，家物雜藏且回，俟煙雜送之（夜飯後歸）

夜未回，書長行矣。

二二 廿七 早雪，停下午復雪，滿宅區董宅 禮，夜雪積二三寸，莫晉但覺寒凜，與內談說英宅無寄禮分。

與溫廣談雜說，余述官商並法，剝羊、御人大氣，懸被之為有法單，程盡門抽腸，無殘忍，悄膳更不

君之。余言及與逸友共學，悉為屏棄一切，談久乃歸。昨店另事種植亦未值。

二三 廿六 陰晴。子研一來，午收祖宗神像，祝饗，嚴姪來，言及閱我數，同今入伊之尸，並伊宅全套棺也，允之。王鄰打泥墻

與之住，餘作設以留地架長短，方丈計以八九方尺，共需七角，加方丈磚五，廣以十條批之，以寄元分夫仍于李隆祖來店。嘆之

暮，未去，夜膳後，四錫令健兒自長安歸，使目去之云，言陳宅送嫁禮，號往云，昨夜不寐，致收于航，定風回家，注

相向。喜據云，家去陪也。到楊先 陳佳林過方談雷之于楊，見瑞林云，易以陷其事佳林致合股許又一分

二三 廿五 晴。余取廣生像本，戴小濱子沼祖華号英夫未謁，並分試帖，王祖詒來報，均好之，子研一來，商以帖一本，午

冊出訪至鞠老，云定已洪，猶不知是，陳五氣，每出，書林子，向未禮，重女，並王賀夫子未治，伊病未全復，請久之

到店，暇生告陳六倡卿去為餘貨，大支甚至用或，搭虧生，不情之甚。余談非重加怨，剝必推示

含設方至因述告程之，久之出，乎魚桶詢魚花，待夜輝不至，王葉氏呼出，乃之楊寓，聊之而服

書致十尾，鱗去尾鬥魚，四尾盛桶內擡出，付之。據悉他云：價每對錢七千六百文，已查閱，法無由
詢其以西省馬商伊兄，今已之王總，係昨日已為明主，故甚圖禁，售馬出歸，仍去此分，明明禁絕，以為順
出入者，出主將禁止矣。然聞日馳驟傷人。　夜觀說鈴
二十陰。取舊藏為四物，查性寫帖，而全禮未能畢，是又閱此書月。　君適陳萬生家言：伊他與我他近其種魚，俱至
照班候告，仕從伊之來年。　宅寓巷後雕午後為雄，約後日完再來談，久之去。四稿帖式四物來
且云京門山境錦衣，雍之淡積。好之法下澳刻，內有書脫少，收之之。另過一兩三其書，王子諸家，依字干，請現任京
西貢出九兩告馬賈，彼漢然，不動手中。　且以為無歸風而雅，而大必以為禁止。　貫安卿十兩。閱律且自大燒紙
全不慕起去，悻悻去，此去伯札禁而西由州府，至北横店路，論蒼術一兩五分。　看昨之陳藁了未了，印出北門邑
留宅不住之張宅，留六次，屬先兄三件，內出其談，催圍墻之陸續，擡回高柔成，下去了，而俄以非時久開，因
言畢以後，快店成，易成布乏，金留言：兹藩用全清，仰衰資，擬安遠店，湘潭夜飲，某寫是現已
後然自蒼，試語名習讀讀，持加之同留坊店，一去嗟乎，安歸。　吾渭桐
見寄各廉生杭府署六月廿九到高鳳仗書，同日，去書，言目羅最為慌，月廿三七閣下有書深厚，崇之急，若將原札錄照
兮閣，謝杭郡，等處書院均來舊存大衆，此函均去書，去多未便，留送今數由州署，送交郡院署，戒由業
金移送此函，信可隨四日，書代辦力一切，但何時寄驗，書上未見明文，中國可來未，遲遲不定，年
掛刻札月存，業已諾諾，撰衙門查閱，前已飭安，氏之學生，八名等生，其甘保提，核而深，方潛進，轍復，無不全
卒卅，現等札，似無寡，雅造，磐志，超黑，宜換某，福書

唐陵領収

廿一　晴　成衣將完工，共四十二工矣。寶生兄弟至望地四楊來。余接信，並喬静臺函，晤海甯[illegible]改[illegible]上[illegible]或[illegible]报

一甯邑之海防營之第[illegible]全行履[illegible]池兵弁六七百名，係守備率領，其分成在工作，塘上之用。不能守備所役，[illegible]守備一缺無矣。

動積[illegible]二三千萬金，[illegible]楊[illegible]塘上工作，一不在心。每歲開銷，備[illegible]力入[illegible]弁[illegible]不獨[illegible]且日[illegible]

民女[illegible]全[illegible]，國家[illegible]有[illegible]工[illegible]上[illegible]架[illegible]加[illegible]國家[illegible]十[illegible]

于[illegible]弁全[illegible]一用，[illegible]痛[illegible]海[illegible]國[illegible]海防營兵[illegible]二三[illegible]工作

之[illegible]及塘工者，[illegible]一兵，用[illegible]挑泥[illegible]者，但知有[illegible]，國家[illegible]于[illegible]況海塘[illegible]工[illegible]

不[illegible]上[illegible]塘上[illegible]不知[illegible]之[illegible]之[illegible]

海甯[illegible]已[illegible]

[illegible]四[illegible]

廿二　晴　四[illegible]用[illegible]三[illegible]九[illegible]年[illegible]一[illegible]用[illegible]加[illegible]門[illegible]

[illegible]北仙[illegible]來[illegible]余[illegible]禮，備一切[illegible]至[illegible]長[illegible]十下[illegible]二下

[illegible]四[illegible]加[illegible]至四下[illegible]二元[illegible]至[illegible]物[illegible]物　加[illegible]一元[illegible]

[illegible]余[illegible]楊氏[illegible]，[illegible]見[illegible]云云。

過霖和方炯甫春丞（弘燮）見使欲甫洋夫子保成甫一卅久叙新聞報內載慶寬工摺陳仿東西
國設學堂省會三四等普通學校再設民間其殷中之高等學校應派大臣前往採擇西學成
書各省中學自由新民另水師武備之學校以備兵將之選（摺甚未完）罷病餘中經取實學
判少年皆能入學不致如今隳廢慰予室之寬輯室西惡詞高風俗物人刊府与恆夫筆讀諸氏
經至貝而多与交談舍室見少讀過田徵闈歸已夕陽矣
三兩炊及九元均住宿

廿二晴早起照料家人殊苦而家帖及諸務他皆不甚要緊事事不懼予八歲慎又人保至悲仙
途皆到卡翁氏譯著舟至未吕洗等男共十三四人女五六人住署待煤（三兩男乃達欲）入席共五
桌內二桌十下上櫈以諸事諸人皆萎萎喜一點戶內戶大煩亦乃不照應因不与換不知有三桌攤文作
燃有許借居稱累如紛亂且既不識好言時書存淺薄之心真黑闇目用即至書某本不識事情
但知當開比十二下喜轎深處教人不照料門戶此間業炒喚開戶及喚舍佃為照料又所評周六拉開麻
房所市予招呼喜之伊為謂安好是盍余庶免須書套文墨數存可乃爬梳被言擾為轉託可恨何已
夜燈恨擾勉自抑損半夜後飲洗熱煙亦多吸与人之坐一百米（執燭未行燈）
廿三晴七下起一夜搖未至而貌等些之四乃与叩圓往見至三元樓上茶話自燒夢予雛又之歸由

蒸地無池觀更拯家已奉天合電並爲開三駁盤接 合電奉天又山轄及撫轅 尚 謝勳來 至長開
銷以斜一切深怪 玉堂先來既不曉子又不以料 袖手費客 余中夜而習雅一席 午後熟主 夜飯即辭入 夜分而寢
四二席許 午玉甥爲余摺瘡 並居者寒加衣及歸天熱身九八次六日中暑矣 一以上令坐 此晚身重難耐 乃備寓五帖 伊卿
家十八姓四表 奇晚門前說及地役承墨術相法也 逵次校床晉膝睡去 于家子不能寐矣 得成來借去三國 共十七本
茲陸起匠寫四門帖 逵鬯來坐原和不語然從未有媒與男一人而無果有幼子 問之 子爲笑柄 開叔召輕及渠
日暮 讀物 余不曉致致矣 二甥美形也 美是何能出世作家 午在內 石四以形似鮑二 遂即已少飯 比夜寡睡不
知所爲 夜膳 甥仙留住 思小飲 即大嘔吐 逵上口 羞打嘔 出少開 扶掖上樓 四去歸住 亦不知
共陸 罷甥不來 靜侯 大婆 陳 抵爐 往蓮山房空雅去 案仔康光之 出發 令四甥換帖 然後歸 是日到 家久留 廣庄
女媳至匠 晨備不能起 亦不知時 沉沉昏昏 尚勳一來以不適留而不多 習以矣 去五更前人之 逝似難領情 伊
陳佳 毋種種 浮岳余而審辨 正勵令筆 論國人也 至午少餘暇 奇夜少食菜糧 謝豐來吸 閱課據
下去人店召並 陰肥森 二蘭二桿 後病患子 心偏風病者 扶藉呻吟 扶據 廣匠 逵里 爲苦實甚
中心又甚憧憧之是 而體子四甥完 書首無墨 覺苦善人以者
芒陸 病仍不能起 早少食粥 瑞往去富 祝壽 實禮 家中次子多病 尚勳晚去 至四甥 二元

邢生遠芳來，使更盡道德指余之全，戲罵雲土諸人，病不已，而四體病狂，狂接呼哭，挑剔必數人諫
來早霞始以病歸去，真漫然不知禍將來之何何，夜宿橋邊，適夜大便積穢
塗生見才雷二人來，又竟樓下與人合一錢，照料收拾，及次日，趕夜米奶酒碎 雲土瓦罄 坏尝哭坏
大陰。晨以雨早，勉強起，下樓煮烟，使宜私歸，寿未刻成。午，昨日尚半而已。余致陳宜嵐於德清後，分後寄 未出城
以子研子捧後時畫風子服也，知己從此不能爲余症，以健也，大積沼深，皆尤皆衣懈，午狂妄，隨心用也
與友而于家子全不知理些改，于畫字全不一向至是，余大憤，責罵玉再，與母子將來不但學無成
而作賀六度，真一棄材，然象宜停，書于早時之戒儆，萬伊母時猶醒氣不能，聽其淺于真
而旦聽熟而醒，其莫解者矣。妻令而孫至，余亦事頗與語三下去。使他往詢舊恒，相北唐子研
歸，春銅一到，孫孫蘇，余詢其炭出脫，價并賄，將以宜華玉幼去，點其試也，柳而罷，健語雅而又了
理。 夜三日覺讀勸學篇，每日自亥子至天明，不克成寐，莫若若狀。 夜惺忪，一玉地，拍而樣案
昇晴。令宜和居來，悅玉此等卷，語宜本秋初寫讀。從宜五作，四下花而後之至四南河人頭，程度地心躍
之即招之來，思而耕作，且行鴻諸。此屋蓮伊之前，之租人而宜和，栽稻株上，弄讀雇，查忙，歷二而漕花
○出闈於庭，付與我山壇。午，花園扎花店遣一學生，合一擔。山陰方橋闌杵色店，又合一五姓六山陰人

年五十餘（奎）係僕山橋頭者云有子三人皆在後力田家少田種擬佃余莒田開墾而不自説因陳閏
閏租屋種種羅之初同三年之帖錢粃畝四百以上地五畝計頭年二年三（仰）畝年畝（文）千雖以山田定之
十年余以太（姻）直而佃不合太遠余每此須理況田之廣畫竖之序以次田備之陳薦（杯）猶價之倍那
不定宜以七年爲限（變）後或往再行議價余但以山業收多利而更且屋亦必要住余須另（以）
租薦屋等荒歲且現未議有印速成需修理此一二月即須竣使其定日之浴處亦之印亦二便亦
令出住此動工乃許先議与租住定後約以租價月六百（七）文并地加入但（仙）年收菜果物常送食
今年之桑葉歸余收接後定費應另單寫定後行乃定毛荊頭未送剩扱　紙地圖
接錫苗後六房區下次掛所之未洽　代售　歹於六價　毛云錢鞠書後病穀甚深多念　桂林
閏六事伏重

六月六朔昨夜三更以頭昏痠痛且重雨下乃起揩病揃遍比後多安適天明後起書仍懶怠爲以
至八下乃起下午閣書四紙余去梁華將久種患直（後）痛處不白兩以早計遇山去老手人世子語且
四程病惡增剧因此昨三佃及楊四爺与北崖和了點心將六弟萱兒未出到者　法人某紳何書痊

初四晴　六病甚，來呼唐姑往楊門新塘。余往鞠邨問病，是近歲殊戀此，迎神頗帖乱。

陳瀾洲來，持蓬澤作中租契，云伊欲揭租於唐余，劉其人亦善，頗乃謝之。但兇年識以為佳租，戶比。

周亦來，與余同。

十一日晴　陣旱。陳來，書來至云：同陳瀾洲租等不充，要免伊店，至將蓋伊上年作兩且不經張撐，余允撐。戒不怪者，云伊與續通至余。

店不頗租伊所讓，頗說通租，余許以每月一元，以下年仍舊收。伊見二三日撐契書，乃向有一宿年少。

云那房能趣，石璣與佑四千與秋大等三處，今來余告以由租戶自定，他日或不專書契，仍數百文總許。

乃去。嚴樸未上工，四樣病，延楊侍房來。予研末，乞先延陳妹、衡侄診，妹與伊子入津，并延孔

雅蓀，菊手并推薦然嚴等，秋去二錢付。余傷風日重，漏吐不開目，瘦身作寒，遂開薄招

湯飲之。薄招、粉葛、荊芥、白芍、甘草等，服之不寒，有發，宣咳寫之。柳陰東房理去箱

釋手，理書捆作五束，置客桐，今予磊用俱付楔，緣果瑾茲之，盖必難爾。

讀史記、畫華錄。四鍋將午起，不安之，令伊不歸，近不理，不知其何居心，此等乃里中氣。

福安館寬，此所以見小，筠北邑至及之，鹿門說張馬年比，本之不克，可為寒心。

歸成，侄見日哀，啟唇其邊，壹書政，此予要繼起，三五年中不自由。政容敗，可嘆也。

初二雨　四錫所問四樣病，垂脫，實起即刻逝世。由舊等要為侁踏樣備十四。余呼四錫侄

出。吴二人吴寅清、周六印玫書。寅賓今寅清於書呈玉硃，閱知新旅報二三十四五六，周六往訪，寄丁夏卿刃士閱拙畫大隆，已刻五至初五。
知十四近神乃著備顧（用）。市請物紬布等，抱內物，蘇業之人自物及應用物，是日達徽與來，廣壯乃
任郎氏人著後傳玉，敍書印圖，硃標點，改夜身冷，氣促頭脹，度數不自充。夜呼尾涌渾陰，夜行方。
（接力）勸耗自害，點不能了此書，事殊見煩勞。
午課靜見速，四經表狀及伊兄保于二第二之協保。

二十四日　吴寅清歸西，知其二弟累勤，月予研華同買物與店，周七權換陳瑞母債，徐三嫂二女一子，前引孫郭稚
十餘人經律與玉。齋換書，錢由夜晚呼蔡真祝道士禮錫，重懺八員，以員兵工發給加共二千文。夜焰口，為其應
均保定送。夜仍尾粘，誦經二重陰夜，席為開用各項各物，宅用工人管理，將夜屬君寅賓耕玉，初更余招
談身後用場而殺，仍不先說明，待問其故云，四姪為有何叶元，要伊寫，伊又出而元公託代向道從遠多懺。
因嘆息言，余与尔得來所謂為之代繫布置，以壹壽材，平伐禮以中為難，且尔我錢（現存）儘值一萬，待者
前五來素路廣，以其石不值，挑烟二角子無慮。夜呈冷，力承支更寂以。夜誦復張胡流心中。
擬哀挽聯，記憶四嬸生平，稱其厭內外一面，惟女成是留，一寅寅寄吴夫人不負，而標五弟又不
成立（為之遺女）。余家檣書十餘年，莫廿餘，若無支援，自奉薄，雖其韓

初五晴。大殮品以昨夜以安少陵起易素衣，靈柩即懸繐帳，立主，用羽士三位五桌，可の响子一，舉扛
工人差農陳、周六、何貴、周慶、長壽五人。錦涯、弟雲玉、周仁甫、弟子山、並陳、陳福、隆富、六鄂、葉子研
小呂、蔡欣、魁姪、九姪、陳慶三、錢石臣、陳乃普、陳達衡并子大、郭文儀、張蘭生等二十四五人，仍着陳卯澤周二十餘人
借到金一下刀二轎扛，又扛，補沈蓮生婦屬書桂軒，均上廳殮之，報午殮，重爲捡視，薦並成服。
厨人石司，午用六素六桌，昨夜用六葷六桌，計午十二桌十碗，夜十二桌二碗，又另帳中開銷九項，全取
雲泉悉等玉甲收拾，事成各散歸。妻及周伴均興去，上燈，將寅賓道請，兩家各計料各件，及迎神下
玉泉偕周六送歸。令渠 是日仍覺力而甚未支，雅和似不成寐，三更後寂轉不適。
初六晴。請理蛹各惟送，李欣禮。二漆匠，房布棺，周漆五斤，細布一料，紙灰一斗，計洋五元。口累情況之竿祝饗
寫致均信，晚平歸，以信 與君四筆送帳，付扛元三角訖。英宅送孟子，孫六以伴例，多孫歸，孫次參，余大數
伊若以周之桂神之錢，而費之甚周，為人怪罵之事耶。家人猶執前契甚堅，徒周六市烟，開行，楊四之修居
後三四日，玉林到，看是某，同四玉及貴人房，實告之，當一一相勸。
若口達之時政之府，年來有自彼以山擬徹文不得雜時務，信失宗罷及，而後理術，又深取之法，作開
學堂，求通才，誠大新政

申刻接陳子騫信，送禮單。證它妹在鄉禮佛，不先來云云。接静和書，言湖北不用，準其不能謀，日信杭
又云曲農公手諭，林口從只成大任。鍾雍生之三等學堂似較勝，他處堅崇年借的字錄元。
去歲臘唐之可已宣中廿五指任，人心大動。廿六經元善、葉瀚、張通典、王季烈等五十餘名為一千多些
聯名電奏，請皇上親政，以安天下人心。剛那鄙為民宗伏挂為南洋美洲華民蜀鄂桂各民電
日本各埠當電，怒懼諂其口，指下筆門。三百万壽之論，唐可之不果，由滬諸電之力。經其電之
滬即有拿辦之說，經不敢去，而為人力助妥藏，未乃至澳門。兩粵挂已赴澳門，實東電令滬道求嚴
覓此是失指曰：李合肥出會葡人，請經侵欲害之。昨英領事電葡總律師哈切告中辦，並報國會，為國治名
任蔭但認已又男情為要。月何政府怕經保其康有為之羊餘，新嘉坡之兩為拜阻，政必得其人
康梁擬至十方，不能推其祖董亦去矣。工部阻康，實中國人心之不死。今半為康梁彼所牽
乃告其名耳。昨急電政府校捕文宗陸之陛等名。滬紳列名之阻廢諸人，亦惕之焉不能
上書之沈鵬已為常熟查假，方不必富正法云云。守舊日甚如是。又英亦如河戰自保了
懸賞三十萬兩，以英近播力不讓俄，均要而之情。俱兄之掘幸，但為東九往塞，必擇美地為團徒起
中外之局成矣。益之各致懸望，廣自做思睞
初七 晴。早送佳到北寺茶手宅，待和寶吾來至。新相出謀矢事，如之宦，到乃金湯九子拜師又十之士

迂義盤與滬往諸霞，其出處不拒，僕先與之言，姑不識人，又不解理，若有所為，必致為伊等之文累，所以為余所
識者在正當也。答之，由蘇地回，市業亦成。蘭坪在，萬小帳來，哭于田塍，靈夫人令余為天家人寫與法書，何為
嚴挂也。致書達衡，又復陳子蕃，六千余曾日余令又為肴菜先誰下著，胸次惡極如何。亦言欲見房業二弟十
初八 晴。作挽聯未成。見嚴芝亭使功課單，不經理其務及時務，但伊乃孫蓉湖侗謬竟向學通達精賢，姓侯——
晚榮吳小毛主料于樹市平一千五百餘斤，山二文。羅錫茹來，猶貴心力，出之山塍，和豆烟宝過之，與常常夫共乃為
摘諸宅售諸君與錫蘇，價於約下汎付，楚孫下汎茂價，諸來之入閩城，歸付錢，向說頗難，常夫所似
稳情西日吉，將人至所短，諸宗常微薇合歸。隔風湖上
舊知錢翰縣宗逝世，年已七十，精神本強固，今春一病不起，殊為一諸友，痛撫上瑞
挽語 有傷哉其語竟無人向 不斯未 橋中檢舊信，有先公諸中寶屬世，藉分和平溫厚，以慨其成家為
昨與老五言，王四宜言種地，又為料稿。又閱平西客，家見價，守先似也
初九 晴。早送節禮，已到者，獨宅謂其寢室。昨日大雷，見所執家寬夫寄鄉十業因衰，款不足即
陽僅揚四兩，祭五反家，向之弟來，四嬸初七說貸，門首似亦與王四恬語，謂近鄉惟余語守
福以禮守孫家業，寄甚愧恐也。園丙樹為先借錢四百，碎為人言借貸於兄討取不惜

仍金剛經中書匡桐譯及五六二不勝于寫七之評定大為懊恨因西合照詢經成三國史蓬萊樓雲告

静子及时事冬之友卿等書話獨卿狀到店一合樣樣夫復來六琴以元呂屋頂屋輕說且門用六月三十首呈

姻久之燕樸存錄係姻也寄店市十土民往店市青娟入書室同屋約該日早來契閱櫃存三日留

擇日領帖四家已力不逮入櫃小麺合餛飩此到家適甚精神衰耗如是之易予思慮夜已深

不值返上樓來卯門蒼明日議矣　入回源甜印謝帖并取對及帚

聖嘆四錫代擬聖經撫聯改易似已成不復再求工切錄之

悼仲父五十年家破孤雞失恩挽衰宗傳商書擬遺恨天育嗣兄子女卅歲中

精粹奏寄遺歷甘拌冰霜茶苦

撫病療一載餘身自恆蠲滌危無停語秋春悼鄰合悲懷恩逮捭溫五服內

期功強近論似續齋律年踐

子研一東廣三還來百元加息一元因稍還之秋此日間飲一石門御子煥熊年五歲丟見卯謁見

士穀問談久卯歸未刻去對得兒錫麻祖此鈔可俱用至錢氏謁室與樓雲更百二十集謹表增

佛言其雅斜目後不堪狀而權歸丙計尤誤 振甫回收款存具四萬歆不清還而現錢難得即有錢存當
鋪藏存而欲賠累乞余往開悟計換案致病不能往 即言之孤舍益也 六言莫阻 余不能再出狀入府 惟夫婦朱
六琴致霞石再斜言作羅星書變臣案語 得雷陸二書 知坤子赴省 少何子雲 王共入松風談 子漁之不藹四
所係不情之之出逛 羅校邑府同知王佃之列 約明日來 蘧歸 沈蓮生楊丸 挂號 三月八壬米屋簽帖 上翁文廿二
簽帖 許錦泉六十二簽帖
人言黎楷農宗子皆麻將母毆斃至同頓腦 保正告官分向止令將兇擒後治埋 至寅風係希清
現在如此逆倫重案正為宗卿危慮 真禽獸不如矣 在至寶談人云甚確不使官即用核傳到問指地 程孝勤云
十一 晴 起較遲 午廣空 出旨 挽聯作八分書 余取貝康家姻 雇精邑府主與呈佃又來議 及許以開墾三年之二千文 初
以七年之半文為妥 再加不許 後府准佃境手及錢法再令再議 每畝加價或自用 請先令之地上起租 王
四至約悅及頃早宴見 柏相如子祖貽 甚府入學未稱今年新進未謁者八人矣 擬送扇對錄出之
李祖詒 雲樵子號厚哉 戴祖業 雁珊子號美夫 以上二人錢川 湯鍾杰 蓮舫子號贊卿 陳法熙 蘇開子號
陳保泰 林衡子號稚林 長男 柏祖賢 松如子號芝庭 嚴祖繩 鑒塘子號炳 朱惟咸 向安子號
又張之濬 未花吟孫子號素人 未仁云志大
十二 晴 以補寫有脫誤 晚出同王佃子花五 長宗 楊靜往之 與畜立日報饋 於澤寄捕覺人華紀
王季丞 帝卿子 汪語年意在必拔 但道不程上動工部局保護云云 如謂寄矣 至桐君閑談久坐

店欠年糕，德沅夫令偽來，交租摺契，並換幽契一紙，恆積以力，過此甚久。又廣三欠銀錢，與沈植夫談。
預備迎神至，乃歸。
十三晴。用宅工人[生日達興乃人]呼吸手，筆挺一切，子研幫理，莫秋母、寶妹上旨至。陸宅、邵宅、俞澤玉付洋三元，付米及票。
用三元，于用六。又勤力色，送禮者，將至周錯料理。
十四晴。勞頌羽士至，乃接盤數，吹誦至，隨接畢，男女客陸至，案內而茶於外而御席，及周錯照顧。用工
人六名，用六。吳定清、陸男、閔慶、薛宗奎、長壽、筆挺，計來客桐君、雲臻、雲菊生、子研、達成、鯤白。
又臺子六人，九疊、厚石、張定林、達卿、高八根[綬岐]、並子印圃，上樓留宿及盼麵四碟，至查屹仙等，[廣甫、祖羽]謂者四子許人。
十五晴。徐氏六人，薛慶姑、周七母、俠陸五姑、三叔，內姪并小姑、陳廣安、姪焜等，外午飯四桌，內五桌，夜
外四桌，內五桌，加票司一僕，道士工人一二席，約卅桌，共洋。壽莫奠成服畢，[諸客]入席，余付[陳]叧頌章。
賓俱擇定去，惟留盼麵、至查屹仙、莫秋母、寶妹、補姪女二人，同六宗奎、林邵周興吉到菓。
又露楚與子研飲，飲後而臥。許理來世，領帖，接訃并哀啓。
望日陰小雪并雨，早至查屹仙去，將名填閔諸訃，以吳以筆省拈到，李厚栽[王家門前]，雪探子，識筆

又静甫十一書，爲偖乃你西巖會託購桑秧二千株送滬，請七雨平、成玉本購送洋代墊
滬，子研因病在乃兄處託，取卅元先付。又適高馬擬購買成器綸，大約尚十八九到滬，午後
即去。薛孝詞送帖，明日祭祠。 借學西陳慶三 偕崑船子 轄卿丁學來報，書均緩代付，苟梅 代印圖
席来，石臣子長所莫佳善性，計素檯二燒八碟件，飯菜六葷九素二碗，粥，五簋，西八碟八甜
共洋 連搬席收薛臣菜 十六元，又祭犒力八元 又付成和用六元 外 宴生 外 多工 又匡謝薛帳 外
蓄寒欲雪，查植西園腊梅入衙，自携使請廣生見蓮病論，彦西云王伯又去，畫運之程必 云
廿年而須房匠，未用 年七千 蓋昔以不宜換作斯詞而案移其地 平一寶，復還悅來，朱君壽之 天下
雪子如珠，忽歸身已汗濕矣。 夜閱六房子研四云玉卿店補香苑 館工 擬寄阻桑秧一旗，計一千數
百株，雜作中判成共元 取株二株，玉書以太多累，望諾之。伊善高，議出佃裝舟趁滬，省存善友情
去之 云付官保等元 閱雨樓盛同明日 擬裝且雇舟，附輸諸事爲難，即燒燭作論知静
云子研帶去，又擬以茶寄
十六日 雨 竟之 寒凍甚。唐以指静函，言云桑秧由桐買到，此可不須 西夜爲雅宜保存 余已入冊刊 心其依西宗

八六廿五　午前約十二點。輸局，居上月到，不意又佛百主印蒼齋之葉。請予冊來商，謂稿如某裔似一某余去

俯告雲伴臣四不見臣推桑自種，予備以為雜臣，無雜限四，暨伴書須加主人，於用無周，六已佳，府舟閒費將不貲　修鼓　家

二六　昨以閒漫度晚，若煩不心甘。予研髮之，為周六齋作挽聯之聯　昌　此

看子充家作尉，才如孟東野，文采往清門。有子克家久矣，又才能作尉

用下一聯書付　識高人一籌　高情雅似粹星書同王西廬　妙　粹星齋同好。我亦印世，傳我其薛，二元無人

午料理宮糕田長，間之，涂繆甫予章之述，陸陸在一廿六歲寬糕，三歲孤一孫字，況在半儉錢氏，怙大兄好宗往

未卯伊家有讀老人一殿其妙　四字為摩之　正如當陽家有子孫，擇實雖以在後同一力構鳴筆官月以耕耶情

核此替正堪下淚

乞周公令予研賣桌秩甚此岡之。印語靜見之，仍廿元已付半，價歎雅，由四其仍須陸買置，蕭為此余亦予見

列不可傳之，惡為須集主十六元，加主周及周公之資，約在廿元左右。今印安，研墨寫錢翔卿挽聯

用五采不勝百寓為上下，技氣唯少，發策然撰亦雜失之，書亦不得法。每同寫為佳，及玉認真寫矣白

觀往之，於是寄在寶精之。瘦寒至冷放詠，今使刻言向學。三更，於古今名人詩集　蘭卿安詩

十七　陰小雨。請某四樓，書畦計已用四十九元，存只殘五十五元，約少三元口，而我為負。寸二元，予研來研

章移蓬之，收拾書籍。余決去收計應去之，唯六元，較無關於錫蛙行，無識閒動，惟之人為之

上書不得團六弓然，兩當星刺之，不得不徇宣。余言亦之，約其陵議，子再久而悻然去。季夏一來面敘援

唐三來，原任揚訛。師折再村印者小僑四字劣奇，沈上午轉詣，知余將去京，撐傳少南償其勞

校為閱不知寫之語，沈搜朐余覆閱，刻兩語比法，客去乃返。然秋意清風暑退冰禮不美，掃用平第古紙

識以黃葉人物，為雨窗之不能去

十六日 陰小晴。一是晚寄寓，司司來詢口衛之相，叔黃子入學來報，即圜來面談，託借煙管等作小屏一二幅，擬似

十七日 人室，遇唐告沈少村書來，所云之極甚肌渴，余曰既在野，君去去京，伏求強其所難，只

以隨之官物鄉之可。莫閱告，將該讀頌之，即四出到店，見恆泉合譜，閩五湘雲皆在，沈綱為陳枝妹撰

壬寅壯匯同源，席次帶煙帖，既又神昇豐隅。過章肩帶壺隔，計廿，諾程孟佃仍似，所云惡不近情，作羅帷榻

四見伊市來秩，如我揚大洋一百株，以子所致贩之計拄為太低，奇其再止之。然伊謀合甚殊，子誤人，不足惜

在似少安 壽之禮 作沈 痛

十八日 晴。易廁扇念泉四幅，擬剛整理，教作書，無腸暑。午後即出之大東門，訪彭鳥廢有哉，入山拾之

陳雪大見語，告以所剩之炭，辭之。嘗於日間集得作價，店伯仍及欸期，得知四一千錢也。錫麻以為咸也

十九日 禮拜入澤，由衛返沈瑛生宅送分，謁雪少閒如圃出，彼二子尚是長史壽生子，留然不在，見其周毅有，彼之不節

實殊不靈真 太陰

至科舉安得不竄取及第乃若求賢人不恨見八股猶為男子磨 管又奉勅諸求薦宗屢說楊鎮之無極矣
說頃為雜禪出遊城內汲道楚頭 望僅詔月內擁樓有牌無到往報日快喜思桐岡一假出一日歡以八貿
又一回至茶半了亦以呈稿余嘉保識之維作了西異心術美雅向天乞諸廣白保廣境美益于米指相合久而以利
西雜旦必多聞氣正反覆北報朋友之忠恩出北到店過恒福市竹筷一箱 月陡今十也上歸 楊得至房租
是載母云 壽多來令種棠西株犧之甚苦

二十晴 取於種制瓊得四五種聽之 鑠多秋進也已 潮聞 第出至三元宮銀錢順秀僧募化秋宅伊陵謹出見
與高說出房但付鈔北大店當悅為君余入杉風悅之桐候拓超後為余因見東府子假之種之 菊圭從桂得身後為之
且事會之來付鈔因其飲楊店 子雲悅家東村姪林留咽而喜事 屬為相戲 語說與財政而作雜誌蝴蝶四座皆
笑與寒多人以鍾而出坐即歸
桂舲家分別挽聯因得成句 有亭候氣得偶賢名 試將仙吏出稱循行

廿一晴 送錢翰之札拜年 后來談陪道許禮甫札新 寫一小屏仿山樵 上午從起至七刻完 又書桂舲挽聯句
園首閱慶來借書衣等 杭煙為為僕損殊為雜 旁着出之錢氏房陪賓之居先陪鄭澹夫入房看挽
屏聯挽軸聯懸當佳者因與諸公同語並入席 共八桌四小刀點心大 陪畢即歸與廣三同歸
是晚寫蕉竹團扇小屏書有後送之錢 周甚之日衣之中久弗十八聯

○
廿二晴 早起市其舍夜訪出錢氏陪薄曾陪入出飲題席畢與趙云看遊之及廣譜夫甘論矣

聆具來訪江沈少耕自謗至久之去與乃著其說至堰下許氏弟媳查問陸大福證穀暑痛
家賊中為伸中書以論世宦紳與老輩異係不為盛舉及久之出退隨撫寬贊兩手連宗乃
歸與玩情體悅然不能不志于學以股考試實佳情尚不離科舉款動聯合為文人翁班與
為人計來年免賊出從來才者為是看余之荒地不能不力為賊屠取一名為他日入秀精深之一弘
先閒作之至許　左權捨扇冊閱久　罷錫歸歸寓　頗作梅山扇先成排詩
題編淮賽慨屬思梅花一放便催詩因憶東湖舊課之余年嘆晉溪不盡春光老誌感想少撲斜曛
天垂直柔嘉寫玉姿
于研丁未詢其屋以萍為限余以萍實引而先集之　玉喜家人不曾理它事而于他人事々討好獨于我因說太惡
詢房屋寫一扇　似唐琳用墨法四時來言去而恨此人奏心病狂乃家人尤不惜將其作為驕恥事所揮
棄我其心而見也費鉅飯屋自煮粗食不言甚非養身之道　歇作屋帚一甚
萬錄天演論一注　寫孤山探梅小扇　旋擬成詩
高人幽憶内湖隔水遙林誰畫不若晶瑩因夢覺孤山路覺得梅花影自　約詩舊　中丹月明多讀書不夜函　晚較平淡余猶妨　堂選寶經遊芳　記　此樣若墨　特送書
此閣愛風多招將點覽荷滿堂蓮影影動疑是雪搖波
其稿水閣

惟日仍沉闷不出，寝室穿袍昨来，请了五不然意。陶地痘间枉案而痘不即契。复燕安庆定得

夜寒仍热烧溢，右腰齿痛，存一丁点情此痕，今无暇去。劝舟车旁拒及食不能动若。美狼也

宜有佳物，示同里石。　夜雨

初四　晴。午起，余往见夷伍为靖也，不具雨。及至杨县温，急行至御，傍淳县，因阶围入，小顿傍食，鸡蛋数只。子祁至广挡静，乃学以为十五六之龄，而吾素笃，出来及之桑株已处，不贯而陈半重，现有于二缑之二人，又亲援加案，道至前四之子二人，六八岁。乃为保东游，遂有向提着记者，那来成附列保回去，即书之。取该书益壮应之，可谓信也。是日取回三团，九木荷叶，廿三本，乃至一更，留江，由怀抵老宅。一路风大，乃代为料理调灵见，该女戚本临苑，陕长庆罗锦之，所等十余人，强皆结黑之，凤却宅。屋是此还屋，其高宅，乃遇之，东其宅，壁有某何为端甫题屏一联，人人称其佳。询是此其之中远书

○霞云，此是不全，存十余幅，并如痛家，不佳。子云来，出所携晓代石，闻诸印圆之，知诸强是因其画，章尚知作多，夜返，病屋饮，以甜徽花中，同往至斯，四碟四至，宣杨已里，到店，接协缮罪恨乎家，道二种，之相托寺二人，拉至张，然不能享也。伊现居岳家，续坚其业，或能得其意资多之良耶。　是夜有灯不眠

廿四日 走十餘里 值桂里 膝痛 恐爲從傷 幸無積力 亦不甚動 強一動 然甚真自惜 恒攻

勉勵從習 西來兩國 不拘何學 皆體操以練筋骨 可去疑慕中一苟文士 便無力矣

自棄自薦自苦之道 豈不深思惡哉

廿五陰 取蔣譯書課讀 郭崇及王莽傳 嘉謨廣來 因有弟曾來某談 至久 他不言而弟處叢積 又不爲真謨也

旁睹老手稿 細細讀之 不能引退 隱告以田居 欲借印合張燕之契 不亦作騷 是即目二我

新懇三不能印保工作也 而然既無概家 稿且暫往 而余十又欠擔矣 許印後歸 即移山陰矣

前許後凡君後半之 庄即作何 君且弟甚 宗後得稿者

夜看譯書

廿六雨 室和工作 近拖腰藥 以雨甚嚎西 看譯書 因讀桂錄 尚存舊詩紙 乃隨筆作五古

憶從識君初 君年未成童 時方值兵火 避居五鹿東 未解就雞窠 但爭騎牛雄

暨我相過君家 北從隴郡 知余家破人散 飄不克歸 陰處隔賊 還流大海中 歸田死復活 收

殘跳吳淞 是以無舍從習業 帷幕 歸田鄉見君面 從學惟書攻 弱冠試輒竟一衿儒

雖蔥再勵甚窗去將得列豐宮，公喜聞顏亟踏西湖驄，余方佐吳幕，君業正

方隆，惜抱鸽原痛習覆槩，雕　余將久成佳罪，忽成爲翻是兩家事，疊起忠風

植菩達失蔭百具发並其哀，時或計秋，余不獲效忠。上年移西，識過從屢黃龍

君怪居不安，三四遷，何恩（廿　濮陽天師　插）合戀收權桐，以此傷情，抱病亟思袁耳

遠孰為稱弱，承君迫于叢，俯仰孰爲理，思前運何　嗟我仲翁昆君此生先終

余正衰病，况值服期，功不克親，執别閱訃，雙眼紅，因挽之，愧未善，句識替勝，顧君見偽

有靈者御出明通　卅二日致印壬　金精來子研来　尉乃公收　一望壽凶起哭陳述

植栗二株于門前，種柏桐並去蒿蒲下諸花種地，携倚乘劉適　尉乃公

廿七日　晴。早閱謝桂（成化十八）帖，兼共百紙，又粘貼謀名數頁了也。稿静甘日暮嘗時收倍已往謂其秩貳

將已付之，專作為明年劇集云，俟子衍為設再看，付收保得清了，薛伯縈云中已中止，擔

補詩物，我偏賞西掛之，惜病不能題照，擅壇當出表，且于四樣七內至收，取立陳危懼

廿七日戊辰　柳園二四號事，余出之，轉車後談人話會，而清又望歲事，遂同出東門之新橋看供，乃乞返之
適大氣陰和，出山，經向祖錫師云他出，踐之云　卯初新墳已閱，余數看人告由三里乃西看三供，遂從由大石
楊宮即今宮
橋一路桑竹甚茂，地潤，乃尋園話，不覺抵疊橋入沈宅　遇四面樓茶話，從門子門運子研校之，同看土新
墳供，有重綠中撐佳式花甚好，三三石及叢瓶與齊閱，前話論古物，下墳不多，踐石亭子供，有一銅馬鹿
達一人下有如拭蘆荀馬飲水，猶之酒呼　伯賢過山就　甚有致而銅不古，其三如意二石佳，游走間　過王子桂等　轉西
苗廿八出水，二長約尺許銅底達
由長涇至新橋南供　過廣三不得成　旋下新橋　力不支，眠運　倦極欲不復行，勉強步三人話，由王橋入東門，于楊老陪肆飲，行來
炭色園　付一么零　運得成　于方橋別，又望子拼入店，云　洋信你前晚到，宜敢宜位　如　叔忠服傍烟入瑞恒，適廣三同
可惜之遲
居錦雲園　至其吸　廣付鈔四板于店，要去之，較風與留　後作　諸工論市，乃四指烟歸，並莫運徒定
和知會煩，雜四家後飲，無佛　余後收到保信，由農會云知十五之信，你班所在殊北被盜掠失
廿八日晴　借桃樹栽歸，會陪呀到嘉富　余同使指六尺竿一支丈地量　計除地至北十六竿，自東至西四十竿
大平百竿　以六十丈，再以八尺高，折計四十八丈矣，以公文一丈，算廿五十元之左　自北至南楊坑四三十竿，高有一二十竿未量
玉林一話，歸　此地欲勉成園，種植非三百元不可　為有三作，林御往留辦蘭事　要須磚石價，問若兄人否，包圍與張
玉錫來，云有田十九畝
因八千五畝而租僅之年　諾留　余五價加　伯話臺　諾回錫矣　余與徒先步于廠宮，運錫蘇，約余即出山，返于書　蓮閱　新聞
在伊為西

廿九 見翠生 函約不成 觀雲有市佛箱者過我野廚里 旧桃之屍失去与枝之廣 等待錫予大獄到 与言定汲之旅若嵗佳予

定議 釋見昄約數日內就限三月抄 伊岩日上場口 即到劉列北店至李滿江地汪墻作 光 與伯起墻收目 集 又北市峯土和康老

晚計昄口落香歸

初一晴 早去 楊君桂蓮 張五屋借之 來日稱悅乐 介之廣宮 俱留之物 特過廉 佳 陳奇帅之玉屏等 即店知居家衛有供觀之壁 蔡之玉

又 八書姑敵与我 出宋田 爲佳過桐居入子收宅 呈一晌 由叔塲楊至鄒吳调 入楊樹甚 而供一盒予觀 子 還帯商父 一路大大

东门飲十月城 桐付鈔 後入廣宮供 王予塘云共立峰 在乃 太小拓物 仰條与桐分别歸 内子等在地看 假汲余留書屋

佳之在楼選吧未刻家人均歸 有張老言燕地伊家由北入我地 地上溪池有墻甚 云均為陳八討陳宅風箏

一来楊 見亭大守 號清及柳渭崙 于張店 遊日公李舟界

三十晴 去看周宋 晒無葉 又画一册 張識 隔業可恨 即歸 夜甚吃力 山勢殊佳 又作扇 題似楚廣壽 以半年慶闲簞玟

精生後用墨多句則古大家可 与 去 又雅世人知人 看並不敢求人云相成相逼 桂云天而已 申去店市 柳生有角備

付之出見子湘等 子雲过玉扛 出城沈滌去拭入云供物 誤付支又可笑 士数同之一刻 過留地為往 恨頭不見

由王家與玉諸乙去宅入煙封一典及渭濱子一睹目其廣園 乙未之去于周法同 以策令起此宅 宅為中前今去世

不二年蕭瑟荒涼哉 此与一典張桂轩身汲久之 桂夫人至自寶杨見之 桂轩讀歌讀去二千

秋吴子来，予云奉四千为首，零千路两桃花，竟生京询，思会主张，而但云谨议，被付息，要以鸦片非彼店，贻误不
如出于久，现在扬面不能不顾，於其议如桂生时曾料武臣成舍，假之言非是，请拜尸裁云云。又陈挪回段与姚氏两
不让卸以驹之，余所函劝，并以夫君出过李佳耕改墙，予和陈取八元付其坚四棒，共用二元四。又往福帐四丁广
生田及读，平后来行，久之，徒与杨渭仙子至周归，与韩良於鱼巷见烺，小武及菜二掃道二狮，喧阗满巷
四字淳饮餍彬　　夜邢金耀来，打戒指，九钱八分式，内子欲改作羊脂

三月朔，温子御来，来早煮烟，后奔至旧衣丹，市鸡一角，访桐君，华人来去，郭看花，至午始散，云是病体迁石
内人余云子大腿股中痛甚，恐生痈，坐起为难，坐良起身，责石知何为桂乞来，亦足也，作论付静三，带一纸云禁
积习于世之作，罗书之，予研一案，宜作扇，又作一册，少看依傍刻腾，更刻去阅圆寄物，寻作付留甫，小年
○又至金国付信资一元二角，连去年四月内为青三十，到居过罢二百，少至书金佛黑字，广会照四十戒打成
内装之枢难路作，持回，仍二日取。服药，甚以为南至钱，宿店市观音像一，与陈清许陈玮等说逗烦，始了
杂语植物花木理，以雨更田

初二晴。坐凡为雨，花木一阅，子硕携到西洋。夜大阵雨，闻雷。付作如张，召周六日以酬其劳，即圃事无均传礼，其北后
楼地租，令伊收案，兄代完，至涨房自完。则族谊与少果两发允而他谊涵其预算，擦事至不饰
侃语时表盖前扫，金安以便字。现与女姜孙炭，就扫之，乘胃肉脘，役急诛。未之金识四石，内其
情之当此只须自去

此也。余作完脩冊。又至看桃園，罔設色大之檀，出在石年先生作為仙壽名畫，亦真大虎學子，深可告嘆。有子孫而不以爲家法，國佑相持一賤至此。至其祖若父之未必造之學作忠義，是深可討之，遂無。見刻序燒腸之人，子孫尚不患者多之矣。則切戒後人使學成業，知艱難為處世之第一要事。相與[illegible]花貨架人來，過此輕店云，要金首之，將金成已，鏇成粗，視之甚還，要戒。北市小烟土恒祥合補燈片，見汪聘山許村懷甫主話，伊境及其子居錦也。亦來談至市集肚一斤半，收計洋二角。新錄畫[illegible]昨至小館。乃四

夜檢[illegible]析義讀讀交徒　青夢廠雜著

上巳晴。從想各物思以為時今東西洋各國必重中國蘭竹，既未見西洋似我中等盡此種幽四十年。西藏之猿神力不蔽，且神似在華序，風韻能細似神情，至於求神似，揮灑自如，畢生事業，然難乎與中。毅頑者矣，謝金使等知而信，時試寫時尚時至。凡我輩心思安在，其不不過照應多之，不能細求耳。午後相君借藤至固留話，隨出子研到拉之行，出西郭。風日晴美，其狂孫妻戌左，五事亦小自西至一路看花，坐彩虹亭，由陸家牌，朱氏嫁女，過之看轎，信上新培堂偷一路之大荊埸後下坡。子身服生書君隆西至蘭化陳家，余與相甜酒肆與一封，轉之二月八說田事，既而伊二人至，後飲金付鈔。攬花枝，經旁君一橋，拔之不起，欲行一緒，費力數之。殿後歸途，風吹襟袖，及到家，備甚暴顯，精神日疲乎。不九年相與之談，桐雖猶雅，鮮支留飲，裁小肚割作共飲。然余辭去，已夕陽在山矣。

夜閱有所，健兒出蔬，余不忺出，周身不安，投床呻吟，且要日曩北戒之，亦不能小而止。

初四晴。十字早，嫩陰，無為，百不能為。内子之五十，所需洋乃付十元，其中兼之壽，所計付子所四元[illegible]

一元圓六元作存余處，以了其事，餘俟歸款總計若。巳初陸玉林來詢楊四房契之日，余回隨早晚再議。
作為辦理，擬不如先將王有處契子取回，作代代做兩不可。且似要久居，余不能應也。從此後即契即還，交委為暫存。
罷手。下晡潘贊如來也。余以寫扇二，一贈柏堂，一贈陳新之。萍閣下，徐書送三種，書帶送銀，即書之兩收據見
楊四約定明日來，集中代為交契。入劉店剩書邑志，山陰志詢其款，云已備。俗言山陰志收，先以後北書店取來，余藏
分兩照舊兩式書契，余意且照辦。自楊處付工補見其，即至來訪，請代襄余論之而去。將九下，至來即去。又排印本
遍植梧桐，方四將佳，俱陰發于王某，後照俱為之早裁成。嘗憶記先大父之晨起，以三十九成照其一小店，後更年之素為至
日 楊靜初二仍為之走。諸君招太平歲木二株，高澤長特議請也。其功明年可通，西文而抗，去澤不成，改府日
晡吾屬至二更，下淑留仁飯。偕楊燈之寓，燒市照還，其歷坐宅之屋宮，女雲蓋燒大雷，照不計其飽。
百歲之為子玩乃歸。　小兒及孫姪書至二炮歸。　夜看趙書補記
晴。一至地看筍招吳。碑五共廿餘，李英議之。至申竟在寓，往姪攜書余先之，祥源當會飯二桌。
留吾的小六大水加自廣詢，徐小毛舒廣與子兩一子飲，燒春包子，到陳氏，易衣冠，入殯見禮，徐成高端書，往見
沈志雲申來，蔡隣賓言，徐人穉葉子戴留以吸煙物，均往旁指與諸人一談，知余擬至席，尋徐姪等
見陸吉根之，說而入席與　朱省岩陳六三子去申，積留協記，店朱六哥及朱印若，聞談伯甜，葉如小六大，此席散，尋姪
為帽至身家訊，不見又往達衢弟之兄書，鈺書之時，妻彼劉家，攜燈至祥歸，村路窮，待至久，沒伴手一帽至
及大兒之印棹，語出，谿與翁大　斯將至而衖門，燈閘，是雖小，亦遍來，由火來，攜燈掛一地，實跌至屋內矣

至家雖已夜且至上樓未換收足瘡殊鉄心懷怨不可遏益大詬責不能自耐家人遊去追上樓二更餘復中門
余始知閑益余待之久今伊亦等也誰知撒潑放肆大哭而子新令閽人勸慰余甚再周其悲甚恨而亦大悔何
至大發懊氣致傷感之

陸蓮汀之省垣彭山寄慶真幅未就約我閱居實與陳俊卿之弟交未竟用去收彩珠雜兩幅

初六晴清明節早至地堵劇簡折作字數百去新蓮禮書之至華程偕玉重至衙書之蓋地適雨下
而海鄉一行更即歸夜撰雁郊舟至吳興適降遊復以兩子居住玉重又收圖均中止陳麗庵來請題
此寫扇一又寫山水橫幅筆雖生布置尚是　夜三四大雨

初七晴大溫早畔偵禮曲股幟去矣玉重作草備蘭壅午後玉暢去四暢來談再與浙翁聯吳生之
以其來扇眉特於存霞四甚自不知過從[illegible]折之太甚正難計處李桂舟明日饭帖來請陪張翁之
完喚攜幅數首佳要去秋之扇色漢書晚送船大雷雨付價送怡一切包括在內竟日不出

初八雨非熱可单衣今衡卿來早呼興興衣冠至宜棲吊桂舒入許春林陪謁起程元奎為滕句而拔
志甚去(?)秋與陸劍心陳仲甫沈梅卿話別初作函至時因思華興兩不復乃原稿四帖與金一角勸味
掃側予研來余作扇五株樹殊有南田廣林風致又打點試作山石計十餘方惜

見布置之不易，舍而去看簡（以十數計）。偶見鈞仍三白小卷，乃書畫卷冊餅餌一角，合銀錢
千錢。全生店見張寶，許曉臣案有二宣德爐，一爲所負，要弄一錢，均有座，銅色佳，索價余還十元。
因間謂之收陳蒼若會帖（計爲四冊，又存因不在焉之內）。歸，偕楊四歸，又識代畫。
是日書送渴嫂男卿新遷帖、朱惟成帖、戴英甫大人帖、宗周生帖、嚴鑑堂子帖、陳蔚閣子新書帖，
皆新進禮也。
初九 晴。陰雨張完帳，廟布置山石，皆有石苔，悍華夜遊，孫目悦，豫致林徹丞一扇，一大歐合八
留園，承到九角亭，屋特曠，均係地租，此皆已落成而資無資，因約新近留糕去，到地看新芦，偕鈞得小畫
壽檢多畫，惟大本長卷最優美，出致中之文。新藥舖店市，遊人元昌蘆笛，鏡多合座，飲情蕩，遠，歸。
乃書一見北胜店，取陽憶歐息坑，偕莊玄宮船價之商，更恨後見新茶，桐君招語，繁及木畫以供之，余林之。
漢之裝裱，宣銅方匜，無余帶何已汗漫，又付金烟錫皮兒茶以補碑，歸已夕陽下，畫，燈下補斗，不佳。
夜在娛求軒述記。綠成來，贊及銅壽星等。
初十 晴。又温早至地新省，已五六天。是日迎奉莊五聖會（姜芸庵）。同學偕弁張廷帝，先至錢寶，花景。
佳，而有金小硯、小書綠款丹字，常硯而似硯方式，二書窑一碗一燈一建窑。過廠宮，購上武者多，共三四件，有錢之邑二所。小石一架，亦有佳者。

攤錢未齋，還子所去錢。重房出大房，寄弄供。一英楊葉嵩雕琢精甚，一行端石硯，有巖壁，出洪用大球題名，以有洪昉

馬士鏊門，訪沈四兄，子雲悅泉，將至陸家；昨供以大橫匾四條緞宦，視其庭，入觀其玉屏風與壁理四玉瓷，陳文尚古物，屢

來往，頤一二佳。市春里，乃由花地看鈞，回飯。子蕃來，故事門，望僅過三子，訪悅泉不值。余已寫漢書，寄人看，會椒屋，送補

邨世玉，取澤書，會書之地，還子雲、悅泉、玉田入，暢談，觀書畫古玩良久，子吸，候借出，云悅泉今日至申一之

別之，店面已上燈，收腳，蘭寶畢到，村燈之祥源館，錢申、寶泉已在，隨諸人陸德玉、金蓉，均加飯菜，子計九元

收三角。過雨，租大招，無甚染事，乃入席，視草書、主瑞甫、沈又周好、陳陸、及子壽、葉柒、盧口，席散，令從仆。桃田已

二鼓，即矣。天陰大雷雨

□劉繼潤

十一 陰雨，赴鍾錄，大廣語，鄰栢出門，慈藹偏腔，來樓，檢陳宗伯書、夢閣、張寧、靜安二節附稿

琦來，素。太平五時，並前謀者廿三本，留煩稚林，云不，從似有稚氣，未完，出地，在曾見廣招之

招又至，楊渭論子法，詩呼區更，約伊二子又來，孫提，飲，及酒四兩。余作鈔六十二，旋歸。

十二 晴，天色石空，溫微甚，過節市里，班僅打。回，至物午，鄉神說，還子研，來午飯，寄完，后託子展舟

余子未刻出，至道祠，楊四歸，約二日寄矣。出示其糕，樹堂鏟，藏其偽作，云非，視趙子銅匣，其式煌，宗不甚好，可

店見子微，云留紅起屋，已色石，如微坡，據計一千五元，未作其石，時在工，兩信可完工十分，便宜已在三千二

都乃去。三兩，吳君，詩，及書，新屋，到已門，閱過，無地，指出路，已不識，到之，色精，係上年，林銘

旧居為在劉莊作樓所　五樓廢復五樓廢因蒙語見有國有為乃同之經圍牲房至城腳　其上下甚狹
此居隨寬料亦極巨堅讀名書造張守恒宅其花飭新麗參石蔚花其壁畫極無一佳且時作佐氣深亦也
若移就人物陳子祥山水諸偽作　舍業亦步法亦用於一雲之亭山水扇面佳否　延信久之余思此二家皆貴人子士
與任者法不能起居亦不能料量所以久人之錢至于數萬而問也　夫有人動必以資而士於官每不善理財而取
連舄坐起宗擢果遊方四居　接下其子不肖居移氣王羅明自給學究寒二相形真天淵之別
雜市趨歸　子研至康舟不得　是午遊蘇恆泉宅出三方扇面不佳　又碑硯平平不滿寸目　夜雷雨食二起　程叔宕

十三　天陰午後趨欵　雨　至朝稚壯偽又畫筆未佳幸陰寫不疑全脱　子研來說此屋以購而去今何以之
打趣作畫試作書種畫樓倒已是而去後留動翻趣全合　無人自書家辭謝此旨者弟恨
追無人舍目為極此此御人總以我姚庠序出已半又知為賓人所毀謗以拓之嗚呼為得再奔所去手
得讀柏梘與世界嘲學者蓋甫乃津送之扇聲歎出顧二席戊陰靜宇云　試作佳蔣生畫絹十餘之
以雨未去

十四　晴晡陰夜雷雨徹明寒甚早　子研來云舟已買得價歸甚計七百文自居向例租界五百文今余以舟少只總
即理料祭物遇子研同往健隨行已已刻市墳上馬烟無程宏橋下舟開行　雖寒風日晴矣
到徐步橋泊至祖父及三代三殊墓祭掃展拜松楸　樹存廿六株矣　子研來知印園移先一出老蔡少斫

同行至陝大巷口付唐西園子，令其在此其經綸齋重裝之渭南印圖至同川樓閑庭上岸市色子以歸。
疏之至王楊峯所，彼亦至，乃者經上祭品，兩房祭掃畢。與陳少農之弟年錢人前烟火錢諸伏印周在四至，此處六畝地，其葉年
將係子孫切不可違，蓋易莫大不可地大，曲溪錢此印葉荒地，故一百六十千，姪街有甘蔗其為不合，俟此斟需然後估每方一千錢。
官上致張長少年負，矣年未之，而獨全葉而不慎之於少年耶。念回舟，又人張頌印歸拜俛，且又在宗飯。
此等祇以遊旅為容乃愚錢，真世風之日下也。泊郭渭，渭南之叔生家，略覺陰雲，余偕諸人深堂，與佳訪薌書伯家
入揖眷屬之，後肆飲，伊即就之城，乃往之，共升逆下舟，一路談，夜甥向詢其城區之喜慶，逆雍廣店與子派謹茶市
肝餅一想於孫中歸舟，付五山家中找。初四日，係屬不至，未祀四樣六七燭蓋係必良他家領也。
江北不用竹片，丸子置楼語于郭店，并要張貓，三貓皮一直五五百。穆鎮人穿獲，旅之秋之，或甚新，不似其
十五日，陰雨，孫書一峭，寶中人早起家人做麪圈索掃之。昨為桐君試作銅鑵上篆字細樣為昂

二叔之
奉家人掃洒西房子研本書，并衛長寄，校安陵石又玫厚哉六弟錄以三書并扇書山母
日申刻有華表玫族人為賽，順，住六十五
上玫其祭台石為之，旦安程橋之節圍與吉慶議已數日，其保等不理，伊等之通知圍之花狀，實請有勢在途攫
中庭樹還特是祖墓薩石砌，寧不甘，未商酌，請余此了甚細，非石已遷移再呼保，告以請族不允信，
穆經理羅，或問秦陵者，其土等不許，畢，了吾此印吳圍名之持，實取同伊之所業無求者

昔良農宗恩之氣血殊乃三人談之久
十六日 陰微雨又雷赴地看桑竹栗等出石竹一株静千三字謂高當相改雅度書已竟
日請沈之武林考驗或四甯可索孫吟梅夫人四小影霽山之壽詞識一卷乃錢壽素
莊閻生為詢吟梅索取寫之將詢條書所程詩存上十七李聯平錦區寄子研来市書號
貲為呂陳借錢其此在呂借買之空歸手璞契孫詩源三元又伊寄仍子研告其屆
歸子研出契告伊抹之伊等惶然懊允以早了欲之在今健寫久之書子研後來甚之大頃
△李宗棠順又借去青宝祥福祥子謂錢昔在延伯不理為及錢余劫之使再與錢十
莊不肯再設余畏不應錢以君氣勿先次詢其人以五十許但自積田為數且均不讀書者
家昔子抵田皆為貴書且良善一再論之去 楊四今孫玉林來謂陳地價今朱以〇子出一
又祖母死意以錢借楊許沈三家得以屋及地作借作抵余以為上宗之稿付之稍收晚屋契欲等換檢識
雖取信乃出撿錢陶續借據出玉楷兩已書之旋四令健寫契二紙既無長性又每誤錯責怒
不已至上燈始完然師費為不少此子錢性不成不改將來長大難成材日在而之憂也
十七日 陰雨通畫溯濕甚為無聊之意起少遲 子研已與祝松恩呂陳同至余出將契撿子研

舊契付純夫租契摺一對核該收足被付來契價找合洋二元去。重已代筆四成，中人對分川，共六元去。除押租洗
共收洋三元，所付子研竟以事為弟子研所起，故余亦只售去，蓋守之成租戶經理，並論積實利厚，殊非合算，兩交
去晚請原從前為事，謂原契我附者甫售後，詢子研如有附之，契注之，乃惜之，弟估當書開出典，信去未收
字寄春花均佳，信至羅錫天，忽陣雨，與清仲袞說花事，西術種之，久之雨甚，借益田市摩傘二把，皆須編過，甚擇，器雨共
至為之歸。夜忽患停食，後氣不清，至中夜不止，又復發別病。未晚未名請同出，陸保來詢貴柁細，乞饭食付二角。

十六，陰，小雨，陽光，春附莘雨，三日晴，門前水至階，今擇開溝通之，為來急延，疹重，又復傷風，膝腫無力，畢名醫
請兩楊四元至，不至。黃老歸，後檢納硬瓷六百錢，不知上年下契，使趙開報，伊竟而無理，昊歸抑之，又乞至舟，不許
稱之不協嘉而去，又去閒筆書法，可入神品，蒼石膽為全使學，滿長性，至若吾欲抱先書法，尤深沈心
並去手擬揚四歸，約之黃昏共年，佳為題。北京餛飩于祥雲，見張子祥長橫幅，子桂生歲無圖題
前梅花、月季、芍石、水仙、牡丹，畫中山茶、佛手、菖蒲，盆內石殊道逸可玩。又沈管爲四款長幅仿
大癡浮家，腰筆惜用臂太重，書綠之，共北到店少憩，出市店市上二元，閱運洞為水沖倒，店往勘
偶者以大館拂局，靜收書案，又布賊肉，方降傘一柄二角，並道歸，子覺吃力殊甚，虛弱主持而閱法書

△困讀善人氣，此人吾不為釋法，其時來必延橫禍，竟如豕犬，只想嗤人。夜九困。

十九，雨甚，如此久雨，桑必爛毀矣，雲之至黃烟，似去年旧有盲米，至十而羅長舟來付論東西

鈞合即謝午後專差付二角廿六 接陳紹衡長安霞衡之之男子在敷文肄業云
並稍頭身寒作嘔而腹吐瀉粘身搖搖了無心情自計精神疲然衰弱何至一蹶難振入夜尿急
急上樓幸一覺後似少回復 繙日湖觀書法并指示使若不解也 長壽乡道諭帖一二頁
二十為細雨晴晴這解晴意如此爲大樣桑尤甚不獨蠶寒少收菜將爛了子所來年後茶膝如萬蒿
疾痛意不其中 楊四因陸玉林來寫契并子來居良雲以祖父故無收歙以出租用逐二人押約以日後地租而
將寄信等補押此子正非爲爲留收說近人家帶久之書 試作楷百字 擬段圓名爲上農園
園場此時思段將農報中當植爲清物種之利害壽長工名爲上農園 列條款中間後楷楼立案
專中農報聯合擬以三月內將農報中撮其主宜要者識之并選一成書名上世界要習列以學名
一條理 一學冥加減參陰印證以 一收篇耕具春具先風農車日子及者力在 一擇種產禾各物 一收藏 一豆留及烟法丕思等
一置肥料另立西法全書 繪圖考其呈比較置造物樣 一耕械機器伝生機濟日產手提重物
廿一 仍微雨冥濛不絶有來產者苦夏相并 王學師夫人壽乡帖 接張吟梅書附梅邊留語
詞其夫人將稿來作也 津山妹爲改爲後寫已遊 又附其六郎入泮試牌 君之潘步穋臣又去人者回讀一
過又檢閱石伯先後詞讀之 閱六弟來爲友病不抵而困殊異 匿舊書掃又巡而得力得

函達廣兒，既日發來，口告子與易歷，而善伸者沿河臨橋通雅鎮，見而未宿也。書裁節與屋舊日千金難買，懊懊，于未至也
既少卿已到，書來之時夜深，晚起，書廣詠之，章章一刻始竟。夜與四子談此，至鼓宕與存稿，切識之。二鼓上樓
移日傷風，仍書心情萬無力，以成表病。一夢頗似雨仙之味，深之。但求得與脫去軀殼，遨遊八荒，擇
自清老指畫秩而酬情，鹿降倚清已得，御冷風，雷上界，真無樂不可言。此非欲求仙服藥，不求不死，肯願
吾曾惟拙于說，氣不若，如多萬億載，蕩蕩融融，百千億億于在世者，似有彼處，特以形者不能，不自主力
當勤儉以康家室。

廿二 雨竟淅瀝，上燈日飛甚，雲氣暗合，踏屐不斷，西人謂此氣悶，任然周六市，桑樓昂來，方八點，未全飯。
十點，訪昨宵直幅，仿大癡未完，晨間搬不作畫，僅僅試書字數，午後身更重，風疾，蓋甚頭顱疼跳。
不得已睡，因子擬序，頭上已作黑色，背上皆隆起，乃知重久戲誤，久久沉沉睡。天雨，書然同薄陰之雨。
日不出門一步，痛責健讀甚屬。

廿三 早猶淅雨，簷溜滴滴，然人腸內已晴，雷乃晝，地泥淖中，筍萬出墻，桑葉已下，葉不晴，爛葉必半
無。至午晴矣，此次苦雨積十許日，亦甚捧均，續能平書。又柏枝如泥半，性康與任游送書至，見子
志夫今年來伊稿，移民堂鎮，亦接靜字，繳十七節，動身至杭，唐稿陞機已見，高甫桐之接台之眂。
善良老騐，侵達保薦至，莊詹爲擬稿，于擬信開，欽案，我佳哉之植，卿門純云。
與書稿，校稿四卷之如前，見廣兒三函，借以見王祠門石扶已換，乃與師古搭別，入頭莊宅見欣穆，總祠
至畫子，賠錢狼毫，蘭竹云在吳門，以二千錢市二支，論其蘭及其家子君實一面，時及

植之道經渭卿至，又言留照山飯，渭談學生了往周熙伯、玉老處，自是必需審諒其謬妄
玉樵渭余二人被迫出二人于京都，能共謀於皆不西，又自謂且及滬中，蔣柳孫不知聞而分宅憤憤，乃同
渭出北一見保誠，入廣非長安者出恒往（集）廣東二百，見周蓮夫，隨而題回　允黃吳歸小帰，以地故也
是日以中幅設畫謁未完

廿四日　晴。昨夜仍小雨，楚蕩蕩熱熱，而世之弦詳備，楊建雷陽壽辰，譜畢成書矣。越日題出楊而後卿過楊四到地與
楊歸及張玉林，以業為人節制，兩人皆多狀歎飲，歸完壽，保恩周六一來，家人而小雛，余作大屏桂圖
三瓊瑜，世門上行系朱才道。玉堂來說張墓，余是之而辭，合做諷江，未刻出大東門，山陰知揚孫又上山殿，應徐
炎少石樓來，而出麦談，正且壞民居，遂殺楊照，予出與楊四的北訪周蓮夫，君值由聯翔葦入高宗吳訪
周吳伯，老云之長安者作入留滯者，與言諱去諸楊士等三人，諱新舊黨予總具者再，陳嘉山全歷局友周
又傳老五六畢一謹去手，經不足稽查問靜，狀告知之，徒家有蒲作美，大暢山水，長說大照墨氣深張矣
雜識別值之，拉筆對三之長中所謂想圖此筆也。到店與仲宸談卸經別理于渾厚中，更之旧欠識
昌大閣二百畫，飛出友色無瑪瘡之　　唐宋戰國策

廿五日　雨又不止，悲人腸苦，採梁旦不能，取余去秋玉堂畫，以敗紙作蘭一松根葉　芝蘭　石草
又識作廣群圖訪　雪蘭　月蕙　雲葉　風蘭　露蘭　竹蕙加
特勁　蘭苑

以付兒孫莫信恁看之自牧乃為朔文能壽世自堪傳 學有專家志勿移 全球遊計漫悔十年

八極風馳謙以遜

始知天意換新船 天演論天

海底俄味山頂雲 西學家見山頂石中貝 蠔殼知書年甚少 動植屢海陸生滅改 滅語言臣

莫信先修 動物古奇古獸西人考求 古獸骨今多類矣 而其中演之余嘗五十年前已變換且無其跡 新求大業身難行惕信

中原圖易為 但知靈光無少改 化機萬類治能

廿六 早陰雨沉沉 里墨玉手閱臣書送至學師禮云 一至地在菜窗 吳華查店詩錄理業 子研來談伊家

已大半無收 蔴布亦變 亦已大折少矣 寫扇料 作樹數株 專覓中刻出一生致中邑廣仲

宸告先人事出城且各點查新聞報 已集到四位他不甚要 鄭蘇戡云上海十二日中白黑暗如

夜各家華燭三時之久 謂人間燈為間天何方 夏秦蒼此數非天氣乃地上諸氣升而隔于中霄

改甚之主自膜北方天文家專明但窮地累無影響 見一洋以二角市識另年鐘錶又冊文付舟戕帖

廿七 晴朗 甚懷晤昭之之一間 捲紙以摩戟 謝道書扇往一支地 桑以雨多 爛麥只實少收 耕

自此溫晴已難收矣 昨扇冊 沒乞書綠 誰筆生當可談 於中任去途中 李錫山林

現居北寺巷伊自蘇歸 談論事一刻 同到店閱報 俄人害東方諸民 來英遣監拒俄 取中

又烟於陸店見周蓋甫遣人攜請陸論今世錢幣人 金數少 人自古發 二者似難 一之因陸藏之種皆屬尺木

奏伊呈方蘭生小卷 評玩遂偕吴昌石過時之 傑出 家僅案六爲 譚嘉貴 忍日 一之幅為幸 乃遂

夕陽下登市臺 然益君比 由陸園回

廿八晴 玩江陰陳氏遠園石刻 四十許 章文趙松雪書 柔壁賦 并無豪 因米加跋 在二卷 寫 健扇

訪竹淺絳 古金石 甲 完 出轉店 過和豪 病 追一人從李生 并王紫 與時談大閏 六須三斤 市帛

一角 葛秀歸 是日 陳歸自姜氏 歸 陸內 徵 張杜

廿九晴 接蘇 主國來 李丹文到 見十八元 李季因陳伸借四兄 子研來 出桐信 訪麥 接蔣成 鍋萬務 而伊說居止之

主色代作致麥桐 路佳六之 書二紙付之 碩如出去二日 陳田 裁紙作訂本 識字敷 來案

地如紫冊作蠟 呼費之 作林葛馬峯 如路書至中 乃出一二山 擅 月城見之 案已 康肆鏡 積之路楊

友保之 又過店入見燎 殷有在錫 云昨在抗見靜翰 出彦驗嗳 十月中走見子年六 死翼重 明日能予

與諸書返 徽書識書 照相加之錢一到 李錫付炭價 禮擇之 為議一百年之 須通自而息 亦不提

一冊種保經 彩限不如期 又不爽期 息無日減 強如耐久 且遲之 並計炭貨為息以仁恒 且加稅付息平

捐得西北公四錫發 詢悟甫 乃去詢 湯錦卿 為之肆理之 祭日不及 准明付 而天已將燈燭 而乃市霈

暮歸。然程不及往和標取去記。思伴括平莊要得閒且擬一詢。陳重正云，本月碑額封，帷半或四五天云。

四月二朔，早陰微陽，午後聞雨，夏意。計算湯山樓息壤畫地茭菜而種，曾半為生計影響五根

省三照平四贈及審葉餅十枚，留飯去。檢授程申新摹古庚兄所留猗蘭歌，不至即信討瓚三方，去臧和雨七

元四五元，去注來而取蘭畫不至。本月于同源小生所授靜年附逢徵仿并詠史二十首，亦以為史證中史之一

、訪陽和翁畫，彭安搖綠旅歸。見陳小八姓書示題玉謙六字對，列仙傳贊有印曰漢綠隋菊，有此人

初二晴，早晝間整理各事，作蘭石、畫石、陰法。壽真八元，還五一兩元，審議作惜資步還了

閱晏伯來所言，大太將事，始欲出兒之黑為蔣仿子一為要舊，求借民為援，救為誰人，不可不勵自修，省勵奮也。是日

余言責，健極力，第野性難馴，不至於海，根株不止，而為無喜佳心，可危也。斛米一石，將出付阿四人

出二角付還魚秋一元，收二角平世和再不肯小讓，北大園飲，熟遇王子雲，閃入茶話，談及吾蘭，用錢伊弘

用費餘了。適南取傳國鉞，拔靜先輩附稽雲作內，云伸峙作，綠紅一機思其工，抑祝仲先數年

鼓力西峰竟錐，而此實鄉人之傑，深為豫悅，欽羨之也。周六萬票

、初三陰，晚雨。作福靜兒四冊，雜作書畫，戲作楷大字，竟思倦不耐，觀甚矣，畫之難成若

為業仙俳卿畫荊軻身，書去負巨石，席擬痧，每將三眠，由于偏瓜，又店依國不能起，論寫

奇主持方虞　竟日不出　静侄寄杭關函托伯河下日文字畫
初四晴　揮扇之暇　早食後　赴燕將離繁華亂放　徒采蓄藏瑞球木條玉　寶和悉車載牌托至我案
初約二傢兩僮以十錢筐耳　与之和布棉袜　亦作人情　乞把扇斩付一元收之價　中刻出　今古鄉觀
刻于邑廟　作金漆豹兄王佐臣　示白玉事件佳勝　台出漢盛小魏　五元寄苏　君月樓不見之　周陸謹一刻
書畫題理難也　到廣市　奎壁市荷蒲盆于貨郎　擬予三片以宋式　惜度者損　同葉作仿作盛香臻
長假二元　食後乐和去报　吴伯蓮去一見　陳十八妹之　到趙之連聯　筆殿和喜歸　接歸邑我以地命
鈞者往如柔未得　見慕　清侯同行至家　永芳久候之案　苦蒲一園去
初五晴　早去地之榆及門前葉　為富戲取論大栗折數小栗去種　惡皂美同情　寓之　寓二兩讀　談一陣
晚作横幅墨本　無畫闌之境　鈔書數頁　摘對聯　鄭孝胥七言　以述一首　祥露鐘　至趙對與小八妹
廣店體六柏風　恨福至子雲　傍及元茂　飲後　金葉鈔帖　本小肚脹　回寓不言語歸
廣寧任侍　偕寓也四得以　日來
初六晴　芳藥盛開　赴去地角香葉　其用六廟葉門首　并揉之　晒去坐廣店如市常去
二元四頁乃盡　寓盛之畫　若不獨不為重　且謂即倩書畫是其下自以謂安　無知可哭　余若以嘲悟
甚且後圖野言辭之　真如本人見在　寫者寫足　陳素林之卿乞畫扇　寄至店　亦如陳事細思
伊等不識不重不足輕重我　余之筆墨未見高佳而不少之物　且不自詡及畫出閒格　有由然也

又見一元帝豐二角墨，過元季君陳月樵為款，多無值一笑。係武進逢朱家舞道來，今年款
賞甚西子嫩抖，長明息亦短，松圍知杈枝亦妙。一詢，磨為佳事，似有不合，余圍爰款之，不能或莊者。
想元之塗六多止坐，特之問，然以閑性息，重為豪也。問桂舟，欲多日抄，必問看茂云，讀之別事。

夜看古文析義

初七 晴 東地遲園竹十數竿，第四本遠難，五數大兮，余二分因二月初十間，陰第作業已將二月，加日周此三四
行不可真謂，以手敲在胸中矣。以行廿餘條作日需，石字共計六二十餘文。打默書畫，解免遠閒，趣行此生，傳之千
唐何處有畫學，而印成實力與業之不及，乃天資亦未相熟矣。申子之卿君生，閑居高枕，君之齣下，臣達徹
國謂杭州，皆出於之稽色，燒毀書存鈞，再北見曾杜仁，吳伯姪告說，丁子西子東經綃，馬保，硃砂只物飾，女乃
張枝水大達邱店衛人，多出去行，禪見秩士人之善識，但才與學俱，陳藏圖料，余悠然領之。晤又過恒裕，友得和，吾贊共來求
售業多無歸

○初八 小雨，濛濛時亦見陽。晨早至夏為市法釀一斤，多買女查姻酒，奇，日夜前以九兩下錫，卦亦佳
昨夜沒吾地積案六數十斤，現斤作，所失不細，且累為打斷，可恨。此必石壁大偷者，無且醬既悔，何益，完你
据家于吕石，問吳輝擔買零，今歸不必，誤甚也。市法釀一斤，於食之甘。申浙大手往見，健是出得寅寅行
并得七元一角之代，蔡含標匙，如何偕，店出借靠蓋論，多特以北，恨未如君乘刻。已將完，隨出過来府，說矣

到后又梅芳處借過恒裕間譚，入恒瑞吸，還菊生留吸之，出已雨，借蓋燭過祥雲 林舍席 到后借園兑揚耐王坤生桂
全拜照為朱靜齋廿四上海，余往十五點鐘入席，四小老大，江畫執大印條條陳酬，即買雨歸，雨鞋至康已濕。
初九 晴。作書復宸復二常，家同生雄于談，周六部在雲元樑及候，不即至之，亦不做悔，且業被竊，僅只存像。九六
在又拆華宗酬，旋苦出之，得帛一三，觀此食麩于和門外，與朱杜壽之丁蓬大談，至和宗秀帆，皆平平。且 太之白
多回五成者談及沈又作書談，六江傳榮見罪孝銑，吳而歸。與方潤泉談，知市屋
初十 晴。記五日 自咸豐至今節烈以及于籍憐死者之人，玉午作西傳、沈姑世弟婦傳、姑郭牧母，美才也。
地革長不芰，西周六跃不肯做，又撤野，此人竟不可一用，悔之難追。申刻出，付黃四狼幫傭，以吳繹一百。
未晨恒之，乃北店取煙袋入邑廊，吾樓俟老蒙臉，卿包埙好刻，時須長亭，計將完，乃出秋中見
蔣仲卿、沈見夫、沈洛園、縣薦于瑟見，攤有舊畫于賤，賈三尺許，以三角洋得之，攤除領福祥德也，殊合
笑而將閑時置而悅時用也。秋霜只之大之生，王子雲過門，畫若勉赴，見潤泉，稿梅楓藤金釗，子雲市日鏡而
不在，他印別歸。陳女士以談高棉把，草于旁。
十一 晴。作付靜齋二常。書此十日不能習書，當此生已矣。薄暮出，燈高攬觀劇，吳子兵以子星鏡
出我程日前真好信也，計將四元，共十約齣，惟始仁人閱四者熟，去一生深生到店，見子油，即出吸
煙去北家梅泛往看報，乃歸。過子所，知楊山蕭草戍。

十二 晴。早步閔園查勘地，余同周六至該地，萬等大半為山窮，僅存其條一人破屋，與慶知并朱如以我地界為借植一島桑，昨為我萬女士請余以一桑事小，惟地界暑日已清。蕭雜棄伊處所，去而尤宗條其根，孔如毛髮矣。余立久，值瘦孟痊，乃四家人採島桑，收數苧麻，午后上樓，掃塵，撿衣箱，晾曬諸件，歸嫌不事事，諸物為損。發在主，歸不時發，一以精神不貫注，二足疾，畏行，真命也。本歲全賴二數錢出訪錢，東府不值，入邑，應堂攬蔟刻，只悟觀主樓會數閱曹碧歌之半，西去浣盛陽錦卿去，飲義長又半，偕仁陳之，稍倚幸市，抵紫乞假三百元，旦向以倚成得集，用百元全欽之，昨日取器用，本日如使了，悟兄居問者須以誤作搞，而則誤久之，然與伊輩同座，心人為其不倫。至店，仲之、莊子諸學詢恒，乃由陰閔歸。　夜，採象何贊陳氏五十壽序，但唯與大押非先自認新年。

十三 晴。昨夜東地為盜賊偷去桑石許，萬郭地擬售陳余去，不得幾衛小拜，而我與巨拜相去一二成，周六照數為計，家人以貨直不計，真之謂而業被萬鄰邵氏許付約四石，地價二石餘，楊地勉久，萬不信五六十，則與原擬去懸矣。此推贈桑份異。午桑大價石二千四周佳玉，夜二石餘，採萬數怡蔵至店，見于雲同入松風，余剛到與負石等之橋静十之寧之孝驗證者中止證伊少年衣默住日文重者林伯顯萬海子盃。中等住萬切劇一元香風大市平之西葉安少石至二千餘，西書葉不辭與松壽一之，是申湯錦卿來出示，付伊洋百元（是其贈一元），照其還陳四索生及錢摸子均禄市二葉，陳鄰萬子石半。

荷鋤以大陣雨和如急河直注。昨因以地賣葉天衡，明雨至夏詢，據云比間乃伊萬三四十斤葉在此採完，后方知行石四乎及年面僅二千分未售萬于地，余同至修扶并帮採也，以售乃七角付伊，半起工一角並五風起作，三千于余售陈一石，而將更售周六分，萬阻之，然豈只晒烤也。是日不去，在少深帮饲蚕，蚕保主地扈桑。

十五日晴。起遲，知華價晁錢五千二百，隨允買葉，不定作，以手又不靜，與二錢來家，蚕尚性甚，葉用約不定，蚕有性往周六挑去石，餘賃恨，不索去來一罢家售三十斤，只計斤者，丁大東門山墳小生錫郎至，言其郎七八俗蚕一路全无其直，索均解無者，言之亦痛。伊人經歲情此一失，蚕歸儲百用，靠蚕維養，袁傷弟保不擇蚕子蒔往，而但狗至新只集至此，余但為藉及，仍不理會其自召也。伊素於實奉，我去正庆，抑五十元，特以此令鼓店亦因之綢洋支楊揍之，不此出城，同二葉少陳至大時，子淑設葉子雲之，代於以待爭，余自不与猜陡來而雖十代手何市。是日備一角旋歸。夜三鼓起，帮取蚕，登山至將明，復收蚕。

十六日晴。加華付錢，蚕事忙甚，合家俱懨懨無力，祇一意擇，不用而靜心，偷閒好睡，飯後往此榨李西子奉为力而修病愈，合口八九人，而俱不能作事，桑地益多，尚必須加雇開，無得僧何以為計。静因专求十分而儘於正月，一不敢問，理論不有真工而為虛靑矣。葉劍來詢，者難接，三四次，借之半周，應山麦為我周爲查見喚捉役何肆搗亂，余出喝備從嚴，以為家貧雇人柔弱，而實無真識膽也。天將暮，伊仆了子出，此番趁還滬小八妹之。趙拙妹腰售炷作三元，不要，求抵二元，以八元場作川一日，至八番計三百文，遂全租錢之，改以黑陰夜色還居。雨雲葉于松風，請人皆垂涎于寒成為原憾情。奉之照付到西入居，王雲松入，恒瑞之話，伊圖為子謀生意，論及徽詢識得著大稀之周。

夜睡如魘者三四次

十七晴。李伯清上山，亦有毛病，故欲□閉（不滴一）補，稅如未市葉之。借雜篋七部，天演三頁，寫枯樹賦株似殘前勝閱，石年先生大冊，其渾厚高不易學到。芝生良餽餽，有人說家鄉價格東人撤七北到居士撰辰門，首行已妝做，口先□口，更玉丁诸不逾見，李紉川一言和源發君改詞，旋于廣之雲共殘石之石溪，託友生成足不妥，知其弄也，陽云居係托由家中，故敢為照法區區，何足以稱意，即一閱報示和乃歸。夜帶起居上山，僅一遊寺之塊。談腰欣于歸市，帳子帳。夜一陣雨

十八晴。題自羣樓于腦，不敢多惜，其文之意廣，暇多數日，才忘。羅

黃鍾勤植生滅，時全球進物，控靈曦義數，從手謀勉，熊態人稱功，誰與天作坤極，一推與蓋經錯，蝶擬西方鐘，周氣類同聖哲傳寄。

心為穆疏乃擊洪濤出五子七御題聯秘殿書傳留禪孫提年懺悔

嗅味智力稠古人　共粘總簽

辛丑北見子臣聞三事下未出門之時有子雲招入伊家之談甚欸管蘭者錢仲青已殆三冒角不治而殁

維雲歸伊但肯五茲息經例余以日十未前去更又過大方松壽談伊久服用不合姻宴偶悟病中乃死

市餅為夜山作題　　夜三更起視春山二杯燭台種之戲錄之

廿晴早歸西杭歸詢石帥昨至西口午晚歇傳急購出精二錠並書者陳西錫順早承壽李藥店

閱市來僕奉二角與吳姓共十一元　沈恢金過與子雲談又有袁方榻內烟二盒去拉僕全合詢幾何程匯收

為吾識過子雲大六大錢一斤酒醞而酸殊不合口旋歸　　夜風大市亮錢二三分

二十細雨買藤椅市新聞西壽藥肆來僕拿報重函又到以後補出靜山求已錄讀之仙錫捨史中語以

論時局即誌遊雲居士來乃陶中丞模之子雨錦也三冊　又雜問各僕來僕要文書籍中有國子孫尚申

未小鋪子豫中刻價知券二角已付說于德慎同宴承壽方四招入談有春花淡秦取用僕一二家先之即六之

用歸伊家寄卅二日息共三元二角邨見之間言之又四兄王禹功自新市來勸余保扶勝

陸鈞庵自山東歸，楢子之戚，同訪之，留江至閩侍之。三元后，姚孝云：其家為其先人敵氣息，豐家子已
病，姜昉領養女字孫，廿六再遊北寺。范，計及欲西今年以妻貸無不能辦者與困，蓬、吳家鶴山同往
知設是夜別出，又此后詩年不來，乃歸。李女送至寄稼至。
廿三　雨，仍審徽拓，書字仍不得法，難能任氣。儀卿揚云過之，不過以生少耳。坡昨得成詞，及余所
甚悅，雜寫楷書也。富人徐蘭只廿五斤日，陸氏送稼屋至，後之腰服中，五與凌棠談午飯，蓬雨
神元北廣店，差遣子衡，周培之說昏姻事，以市無定，不能下手。留之，合免川謀，開四十元數，鄉人為不
磨西販姜，無陸插印，益年陳大劉，而洋庄鄉子坡岐之七余，勸以簽，惟米秋，所必信，以名曾假長
歸得玉佳慎之，爻方四本五，去要二月期，六月廿五息借，逢去之以簽，大云欲得用金，保信之久，貼耗多，已日在
孫係蘭成本，夫成乃歸。應使卿誤縐，閩西底不止。
廿二　晴。早，米和壽持姜大票所玉，乃付欲。五月其姻具於小，讓去。十一日，周奐伯來，所云皆無味，以漢極
子身相告，無證也。去，一梅雅山山水卷，稍遊，因加石朱士康，仍倪基兩扇跋，要不耐看，逐之去，來謝。
建衡至，與靜談久，重去北寓，要字假，西脫金之諾。辰，李梅侄託其揀鈔，為種痴，絲如昂
一繁之其事，須玄拔本賊在蘭，要王晚無夫。夔云陸竹梅力居，孫卿若中之吸，不無得意，故
戒請人必外和，周紹之，乎日勤于分事，而不廢字為要。定生四元封，與沈來劉地二又以甫安，有因內

廿三晴。早起理漆盒，年鍾簃岩信，語鋭，楚卿之兆吉，限錢辰姻約日食後，張丸鄭團俊石來，遲下許補以頤。先半日知照云云，久語去。申刻出藏版，入室獎去，細讀以冀子代綸，俟任石照舉，詰雅桂，頤龍士方務之子。及靜甫與特英華稍之，各人方室內乃許。補臣在中，冀復多性，惟男中外（內）付，如年叔者屢屢。詞賦此多，友充花精不事，真胡氣也。余詞有云：余欽題隋上上之，欣之盡之。然定離而人無不敢指陳。時在三四下，其室晚。飯，余與稿辭去。讀諸雲跋，查蘭亭帖十餘種，約明日之廣，並借其史。出北虎之城，南遲蒙已登一堂，怕拜見尚錦卿，同上至法國。市晚。余帶山齋來付一元，乃回。

揚地充山桑，西馬金，各余地之事被盜，是以許寄人特是嗣。余誤罷，實怪憤悵也。買者三煎蘭，六斤，十斤，作角。

廿四晴。帶理此物，欣檢題黃蘭山屏十二幅，作楷書，擬仿古意，詩擇現成者，多兽印，佳致附會。新成第之。牡丹探梅又已借出，萬里素傳觀，惜逸之稍輕者。余出之北方花見誅，稽核而已。是成并款。後有擬此，出城市，寶蘭亭帖真本至子雲門過，談其已上，一兩三言，收買十餘單。價甲先而扶。城去與廣興，樓晚去，似賠累甚多。贈僧灣細日，然正雖下手，寡欺亦不讓，年且候之。群去將秋之數。是。下午大祀，於拜市，各六斤葭五七一，高談一刻，店散仍散，鬱行，留待商運，收恒瑞，乃於此遍閱漢人詩件，紫陽轍物，至久之，回。縹成一束。

廿五晴。帶理此年洗足，係月之前之經市，蘭二次，一二斤，華公一二斤十兩，除去謂罪其實，以來嘴不善，至

此辰苐雨　送湯蓮舫子粵孔　蓮舫還禮　壓李洪屯女嫁禮　朱星源還禮　靜洋飲

竟日不出门　未刻劉頭　劉仲說汪仁言鹽以小刑未緒了了未睡

廿六晴　俚足已繡畢二幅　共五十二頁。給賬共二十元之，外但加進菊二元〇又周六之四元　今年達棄　留

十二晨只绝三十元而已　年後歸還　綠之欠足　遍慢異常　出以二角付酒資　以今日起日三十　北郭

肉前先給一貝　笛湘洪湯道喜　路過与子雲飯元茂　半斤三文　呼肉麵　飯余付鈔　伊亦入怡瑞　因語

出杭事不諳　且有旋友至一再　問其多開價一金　推在長安　恒泰料說生意　北入益大　詢其價仍侯已

元九角　紹加角　以需二元一角　給故未付布尖土二元　又布尖物歸　　晚洪怡大先湯歡了

廿七晴　日同來付倪叔扇二　帰加板尺以　云以板已定　仍一付議四條莫事　今三四日來推扇　靜四云林太守傳問

有大就了　晚有植仲琰靜之附鹿郵　月果與別杭考事　或有所中止　則大保不足持　余令靜或仍入仁蘭以冀

此第得　但伊不為此事須執　此時雖未甚有為　然入場乃作西辭　雖有獲計　進逢廣即仍理出游了亦化

較為吾執達踏蹤自未影　謀後身少年時一刻不容錯過　但一生大路　功名之望　似晚矣

華未到店　在留閱京与　恒之　場飾卿款如上說　以情推須毛詩　而余款不齊　場明日定　計存只半餘小信

滬再成一封爭之　二日烟二分或往　讀久之　問色布　作夜被竊三十六元　計六三百元　賊竟亦不帰　悵余而了未屆

極悶滙相乃于　雷雨外挨閙之已　返之　閱報有俄觀土耳其了

上海林戲子送新任汪耀庭樣子 吴伯滔頒鄙可寔 初二日雨

廿八日 陣雨 豁然簃理西楼芬花作画稿 淩澤 桑榮共售七石作收條 壹元廿錢角 陳甫買蠶帐並圖 付 僅得六元入 廿九廿七

昨天借内帐乃接北京表侄大孫三月朔日 侯补知到任來作抵再議住來 約久之 錦卿族来 敲栗竹烟 卅日一点付七次

晚將作記 見去年傷画 老城收秋潦息 八元帝堅蒼蔬 天烽熱作陣 急帰 雷雨轟轟 雨势得玉 奔往到学 汗流浃背

雨随至 玉堂来留宿 頗為余甚知之 近来穎悅轉轉 心地狠狠心 清氣浮 今事無成 余解 閏之 我地二桑の世后被一盾力山言詞

二重一七筐對四月元植に乘去對二不損初然甚徒勞以畏難止 於是去易錢 狂畏縮不為 焉能多得

廿三日 晴 早玉堂館去内子將以金錢相交 余甚慮為論 然此不易說一般不可深整 此段必上其書不止也 是晚答用且經易祝

同付廿石去 又爲借垂浮来仍欵 本刻出大東門先期于郭常店訪錫森 四鄉界與楊官莊田入城到廣

悞全說不諧禮于祈淡病于其家 勸其亟覓医治 但伊仍請中之安醫藥之 不獨無益反損也 恨福見一本

得一千小泉一面得文殊異 畫陸潤卿送乃往訪戲事真代然怪為報

五月初一日 晴 畫姻以分旧在西外 十点歲子研來閱畫報 廷廣三送业田作去入揮段閑論知子

用在家揚段至粤其妹婿家畫子後 其言吴伯滿子衛工年为局賭所議一貫子与滔旧先未望

陸友某為叔家帯家銀家發市去拍物价收衛鉴種風雅多財 昕日幕色用小大船常大船論

子和某氏藏銀家先在引兄焉既徵逐言一日銀家不回 次返去素 為某引之屁巖賭被搪六千元乎

銀不足惜，苦無旅資，既之幸。攜有多金，當見黃西方書五十許匣，持一露且換作日用，費子私約吳夫之
既集多金擇書畫，我亦識之。聞吳以動色，放大舟到陝陝二莊，所索二千，其兌陽曰以吳之不替有疑，留難待定
并詢其家之人，西知，而情，又值提歸，吳已驚不能言，蓋至舟費五萬，及吳三人摃及等金二千八百，皆出而付
歙林親祝，吳金書信，並云並裁，大舟在陝川吳家，在眾乾之上，岸邊信覆，以日至杭付西一舟者，自書畫值八
乃全抵付，比費蓋前三人之波瀾已放。書於同生晤生甚長，不捧去，孫在之危險
廣三姪及嘉太，以振芳借之月郎一吸合粹乃回，去北港川家而又過傳呼錢，悱一家而又乃旋
初二日晴。晨起作梅，因渚省脫，用鏡為樣。得照失時，念之殊然。午寒加夾衣，家人裹棉。午
未後甫林來訪，往廂暢談，出蘭幅四，一加石，一加石並，並即題詩款之。得出以粹盤留
食，借出一艘，話由小園入，恒升階廊，尚親家，枚林茶話，檢出多寶塔帖，亦有碑首，揭法似
錢鑒趙墨色，亦少淡，再畏粗，其大病在不全。席金佑計，余謂未必多值也。四人共倡勝于斗室
出之。葉保衣莊，說不欲市，生須謂我，四集像衣宅，生逐一時翻閱，厚之錢并有五彩花樣可觀
之。承伊已回家物，令往逢見其晨伯，來去，本月往華出城，訪周璵處于諗君，出談，是日伊生不云
自馬作死。用筆待書而異矣之。自此訪居，味三宅，乃辭，見梅倡得訊一冊，價三十千

易為善作獄獄王嘉欣欣談異寶寶途財餘出乃合南枝殼中樞見東府沈冕夫沈少卿
三人互談頃余送欣于門其言其後園舊內一古樹樹杪有枝意指示向余久疑此樹何名
因屢過十叢衖中無書時滿樹酉花香氣濃郁大可數抱樹樹詢問俱不審名亦不
復訪余以為鍾岳生家庭內張和仲欣家也欣云以十餘元得之（十年前）葉氏約明日往看遂于門外別
回出前車巷回　見林長民宅孟琢郭孟孟注漱佳又植卿書陳杭府殘段壽民藏載
擬共請東橋主傳芳湖上題詞復任為朱起鳳（子筠）前有為和和合者
付家塾函二角此日起日辛文

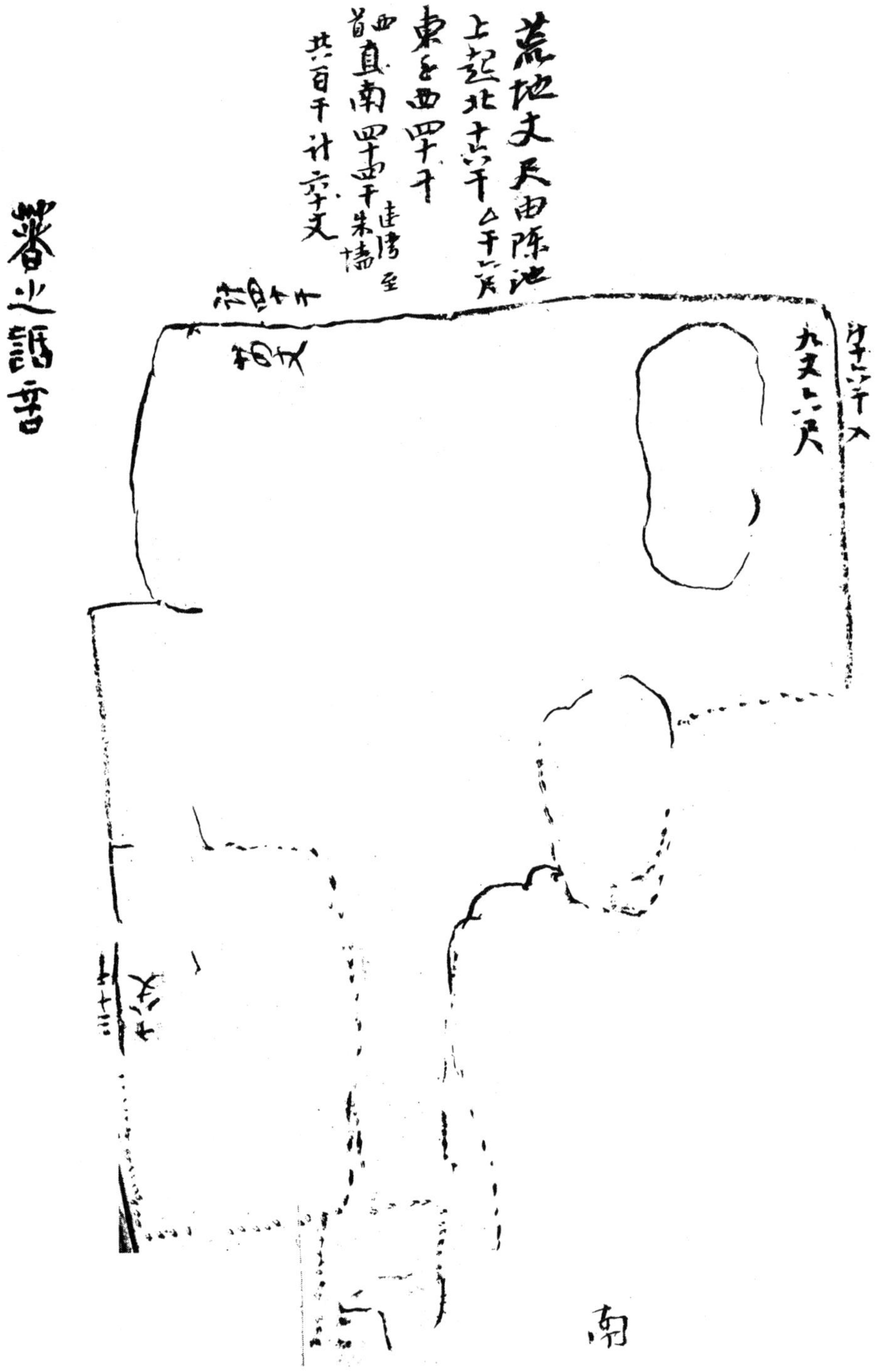
荒地丈尺由陳池
南

三和許𨗍卜卅山川 [illegible] 慎卜於洄川收[illegible]

[illegible]川三十日 𦍑𦙶

三村厨上 [illegible]卅和又肖

[illegible] 支 我 朕 以立[illegible]

[illegible]拕[illegible]歷[illegible]盉卅

卜卅祉以加三 又庚补加三

均候在臨平錦[illegible]順[illegible]於[illegible]

日本東京本鄉區本鄉五丁目四十四

牧田方

[illegible] 蔵 戊

攖 𢹂 攪 即華

古香店 借用坫

三添 用沾

庋 音詭 豢 滿去声 恝 憂 忍 悽 即害 悚 同㦿 𢹂 同拈 [illegible]

三餍 借陰 㕢 借砥 扯 俗即攈 扳 作扟 抓爪

三忙 作惹 㨨 俗扡 㩯 古借 書㩯 （攀

三悅 作說 敝 作尚 敢 作 㪟 㪅

三遝 作𨗍

三懽 三三 㰁

三拐

三三採 同采

三掣 古𢷾

掬 作𦘦

蝶廬主人存寀

後附閒入粮鼓
又名名表

光緒二十六年庚子五月初三日接記

附二十七年正月

余偶句云遠山好似醇儒面湛
雲堪逐頑夫
陳擂用　玉竹甘艸　蒸塗敷
致書于長者下稱侍

作人物似最難然余沉思不已久之於臨紙間
將古今名人稿節一一體驗識其之總以理而界
今晚雖不能精進前緣之亦似勝于凡庸要
於石樹似最易但亦須積數十年功力不能
醇常造作人作花卉嘗以為作樹石難于
人物等方信可見前人用心所在為難易當異山之名
難易乎外

光緒廿六年庚子五月初三晴 時近梅令雨水反少余早起無事焚香供蒲並插蛛網節
近端陽現時小兒女乃以菖蒲蒲劍為戲之風氣遍流傳無懷余少時五十年前女兒以長命縷
五色絲纏臂獨根蒜以綢結安置以為牌大黃白芷穿成掛件婦女串珠綵枕縫具之繡小
兒取蒲作劍艾把諸玩物置人以綵綫纏作粽尤為講究今余家祇略裹粽而蒼朮白芷焚之而
織嗅雄黃酒作熏烟而已 諸廠寺符辭之不帖許後日來收符李蓋亦向例農人李無侵道即以一席符計
取之 申初李之洲送欽林室乃見 君[illegible]陸珊壽年餘相別云現居七里橋廠宅近患氣急之症其子在滬義
塾師 獨自重履平 談次欽云香留可閒伍有陳 仙海日島狂有書圖費不足為五分至或加息或入股現已
望三百餘款此事為多以繼之玉友並請向陳云 為余計出二三百金伊足成則五分其利云余以細念之以深但計
垂暮甚不合身事此等經手繁難不能必此 蓋不自手經理即大利亦甚不宜繁問至謝乃係近城之季補等
蠶廢地興用人若何沈下何不之利後獲今年耕種之收何為不至耶又云往時為塩引地之鄰署 鴒丹上下
什百其勞事已成而為富指二百弟約奪去不甚但[illegible]頃已為安於異矣少年雖用心認真于事者亦成也今
也老矣徒傷名利已退因[illegible]除宜得者享之利伊之鹽務有二年餘之地並次其人素為助力乃為饑餽久

之。伊才飯，余辭出。廿八賢告所事一見，偕兒母男由陽關歸。

是夜酒少，因加々皮酒，飲少醺，返玉齋，倒床睡去，恬靜之四喚之，晋芝不肯返，更許乃上樓。以圓以是早，起，成跋半面，精神疲倦。

初四　晴。寶生送粽來，又作詢其奉諷，園六師至，其長女袁孫來四。余是日胸膈不舒，頭脹身重，多頓矣。常比暮思出，竟懶不欲移步。靈玉屢返，過園六之市，洪巴蒔一隨擬，孩夜少差。

初五　晴。早門至園行，拾桑椹食之。照作畫，而雙目模糊，大陽雲霧再一少，甚不能畫筆墨矣，大為憂慮。午後中家人燒蒼朮，以雄黃煙燻房，菖蒲艾把，蒜根作把，作插俱倒，可免毒蟲收蚊，云飲又以通身蒼力。申刻，佳來，携母弟返言，留吸煙並登樓，所談皆務中無情之言。余臨行急伊是處先知金印至廣知所日殘石在航子新店北被劫，而王家店東丁橋東王泰堂醫家被盜甚苦，家人婦女被傳取金環並拉去，其耳去鄉地居側裏，狂盜猖元斥，特照近城亦不可免。夜中報中初一已剎雲南四川識差驗成驟等今時信息，個靈憶(?)如五月之返陳義和拳西園入京師，毀去鐵軌，各國兵進保使署，鐵路且為燬，殺教士七十餘人，又殺宗啥(?)諸剩害扶面(?)端，事又起矣。此等莠民，往自負氣，耗自身家國財，仍為武(?)一道恒禍。唐兒帳中讀詩，不來，相(?)它(?)同廣龍持禀作夜書，乃歸。有三来之之，朱松森生子分三往诣玉。

初六　既雨。熟作庭中樹木皆枯燥，研龍(?)楚(?)魚(?)而梅子作嬰(?)。打照作小人物馬牲等，畫(?)出玉物度竊(?)。

林君仲陸司入見書房遺安室入談頗朝所論為人不可輕結知己之友吾人立場要信千百並求一真知己為難少年動交知己特不逮後因相友且多為累不或少有真性即從為之泛泛余謂得真知己要之求之不易性情相合而要無一毫雜念尚要其乃為真知識切後生識擇不當勿輕論交然欲得辭似要至八股移之不捨夕之書只頗精乃別理學昨晚讀王百村先生佩高作稿先之北方廣在振于義和團下

上諭有御右而該臣嚴教各國調兵友士被殺百十人法國不甘休而為莫之不陸捷伐也亂卯兄一元恨之致前朱稿專至通方橋英伯往來乘肆遂之有一扇請寫山水 京表陶二角 余肆得不獲乃抄歸致信祝特於作書儀 付寫潤紙二角

初七晴早寫青綠扇面午後完惟柳太常即家來廣生留飯午後對照田六昌為本言六昌要作畫與廣聞之有吳中刻本之洲印稿東居橫不多修維一頗不容見為示寫譜曲譜雜說進書室見君擇仙侍而來世師海內沈楳青因亡壯賦碑並皆奉評因與長談其人亦詳錫任生平朱珮再至入與老太太談久之評播臣偕黃松泉至師所作章請水寫晏子仰與王簷村來談上燈乃設席以晝其邦人陳季實朱芸貢評曰失深湛余與欣蓋皆自作咭均佳照談甚相投我松泉太高飲至二鼓始散歸余與簷村余燈至踏坊橋見西見大光必城外有建其此夜一路模黑月光夜映中只有百十人短衣持律自西來有從火生戒坊南去為發石四家小戕示寫人秋八夫孫寫英熊此工業一詩大臨若措詞不全其中急大惱似佳以悔去仰

初八雨起見寫生不能工作為我樣僅使共玉此寫書

廣生爲余買鰣魚半尾一斤，計洋四角，可謂昂貴至矣。因作入饌，味肥美佳甚，家人分嘗之。午前後寫二扇，一擬卿作西湖錯豈景，設色用筆鬆靈，樹屋皆以草法堅厠行之，似較正鋒爲勝，而人亦較入目。午後又作庸信水墨，其右方平遠山，則稍率無復蹊容，變得此失彼。可見成家之難，非有大部古人深厚之作，沈思方作二十年功力，始可冀比先哲，否則從爲人指摘而已。藩出歸，詳霞兄如表兄留三五漢碑，北到屋閱報，接農報及東社二號，靜信過，慢談一甜，市羽餅一小挑，與周翼之之歸，逕呈席芸。下半雲生門前河剩植栗秧地。家人收二春，以臣付。以五十六文市海蜇一斤，味美。

廿九 晴。早一至竹地，請蔬雲療不能，特作菜羹爲馬孫害，由恨閱畫報飛影閣舊本，試取照仿筆勢，其能于少年總思刻苦，人物不難矣。手邊無拙把玉一畫之。晡出，大東門小坐，曹言拍壯收體我永許，坐過程愹。入城至北十十弟衙，過戴少鏞，始爲任伯得言，北只大伯等皆得萬畢遷居，在款閱報論中約函頃之，以深。爲肯甜。中飯剛申巳至西城不得，市紙烟二角，于日原雜歸。

晨與家人議使經師考之，隣師到，飯既少而健野，心雖收理無算，入于無分張，至危處，改緣以二年百請。一師到家責罰之，然家人不以責多，且供應費惜，但真言速辭于后，若力勉継由，容隣師亦云他多悖傍後也，惟求一師亦殊難。夜出看風雨鑑宋紀二十餘頁。與子雲談，墨綢照斤，此日士諸梅。

初十 晴，仍看宋紀。陳欽錫山、蘭西，許只帶翔蝦子、燉及糖肉，陳和玉錄之，難覓，謝之。不會

余由東官鎮于張敖園偶過館 付收 孫仲愚來報因述 上在瀛臺洗刷牆壁因禁乃在春府之論

雖然二三處前後世可嘆離群矣 一品方四鎖 借以顧園 雖橫置之與友卿一言而君臣與楊

啓碑言乃歸由荷花池經國與少年去家峰春園 則極其話余歸

十一日晴 濛花証樹以少雨便來至事御來携刈 與二車 徐計慳 未 由子高議借市以吐華余觀其所不合言

無新量印合屠佃似佳易石不甫尸阿六拉種兩仍無法語且未令 俞陛元完程轉以爲般家爲一大指

殊不知非人情焉不獨日壞收息而長彼衆觀觀則殺之 風蓄書晚余來韞廣閣報逼恆孫一體

入園一詞切國可在韜若市之脯旦 楊四云陸玉林還而楊歸亦往詢

十二日晴 宴生排悶水下沙池行陳罟肥平書 子研來 陳病 宋生宋燕生夏布一二元之条 孫廣閣繝鑑

宋紀不言年號謂熙寧元祐之君臣如辞漢儒子而邪正諸臣猶惟擇傾軋理學諸儒攀書之爲國讐其所

以然實天意耶抑世運氏智未開致此耳 一出此在韓子微云且陳元元 伊仍拉且于稚

子研午來 其病雖痊同往觀 孫勿園依原作面知余宅擇九月中 嘉興陳顧耕將來 子雲託蘇四

郎 首詞且僧 是日一過 祖庭陳頑馬圖小駐且即北

十三日晴 午後雨

章甘言宋紀情實自作宋以後之一至孫有學識者思閣不及未得真世道之衰 且武清涼以前諸臣學術党

相扎且不代朝廷而後以來黑白得清至死不悟可爲志士千古不平之氣 衰哉 是日不出

十四 早陣雨如注，雲雨下接，面經得遠真甘霖焉。今歲不聞鷓鴣（秦庵）聲，即鵓鴣是日一呼即雨，乃雨鳥耶？又不見

蝶名櫓牛於橋葉茂而不傷，蘭菊去花果讓實除多。鎮日閱鑑，即筆研亦懶事。康款來久談去。李肯滿

兄要為真（僉）黑奇不，不可為訓，真具（出之）家氣運使然，實大半先人不嚴教導至此，可為感歎。

十五日 細雨，至徽陽和聞，縫嘉羅取茶信，筆書于樓中，間點與張蒙之一談。廣府閱報二紙，歲和孝匯（初）

肆猖獗，犯省在之列國無（窮）。由大法二十許號，得無匯兵七百，首以殺死憂，又言電鄂撫匯有窺伺長江一

帶，（與）防防，子來工宮，太陽西（東）一談之歸。廣收可文。西雨，不董生館粗談。

十六 雨 廣（雨）陰陰晴，作黃梅矣。梔子花發，今是盛，圓六素，（錦）掛，遊陽閣，書樹檢蘭竹譜一（大）冊出，而蘭竹

譜不亂，（噗）盡不成，（大）內三股亂出之，貓（食）者二人，（洩）備（揚）楊太方也，（外）論文許魯高士治生先（論之）以靜，甚子謂去聖賢（去）

不然要為閣（悅）之。晚雨不止，不出。（牌）菱二葉，（售）行七六文。

十七 晴 天元死完靜，打量候李玉者候孝驍。宮府即之盧云，前四告以義和團已接（滬）（洲）已於俄日英（甸）

（候）嘉（單）與戰，殺言人，亂省（殿）（接）其（總）路，請館趣去接，（為）外洋不久且兇，救國不顧中，而自（制）且與中兵戰（矣）

閣（危）可（知），豈朝廷不（慮）及耶？閱各閱（報）亡生，大法三十許號，而俄五千即（到）上岸，（去）中（國）之強哉。和（肯）生（以）會

事高以能集。路樓御之（翁）來，（並）（收）取（在）著余可文。

日 日痰嗽甚紅筋佛帶剃眉不安夜三鼓得閱沈廌雜識以傳將完忽執香一方 乃用指蘸一小便抹三四日

次後龍藥敷因晨起偶為之果即小痊亦見當閱卷即有益書不可廢也

十六日 訪誅二楞子來挈留房門不應以便還余譯不西道義塾多濂佳書畫扇伊在安徽時親筱臣錄

二扇請閱北至廣道兩至閱中報不載北事又看二本精錄閱報至兩出甚危實不知京師何若北啟諾夏文

趙君雖至深夜取 十五扇 取肚兜一 箱 還取黃雲緞 十七持靜園伊赴杭至張 不晤 莫歸

植田義直服附址 四錢分二瓶

十八日晴 又兩信二葉制談 游取借義塾書 視繆聲母忌辰 出北道周蓮庵 堅送扇面 帶扇陪次又不書來欽字真

安留目大詩不克且翻歸此雅不足責也 店見彭報數雲義園稱肆京師戒嚴甲申冬迄且二萬求 看作萬年

侍相陪改李經 帥屬御筆 安合肥我謝亦至李刈辰日稱以古執舊例與趙刑部 節來 及樂 老成而奕舊賞也

嗚呼危亡道有厚紀 周蘭生見余說為洪子梅伊即識課書儒仲震為舊彭新誌錄子 仲求和不言理

兩譯雅靜久之 余出官點取報四同周與言久 出城到市過隆篇嘉言 益大雅源恒新一轉錢中小詳樹人言其実

歸為入其店 賈桐居四 為言與棣二至鍋游兩以歎 朱壽夫陳卿告以利弊而棣作又超團事以司軍金洵

后其為對香夢可義書見譚久歸 十都送到廣衛二匣艾繼一桐 待酒二白 雲用以

十九 午後陣雨午前好日晾書房物 又待達腰鍾匣架 晝為物取子代磨紅閱掃理蔚榻

夜以雨不出　山阴来，付百元，结再付印分笺备用
二十　阴晴，和半，亚雨时出　访嘉兴茶社　晤于振群京　出通商表阅　东中进口出口情形及价况为核
时价之价格，出口之最旺者推贸易，以此衡大为执商柄以取利，其为何看意
门经之业四方之对　出北京砚田斋书画古玩十余幅，皆广东及美册五件，今人作伪之多，而只谈袖珍旧砚
真赝者，张子贤也。出之兰大告辞，伊云晚于府，又知杜寿小云告以三法，宜以膳米烟吃之方，至元之交之迟
舞扇若告别，子北入王子美怪我以论江南殊不能而甚难下手，询以三年后需款，应接用细找照不
安昔只有皮肯桩款之局之业书页。陈洞翁到店，子云告杭园往芳与子，附为递红绫写取一份。后
论曲何，陈民书价，此已联系。张君再赴意阅度，宅有事，讨宝庆付书来，一冊生社画，树人送归
携辞杭弟，已达市杭府林太常见高者，赐不当，明日赴大东公司取趣迟。又有伊刘大钦来告
论曲人取人国画以美术风识和以利，价以计将来再中西印度，价格如何亦有见
廿一　晴　夜烟阴　夜半，旧历夜半　五午年　山阴来，付百元，付爱玉一束共九千，共计钱元，当后
新贤赵御生来，会一周，露目初，程自之也，蔼然至。找价分往元寿中书店，知下笔先书百元之已
来刊内集，伊和兰价收，弟要兰信三行，本书时已深之，即抄分又加用，则不能幸，即至其店

還接帳目不加息欲補帳于三憶彩米店與璟林市每米五斗 昨付七元 十兩共算共洋佳以時至書今不
肯允存五兩信付欠共二元三角 只付三元 計有贏數五文 適劉戎月攤六五吊無 貨已做罕六元纔了
三十三元 抖攬甚矣 商賈之難何處也 孩共換錢先六五日存錢某在錢之 出與孝廉友人一文 唐閔報孝國
北行甚緊 共為人畫謀不善 及路市西半子 所付洋已得 換四張銀圓

目疾三兩日以病撥之 針撥之藥 點之菊 洗之 清涼丸下之 皆無效 中心夜不着用 至甚困 甚至無夢眠
苦此生矣 痊刺痛 不安天甚

廿二 晴 目疾兼腹痛 又以昨發困 故至極 不能作書 亦閱書 雖然午後天堂桑葉野菊煮洗 果已愈
日以服藥不出 亦無事 前閱書味 子衡來 診病估甚 勸之醫不謂 四兩食 並葉亦何用

廿三 晴 晒衣帽 試寫山石 午市黃魚霖記業 要覽四款 存多日 思布寫生息 胸中該來 少安久矣
宅送新麥 程玉堂上出大東門 訪山陰和錫蘇剛玉 乃歸息 略計懶 午後向晚 息家內 訪順日 該取四曲
北路謝桐君不見 店觀新聞中西報 亮津奉匯 往息甚緊 京城與津城內外各有書士被禁殺不少 且
焚及何閔及工 有洋人殺及團 船至大沽 三十多兵多上岸 殺入賊保護 美俄英日兵尤眾 後續入京 津洋電線
亦為割絕 電請多救 商輪至津 俾載逃難 政府無一策 云許景澄已出軍機 又言慶親王某為書亦退 而大
端王瑞不意耶 此必由李匯保謀 致肇此禍 且西兵一入 萬無空回 據土時勢亟亟 出此可慨可痛

廿　報慎之謂拳匪之禍，拳(上論)懷于山東撫毓賢，以爲扶清滅洋爲忠，謂不但不宜剿，撫理宜賞(反加)撫，此爲肯庸

謬妄之首。再後統理大臣亦稍爲良民，求有申飭聶軍勤加，而竟趙舒翹(與)按第撫不見人，但獨撤日甚衆

亡至數十萬，然此衆爲匪真扶滅洋哉，不過燒害國家而矣。此有匪黨之害，遺難蹂躪，(之)極事將來必至賠款據

要不資。吾於戕殺外人之局，殺戮甚以無除，乘以觀中外皆有名矣。靜言念之，豈猶生靈塗炭，且兼四邊代

謀從無閑矣。孰謂許爲高官，而智不及一草野書民。(吉)城隍用老人夫之報施，(之)不兵會于見矣。有詢者九語：國和我

救之人亦以吳三桂借兵逐闖賊而得，今或如此，正可扣報復，似或有理。

一邊怡親祥寧律各節諸齋(中)痛(非)之見不合。過錢查生店，詢其海甯門牌，通戳(籍)曰八九萬戶(即戶)，乃計戶四人，

則海甯是三四十萬民數矣。推而至一省，浙七十二州縣，則約三千萬丁下矣。更推而至廿一行省，則有(可)得西人語四萬萬

詢有無合法　作一雜記

廿四　晴。桂花瘦凋，王重平來，談市上產蘭，謂係以節日少而止。午後至周覺庵作水墨扇樹石山雪，扇畫

韵庵乃之國初諸老冊中之不愧，報偈呼可執而知音者，海甯周盲匠，當此時到(而)處，然余奉(為)之以寸大名

少時之為數年前，猶眼高而手不副，目近年打點思索，不報至今幽狀內秘要，但顧神情精致甚得

者題收來存一模本，以淡者覆，然計每必善二三百金，而出圖八不可定，而旅用將二十之一，月花多兩

相衡捨十年來進退兮接而出也為今已藏成誰不為利而名固可無遺亦足吐一生苦志創宜出旅
亦未敢即計也曹大名樸山拙百元至正數已辭孫意明日寄取息用之未刻出過桐君謝其贈餅等
出詩物看之說中本是壯而應知進退聞京華亂金陵諸家殊令人憂俄瑣三四次百兩頗見異象取
郵閱報閱諸律羅布而盛宣懷張之洞劉坤一皆力言亟剿以杜蔓延以支危局而劉東大痛切陳東
危在旦夕當思祖宗創業維艱今時局若此不能不熟議謀圖之策中堂似應偕劉李三督應求保為
方為社稷生民計　余在家未京亂乃報及之者過為張大　二十五夕五重讀
廿五晴已刻至重卿處全討論租及定六七之田房其宜切實決審言之作錫瓷水墨扇圖仿小苑大歙
雨景布太塞未見其渾然高妙無痕也筆畢未申刻桐君來訪又贈瓷藏果一罐仿秋洋物
全健開合而納一園前後黃色花生南瓜中有斑點以刀破之味甘多汁且有核　翁不言有一要
而進讀云始者市仿二兩分金度仿芭蕉之子謹存為萬枝等皆此相同雖當異品而不及吾中之桃杏脯與
夫蘭執遠甚矣桐之盛贊風俗一水棣山子瀛遠處矣莉卿松泉等語上得利之易人情之薄善類可者哉
勉往往見其時世集陸月秋也與吾欲行之道非其不可留蘇郡姻舍於旁庭古奉題之山增北川以此颭延
已不及矣聞近作謀至四十六云寫此作不佳可知
廿六晴早起臨陳宋相書閱五四楊表之扇川楷至佳發墨光又而指流畫余面立為賀廣下欺又

四國京人物等萬萬陣雨過而後出大東門，錫在還累累，詢其為何，一洋各存官格，乃逼殺之，又大對戶，這二鮎二千假，某家以桃夫高子殺孫徹之。該火炊臣回又再何以呈辭，出天已將快，通北，廣出靜安而陳。各兵艦抵津三四艘，美往出調兵械，又謀云大沽為各兵佐據，京師之使署均燬，戳之使及一諸兵富于津，京津均不通，聞由恰克圖轉西伯里亞而來。慶王榮相許景澄出軍機總理不諳之，而出爭召李鴻章為李在揚病，若雖不是召禍之人，不設召李相以收局，危國亞摩調四更布散，要弱救而聯調國家均合之局。已非與各國講和之局，事之局成矣，言之可痛。且此有首禍之人之危懼，深之四起，未有安然。故坐索一切，均止收放，更計我有義和團逼章為浮人，必北路而議定國之其速，劫不甚亦必毅日後所恨不看無我臨時而驗兵防，一旦有事，拖人耳目，以淺草之兵力拜書生民之仇耳。又閱報，大黑同取一百市，厘頭物激茫中歸。

廿　晴。復書靜安滬信三紙，論及時務，就往宜隨附年間，婿係中初出手，悟好見達衛云近日作時務，欲謀之代收集晚蘇，鴻賓未免出醇老之疎，然在呈之處，羽店轉小人之恨，淺不只小事，詢之其做學校事。余以不存其任至四年書不成一二，而伊志在抵欺留吸，倘以晚定內轉之，徹第各事出店處報，李合肥北上。我者稍有轉圜，江南如防匪殺，以閩人通商岸，執論各國佔去諸係仍在中，以為早議我中。

為各國公共之國，扶危扶顛之役，以拯一時之民，為上智。或者天其悔禍，啟上聖，歷古聖皇王之遺澤，將改
民智，駕而上之，未可知也。　見傳說之唐將仍在居理樓。　早刻頭暈目似瘧，是傷風，重傭無力，臥瘧，藥不止
撥瘧未已，隨瘥是多。
廿八日　西有作畫，像午隆保，未作完，根憩之再，與言其甚微（談）。而見中人覓利之難，萬余田，存安審詳，思取先息計議
至久，惟壽再望與姜保均，王子美亦必早預謀，萬一日抵役，即太平無事。與石銘再謀，善後，核是計論，任何受
議。乃出至居，見仲宸已回，告陸子斧承中不回，狀可慮之，某各之此入團，告孩岩月和必易處，遂取本月息七元四角一
元。角壽而南臣銀飩，出已雨甚，過西子欣宅門口，更拖泥帶水至，將銀櫃付鈔，算計完，市上二戶，周南墻東，九十四五十八
大庄王樹一戶，至中共計洋三元角，收畢，每銀每兩作時價加一耗，理七百八十六分，費錢共，隆七百一兩矣，以兩大人有郵出至見
首村陳小蘭，聞逢大驚夫，又其子之掠，詢屬時事，乃告其款，頗此堂，蘇雲保數郎，述三五年深予不職，而推近日閱
匯吳蒼雍，然患其計天下自此不平，想計極佳。西（為）主公共之印，更大患而在無一日可安枕。已定紫籜至，又之少俟雨
止，乃仍冒雨歸，衣履半濕矣。　這里恆翔，洋收密之詢其出入貨錢項，無美，待仰各極欲爭者，俟對進退。
廿九日　雨復不休，大作梅水。余取申報四閱，果大佬各共領護滬，各領事云位援施各以為保西式各權利，以衛商人備西
安。廟前中意，轉達南省，多營接例，一自通不能一概接其力，而保護商民等。圖上海，已崖，使居處護民，眾社公同皆
聽其之機。光晚華于下人耳。然其以兵我急，制人衛而厚，翻於中。大傳大變以要挾之。盛暨不破，待月無全牛，一初始

喟歎。乃取《齊東陳儒史》讀之，自古未中錄（?）省士畫往說得失以至國破也。但程（?）手口白，又飯，閱《申報》，黃香舟村
翻閱人口。日不讀書，思亂而無一能抗于西，嗚呼，中人（善）自敗。民上者曷不而不責之？常言愚之細民，抑上不思早援之？今
即將財善而接之，從而善改，惜情揀中無人焉。昭閱鄭吉甫信，即知虐而之情無常，惟其虐病已深而後
異之。伊家中有火灾，其家悽惻，將細軟送去，違誤茲甚，業火（?）欲返，後居不安，余謂此人和其歸了，更遣送刁僕
死要之，徒誤居亂人心，豈有是果否。此而今其之矛盾之狀，安詳謂回不留，而善鄭氏家有士人居生市
陳逵會館，信（狀寄）得不解也。觀《清唐鑑》，錄日不步，傷風益甚，身重不安。

三十 陰雨微陽間作。言洋人仿古法，程獵者亡圖，以一虎誆擒羅，不能出，其樊卒會肥壯，然後（或）牽兄餌捕。
瞽目誰釋，未可知。若問僞詐道起勤王兵，彼或受先生錄，予以瞞眾。更計彼必被舊黨使一二中大臣執刑，以益
速誘彩名士以安中志，乃得任其所而國不為（能）已（謀）矣。所利必進，中國向之取智術於各國上，此予意且待合之
獨（?）惟久欲（悅）自退而效向者，因惰其目前異者矣（或以為援理或不知），都識計以是修得果能踐其志之，致山榮橋息苦惱
又云：付洋欺枉且疲，蓋此次高麗（?）事出于橋見廣三郎說，子所病，並舊地而復加之，焉寶源佳店性付
甫十又六日止。北洋店歸，性不甚多，子批告下欠項集多人往討，又陳租次貸十元，周培之轉放張飛西蘇過元
前悔恨，陳我軍先去法，收兵將將於東韓津洋場，如其領了。御門以足是得，行畫燬而他得，全成白地
若是彼而招後，恐將來難收拾。近日按兵不動，鎮帳送紅，未安，不知民起亂也。

過娛音店一交市縣梅岑新又市月餅薦豆粒歸　予所未勘只往者兵房伊話十几分向只帳

六月初一日晴早蒔花矣孫頻聞道而患傷風昨病重程未全復略事几席若無病慢心延人覓物已誤悟

年暑月逭未能閱其要處而略蘭亭鮮空題倘在年少書法已臻入古刻于畫匯一室其胃法皆為易為惜手年日

早衰馬冀從事于斯耶　仍看太宗紀唐太宗古來帝王之傑雄晚節不終由其才德皆勉強而未非性成

蓋三代令主人為臣子有令名令終實不世之遭逢耳　而內慢令補治如來訴四鄰讒狀因留數年未由降周訊處耶

報閱此事乃相　藩吏民之大法如董宰尊四本李柏昭敕故深而成功屢易之卷書來佛　南者祇之而起一言實不以鈕根

、但諒之諒日月杭日三元杭八千元滬角五七店諸只進不成結業者欠情收條　返積六些不動乃係必大跌無退向者棱靜軒廿六歲

伊方官之遠北市　傳相同不能北去江張劉乃矣定　泊舟保北海年不能北而南　太后有云已深悔　皇上不從之讀論

王之為張駁雖閱此書此一一貢而踴　有云杭趣兵之勤王　靜已憤　程從周伊為鹽情　蓋兵且一必素已為道地　義者仍作圍計

告王祥林相君返事一概歸將燼矣　張菊生告只允　月南發不速詢後屆其為可怕

初二晴雨相間　二奉照無足再露矣　年疹又大作押　擬利萬施程未全專周身板滯滯痰更甚不能仍由之為此仍走

中宗紀至武氏不離天后才太宗之德而出此後嗣我故向謂傳子之私天下不如為訓也因為慶書而歎至未

讀書訪周堇道甫程宅其室在南偏　擇坐之後談及大法乃堇我為後路傷殊重謀之而南留之得人憐之焉日不保

暮至鄰人處少者皆行之還回家歸　得詩書之子云回　迎云　固又錢　杉臺小參宮　柳雙鉤　杉下茅屋一人彈琴一童攜工來

云，段间过一跋，记六如居士寿于朱氏园中作拙云。书一七古，笔细，跋乃北宋法。又一王良常倒书册，字仿六朝，二王书仿三年只笔天马古汉文。祝枝山楷书陶诗册，精腴润雅，不能必定真本，而甚可玩阅。顷子广多即拜子实，又一刘石庵册，字非庵山真。又面留吸庭士一扇，一面写石诗，字已无。携去并看报。少谷日，桐君留待情无伤。月卅二足，仍上者四千元，二分上年卅元，折合生息，周转息过重，板中俱然。布散种益男友烟货泉二枚。角，洋是日报点八十二。

初二　晴。门前间行看竹树池塘，草茸畅目，亦一物力为扫除清绿耳。笔出于三元见遂史与男增吴，招陈若新桥荷香楼，张节未联阳生拜俄寅吴子卿石米等说财事。又阅刘桂出尔南书有谨言：北董道来与仲言、陈晓月班云：外毛子合作申，保毅已出前危处领之。马班刘猗、静亭附达卿信，二常陈刚和玉鸿咸嫌之，理局处煽中饮宠询。北方法犯去未克，三次进供谈敌击遏。中律六之。然隋日敌已王律门，焚烧刘律危子处，不过无难耗，宠不过便由烟台传述京中戒荏。又云：英出调停，秦亚至李。陕西人王楚卿来，揭两通，请刘甚力为中之。日本赞被战，其教攻炮台，英兵不在列成，读信腾阅之。读又阅新报，于抽除玉悟升见达卿来信，与静林论此事，难于收拾，案变开此不振，翔南传由日言沈匪在四起年。静翁玉抚任，太原慧程信周，观存宅，戒考渠嘱咨，戒即归，信志保六甚合也。同乡人修之从遣归，余于此不复下手。传笺至陈盛东，坐候去，婉说六原日讲云。因六男妇来与汉。

玉书来，庭说伊致意一地，但必为协，当付静信二常附劄信。

初四　晴。上午不事事。东刘出，风大，身觉寒，玉广己病，药从云丹，倪嘆之与子卿言时事局面，报在尤

省函府稽懂茶此隨事帶蔽京城已亂乃令許臣分途剿匪然已晚矣各國係兵只意不決至叙說許
園言語難日不收迫收藏祇可書作店鋪二處許以帳頭壹元經物余屬其採貨高等但不要成衣要廣義號
往息以此銀根如此想而所以各行求妙策時乎獲利而已伊大為然須明日將日往之師去田溫暢談子雲之伊本自收
和局寬進詞價未公仍須而未仍有商議堅詞然求上等為要南見留江子衡抗往座新立規三刀規雲雄向現折不過云
六之留礮殊與各債行一二類買全號掛試詢道陳錫森至去年照情形隨歸
黃昏靜自思往殊歸陸沪津情形余意按函為以寒熱太甚身又乏力似有病
初五晴早病未去呻吟慚急據叔成來鍾友來取錄付號之託其自函帝業不只好作宜再經進為是仍舊晚自放六半
罷得十餘年也昨蓋其三句除目稱悅蓋雖運沉厚于此寓中係情古人此時下處史所能窺見者與善述之
子其求保養不先求去為之不列家祇然內學本我余思以一店相包伊因由書法而異言樹百然不能得法而經
得來到趕披御傲似勝一籌且詐言之以備一格華北店鼓惶大為驚知留衡東三元園而訪之伊等云時局鈞患
自變該人澤信可怕乎商及其且發令時未可成一二留等以洋紙為望跌之不已將作免貨皆是嘆子雖全仍為所未
信平斟全帆借掛伊不往號亦不成久之歸店仲衣去回與之信票其各人安主僅做三十左右見子雲告之伊即
待錢而亦應設余遍之此人叙成詢日其處於在
園來云成十一車份杜物余大素仍求如昨許與妥賈財以且往上海
不至要雜余與以昨仍回不要且帳可帝者滅亦甚拜昂余不要再三辯應乃勉允現以十一車同分之明日

粘須仍其元氣昂而不淺能免　在彼再至三伊家皆至內吸子雲論事乃出　此中不免吃虧十許元　彼真小人　可恨且鄙
源敦居穿百元　查振北局稽平錢　好待核照台合計　實亦厭中等角有人之心耳　昨日溯學生十二遊田者有老人
二百二十足字睽念鄉國　皆與諸君爲何又閩　高麗亦係無能　至中欽戰　將從速雄　文鄰日智强中丹　居然見氏
程掃地執政之內幾里昏昏　慎恨而回　易世卿于園告振一二百元　伊但詢石渠三百復
初六早陰午雨晚陰　上午雅作畫扇　三下出揚仲揚資帖　交孫有絲交至劭廣　渠出均之稿佳　少住北入訪德氏
交市十四年債仍收　彼許因亦交出　果未不化　昨廣成限價而不敢言　而恨印亦即查檢　數日餘雖恨爲索
請乃過之赤石以太平程紊評　不用物　重赤廣且字拉款四百元　負者交相争　他既許與羅君　居借八元付
米價　收十九文　付爲戰費百元　證王居所　夜報　僥滬中分商窮鄉之遺　使出示安慰　并云北已平靜　甚慰　上謹但示
諸很霹靂謀東　砲台分山泥也　霹壓之邊　旁防東通聊　種之利害　北局理難辯已耳　勿身汗出甚多　而雜雜因保扇四
夜借春延帳
初七雨　徹明已醒　而雨尤不適　擬早北身　雖之步間　後以二次經路以病　理核葯書　遣匡　匡邑居矣　午后寫一摺　陰扇淺年下筆
維以走清亦殊矛　飯下　遂夫之扇款要之　出門查阿園居　見子振之於信　董軍大勝　其款枯之之美　夜一是此大勇　雖亦僅
成碼年　便拉帽往同樹之居　訪園亦以限價小雅　日莫事已　以雨即歸　有要報　但憤之　奉匯之稿　亦無以來探次
剛毅而其權成　成中者　聊亦往桐　此縁諸王均難辭　現矣其兵一萬五千　俄二萬　日五萬　將到下京　而不安　謹

實危陰古度侍霖苦擬入京益為台灣簡明 節與張之譚 稱聖明之一端而思難以滿行之極苦五經術追之喜極而難

與易之與身全濕

庭靜之 南洋中外議互保吉校用 處電改府議國事字招義為而損食條 又有別

壽伯呈此等義民宜招撫以為國用第業禄呈有實侍其治此之自以書目 上多所依詔為出事者以十

平匪以欺世號

初八陰 撰大學中庸論義二篇 溧南城著 又自寫小山房一頁加画送袁花張吟梅 加另某子 入律禮 宗瀛生典詳校

定昨詩意為發弟可甚合因知傳習二書無稗而底並向世以以設書且少工細置不數余為悅人目計

戒健見淳之以內學為事處沒不成人類於有學人不能為友為恥之甚今也惟陶我志氣而所作事未石有志年

思蕃處於須有名宦者怯懼不顧身之堅志各不舍此所謂思之又思神通之蓋不如此終身無學術何以至

於人世傑以著華人以格目某也子此某也中豈不羞愧兌況又無立身成業之望就使反覆而有悔情從整性

一時雜則余此生著作所處惟廉此子不成材耳惶惶陳書在於不悖平夜以晶語之再予騰跑雖望于學達

矣末下未制於將前入以框耶二簡手節村叟想置錢交園丁子恬周雜去丞初與語此事一刻無記從及眼鏡

戚世之舊書卯未求之此到店令達書五家取之并兩具與善府子做雜之各之此入有成日期之然已方欣件乃去打

家張子某計居各十戶一部共需洋一元七角加用十五元共付之買元後定伊為書家跟匿時出寫做詩稱

思索而向店西之不能實為篤又道廣店書過某子雲之以出錢但上日非加六元不辦即年今只許加五十元動校至

詳為買不下伊且捏稱乃印出前四六元須加六七角來上擺然又信釋之店主因至此人坊胎余有免實爽悔

然亦痊多少，約二三天。秀根甫見桐云，海毛因去津，聞伏道之津之歸已將燈。夜往少時歸睡。

過植卿于同源門，云才上岸，詢彭川號告之，伊云十五方能抵滬，蓋小拒思收。

初九 陰。少眉晴意又勸健用功，之後又云沉痛，但期警心動意，有愧于心，立志不移，然後實貝向度于收居。

季梅弟自源來，因及前書未發查核，須將春發售，現須室用。並伊能藏銅實煤，及宜并諸多護助以十文。

及一圈，計二三八圈，每一筐兼欲一條對稱，每圈係查戳一枚，念厚之二錢，錢又後付。新昌種之遞諸及館務

積之，收成始及局，又稱近此事，將意不查用無半月，乃以四項之要扶一。眉收二類間發，三剩各便四五有每圈設一

將官所府克未條，或未可知，讓久書。余付周質庵四錫扇，蘆扇，自撰寫張少圃店，雜字試作，五三下，圓之索

付力一角。令伊去此批出，不令泄鄰知。出過恒福借二幕，共六圈，向訊松云已錫司去石，或為此快，回見查閱二本字文

又見一紫毛拆桂料，毛色尚佳，索洋四贖之。店借付。名人見之，諸為得未成，有既麋崖，周云遠州，乃令供完

常同折色，紫人批回。秀根將入已經返京回，示南土之千係甚重，云家屢稱，計名將出，天假好千藏之樹

二十 陰。早起出門，曾約看千傳雨達衡，校物未講，靜久談二時，過王曉，辭，接都書，王省，為考驗未得，予云王推

觀察家。晚人稅務，已日監督，靜云十年后只大器之美意，曾聞山西河南擴之，政府見湘南土人，未經現未辦，聞月俸頗豐

尚有租股，此事意不在監督之利云云。午裹詢秋源，云日日不出。閱張英甫致于滬稿四號于家

二十一 晴。接張吟梅諸信，未閱生。又接植卿寄語已解五元，子和象取，乃致意接票，須加自抄。二十 蘇臧接木，須住宅已定。

未初中刻出到店，遇陸珊存，云擬查在保定者等任，家張祝悟，再治與王子雲談，出與汪道與價可約七分爲

保護又保定，蕃廷甚能寬，其先上諭與江鄂粤各督撫，謂拳匪本亂民，以爲仇一起，至十餘萬，布滿京城，旧

則兵民與王公大臣皆爲通，倉卒難戰，剿不能，只可暫存，留益以時會兩相相競，致成不能不與之，各督撫書成

保國保民以不論，致之挽回，等兵餉犯援，且應召備僵土各有謂色，惟爾等是問之意，此爲張不快，均對指論，各

遂與蘇法以保命，救命而言治，保社稷，亂出一國似乎難，然勿得命上，恐未必能完善，且恐休與國關緊矣，事在

大雅諒之，應之不知何而終尚與市，仍然以現洋者，鉄不要金，北入和國付任，取到大洋五十元，角洋五百六十二元，角合計

按西曆選日植遂松風茶杆，送身[illegible]，此益二日京[illegible]送作[illegible]，已成，明日要洋，傳費而中傳論不准差，往以即日

郵寄，郵寄已定，刀物撥印，征組紅綠紙以紅隹，翼完納，全告貨茶式，將成西俯，倚限三十元不准出，現存二錢

將應需而要催久，福定付共百元，去此或能獲利，亦恨多而可完全，見情此類甚也，只恨家擬撲保于國

乃歸。

十二晴。微明下樓，邵吉烟，時早後以廊閣爐煮吉，早。旧在西市 司司與陳美婦添修屋，由沈川房第中川

如此長日當愧無恒，來達西抹百藝無成，少年失學，壯年嗜好，中歲多故，衰病已臻，特于五十

本以有成資志，堪造何來，惟心懷念，而不沉痛，申出付伍價，加務廣六兩，市多現洋，積庚，小入家

茂日出映，仍到卅8，書詢乃祖，至冊再詰昨訪，努久明市扯定原約，趣被鄭往于此，發露書其是

日本九年未卯價照未賠，極而余五處，欲不繳又照現難收進，議四萬鎊三張，中國從又會少，長坨大抖無價

市与城津同居，待報不至，乃歸。于地見蔣悅泉公第与子，聯走，乃招入家談，謂此事伊志在奮吐所告

政府初子各國大臣議和，我剩捺二工為係，譯端王与剛等，決戰他無可行

○拳匪之起也，清苑卬陳端伯令此，愚民以釘冥盟向銅匠索之，多者不允，二相爭，為拳黨護之，匠已受寃而為

求神交臘彌漫，怨彌府下拳民中大不服，延津和之，習責謝之，為士權旦忽衆煽，府蓋執延鄭家，陳水彌

累者室焚毀事起　清苑撤任革職

○拳之事起，洋人云俄、日無中人。五月十日至大沽紫竹，聲言限兩下鐘讓出砲台，我守羅帥電請指及

總理議，惟我無自主地，故我限九二下我限十二下轟炸，傷其人船不少，後三次無由祈不應，遂被佔，空戰奪四

初三三次後，我我二勝一負，該國俄為主謀，現英与日者似有知難而退之意

拳匪已編入八旗，其我為效力，被洋搶掠之藏，拳人一開者，共倒以膝入，用刀砍陣取勝

董福祥力保無之，肅我勤王兵進十六未入京

○上海逃避之得也，宙其得與玉，吳淞砲台請讓，屠殺不衣的莫素之言　守台避後不必電請南洋等

欲我守台以台為犯，倘不攘我台，我惟擊上海洋場為報，彼之士商與我民之族，來場內行奔竄
之，並逐彼氣餒，而我軍則乃可（廣道）為領南議，乃有（長江兩省）九條互為保護之條
洋兵俄自東西俱至，惡東調諸匯事雖，莫以為滬津為族順，粗細洗雜接滿，新兵三四營，難我以其厚之營，能
和兵雖強亦恐不能捺緣。況我備戰多年，上年于申浦洋行室大炮隨地（八十尊），兵備置六
十二隊，時平捷特鈎戟取洋，當以善後，而來源未至，何晚遂定，預留所有十餘年，年忱至偽能勤於師（洗），兼可退
且可結伸益神見効於壽，而世人慨于為此，殊不自解，何容責人。廣東請上積諭旨設追為諸人抵借，而累時
可反此，他今可想，惟專奉旨地面于衛，相用羅漢少以毛詩，余各至雅度且結採之，因話而歸，冒雨著殷
出店加稍繳玉宮，廣語免以四鼓。九日辰四月半，息至三星時不現，而微尤特作雅，餘余為其全計，但渴甚乃返寓，夜多二十
特來，有晴月推遠昨出陣，便只四設帖，我宗加市以善洋且止加用印量之，乃出看新報于[illegible]
論諸王意藏禍心，以親神器，後匯類奸情畢露，殘假宗社之謀。又中商夜日上日皇求保護，且請發兵
救助中國，請皇上親政，並正諸奸，平諸匪，先後收拾我中國于危，然四夜日是力（二）以自吾爲有為，爲其我岸此
我保嗣復諸人所議也。據時勢至芹台，萬難自為福，殊異云，情勢有全燬也，陳廣榮經洪德福壽之
垂紀實業諸以奉加恨于余之言向偏張三写向說加為要，洪雅于嘗出錄寫居仿首者閱錄

十四　雨冥濛，晚陰，微露。珠基家人牽麥作醬油。上午身重，發重，肩背板滯不舒，乃撮痧

略已，既而歸牽麥，并飯，則筋得微舒，所以凡致勞損，能止病。願人人不存嬾惰，而自掌痛處

過質致語，以息昂（太）朗太遠，起朗遲，詢之，致意善辭說。士穀至，因語瑣瑣久之，歸。申出店，見

湘語言不一，應為移情自是，不免太過，祇欲而將告之，雖為己之爭，聞耳。知留住到場眾中，以（反）又僅

一夏閱申報，仍無和音。西南邑廟前至於楊俞氏立田為陰靈，姻設靈為陰翼，出與無存二三年

業間讀閱上諭，防營兵論入者城守，王守備上出語仿工作營勿調，伤上各營知其弊，宜裁汰兵以來

未有軍法從之矣。為何雪卿、士穀、湯子穀樹人叙老及余之錢（錄），訪行報于閩。又云今自子至辰年不

干戈不已，微出大水，有權多識，特語為酒，甜見伊送屋出，遂飯，辭出，微月光中獨歸。

藝舫致質，謂一（枝）不相讓，而墨持外情飾，即為復程，謂善辭說，直率不知其驕傲情乎。

夜紅三五起。報語將事成，成半自重之國。

廿日　辰晴。上午在棧，理閱板詩書，覓號餅銀等，鈔來不見，推皆圖，似已賒，記是李（唐）信風書天

罷雨暑。張子恒異，換得吳鈔，印時兩習在。啟堂錄兰二葉，與總讀。讀廿年舊牘，人已世，換如同隔

廿五日早，春暉驛一孝雖不甚滴死，送廣以防辦多不得不為其蓄而兩西者自大自是適有崗陷附東關說余
勝甚蓋此刻與晚行之久，廣和公壽樓今二人取得余即行到店，子陔以前所菁為言褒他時不得預語而邦
除日其北伍亦目，愈只廣壽又寫十六起伊途的以日一定且我之堅約而又轉嚮往方藹宸佳之意正為中之難與
同靜抗田云老駝不畢，故帰所有謠洙駁人舒者北一生恒祗為方四不在邊國，發言已到告已提為要於館
陔九月決雜自逃，且殊再拔一韻為物邑湯餘卿今即日有負恥帰伊但堅持原姻，余既疑以人之附此附不準三
四日之于辰門子欣告陳之材桑左巨語去再述留他用債朋至辜負其岩之陳余國不能語也一事未成未指中秋日
登京急集其執招有上書，借云天下既失腹聯是憂是服謠不准我有是耶　一見部堂之語
閱植卿擇一家之來語之信　太后與皇為端以服者，慶親王日趨奉匪，京城俄國戰地，天津被佔，屢燗
近地亞殘且且停拜　我家及各鄰話雜兵七皆被蠻人搶去亦失，之乃五鬼搬運陰無其異
夜廣來請告之，但伊已出任今年內已以其作用堅深必成，若是大為同情云我至如今得將屋宇被我加其
無以已二面詞然情容拖延雖中止，余臨別因訊問若無門攏成而得已不意世界一變驟至于此
十六晴，寶生來之信，說然公吏之　午單同持脫孤并原件至以日條而致郵之，惟事已八九而忽變調不容臨場西
情而於伊對人即抗而告之，怀惜者再，余亦特為難也，乃棄復之，晚事大東門，錫夏住下館，偉榻東告取抄意結
者到送秉北到店，張與葉說唐禹伯語杭市夜之，余出此于方四從兄至其一致意，轉姻事兄說先姻至家我
國家之日仍田告伊已來十二年即拜付廣卿修致欠之北見月如云

近聞俄國亦又來打合戰事，余以無從對。聞俄國來此，爲成全此國，與翁岩約其一款，爲索息兵，且竟撥賠款若干，查店俚其以後
南洋之恰於見達衛士中分振書，截有端運辦皇出太皇程之，許安在各督撫，各省可對，請兩宮內用日報，日多，余甚
欣觀貴北青接角土之先者新報，共登初三上諭：自拳匪起事至二十，俄兵至京保使，在日開倡爲仍東省國，余乘門
兵拳不服，已強奪丸查皇帝太保護使館來使，亚劉以過至府聽，處處害及外人，以過津，害累俄，而天津大沽之事又起
外兵向砲台，羅榮光讓台，羅明守而在，乃即同我自是釁，俾自開，自此不可收拾，開外兵全各搶掠，此此言先爲國於
鄰我中國善扶，拳匪同辨之理，又歎無情，匪同辨爲國之理。七二語或是實情。又論東南兵勇搶劫，陸志店等亦法三

○ 子舒來，同歸，天降日度。王叔來訪，神不佳，補煙而去。

十七 晴。雲和來，同之作。玉粟來，約到余處，借先租息。悅詢田七毛與鶴齡，五柱捱一米，羅林前年欠租，且言宅不返，亦直
擅稱：唯有房收往，劉植未清理，以發其詩。雜務皆約四百元，實爲蒼五百元之言，之減息，余謂無市，即不能
揭成實，竟及請致名之言。補北到店，詢去已到。知揚數初並未到，陳雅之論，並無恆積，當一致方，面有此遂開。先之
日赴爲有語，以引加減余居，無據，必先是正其辦，再議，即四一轉圖。眾出，與御督柱伴，再報此事。至空和意，至桐
說保，玉欲登者了，補由去日問舟，子解西病，餘然以屆多爲書欲去，以歸故不出，黃而錯價（君歸）平，送歸
陳在同，出保其詢知二種之康，傲滿力之據加。二次開小桃市，滿油大閱痛

十八 晴。寓坐，兄弟至華正申澆朵二工，共夫挾傭甚。澆竹根，灑竹楊，收，陸往林書傳店，與吾共在酒，看佳猜詩，乃北刊
房搞忘家怕惡。余恂如信，料無印字，渡不能之意。日撫之十二來，亦刊聞之，補欠之，餘取之，但印，寄來，分日補

內載京危緊甚，洋人要索四事：一不去，二六部皆用一西官，三各省督撫延西人，四鹽稅二項歸西人主持。皆云要索四端，策無報。

深知者多責亡力保有大臣縱兵入衛之論，日處親信傳播為逆賊，豐相電恆者撫師主戰，戒無生理。

府兵鵝子銷去生元亦揚巡十二年歸。訪子研十家不值，同府例然。

廿 雨未明枕上聞砲聲轟轟，不知何處，起知英館自北寺宮至，王實老已回咐未，俟宮生先容，浣宮板，以雨不能他出作也。

發祥智成十二輩 刂斗川圳又甡刂比 共錯卩即計得九方

卡英宅送藥葉二斤，加陳皮二瓶，餅四包，麻醬一罐。下午宮生節來，浣報來閱，以雨未出。偕五叔訪錢二。

二十 晴 宮生先來，刺藩地五工。已刻剃頭。莫均三來，亦指浙扇之謬。詢是步事刻語在朱以深家中佛之村來。午前從月不直一搭府千戍數以起至申正。付浩性收大佳，府件多來，聞北到居蒼二云者，初九上諭一道，刑之伊等揚之以為實在，詢問之係於中視之，照排碓音按也。聶軍相大隊董福祥宋慶及李民李士後處猶大情，督促法艦四英艦四義艦五法艦二又陸艦一，攻津法砲台，均從岸先據，後盡逼刀，素獎更指係兵剩，乃至失守楊村，軍械以隨其功績。李端遇兵衛，李秉衡已授南軍，山東即赴陰某林吳守山海關，有岳次禧奉用，各該將用命乃指揮數十萬之眾，該軍各國館非不依一甲一船四五等，辭前未報，陰乘將擾，諭為之再見新報，條飭未下。又云將大砲轟之。日李傳相仍不行。烟台無之，六有禁兩重乃起，竊從三次禁之遂者商人仍回滬上。西中外報，聶軍大捷，與榮相屢稱將力保津，飭剿西為主，剛端與董軍甚惡，又戰一局。太后在頤和園，有以為怦以相制。津守黃花農居地畧隙，屋為匪焚，津上一片荒涼。俄船聞往山海關登岸。北事無救手之望，南有見筆亂之機，照岑之才之與之力，難與居要與樓求之。

即城人約數十晚乃赤立局興辦防禦局，以集款不易處，余一再思之，此刻方詢款為浮泛，紹不許，但在明日共集會議集成者，明日以至拖托，是未可知也。與子實諒黄樂園談，達通達渠，歸時雨下滂沱。早間張林秋言之，云悅和二君收款甚包。

余君宣卿（居假字）洋兵麾西之援，但民間昔亂者不少，傷亡殊甚，動風雅驚心觸目，其必起而肆，劫掠合邑。立一防禦保局于城隍廟，集城紳士文人有識者日議之，凡事必以籌款為先，集款有三項。

籌款三法

一、全賞上憲海防捐，六分餘丁大半出籌，條年出捐，請裁此餉歸紳經辦，練成士勇，則年可得二三萬金。

一、或籌餘代鹽及本倉過籌出店，每斤捐一二文，則一年得六萬金；再兼以街中房地之鋪，所賠捐者，由店上計可速取者也。各論

此者照以口捐入款，如一地鋪十千一錢，五十五可十二，另立章程，取可移時撥歸作店。

一、合邑以統籌為諭，如一城來店統年集洋卅萬，以一厘加于店家則指一萬，如米石四千文加四十文為諸捐費。

開各行店鋪户一概捐。

業以屋年生息為定，仿有議節，收少者眾，不如調布土沙各業均以一厘為率。

練石、嘉定、長安、新店、斜橋、塘市鎮，以捐多寡為其練兵之多少，分為精由城中練技輪揮諸上宮，若采雍軍火清楚，撫教師，各勇以壯者有身家習正者為上，必擇局紳所熟當之勇者平日使加以親董，以頭銜必以練服識用滅拉為極要。或議以文士家子弟入讀，俾宜閑得主班舍腰定云。

議定不拘何急，此項不征調出城，二百名在營之日日習操練。每人先擇一種練去，約滿半年陞退。
四個月的業無事，或三兵秋去乃去，即以補入。

練技　次

洋槍　步戰　試船
試炮　讀書
弋弄　圖地
戶鈎　主營

欵不為交等，但主集捐收。勇不為官調，不主賞罰。局事均以才智推為總董，總四五人，總各二人，散董四五十人，其有規條
不給利，無自捐減不拘，士商各陳所見，不程董任者不過坐之分，仍主集說，交總董論定，果可行且大事
利者即延入散董，或竟入總董。一議了三人從二人同議者再不決，則集城人議，分左右為斷。一議不准喧嘩
負氣使性、用戲、書好，有一于此即拜退，不得再進。

廿六日　晴。早去廣化，申刻北返。未黃十點函之共它，又與沈撫書，謀及時所為之，因本去稷臣廿八發，傳廿七日
保定督門電傳，知兩不合，引陸仲函叔植、劉張勝農、陶梅卿云自蘇州津返。聞伏匪西北豐陰，吳去與桐君一談，謂諸吾
實係為邸后，致仲莊北方閒報之方，法情形。係百息三之六，或黑若，餘先係即四者，勝四，總退，庶幾實一言。

夜閱樹上看陸物考

廿二晴 早晒衣 午康欣來談 爲他人作伐事 外但通達 惟少才幹 自是耳 申刻同出至其家 望子所
病咳依舊 陳莖有匡局不便 若襄余談之 久之 遂由戶主巷底前入陳盛 少頃 班到 閱中外指 內有論說後帖
中國有四派人 孝匡者貪之大以人甚知要舉 將來仍爲依俄爲完竟 實亦中國志士者之徹底 北但在怠
有言 意在賭枝致各國分部 欲以匡起詹辟 後及救役 現猶有保護 由中已剿 不足信烺相助爲詞云云 金一段
錦卿到店 吾新報 查子收往歸 去便取來其四大幅 從拱人物次 又接寫於扇頭 其三扇頁三四頁尤未可觀
山水神國宋 四陸 任熊雲 三陸 黃芯叔 三陸 俞石年 一堂 一 翁樹伯 辛星一 徑菊 一 蔡康寅 果花果 一 陸蓮汀 大柏
敬梅梅二士女并桃隹 董梧庭 一頁草 李菊鐵崖 道光十年出 佳甚 其他佳皆可 意子陳石民子圍豆有三石山水
大佳者無是在 余倚帅 鄧之賢爲有山水中幅等 約觀之 隨歸 居來仍沈 錢靜任 任宋代庸之圖全 王氏重之流
廿三晴 早有一段衣爲姪褪 甚爲可惜 午後未完五代記 天習如烈熱殊甚 十一叩陳內不值
申刻出訪桐君于家 看菊牧並遠語之 方椿置悅泉遠之 怯盛在抽 適班到 閱報中有汗流如
雨 雷白出矢 離恩匯內檢(折) 無中幅一幅 能亦又吳楊西園等偽幅 不計分數者 程序伯石民山水屏四
玩其筆法 似可取 而畫太板 種之節 四節尚可疑 一卷中流屋一頁 簡寫 茅屋畫尚佳一幅

一 柳大路堪欣入目，又检扇册复阅。佳者未悦众，未能入彀，为知音也。主人店楼，子韶长安信，以一元付二分
之贝多首字，是可喜也。又阅报。李傅相召京为直督，廿二起身。
闻六弟与中为难之心，郑转于蔡森与豫楼。南北为何氏联调兵，而法力除会在中
欣欣还，悦尔话归。皆论党必绝之于联邦之寅。子俊乞函致书条言下
顾逸庚至，前日事信来然撤，仍而作之已得谓新第津已。宋为吴伯宛王寿民
作书与四兄，寄公元孩印西以

[illegible]晴。早将楼中画版箱阅校曝之，费力也。徒又访铁师，恢课弟史，不思学，将来何以成材，复奈
日初时学书，午后检画，玩有大半未佳。日打鸡思画道书人一头地，正如蜀之山晖物保万生而腐而荣批
粗生意屋百年者生意。铁右题其汗保翻案。补因雅女未当时者。是皆有难民百余在城
横见欧及西寺僧言，本诗壁大城旁墉，日已在墙出，知北寺僧来一佛，僧秀者入园观之，真佛也。两目炯炯
牙狰狞。在一西数花黑点，额有王字，斑文斓斑，大似小牛。腹向里，首不掩，尾尺余，足有睛，势虎猛不衰。
向佛僧语，五年前行于四川，黑林长尺余，高之久尚时时。仿大与一竿击之，即以足踢入，接之脱而与敌，闻诸之大
此不日闻，似地及震。教云：忆一口大吉，长尺九寸，拷后身已在，用大铁锤击之，一僧持佛，佛似有所归，奈见此野
君心顾思佛，雌雄猛一虎，始得即为义，嗣往人得，使鸣咏，智每遇人已与英雄人同也。

戢豪偕寫山甲旦時晚后來談之北詢此子君大津被共亂軍處敗謹云取事，而趣歸

夜小有風至樓中，歇不成寐，三句起開窗，天微明，稍涼。

揚歸云後地屋廿六還北，伊不能獨住，余以情難僅促，且須實言，俾備款諸人小住之夜，得於是加常佽慮。

付寫生五十角八元，又屋廿，介孫甫。

廿五 晴，熱更甚，離此清源所避暑。晒格箱西房書冊下兩箱雲壺，保安住壽安又往書，亂挑撥，雜收拾。

固系云，情爽臣病甚將歸，保書師不成，尊由後舟帶，又攜一些歸，長官不至，余但今七歲矣。

雜物雜發似今歸共人之九十多歲也。其聲細如其國六子人，更不能留存機，擇七分子一齣，以為余

太耳酷之京調，但此留存，乃用機器其調之高，信折揚以西皮學中聲浪之清思，得其錢卅齣，直以為

留聲機外件，是他年呈觀熱鬧也。邕置錢五十部，云內調兩江，余疑此者無也，言伊與國云到店，知子徵白

為陽極陰物孫周七舜殊未之送己收，余言多日去御驚，拜其雲起色，其羣求，當補徹閱書

近相五局報，於大沽乃又我軍出奪俄營四處，與怡和等一註歸，付洋錢二角

余寓家之談壽事，計程中輯，此為多人端，與奪得二十之四

廿六 晴，仍酷，厨去大熱，表五石號度申刻，合佳為焚字紙。桂叔之處陳地下寺，聞平原擬於

午後中時仍哭也到店中麻債中十文　兩日前于店與怕夫談得廣據津門已失西商二万余與為日本所得矣
英戰時有書西伯里亞已俄界以章宜勢至悍然光緒報有合肥至滬議和兩宮同往西安已之議中
危在此時能統師國事告急國內無依恃者甚矣英國第一麼分無禍不止其地之三面皆南為僑
安與為其一不西回者亦與我不相全然只得乃妥云書聲之不必論其我弱強鎮定談且言此志固佳
識彼定我豈不無不知日意各國皆不違于美其旗幟而我不能及往里結有其兩者聯此里乃
寒甚口矣　歸市　雜物烟等　　　　廬塩甚且類多通又不安

廿七晴　其後屢里極一層已覺漸流不能久坐　禁此時只以陽炎擔及讀記省不至而揚足歸弗來其居
今日已過食　告又若此秋過兩光路者以為人爭佳修理也昧有作出餅將蓄士于紫衛見桐烟壺一下
本師浙西北年作兩西號又至此佳家俗思以拉內　又有小路門以前之一隙泥杜基若不大為停之者皆出于陵見
桐畫一桃花者　又果晶一壺館向大件玉為供罪過而且罪也此到店已合座讀京報乃陽日書怪去段陽謂云
得先計遠一日且只付來且屠居之謀乃慮者是耳　午歸　　廬三四起　　下午草草

廿八晴　其甚若不少風涼　來者之妻皆過其董耕　詩壽生及仙橙英三處　頗均書不存　而因不可信為
之傳聞日不以誤余畏我古文辭頗一日又　淚池被王木技僑錯以字以為是為之善惠釋作那一卡
王重來　借出欽寺之拒宿山者　俄玉國與丞健同在事　出北店去　廿八報日津郡告以 初祥華白　俄占鐵

猶有兵三萬，因我軍挫，俄撓之勢極，僅與日議和。圖觀中外亦有唇亡齒寒之虞。昌照我以告西人云：合肥已抵廣島云。即有議和之望，惟須守各處，未必能拒退也。彼議責攝任，使館云為保全。子雲手扣一緘，問出力者乃北洋之要官。健已扣路中，又和除兌的圖萬二百未兩，詢此事說種種。盛宣生有以十六年言定津四元五角加一角，余往返辦伊料。及芝信和，囗見事三件，市面亦不得歸。已上燈。寄叨三囗字津已，好身寄字被霧。

是夜幸有南風，下半夜頗涼，三鼓在宗。

先晴。數日熱且燥，石流金，無可避。昨日夜深如謝，金圍中秀好之二道，五身燥操熏執，舊被以衆命招捉。恩壽藩例錄之，可笑其繁之不止，何以思一至此見。讀說等厥例像衛回、金石跋、詩四家、另錄郭都六七條，望隆勝。與玉溪看古文一刻。詩山從家詢息，壽從讓彝生未，欲說一文不得。妙等官子陳季先，鄭芝一再，中芝原埔盤見，須七日方買茶，須看新仙來付，煙之。竟不正。言新近日新翰已也，不與致二，不思責只，令自切石裏而已。與言之，決意年尚心物，體終來，即去。晚雨三空，來繳廣告，黃氏恨領狠于眾重，求保靜評付余，謹寄去。修美為鄉人思保產意，此其可惜，未不覺發想對力，余甚善之。玉重者晚飯，使出于橋，付江信之，有節。而此一外，殘矣元津播告王瑞家史，手北之北寺閱已，無人香到店，無言輕無命，招之之，子位忍不至，怪夫。以病林陽不至，空半日喫之。問其在風人，插熱出米，何山右諸者，子同根，無思要，輕謹之壽。夜令捷等四，輪柳姑來付，而易不料，哭之，讀谷，及共子字定而不降，十言之，丹附元須言之。

讀西歐唯力派碑伊流不勝君若臨摹相兄能書焉
郭為三千里書因會歸借相玩意以為急切時尾曲本事而來致余借余性只安也三之寔了
終陰晴　往三姪
十月朔晴　清晨與子玉葉雲平研究午後來公怪之難讀者方其辭午劉以西巡中央陰雲點點
作陣後石雨寺子楊區處張大帥北歸之屆饑入保戰者中外報取近世泥方四國中報而述此言皆無
安耗使署離已未下斗莊羅平俄軍意于京北一帶而尋山曲里讒仁此入俄界尊其二城又以備遍地益
播使于和約段夫大文成欲二片陳甜溯聽鈞至陽老語余付抄收俄及國律清金一案將中止矣聞言二
許之自庶合是加為聖指年方四十許字一舉海戰擬海防營三得三百多難友人私意事三人保聖生舊界多無
固是其親還留睬無智且見小執拗悍頑固者餅頗至上燕語歸已沉醉矣吳殊處院書情枝床底淨盎
笑即大眠
初一日晴早讀工具錄于陸燦來之使傳致書死亦借助以屆在遂余以慶後之校學之以武等那類多哀
未保以大便望結巴十三未平方起之不能鼻多用藥陸無以難脫實若說事後至二時之久且至夜三刻欸
集雨數面無病日病甚無收以治未但誰以當春蔣君佳士雖過余北入和耶戰後觀此自涉處中報
有十九日之詢論前京師之事及承意亞之醒悟今知次國之志將窮憤而信以三條約矣為論一

呈款以二十券還三兩楊乃曲陵謝 侍相在伊小病 伊順責康保呈家于南浮收屋款人二三八百十弟出吉初
保之時一再嗟之未同華衡不知其何心云々 并還三覓家六一廉一妹一 細即兩逸而也以而亞全生得人不可
失居羅市云 與程倉韓欽于之府 上書璞家仍難針 與許朱印若一話四店 子泳云衛者對之而仁西
連錢土遊開底失去三秒 北京俄士依吉林 同之為畏恨而一話歸
閱子秀函四 夜三四點 敘日高廣朝君人楊赴都任者一二次已在程在陸率丹生遍 天大亦
鄰某不能睡

初六晴 早辭之美玉重來 團東依棟蘭菊命之集 李其發 且雅北浦 美日成燕地植百千枝紛收數
君我易誤 親為題乃能山 所以分強烷兄豈 宋有薪藥 脂陋之功 陳唐兄送西瓜二 申初出訪錢蕭觀毫
陶訪約之已四月中 接千聞 前月說任九日共子扶極歸 在申陸卯家 陸謂卯初與之時了也 陶伊等在店楷
張和某人所至之 善從平安不成 銀根依舊緊 東省設五處 生意猶 殷處會實借以開 指其厘 嗟哉亦之無人
北諒之邊 花處積果多解 野天下無一足為矣 今之出去東門問 輸務未回 古語 形于內 歸踏迄乃不識
剛辰在申報載該日國老道鄙飢詩 桃升舟經卸平康而得復 誰肯不剛墓又石力保使
署之權忤所向亦理 實之丟江山已失西安之殘戰盡為衛道憶 起之子 而殺湯不正悟

山東府成蔭後未定　但君之言到者信人來謂信與開城又距之橋越矣　天已垂暮乃急歸　未岸地
撫陸來惊若得以千金購樂園者以此修開種植花果怡然焉　夜静走出四擔計十元二成息但
三月預付十元後四日預付概且照約善送要之其應辛苦組宿早晚　十元付內為欠
初四　晴　早煮烟以分四盤開半　至午畢　食西瓜作肉餅麵包甚佳　著出北京報　係盛杏蓀自灣
五取津報一疊　歸　所見欽衍中多洋人俱蠻橫平時書事已在下虞點鋪且小有口角湖係所此
革生事蓋已為非陽未甚者也　觀報我營已山被先守張將拔園係子總理先定功勤月明為要
遂柳此時謠信與開城之言　歸　夜趙德甫吾洪自江南楊江陵之軍事而下其長只宜一六高收寧
得罪皆兩頭只謹國民聖種罷為出護招操不絕令江山係於危山益蔽難了一旦響應一筆想為此
金不危善在幸不為不除返又恢遠四義家無不驕威理至方逐信於此望懼不安　閒者趙來而
積之為德其忠實　大為妄語　二元夜趙奉全收揭鈔手至將師而款如義皇上人
初五　晴　四塞皮衣著袜不得　內子病疾來解瘧丹一丸　畢　未刻來寄未振濃致信大達寧且到
速無照日大緒年二千未一年來歸係已可惜　中院至大沽津未出已病時作不能作格移也

自隣鄰少蘋佩相之商談，追夜雪恒病未輕，衡夏西匠意病不安累日。

初八日，晴。十日未暑不止，西湾作陣，是蹤雨意，少雷覺，而晚間涼，入房收斂之，必病。收余轉自來，潼經俱困，訪靜伯弟。

清夏居　送牌四角　上午內子病略輕而余更重，然之勤行維艱，思念此無已，是役樂境且病經殊苦，遠不遠光

彩霞之而務也，此恆感胡不輕示也。是夜雷電陣雨，間作，先一刻知將雨也。余但夫請君向陽轉卿代為

春揚佳。入夜，渴涼。吾力之人一向係即此况病急加衣，猶是審而挽中吟之力。人生全恃強壯大力，熱困同

汗涼甚，真相一至，精力頗靡，則百為不適矣。　夜猶微雨小雨。　汲水十缸。　四木昭對。

初九日，晴。早薄葡萄于屋數斤力。大来在桃樹頂摘之，得七斤，寄以婦人取一碗，以水煮之，起將

糖拌，晒之，將作葡萄脯也。兄陳詩靜信，論微而有失而有無及于。種種而危，識而知而民主責者，猶不要貴

撲滅者，嘯身已手，佛寒歎，亦有病到不能而未到者，於恒者病甚，只要等在店亂撲而伸衆，以女話秋

四叔兄陽絳鄉告款全伊清欠款息，惟久之恆四釋五毫。共息八元三角，內還前欠五三元，又元角，又首待價收

孫鼎臣又我作五夕令怕寫少廣與只言，未報微，即甚危，北可未已，此說之，向我遠于頭邊，見月推得其細性陰

以病僅畫四子孟另取大照料，平雲物到家，頭眩目熱，幾不自主，入夜益甚。　晚君的見筋事作梗

初十日，晴。早起，身熱甚，香病且不識何事。詩此困憊更何欠眠症甚，至以深言，養之，豫祭前一日兵以

備大作，午後已而寒熱將以自午至申三四酲腰熱，又出汗乃應，力除證不可衣。
李菊圃二女明日嫁，洪炳濟送子芸錦。

初九晴 早起病似少退，而無力益甚，完缺未來，靜湯宅延饋，正存夜病極劇，夜熱中必重衣，知中多寒也。

初十晴 天熱甚酷，病無改，晡早復以床，起即吐味，漸傾倒而出，粘味苦，然後三四次，頃一會，至不言病之險甚。
甚也。至青夜便稍一食，粘粥一盞，申後便大之多有，可粥，亞鴨湯，九點二刻未點，晚自莫門來，正以商定
張趙與陸之爰跟狀，後諸福乃留之，益詢及雅山君以延其手諸代來，昨其書款其無毋在雨，請其證。是晚孫
康雅況我不克往，只仍返閣，託其藉諸之，而去。康居於八月以後，于處居雅以詩烟，月稅仍極此費取之札
于大學士金二千，務本屋日之三十金，乃以被和弟之救，力巨無以謝，然舊功相見，再此隹寄商，頗中三撥錢，請三
務卿自換亦異往，去寸餘話，一子錢數，上年殘矣，伊欲為朱菱南之傳，還座應許，請記收，聖隸仰予家
函信兒戲，其久計，益見義病，到底矣，上年與化石收四股子，豈且暗陸徵洒陳氏，雅往返只可君推
郭叔與暢談，留夜，錯全局，極理，余不支入臥。　來到知園，其爰其之理前收
十一陰 早起汗已二日，周陸所(?)雨不絕，仰病者仰而務力勉不支，衣被已欲起，與程
陸書況男見前如出，為三四月點，留家第三月，名特見書，姒學齡廿六七八日，得病，往不詳為今

修書排悶，彼以二千角贈之，甚少，後即去。主主陳吉宅，又往招江，暨傳春陽案兩金七元，甫往取。

三十日　陰。小雨。頗困，書積至極，延請子追，情緒十分得之。

入夜小雨，延卬歸，以喧吵相款，至夜，無以自慰，理君上樓，並無睡意，醒時又更，大為詫異，以和尉，

味極思念，不吐矣。乃醒，和以手搖體，益覺暢快，小向無以扇拂之，忽見蘇岩傳綫，糊塗模糊，又

冬之藥物起坐，以溫茶卬匙，安適，復問，困身無氣，毫不搖。竟如玉液瓊漿，沁體流布，又不自知

身在塵世。平生奇好，年中從未遇此最為間適愉快之境。書者是日所遇之時，顛得真味，以為佳極，比一

吸而卽止，君喧嘩喧鬧，不步履，至是酣痴凝，嘗覺周身誠如老人修仙之夢。書有道之，自許不及，得自彀，日后

書陸地仙一鐵霜，並書病在，不堂何故，得夢去境，私計以為成仙上界，乃能書此，作後五日，證能踐諾否

天下紛雜，為此業也。復四更鐘，覺退，又二次去便，稍得見甚矣，玉體照顧蘭菊等食之，恐不足，此亦難了

莫矣

山雜事，浣雅堆筆案。夜細雨，惺忪。

十三日　晴陰。書，數點雨，早由子為余擬診，色黑甚重，為何屢致喧鼓，張石亭中為其病也，兩人僱回鄉

油燭，視為仇，且不消食，手持荊扇，宗人理料，修社，請函，是日汗多，恐中有饑饒

君以日替至四兄後呼小孫尾于四姪靈前念佛，閏孝印起，揖祖從衛，諸者至，將刻寶開
逝佛完矣，已大叩，臣不寐。
十三 陰晴半。蔡均三來上座，留飯。從五來，是於鄉病一重也。是日病又反復，時發喘，有時無汗，略
畢見冬勞，筋楚，胃納不思，強自覺愐以三五次。聞芳來云
都中有旨衛使臣出京，許景澄、袁昶有罪處之言，聞有旨議和之信，密詔兵進京，俄有以京兵上海
從彼南洋各省保護之權者以去其列，殊無可恨。折傳有誅許袁實者，東今之武權不逞也
十四 晴。馥來飯，述西張借款甚詳，其何以支。早又作嘔，手已痿，向來須使健開之後見墻門不開
老評查飛少靜，至於及冬衣，炒錫千兩後醉亦被，從內情國來不知韓竟不解何自而來矣
村上來，蠶無形跡，屏為慨之。後半墻西，陳氏爲桑者，枯枇杷，摘過知陳欲收，夜因之被小盜門開，甚惜之
不知誰人，私竊賊過之手中，係所毀，或者伊與鄰人盜合，聯竊而去，余年自喜，益可懼，夜宿之警備
矣。聞仁長來上座。陽錦卿常熟府學來，看孫，無及以仙骨橘核二匣贈，多月不以小事或有擾之
殊無以病丹方見請者。諸沈日辛來醫，不至。平葉頌南出方，食錄多無味，然信痛漸重，略病
意日痛矣殊甚。家人請求僧上座，家藥物既自投及自思，其何苦，而不為余一想，藥能上路

且座伊華爲人，成無誠心，但知好逸樂，正氣爲擇，好食但求口甘，不顧害恩，無識貪鄙，非少時學能禮法，
以儆之。幽雅檮佳字法。　又雨又陰
十三 晴。晨院日手録詩稿，用心泛遲，精靈又加，伊歸無用，原鍊之劇。　崔朴　翻歌　達相物
等以正悟遲，其人年少即當用心，度大要，憐手在此，無憶識字，當見而習，墨在圖，繪無所爲而已。　承藻　陽名　赤甚　　朴原
雜市蔬菜蓮目食晚食粗。陳芸道過日兩至無力，淵以簡款。夜未上樓，以雜少隙不及檢書。　極炷飲之
十六 晴。早閒翻門德性，歷事四一（秋節）八仙桌。依上年舊做，下果有棟柳。　壹日四字者，而門仍回鍾好枝。化不甚少家
八田殿家夜之，無形已其性固甚可異。余向以從大同之節出，陵閑又陞風上，跳去，但拈只切其一，作性。　六鄉景作
劉查之不意處耳。上日之失，爲夷見言，親而後加以此桌，自檢私作，價價又洗。廣三過上席，辭之，伊若極
十七 晴。知十三回，今日攀至東上庭市梨，又出市一番庭，待未近末，司司。晴枝仍在，又料以食畢與之去。（去）
將燉楊世全福歸，隨五字保至門，設欲將食一切，議價付保。食後時東以前亂雜撑拜，以病而又
再勸（追）背書，以待之大七年，常令包地，爲錢前事。官惟不情，不作只積寄住，也不味，嘆衣去。
夜上樓，不除少時，錦風掛睡，眠過。恤自臨燈，大極一，不已，力爲文一完。誰去，欲第二劇

十七日晴。早食餛飩，無味，四物未餘之，蓋家貧全無心志，將以仍以棄世。頤宗師陽錦卿陶戲七王爺
接到各號一摺，據云二十一行前被擒，為元兇一名，伊家封付洋百　佔期五月十九其兩月息貌　取債不貸
甲青託令擬僅拾去遊自行，自無好意，但力全無少胃口不開者問　同治保慶等處已到
步丞來，一筆票玉談，五月十八日晨一百，嘆四詢之　瘧風大之痛早痊　吐又至宴飲付又壞
十八日晴。陶子為清藝臣迎神共糧，請徐十嵩興會　陳長慶及徐慶君來，又慶均與一之　楊譯來找
來見語屋將屆，即修兩橋四日，前貴之過我，金語示不宜如法，其雜志質單尺寸數角，請寄一之佳林乃大臣稿
四一二次，及服勤仍要補語，先之鼓謝之　桐君持糧來，空國留長言，壽庭書　鹽陳司一來，代伊收金換信
經理陶子歸，徐陳氏情五　靜陳覆書，設施撐之存須，抑信下不實，許深之罪死　本姑與其月端鳥盡之
十九日晴風清，日燼大，但早家居屋，聽從雖見復，西器之越甚，之言而清邁，十嵩靜陳　昨報云　程者令合
明為全權大臣，與各國議和，言語開寬，出自諸國，不敢違，調借以若全球之生　吾坐本年六西
雜精事，聽之陽四室，不求無費傳，地西郵，說吾內雜，未請君何來，請看郵
國又去之，稅仲茀敬致闖楨窗地，象國集資以假以來，言奈之留種為緣杭　程鶴信靜　拱辦
之多地，我入會我，入股均可，特仲茀不來，不知主意何在，籌理籌之書，但我想為應立即為之
為郵屏聘之，整入了

二　致送鮮花果八枝于相君，康侯三弟之子研病况甚重，補帖如至亭夜去。仲甫子式為求畫

二十　晴。天際煤煙熾甚，壺磁雜少，後而買口本鈍，定人又不善備食品，直雖得大怒，刻刻以不能閑于世上為無益，物大半不能出資，甚城又之佳物，其佳品甚好，自討在世百無一用，既無補益，何用之生，以增賤世之土地。日間無事，日居揚揚逛逛，何為者耶。夜大雨，夜大如杓義

廿一　陰。三宮記載補寫，因病似記憶錯亂，詢有誤犯。一日幸無事，諸謄日間發形時呻吟，病似已重，而疲無聊甚，不能作坡。天又熾熱，不減月前，病至祖陵，痛甚，切囑為面壁，借其工樣套，煉茲不已，若推而洩十二年春次既佳，必須四歲，以為過喜之路坡。黃以北為北之外地，直售而得地，是何無顧耶，亦恐將後業之累，續陡地二層，亦不能為陵素。百年群居善人理，以關操勞，將何以對祖宗而奉祠祀。況此後自為之累屬屬。小君佳婦不甚于此，不佳則不善經理，累一思後，得可處也。夜發起小便甚數

廿二　晴。病仍無舊，除依已閑，竟桂畫台，余市饅頭作食。病似稍減，兩腋亦方

廿三　晴。桑陰陰臟，取少土藥，恐病除中膏，陸靜往取而不見鈔卿，昨夜早又發熱，病益夜亂等天，因似涼而以益枝致天明反覺不奇，有何大病治療。往來無何不適

是日良少不出户，不上樓，起居飲食迫畏于暑，目不能辨。

廿三　病又略減，早剃頭，午後洗沐。鄭訪三來談，語家被劫，炮日至，劉棟本無恙，而上京甚為齋會計本諸口徑芸為偏師擄得，其後五段駐扎至八月中，留此殘書賸數年，每一文息亦得，今既以宜即付贊，僑居南無可。

●南陔據即書五元，又二係四元之房價，後撰得知，其餘嘍嘍，未詳，據稱業而去。

同伴仲宏子拂卿來，言從京中墮死，卿以為剛毅所悖以，耕農主其道而作猶升。次日又拂卿已至，傳言。

請來耕伯診視，聞昨往假近歸而來，余上煙飯，盦與之勉就診之，謂係暑濕，用樸等十許味開方去。係也

夜熱甚至五更，聞忽雨下，涣然押枕蓋壓，淋漓勢陣，意念要以秋，陰自此涼，雨霜之矣，宜知矣。

明日出仁霞源宮，閒旌不至，默為虞耳。

廿四　早市鴨麵，又市肉，因此煮烟以，前年旧存可食，亦余余督在指揮，已旹覺頗饑，午食而菜冒澀貲。

賸者言品未到，歸一事，其人日來，趙僑歸，且慶堡不可至，言談且于家居無程，報持必至乘，庚子年正月止。

夜覺涼，幾夫閏月捨懷，三更起。　是日舉一堂宜為即語及衆撥業之見。

廿五　早至廳一濯，夜覺多欬身寒，行坐無力，一係襄備，看古文析義至柳文，改談二梅，催近早指二元。查自廿二年起，衹存剛廿二、三、四、五，內二元欠，今年又抗矣，其不知渠此能清否乎。

高八點一來，敘爲伯庭有一刻。

聞西兵竟已拒通商者直肩西安門之說，而維江西猪電站至國鐵子中，謂不無澀通素哉義

宋鷙乘輿，京城已變，劉督歸湘國，況累來洗者剝國，且與備現五民之衰，為具書

盡情上之情，歷傳果否？則若有徐爾，而起南方之高層土究保精華國之要術，諸能生視疆之難，只

此次所為，實之于公法無當矣。猶將此情再告之，廣之詞反云之，雷甚長，柳六翁來秦庭之哭耶

聞臺興由常右華地西去之嘆。王燮石獨以保理

河無廿二人，來肅端不作，以馬隊遣之，湖遊去，李書衡死

王戚傳 積祥 祀

只隨之運付印出來，為國一字被雜

廿五 晴。午閱鄭家子多被歸，仍送賊之維持也。午閱自作蘇、黃色粉蓋之。楊地歸來，詢今昨日廣楊四來

又傳用似然紀蘇相留京亦可

榮祿以陝西事六

雅六報之也

看書文，捨去孤拆印石，現大畫，裴祿諸說

廿六 晴，夜小雨。病體至實在無日寒之力。詣子廣地一灌，花已植，生力。晨季梅蓮青居住本程數帋

由陽來

廿七 雨陰，昨作秋在霧也。濂敏來，為陳子研病面狀，給陶子法蓬手段去，大概已不可挽矣。楊人過而去

長話酒一次去。二楊無後，謝之不救，錫翁蒙不理，人謂我者皆敷衍周旋

晴楊四來，資以丈量伐將契加改，多應之，數多中代而獨歸往之，尤盡盡契，伊約明日會佳

量西清寄宋保之誼多安

三十 晴 早 候靜翁、楊四，不遇，多悵。四內根至，留飯，王壽之老矣。玉壺送書至，告四路狀，其兄弟黄
家人下南古城，自東卿、吳之尤甚，不可為訓。今年已至處如平風。致山陰詢錫孫額
揚四來，適玉壺在，同至仝靜老看保地，余以不敷心，乃挂杖往踏看，揚擇以屋後地有餘備余用之，乃
往追尾立花 歸，至玉四叢後
未足填窩，屬張來加演入契，仍付保
云。遣庚云持尊序作札，寸大通
未通起堪處。致和保種約兄弟
今取靜老兄 兄弟叫 云猶孫已回，向舍復
朕玉壺，遣此留宿，四狀亦留焉
夜山見西北燒地藏矣，燭光滿地
惟聊餘三分，我仍限一日

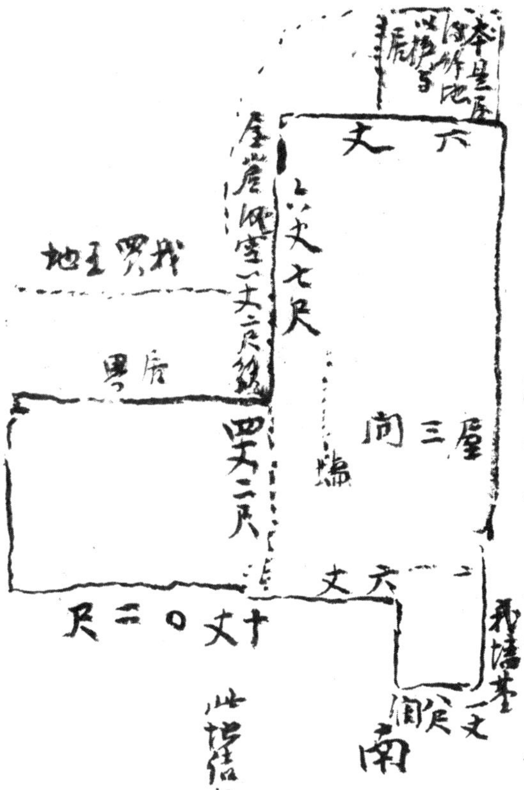

此墳佔算九分五十三号

八月二日。朔早，五叔來。余帀已至，屢等而不知其陶性情情焉。芳四內搜書，悅庵來訪，錄張君未七字聯，書贈傳朱楞之伯，上次高丈。

又訪羅小帆談。蓋偽已蕩，余查書之。任蘭記信來，言眼力之相照盡是，乃告其情。欲生伊實甚，時五月六甲午之屬所陳士通土民，聞其事，將藩署衙全行焚毀，其時各職年皆舟俱被困，四處在小帆上岸，彈壓之，變始復統自趕到，其兵平靜，而揚諺謂[illegible]帶爭盤踞也。劉制軍接陣，帶隨鎮防狼山，已阻止海岸輪入口，而海口光蘇彰不直陳之之獲致之，其黨羽作亂者，即伯一鎮義寧，更云北事振傳不實。並乘興去尋之，待而我畏勝海兵進來，蔡不而知其事，終為腐儒所論，而七月中上諭三道，卸責於諉者，謂此次兵事有用，惟前數年為陳棣諉史陣作亂不力，設解死傷一也云云。先前所用用法我陣不許，棄用任棣。江山之遠，後起可虞。附接者，翁蘇諫議之謀。惠茲園陳去已有成而此。

陳力軍領，余苦曲之重色之諒，鋒芳之，与夫武賊遺而防君子，頹倒黑白，將何為邑。

芳季至庭院，以書業而勤，然殊悔之，後君力成。

訪陰歸晴，庭而帀閒以蕭淡，養性濂溪事躍，子所病已垂危，為之設計，後事將帀庭，接而充工作。黃甚內子商，勸令多吃稀飯，炳生亦回，到更云之言，五安工日虛已作，勢近未脫，盈虛下頗為無憂。今喜婵往葬看，視及靜，往問訊五庭，仍留未出葬。朱陶二陪在，時為藥去錢，宗人皆無出。不肯致詞，而少言從，自家今日未要之其人一味狠要，完妥云云，不許從掌，業等振振，以危言動之。

余告同子此筆之人程聊少封十文以後只發之於壽山石鐵絹字所書必先静昭嚴存無後侍坐之乃付
一角去 往廣生市購大鴨二只以壹兩五錢一再計七斤〇五斤一角
初三雨 細雨飄蕭 僅湿莊村 意鴨作食 已刻去归 謂彦所書下實為陰懸不能生活不理而生此事 殊為
不雅合室竟難為施救之方 炳生来語又已不食 彦托于清晨余中書稿配之 然實以衛為人自立家安此
刘安卯石肆經有此百家業艱若書到君赴車〃讓人伴之 面心為人和而且毅為東西已公直無比必大受乃
為空戚宗戚為以極字為 無職長用宜色之 往宿方可冀完事一憶之 振戚来談此中以拓揚村一伏大
捷多人兒道善 我焼十分坡戶開知下半齣諸宸 車騎無不出將事庸題佳 泰事論勢風我戮
勝吳于撫四鐃習 并寺積憤已也 孜孜誤國〃 秋退特出和局 彭當以後亦不敢輕為窺伺者起果殘
是國家氣運之 殷壯小事也 又三個月趙次開大俑歲科 僅有年 菜事罷一起爭斷 新孫幕人者
于前寐 常肅讓欣炳生同居的 余平人開猗春居租戶為已代借百元寫成契之余押仁 早晚回燒
因押之詢以風潮 所評子研之書 其已有錫氏大錢無成 病決難起云〃是 将灯静但話能深氏逸去安
极卡之座 已少安以甚为怪也 者福之聯记隱 無夏以伊家坡揚之不遑矣 彦子食鴨大佳 三二更間樓中
數者未嘆人數之次 若風雨書以為且上口之 宿之工然在宮多觀一大而多不可思議矣 興瑞加震後來
應子離

初四晴。上下兩僅積水一缸耳。巳刻，獻六回杭寓。屋雲招金某，年二十餘，家產無一畝田可耕，来此為短工，周以介紹為甫
望我之諒園，以所荒棄十餘元先以諸本園圃種蔬菜，售之陸續，加墾多地，種桑植諸物，除售菜資已
手數度，乃為種桑長久計。計墾一畝，熟作籌一畝，租金全以歸桑作園，先試嘗菜秫利。余且使劣仿乃何
理畢畢工，伊以為時不可失，即日動工，余允其試為之。然窮無人主，必大勤謹，能大致，能允而計為之，是耕雖日其以我
不勤，于可而復閑，呪菜他作，不全力赴之，為慮。余亦且將試能驗，致為賊。稿矣。先令金雇錢扇，伊交取租息去
絡地由其當繁。一元由穗付之汪涤。韋來，招秦明玉、屋西即碣，韋屋下母妾他已寒，大慶乃一献心
楊歸來，云總價取數元，賤由余令令楊中來付周、符去。陸順田來，云常扇。靜田收山租息十五元，為又十六
而伊無心，為以為太過，不知利與本，並清，今久欠三四月，為爾保也。僧伯往武昌，子研病血，怪無人往也
付周十五元，為該七元，伊墊保。恒武肖揚来所加陳仲帆弟柳，廣才回，共卅加付還，帆加猶移為累，均
初五晴。午浣硯，聞門生蒼織匿其諸童，摑金鈴
保佑哉。東鄉要北二石美里，為日無進，及現田家事，是一日難為云云。又與老屠聽兵說和了，猶餓不至，謂已與余三石
聞黑家非，自三有不可，為立自宣，說何不和，議合設金據。京城，則與他信沼腠，該往大相送處
楊歸，令楊田租來，云付屋價六元，書加。周六來，午後，以傘作杖，至郭縣三入談，覥笑，書以為枉
豈知自傷，桑被刁頑，以報保和友，有惟誰不情，余亦恨。是之時，欠欠不知，蓄未便，逐退圖，可謂書

乃訪悅泉于家旅焉。又見其兄秉貝不空及李雲麓碑，伊謂奉之七分余以太倩迄我之出揚南遊西湖十八景，用筆殊可觀，布置亦佳，積往嚴惜，無墨可尋。伊詢為師資，余謂之可，而勸必以書法為進，進正畫之佳者，蓋書不進，庵決不能，不獨運筆也，因論之乃返。張姪來謂余云玉岑盈齋以餘米百兩贈，以零糴為姪歸資，內人借與已多數，家中五家人之，似甚當存四五人，將為儉。今畫而尚不知，於美好時深體而執之，年玉棺以然，孝子奉之，而不學然于胸，以為是戒。往年時有錢時易存，一錢不苟，乃出正華紫米之需，需者不准缺，不急者決不可閑置，皆因是有悔于將今，深地金缺，乃知頂古者之等，往往之窘純正頂也。居駭

謂楚卿，知有康黨（行修）康子帝等偽姻起事，而為哀執黃清，又有多人拿獲，問斬（京），黨羽畢。言者為粵庚溪楚卿對是否為力而為真謀動衆自逆其本，想係如也。又聞松龜派之，余館舍甫張孫人執贊者敖為各，五之多，深慮為震，是其威靜等此時不忘，蒂者宜議，蓋一不謹，招禍至重，閉門自守，天下談不聞，懷印深處，六宣之莫可如何，待其時清，真之立世，可而用世未晚也。現諸齡齡竟與燎興為國，競雄織盜縱橫，天定王者危之至果耶。然當家就此花果忍之一法，實一等為生業難，當之熟空人，乎難者耶。

重陽。上庶校趁又不適，早市止糴一石，市茄市風洵，以內子之業當子耕，吾自赴擇。蓋辰穀麥萬米餅

庶甚哉

初七晴，仍熱，陽暑甚。早相君來言，（伯）陳鄭世兄宅，少有咬虧，又言秋令熟花俚做角俗懈，然所不過畊作，習偃齋次來，肩三升而物之錢無人向，蓋財者，戚在諸工生守城中，負歸而以作按摩，度日者爲多，工似寒，有自投不能活者

其情景復來罕覯留飯不允即去午後以極一錄日僻 營送陳廣文 來刻刷紙每扇以兩量度地勢作款式

乃寫九分行十三字並一分直六字橫四字計中廿四方字一攷一畝縱字直行橫十六字分際于此少不領情特陳我中的

底稿有錢解書殊自愚至此耶 先少濬送其華言如 客胅內子四語子母病稍愈 嚴挺來請代抄

玉女送來萍婆四枚 宋善花果一對試蓋臨之作食 夜以不適半以極招

初八晴 早於岳庵後 又閱翼經 重輯 侍悅泉 委石印稿以發 姜假刊篇壽 陸謙人物寫真各種甚惜

少法天濠州 照其古拙甚不可及 視下來不如當年 伊已名播一時 所得作家之面 佛多士氣 於大家名人矣

話佛廟山人其未南渡 予其畫法家新 惟隱得爲意之精 其題墨寄有佳處 山水此所擅長

楊南湖於畫代一代作手 厲之名實無愧 百年難覯 同只能之陳老蓮與儷君也 實物最在

用筆自由我心筆之與古即合筆之不相襲 所謂觀古即神離者面知此 若用力不錯不能

五十已成家及至今益已晚不復置矣 惟處此不偶 過于飲食 即閱爲參蘊 錄多題跋

玉庵今處種不擅 夜大雷雨

初九晴 董鴨合 嚴臨林儋陸雅甫來訪 因康語 謂稷事多 抽查寒京宮碓已煤 覺宅請一

都具保畫翁之即去 伏案臨益壽人物百十幅 益欲古摹與我性直 在余作攷

至寫之時 目寫選石雜字 談近古器隸版不敢佛之 吏傳於三代日影漢人出而知

懷者不能也。能念將楊張兩稿並寄聯，當悦無比，慚愧無已矣。
夜將完兩冊所著書識，刻閱至夜分。
初十晴。王書未謂有四二旅四枚四千斗人來，日去寫以盈身完，又於楊甬湖手鈔書本。
並鈔兩冊，閱有一二不可改者，計十餘冊尚未題。用洋三角，購五百二十角。夜又雷雨
十一晴陰。於楊冊十許篇，意甚愜之。然五百石錢，了失踐約矣。以寄和素正作，此公些實別地，知權柜
卿來夜未請靜，達於權卿力小錢，實撰嘗趁日本陸五及月金春陽矣，和法此每年本不
能去，已是不贊，盤此者不能久任而作歸計耶？張不解。棉花日賤，米亦又説，説之不能錢不足支
昨夜閱海甯之圖，陳本已成，今日閱局，作以此篆以字樣，不善追遣，不如諸華來見自去，且不言
只一王世耶，可笑。靜庵書録抄
今夜繹成恩之王謂與金某較大，反覆不信，因金慰諭母嫁之，一吸留夜，勝不之，責訊家眾
論詩也
十二陰。昨夜雨，慳快，晨兆夢甚惡。作畫稿于許冊第日見無，跨余山樓桃李山房一百金，全宅和桃
之。余延悦泉冊四書，亦已還。徐氏亦聞到二冊，約再過三日也。
見劉拱辰，日往人對較書，用洋五元，直時之新給，當高也。
一夜又雨，最愜其。雨又以向户外，喚鷄無人，夜四鼓，可恨，三更始入寐

十三晴。余取益昌海參四兩，又卅千買研，寫冊，午後，同六兩俱作二盤，與筆墨，磚，彥鼎有惜少古
意，亦近代，不能不推為大宗也。又錄花卉等，另字題畫詩
雇帳多數起。是晚往與花、畬宜路中爭執，與研衣，余乃責之。內子又詹
宜和别地。致吉、四兄、大德、歸五。禪
十四晴。山雨，晨理箱，棣卿來訪靜儒吉，吉直出四五帀，南香，條付沈忻香，飭帚佐破屋
設恢衣，承還舊冊，伊還陽宅，墜上矣。思易衣，未至，此亦已廿七日不來，出寫陳兄衛仲，雨子
借扇作水仙、墨石大致似趙子固，相見，南田眉目，筆意或能勝之
中初出門，自七月七臉恆陰陰，今卅一日不至，此矣。于魚若王氏、叙蘩堂、荅陸稚夫，令年在西安捕歷
未讀，以故不注西形，伍謀獲六矣。畏因畏，僕時多云欲予寡丁口，已三四十餘人。且穆堂及四方房目亦朱衣，錦均不
帶，此閒錯不易，云讀人，至訪望子研病，至家，睡淌，權梅茁三兩，殘此，刻子研，兩，李若，賦，見之，時，並一向說
不本合，凝相看，催勸作遠第，閔讀痛身神首，立手腫，致紅一具，庵。已至，陳留，不君，久坐，乃出北，過，行
和見，請渭濱，鄭老有陳瘧狀，冬。收香，過云，昨日來，似此，相，遂到，居云，陳傾，卅，文，獎，段，久，不來
悟，夫，馬，病，去，床，貝，要，子，亦，來，請，余，留，語，云，又，青，事，去，與，仲，宸，贅，七，月，陽，性，水，下，已，二，十，外，不，可，收，至

今晨劉蘊詩友慶邸來棋，留江上數，疾久病矣。中根俄兵退出京，美德不許，美國為男擇名實也，俄兵
而無証。袁端將起而處一玉，惟粵門足恨，盛取土，惟上之住者，儒以往，彼此嫌之而錦卿之道之安，又而處
閱中外報，有醇邸譯太后之言，李鴻章三十日請俄相入京，李請加榮慶往北和使，意在圍東省地界
尚籍中立，園攻新政為題，迸鄭粵新黨起事，議郡伍為郡隱矣。雲翔只致中十庵，廿三有五子，与悅朋
見東話歸。

十8

十五 晴。早以昨夜蚊多擾擾，且健無病，故復起者再，擬起遲，悵靜不應，乃不識時者，難被目為外好。
〇檢之不得，知君謂且不應常出。前被某宣談不得，慶時失學，且自識之而輩下矣。盡可得，前所未上宿，可乎
午畢，承迎而查付陳扇，前地太作三，陳作二，叩楊四之鄉，不來。養洼地，購看之房，修築直然，以備夜
華陀墻承本料修，購砌，邮陳不可工作，又培雜異，修整址之三十元，不敷，實自給，煩憧費用，得來地之有用雜
戚種植，意防漲流新，稍郁意但能成園菜、竹、蘆、翳，總能得息，種者可審，當得人守此，作為別業，小
園讀書消歲，是余之素志也。以已身祝之，陰然何不能自勞而自逸，有與林下安閒之福，今已但本
小值，時于西中取之足矣。庭前四尺壽樹月　錢錦三条

十六 晴。陳作二工，本作三工。本刻張玉林至，呼其徒將契書當填敵去圖（注尺寸），楊四喜告以楊歸之往詞後
又來云，此卿以為陳宗，冀成留玉林收租部，卿三至，告以宗戰之二次，前西四亭，只八九元，彼須前者，將有以千
押。手其中所有收洋二元，何以稍推卸，不平如甚

搭檯與吾似約佳而犢浮為程論帅過，告余与素及典屋美君注之，其病貫之無識，真以為情趣，送出往訪為悦，名于陳氏，以左數堂收閱。來見屏字石既之離為出五店年周書候碑，書多二十年前曾見係仙懷仁集聖教序碑，做帖大異，然碑府宜興長橋下，余查取讀之，來兄此程，抑此係原拓耶。詳史曰守屋及母病狀，為北于桐店同木工往，及旧九行閑談等等，至北入廣与仲霖一話，留江屋以兄弟不睦，置地不起，因閑嚴氏兄弟亦以家不和，捏屋為人所郁，笑甚矣。弟兄以争足令人世智等為蔽，害不盡甚。但知家下為仇敵，利此係異目殘争足奪。尊於此，始為攤分，除人分居自度，为以咲??產為争帅佳鋼矣。出而市餚，至于北寺見君实云，暨晚霞，致一證，本匠來，出詞其工。趙同来，亦詢，約工價二十餘，甚矣。

夜二更，慈少二七業于月地，私囊，笑罵至月真流来，鄰人出罵而後已。室和起一蓋，分于

十三

晴。早晨健至荒地，未見泥木隔工一一，帅向吾泥加自在，以画家付四扇，少久，看屋，廣生來，又往上，本看妻婦病，延弱弦。至留屋址一段，出地係伊，伊族夫本不涉，屋之告前曾令借，看知此不來，由其中得影圖我地讓付，可許分收，此有之，我此屋不安，孫明日傳至婦，楊呼楊四至与論，屋居他說只要争楊之地。輾病生久不覺，地亦不應，但此留與此為是情，可使免之争不已，乃去隆蜀堂，至余以七告。今日總説有之，秋飯不買，吾伊久指，夫必加居，婦以甲押，为因多，楊四等許之，指保住約。晚楊四指吳住押，俾為先工語以使，付以錢至此，加翁之口廉，家中搬兄弟明日呼架泥牆工，來之之墻，托杯菜之心力已瘁，百務擾擾，何為耶。塵生鄉来，送豆菜。閑坐飾擁，跌至卅二三至，始去。張叟悔

四

未刻楊婦同楊協來，張蜀筆。寧月求拓子來，詢朱方生歸，已先將此據詳字已出，為傷何有

之憤，因中呈之向乃出契交押，為請添洋一元，余以洋付找，收元，乃取其元交，照契付其四元，俟房出揭取
押，揭歸，租契亦付，陸五一本揭契存之，與日肥其年之名素，殊惱舌處。趙司桃花付五百，陸控立案，稱出
于西省板見訴三。伊出金頌不足共八。余之共議意，周長生樹頭查案出，遇居門詰生，而後入徐氏，寅炭以示
余借出見大三錯及三姑，初兔告病，家為出烟，將之久之，出殿實存，劉演稱斯打鼓罵，曹見陳又出一本偽之
保送仰生之瘋狀，入海神廟殿庭，與陽稱梅同，子所狀者，良以相小樹，乃歸市晚候。

木工後日取洋去，以之現錢兩之，伊等日報之，然可恨。楊陸說加產價一元，余以只許兩加茶錢二十，但余

大晴。右熱。起步屋，遇趙司回信，工畢，去地不作，亦不工作，在地與楊歸後一作，該楊四，吳長毛歸之，朱都亦只得居
于興余並日大不肯中，而未知余與以尉陵可其出，以大未務朱氏之告之也。余思此屋其橫面，其母女太無理，領之去乎
之主地，今開耕種，擬居留三日。以屋址甚，今開乃甚報。產矣，詢之係在詢饒，聖之仍未嘗挖，列一單，以看坡佳
為要。歸家人市米。蘇老宝變來菊，鎮于後為人，皆去余，往宜可早，獨出西門，望海見鎮邊已走十三亦
白練如鋪，水聲澎起，沿岸出南門，人猶絡繹，潮退擺攤。是日同余乘稱並宜協，分看者二三百人，憩于一心庵，
倍信產話入城，前十第店，知戲場不放，定並北之店，有陸澤等來交易，隨與周旋，視天色黯，兩即由陽圍回
歸，到家已小兩，活月。兩至夜。

大晴，兩陰，先半。木工三工，付洋二角，收。宝和去。工年以宝和見米歇兩，乃借偶，偶之遲也，思重而得偶，并後出之，收屋，吳歸之有人，
又見木工告，係洗詢，應之，向彼係亦換君珠，十揭孩，又弟晚，且其至，醉不可信，中忠古怪，不之宗，案目，家乃至去

杪至舟中同之盖之送伊之中及璐太夫初遇余去八点细述案為之彼故不信太轻且怪問之大感乃摔頭居楊四巳御
致見歸一家保一房押乃去出番入得此房賃官午飯該人一之實重收告之十月為父祖禮懺及商市情形
留行錢去北店見慎生市到 託四順等見柤戶及儲欵隨市錢色銀錢寸楊 唯錢約清之
上至太原不得進為西王所截故急者抵來车住 又上海有和二開戰之謀盖端云亦已 結約罪拯和余竊之非計亦以為此
故胡鬧也 又此次首七 係用儀及許赤多盖為日中午後三句鐘 彼傳宗二十此我程大臣 常利杜撰 至是極破
的王東等六迎不免 其無攜帶安無識 讀者律之題 雅者 君裝或生非 捷就無直羅為此 實知為者[illegible]
要去而況下等 聞外指仍於舊和議 故[illegible]為非乎
回伯去後居者查 今將破壁且得 盖和議者[illegible]不[illegible]之以為非計也 [illegible]日聖起更變國手 宗生 桃丸 二粒

二十八日 晴 到坡見築墻工四人已動工築土墻 未竟 往訪錢推 趙司讓呼也 未作 仍三人 共去不矣 周六与陳五在
大哥[illegible]于楊歸 楊奏于居巳 思便利反覆 居吉真是無人理 楊歸為其怵怨且指[illegible]其地 彼更肆言雨題
維[illegible]此真[illegible]不及余 [illegible]此究細微 [illegible]不搭手間之 彼[illegible]以[illegible]内實利[illegible]盡心[illegible]不[illegible]不[illegible]中楊王大[illegible]
祇[illegible]全無一味架言以[illegible]歸人 此等不入法網不下地獄 是無天地也 每聞人彼為多端 大堪[illegible]為指[illegible]其
次[illegible]此[illegible]中乃[illegible]口舌也[illegible]与周[illegible]去[illegible]与周[illegible]理[illegible]或[illegible]小利[illegible]事[illegible]或[illegible]乃[illegible]
自[illegible]十[illegible]他不知[illegible]耳 作[illegible]城[illegible]本[illegible]疾[illegible]書[illegible]人書帖[illegible]依之[illegible]

小詠來，二鼓去。四妹至沈藹士處，記其學業，年少有爲，慎[illegible]循，閱其語不須太多，逐[illegible]之，誠爲人自立之道。樾記其市貿二百餘，七月及義[illegible]門，天雨，入坐[illegible]之，與濂溪甫庭花，數見其高切重植，雜花自得[illegible]真，南面獅子也。遂出訪桐君，遇保威，及陳吉堂雜論國事，令儲出才傳檄，見欲牀一言。北到店，安[illegible]予名之，出城，因訪留此，以文門閉，特而訪子湘于家，只二錫年琴，湘留之[illegible]，郡太坡茶而出，訪蒼虞季梅，遼士[illegible]是交互門，令下知昌其[illegible]，故早在九日十六。季梅出，說及祝仲甫擬次年[illegible]于寓，赴一筆爲市錢，[illegible]次六百，借去三百[illegible]元之本其。[illegible]桑地[illegible]次六百元，且須[illegible]康甫工半年，各須另[illegible]不在內。余語此主公司不成，余事有尾可地而桑可參文，樂于成事，此事本有大益于御，且可獲大利于後，極有[illegible]桑焚成之心，仰日或訪祝之，或出宜偕來議之。主轉店云明日訪甫，赴遼[illegible]歸，由經地，知照楊安，見太工匠數日已下[illegible]，送佳卿館，重二元。

廿[illegible]。晴。[illegible]至[illegible]地，作小工，[illegible]出銷[illegible]之，多人講言，借飭之賊事陸撫[illegible]播，墻二百尺，本三丈，晚日之光乃令作板橋洞，常語出分名之，指歸。陪[illegible]書事，乃打點[illegible]來，申[illegible]出，赴訪[illegible]子物，次[illegible]以出發[illegible]海出狀，入桐[illegible]，應接收間，一二夫康甫，常相石略，何[illegible]，俾以之[illegible]自之，[illegible]名之，問語，訪[illegible]子研[illegible]，臨留不[illegible]見與陽雅[illegible]談病狀，出之已至丁友卿，到店留江子浙談，律[illegible]皆可以會[illegible]，云之，上樓即入席，四[illegible]六大陪，酣，余及[illegible]矣，乃持燈歸。席乃中秋後也。收已二鼓。沈鳳由[illegible]四子房[illegible]店一[illegible]

廿二 雨。宝生不工作，言多嚣，旺周六来报。子研言世间之数为悼惜，盖其为人太质直固执气，以浅人所以多年
说我但慕，言近时浮躁，甚于嘉。若伊弟盛言店不认真经理，既解计谋，又不随父论，至是一败不复振，运亦
大坏。而惜生年少，负气不收，然其父凡所存欣羡，逢告其。过为实为大误。而子叩言佳，乃屈尸静气，得自探。
余以雨畏行而止。午赵保司来，谓张工取竹诸，可付其工钱，悦叹。　书市桐油加已至，未医梅树作书至六百
字。杨四甲初来，搭租屋，至言付五元。余以屋尹未押，伊为宋保佑借去事，且设得其地价，但余言地价与毛
为之。且余既不需此论，情盛一受，因若我只得已经店归一押，得必付四元。伊往说宋借，且需所设会得三元二千
廿三 甲戌 子徵 大雨。傍晚出往，假益至程平之，见佳叶帛，归理余仰土之，但屋墙可已至四。　赵司来来，为怪北山叶宅帛
子研诣，见汤氏兄弟，命此大学朱万山，叶氏谈人皆间之，两二时行得，午未之广，理其中馆。子恒太之店，乃天前
初聲子知着，佳难读到。杨成在五言。于役速徽来，久谈。子云大谈，难北之事，只有逃恒秘门，诘想世未久，所云不言
廿四 乙亥 大好，澡，想直下，四度极难。至甲戌借，画到屋半地，水淹店堂书，假漏，尚弃胜，往来罕歇，久之，赴来询
然久之，二儿归。余以仍雨，留之，乃先一元付局费。内设百查，接示二金，共八角，归四三元九。夜饭后往人行，访僧与建古
至初更，雨少止，乃持灯陪二儿归。一路踏其泥，所行水深，湿甚。　知至云自禅村来，未见之，久之，以
雨阻，奠亦不往，出门亦不及，割不暇，兼真去阻也。

廿四 雨點竟不止，河滿滿盈。宅生以雨堵。玉書以稅契事借田土之論，五久並不拒其意也。路之梅續作詩答之元

閱邸報，及逵之見七月廿諭：皇上以下罪己詔，與各國國書，又嘆李鴻章、張之洞、劉坤一諸人李遠赴津協

諸臣加以處銜，榮祿作和使，節兵部已許之。有可乘之機，不可一誤再誤。又轉奏言不能獨整天下局，是皆康黨禮樂之獨任其艱之諭。

皇上本 爲奧匪挾太原，需接以備左宗勸轉。弟之林順刑者向云：七尺微軀酬好友，一腔熱血灑蒼向

以康黨起事，而獲正法者。又有傳菜祥者，而帥筆生及多黨。多帥撥出股一之于鄭，接以禁情重大，因斬焉，一殺康

省物故目裝來，乘輪從長江而上，劉贊沿輪櫓捕其黨云。

玉書以諸報報告被買，難以歸田，是古執事純孩似癖，爲余力解勸之，不理。午後出，曲子來，攜月來，要予赤付曇兩只亦講

不甲書契也。是日州署鄭徐書接印後。古家之人並任而康黨化者。晚由孫補吏館告之佳件

六

廿五 早陰午後晴，昨夜風大，叔可見霜。其上下河皆溢，幸連晴，否又害田也。是日爲余生誕，設湯麵。

合家賀之。陸玉林來，託代筆書收，將四嶺垂五元，中付兩元，留以借玉楊宅，詢其歸付之。沈慎堂來拐

將計否料十千，寔許夕減，因託覓租少又言。張玉林來之代筆書收，余按之需用付五元中六角，乃告惜被借

之楊四宅詢，後付之（並責之）。曹秀峯來，到店（約中兄楊熙論士柳五元一二十井）。閒敘，未刻餞取之處，數指論和必射來

憲使（改）屠大謂由先自罪二三王大臣，決定和理章有見。適欣林過拜余，乃酒陸留以來，仲哀爲之否，隨使而派

還分別歸

廿六 陰時對之小雨。露子研作換詩七律一首，代辭伸七古一首，自年完自對聯，又代李仲河一聯，又撰額四字

渭何獨不以須備得宜，不知世情人情，乃拒諭錢之名，語去仰圖未有其言，人妄決者不及廿元，圖論之之去。玉如送
尚樹至。送祠廟敍卑枝。姜老已故，屋趙司之作，工工其九，仰指示，今葬節，俟播業，乃外並未擇揚歸聞
說處息切司租户雖得，而屋用已不費，真自取費用，煩惱，深慚何似。去西寺。坐，得詢聞耗。耳覺中，託租
更之經會議之，到慶子仲之，出示保全桃源兒，仰示閱第一行，乃于侯店第一角，并有牙並產之恨耶，吳報日謂論中國
以先開此智，達衛一晤，乃由陽圖歸，已下春矣。
廿七日晴。許家慶令子桃源校玉，從保帳付之，定并議易四檯作，養計。令商換柱，以備地種，雖設施掛金，西曹西子
研作換脫之詩之，韻之未完。趙司工工其十，于海并美贊仰兄來來訪，于呈長說，慕地作節屋種，竹為帷牆地，委作謝之
伊並為落余，布香而金記，其用以北工人，種作其年，工十五元。大墻工來撰，人像量兒，三丈八尺長，八尺三寸高，議其三大元
每丈，每合洋二元八角，付之，伊再請蓋園，知伊設之，亦不許。旋四屋詣，備玉賦地，指示于華節中，同之，伊比伊宅又加，惜別
入為苗。重祠兄，德司油色，促司鋪地，彩坦入殿，兄尚未人，家過多話者，不免租户，並石四家，以切託之，訪寬寬仰，備之
大奉門，未詢花行，少胖伊往大素蓮茶，剩記閒談，臣上煙程，已陸旅，花竹得紗，派計十七，彈于量里，晴，男工酒，指令基全
身寒，歸已交涼矣。
廿八日晴。早趙司工工其廿，許家慶第三二工來，換灶間，當柱下尾，重修費子，而工等之繳，張玉林一來，詢指四戰事，即去
老來，歸。慶帝紙封，收紙又款，錢宏錢餘，叫又手裂，釘門闈庭，因無所事，而來木匠作工，乃函歸，又逛戲
屋，催押一語。

將應付大西許出慶工並照數收訖，與趙同訪而去。
廿九日晴。上午劉郵甥三來，云有急用，送札，將我應來墓地一分捐半，又將街全荒地十捐均分，歸余因借款指明墨去。
劉先已得，因自聞伊其以情不得，偕殺酒飯去。午後余病疾苦甚，又思好之時即應矣，勿理，偕光去而
捆猪事適乃余知其困重之。沈恪甚未取，特應轉，原開十千五日，送說定一張，八元付六元去。後
挽詩聯，擬府，晚病更甚，猪覺困倦。至三更始睡去。
三十日晴。早為子研書代楚卿七律一首，自書古一首，代陸籌翊挽聯一，自挽一，又戲一道至午。周六來，啟焰來。
未刻，李子俊、喬君亮山來，執偕四書墓稿，談將二地偕售，問其價共須廿元，余無以安，源且價四卯決不定，宝
俊乃勸其留一至再三，伊以急難歸，余要款但一函不可價，日甚，至恪未住向又為之撰，竭擾，言余對家存之絶
從此後向借欵多得，將以加一地矣，拆共十二元，除分恤上月付過將付八元，匆將該地二畝一契計價之應除欵，此四元零
伊又一再情勉將地加入，晚復增此十元。如價又須十四元，余對以將此代筆四角帮入，合共撥除欵。然晚又用九元為詞
且一面書契之成，深恐書另，余遂改稿至時語意。余亦出由門團之，庶見收不住上三日帳，是日至送，嫁與王年要絶
每有啟害不付者，至天成查，後性因不得未付之。和臣見楚卿，與談市西居門已如園生意少而加貴，日辨遂取息八
元，今批伍二釐，則出再過一市一梨，歸途問日落矣。
口
而更老頭三掐叩門，持二契至，其地契價地擬五分。李光道臣一也，田亞來寫二也，至中孫又為號已押而
不知其書，發書三也。未將價補押，雜之為未去，後余知付八元，告其情去。

閏月之初早大之陰地洞法司不做工。祇屋中揚烟囱出，而不傳烟，生火屋且太暗，須出光亮，又收拾櫥櫃扃，
一時雖于收全。事並零亂碑帖歸安之。佃人方楊莊生店傭人來看屋地，推十百相拜云云。延備看器也。宋去。霞州向公
蘭似淨貴及城邊池上池邦大深，且許地內不甚宜種竹，成器合為大利，未免失之計。第二本法繁，此力任及費心神
布置不可。祖跳霧華歸，傳上月牌，又請今日相又國本其伊以支。着出剃頭于路前，途中過山洪，嚴君昨夜付
深及粉話，以免隔與地粉所差甚多，或此綫出河粉來了。其言似未合。憾之。言剃言孝代書數人加一俱。鉴皆
頃替所為逼徐氏，實他出見諸二同請彼遣寬椎五日司註看來屋依然七狼，快與大三狼語及余全
字君來手隨歸。
夜一再語健雅人家世，陸簡俊之法。桐君送羊肉一碗至，屋尖惠，又雅男蒼。
晴。早作書看舊稿，早至地一同于那之得，又為宅。途中押收伊子郭少製屋，不下十丈，甚有理。少坐，仍之宗翰快朕
等自携至葉宅，並見葉氏族人又湯子京弟伯郁同理料，斎枯雨一二尺之出，村人叫往長安，稱道莊之人近矣
云利店有一花傷擬為出之貨不情，法開鬧案諸解之不好。子衡來，晤之，言悅承玉言須避小東門以至北門以月寒，半途歸
庚中分板全戰，接中兹靜作，合肥與歡此時和議未必即成，以萬邦人難亦惡禍之首為難矣。
子函為家務所用頭。夜常發擾。
六宗壽來

初三晴　趙司來工四　砌最後　宜生帮同揩泥挑水理磚砌柳木填廉作平至地脚之　做不能傍閑而證　砌撐泥墻
西　加高，又六工，又做三工六刻，加二十二工不可心隨，加移做條捆要摸，多工不要搭理，此等要緊，實不能開口之。計斗至內
工　十四兩柴（不付）掃刂麻毛計二　未高極來　內子囊粹至藥　午後即至地塔　去後即令宜生隨之　店　服藥　四角　付錢
乃北人到的打在宮或支　什付保三角說　又大同源共麻肅符於內令角四里值友入果我與許國之理論
初一在店不信我限價既中性理乃自肥後雜西世次且旦至今善為兩保難對人實唯利是圖責之統歡惶
執蓋去私加等整得如顏代去院並出到店市楊業累工　怡國取工　二元二角歸　內子去葉
留四時平借其匠急至一工　眼店以極押請人住院不協而業又屬動慾諸為不合緣座所之已到即出取見乞口
之葉昂子研宣諸人間（與）請至午後之店云欲抹表（高言）擔往有可共商即出其收又小飲畢仍回葉購幸微華豆
餘怕感加添土以靜步頓見藏樹過欲抹宅細告　王祠校門並畢工　計保四力十元　並已典簽為之但內廳水翻破
推柱加高地御碼云此之高給元不加以上年必能稿任令力不及屬高或之餘同劝措助　藉書並先許惜年歲於此而
其子並余以稿翻改寄與不過二三十元　若是此祠既有族長經理須知及今未來商借兩者尚收情願而愛祠人往太多矣
踢底出將祠中去息苦情與未到嵒族皆言高畏不易畢了之由伊以又因余豐並不知余之憤益不責祿但隨令之
為欲一也且伊來留豹兒反字鄙人多不理慶改重孔子而西蕃香西來院為人卿而無不可鄙夷婦字處心是
詹平屬我並卿令士之不達者多皆為少見但達即視異學必有之達御豐有出御令之卻智皆者避息日何為無欣
六吉闌出其中余少累陈此多之占不願但往陽閑再　儲至東去字去有暴質兩書北獄屏似有進境

帖十八領，看倪墨卿五閩中丞書大楷，格局似學柳，年僅十五六，筆已拙樸，雅俗見孫稚伯，旧友也，說其事，又見錫
三姊，兩言無家出分之法，欲分自於彭五弟，未了二弟分，唯此二次無詞，殆諒之。厨下帶東未遂，不然必又成就，多追六舅之一
之兒出之，叢累料理，姜茂與雅作村福，遂去住寸內，宗然後出飲，與俞青林談，說丙丈君等，尚未理楚，待其之呼
健令歸。
初五　晴。修袋九工，共武；泥作五工，共十九工。尚未取桐梯、東蔴繩，麻甚，煮烟得八角，旧存無。至午後畢，揚郭丙山
要取找信一元，地洋付一元，以零件不湊手，僅之程改地塘工。吳君歸也，來書說之，庭院修好，索一笋，似得有之交
之戎，寸價不得，與禮念，頗合，其色淺了。砌地趨日，又請修補貼工，滿不見事成。沈工大忠來，之出來，已六十庚也
累之　許也林至，相司力吉，其修理祠堂，翻改上下，伊必需議道由，已是至祠，又見有泥作，在亦修，今日田獨不論之
泥作王和慶，上至欲家起造，明此洋之少，修不與，上實圍柏以石云，做欲改飾，余君殿檻太低，欲又為還善，所起屋難
非援真，保進院之許地，又恐多歇地，須鋪地平，二日告辭歸住，兌多未光，嘈雜，居甚一二家，出乃似不淨小，話此川
到店無取，予仍由該地，春之別開中日許，從御橋一二川，其屋無理，被是以歸。午後，內子四
初六　晴。修袋武工，泥作四工，共伍。保取同保袋麻，圍之四所，為雜目麻朋，用以操及備，衍接麻于，飭去歸，其擔者
并令使書，舊地廢，香郎　沈弁他，其泥工沈四，多謂要向之　罗旧諸弓，他往諸炸　李氏挈山家存不收
陳也，吾家太東門，詢山塘陳稱邦，和長兄回，俟定，該有，不定，乃出西向，說蔡術等，天雨辭，遂佳不飲
遂往徐川一視，舊宅北之庭，三尤取予。沈之之，近許甚悉，從敵用貴，遂由西門至虞，今，歐二社

趙日來函得付去之幾函　謝因與之五臧了事此其二十二不知何云

初七晴　熱二二其六五度作雷　共收十萬一千行中不謝他家來段　悅眼來去不照　石譜另論無古義除臧

已扇冬冬東布處查丁計得二萬兩　不黃實本行計是年文　本錢之物條收晚到之去後地查工東端動多

多滯口快即北入廣見孫殿清悟君　留谈語同後日來布了有不去了　腰鞭入店羊艇西出城　店取得二萬　市

色修一支于楊震興　卅兩二角　過屋內陪東眉云已陞稅仲又二次云須運耳去來不多地址去东小做有屋可用

不須想州屋交涉　盡之在有意屋不可用過且有屋可租　要之寓須定章為屋三無所屋地非奢館出用可存

閑植桑條矣　約而去交諸余　修一園寓以遂入城又與留一之而過市　要查種一角許　修儀二三坪行前

初八晴早　抨開結門　回見分房門與壹寓分門均經譚與者諸人去證知城過查之園東寓去二戶內外房門

取之自西諸人昨去相視　仍是形而入不知從外向天井而下　樓查抨之查寓與房門問係待寓又為能開進而果

始由地上去　所且又舉來糧于兩街間　和諸鄰集成疑以為或伊竟通他賊為之　第二次上寓不應來得此一

也諸人應以平不肯一種寓二也　目前當市賣米二石　留此恐不合以矣　使為寓去二也因大盡恨而二見一是

用該不看心偽道界有識者之人取之物　署前或會找樹衙請得或房捕快會同查界指道人以使破

案乃已　無如此等子弟　無用虛懦　但開上堂嘆　當不知傳寓時應　東當傳人以要其出來法交　要有所作為

又通不過楠合家田聚首不能供給　坐此一家以類　似此不便另業皆論自向　得查家出保城等以為方獲

方為眾人矣　甚情之餘　實恨子弟之業累無作用　故屬為者　類其者也　周六五千來帶查視附門內

泥作五工共廿工 致南枝楼卅一斤十二 大隆桂堂成議書說其素議修祠事務以出于錫安居間說向補巷蕭九莊樣
來乃為補班君因去生未見告一來影 今查詳訪欣林于家請求往迎作畫楊情切一再 蓮作材石浮三處
付剪仙周官又君定為余書詩可于扇並西定森屏字 欣未出論及詞字 余直陳君稍糊改不須小作而觀
懷本殿精作枝模隆海此大欲重趙仙子 欣林會竟謂靜作不字且侯懷公因幾對無臣欲而毋如此乃予云余略
應心他年必能為志者哉已晨 西北市行一趟留歸 會陸地圖 仍照事指 履洩地步矣 鐵七至粵人多殷見
陳某云有 任由致 查龍山二百福 佳捐來矣 錢二春朵付二角另大清說 何安京為偉當閻書

初九 晴 泥作五工共 收矣 将抵田卿 送居士奇母逐神祀而 李菊生母又 西業根書 明日大险
午陈杉三妻至皆給卯亥申至至地 錦工逐木 作一口收 在乃北到店 子俶謂田事 實惜祖間之市上肉 卅 并零物
度居前三扁共十角 並還 西聽 翔林及孫菘伯一之 契閱五至地与趙司号明日 須趙一王 裕定東
嚴掃說租至之一話 且予茂書 居秀梅并圖 謂地收買共十餘畝二地三間屋以之抵桑最宜 因其土為田
其果出種佳 收成有把握 苦利甚傷云云

初十 晴 晴泥作李居摘籽而至 座桂將放 天燥其花樹均需灌溉 作券簽十許 申刻出防展正面
望泥成將鋪 趙司上三共知 素修墳墓之停北大庄永仙萬王 托小阿福安到 時銷十一林去
將子角自携四角之因似不足 計當三村 夜趙司來取保 付四元共二元 与論工錢十洋恭順後之
又至店有利一 查某又 隨后國
四千七之矣 計泥作四十二工收 計之約十分 文隨升收

十一晴。早偕莪打點一壺春，閱邑廟。巳刻内子未刻即出，一分路中到鋪，看演三齣，廣三五讀，閒福寶事。
王仰山同話一晌，婦怪盛見照鏡屏，乃洋場房屋，積々蕭疏，異境其樓數十，常隨之可嘗峻嶒風景。
性乎今人不重我中山之人物矣，悅之，留又接入一觀，同之廣店一吸，會稽而有市山蕭句，上有四一條，押留以租戶。
聞知昨夜四更高家弄唐氏失慎，無龍屋，石燬其屋物，至傷四人，一老婦一生婦女一孫女一婢。
皆因俱燬，盛夷慘不忍睹。唐氏係省三先生之後也。
十二晴。玩寫樹石，出校，遂至雙作花，後客宦室讓少坐，即北至廟，剝早，散到廣店，收長壽寶來上二
播信附之，有鑑盤玉器者出示一銅爵，視之，周彝，即銅爵，似唐前物，即共直需一元，約乃以四角
歸白之取屋店，細上一洗，並至紅綠相間，必在唐前物也。帶歸。
十三晴陰，天氣溫，似有雪狀。桂花盛開。至溫以廣之劉君李梅公，談作時未訪。祝稿仁昌來，店有信來
靜之與藤若以地屋四間賣於，亦設此信子錢得利，且須貼費，均以同等款，不可遽計，我你今以款為撥
惟想其指中間款，拆挂貼，以屋亦色，格理甚慨，特此乃信子者俱貸于會用，而其數亦難查定
前年之一言之，其後借貸，至今指此款不知作何開銷，理此更難，他云年以千計，律貼此，半你可了之
余頗以為先西街堂開利源為要，至利已相勉。勸第赤子據括何莊，仲山之友人，其者為惟為先生有
汪宜留飯話久之。未刻至盛得世兄，申刻至北邑，悅泉得和風蕭剃頭，閒談而返，閒談不久耳。

收以兄得七弟之玫瑰宝石及零件佳，信瓶買璐尧得一元四，璐坊大東橋脆晚雲，仍過悦来話歸。夜剃大盤二层方
歎慷口腹之福。吾詞律檢畫至二更。夜雨悽悄。
十四 陰。趙屈司笑性，找得三元八角，計工共四十二工，外伴裸加替圳得升釘作。又買旧磚七百塊，除得六元角半，共得十一元省，付五元
乃說蓋般心全保恩關口程嘵口為有工動筆，實懷而良，余心甚恨，且即不得慢罵，而猶不出錢，佳思此等下累且住
迨已上其書，袪君氣陸心記，誓使之好書，以了此事。真只是待小人用之作之難耳。狀歸哲聚孫四妻當
排人物于箋千華果字摘樹，全靜書又片玫注載，庭滿男趣為傷得，極經稿獲完辭，著圍六道。未刻補殺
陸。來孫昔從來由必深查，互異賊誰而書，蓋三次失當于實，怪家人一不為意，故延至今也。中刻出，于錢店托顧
保錢于路蕭黃觀風，示之青值，錢帛行店，錫坐一時。入徐宅，寄司司來，惟風于牆防，青小与實賓證。張子楷在云：說當大偕屆
許燈，開去山山水以稠，此書對舟讓候，售伊小城今出有洸。老在江山邨役踐者，歸濡布詢其夏，向失守西垂，合邨無
移聚西擁後，錄主夫逃城內，其去三三二，現無繹絡通而疫氣盛，乃共死計萬數，伊于亂中守居，不進，乃存頭數矣，失償人
物重者藏于蓋樓，華中乃得完。余入廣無雨，乃夜報，即歸。由後地，門已閉矣。
一已悦泉石西。夜讀經世續編。
十五 陰。昨夜雨，日陰，夜善讀，不門至午，乃不能記憶，午後雨甚。上樓尋書，不得，作篆十數。至夜院不能出門。
心情甚苦，聊執諸務，楼一不得，手植費，慎惜何益。
十六 晴。早伯尚寫字，試筆，後筆不忌。哉，昨夜逗來吹病，發哉，下不能動，若甚，手決擱病，少止。

於廟市人物閒之以余寫人物略事衣褶則亦能事自謂用筆較諸吏學惜乎精力已不
能向學矣晚出詢桐到廣北市繫未成出城轎方四更伏歸一種店取澆埝一元坪連湯鄉郎
今明日據票歟擬用六日　云白地歸　夜病發不安傍夜
十六日晴連陰日五飛來乞桂花許之巳刻施錫洪田錫來謂子雲頗似風痺種種起居迥異今昔早去
門不知何之謂鉛入關美日出勿借殊為詫異前來巳刻又形令四妙導謂今一意令早為辦回理病成遂留飯
至晚伊門西入乃亦留飯勸慰再三彼執迷不悟吾勸無益蓋癡望有糧家人亦勉強一一不妨石於給
至申刻伊呈往入山又將四卿共人賚錢伊祖孫子諸用力爭搭去文字而去心殊不甚然此集重而執一
請證也　未刻至金山拈票未換一日十七雅刻就詢其店狀　陪儀卿子去寫送禮　請府儀嘉詩焚之而入
桐申刻自採桂花贈姊作飯畢道過鄰喚衙接出北到廣店談工事陪及四之行為道田場去告日記
病成有不測再四余付西洋之錢陸一元市樓大雨腳下乃歸　夜勸慰玉重而伊執迷如舊
十八日晴晨仍與玉論為人之法開悟為精有時少醒乃哭偕附吴與山敘然彼一到即糊仍無要去入杜殊多
果言忌冀東情多疑及閒執作之傷其自己何快樂不聞他言乃或反面為尚不能醫藥矣余出北轉六廣市
內省歸　知玉查四卿幸善四諸去不應
十九日晴早見張鏡如和之（內三部）門入之蔡秋棠自十四至有十七夜三更忽劇但程無甚五更即時氣絕今身到
上家能加聖將事蓋五六年與儒廣臣含樸聘李桂舒汝乞請往察無為知事志急劇而傳

广婴犹究难未定，而阮已为之急，变臣、桂馨已致，不能不独任，遂往入睦莊氏，请凤甫、威臣、三郎、李在晤并会
勿言此下定家根，而五日只度。秋棠寄余之函，谓母也公出，独尊一再致请玉李说，既随伺窗床于帐房，见又咸友
数十臣到，与玉宣桥即入玉田，谅言母病甚，余告此事，又向询数数，恭维允从，将帐石而不纳，间楚卿亦无免，久久回家
陈之久候一刻，再往宅，趋稍稍坐，请宜德君再往二次，与言将悟楚卿除此，楚卿尤甚，不勉而惟与拂向，与不论谁主
玉田一味孩气，寄说：附君我待为搞，任归未得，于路其官者妻亦婴地子楚卿细论，及无素，称自阁玉向室，楚卿归由
坐之即入桂府，桂春中归，收床钟，终余呼告之，伊欲手不允，以强劝向之，仍于一日而能备，亦即示饰不计其转，扶之
决难归成，余合神，君往敲冬益益，又四蔡，时已未，及午张，请人臣之之春宗，亦无能通，除告桂归而秋归，拉之
泰情者乃必成，君分宵，表余尉劝再杯，许再积，即又三次与佳其家门户闭，除同玉田不在，势在垂敝，无玉巡家
李大春股迪话，从其门入桂室，亟请桂归，女言必归，不宜持执，果千万之，泥而桂怫，三然，字谈渭滨者亦到，相与
满决朝于再三四，桂归将允，回其烟水空，宴毁，次日帐请二十。阮有鼓动，正一刻，德眺理允，被仍与圈到，一家告陈
伊议时，亦防将将，毁之极，喜侯，夜通之，以烟必成，余及诸人谓估，家蒲臣，执提，同往说便应法，饭要许与复把
程帐全桂，礼其钦加，摆全福，玉分玉田，等均不收，以三株与楚，择其仙，王吏试再入府，就道名去，一味抱拐，迫
四技，请女在一家，扶持，子切，恭回德动旋，呼之妹言而诸臣速入城，再商，待至夕，受四云，其惧包余所厥之郎
怀痛不能忍，请投余而劝余，又下议，将眠，眠允，可谓懊悔心根，我之欲泄忍，益捡礼帖，详无衣饰，亦以
小小于壹室，会诵，稍谈去，以其一刻天明，与人等寝，甚多，达四字

廿一晴。微咳，延宗診，以不寐心跳，口腔生瘡，病又花五元。余飲十劑，花白冠之冠袍褂坐衣，被人戲言，意甚不悅，只

三十三元，余以十五元十斤頭程。是日陰雨，作書與雄甫，歷西牆上防守小口。付一角五分。蔣氏二次來請，余在陳中午長

未刻送起雅四元用錢，收年餉，因小收興，五元來往陳明上日，以其姊陳家照應，知加挖加之，另禮六韓，偕帳房備國

具衣對。與樑李宅已在浴盤議，另雇用人預備一切，並送禮與樓。入帳房，備檔，仰沈寔。　董之增小語，靜明

是早爲李氏請往寄柩，又三五頭宜升門，至結伊相好十六元之，送靜，晚代錄稿至余，呼奶，既不支，故也，久之歸。

蔡弟西論帖及雅會。仰山送段樣往花莖堂，掃除一畫。袁要事接雜，私全仙要，子在子宗老老屋，陸燭，只烟茶代

此早歸，如袁事已送宗辭，生正常帳房設一七箋。廚所自職，平順海鹽，各段，吳請寅、狀睛，華世諸單，禮桐不點，余子

伊老宅宴拜樣，請伏余，乃開書文，而雜令靜代飲粘，不允，余與解，不敢再問費，余又得此，而候是利，往處，並令各

不治喜，又余以爲禮據已全決，去他，順快六角三請，使李吉發至余并戌，替五付靜袍掛，使在館代樣，錄稿

五三木許，呼與不得出門，模糊已跟，不宜樓樓，至踏電霧，持炬至石花池閘，防有與夫，喚請且往請　喬一直

禮辦，至呼人全之，老屋未結。視之乃生小生母，遂空與偶，占內子語，後經常幣，遂派只如歷禀

廿二日晴。二日送四五禮金，是茶付，靜歸，知新人已去結，在村小城。返往姪，歸知，新揭作于宜橋西門西，秉堂，則已屬供來。

早食頗佳，又痛，至吾力健，往楊觀風，巻不同，余責言。午後胸次不和，酸發于胆胃，腹中咯咯有聲，已

臨近下午更甚，殊不能出。更以魚鴻大少眠，難隱甚，如水不止，至天明復疲。

廿一日　晴。寿水寫，數次勉起，精神頓困。懿近居未見來。我持儲威存款風卷雜感律四首，上二首別能於雄健中寓淳厚典則，中有聲調，氣味韻雋，未示靜閱者。特函問媒金付貼官用之況，還內欠況，又當努力籌南阮，承得償之三元。壽十年作之一頓，聲之此對，帚者當面來，雖未之其是非，力關生財，進出有定數，自身至一家，撙節有準，使日贏存，備不虞。乃石蟾題福此，書得年龄。百來人等，我不程學家人力資理，耕作無規格，從出不行，穀不為窮累。堪勉籌方，程式失墜，書者難期免，措據況策。惟以資生耶？耕者此絕為懶墮，不出門，畏市。陶未糧米等不素，敵然乃觀畫跋，工梅松石，年先生大冊閱玩，來已暝。

廿二日　晴。作書跋，羅錫含男存兄及今乃知已往，御其細思，畫理用筆宜古厚，如南師上上人物，窮其神似，不失厚簡。甚於高巖峻嶺，大壑深壑，亦必圖畫。此更加見之，使然自然之庸史畫異，一紙保傳足徵千古，不必悅目時人也。至若寫湘天幽眇之境，楊柳疏林，庭梅落月，非用輕倩能毫以叔風華。青綠自唐人開細致渾，南宋法門及宋元明，漸以簡貴，雅宦雲之竊比數，勝而古致隆矣。惜年老衰，不能從事，窮其法以成一代畫祖何。年後魚鼻發，寫一冊橫幅，亂石深樹危崖，點然用意，布置井井，置於大家冊中亦不愧。惟席粗能于蕭，故此常示余，用勉一幅，方伯來，寫畢去。寶璟應古山著

到店詢作楷葉氏五節一只不收 借得二角市贊回 歸過桐門招言出一騎篤立幅 書派而少墨韻 遂歸
在劍盟伯之病少已 雨史至樓閱石香先生冊 其古厚福健過人 不能追躡 即前人亦難 望加篤益其
書法精深閱卷取厚 然時人不識也 原作者路修師先生 而人每惜黑筆無風致 惟其從而于次樣時
望灘不悅時趨 所以成就如其雄放 書朋謂得力在此 而不入時目者在此 嗚呼 安得起地下鑒家而一
論也

廿四日 晴 試作殘雪梅冊 試作楷題簽書 題畫書法不能拔俗也 二兩裡未來 偕寺翻然 筆補程如亦至 申
少于祥雲見王石和山水小幅 又到紋花卉人物 與蔡毅卿 吳慧宣 查詢春仍可謂倩吳少仙來得第一樓 晚偕
偕詢紀狀 因言海岱堤務 光緒十五年分海中忽涸現城郭街市 內多古錢 搞萬 日有收藏家收買 半月
小玉即陸篆蒼時為 梁為祥出版說陷者 名之為北到恒盛 取上 二元二角 過映雪 詢朗高書 陸玉壺仿雨田翁
之董石中幅 同蘇陸孟山為許 余去玩閱者 又劉倩小仙石 真古意盎然 之無大趣 與誠秋之出 蔵花卉扇
橋及梅作以示郭之 到店主意 價尤一元 付過南 過恒記 張萬壽 周蔭過南之 此事不和 保定國 京山海關 皆
陷而獨又及 康覺作亂于南 廣東西四頭 播超 程世大 委中家作之雖安枕 又為四明公所 又為法焉 所不
者 掃動于滬 絕且相傳出事 零物羊腳等歸 在靜之鄭錫昶已過 羅二元久即付過之 然此次仍以
救風不認真作 看反為保國排循 緣不解其于陰生之術 德俊即以于搞吳強上樓
書宗人以余昨日訪寄 望作題 其信與佳 蔡三郎告曰勤勤
以存再年以有師大利也

廿五日 晴 早煮烟得八分 未十即成 總後打點玩冊一過 靜法未當未歸

夜深忽有雨聲作

記改七薌題蕉石人物西帖云：庭中只堪宜一本，棣棠題詩不在多

懷。諸未結欵，遂出門，便之北店詢四已佈四局之，不見。北出城過幼圃一話，至白馬廟觀劇，蓋三年不到

矣。班演九伴衣錦久至夜入廟庭讓多睽。孰覔當年六丹盡跡，易從問書畫金石耶也。鵝鵝孟平買棕

見夫行名屋者為他人占謂僻歸歸，對年諸州昔像，尾產本歸他人，不禁感慨係之。詢佈于店，談入飲酥與之論之

之安取那大動，氣急，時已晚，乃改入丁萬大者大環錦一斤，我拜五十萬年。書價滿還，阻攜歸，將加錦

被之用。　是夜於楊同官餛飩作點。　夜有風，窗動有聲。

廿六日　晴。二兩烟第同翻錦寫一柳冊，改從徐壽一路，著筆輕淡，略能入目，惟表頁粗紙，筆不能

運墨如紙。至中初出，祥霞同讀，乃入葉氏見鄭仰未見，又見仰山、沈吳朱等，猶次押請新歸見

神道碑中書蒼謁又收藏大三桶阿太後入小吃，啟厥佈，孰市屋狀及昔男子情狀，余以昨未請石知

他宅屋佈道禮坊，進齋也。出到店，香拍抹澤。路過益大，向欵棉價一刻。候四已將燈矣。

魏本蒼閱西壽于古厚士氣中　拾到一本

廿七日　陰。鈞日太和暖，如初夏。設飯意也。檢舊收存，收拾昨作，又阮石年冊，其沈厚，更近今百年不復見也。下

路欵南林來茶話，菊日過錦川、如竹云，程宗詞樂相助，撰談余社商籬云，阮田見未改，出刷証

于店且話，欵林宅，入西亭。錫三林之一在之堂，設麵改稍待，余亦小飲，加点不過數十元，然一府

以殿撰任淺姜雅傳人助金而工未見付，從此再或肯許否乞更勸屠戴等於中宜者自致余又云小生所壽
成款頂回千已動工盡款最難況斜川女姓婿為海人程者所讎然請與階之說以書與錫之說之大概學錦恨
甫子伯英次女字孫次孝孫子 孫蔚如海甘妾榆字吳門張月樓子韞玉云議修宗譜伊亦此支已成稿起本年
甲午逢陸蘭洲桂之同の祠相李氏工程東劉快兒班空地未重促作隨令往年寄見不高亞從四份宅取歸
辛丑從劭先致函徒露三日再往書玉蘇門地附屋乃固刊有君接來四段均未美蓮入渭留詳至上燈
翻臣等前四兒樣進乃吳酒留饍 六年執炬歸　中途火爆竟火于曹姓宅家
夜寫後漢書吳漢陳俊傳

廿八上夜風聲大作　起遲已雨寒甚閱六嘉留千餘路均經修季往閒要仲氏乃生言予女由長安二年
無虞至王漆作向書支之祠聯中剝出聞祠聯于丑隸作者有印北刻居罢逍蔣梅孫夢調布環自
宜與歸伊在剝村　錢穀尚及飯穀進益家旅用勸其時照生宅局且被書一套常將簡有面交達之
書來發大不餘積困之從早來訪或有事商余告余北向恆極誌書全喜欲居雖見陳近將
聯用條量長短尺寸錄字句畢與梅孫譚畫　逕南市魚肉　甬見細圓一話又市鯉二鯖甬
執歸殘年之黎殿卿告以蔣婆寫之屋偽根從備則舊當旧値屋相接　舊重花院錢崇花甚佳宜伊之意酬
屋太狹損而見夫人不甚洽意且從寓之剝田家　夜剝留辰

祠堂联云：太原衍系啟綿水播生，懷當年子孝父忠，七百載猶留威武；存
安化韶封陟官賜第，欣此日河清海晏，億萬年永奠蒸嘗。欽旌　起敦睦族　薦
下款同治七年九月中浣孫春書　乃澍祖父　桂生稿　其三十五世孫淮　三十六世孫　嗣驛　孫堯　國安　浩吉　龍本　孫樹　孫林　寶衛
余憐書太忠僅句亦不甚切，欣姑亦云太好，庶改寫，庶乃擬改昭昇下者保赴。
敦宗睦族億萬年句，太祖薦蒸嘗矣。三更閱後漢祭肜傳，徧何乃遂人名。二十三世孫乃倩　鈞興　乃德齡　迎　盛昌
見施太仰云，其高簡大幅于孫守鄉，余憐致有畫數件請其附看出售，以早交付。任光傳城頭子路亦是逕冠名。
廿九　晴，寒可禦棉。早售枯柴三文，其賣道糕。書沈仰園、孫安娛，又陳孫庭來要送三角捨鄧家，聯並果行書直幅。
易書得與二西燈間談兩家事。伊今猶女其晚方間試官祠聯中刻，擬出大東門說思理禎太保（祭？）舊面（？）。
畫花卉一紙，桐福友行不面到店，子徹之沂鎮，市面之攘倒，性相屬，華康吉程兩路，出崇雲大及九米行岸。
海分与舊說，住來此，近和原取息女元爲吉芳聯，須款，待息或少減乃可還付，恢全木工，找式元訖。●
庭仰覓倩漢書
九月乙朔　陰陰，霜降日，早鄰司迎秋，祭將後取鑼，不意傍濟漏于床，跟窘之甚，又須洗濯被褥，竟無以成。
老病途起，至于淹水漏二鼓，周身不適，将（？）枼者，以其有石灰羊角，冤死欲退，說和說其一角，贊乘之，五成書。
栽帶作聯，姜姜所勉出訪蔣福孫于家，係福城孫子義子，福之曾任淅湯教諭，詳其入見之識。

之館子貞來劉咏壽樹屏乃劉景韓之胞弟伊有欽頒典禮本屆之期袁太和公爵以前六七二十日于
田莊中洋庄之日子辛醜即回里僕成千稿告閱報中有崇綺謚文忠李秉衡忠節西陵俄堅于不和
俄之官東三省中國如何可保真偷生一日安閒湖樓日畫午　集耕桑
初二晴黎明又富身無力強因為研墨書祠堂聯約大半即入數田院弱不復多寫更易時已復即持付
為息畫園來遊園執使請花盤之價不甚受訂即屋手菱發而僕庄細白茶情況有蒼黃並所
蓋興絕止醒而僮挑之園西湖溝為祠醮氣並歸加溝因書園云而罷書返壽夜思樹生陸動
于稿合健此入祥霧露一家幾壽難太暢一一室獨僕到各處一閒搬本的午膳祖園留之雜職
初三晴晨初祥覺澀當三誤滿窗寰夜若並玉窟勉起至午行十錢汎閒為不暢膳後醒之書春
頭熱為覺咽喉清高又拂待之薬與二不能全書復飲霧熱恐咸沉疾
之夕山夜病甚多畏　夜三更起
初四晴早病如舊午後少止嚴侄歡許飲方卓齊澤隱厚朴苹蔚又請朱菁伯來診至晚不至孫屆不解
莽楊聊來訪不熟安祗靜與楊談　夜仍起兩三次皆痛甚難堪之極
初五晴徹灯書西來予伊食澤隱上思清胡澤蘭用蓄根炭十之味即過點金州寇子訪靜云前擬為若奎玉
孫楊夏七年子之北門誤必但未知姓名聞夏子為母病割股母殺而子之不生上殊瑣及申刻淚掣隱孫自吉愚玉
午前多以平安糧食服當及隱兩三次覺書決勝痛甚而解粗之裁梁陪上上泉院而飲藥隱果中止夜為茶數
兩隱但不多食余以路哭而之多換毀舒為佳于是食之夜以少安但未依准樞呂小傳

靜之寄來之序梅詩于院學雯 勝李七元 得李四元 以為能同學者勉為之 又云孫文樣畫四十一孫 連及廣州勢力數大孫尚為
西邑十餘年 首謀不軌 逸于歐 我西使獲之 使館將縊而奕例為賀臣大不然 聖帝寬 釋放之 是縱虎山林 雖于隱後
矣 云云 名儒聯識 此次勝日移是中土 各國不難據我中土地 其有別生異識 以英法商權利全而諸國補償 似亦要
各國殊觀之心 我必戒 特書借之竊恭之商民 如入五龍之物 宜于海上 東南與北並重 亦上在西陸 雞豈異 及時仰不成
不勝眉懷 惟夏文重東南有之之積者 揭竿為亂 有司有識者宜先事速集商富兼亦備衛為急 共之牌

初六晴 四更已醒 覺病稍輕 而手足不安 屢屢思起 追天明下樓 看趙英殊益明取火砲 自覺病減已去 全止神情已
瘧頗甚 聞郭餘三天明逝世 餘三月前售地四十 我見其病之 以因于無上 戚七每一上下一頃 奧 一子將何為計 殊堪惆悵
晚請疾稍瘥 瘥中摘錄文要書 茲看之以書為韵 又試書寫 桐君於靜煙一塊 未高腳 四草加炷點之不甚
壅 伊自謂住我煙 畏燒後然不合用 何耶 系還之 高八非玉
夜間首昏 便起看

初七晴 天甚溫 祇穿單襖 趕千市寄書 又會韋百聞 萬古泰蕭英生 以油桐點各樹 四海屋前 舍人要 西熟及歎
僕呆侮 錢幸始利 佝之指日胃十難 旁夜達微直 因言久靜 列謀學得文 至夜留僅指燃之 取六書之之

初八晴 送郭餘三歿 書以禮一角 不知何以成注 四燭未曾 茶前送 因禮知同媽后在 窮貧遂書 陳菊歸來與四家以書戒之彭
之老佳振十元 然且不足 九元并同知菊之無人理 打四馬哭 歸之雜哭 女遠避菊之謂妄 過十要數年已失 而彭挾祈取
錢保人責女十兩 由其族口非妻押于茲郎 尋長尾于二然為賊藏 當執來物者 西門一帶人情之貧 此真非
義地 時均非之

前日柵隨勘看候宗祠之議，後諸從西斜川不知有吳霞音弟參期在迩，恐不及事，至祠中畫聯片

聯。即于前日往諸作核數長短，隨即書付被並令速成應期，但恐自月朔患水瀉，日數十行，至遍不可言

今日畧止，並用備形消息矣。只請作然仍須借其倪何着，頗費熟心，特此奉詢，敬候

接霞知信，斜待從葬與汝舟商兩，伊患目疾。綠成來，畧談與靜詩文藝備出

夜雷電雨交作，不甚大，天明止

重九 滿城風雨，然不甚寒，寒甚須作大冷風大雨也。早市趁去作食，種植從菊，請亦翻泥去梅甘

試寫楷三四百字。靜攜四親風來，美術陸庵二題不誤，從與三角，如此真得體難矣，利內悦安今矛

已留午飯，為昨濂源與其母爭罵，請余建不知是余久未出門也。濂兒下日甚甚，不明且無閱歷，度理均自

為此閑野真無堪恨，蒲莫風雨蕭蕭，詩業寫篆精錄默錫，糟雖免誤處

夜閱陵洋樂統至無傳，深悟國與家大盛之後，主人與客人皆奢靡安作，不戒疏誕妄識，無遠破

滅自古伊然，今日國事豈異所任，家室滅亡皆不免此，後王深思所以為戒，而所以外國傳統只举二年

已往如平民，誠有見於是也。我國此時仕於郡之後，習為不憐問閻多矣，後人為之長計者，務得發人窮即

應追家僻閑家內雇傭子弟自立虐，好鮮不敗數矣。書識于佚事之至為切要之之

初十 晴 雷寒之日，稍而棉，市製之作襖，用一角，將午四錫來由之。渠世因犯獄者母已出，往候廬之，余大駭，從閭塞閭

四以人事之在伊無虜失守，據其家爭讓，欲洗刷而以告余，余之閱世難之，陸于體重大，猝然究人且勞枝之此詢問

乃云三面戲已完閱致意蓋亦人即喜名伶繁素言而四五後來重述諸人皆實而內子亦不能睹庭蓬為其子以遇
帖嬲然為之使其知其男妃為主意已實並節不能不忍處或失宗之將人送來醉售以何理被小女子莫知而務與邪徑大佳
作友相勝往為人誘其異撥喜而亦反亦不惜偶為誘引則死而有覺被下流等作惡實人而自陷之人而不憐耶况下風俗
日信鄙氏上下青少皆喜規潰以出此等房族種西殊怪何暫之下也頌使捨棄之而興言請之而觀而為退擯被父母在
堂下何以為情先二年嫂母族至請媒説返門彼家謂不允去謂申刻玉如來使媳來望送踏糖又燒餅因亦來向其爲租戶
間實人物一二日暮繼誠來謂伊父相商請此事之傳信辭不獲並與出還王蘭仙致意陳振桐定伊一味去
樂於盛亦私役聯喜而亦甚難置辭余略為重大後日亦不得不深為之思長思久之留庭飯之間靜來而議集
本室碍滓多且擱因難云　和議似有成意謂王欽身臨禁一西賠費四百兆六年清撥以旅順歷抵二也以天
津為分地三也來師老將二千罷兵以後不准兵為國軍大五也總以皇上回京從西兵撤退此是中國豈成為
國閱之憤懣填膺　桐出王夔石為大掌信稿皇上至二千石兒五次促剛趙與伊三人皆令隨駕不意廿一煩之而
群困知宮鑾已於二乃逃避雅衣乘車馬投僧寺不收僧因寺住若干西洋兵府大阻官而于其家用板子遏墻而下乃克
真人出城一路旅宿復以携目捨小米子充粥數日　上至辰索以續兵出門市鎮皆敢喜人烟此次急則北積五夜皆
不相隨出夜亦不過此目古所未有之奇况　哀哉我中國千百年積習不改乃于　今上躬此巡歛而人才從十九來
悟為此難挽回補救嗚呼豈易言哉豈易言哉　二更與靜來月持燭歸　則寶且瘧強困抵不痛未痛之
夜仍來致漢　內子亦來留

十一日晴。早移蘭于室。就日作楷二百字。晚試寫人物。終日游衍消遣，猶不能復元。使畦弟瓊之、藹瑞寄諒兒事不能不縈繞心曲，蓋久不省候之故。晚更雜亂如病，然不解何一旦至此。午莫鈞三來留飯。仍言將隨祖玉嚴往碓眼龍二中剃肉子歸為之。昨日屬三嫂往探，猶雜肆遁。然後其久列居士陳貴返。今午請其陪堂早歸老姆來，即將帖返之。其行使其兒歸，頻面仍歸，諒不他語。可恨此女之性狂，而其只性勿拘，尚不全而其戚串皆無防閑，致釀無窮之恥。以失於身，願有女者，自少長即嚴防閑，及時而嫁為是。

夜看益山二卷。汲洋書三四頁。

十二日晴。早門首一眺，雲蔽葉未脫，寒風颯颯，積深氣象迥殊。午南塘橋族長天源與宗祠生成、㦸來示知宗祠明日頒胙，因及修祠譜與節將余向擬稿告之。余斜川渡舟已捐百元云云，余任其用。長年二人，年均卅擇其之誠勤謹者來充之，日責但祠事經理極不易，余既無親昵，不敢贊議。更陪少間，子雲與悅泉偕至，云悅母病危將逝世，欲預備喪用，可雲獨擔之。殷多悅有上海地皮道契一紙，現須用洋，然不能籌，又不能已，請將道契抵借，言以備喪用。余計兩人即穩而可信，後其寄道契來，有點只云自由契立據已足，但年中不及百兩易代湊成，能無數？且明日當議，因留吸言。晚宋子居有吹桐居來訪，仍挑燈夜偷兩柄金泥請畫山水，繳與伊述伊家及為汝人往杭買進房司，缺但與得成之三元，恐不給，偷話久之。曹晴谷發去。余身日見數困，不耐，傷由昨日之激，不支，為奈。

十三 晴。早稍料理事。呼葉奎甫來，詢以（求陰宥紙）碑蔭碑藥，果已行生辰，并令明日來掃帚、煮烟具、衣帽，令健隨喜往
府玉祠。已已白矢見。仍不多事，不及族中祠（已）邊事，乃多擇以叩為閒議修祠之節，因欲必招齋今日來者請
各族人，利在四出，伊與幽丹指助。余擬大約一過，幽丹子及其姪先等五人，（紀川王宗伯等）誠之借來。先叩修正殿五十元，點（蔡序）招
族者諸房，撥書幽神座而慶，壽世美等指長年飲，昨積欠生息，共十五千，多一善，余與依之先設界祠
中，因為語多，非上此作，資不可，必要錦被，并須加出舟川識才明，狀未來自後不必出資，務令互助，是欲二兩
全存典生息，以期永久云乎。屏石業卿樸庵、又碟石王西來亦行（何國六都）嘗到，乃預祭。余讀祝上祖，饌、祭畢
飲酒無飯，恨甚，即去，歸。（紀）送寫五條賬於門次，而將修費張示多作（二紙），勸之亦定之。余又與戚識以祖及
祠多為難，惟所并余乞其催之。中有令即來君或在限以十月八日止，出又議每元之送料，以為伊派用二百元，而以此
府未照正并議閒諸房。內未而作族中，余歸途呼料說，至靜令之順，或借，或不借，至屏季梅家送吉吃
夜歸，知朱子雷來訪，不值。　　致會恆盛，取洋二元二角。
西法飲靴，將盍粉蔚，嘗生可云：何利而得？程居士云，切近之先，加西洗
南晴。早覺身重氣乏，而須煮烟送動，奎夜來幫，殊不耐倦，至晚半知左之齋底少，背梅梅又一下，自行焙蓋送來
半刹後，玉兩後，飲點之，益以天之氣悶溫，痛極，硃中斷之，（蔡）即令兒子出挥，擬度書兒果意，知極平矣，午後烟燼

○日戊辰　小雨雨止。左仍時發嘔吐，晨又略啜粥，既而又嘔，痰又嘔黃水三次，不能飯。既以福同遣陸紀林係其影
來請覺稼如斲，即屬令為余打烟，兼命温知樂于轎歸借來。一面令靜往取恰盛斗（不過俞檢來二口）。紀林侍吸五上
燈之。子羽請相隆高來診視，用朴杏夏等，即謝別去。夜飲藥二次。晚刻少平，食粥，夜飲加匙粥。　十日一來

十五日陰

數日丙子六病，昨董言為係本身單弱，又係三瘧後久瘧，似子研狀，近加間氣，所以日重且甚
瘧疾日夕纏綿。余擬請子元第診視。余病困日甚，對時重，體似邪似正，幸手檢定，好
伊貴楼第莫用一函，且云堯生十二月辰時二十一日。余乃詩其仍取恰楼，詢其今須用付五十元，而許子雲來談，欲定
嘉樹伊外貫淑池田伊已據信將莫二紙，與夜四五一切並且述係係地與衍廿元，云今年必賠，蘭仗來已二次來面言
角楼且云陸紀林亦至留雲，吸又即留雲。紀林午飯，惟菜甚少。午後陸續去。紀林打烟至夜，雨甚至天，尚世係小等
思懷湯藥之。　夜又作從身發瘧，即尋改又熱。　蘇湛來請

十六日小雨晴之。超樓勉強食減，僅進半盞，終日眠困眠，欲似睡少頃，覺後待子雲不來。紀林亦至，促以友
側談，其我中四儀人陳農十七姓（約以五士為）賣，無一堪持業永久。鄉里生計益拙，舉目皆貧困無聊，即有家產者
多嗜無智，只貪遷徙。子更見我不保善，我子弟無識無術，恒業振作，自力衣食，為來有一致，健兒不學，子字
年，每日大日夕甚，思將從不害，完學何業為好，因子病亦漸經。夜食點復汗第匹，程須忌，余思考係五穀，此人
以此之責身，事係豈竟相反？況余因飯食胃不對，極防之也。上床之，困少寐

十七日晴。朝仍蓄鬚口渴甚思茶，令靜往完事點之粮二元，廿四二角，其三門投來送之。鄰人打擾之，二番行其

雨亦已停，覺痛況重，總見以其所為，舊念不死，而得其以將為公之物付之，愚人尚識途向宿。前夜九点未同共無眠

將旭歸，諸產之田業為問，有一族人平情稱田一二十畝一畝錢，價八斗租一，有庄屋無价。此查庄屋者無敵，惟三詢其田性

田畝有家佃人產業地權，或佃乃又於此墓，但知作中料有力者，而于正業之務却忘真仰其旨，不知冥然不

致續乃田飯後，詢田收而後宿焉。夜仍不安。三更起，盡陰之間，倦寫楷軒讀一葉，若得空

十六陰。午一点，我國之業于禧。鼐之來。蘇三齋來訪，陪談。養身不適，乃偕佩楠去，全打烟吸，卧中吟作惡

時鼐隨去，余仍以玉夜更剝，腹中不濟，加以神亦勞之。入夜倦卧于榻，類暝不醒，蓋日間之以致此

來精神似稍稍復，不知何以一仰甚佳。而子病亦相同。瘦二更，封經，以目趣以之力，執書不顧

三日校書

十九朝小雨，午晴陰。得鄭鄭師之四神之禮，昭日長安，陸特攜搜閱書之富札，趙者攜亦午後來，四楊碑謨

隸分碑分種田觀其有細密者，必況若理學高古，自積一定華，雅正異而者雅氏，必其財者君書世碑，版庀八作荒

書者精此。樊敏碑書雄厚壯健，博碩附順，後人無病為恐俗，然華能於此況者深到，後人摹楷真者未望

舊病益難，因人尤以自身造據，甚日益對榻病，雖懶，其商之言法日，惟思市寒衣，而繼見費財，不知親若

不猶平日儉嗇，即病不肯二醫，用而無知，精義自為病，押寺國年之責之第款，容以人情集術，伐肖但知

長者傳異不思，奉工作家之道，例之古人，其以失何為人。惟多日不早眠，眼亮，不必為世垢，責且厲，辭之年

愛若孫甚也。夜，奏我國業，約第一本。

廿二天，大風，搣屋，以勘舟子，憎

二十 大風雨 早玩隨醉金石文字 以天氣漸寒 病體更難 肢骨痠痛 無緒無聊 命兒輩學細書石假
修家族譜 悔挨延 寫心中又不能釋然 晚一伏案作字 又以愧不成寄 檢族譜 又四重鈔 並屬補入十世
追贈始祖 又以安化王爲始祖 故未將列三十三世 而詞譜以葉系公爲始遷祖 則我居三十世 惟是應列三十三世
者 蓋今日祠祭及祠堂中事 皆安化王事 不能不從安化王始 其譜事自道光三年後久未續收 而
後嗣到者皆以譜爲世次 故族間及每有誤岐 若及三世 此中之訛 蓋迄初修祠譜者未及畫一 余久思整
正 恐此後無此精力 不足顧此事矣

廿一 晴 昨大風 百是早寒甚 聞縮淨嘯 過于少年嚴冬 市麩食 藏易蒲子 [illegible]閒玩其筆硯 閱國閣策
編中則塞不嚴學篇十餘段 [illegible]子雲雖未取欽仰 昭口精其自亦信無太過 乃懷語日豈不
使人疑是書剿用 而求其息利 而或有易用 剿生枝節 祗明段取據以視其後 而形止乃依自類自異 非余故作
如信也 知悦與殘 迨送來之 見羅信知道制筆 備圍其爲聯筆燒殘 筆佳 保定獲仍自後以權刑律不我棘
矣云云 若之病體少瘥 夜閱經傳未讀 廿中老子莊子荀子叢書合用

廿二 晴 早無夜事 閱借來錢本中歐陽集古錄 已刻子雲來 到陽鄉卿咸 需者日百元 需以爲抵用
以淨須明日付 乃留至午飯去 所談似有見地 所爲寒聲猶實 唯其少年 之識未而切也 昨反需之如 [illegible]議陰寡
金靜生 嚴猿九毛來 徐氏來 閱賀庵孫 吾酬子 [illegible]知已[illegible]備迄遍 靜夜歸云已送 乃重出 其家人不知 不[illegible]

廿三　陰。雨。謁寄生，何不來？其日校書要甚矣。許鄭叔不執前指，但日蓋。均儕來往兩問院不答，今聞與何氏孤子　在修平錦堂照片，偕看

知之代完上法許年，前之此乃也，使不代。上三弟告家僕，爭之不休，與二六執更要畢，受此得以照甚，世人如何支持，是不變也。

午前錄古稿，暇不能安讀。張弟病，致書招。午後來，留宿。子雲書詞，如女僕言付款，乃一律即所付至多八書。

靜儂之蔡氏弟，蕃陵令周六來，略談。明日，信舟請，僕但米價，四議不決。至夜，倦食。靜榮全，周六信，僕當送其行。曾

生家具失信，渠婪已甚，怠然逐之，多來必致周六為之回護，既為偕戕害，喉彭，反以手事不能不事之，初裁監督而行不

思難簡要，奶或言哭，我日夜怒焦之，致人竟一無作用。信蓋一瞑，任其誤，庶不支矣。

夜看經說，必讀中荀子等。　眾夢，赤身走衛，覺而借衣，殊怪。　蕃李樓撿人物名稿閱

廿四　晴。竟日無事，心緒故而未揭書，陸周六全在送滬，抄靈柔又限十日十日交米至，存堂以來，穀無臨

為辯　李眼來話，所致之西大帖。然書日報帖，為陸其此即渡之，柳其事多拂逆，以情為主，殊甚。桐君從及

中國一畫，書甚佳，而胃鈍，不能納。

廿五　陰，少寒。午有訃招。李菊生病歿，聞其子致信書，而將天氣溫寒，猶獵寒風，襄病，居仲已難

靜但信言，勝軍追至河南追尋，車駕請回，而太后不欲，多恐撤易，都西蜀。皇上本意以回京為是，而諸任

靈臣人，沽以拳黨，亦然上游上回光者。電旨命陳臣自回京之策，慈意大非，聞得司電者截之，移禍于人，尤

此等，毋可問。又甚離心，而奸倍執政，挾持太后，為中國之平未易觀也。

病仍因狹，丞術醫療。　夜閱班超傳

廿六 晴寒。午正起，作食，閱六朱子。飯，申刻，稍加神，四後，乃思出去一行，試步入城尋野鶴之樂，一以少舒胸次，以寒風日俾冀易復。申正，衝寒出孟橋陸席，陸半牢尸二老，合坐一瓦，乘陽閒話，詢之陸席已七十八，雨儂鄭陳八十六矣，皆健旺善飯，陳陸能健步，出門二次市物，見其無病無疾，為地行仙。惟閏陸席子孫多，不見稍遲境甚佳，而徑一堂一息搖曉曉之於家庭，曾陸翁子均善其大業，拮据度日而已。然如此者老能無病，自稱尋樂，即多咒慣，抑亦甚善。過書室寄徒羨而聊，閒去出巷，于照店食。薛鬏三，糖糕三，市醬果十數文，盤其棄，呼一童擔來金相見，並市回。惟是中晚疲倦，廣度少力，殆然也。

夜閱後漢王充王符仲長統傳，王之《潛夫論》與仲之《樂志論》及諸篇，既與近世文字相合，而利弊政治亦復大似。館牘于諸傳中各篇，惜不能熟讀，倘再數年後，必全錄之，足以氣甚佳，頗有合于行文。次各因指告，使吾兒閱臨軍中津之兵學言兵編兩種長紅中截，我行在之餉其不能久乎，不知。又聞端王、董軍在寧夏，後欲招回人入軍再抗，其執迷仍然。余之曷請皇上回京極言杯笑，仍有言兮。太后與合族共在陝，仍而自主，乃計不出此，日形弱惡，而其軍編隊屢多者，兮非出之在兮，要全露險要，且理路易捷，離此之心甚。覈僅不能遠，然以上詞不知何所見而為若是。

廿二 晴。早一支，前門房葉積地，我輔園天數其野境。申刻出北校，詳審首息足，見楚橋，與葛子問書，花亦皆然，伍不入目，而近人善識竟無為善，何妨人之佳眼之難反是。惟楊雪漁書有勁健之致，頗異時流，又少鋒芒，使墨淋漓，蔡果去頗談色，既競用筆濃淡，亦自乃近今之白陽、南田，甚可愛玩。出市豬排二，到店見有家常售杭綢，尺尤貴，意易詢仲宸與季荷而歸，乃赴吉居街陳瑞林招請，市米，乃糴糯米五斗，廣秈五斗，收銀洋一斗八，粳白一斗卅，付洋四元零十文全府。四書橋邊招請，出乃入之豆市，店已出不足二萬數千，肯出日三千餘包，美國零售出貨將有蔬勤未可知，視晚市京店而已。北之叔度諸人不值，陸謹言于閩中，陳與為

雖言現四一扇頗積多　步店市上小弄照況今住伊之和原借付一元若還　豁君語要款既不先詢而但云月抄歸趙語太（伯）漢移況
前去已說找亡藥用過半空利成再議不知何以果未不靈否出乃再去之照已退矣戒書彼來將（請）伯推辭者可知也　市肆物歸
已時燈星力甚至歐擺脏　皆況要久不去而身衣太多少熱致然
廿八日　晴　早作菜　題扇　時小東蒼桐君　申出大東門山塘詢錫蘇云赴李姓（先）至揚以息找未借前炭之次為紫濱
少坐往入城下吉祥水橋到北市整江　特廣由海地四以天將黑不克入矣　瞿庶云有三叉樓農談租地余全託
租即未蓋已住人以故一間房不復再議　根尼來云之
靜悟現與國根有多種佛事成可玩
廿九日　陰晴　已刻子靈來乞余挽伊岳母聯辭不獲　留長話並飯啖所語兩家稼穡事　先為余收租　其岳母初七迎
神　伊又及髮嫁與談田釘鞋店　至未後出　而努子及拖曳遊蹤遊尋並大人病需要揉捏某遇（伊之）昆仲侃儼而棄李生
來見過譽劉以余辰盟于方橋　到店悵大告困窘於借貸事　乃去復藉之既難辭然而又應節今設辭周人之難矣此
冬之　李禮卿來送空款咲用約明日　豁君來易票設息一號菊生一券　予去北廊恆祥保讀將金煩拼茶祖止之　雞
相宅為詩姜達星暨保成（風）歸　星病小證　務附田活地與楊歸言伊云相垣匠說租此為借來又須庶找蓋萬難付完
屋歸不押不經不了四處（思）經營擬將兄零碎地間根為是　于而利耗
三十日　晴陰　早政豁君今仍加一數　開票見換武（出）於萬式一信　今住取款　長好以心咲悅不解去和種蘇君
○五出和除票五百元　加付百元還以票煩　收息八元以次年二月底清還　此北園談久去　往敬前宿若何
二十時方上午為藏方緒今年為流畢且閱設得此一股蘭殿乃為錢店設一賬　錢果巨萬人為中之事莊

密押進謁，成兩宮爲西不懌，我因於多英派同往者五户，鈔軍宅奪至及時飭　為子雲代擬伊函
恐上年花甲稱觴三闋，其拓本鞠躬隨行，慨未了　忠甫日前重失雙洪，病有弱女傷心，未免匡定　又陳
繞如已投書，挽聯二聯，擬自書成　並未書
六月初一日，昨夜中雨，至夜因時價系絕，煙燃亦半　日夜有半次以病，留陸仁林弟子雲二次小服丸及西洋校匯
十六日兩日將發，此耗財耗神，殊附之毒物，天下安然無過此者　午飯作食　弟三處來陶宋，因歲作餅，用五年　余亦
繞先請書挽聯二付，一八三一十一元　運筆數見舊業規模　夜將中作書，時從將實，淺傷復作
初二陰　棠蔭山樵偕三處姚榮二人來拜　市山著年文見精詣與靜書　聯軍有南進之勢，兩國烟臺數月間可平
允之至午後，陳蘆官來請付其二聯　朱四官來取聯，因詢一切　英鶴之來拜，城田雅樸之嚴　書青抖花為榮，石版先成也
上午許石以溫退見未見，有拜中作釋多端，多人以所為不能就，遂諸責止留，是已靜默，餘斤付為二元，以英洋四九分作抵
青暖，出之北房，將去所了，不已廉房共防規條過陽歸，仰告以子雲欵抵余，今見夜快急期出城之，親青樓許二元米店
詢莊皇价，又招殷告其事，圓事之成手之兵，大为不恰將，不与之为难，今請之言南運，月推又述，伊云但以少動未有，而書圓亦
其力蒐還市，走節等四時燃矣　陳子處來信道周礼
初三小雨　偕三處陸大微將挑圓，六分未歸　午英親寫丹書至及子人栽餅物至，飯後書李兩夫過，于應閣時
中夜偕溫遠鄭戚禮澤送禮物　補利兩雅安至　無為　王慶善至夜藏事　諸事皆當善處之
初四晴　早起閱兵，至宅人詢疑各　函之二兩拆　嚴德并其孫九毛諸人信至，送禮者共五十餘，另鄭金蓮疑者

均須數百每股分貽餅一桃四色西坐碍二不送者多二色二桃 親串送者二餅收吳宅送餅千自備桃四百斤五色共
桃若干斤數色分之均頒各處 午識周又屢見階砌走階街衖田無須午飯 瑞來人情桃加(分批周知)一脆戶送物有減于
上者格于俗多有改送者而以家畜日糠用場日多故難支也晚請人編纂料理多物為妙
夜計收存節餅帽不計外收得八十四角 開銷錢令力全工人共七十許角計約一元 余付獨來端五家中
一切當來詢帖入

初五陰晴芾臣神送禮令健建已播歸同一王姓業債者言女墨齋租欲屋東邊一間詢押租全圍詢向往西門外
園?屋邊滅余告租金月四百押租二元余云俟其(商)定作復乃去 未刻出赭祠查來勘修整出查腰門入山墳知
錫林他去乃命吉騂房詢其說修家欲請工匠指陳而工不欲至余令之改西開祝西首宗樓欲已脫壁已全壞下半墙出南不想
非動泥木匠作不可用竹用泥涂而不便乃隨去海讓舟議然林侯物雲屯以要備飯謂其改舒必獲貨利更宏疑陳香
和之便理來善之故也後入山墳仍不至即入城去北擋廣元訪勁馨于旗為人評訟之午市東門一商所歸
夜三更起查陰陽知其時尚樸忠孝雖向有奸回錯時廣藏且多以諫紅為禁成仁取義為美古人左右為于慕進微
辟相接甚士以得士為重拔為?世以不仕為高小如今之科舉纔以重一命趨鶩如利厚貨為名

初六雨上午雜寫了無頭緒而心中諸務麇集一聞稻不定寡佃太難一在經未售一段地開墾一城分何處其他如荒了等
縈擾了往來于胸不能解脫 午後楊歸(同)一相識作司馬姓商人欲租西屋對進一間自言五千文五常后
信來或留不定故決每月租三百押租索許之俟日內交到押租令其請一中人言及另又標帖
未招昨夜又舟中實讀其价不實成虛餘之 鎮日雨不出

初七 雨。昨夜雨甚。送蒋怡吾母寿礼。送徐寅甫为世母陆寿礼烛面。昨接谷斋送周孔玉询王大伊家与禁烟情形。李宝来。早点粥，午饭。蒋安年将一家衣用食项分出列出此纸写书条生开具诸大事，以数年一举为例，应用若干。修整房屋置器工役钱，礼物若干。再一身及一家衣饰绸布帽履被褥用具，一人至一家若干。一医药三节酬神家忌僕婢工资年节礼仪。其日用菸茶鱼肉蔬菜若干。一茶米油盐柴烟茶酒若干。一用物锅铜锡竹木器漆补若干。以上各项作家务必不可一日少，此世之繁且剧若节画则百金可抵百五十金，倘稍大意，或无意料，即用千金不及三百。安可不深长思虑，逐项预及，事事叙历，以俟为往其后，以进项为主，将此排分条晰，且必使有馀以备不虞。且负家戚之援助，朋友往来之酬酢，上不可废绝。似此计料，即事事舒适，然犹伤其不至于洞混用。绕烟作陇于稽将来顾子者，自立之簿册，将出项月记日计，使其何项可减，何项不急，何术能开利源，为一家一身舒安用度。此真乃修身齐家之要道，治国平天下之大猷。勿以琐屑视之为幸幸。将善实实兴玉书读，借书锡三子传讫，其玉孩来此与典中掉换佳锡，宜于初六于是得收言语去。

初八 小阴有晴意。又示健峰细察六畜禽兽妄动以育养传种为事，此天之理。故父母于子女保抱提携，千苦万虑，从无怨咎，然禽兽以能自食即离母去，以种传而事毕，其于人而不如禽兽。每冀父母遗兴养赡，终身即养在人类，恩谊较厚，故于男子岁以讫，任之程学、阅识，求其智学出在人上而以接人，为民之长，故希望之而培植以冀大获，孰不知子中以此为固然，且妄为妄作，又将舒衣美食为应得，以致为人即有失业之虞。然欤。

並無不加培植，無費財以富養，及壯亦衣食即可自度，試觀鄉農子九無費，且有無田，如已有力已可度日，成立此之諸
是豈知書等士民有之，專向學不亦莫豐衣食，嗜好而自亦偷隨，視父母資財為應有，初常我可全生，及一入手，隨
盡少年蹉跎歲為三十以後亡志退習深惡，頓以為固然而十九不振，職由此也。為人子不日淳淳于少年以求執業圖維
係者之策，一身一家顧團之計，然後推及視戚鄉里，此乃為應盡之事，不可一日少隳者也。
午後四度送一盞雞湯，蓋昨三牲中物，乃蒸而熟之，與之談一刻去。八六寅食後書借窗燒一畫，承誠去之，寅寅宝笑談人家
從十六兒神果主機，困倦與同佳相話，王二毛屬石相與好談，事見壁間懸貝石硯，其學開山祖，及陝川石作人物
初午羨如望稿山好大大帖，本置於掇為其而市畫，無陸周輩全無古趣，可惜此質。寶六上年在申考在一等，頗年大
二四百金。義而係貿布為實業，學士置路為之，余甚惜無人，指不貽困軍，世人與九不解，其周質應去高及陽席，余乃去此
轉路中訪府，雨者錢一元過程，稍說舊話一刻，市風養等歸。
初九，晴，早發書。讀二楊侯惟負詞，郭相若知夜行也，未刻出之王祠理居主僕理，本院不在而識臧允雇長年二三畫番　李光初八
去看東門見大海蝦，廿斤八十文，售之于山。隱耕得三件舟字三角方，問獨孫在陽塵燒內子是進話，兒屢學生陳之道溪
烟收係可闊物和過境四其底與德其性僅我以三元，翁又和紫來阮老計質合六元。以房良不合其而見文儒一冊觀情余
秫兒元面收還他子財內大之四大城北門河店還一元。專極見伊家了返一程而往此大叙等首等不果，隨市幹歸。
遇陳子寄之，又六唐鏞夫來字之廬誠世使送禮
初十，晴，早吳云樹使其村之靜統先往內子讀之，余到局表陽雲齊麵談玄殘經到，桐君訪之處悟然
往夫遇于悟楊，以招挺有卿圍闊談，論古談鄉推余書釋冠帝廟其陵，子田外與年少老子龍筆不錯

偶詩也午後陔因恍謨來乃歸〻得只不至愿廣雲閒言伊患病因及國事皆見難決南方九來弊帀
盈又到本府不豫戒車旋蟬設施金泥書面無然留住久回得至將睛出見人椿陸知府宮嬪弟壽到歡也
遂保成告姜遂見老人到保宅謁客陸至夜廳子設席六乃出前一安六席陸燃弘安梁余與相君子怡施席椒竟拉
與其一席螢越宅鴨計六大余亦點　惟石廚不善作菜皆不入味又煮鴨不如法此等僅作小子用至一兩口皆酣以御小菜
主明日上宮畫送梵慶高升百掌乃乞乃題字乃列名共其人余亦列之席敬與靜健蓀陸歸已二鼓矣
廿二　晴書送陸廸書有成極子糟子又送府宅紙元彼靜之往飲閏六來府雇舟往羊柳金石墩陝西湯姬但言壽生者
米二石寄存廣生處為可惡　惟府米八石不知其家而無措乃出然習君往不住以相何理信此大況劍不全徒習夤
楷春經表　未刻合徒出黃吴氏家詢其間據伊云僅數間下膳留三分一黄九天一黄措不言見年
八十三老無子極有屋二間兩進預先售一間我以備身後余謂之此其曲爭者之語寄老諸眼布六架乃
家見聰告以先同二戶今黃九天用出捨其一畝八分九元又分存下三分閒觀又居住安戶一畝大王現此戶其存
去戶共十間戶仍住就住之它皆開許其一間貿使用其家入之又只之早聯話健作代云以陸氏此護帖余陽記
之出到府去北門尋一屑米者下未店不得遇留江遠在門五恨金設手是皆其彩起樓廳之府樓三間一弄上下
假房之十間加以役房屋十餘間野棧子做宅又多椿春一切伊等茅經理以美屋遠佃精緻而以者此後本工多司
間日為之飽說勵獎而贈平之饗令之敦力而無讀不多又且多之代為打算詢其費三千元五成對他手篇之不能為是雖
廿二西自早至未無果至又致其遇勞處何必精識人殖賢耳到兄瑞林全屆來之廣生將謨來留

罪已去五河魚又加力求既不乾且碑雖窳辭斜短乃知甚而不去勇力一角七文 市肉百文令使持歸 遣歸足全力行爲被竄搜中珠告追

因子申刻歸 靜往赴席在保歸 陌世分以雙竹數乃子二字高廿寸 藏奏一重錄上貴使人 善甫 是晚過周六全雇舟必須往乘橋金石搬有之

磅以載帶兒往 過鹿車 閱兩幸知不能行矣 然事已迫不及 以兩船十日者截止也

○又郭文儀有一条云在廣生謂爲地欲奇好先付三錢 吴彥傳文星 地積橫九十餘弓 計三分○ 地積○橫五十三弓

計八分○ 請照開 兩不相背 特不知係以知其確數 抑已請丈過 第三四次西覺不言 而以條彼縣異後西詢確然再

聞

十二 雨甚不絶 濕氣襲寒 濛濛 僕身體多胸次俱結悶不已 因子又發病 服已刻陳店 旗人慶壽至爲祠堂已開工

蕭風今雨阻舊事未 乃留華饈 云住於欲宅 吉以族子田子租事及南橋及伊本族子伊有小字僅田三十餘畝 三年已

要另設一雜貨店於陳店市 余初令一三子他去耕田營苦主地不再借 子孝土人多田頃 敬於去 改將後嘗若佃作伊

猶強之然另呈開其智處也 余託其尋一工人 允言節月內來 請久至未到者 然以烟排字須加斟 在洋欲以爲學風樓請

一糖針旗未詢其大安縣已知之子 未將在鄰廟將來韓必安來將 善余卅餘年同居 偕非易也 是之者 周六善善耗不來

十三晴 吳有陳姓工二人 張洋寄存攜人春來 借郭姓地 晨過文儀告以糧戍續開 或爲昨年春征開入其地荒糧 伊云各自量

全吳壽傳對其之余告開地總 乃與王國錢對開 房鄰於後地不再富 魚以自用 身毒又似病須撰之風子病在廣

勉以小堂 趙余以無了和帳中以閱辭 往與代文禮儀會 十六晚 宋子雲至 謂欲借余之賓家 評爲其四子學業

社業故少留待長言 去瞻之後園之經者畫開墊法 楊吾之 王船山忘 空從三爲一月 抑想之先以齊先借

復挑積垃圾，爲畢，子頌侯呼蒙山工作閘并理磚石，修此架墻露路，俱復先存桑，出之紋仁巷一路設至
得宅，於其宿見二碑，様碎，殘之隆，有得僅得識爲設立城子。雪生請茲弓寅賓詳議定之，出余之王祠兄
慶壽堂又作十餘，蒹來搞石紅花折枷太平，以又爲礎，出告雲情，飛罡遂夫稍至此館店宅忽雲草
兄日推一云綠僅借其貸，另未貸借出贈以。柏蓮搜名園鋪匠之，告病雁而笑。又攜見沈壽生來。三基
鯨呼起而焚爲親畢，在以老園態而識矣。達衡在他因之一閱始去。壓四之佳松雅。方去諸蓋化
復又復 二月內和識而雪戒。偕碓以爲者。有有錯機。村娃女葉執母肉之。善來稿一百八斤。肉十六兩十兩不能
執症
十四 晴。壽館母作又石幅，田六男母來，談說託舊與得萃業，因說其子不才，鑫爲傷之。午後以業姊
又來，針而二椿，今其加請兒飯，殊爲不倫，可笑可恨。未刻擬療墓，已重裏，欽痊如極作跳，揅是否刺過
匯以內子病來，延他手不服，故累設免而去，然反從來也。未陰去北擬藥而梨葉到店，晚子恨去而子与
垃圾至姪婆煙合斜設因失儒設子，南保儒柳卿來云託當仁乞兮於厚記友。余去蚕西側傷
而不也。夜往古錢。書夫中的史老之人播芝宴是好乎
廿日 陰，上夜一雨。竟日苦無力，而內子又鬯遂病，似加家人手談，皆不留心。携陰子其族之來借附三餘飯
云画子付其產生一子，真必医堂送稼雲爲其室皆四十餘日子而喜。睹其前見揚四兩于告語之祠木
作之易挾裸在于錢店之金生閒說古物邑錢宗麓之聽宗餘又閒耗年，宜頃來往閒王與交户一手四毛

九日晨郭承先户一亩兑九亩又地八分乃原地及园地又十九户壮十用天成习故加价於是结付清之先说明正月再
买秋其收伊家家之检所以迫艰加补益其苗子皆一钱不用家之产业甚觉少丰故借起色也又回南於西城
稍食汤包田兄金剑秋者沽陆府家欠项请予回见洪郑二张五以继之邓部书李稚振与包口训之并将源的
为以对人余用六产一只素桃核　夜大风大作夜雪摇如战少寐至晓不已
十一日晴早大风寒利晨见雪片片　闻予少寐　蒋仰政闻昨方病余包了未及作诠周身书数骨不甚支乃
外取姜种冲服二碗少已天之深寒追夜难移最作姜半因前病病极利过速之故　专请毕居士挑核
姻
十二日阴诸书同局冬冰冻之风萧萧铁树亦帽诘难鞭猾赠瑶聆少不理诗成房梁大素恨费如燕子
群以夷心摸胸不可理喻真其日劳苦　致汤伟卿柔今今日到附付下戒赫付俱　修西稚用二亦又自加油
钉笔来北居者仓女之王祖不来矣殊不合令我挑核令伊自来复又倍一口子出更卷布肚兜米一百　专祠中
庆身昨回彤石馆刊以旅长中五我有长年费祝一刻出常庭对门食汤包遂返　借祁汤伟卿
付过清之首元返票员说亦其七十二元之付其首　请若犁云明日仍服之姪云同济德日为霜未佳须之云
十六日晴寒甚动　妻去北平医甚反复极拔中令姜我之着菲菁宸夙已寒注此外房更甚惊生之欣
北与方四二人相并少向道法旗四之长安方法留伊谈谈用律式数任为代多股息作照时三之岁相
约一二日成花余以说先付来云鲁之返居讲意　四据伊笔所病母照谈怪今亭立出旅遇相君当局
甚悦国形也悔只失悦入道庶至老将母殷见是吉生属来作素谨又常章

二十日 世兴不止。唐少谷不甚安。請柏峰爲伊診脈，用夏皮貝母，中增添川朴、檳榔、楊來與言叶夫言

廿九 晴。早起頭昏青，仍前半，田丹、又趙庆青，叫其仁來，爲準改方，脈詢有無食否，以痛而偏來。付脈政

中以手指闌暨後地，禁馬，禁阻，拖食，新書，將道。寶生賓和後地，吉墙墙地。二五 珠申無戒，看晚

自調合。中正之陣地皆平地，砌塔沿屋旁，捐款，依指，此食以日，修代樹木，立於錢陽，至各乃面，第六，譬益，聊之而

后陽至見，小仙私謝汁文，而留不拼，但這即與陳硯梅一談，仍走菜地，知尤樸左宅西在間，語因留宿，道為寶田主擴之

夜以三四分陳青，满入青從。寶和賈列鶴，子孟丁乙亥，是日午飯過，望腹中，似修過眠，不然，有眼，嘆嗑不絕，至三

更歇寐。胸中思補益。布置荒地，並為煩細。撕以為兩，折墻開一門，中以石降，下之屋二三尺，至四日已二層，中擴，桁以拒

馬以西為地，一路用植柳杉楊，比屋，路人不能私，但覺中隔一墻，以洗熟植，而乃體至勞，至難。是年壽，請甲對兄，孙君

夜視路某云，有兄弦為兵，年諸識用之之。劉年。夜思路，病有親家，書禁城內四景，儀植木非執，政發

屋多革，實心成算，百成，是此佛徒，路風，做積一善也。付姑家閲之見

晨而到家，是下前頭讀，甚俟催，會多甚户，常存因善，李松枝，遺書出莫乃知，是下住某處宗，害此

要洗屋，限半出除之。是善也。口思是下而再而而，要城內，有至通極善之。為是下，而唐橋，和不獨隨，隨

至策不且利，故合誠其，但似遠而顯。是下畫圖，雖此，禁之方伊，據仁心而更疾疫

至城內，分周十里之間，盡于荒地，城根，從横，路坡，遠者間有一二，自如荒數者，遠近，但經如紳士，皆而保，倒至

函冬令鶴銘收藏，然皆視爲異文。○無游于大東門城牆及西門城牆，新陳多有，雜横不少，廢其書字平仿，多因其地寫屬之

户一書之，除遺同尋疑，不相逞問，特是入見有此等殘碣之，不論是皆全行搭于城根。此種防潰之家，旗木埠，不從窨露，幸無散人踐蹋之等

與纖塵銷，不移團收，尋訪者病爲且風，吹西方近十里鍋之甚，乎起疫所以西人家禁死葬避疫，墓于郊外，大桂木四

對不收之，實由披而葬，爲善積德，相人又如麻，以萬人于槿骸埋骨，由是先任政，諸君身膺善任，仍不無心要志于此，立門楷之

止。一日由城內至小北門，偕尋有異處，即最成地保，行道一棧，中道有治澤，以其有所建，庭有疾乎。靜之與羅希一聯，尾以傳之。

二二

廿二日，晴，風陰，吹寓，世兄來，偕地，封作穀。平復二次，以自看過日，所撥病。令靜之更以問疾未寓，羽任府視，陳玉生合其人。

隆生來，爲之題集作畫。陳府慶壽鄉，皆以試用圓與禮，劉聖保地名多，冬令往觀之。午自巷城，費未到，以地勢理令靜

以得量程，卸地墻基之，居坡南至北三繩，計長丈五尺，西至東南繩十二丈五尺，東北南至北五丈，共廿五丈，撤園作墻，園由于歲底毛

女之陳四取其物，多其善悟其侍，疑其苦也。吉夫府寓寄，倩陽之兄，書生原未，伴鎮過祠，已立行路，板錢，宮生保司，與廣壽舒辦

平張多，此到店，市札半，稿清恤四出未，楼霞使來到我家，識市信封二百，予九十文，柬中信靜友劉秩尼，去謁羅未見，爲其陳

二三

霞樹來，伝其區成，積派傳去，雜市零物以歸，走七炊矣。三兩燭及四燭，燭樹送女未寓內，予應。犬牲出在家

廿一日，晨陰晴，未收起，晨至地，督隆生及愚拙去作，平地積時，予蕭羽午廿四去，第八巷市紫四扇，予六角，犬揆來

爲淤地事勞擾，卒已，寓似詣，詢諸善人之計，速居歸，令趙伯叫錢墻作。申刻仍到地，從二人，歇息而去，磚二

石多，過請錢予去，不值，至祠，慶壽他去，不晤，乃赴伐施以宅，季亮出晤，招入書室，見教其說帖，皆其慨

增補薩玉照贈，珠多佳話，海帖我有沈粟庵、宋海跋，陳光年人嗜書，其功力甚深，惟用筆乎

古甚達晴請六將有一件脫名種碑額亦道送惜行書過得散予赤弟令余畫册乃研墨入内室府
筆精英一覽一讀將晴出示諸詞事故應論名之善他書處余偶之遺朵核木伊之富馬高人指摘諸紳告
力云見諧薩玉來家樸素昭上樓歸云旋冬為李弟修整毀集要竟不類付之籤對讚歎不已決　師去一
言歸出到北樓店　一覺德延者中一勝乃蘇　付陸化稱魯為余招網手工二角

廿二晴　唐智府迎神送禮靜法常為　昨夜內子言三兩樓為與健指伐以洗與舁之女請帖盖往向其識是子其夫八宜願
去召余今年不願進帳開晝原議兩家不必用箋下玉當師文書為禮等承簡略惟夏使子鄰向業偷習價等符業圍未見
負二〃　玉階皆來陸生理磚想于西鄰　有楊成府攬工囗郭陸宅了之久之歸飯　腹中不和少食　來到去北
大寺去店北寺說四店先至來出搯角何退新茂開善人島四邑周墻日呼之明日來見節卿　方四去評長安社一
數次月初開　又過怪祖應古馬屯圖以胸次不舒　夜飲食不能進妝怪甚為地故孫不安　上燈廿方日廿寸一在
二三寅　來赴應又四叉以理大名隔來道源書　孫不蘇積分何多胃中絞〃難恆　食五後西口少一金額覃少

廿一晴　以病遲起　使以衛四畢理　而膝〃輕〃但善不擬穿生足半去硬　陸斗空地光種又來　周錢二墻二玉飲在
於法榮七大葛取墳在于地味郭同在地久〃回請神祝饗錫二與往掃墓收地租等　孫二焊三弟益作
去予又王和樣倡于柚三弟為施子頭租米送來　因余無力不能往孫默懷也　昨晚乘蕨又陵原陸一冊燬因上下
縱橫不理　民以法力協為本以改剝中法無書畀中保乃安物籍列諸　昨借望麻隨示借乃予一角手鐃
板稻司來到押租一元　晚去囟前中祠圓之食歷返祠占麖舟請隨之海圍處因亡先立界址無度內兩次耕種足

二一 美男他來，屆易請五談，向交云物乎。浚桂生來，稍休乃歸。 犬快留談
黃晴 送孫五弦禮來。早至地督看理石經樓，而后歸拉胖，據下樓研穎，穎功之有余生，揚歸。女九再來，代他仰黃地在外靜
我不許秋獲，其女嘵嘵不很，乃北局店市，龍四只一斤半，過木行談，隨又木過和康，知其市價，四領汲小汲邪過
遊不問，袁鏡子云云，曲雲在伯垣宅，乃大臨茶話，伊去，橫樹間。 妙廠，陳及孫去玩，時看之，云以叢書請甫樹間
白盡之，業植木不收，詞之以差不難之。 伊云說查畫亦乃善善，查畫而同善畫向收撓裡，稱似卿，辭用不手
課為謝汪翁生前畫，購于西坡，該易主今查諸，西善此局似卿大治，不可久之，出小東門，在市南，得七斤十二兩，嘆。
四同四臨恆盛生市羊肉四角，二斤三兩半，令健樹旧已桐長話，出復之店，取鞋料，同只欠又市單卷及靜
余兄宋保招方，居地若數元與市，另議中，少一重，伊欲之言，饑餓乃四楊歸，告之再，不准代樓，伊林之地，見陳可伊
欲王樓係我已理，不就奪，四知靜伯，所羅書題信示伊之，鄭亦叢報以贖靜作贊，令市出
二二 中 坡須料理出門
廿五 晴 少重，早出，携市烟，大同稿業，至地督看，趣坡樓理磚，至巳刻。午後出到園，遍居歸，至狐與諸，嫁分松
係我物，而被陳作為已有，後又至園，塊基築墻，彼又作多其心，勢多取而欲占，嘆此種甚高，不可理喻也
不能不與辯論，雖成不勝，亦祇云我地之論，雖其也。北邊錢宅，其人不露，入院伊宅，見君實書誌，云再市出
到店，數之，園四之全，云詩奇茶，二元，估墻司令即來，共禁趙培天一氣，四邊至部來匠，令之園地看木料作墻

門久即來做一元宵佳　俞熙蓋玄磚三屋，將此市屋價錢計四百元，加中人金以不加中退屋價，伊說近年金價
厭向年將內精神不能見與承久，只好利不合算，何中心甚湘移也。向船于徐雪大思之，殊無興意，續再回
復了雜務。　達卿子電未不佳　付陸生工一角
二三
其噫連日新記復要（照相）李細以女猪禮邨　并知墻司（同三人）到地工作，即來諸賣大屋，當出等之極此處孩
陸生做事不甚力　第八卷道色鏡儀標電知市福果一局　頒此　司同來全之難為我說，但四元，說將公給與一
石把行升付　木一　磚一石　木工一工　呼鄭司及泥工三　順費予年　靜打電打鐘報李，今夜趙仍之
以費付六元　皆余用項而未三口零分不致數支，然亦無術，而續何故至重來（未量）茅本書閑
到處　今此揚佳此不應呼徐恆全部釘猶至級乎房，許園及將零立帶，從此謂之畫切圓為之與來，被江女作代
來談有殘與說四說市呼鄭司在廣待賓和以李玉書全呼鄭司明日來兩之歸　正日晡　靜與習程葬儀程
沈梅卿乞致廣三續屆事
二十
甚　來庭論室生見李萍工作
晴　黎明起，余致　李萍泰邨次（八斤）　余宅香桃次移泥並修理工司同來二人之底刻而待鄭太不至，徒為其失之
地待墻司亦來遲，原來工作到之處天寒日積領抵前時之半日雜文止工事，此種恐習為無人理于閑居增
墻工者欲于稿託租房市榮福不得　鄭司來威氣以為致呼喚金之，故未瑞林肯得寄歸發出屋，經四給與閑來達稿微
多與人將做大有用，惟自計勞費不能周轉　陸紀林來與以為之得地請議，云之生以使當除作，此理不能

蒙以西墙之南让出地三尺余矣，久困之地，费六两，楼作我地，而二屋归以庭出墨斜墙基，伊作二尺之，其楼撑仍执
归伊，与张仪其言，颇楼作业，把楼以址之左步之尺，善用之尤，余地兄弟罗拿谨回过恒福，市买两合信印矣
聪甫归来，为公同报费，不知余已付艾夫及浪伐宗多百两，於嘆为虚，旁良吉之国兄用材一根，计长一丈六尺，得四桶之多
中刻以宝生挑泥，被大东门陈广扬之夺去挖杠，令使告情，取不得，只自往只费某甚，只似屋侍，取一篓黄土
而窑各知该松取役沼工人，就来言吾状，乃谕罢之，见陈锡麟报饮拜之之，默居猪桑习司已完事墙郭司
又从门板数见少，而地尽迳用竹木灰泥钉板多项，费多，以暮村习司工时，约七千，四角卅八，只欠杆钉石件
郭司许宝生工多，计催约须二千二百左矣

二三

六时夜雨，是日阴多，上午细雨，去地墙在见石桶一大汉砖一块，无字，留。柏皎孙之于搞稍稿材，上苏行之耕
郭敖母病殁，引孙来云，实宾送被褥和代账，乃致广生付三表印归，致四帖之，求书两联并赐宝，相王卿
帐、稿，宝见裁到。沈长年笑来，言其留以长年甚求相枚鞋地免之喜，善道广三询以他扬元所托屋印
元旦亲之于此，斜托余向子湘扳款千金，餘之告知当与镜清播扶鸾得数七五律绝诗，才气甚旺，论时了繁切
正来官守平况多见，来省神作日，晴未闻世人不惺而安作为矣，吸火之，饭余会愤不二回回，夜餐
晚雨霏之，不出，从之至地，在厦又谅原绝民以力智往三者为防基

二四

先都问街墙从阴处之后街，沈归告以后国起墙之南有墙紧见地三四尺，阁入但于伊之所
于周及后墙谨填有益，我知四面微探，其能侍不大修制作之，君自知私衣自释

沈楷雖文而略有微聞讀紫庵危無甚話鳳昔乃主杭市紫三角如此會回保無弔金花
鄭松楨世大瑳兄新主陝未曾南旋之之銅錫店又與封陳郎間話衙門了久之遂園中譜
以葉墻玉干領而歸李玉送綢來告楊回情形半塘陳紅林玉芝情于居歸乃告阮書淨柳西坡
歸伊男紹陵將大撲楊歸彼久之今出訪徐似卿于家見睡男孩去告紅達之業枝本夏日解來主啼疫痧
今(廿五)家將出訪保不准當地積存攏之有四村保責宙氏自地出面有符益舒照照叫舞臺擔一名少擔
埋于局中費　二西天瘦瘦三也無孩擔而也一年教養孫同步情同之僑又其沒此偶況獨恨之和訪鶴目
雛勝者乎伊之高才現下又在五夜地被告完云云　去訪怪國取假騾裝一計一元四角占　廣茂係為廣東款
市日退二斤口平九十文歸已夜　人云地有打聞樓金埋之比四五已有邀請有夜之照備
廿一　只留江向兄次楊宝業有撥一番佳見託伊將用二千陸
二十晴冬至底早書楊向宝如玉稻粢不買北到店合住大下向向危舟　又玉留宅一帖四九杜風翻之余兄書
至陳青生等十餘進店另出件類云係醬番捏送作作伴之之四席下洋畫录孫佳兄陳仲甫回店
飯同作出名　市雄雞一二斤半計四角小時廿三小盤方四五並長高伊五角用款十元金帳其高之之或不用
受候又家且另房陵寒去之國收息七元　候兄仍圓致照年換帖五了派家告廣同款項十二月再定
余自用二二數兄五時段即四店合四方　永紫酹三月廿畑息七元五角廣鴻觀六借字取錢恒大付付亮價時

全家生足半挑尺　汪荣炳墙日尋来十此里始修之意情久许分数丈　比归之墙日定矣佳　并累计须多至六七尺吉臣分修伊等负气私疾当吩之再我以东墙与修　然去日人堡与又不肯远劝屈　是日付洋四元讫

昨施了头来还租米一石　差少二升之左　严煊来

二三　青阴冬至　黎明气候不为寒　于起　饬泥工挑瓦　呼郭木匠觅　自至地冬之　犹栏间觅稽　不得见带甫说泥　在中神大昨十块　华康讨淋性　吩吉经教先　就至卅弟　不了风至入　议伊方追觅　未见往炳卿墙作来局　乃四地指柴东墙全起　唐泥工丁之　为之所为　乃于衙见　拼花旗柴　卅市　孙行中道便老归至门　因言法地不符　为有六榆在其墙边　遂呼其女柴　并请娄妹　带俚又田子来　俗之地榆　遣其六榆　悦然似在墙西边城墙　不在墙界　为三榆在墙内　允可借　查工作　并未及售了　然不为支至已房至道　因问郭地　别挥柴保捡瓦　杨四之后归　将地吩留贤来些芽　午夜陈至　作书致子愚

其子张月送保家六钱　常一胡桃二斤　皮枣十枚　并产阳送长安　全家生付银壹核

昨夜至广三　告欲后庭与钱设宴扶此　未请调四客俱住　归各之归

中田地妨乎至北宇　白免村巴借钟仰远访　至欲与计　限匠一月收　只修仍以栏旦使计　机会之其营业至云　有改成松路　访锋来府　道是十门　倚入其家　告以房地吩其子　伊法不受而

過橋至今歸余處隊應時予和議以注價言房已開議不成又于地方一二相同語久去到店坎
仲來告叢厥生及評予付匠店夜保的元收二角構定業主　一兒子陪旋市雷物歸
二十五
初一天晴　餐後至店氣送日出起乎淡　十日又大便至光一絲定陰生兄弟　錢柴陰生　拾靖石　堵炎之一至
地保薛卿与錢　兩墻作　套假余和姻之　郭舟林今日前來子來們門之植實陽門木一丈十
又于內地假　土木匠二周人益六不畧戴手脫今為工人至蓋地今將大湖石運入園中雅以四人不行
加之六人又不足編組未　許又加二人　以八人久之運入　史石為跨試情未能直至侯與日再生意予為工作
二百市帖之有　五角　又市葉一角雪　雪京葉之種　磊各之地楷工去北入恆盛已日營業種
錦帥先回錢物應之到店四號為予但之　新館茶店有售乃西之恆裕往懷而茶之茶鋪託賠而有
店之債務至大東門卻人植有種蓮荷物色於是賠完物歸
二十七
初二晴早至地包兒　居之歸今又雅至陽林等今碗專畧樹論之歸盛氣和爭吵之不止久之呼陰係
至匠前錢小事陪去用食語後予好之終不容久之去而幕又來後大樓前知已為欲去只離而詢居歸西
言紀林説安義化林先之融役壞土樹視下兩家平分　今兩家共四之許而又改圖樓強黨善珍乃贈
後工來之墻已竟門將成　隨柴卸瘫賤乃付工三元又千　計量兒四丈八尺五寸以高七尺五寸殺
又以每丈八百折　得錢武千九百零年　共工　半日半日　已賞十七工　僅責苦錢工耳　三寸市稻帖二角陰生

安家理當作墾地　木匠做墻九二工　未刻以後放居歸許遲遲奪工至地及晚至申初子雲談，得留晚膳去
子久令至園屋視上北邊茶肆兄楊少梅等告居歸四地千畫嘉行已設被運使信我而歸，惹不從及或
以其面而不貸于成稅原。瑞之伊會衆生又令之交子雲茂伐飲入居又入其烟室吸膳中歸而讀壽生在家等
債久面議，余須改于本語以今稅與舊名並談伊甚苦，相向凄然和減乃慨慷而少減，與為了設，田只須廿
元，概予下唱辰渠還其畑，相約收租乃更設，每畝九斗七八之田乃以板年歉八斗，于五畝計十六石，不能少分減
■■對許之厚約不要許，伊感激許諾，約以卅六來畫，留之宿，飯去再遂辭去已二更許矣
初四時夜小雨晴。送伯春紬要礼。上午至地，看秀墙工將畢，邀有景在西鄰，適歸安雅當去觀蓋
茶館之其南稍闌理已改觀，為此將以石圍樹根。　返米　至許村上川畔，南屋經典者亦達處
至地者也，及午歸飯，適楓左馬與共飯，詢其務農之方，謂其求子種留以長工勤謹者伊家
左仰青伊父子皆辛苦，為實用工之難論久之，健步廢去。未刻　玉書來共癖病及畲一切
雖如常而神情猶覺未全脫，貴以從園之其留以長工并求其實子，又之同玉由園到北一號
論議到店，知年因佯，　訪壽伯恒大布三元處，此托恒其所當案子才郭店蔭茶室又北
入合茂同貴人，章月，掛查拢亦日以年倒煤積，小有支，跌中，重不令，煩力保君不可也，入城

邑相君見築園進石伊為邑意其次始語久仍由園見墻僅存一板未完明早已告後矣于日已

大尉蓋屢屢照雨雪冰凍要時鑿鉄磚石 即木料亦不易求要此乃舉工只好暫緩移植之工

十五 布置之法 市豬肉三角 託建豐明早煮豬肉二角 腐叔廿文

初五 晴 未明即起 氣促淚眼目甚 三更作至居刻起身 照日畫將成老病 其苦境難堪矣 晚即筆

研 靜之後久之佳列子根不思窮人之託懷印 —— 去園中見墻將竟 指示之墨兒計四十五

筆帋 共廿丈二尺二寸 試墓於牆 每丈頭計洋十一千六百八 付洋十一元二百文 木價 木工停食 即又工二千

牲(?)隨乃能仍隨同墻 晚筆 共塑去洋四十餘元 只寫小文五百六十五 墻石不計 植木 坐相陰生園中理培下快為宜

墻石不知何以屢日誇石之多計虎(?)下三尺之石 乃由橋回午飯 晚到店煮肉為僱

擬致餘姚士 陳(?)感內患之業植樞及寓信(?)情形

爾今吾里沖潘有道而能學行雀蕤(?)相 (今議兼酒此) 者情至多妹為揚歸合邑扣雲年來 (世有形作笑) (無不) 墓戚風氣

(某啟) 即官司出示以嚴之窮 怵至歟為十許日不趣 前侍右閩為善日富 (由同先為) 許理為從化其莫不閩清理

(若) 閱書積柩措資查任論倪世事(祛)卿卅年之積弊實獨存殘恩戚區哉(況)諸問之 為之躍舞 作偏情及

(查中) 積柩店與園之西 城(帳)内外及官地 並陽官地多久 財遇令已盡植為雅 擴于地 王詢之 得似卿云兩日

書為收埋，必經理之人，糖(?)查乃老猿(?)屍首，隨之經御諭，…城中四季于官地城边僅年不
散，夏時之穢氣之溢風布四路，難免蒸成疫癘。○屢思請其筆于為示禁：凡城內外不論是官士
民之私地，不得任意攤浮棺木，設有棺，即責令地主準…其戚家或另于御間覓地浮厝，違者
君(?)須罰鍰，保正責懲，隨月于朔望鳴鑼布告，此等…絕跡而杜其間。彼悟之，煩又不免查用其費
三不免疫癘之傳染，四不致目擊之晴。其于救生者于無形，安死者于地下，…掩數埋，皆仁人善義之説
手。此中棺木輕薄，易為狐狸所扞，傷心慘目。若此等事，而有善者殘毀，致于中有動，能不悸而為之惻
者？耳實為日間充作要道路衢之間地，誠非根尋者民間…掃地…善道…宮司
隨店而不知，亦有知而不肯發。少有民間陳之一處，其心屬一禁，此其功當不在掩骼下。○另揚之釋以二事，分細細…
而閩葉甚重，貴益…糖業必須伸言而轉局為衛宗御城，…御其一援，似之居之用心矣
由對南…墻工宿之完乃與結帳，計柴南至北六版，寬東至西七版，寬用木六尺竿，另付隱沱出到地錫工樁石材置
墻角又用西園鋸杏清理場地，久之北列居。接陳子馨長兒信，知恆甫代布年內二百，計廿六斤十二兩，共六
洋三元五角之左。店付回，歸由園鋸家和桃歸。 夜讀閱宦生哲理

接嚴陵立戌 莫寓書信 謝息十五元 今年共已七百元 五年當認十五元 夜思宗翁妻之布置種

植園事，轉瞬又不成矣 是晚見子雲錦卿于蘭石室 劉恒盛二元二角五分 收子雲息

排講羅炳蓬與仲園屋額曰蒔僊草堂 ○居李梅來訪不值 又形日間之園 過于居 約明日 指洋三元二架計園 談頗存精

初六晴 未 祭喝印煙趙 是日為吾本生母忌辰 祝湲長 振靜 初三晨雲 談甚久 到申 初十回族里 本十六

同芳劉仙舟君來 及同偕伊約來初啟程 往日 蘇師為在東京 有來信言與汪相左之處之園未祝

知同子六往看 今于北墻邊廟下 蒔栗種蓋種子 從方清愼 清觀六丙去東門外伯南榭民中之列

鍾許大多呈甬 未能出訪 由園 蔡蘧侯于家 頭料住屋 鄭陸之事 詢其家在海鹽 西門內 咸平風樓是去一奚

在高索之居 為 伯立出手 有紅木匠作四樣二架几 抽屜石嵌 少談移時 北到之居 過談慎之 予手種之齒文去

訪居李梅 謂過土伊鄰標注有材其台種 洋三元 還將二架 而其宅另託常多一塊 久之 見其談太近

口 儲子異前一日書 談出田居 逢陳信甫 公稽之來 梅亭之子在鄭廟經手 高余下月用款一八千以分之

晉穆卓生 杭 九居諸閑 歇四旗請尋款 余向有意于此 現今當為興擱 且屬言我代籌一二 伊甚感

參去余亦出 先是與沈榮生談園務 至 取傷恆盛 子雲之劍二元 萬士元大帙 而回

天氣甚濕而饗 舉夷有麥雨雪之象 梅是見洋一元 五內子二百 來同至 夜過慶三因 平司同來

代存伊室修葬作工詞之種用 六十石 而不足 間之 居李梅之患痴癡 時生地下 ……不亦悲

又云唐書詩詞閱類有可誦 其名去丹仙人處為唐仙島自與王神乃派從當神到此叢河共謹鄭

廿六 西泠山同詭誕甚不異也 與諸至前更歸 夜小雨悽悽

初七 早微雨過晴 陰雨 寶生兄本作園地 邀 硯木匠臨至裝 閣樓門派園木樑釘畫案 而司司野 推

時已近到余 雄嚴牆 隆生排上風 工作多思之多端 隆生往硯刻泥司傾靈風燒未刻出之色刻與硯戲

人擔擁擠 賃紅挑閣少至過怡盛知余於攜衣弄 韓卿請欲 吾以久店 到店未滅恆新 夜西棠之到 告回

粟種半錘許 市大腸不得 又見方四 子派之詢李子梅字世 狀糧店為主 三叉塘人珍租種派園地畝 花五假中之

數反余故 昆日以屋出租 共年十年 伊必以僻屋 而屋倚偏四面月 每去四千分詩 吾畏況何有 桑石許可同三千 狀

再四之情 而至為誠 實有六子 必以耕與林工來 然只允七元 余讓至六千嘩 無不陵能空 被園以開荒為難 而稍安

方擬派木介 約明日再定談而別 僧見健見釋同學 武見洶攝恃古錢一枚 即唐荷捐紅豐古推欣然

獲之可寶 細說至久 夜餅穿于串 共形

其幕長母相息 向日八千金

飭木匠造一六尺木竿 又傍樓 共六分計台許 付虞生轉 盘少有●缺寧有

歸來仍由園轉 云性極詳印 以侯用刊印樹梭 門拓手以防小偷 双將

二七

初八 雨陰 鋤地未成 以下棠粟種還 而寶生兄未離返 故隊之 隆生撤 不知規至限成而未策將之甚

寶生兄本作棠 能辟 畢去由園詢隆生 推之病臥 終日不來 余作拆其姨 進性成殊甚矣

恨列店以升市大陽五斤一付岡莊五王佃欲租地狀言狀中作校不肯加半已與經余為言過狀
西桂鄉侯田議要一味吉執照庄入打風與保成汪崇山諸謂已是伴說白古錢狀一兄諸無爰回飯吃
第江至東入張瑞諸余付鈔千為之致久侯十一月廿九余以六禄等錢多戒用一千云震手渴以契推出作屍
息如此界而我挈不能多矣久之未一兄子法再過狀仍係要地而佃租不加食麵于祥源能寄繼大相宅之
往去錫欣喜美狀因至伊處相玩其景通美國嘉穀通宝一錢陣三幣一大黄布刀一太平百錢描糊
均壹所未得而世少見可珍者也伊并指之甚嘆皆未示謹久陵北遂告狀中如議原立契堅約人可勤慎
與君約明日來到地立契再到店取議布二百文田地在宝和細塹兩處乃歸
陳生不上工　過震伊病在樓不面　夜雨
二二
初九陰小雨　宝和再地宝生移栗陳生修園　起租地穩　開約租帳　請宝生久青工建壽臣廿三日工須備付隄
役户各花果株被人偷去可恨　作古寫于信經手房在庭包打東牆新修之尾鋪並填下鋪並
一整計撥三百餘株陳生上牆修整理未完且大為雨打穢巷匠司太湊帳平巳四出加以磚紫震動授
8
初十陰　中刻在地宝和以病不力推言難做少頃三叉埭中種仓后王翟茂勝同花老五又佃戶王念
二看領田五及屋心中甚含怒減過至家以佃仍以七元一年為之　余之以八元四角復翟代己開種係如有
某物餅之先生書送我食又常時喚人伊子做工決不取錢余大喜即應如數復改押租伊堂不出

再三説，書以年初搬入，付洋七元，為本年租，其租洋四元，每年以八月底繳付。至租多年限，伊須十年。○余許以六
年，後加二年，共七年。初朔論另議，或租或否，倘不租，公論適體，本年公議，如原租再行議加，其地亦歸，至屋後西界為止。
東邊住屋一間，連桐柵，四地一隅，其地尚舊有栗，伊即欲去，還余。設要之後付稿，云明日交契，即以成交云。
子雲來留吸，後乞余題悦名，申夫元玄樁十三扇，催款，并乞代買執桂元、綢、箋等，聞語已久，隨同之園，所議
至白兎橋邊別，布熱地栗以歸。夜初更，過廣道吸，詢李子梅擾伊來相害，而其女云嫉妒，慾者害，因向
涉種付伊膳，畢，余歸。因其夜多吸，且吞戒膏上樓，不成寐，至天明三四起，夜。原注，蔭生陞撰文，撥上布
置園中種植，秋夏不過，繳以秋冬種，五思布，其廠襄酒等，中間作一茶室，過場工平地一西瓜防旺箱之
二洋乙一錢三五五廿二子種植，余替其工理園內。陳偉之者到，自以徽之結侯，仰相不足之義矣。
○初十。陰，晴。早三五在池下營業，種荒灌，余看書，得書蔬。旧日可畢，書半至池，查稅，買楊肥，其交計下種。
鐘餘一輪加實，餘候再聚議之。付寶生元米工洋四元，計欠洋世工。是夜陳善堂未會。六千錢，其付洋七元，七兩。
寶生寶和至，言六才約租，暮出由園到北店，見留江吸，手恆瑞。伊付錢，聞語多之，不曉，俞网不均，照茶大抵，布居予
茬五云。王廿二地已定，不過瞿糖店云。明日當契，今交茬五廿二已，往過江，訪桐居，出。吾每相求錢，閱之喜躍，楚欲不自已。
欲予摹改其文，以為千載一遇，得未曾有。因摩掌把玩久，伊亦出石相贈，出仍北兄店，實典為，旁在查
恆福六千存另之。上燈，持燉佳珍三。付賬洋七元十七，久之，入席，与同位，伏言飾子壽，陽友祝，夜半封，未查之
此十七日座七，蓋畢而散。菜味頗精也。片月徹照，泥濘難行，幸無風，不寒，抵家適

陳鶴孫從陳邨榜文以語款子案以下屬款字而余又為之摘其刊翻樓用無款印頗代籌而為
金迺以十百廿三四作收條之餘亦不及其面言之據其議及允行而著已二更初矣
上樓又玩古錢　店劍邨來匯五元七十
十三陰將夫間嘖嘖罵聲知對鄰朱厚甫之奴婦被竊其箱並此賊黠甚在樓房竊入一語發覺家甚危
也與潛孫閒談笑出去園陰雨工論悔而尤地羊堅日夕吸烟同謀為之易馬海暱箱之并伊向則金表一之構
歸之找店伦余必居押並伊為檢必如此也伊一心如飲妄甚又去地上出第八號五一趟米店四千萬儲
預老來　送萊程之之　申刻回園結北拾錢店契使借人書滬日而尤須十年為限余
力偕而作且十年與至中空一字　過店葺個差睹借松風茶伊據村老言以四百少加雲次余以斂不淒
多往年應有許款當與村老談主言我者不成至于加雲得余居徙罪少次不減已是加矣不能非
錯些差在過之雲頂就伊之收村與三庄月贅物以未定改給收年從敘故是之與路七年事新南去
話湘之卜為一種妖術久之先出路口花石門內取租簿以示不能君取契稿田又見發百錢之襖
費皆但自是而和從置自信可惠田由錢字卷　知長工某已程來告押一據之午後大雨
十二陰有晴意少寒之未收身內欠滿若及起如重負病之真從損不可之言其舊疾加以勞為害
鄰雉與持帚同一角　郭慎母送神碑帚送禮之齋已刻回園皆治菜地逐陸魚卷

逢達陸毅重一言入鄭宅謁寶蓓者少年詢之乃張宗林之子即嶄汀之而大產破先君在昔屢屢扶持不下
數百金令其子壁謝　再〻　在余生原綢布為彩店酬一節皆堪造就者得又得子四子及陸蔡怡素子盛年皆已
○不識五一米大昌友　謁市久將午回　未刻書莊五契到租地契仍書十年元伊且侯廿二未再面議云云格花五生
廣知村登春林君訪余乃詢悟稼裝其屋了又入訪閔晉云在松風于廣門運村林及陳季良借來其契者村侍言
初季良謂吉柳堍　三庄出售契論及契價余執四百元以錢貨之萬全又以北乱應減而不減乃陳閔晉至再三
8 請不允後入松風伊出原契二一表進王契計二百兩地畝五尺一轉出庄契　庄契係二年不贖作絕已近四年故庄價
余皆店在指應與王契寫中人費每半屋布至閔已昂主應改注蔡伽江亦在座与余向不二人郗係原中久粮由伊立開招單
村林真四相往言余價出八元作貼中費錢伊貼余以……祇首肯如此薩空　伊等往飲又包者訪又高訪押
岸雨告常夫過座言碼以年廉蘇欠甬申薛抗兔庄廿二第久在碼坐收租一獲必注訂因該友來下臺速而
陸季鄉出地此區東鋪穀貽貞柳生申記余經理其事多庄錄之出之怪稼與彩辭閣抵其屋款月一分服日村款
村琛元向先借洋元歸後十二月初工余又向恆大貞取官利等我議將陽一百元我自借零另母元合允計抵我二三百
之母定祥林圓推情惟村登于加八元似悟且一本惟此店門面僅一丈二尺三寸二進租户馬葉原店未住北鄉設法利
南鄉華南店乃陸珍大庄我在將設与陳作石庫門其備兩棟置南牆另置費不得佳租户之意送别忠甚
乱矣以飲加美利只六七厘不及有頃之半　兩君日衰年歇恐有挂誤故且助此思以穩妥傳之後人不知能
守否与否也然為之张望吃力歸　廣取一百文作茶鈔　是早自下以當塞往于某也

夜與使在樓讀解癡文 陸原跋 又讀易大旨

十三日晴 早檢農桑彙錄閱之 片刻之園背 堅自下 黨票種子叢行中一室屋中 思為補苴之 村老約明日立契 租價每畝每年二千四百文 荒地租每年七百

陸歸飯 未刻至 源張庫 詢俞杏林來出乃向來 乃友并工人牲伇者為北馬茶店 店屋租價與

押租 知茶向中原租即茶店收月二千五百 為有欠付押租三元 出押花之久 茶與是 然不至高 馬收閱之 即北

到店 見閱五告 租價係舊照此工主祇八餘枝 議之村外累是非減價 即店催馬租者屋 然仍成多而

閱茶是早曾遇馬店 詢明星稱付租日八十五為月 愧相遇之 中見有由久仍恒裕 告此情 其不解也

8 合蔡幼江與陳少泉即臨堵 至其契稿 余於稿中加三層 一貫之一 其館一作館數語 其館樓及四至必為

契閱訖 呼馬店 之來至 又向伊云日八首 待其欠至作中 為租契摺而出 余擬 乃茶店鋪租之價

出中得利 知余無 議 伊合少泉寫契 余遇恒裕 書票 正月底期 一分息 又與

俞蔡 成其押 少徐同推 俞杏林 吳紫 余又書付十

危契價 付中 少泉携往 天已晚暮 遇恒裕 村

村 閱 三人其飯 余 其三契 恒裕收存作抵

租 余店取 即回 是日四

錢 王 及陝 是夜 雷雨甚久 天大暖也

馬租屋向緣其六月底付向根宗表廿月初會租　余須備墨緣一以備一以存息錢須與葉氏約

仍向恆裕息借　夜四後飲粥

又知之以蚌肉加黃砂和泥搗碎　雍某筆年老根多結子　惻及之以鐵錫碎塊圍益護亦多花

十四　陰　微雨少寒　隆生早往園中收全院葉　申刻出由廣到恆裕　閒之出賊向丁萬大市捆子半林亭

十五日　隆生云須下種檀欉牆基內也　于恆新之云菁菜種已大匱　必須九月下種　乃將緊至　此次栽者花全

紫木之處張為大籃馬　莫不乃俯　花洋一元　菜子一石付隆生一角　四點至刻

夜檢買麈等　及歷年收付帳簿　近年以買筆或藥或書文之皆用將三元　四五屋全分　租金五在分

十餘年　先後老依　猶積老矣計千元上下　而未氏強訴　又十九元　又店務館事時有不為　子畏我

十六日　陰　屢似作雪不下　二年過上年及今年用錢　隆生理地種樹　又約前年前用坑去須六十元　未清出訪朱孝甫家去

已到碼之店　餘書與之　為庄理事　前託理書為代勞云之　宗據原與細圃之地租并均繳完糧事　並約到陝

此有清楚節浴過一遍恆裕　王園為租自約下月初十移洋　逕逢史傳發將我地西石塊託紀林來售　然無所用

二十　又圃若荒涼日甚　四點晚烟細靜自徧歸

十七　陰　仍然未雪　寶生兄亦到　工三人開墾　業到雞公　寶生兄亦不至此日收工訖　去園指理　剷石苔　拾山藥者

檢瞭園中其遠景數有收　于陵佳林來託沈傳發抖合漏水缸　溝中石塊地無用而值寶君不需紀林自又乞借

一元　作十二日　但作借款四之　彼之無用　且於事不願　收其苗而無往　同打炯余收之　因出

到北市糴米五斗，予洋合二千九百一石价洋。又市大腸肉，又市鰣魚兩，鱅魚有小鳖魚鲜一尾，计三斤，索四角。又百

海魚似黄魚而扁，價六分。以是日嫩市魚肉欲得，又恐多费不饋，甚可惜也。數家小坐，歸由團圩抬猪根宝和店来

是日寅生兄来工，前修二百文作讫，又另约租一工，应找

二十七日 晴。吾自少喜豐種植，行將見諸人家竹樹環匝，感桑麻葉茂日萬石，又艱見土墻草門，深慕

黄君恒之間，三三築自長，望湖越楚之鄉，晚晴暫舟，常於田父長話桑麻。今也老去，此心不廢，故猶閑

荒荒之地以種蔬果，至其餘食，尚否不遑計也。已則仍吾園猪舍三工人用力至若（而不依至計）楊歸放雞食菜

全求園之能不荒免，至今回　午後之際，居地種菜地雜樹，種者為己有，由予無不可理治也。任其實我

此書遺以後有来者，惟此等安置不可不告。未到至地，嘱匠伐去黄之楮。居職悍然出，飲力已地，余不為理

一已橘歸向知居婦子也，乃由如前向詞未完。到居久，收圍牛車，稅七十文，予四角甲。来存房廒斗十

来居匹桐宅，見保兄來，乃往光山，蓋病可既，語久未歸，祇晴時

北兄往祥業墻，月送一石，且以前贊大姆保持。黄石予之借資而伊説索七角，以其無甚殘，卻令他借

○在静吾南者楊，上儀陳高，且帅設壹屋。全加保稅，又者加通國人稅，上等民五等捐少一角

陛自認不相陪，以資烽煙。中秋清四章，皇上二撤驛龍京，仍迫云已移，嘉海觀，嘉當住滿

判獄堪為，學改余杜桂第。西人及到營，甚此不可解任。幽要爾余，保署之高。衛聊七弟索已

定一都司及羅仲大妻子　十二人　寓賓興張石濤而飽適亦恐不免　向海西生取花五盆　凌葉生晚歸

大陰　錫陸生種菜　非種霧之園宜植　玫瑰花萬百枝而以畫許朵今年都市甚擬一萬四萬只七兩五錢　再

秋植盛西黃菊　此植菊喜予心　杭人故庭重之　今年石價三十千兩斗市六七倍　今則十倍于舊第之黃白菊價于

山塘[illegible]花帶相種　既得蓋又得香花何計其居　惟種難得而往植之工盡得實人耳

張行甫過訪　昔在安徽　為之談之茶以寧子須十二日廿三四唯霖應不及伊候頗為余多疏弱諸瑞悉請世謗

亦之事　而代伊應居租稅購而書佈憶說諸已計近處所事見為諸事　償還　將菊筆掃豈能試問為誰有坑揭出

燈之理如物出售　不知其故　余以為宜也不之應有之語許往看　午向道之視各物並一作者意應要必而品情

算而一買而能　去到北店詢價有于此攜而再錢余去看十種百枝出賊不斥乘輪　始四十稍作少大予三百

又市錢把于園庭空打　須六百錢又先付一角之定擇去鐵鏟之書物　租老見得呼挑夫二輩市菜於三斤

會性虧不宜於殺市雜一只價稱又　候年高斜時以來之　適已將燈　園中陰生種菜不問花打下真分行

世事自是不已

二十

九晴　宜生兄來　留飯將半雞燉桐君　午陰　往林表求借胸有成書并久之假予羽衣草袍一件許祇當一元（限年底取）感謝而去

鄭松茂于門之拜于桐許市院　又抱天言郭池魚有漏網三百金業之園子所喜或合蓋之　年成赫之錢未存而伊收麻

慎方來與談久將出與言之不有大實家以殘疑石匠之去議一封北行店同語　呼周六莊地兒　至將已告有械揚友避

雨地中三人種桑　北邑悟叔聞之　力稱芽甚伊有意于此　只須余任　余計一畢　約前途後再　蔭村地一區請言　豈余

聞有居前門者誰云　近逢楊四說楊歸之妻侍其子之　乾君不恨　夜令王榻宮者來安家而靜院擬與速健字又

東入林試此區之為三人所雖欲不能成　總須焉　大有為至寬為髮愁　嬉無法住者也　況半日間不理家政　于用攸劉菊

者業而半上了不相關　了又長歎　生家之枯死矣

二十　陰有雨雪狀　早丑書言已到四楊來　再詹閒亦來遲午　王雲又來　請問令之園林何在　墻也多碎磚不厭　思毛

女之居歸之　惺於伐樹荒談　久之往衙中回　○景玫廣云　包宮所還款之　言欲借與我　遂來言代　贄以物契抵

詢其已久　昨日實出去陸紀林以所借羽毛袍典不及一元　再求加借　令取回付借洋子銀釧　重兩年　以去　隨后來詢

○以所借收租伊當不會脫其錢閒　再來守　令將禁馬作錢阻撓　閒豐亭送出門櫃　借閒乃我家七載不收租

去年件洗伸片子仍去　要來之　著自莫等　去之與卷租孰吊店與談之　請古錢等　酒得杯歸　自長寧回一程

之知與我家有批欠即知無着　伊係承賣房也

廿一　早雪片紛紛飛　辰巳微小　仍兼細雨　陰生既不能執作　令佶園伊要聞禱舍往之　祿令　佳生之才　取舊園圃加底

上之　不然閑了手　幸景識作樹枕人物閱看件坐室一二時　待廣三不至　遇其家　詢其欲要用　懸代伊具

略短　然太自大　如吸回印假出錢　度有地與訣任余家生辰與隱處來請　批評之　即過禪齡弱宮以上仍

以余手屋契抵　以半月卅三日起至後五月廿三四　期之以半年　名陰後間說布內一正與桐言　君而回

夜仍過廣貴以北踱歇已約定　六時芳息譙不此什情況沒短炭錢酒肉矣乃歸　以上雨夜

蔣洋廿四日作八點四廿五作八點今作八點六步憶之故不解　是年煤坪祥尤著已甚，麥大半所屬人幸尚生只兩物才可怕　夜又小雨宜關户二次憤者去

乙亥

廿二陰小雨　隆生他佳春樹煙盤二　寶和在圃　種桑澆肥　静宇高嘉成衣為出門裳服　以出寫當面

間事畢踱　琮了叢樁不易理　雨震下雲陰　由租舟　踱廣集堂四分以上月錢　查近日加添工　出之地背

灌桑已種已糞發為百余百株　将計日後一棵查可必有得二十石　葉人之達於一係熟一年可得百石以泰館

八分種子育種　春十葉加以勝視仲節所得新理繅車計採斤繭得千二三四百兩係橋頭山殿

進千兩可得千餘元及千兩或　此地以東罗洋人植桑落桑一物必得資千元以外加長年二人及種所以而已

西東人惜邦中之業地不請求已與也夫業路已雨下　身濕到店　踱恒夫將新區之市店　錢向佳利加租與

居所如收租錢易乎　出北門于鐵店取耙　計四斤半于圃　種之樣并半以羞壽辨　付洋七角　遮行　為評抑之十文一物

之進出相其天壤佳之薦不滿一二百文　過圃　寄存四生　恒樣間説遂又到店　十陽章多本及兄弟堂大令舟

原佳價可稍加　市一冊解　其笑　歸

廿三雨止斷續　寶生兄弟熟不能工作　仍出他處　隆生來往圃　作樣鈔　嚴又讀原隨之　金鈔半張往今健鈔

取紫毛皮掛鏡向南形　隨送了東廣夜假搬伯對科挂卡夜前間年戶作人物多種　燈芋作點

待廣翻件匠應而至而謂自是庭佛　竟日不出　晡有晴意
乙乙　廿四　晴　戊辰二工　寅和工作　仍堊蔗地　市紫二扇　去園中看　推中間　外门兩楣去作欖闌干　内层以旧方宽
作旁中作门　写对　並可為屯收諸物　有客到可坐玩　且可煮茶飲客　惟地須用灰打平　並多土墊　即植些菊
以一角市旱蕉二　接場後來信託定佑来函　洋一元　金保　以後鋪仍託仰圃与金福收　惟帐虧　不能經手　將後有患　即之廢
總方淨本庭山房也　且此次代家兩年　午後廣遇我談歎　頗謂陳巽以期先行六月今春不肯　勇列又以正月　仍期而神情
二元　陰乃告定　六月一対　陰去詢　照日付銀　又遇伊云　五月底則　以陽節　即來並付將來一角　只能準而后付　詫即偽
取下侯王金生來取少生去　偶而夜來　請念夜出店　補席且　即九月將也　晡再過園　看北到廣　市栗廿株　計五角
市鯿魚一　計四十三枚　命滷五石兄一過　憶祿弱棚　旁夜吶于店　笛以至尾去　以去五棗市庭而歇　忽忘　些一斤之
寂任而憐我　全宅之誤　桑四日　夜入席　六小六大　菜味甚佳　飲及二斤許　酣甚　回途已二鼓　沒想太以
夜看改洋五彩郡國志　时许　為渚已覺　鄭松戍借　紫千格　作價几元　付之
廿五　晴　大風　陸生墾卸屋東地　將以植菜　理收租簿　去地以羊皮捐留江　請孫鵬御大帽　求補破損矣
着出到廣　去北局　閱系不見　過道廟　見有售洋片拍設書軸　山水雜鴨又象而陸人皆喜以手玩　憶六十角江
出城入叙　取過許園　見儲　至伊以言　舟日撫誼　余責以豈信　致其二受其飭率且至今年帐　乃鈔帐而罪科稅
上年已號　將保收入合帐　並照余限價錢存保　此刻錢莊未信來無益　遂思氣未託　悟夫賊法細想
分用　五十餘元

归櫂广三来，余诏託（用）致函，並函桃别只作罢。四宝契已交，並遇致之，余祇代契，货已应允。夜复询明日着伊人往取，乃令艰重一早随余至北麻泽。闻说与镜波谈西人规矩，闻詳信，料理送麻寔共十二年（赞），自出缔。又市丝一十斤，装入箱，将以带陕。知闻六不来，令宝和偕。

乙巳

廿六雨。黟斫不得，试求装，健随宝和合往舟，子高、（伏都）世隆舟影丁。未食，挑行李，伙计着履行。嵘生待之，光之恒孩雨来，得一千元，取至广家内，既得矣，急之询函于桥之，乃又往之吴，检讨质字拟开，分携来不允。闻即吴不肯，后致袁信再至店，致意市内，前烟库某（伍）来再，四角以苗，乡之下舟于宜陵，开由袁代境至丁桥，入湖移同舟，到林家新桥，杜家塘家其桥（东），抵谈寿生家。先之工询，云寿生已往海宁，说甚，又令土佃问，西疑已甚。盖十日前自约廿八至，家付米洋九千。至未，刘余冒雨上，见其子女，仰其熟未。及在米未看雨云指得到城，至往戒回，余益大表恨，责以不应谣骗，种种刁谎。其子女一味推委，其家族人一一告之，其妇且往候归，又以之愦，不能息对（一再）。其妻已知若之甚，並理刘生，将奉惠舟，临去不来。又令宝和上岸，往京。泊舟，夜雨甚大，水湿衣被，大觉不安，中夜起，嗟叹。寿生竟夜一至于此。

乙巳

廿七雨。黎明呼寿生子，寻其至舟，告我去不再转田，尔交尔家前，前田即以来料理，为官（？）一也。晓起，村田雨锁，楼下偽作衣，迷迷。自计伊似谎，懒之，取其（？）市间，已刻，抵陕，泊小（？）（？）

即至加晟与葉鸿年諄知宋札并其小直八景撝印已定出形周子舟于箱形其直年到印底座
视只有三年又每二年可惜殊不已也 壽度飾奉太鉅價佛道甚決不售全帙四册 二不凖三足悟
會大卯赴詢談二梅已過寄不值欠歇不能收三不凖也去去又同吴硯情指生大与葡悟
李蓮壽一剣語仍已嘉晟齋取果葉七斤 非細葉二斤乙作 逸飯与葉鸿年話致婺委生子因为徐煙輝
明初未夜午後赴使邑換書 楠庵来坐少坐 譚即同出与志盦語尾知及往山家情形留吸三别過
元亨益爲陰話知知翠玉窗 遂去皇图揭同车访吴瑞 晋生今至烟會之 錫三乃伴因一吸令之郭恰
被某明山書与之掉換 我于廿斤半彼新于十九斤半 我于斤直百彼于斤銀 洪莫卮然三元五角作讓
名银不詢古銅玩物者有 伊擇一銅鏡伊話者付者內 極旋拔搬中擇十數面善佳者任得二鏡寅
寄揀一屏取者 海岳蘭箋至二角 予擇一得鏡篆文大吉陽隷 予一角大喜即袖回与寅予
煙備共六元 劃归其山家 又一笠又收作别由居路指點東南辰山与健譚類逕從吴庵赴山房茅檐里留
市稻魚葉太一元 已访魚佳印圓十深衆与绝有成蔚一禄佳与印到舟至然山房四行飲于对门即夜膳
于縣幣同座 有成及蕾卯星楼 苗子向 柄漢齋也 乃蕾留吸健健饋于加晟并夜予又一走
謹吉与志庵泉生長語之市 倍隺 鼓卦村成市撰南米当物一已送道孰似寅 万吴吉三四旧友

洋元有　山左齋藤文玉處玩

廿六　玉和及賓和于家，同持燈往若西舟

侯黎明開舟，料以市蔬，租此次稍遲。錦方佃來一石八斗，一陽先生過云與先父相稔，問其爲佛和畔業我

起宅因道左之，見其子歸與之言，我做市壁而寐，家自談青寶生家下舟飯，一轉解其餌，敘四斛以由有伯極至季

稍遲，余之佃皆拂佛去，先收與佳慶租一百，讀讓仍舊貫降五升，次及余德元役歸不主，旋至區六金

伊極苦一詞，六斗五升錢並九斗五升，貴能林更不合再責，狼狽辯論，怵之亦並九斗五升七毛，厥後一

族二合田又下屋，既不認真，又妄肥帖，閔收不及石去，佳居故祇及五斗，再至區閔御其子，即量五斗，役

及德元至將量降五升，厥陳李氏與我以惡地作佛理之事，元出其再說，畢欲市某下舟，開已申末矣，舟

東西迴直，向視再三，始達夏家嶼，即上量耗亦收租三石一斗又一百文，時已上燈，辛屋某歸舟飯

夜雪珠亂跳，後又閑雪如絮下

廿七　舊雨，黎明起舟，雪猶開，由小港往岩寺舟去，惟陌量張樸才租，張細坡作素不已，久家今之子看顏乞

量目抱孫，驟縱口嘀之，罷子其二子，一爲善之，一爲堅硬，余進云今不多說，今年照兩田隨量三石一斗

加我舊欠一斗，允即量石，別一之我去，不必論談，伊口稱久之，允且量，余又揀之，將之坊量一石，徒鄉出言之

在又不肯加，求作枚租，余回亦照年照舊來山之，今年不及又少待，後來負意，下舟，寶和來之詳貝

一斗，而丹方又云，從艱跋時囊米已入錢囊，並只加一斗，而翁謂至去帳者，堅持錢十斛，此一斗決不加也。

去即以閩新澄蒔宅面訪，去林妹干家，云已之，殊不及，云彭多与俞老一言，乃南抵城已午矣。料理米上艙，計西石五斗，又斗弃，擬久之，令健卿唤隆生挑，是和源取八元，付花代擬角子一元，付上津。信國阮五廣店同恨大佳利子，書店被持大我，託之不為理，特來此，影照不好印矣。至湖石詢云仍江外出，吳公沉日見大到城去租，即面庚成云云。通家知談，壽生竟不一來，陳尖家以云幾逃避去了，恐大動，看整不可，應其商也書，然後行，成先令保或中識之，越出，成侯二扦田，但座周不笑諾，况扦乃更求嚴望，惟名佃為煩，今年租須四十餘元，加上二十元，外於亡無，還難支持，又不能餘，甘償此行，為之有上儀耶。成為左園侯來到，補日記。

夜雨甚濕

二二

十一月朔，早宜生兄來，攜米（借于），成為余作紫毛掛，辰黄烱至午得，五來取。風帽糊，于庚，隆生洗房門窗，太多二叉不耗米，晚細圖，二梅付。

二次夜，滿雨甚浪達旦，日未。

初二晴二日雨似黄梅天清已盈门前河中平岸无时所仅有也 宝生兄弟仍蓄米机夜二三次
大洗窗下午植马鞭于池上午后过广三询款不已收明 伊向云上天子梅未用者以锡承代手
长谈云云 一双即归 市花黄紫了以雨遇上 买十二盾计洋十二个半 二次至杨垦择 申初出
到店核 六月十一由单 另均须另三本 退付金保告以不能径手缘由 出城市次占米一石于恒顺
陆瑞林三元八角 迳至淑园共陈租事 市肉一角 画店前一见稼云逵卿 于店门询周杏村 伊告伊收
借一二厂查廿六年十三份补入佛帼 又阅画 是日读班书 乃陆炳俞锦 李文惟于是日嘱保询其收
相着装余彩言来彼伊到其家询收藏[illegible] 并荷谷曾何人种向何人收租之文契不应不出 又询漆桃
甫在头厂遇之 他出见吴雷卿 云其保所膺与谈 躁阅切也 出之 恒盛取烟具鞍 欠洲 途遇子云
借之元茂饮片米 云悦承未还款 于广裕作书 告以细些商 路至再仍照日来 烛出中归
系上铜鞍 试穿新皮挂甚适 知该舟生与王阅昌荣 请宝和来言初八来完云云
初三晴 余政悟取付三元 全隆生挑米六斤 均着找 致蔡劲江命阅字书一
初江丙本 二先生 呈下 三庙舟以市屋 闽原租 均阅菜店 以又转租菜合店 对祖谷屋 隔手租

户多未期去　市货速些马来以自用西苏特此奉闻　改方去主人原租户深为远虑俾由
闽下衰廉益侯来到粮承　市者备袋契价约姻何日希欲　示及并祈速赐去为等各府
此书请总马去届回付签耳　高成衣一人做佳风帽修皮袄　将午果吉甘来修钟表便留饭皆
修至三下付洋五角　子云来作殊愧泉归款信因商与谈欠租事种种宜依据毋令愧　至四下去　高成
衣毕核账下找工洋付出第三八角　又十二　地甲隆生　程及竹鞭改不及北又来能至园地　杨女嫁闻而作楼硅之
二之　大郎十一点保来取阅价一元洋来详　八下工毕　九下半卧　十一下半醒阅书十二下又卧　二下未睡　李桃过多口跂
初四雨　昨夜雨不已　实生足中　祇蓄米信　浦田多　市六五角　十六点二十二时共一百元来　三石四八斗五升九勺　加二五　共三石八斗五升日
蓄积谨二梅修除非若状难将久不置　是临终命饶达　无信也惧　又发　细阅信脑但一切看四六
车催卅四元　泼历廿二点　顺信在家信　无而不知其谁　其渊蓄于祥　应泽之　试作树名人物　两但广之
三日为谕之　今晨毫无茧梅　寒已唯之　甚
初五　细雨　踏读深门从中　如河浊　漆生　后其已流水　如建瓴　泼泼瑶之　如确医　至窗以见市四去
午为留汉稻　陈南来大幅山水印后题之相由　改初国法　得且照市做且出清　洋存　又发二幅
今宵深拙之广　宫中　之下　连衡来迟　静行　余出北门　傍络行于怡盛见一日　奉云洋易之左权风

兄錦云昭日來訊廣生，知閩少有見尋。遇其山室，爲言初江已至，其糧異常舛。函致，此猶閒，但容莫
中要語鈔之。余書以租戶須赴吉交壹付得，而杏林兄即日收租後再擢，但彼中談者未細籌也。邑
恒務鈔之，并往閩入市，與王竹西、戶蕭三莊原契，係廿二年至廿四年，停止退佃不贖，但退出賣，退戶各追四千
三莊不能久懸，乃售而表猶不付糧，請於書閒云再入股，茲交之。大概找陸與來找，分角四兄子沛等，悵矣一去
頃用茶小之件，小款去假自形。閱日報論今年椎臣筆事，播遷之禍，殊確。有兒訪，傍桐君于家，說且
說石隨得一錢，一刻出，足傷益劇，步步維艱，勉強抵家，苦楚已甚。三慶來，閩米九斗，廣人六斗
建衡房東去。鄭植卿談，代我擬屋，請之。隆生來，東廂移米囤。

初六 陰。小兒陽曦又徽雪，點點廣作廣麥。三慶二人牽磨，而三人食殊不合。試作人物，雨霏潄，又作
飄搖之想，不能出。年務至在千百之領宿。致三慶函，其兄寶慶欠項，伊與張要夢借十元，以契據又對
前時借去銀擋，又物母為借予欠一元，往年豆餅取價多數斗，今以糧工找給二元。上年租收尚爲四斗，糧工四角了
故須其歸，出示減還。試技中以清之，迄不來。
寫人物于礴，文權須求古意。夜讀閩和尺牘中論山水法。

初七 陰，小雨早爲，而止午，稍有晴意。積陰苦雨，如此日久，罕觀也。六下起，督割糧，未刻，保賢來訪，鏡
共話。偕至其家，即出到店，知恆盛百元已收。至錢家，種夫轉致，至倉，遇王庚云、杜甫之坛只向談

素君來印委錢二二乃太印委捨滿抄錄批告佳

為吾家委買地開墾禁止導匠賤作偷盜與路阻撓等予由　青年批

○價買荒地印是正業，雇工墾種事亦不合，何必道雲存案。

於之與陝長生說典子道訪雪卿于頭巖，不值，一見孫尚致語，庶見三元角洋錢付還諸借，適茂伯過留語予甫一見，度山一兒澗君過云，胡之王宜夫詢糧庄存檔饒屋，余忽措茶房傳馬書屋之義，應支價五十五錢回怛夫。今百元錢存，前十桌用百元，共取還歸是庸銀行。於糧至初更畢。靜打意行李，令開日東宮送所

我先客閏生，來書并稿田書門學校特寄，將以又余修仰園閱。

初八陰，似有霧，云內子昨患傷風之狀，是早不能起。內孫兩子補持禮至補留島，以下書之

廣于王店市青魚二尾，五元九斤，計洋半付一元七角，餘之帝黃豆牙作蔬，卿問難得之品

十七至倉前，遇見吳雪卿先生，云已見廿一日十三號告福地保之說，前寄吳租至吳九國切回令

君兩二厫去，福堂厫飯，因速以寄生冊租情形，兩田開伊弟當生，上雖令寄生通匯全伊生

業生必去理料，諸期我田畫歸，今歷完錢人，種查收霧奪，吉福妙言，壽生相以避傷可觀

田先擬垂之，雪卿紙即紫名而歡，還得移庫兌，並取君來。楊信述田子庫完了，即告林生告

晚北市店，任我買米蒸店，准馬租出屋，謀閱爾已致言。少生去田店，一見稽雲，飯後屢求

炯吳來函入財門收。御史來請，謂祭伯江已在伊家，隨即至墨寶，伯江言寶已成袁氏之粗仿
一部七莊，索價八百不售。吳學耕函致寄合開入帝王行四尺，墨刀筆，過之問胸與伯至舍，談書
林畫雁，但與余近悟稿，從中國店鋪斗佛通參，過王闇君，謂伯日壽生書齋往，到請以十二石租與其已付
二石，只十石作△三元，便實值卅元云云。居以十二石果以前賬，租簿查至每石折三元六，和賬今定言無補足
百請而伊助令應歸入，房稅了多，縱欲之過。桐君同說，按人言，飲其生炯，性情都犯，余而保成，欲罔罹耶
去鄉，余知歸由。詢其面與居又久之，出見趙雁洲于大吉祥，說收租及伊情，以入租風卯日仍十二石為租
妻吾未回，房均付伊料理，即于初五間去林和租，據一面為其雁租，但斷租三年而已，然二偏中記
押租，知靜庭村舟販報行，時已四下半，乃歸，由苕地搦歸還，去物已概行搬空，及旺箱司存
物與館，因去歲業小有芽蘖。移以墻南多，所讀只餘，但時上燈。陰生挑水至。夜雨並雪珠接下
合靜一至印當，往高及此道，述歷等執照。伊道移校袁海記，我請伯領面我由居事久矣云
劉拱辰偕小玉來。逢伯國至我處，此次來信有十六九石兩，余開來買伯至，叔去舊是，卯中有兩柴橘卯
一話即別
初九 雨徐飄灑竟日，連宵愁心千疊，而滴于點惠之病，臥床亦不醒。知靜兒之將動身說而

○來告賀行陳生肩鋪陳生刻取閱約六下左右送歲至滬已便告今之疾十二下一下上摘收半
已取滬倩五來往則十二三兩接東京此書十年前已往留為公安如把握也今陳生權改
閱庚子校理午後出小清書陸雖之張蓁人蒼佳　靜此行館于明年度除前晴其存人才條
召歸來或正事做至頹然也　作字甚早受　精力退逐而懸　自煮魚腸食之　未疾書之
君仁老得定見貴大三粮訴人付　大洋二角先之　陳代料理合坑告之陳瑞姊春老去寄不知了此事也
原書近好食好退急与上下為難　閱已而悔　又去買酒　觀其新聞丹東屋市題歸　佛弟三段
夜自作鼓一家偏絶　雨聲連旦霖今室三日近我
早雨夜後雪積寸即清　為雨子開方　紫坂白馬高歸甘仲茶是加麵椒以安作理後食溫姑　小業坂湯
也午後庸飯之　撿錢譜　日入千重錢譜不甚合　擬摹印鈴章
中報近代于報解之　發已有隨其倚于此而大新聞西法衰通　皆有今日兩以卯岩壽有哉　舊觉　自由
六十者又一誤　于日本二誤于翁康　三誤于園匯為中報有能自立耶
夜諸事甚棲既不能意而佃户欠米不來諸欠催之不理用度日增未能不容步後年間將屆難
然歸臨由子病床謀堪嘆問　夜雨又甚從去見是時久雨深憂墻傾

十一 稍有雪意陰。晨寓客託子來還租二元，尚欠五角，俟作帳。而隆生至，請昨夜後面新泥墻全傾驚醒。
主甚，此次雨坟大而且久，不虞此墻十餘丈全坍。昨夜四更左枕聞大聲，喚問健，謂為同坍聲，寂或是處之墻倒耶。
既隔屋至，又要音開，而馬阿睏去，而去門北屋老人，即令隆生去戒嫁，為喚墻工至毛頭，令健知趙司二牌之地虞守。
七 余亦居住至其地，池間地中皆水，墻西北淹成池，沿見墻僅存一二尺高，墻脚皆出，翻十多地虞之，楚痛乃邑墻倒。
庭後隆生回，令伊住守，起砥石于中庭，極甚中心懼戚。書店修打又費錢，又且凍為難之甚。還王閤留至田或租。
僅肯四石式斗，余須加一斗，一再乞而折米，又僅肯作四元三，余須大布膺，極至決之米于倉，而余意無為圓拆，且伊為人口玩。
玉保仍許照算甚，收十二元六角而已。所餘讓壽生全家分散，為其劇膝承之屋全售料理，相助男族及弟，不允至今吉。
催音而其弟蓉生四五之石理可惜已甚。渴去承留番去。來到此店，見馬聲局，遇閣君云指來或批未列，借切江十三元。
或清推之，再之悵極一堪，店夥澤兄角扤。知瞿抱店令王廿二年前來住。至倉前，吳雪卿于染店告我，廿一十三僕保約十五。
前後壽四之後，令壽生兄弟速議未完。届退佃，功余戔先得現之。遇問孟多三不值，代言。晚景宗居徐甯墻司園。毛詩
六 玉俱悔不保，經以墻之全傾，余思責亦仍益且好之。約天好段再來或壽和再察。旋遇桐店門一經歸。
寶生兄弟旁睹至，推到此程。夜羊青至，請房契何景讓元年年來收大要，乃手續云。隆生起一石平地。
契約要年因既來滙租，又未清之粮戶，且須補押移退一條清楚，到即付此張，即將後。
二五
十二 又雨。寶生兄弟偕來，隆生用繩鬧掛墻地，送李留作靈神五角，送陳租二陰母初十五扎二角。

坐而無所賦撒帳錢〻〻有長毋相忘日入千金等八字

千歡萬悦成嘉配、此時此日酬深愛、紅燭高燒金屋中、未擺詞筵玉樓內

黛佳賓華宴錦堂春。保母綵嬪掌珠佩。華燈照壁簫鼓興、喜氣

集滿門闌內、當年玉立幾遐。倩鄉得寵何輩。恩長誼重毋相忘、

日入千金奚容貸、經綸締結兩心同。如夹魚合鶼鶼態。人間天地生此境。

焉思日月有壇晦。何因介此孔方兄、結禍持尔联肝肺、駒飛電影二千

年。玉銷香散存誰在。惟留此物尚多情、所歎遺風不令再、近世喜予

雖有撒帳之名而不用錢矣

吾聞古物櫃通靈、又識錢神通鬼竅。虔求惠我

傾國來、執鞭相慕首頓碎、抑蒙兆示許與情。入千金春收利市句輕肯

若言斯願終易償，洪鑪重鑄與君酬。長依叶

久不作詩，謹依筆端之塞，僅成詩，甚堪噴飯。嘉江招還屋飲，頗佳。雨雨不止，迄夜未歇。古文辭類纂

○因思久雨不霽，昨夜至今，復丁東淅瀝無已，乃思冬時此極類日本濕帶也。常變日益熾，熱風從

葉舉以我當論今載者，既無風又餘雪，雪地球大相爲易。況夫久雨作陰雲，曉西夜蒸水殼罕

以蓋濕水爲之氣所吸，陰土西者，西人謂雲中起，鼓山山崩，洪水數年，是理寔氣過下地升烘

如上蒸鍋，蓋下其氣水下回之，彼此端可證，眉毛竟是雨緣此時而多，雨氣吾之可多殊爲

君 先夫下雨真者矣。夫事見千年前，故中國每強于家而貴于家而足。吾料無驗，識者大禍爲也

不免設民爲飢不忍置之矣。華書郭文儀視此之，遂世作夜以余以強昨膝死其兄，反殘其父，寔又在此

年不濕弱。每家嫂弱母家無擔石，又爲更廉謹，偏召至此，甚真乏無以多寶贈之，向思以爲助

章 以一角或五分買一粟，積三千家，大錢二十元，以大童爲餅，三角母共一件，原以六枝取回，去五原一扇枝

原三角，第以五元之串，扇而得百金，大爲資助。弟鄉人不識，不能此計，將花生連興梅，然緣迄

三 然迄今十年二十年後，遂成懊悔不能之比比是也。夜雨止，風起，少寒，看淡雲開緩

十二 陰。宜生兄來，所屬朱隆少在地征倘闊，埔市年雜一二斤，每斤三角，乃至一。午微雪，黑雲密霧

同雲密布。午後華吉來，言穆吉霖俞恆九請去，午後出門行二下之閩宅，知仰江嫂之倉，道過恆孫
取契，廣生撥六元。到倉庫間左頭，殿臣有村許。仰江在云：閩根批准諸架書攬根過戶之事，與景雲書林間
諸將物令李札均加紫務求衛以便攏調。曲勇妻對出之源，祇令分書林劃押，付中費四元，兒蔭辭道一元，出之張同
吳向趙老不在，崔植來，許代因前與表有糾葛也。申刻吏徐柳堤宅，商東以奕起久之去，押付云付四元，乃北至閩宅
呼馬連陳相戶至岳以來。自用今此年底祇可豁租，原另書退契，中立租契云押租二元，馬之來伊始，主業主日去又
伊自相商，而業主自催之二十千，余以羨余三錢租了立退，視老以合閩承作中，而契中則載伊一中，村老亦許付一元，爾去歸店
付契價五十元，交仰江伊去，乃廣取付之，約仰江得加閩之何加。申云妻老許貸中廣十六元，今付訴勞，復迷左右而
閩又云他日當須相付，中加一元，另貨收馬租中一元，餘之田廣甚思，及此庄以租目有文，去馬租乃擇而我則之合，遂又返
閩閩批，仰江來回，乃說與馬校。偕出書還將之，于時已夜，匆匆歸。申西子患氣逆，孫病加重。
三更聞喜令徒不校寄耽，深憂西子成病。
二十四日 早晴。寅生兒亦仍悉津生，咽絡不能工作，是日大寒，訪如望古；郭惠山之情大舒之送禮，請閩紅圓醫診
午後到郭，未出一路，赴程植店，六公益另大為翻，到廣正說過閩，不值。訪唐季梅，云奉子已來，攜姻園
內宋東種與視仲之帝調許歲底道未與之教，語出懈，請于小輔俗帝虞之夫人，閩之集六之去，大俠之店
若一見，留我閩既回于茗店，同入某宅來仰江，承來王底，又找將去虞之金情斜入，旦相約同赴寅巳

閏西去邀約次早与馬荼山去相契云 市肉二角 而歸 夜寒甚
軍械學校謙吉書程三元 市十二房市房一所 收果未種樹 契內寫明逾限不續准由該
房等過戶賣賣字樣 現在既已逾限 該房轉賣与王尊高為業 事無不合 房據照一
契開報也戶業修證 房書書明契據 遵照辦理可也
十五晴 寒微大凍 甚嚴 先生兄弟不能工作 書与佳子帖 計廿五工 然談上二工 多付欵 並与田子与佳息帖
上到隆生來報馬從園入園中菜被盜 豈馬園不要隆 亦如來此園起係之 雖點困至此可謂兩
果病似歷種仍欲決方 用猴苹等帖寫字維文 猴石見大致 脩平生者匝春于錢塘紙店畫署敬
与市清從一談 及回出巷口与林朗山公看書據 遂服太歲書 首帷拿陴為長將至乃 晚 事
瀛樓劉相為佳 並不遠 前時蘇陽全君遠去 接今追其感 收條之回頭二下去北樓 靜候知抵店候 書東
蘇帥到与馬友偕借接敘余家隔壁說住道情為可惠遊西遊只得閑居不出至窟詢吳雪卿兒言出談之福信
深我相似引限壺单乃林壽生 延渭人安實共中之語不辭 雪飛明日再訪催令全壽生兄弟到城看再
素人合去來此行四大星光兄到又貨 往市中洗伙御之來府 飯鼓令之倉去炊即之說殿中 糕十鼓余
杯合書舉 月湿濟兩作出是一轉 村老令前問五不見 村去之往穀舍示 河咩以批 且一再永數分

過馬義吳各來彿投但又缺少紫析但仍照日子村老鄭春齋談之及余允許平十文子陸節仁一包伸辰
求計于張玖田令送照嗣后續照平定桂　照及各事均妥　悅庚一包平鋪　朱四賓來玟來四石支時陽氏
今批　夜寄付靜江信二張并朱日呈職
十六晴　諭靜共三帋又批保　因子病甚可慮　來刻出訪錢幣書　于六　老聰首坟其孫出又付開一包又庄來進
照店四百余兩即池地帶開有誤店改正　因間說村与買網云云　出訪瀍溪已解領乃過其家告伊田因粒未全
義兆告即退佃保存之租契招允掉取伊出之據甚　昨退余語出隨余嘆告之昨唐不句了余殊難作
主到店司閱不到伍恒和小生取石研田保閱　久之始見福村老龍所來付与若星葉仍過照不過但云租已允
日本十文照二下議房署村老洞于六八戊余付鈔　路村二十許來票付伊于四十三元　隆帥付元　共錢五十元照僕許開報店校
帳廿五二百　共合付也　餘許刻　夜君文儀閒坊丞學　時已付王高云葉右尾子
十七晴　早寒嚴不解　身另憐僚付匹宝和二帳收二角子内　午後王來儀來借得陳若洗莠收　坊春屋記予一元去矣
余車振陳辰年一二扛掃奈今冬自餘家忠伊望仍照日取真蕭美能四份　楊四子楊歸來說係地找千但即令
居帰一押即付但伊徒自吳恩閱不許付又怪錯　楊四即允与陳山　言令居押兩去　王向另來告伊亦要續閱
尊令談舟生　榮生保來擬退佃或措付去之頭其屋退伊族　適子雲至代言照令去議舟川向另許廿二法論子
雲議和來即該徵理舟川杆田唐子得頂首云　嵩子收付其價米四石洋十二元　又向余借萬頭至碑買糕

椒宾渭香借廿元，即捡静存，欲付之，尚廿二元，久之同至北，见印图于店，云绿贝分大任秘照售，或回甬借信。
实本土年。许绒之恒赊，恨不切止函。广生来到严陵，云成任十五元，并宾生英信。之阅其宅，不见，久之一再去
版种今之。马美兴伊今立契，乎出城，近入至杉风巷和江茶，已付其呈费，悦。阅其与马廷璋至讲押租，未取回
于王茶王阅明日送说，晓及阅其不中，因难说久。市梨青果一甬，佳甚，内子所需。晚悦泉旁庭归。
六日，晴。早，蒙严州之成美宾生函信来。早，源欣来，望内子病，云马相免之，知马西人事已至此，被西人之补偿如至
未以午刻来之，请第不知余踪，不得已令至其家告之，仪母前之慌地，此去开艳，范纳已允，许不过二三百，余
晚其孙乃付来元，其余廿元，归来俄其用，致其居，而其屋欲售，请看一石，曰：人见与借之，私仿书四之策。
允侯器不来，据其来之，然须用廿元。盛宗在舟，来伙之，言杨相请宝其北行之。蔡厨卿宅，见夫人，云廿三日返甬。
源任所租屋，仍指西面难之，乃伏以令嘉稡往取，此人作难，不惧。至店路见阅其告先生，即以契再往马店依
述璋不来，其母亦到，推其进来，取回押租去，嘱待之久，五人墨宝，见士林伯加官，过邑庙，市土课见甬，于阳怪盛
当严陵，信于海派，市小鱼七十五，午甬店之，致用，借余存，集之墨宝，往研田，催之不来，怪甚，不见其租，席玩已极，直呼
晚与辰南难，至是要果，是已。旧逢兄王同君，说该田是人，催之。旧存刃至，说来，挑帮粽六斤，又贰文，计四角十二
十九，晴。内子病又加，气急且嗽，请之宋丹伯诊。煮烟付。剪之半

午後華袁坡來家，以袁同訪以葆年之坡上石泉被害處所，談話，余謀以力訟，令保正等不設
法留手伏起橋墩，勢兩懼私結。袁家又來言余能以小事之不為入官者，事甚是感恩。又
族人謀送余酬錢二四千文，回盈二尾。余辭長生曰：惠祥治田。曹祥又曰：萬順之人，借與論
余，余不敢受，再辭不獲受之。王謂被害之家因其此書上呈，王發其第二號書某伏
者，抖石臼來還四元，余需之，候示價錢之。喜達若丹伯來談，因子病入視，謂為是前邪，一方開前
○初二日，胖向藤等十餘味，先撥一劑，飲之未效。桐將歸一學堂一過。店樓靜等再，日本邦男，廿七陸乃往
專語廿一日共程過閱，亦不值，再至和風道。曹祥、萬順隨至，入暮語畢，唯閱至向馬租，與萬順等之
初三日，又為田事到張店之，詢馬與閱入其宅，通視。伯因店主為中，契已成不肯，係自從房主自要，陰百萬
居院西廷標，市租稍又行之，視之，以石勿先押，其價到道，秋後至上向付押租二元，住三元，內一元校中消用租
於二千文，又押兩百已，得肯矣。市橋未果，梨一肩歸。余與租家兩償，且有法烟麻以收久計哉
必其哉之，以不合今至通也。橋頭薦書來
二十陰晴，米太暖，早飯陳生子悅帛家，挑米果陸之，侯健同去，以下到店，又到張大行李，稿地租三角，萬廿九
各之過倉生四嚴來，与余不欲，偕兩村子先以請，和留以細户，伊語甚至太多，而決又久，岸甚久伊同

族人至談，都又分田契，照分糧，並語久之。以其佔費二石○八升○，計以洋一兩六文，照見吳雷卿云舜生昨出
來，乎伊住來求，並不果，至其改變，其挂號，通至閣爲過，告伊係原中人，令廿二至，請伊爲借一二人同去
俱係摩羅善寶兄，回店，已閱報，付劇中洗〇元，共于何康豪兩東又帽，舍弟〇三，至廣取舊帽一計二
擇用使歸閱之，租户上山種村，甚之謂，金遇於風吹，請熟友將左案判致審
昨陳韶查二年爲佔田，致強業，訴係者陳姓，陸處共有，書也，其所偽查，詢知案，同事有此人判在
五十人，已無它兄，屢將已請姓至之言，不知其佔事，為收案之處，相仇恒有，從強奪，不善，寫簡結
喚爲無事，陸故有未是也
乎
乘　即同桌前畢呼飯于店，更吸之倉，隆生已回，榜之時早退，往補歷，劇城守南前，留入語
雜臣及進洪兄郎，各再至，等陳緯料畢，乃料余米，計加二分，共米三石八斗五升八，本年欠料の石內被
打樣等料缺各錢，去上倉上色六十錢文，畢乃出，一生庫，疏署託舊子告請田承中價，至月令往，看四店，令
也往，遂縣匡等到店，出城通如圃，告內子病狀，三日日來，針炫治，店少卿去，有來，郭仁山，山物求借與子
依一之，子雲還余廿元，告者廿元，在湯店，又吸于店，本入桐宅，因之少飯，陳內子病，由園去，華已老揚
歸已一語，歸已日，在牆角問矣，至要近燒，壽局之，內子近陸，聊歸，來侵去取原田候二元
定初未宿去，計明日先進，舉人等

廿一 晴陰。隆生往雙鳳右守不假工。午以一炸魚分食，自煮魚片，內市比粟斤，枝風菱斤，於內子
病仍未大愈。請朱井伯診之，不至。申刻出市，撳欖以橋，店取老錢斤。內子五洋元角，過陽
恆盛。朱友之告以蘇何子雲請借秋飛販雨皆撥，以贈錦卿，堅欲借一二百元，婉絕不已，遂入而
並題于蘇炎。盧逢子雲云，已到我家，已去。將帖為四子室洞，以照二月四文字，明先字帖是年四家書
在井伯診視，仍用清劑之劑。記書壺去。是日于信和吳子魚出文，緒論山水卷一，陶其一幅，琴峯小幅
水仙墨石梅，婆鉤蘭。佳苕華信，益過予王叟之至。
在湯方來，云元季來收當條，計余未能出，祇以日付，羅之加工兩付。村之錢，尚存四元，須俟屆
中秋折閱，狠畢再付。另為霞春妹
廿二 少寒。晴。送鄭臣神禮，送朱井伯三次醫金，收十三元。沈又園二角半，合得，收同志了。一角卅三合卅
醫金。查日記，各之。印圓將午來，合飯書。王司狠來，寔以日修灶。申初出到店，俟欵齊。賬將燒，廣庄官利額
取之百元，即過元豐，陳子文洋注以票上已付訖。皓秋來，附寄春林信一元，月捐。往返市照
未成市，箏歷廣橋暗鄭叟之說滬事。遂徽過詢靜市洋書。晏寔到，告其內子病狀，以為
外邪未清，久之余見，難決。遂又陳道日。擬當得因改處，新改取西法之長，補我中

之顏著部卿特授侯爵，要識伊嘆巡未能保國全為憾然。韓君之英雄也，嘆久之。予重言傷歎
告以彼已儲戒，旁晚歸，寒風凛冽，無有雪下。
內子咳嗆不止。倦健早往延先醫全，又使取廣濟談租契。夜悵以為人，意是午後與伊圍亂
乃書講義稿，大其刻為精，然必熟郵寄廣介紹一往之務。賞者以為雖成伊猶不識世
以手不急切整肅，無成下流。
廿三日　陰。夜北風大，寒早冰。寅刻去送陳祖雍母迎神禮服。晨至醫寓尋方，左右為難，不能輕辛用
茗園書辭職也。午後王同君來，請使其增至讀書，如備全本末理料。又云其母與荼
生活，談三年其舊年來席。來求同君輔請說情，達至正月抄。同君又易聽信淳樂，允之。予亦未敢
怯其久留，而兩者殊未來。六陸子之面講，予要以為不足靠，與之言。來儀亦至，儲指日班。作桃栗
稽本說請未竟。按靜十九年知藤田已到，伊其啟程，有兩人同偕一路至東京，時有四家與予
無懲但不謹，去函催付以。至念動至歸國，陰晴少。五中初乾，雪僅飛，院內風凜，不能出門
屋頂白。入夜，寒降，強風雨又大。祭灶。客寒猶甚，涼，此送神不能出，各於庭隙樸
燎，點形無備。三更狂風如亂，雨又起。

廿四晴。寒雅來，合昌廠內子少兒影象。陸生借株格泉健遇青屋傳午閒。午後令
健市神馬寺付計收錢。二下出廣仲裕之找三角合廣貨，慨然約鈔性令健至倉判單七戶失足
肖大門付內子硏主息三元，因作任致嘉晟，付匹茶叶價，倩義四錫讀印圖常族，出城于任振昌取其馬榮
元寶論價付單，計錢一千六百日，付一元，約明日取回城，以照再有辨也，後其詳論之。知本月有三十，而我有之歷無
爲單歷，乏不可慕可。恨見達徵，知静不爲買書，家且無書，可怪，知伊世籍矣。余事印旋
前者之書亮不入官，殊爲難。吴某持錢格四單來閱，隸書佳而不知吉，屬之吴子文許者之。
廿五晴。早計料各田地畝糧，市六已將五十畝，十八十一畝錢十許畝。內子病仍舊，迄無善計，既不害其病，又未能撫何
匹况用藥不易，伊亦未任正出爲難。子雲來，無書遊葵，張圃擬□三，云聯學代爲籌之，並未細及其事。
合之傳出列店，先見角付向貨北以取貨來，陸生持歸。市魚一段，又印圖常嘉晟洋，以一元市毛無三角十分。
者爲內子煩而如見草桃，乃書一諾，云方四訪余，禮紙店路偽款，謝之。旋又市青痛于和盛歸。
作函由伸者宇幽等略。乃馬匹經年閑城，殘食桑葉，護之株絶，以安農桑乃
○城內伸者氏等公叩呈：州城內荒地過年，民間居基圍地各力起復，咸種桑株，以資生福。現城西西生余利
二十五正晴。一二十年前有武生馬匹作践所栽，近年自因海防營守護，該營利伊城內無賴及副須一近

因之致養蓋以販馬價貸而來，數十成群，一過桃木皆為食盡，何況桑葉。桑樹有葉出(被害)一掃而空，今且嘸及

桑損矣。今祇將桑株呈上，請驗。若不再加嚴禁，則城內桑株嫩(皆)盡，即成白地，生機頓耗，工本徒化，豈

仁憲為民(問恩)而恩視耶

仁憲民瘼關懷，惻隱存抱，於民間(蠶桑大計)攸繫，此馬(于城內)大有害，蠶桑其如何嚴行禁

治，應為嚴禁之處，務請 憲裁，致異 馬夫王小毛 即陽路 連生 四五人揚四兩六也

再城守保營奉令出馬，海防營以前守備請馬，皆飼賺利入己，(以)而來。伸耆等要詢之(現)王守備等 (汎弁)

謂存馬(各)一匹，飭馬夫工食料喂養，汎弁之，詎馬夫○○○(三五人)等(終年)逼得已撒放，以省料(草入己)(喂養加之民)

馬俾之識認，詢查每為營(以中)推諉于民，民(乃)報之于營，○等法逼徒成無解。上年○等

曾(並)呈禁止(馬匹)馳歸，傷人之經出示，不獨該馬夫將手視為具文，抑且尋仇，日(因見上)是以為冬

仁台後中禁，今(四記)諸(弁兵)不(縱)(租貸馳騾如故)，販馬之馬夫皆係正命官，今已屬不畏，況○以口舌相爭，豈

利且一經(出名)文告，禁未絶而(尋)仇(先)豐，(拚命而來○)已深，切負(憤)氣畏之，惟申隱君愛此傷殘，田地生唐(?)稿

俯察民情(遺禍，植桑難)，惟勒諭城保將(各)馬 (全論)紫民 開禁，倘限後仍然分放，及作踐租貸，紛擾重騎，除保(以)嚴責

(馬匹仍踐首禁) 限(吉)

稻(以)分

不論詐匪民等人等，將馬送州署，老公鎮費仁台戎將馬送付省城馬号，武弁送詳營，諭保甲團練，不使片騎留寓，
以絕根株。況兩防營商馬從來不稟，鄉團亦往往養馬售人之害，如傷人實傷人者，
租貨牝修歷次傷人，現已移牛煤廠，已付閏月六百吉卯年一百五之高者，
廿六日，午後陰，少和暖。已刻，玉女與可孫與玉堂內子病幸痊，體含已稍見愈，氣亦平，咳亦漸止，勸之延醫。
赤府伊決辭，玉堂六來，坐，怪其市梨膏費，而欲借洋四元。告已拮据情形，情不能卻，況我初即載稍
悕玉只付借，靜存二元。飯後，去司司所等來，修竈，修墻，捏漏。玉申初去，厥常祇付一角，去是年須增四五人，且病
今与二陽大多臥床，飲食與授桌膳，六七字，祝之，方怕未刻達鄉來，因与之談，商醫調申刻，借去与予卦之，大略如
過錢，石臣付洋一角，北市一煙爐之列店，兒健從后出，橋取於柯，各二角，予共借，又陸找，昔因北換海參，甜恒祿
予借有缺，而方四与去，皆不予悔，去之許用，与桐閒之，而歸。
桐居煙未收鴨，魹粧收之，餘附橋送去。
廿七日，立春，係第一春甲子，是日酬年神，閻家令健，令隆生，付五二角，共補，肉魚蔬等，三角四百，潔桌椅，燃
點一一指示，內子為保悟，飾予怪力之動氣，病遂加重。平段玉圃，隆生去，而室屋也。此到地窖，又見賊偷桌椅，嘆
責之，送去，乃詢隆，直去肺肝，看北玉居，恒云，獨閒坐，耗十恒祿甜食，世予送錢，家產蔡景清，東門大之伊
安殿，御書談。聖有二祥，為直幅，花卉二伯，隔直幅山水，以代屏談。屋予送遇合，觀一路，田西門入，郭高山

宝香华乃过我座间，请茶酒送之，遂衔别。未刻访居李梅条，未见。旁庭陈锺三踏年神，梁盛之倚

诚祝岁岁平安，家门吉庆，儿辈学业事功大进，必能自立者为烟煤蕉境至八下点，九下送神，敬福合家团圆。

内子勉起同席，食甜糖饭，五人与恒、辉四人一桌，二楼以面送食。十二下巡料灶大喷，责于家人不善心，不善理料为恨。

十一日阴

早只写诗帖拟还。郭蜀夫人过询，告以匆急迫偶偶谈成印寄路售，即价也。午后省三来送鸭糖，内子与久谈。余以饱烧麦而醉沉，至三下不醒，醒作患张艺以遗汝书还，为快也。又粘张陆二糕，同未美，性吉宅旧欠债扣利，以艰苦情让年年打一石五斗，计七千三百六十文，乃付大洋七元，尚缺五不及四角少九。收天息，烧伊久存吉特洋十五元，去换广生和原收息，照付伍姓煤内三元，旋付钱洋四角卅，同泰成麻烟民内万七，章松帝与四角卅，恒成木一元四角，谦利七角卅文，元茂四角卅。益昌布货二元四角，致中华盛元收二角，祥霞裱五角，恒盛土店二角，两利便，健新斋庆与庆川三钱六，香柏桂坐法店拨价合广景况水果不放，则广生所欠宜付，伊甚踹恼，著而怒询，口狠告之。余家威惧之而良心金责和不遇。伊寓死时哭向余，悌亲代鸡反为受累，此等之无良，为嘱吾其常应待吸子，依六卯其吸，间诸府留读年积啜，但不能赐饮，而更持烟归。唐季梅还吾子四百圆到店，新写长件三百圆，锡回一百圆，又成派伊送四圆，其代垫元一，益代莫宝之当付也。奉季载之性友果泰恒店。

十三日 拾不成寐，至四下始合眼，人极之惨。

廿九晴。借壽星於梅，借膳瓶。爲靜梧。陸生云，防舊價之日付租。補九月五，付徒所欠枚隨之元，買菜
陸伯林來。東詢去市內，市中已逐步集鹽，以米洋價三斤半。又風姜地栗各一斤，計付六角。子雲六五，君與契
抵子閒談之事。遇桐君，乃談市情。逢西陸小蘭，云向与讀書福壽望認識，彼云已抵三家，馬橋高子所禄
方梅呈李師團，極唯有賀求，將田產售讓於還價，得必和平，從速面議云云。余告鈕田皆無出賣，等可置語之
之，約新正再談，別而歸。

除夕晴。早懸祖像祠堂圖，以美陸生二以活月計，計十五日十二日慳，除去五日，時五付五角，找洋二元一角。伊稱岐之情，並不
已無他矣，如當被一千一月而已。居季梅來弘語，去春被用五十元，書票，以次水果店租，請作抵，余因自遷延徒，耕玉米子
仍從前孫，惟恐店事代籌得，願依議，書第一紙，予孫爲雜了。剃頭。申初出之廣借五角，過任和茂，又烟三角，大
洪石茂，以一角十三文擺下，与穆雲張渭卿談店，銷五恒禄。伊出一帳，乃壽初四河太壽中謝，慨余久忘懷
以爲今年十恒禄等帳未詎有出，惶然汗下，且未備，逐洋乃得，並急思籌還，才赴詹，遇馬萬云，見達取
糧爲出討帳，仍在腸腹，且再三請及，今使余傷室四相待，胸悶借不可言。子孝伯何子雲子湘爲人生涯
店鋪事籌無從，廣帳者聞及，收五千，知馬已回店，過之，發其倘下主張，將付孫收爲擔償，吃償一再，思經兩
載不了，此等惡氣，甚堪嘆矣。余遂之恒禄，付四元二角，市帳除償一角，店欠馬，乃嘆之於償孫，擔帳一下，歸家後復
飲食糧，似已二下

光緒二十有七年元日天晴朗和煖有春日載陽時和年豐之象黎明
紅日上窗酣睡醒起已七下見全下内子六稚々健旺起共拜佛接竈祭祖見兒
孫輩来賀食糕檢易衣持二毋燭二擎健出南门祖廟拈香從大街一逛許嘔話
到邑廟指平于恆盛看洋片景往打洋琴瑞瞻之往坐廣生閒市海參走北寺殿
閒一和尚松佛座坐奉茶言遇陸渭卿在對玉社戴甘次郎偕因話由閒々園憩以身
煖蓮田薄莫還出之橋楊四根讀作楊歸事過資忠廟入内殿由陸運侯
龍生的一僕婆塞吾日七佛到岳子字人已數坐話出行壽橋跪見視氏泉地甚茂假
已園池之中好署樓水聯詩與又入園坐石清憇坐安國諸寺旁展小李將軍
山水西北望吾池好又營邱范寬甚平之年人臨而于玉門局鑰陽旺卿来四所
日影不顧思日長月三更餘人看親許人夜臥署早余以顧日須觀劉詩打烟包玉十一下与内子
談話

初二日　寒，晚陰。早起，看庭梅濃淡。至九下，令健至北廣店，僅一孩仔仲宸一架，健先去，余
令去煮酒自吸。儒去工。張科，川東人，為言有一五十許長年，月仟，可識用，只八錢而足帶
允自元宵回鄉，偕詢取水烟具，錯生原問錢目。入邑廟樓，已十下鐘。子澤士林兄亦同坐
儒先在，健而陳小公老同談。伊謀出不成，長言孫氏九嶽府居，伊吳子香、汪美一家不居，鄉市居住閑
鐵刀說錫市。詩刻穿意至六人，擁擠，此間演人山人海，最湧，脫不能坐百十。初演廟
主宮，即打金枝，後空軍山，入正本，則大天官、渭水河、孫王莊，以坐後人湊，遇踏烟袋，為翻過
下樓見連墨，遂夫乃者，古卿服覺凱老，回店見恒夫等畫由園中歸。仍閱某人棗程良
夜一看小說等弄畢。
李林美、周官韜燦未留信談，又朱穆雲炳等均不佳。

初三日　晴。甚寒。早泳令健即往閒事去賀各處拜年，整子相子陪客，令俔工至全石、徐、都賀，留飯，詢
往俔工覓佃戶，伊允於白三鄉擇之。儒處嗚炳，沉三先生，舜生子炳，李林之白來，詢雲說庄吳門社
鼓了蓋上巷以別樣就別判年班人。極至李厚君學吾家族之秀，傑玉，誠之佳店也。桐君二下至，留吸及
話鼓，出看古跡石錢一方，久不傳中。俞銘波炳，俞雙君，炤，俱晉談回去，桐去，健歸，便賀

十许蒙间断不全书论不能领会世事不变训大可夏也 陆桐佩之儿来 余作字跋辞聘之不
而一出
初四 晴 正初世俗家市侩多半以赌博为事一邑之地岁费以此倾家者百数 赌命者十数而人
毋不之戒 官府不之禁 习俗之染 害莫是过 为不悟何耶 但文书四民 想间非释此印
作役刻又有蜂媒蝶使 狐朋狗党以诱掖而取利 他时风俗改变 自宜于此等应防
他国赛珍会之例 赏别种好工商工艺之良窳 高其第赏之高下 去扩见闻 而利思
书画可沽之于庑肆头之旁 正当散会 此我嬴刘彼结佳 广时耗费一转移间 后人利害未想十百年后必且久笑为
应任出于捐自甚耶 上午令健出贺年 偶弄笔墨 午后出之州后 欣宅入见诸弟逐往西厅
见大拜及诸弟贺年 即 三叔祖母年寿 颀因入参神 精神矍铄 耳目清聪 年八十已六 程
谢用针尚无年少子女遇多 且家贫窘 信甚儿葆寿读经事种种 言笑处处 欣然之印子 上年奉
出宦由西房 欣之见七子女四 已得其三 诸嫂十余门 弟5子息 殊真明 惜未能积时 三日
另铁城之随出 观扬所拟篆书二联 赞实不士女一小幅

李笙魚四小屏。欣妹乃携孩膳辭石遗出之，桐君賀，食糍物，又過謁丈雲，略談，又過子研，交去

歸，摘茗入謁，錫三妹、楚白弟談久之，北到店，市中青一角，回，雨少斗，乃至恒瑞，見周培之、陸仿卿

德齋以不如昧借吳卿一管，對之，蔣英仍之，剛後欣不定，入室，擇修美蕉，陸雅夫、許晚臣、陸藹仁子

至西過來，歷入二屏，二葉，皆自作，大鏡味甚合，六七葉後，二題，又大碗，押席，伯陶笙，精致，並快樂似神仙

談令又獨鼓催花，美，吳言不西聲，十許下，余、沈躍、徐家春，飲茗入西庭，吳美，橫笛，朱華萍，亦能吹

唱，余為唱游園一齣，又為琵琶、蔷荷等，稷書，杜美髯仙，二叔之清謳，與會，滿座，吳君子，程培扶

植其父，談之，代送至十一下，今談高去至此，別到廣成，觀其家，樓對神，搭戲，笙歌與鑼鼓，喧雜，士女如雲

一下，恒穗談一下，台越伙會，健打燈照歸。陸健出賀年，二三十家，二下以

初五，晴陰，起已九下。蓋作眠過，進周子酒，利姪女師來，今去。午欣妹來賀，說及邵宝唐茶棧名李陽

年之來拈燭，供小話去。李之一來。午欣妹與來賀，茶話，又李鴻年，楚卿子，六至，詢仰其里世，余告伊

曾祖依李友齋乃署三，刑四十年，一過則皆曾私畢行，泯光如電，信此身曾不能以一瞬，哀者宜

之須臾少坐，往澤去。李利出，北到店，知交之室，去留其陳樂安與四鵬，宮樂，故間，散去，七多四

懶于事，且終年若是不足。……此事權而將物保人刻剝，店利殊可鄙了

迪恒様與方本立告兩家鬧氣不和，並請(書意)保護李氏(用達性)。四鍚迫譚，茶于松風，北遊之，相對無語，罷。
似有話端，嗫嚅隱之，余不之究，蓋問之徒滋人言。書雅不欲自擅，及懲頓事，紫綬被告自認，善于為之，
何必有所問耶。道出此一段僅一席，辭筆探。子湘至共席，其後老生與印丙均至，至初更而歸。(四作芋宰談)
初六日 晴。門首閒眺，健侯來賀之。春畬庵今作禁當馬粟，九老利浦叩拜未賀。四錫扶孀來賀，留飯。
告以印須尋覓就緒，伊(自)擬且暫以為木領，皆不我若，自是皆眠如此，可為歎息。未刻，崔龍上(自)
一黃崖死，未驗之，再去後來。余以龍(遑)問門侯之，乃印飛入遊。龍之真奇龍也，甚近無覓台所致
無耶！！ 聞隆生未有他就，中書之廣詢，蠻事均件最為長之。子湘告居情于跡，可連欣語，乃印歸。
西大分孫未賀。夜仿健抄粘單。昨夜四更聞異聲，從底知其(毛)雲遊去。
初七日 晴。人日。早看兒女(加)攜人勝，織工于園告例賦(元之一樓)。一謹採水仙(地)賞藝梅，間語話與楊渭論語。
仰園來賀，話談事，廣生仍止，留飯去。嚴姬來，所說不五要，甚坳計。健仝孫桂出，故多燭，謁拜未。
刻成家治錢巷，遠四鍚說求書片，余(訪)殿卿，還出，賀及聰老，宋閒坐之，中(沂)影衝謁。宋祠蔡老
歸告年前已錢于欣宅，乃訪陳小蕖，茶敘水橋新宅。入謁黃，蓋道甫指閒步及事。蓋甚不久之談。
佃出至全望完，如何定。其從訊遲以書吾厚語錫，此後到葉宅為錫書書名片，告以印亡三日

就力是濂溪兩生之見花種 楚種洋茄 雜樹秋葵等 園間之更利 俗生之 跟北到店云業安
已歸戴市帶來 並函明日請財神也 午后 市雷雅回 使園中收拾
是來到金松甫 葉香 私園舊友為言 生意以張弼過多而沒 余觀其衣履太華 徑從書路過雷園 華伊說在急
切勿且話過改 覩乃見面敘君 嘉室 書與楚卿 言之一番而去 告
沈傳籍于歸時莊路來云借條存卸之 現反之 蒙地僅開 啟九 計少五分 余前要伊地之 款四分 十年 次年卯
開粮于本園一款九分 又分十八十一元五分 益十八年十一 案書拌攪 甜之詐架 未書不能 並一區開 開于次年開 求辛附連
進五分于王樹 正下 照一毫無錯 乃伊當借不一遍 另以少開田粮為口實 此冊可查 何難與彥石書與客
雲卿 誑人如此可惡
初八日 晴 甚溫 早以接財神 自本市魚菜 四角許 店交 飯后 查兒僅得 五千餘 實為上年 飲本並無存貨少
且知照不實 視形日常往用 睦餘不知簡嗇 折矣 且是為當多利耶 找余三元付找吳文 共二計達
園 百利 二卅六元六角五分 除 年共已收通百元 貨欠及借貸所用 廿六元 上年 年間 收回十六 柒 至一千百五元
又收 頂五角 結批止 三元七角左矣 至園 詢蘇岩 設林之 擬 招甫 作保 以及寧 蕭家 屋 屋多之 而 疑而辭 且 索園之
西之 邀四已錢聰家 據云 前健作伐陳 與伊二帖 告沈粮 救詢年前 交洪巳舊 開 四五廿年 他未來 而 及歸 午
談 張 葉 彥卿 往詢 慶之 錢 楚卿 往園 全 葉香 市 招甫 生意事

申刻設家人禮三牲供奉財神、竈神、聚寶神，焚香禮請，三獻虔叩至奠，夜焚帛而送
神荷福與合宅園生館脈安許焚以
初五日晴。上午閒散，知阿旺箱日亦不可靠。午蘇花昌來話，蘅甫留久，為說頌留飯，隨
達衡來謁，又留膳，極長話家常，閱及書畫古玩，至申刻去。余挈階孫趁至徐園以歸
橋風大，乃還。
半天有變雨意
初六晴，有以為陰陰，大雨。餘晴，乃夜風甚作寒，天明又晴。換綿。起望姪偕其播老宅，賀益我壽
長華偕孫一路年八十二矣，翠健攜冠往謝，然後趨于廣又趨于李生泰，與王四一話，三息于咸豐亭
及到老宅，知昨夜為上冢，偕影劉，又園中歸，內觀俱在並同，貝文倦暢，其孫兄弟和為，以及宋
偶伊姪夫婦賀畢，擇家事與諸老說農事與蘊說家事，雅飲三杯，宴畢而去，深夜，遂至五下
年來僅家為恨，修學業以大業，題此上才。至三下與和園，今日入城于翠橋別，由亮、傳之
了晤湘家諸問安，往，不論應否留其飲，一時半只三杯，談暢甚，訪留以晨返，于途同了其親宅，留談諸
縣收閒閒及瑣瑣。上燈出市，賴以歸。知欲四鼓不值，並於三鼓來歸

十一 晴。巳刻，夢殿卿至，覆廳以寫遠不利，不欲，乃湊及木料，隨一記。使常對，云伊揺燕書連與歸

昏。目而予好，邑陳張堪、鹿蒼諸甚多，乃言言午至，書合二十載稱，業至待，餘傳來稱兄埋，旨

去。及去刻，子雲來，語以假五十元，余以書欲却之，談及陵田事，留類收至時始去。言夜出子陽園

遇朱星臣，云勝日初歸，詢及吳寓，去與均三。日已西，店事極壞，益言其程難，躊躇久之。和店風

三元，亨、賡、楊、鄭園、曩書、崇生抜，陳子贊燭信四送市青二角。歸。一送朱東彝 作四元各條中粗名

夜与至書談。完敷一二，檢算。

十三 小雨。作校止致作，令至雲与使呼對墻回，囑作靜論。因冬去未住，不知住址，致陸閬生東京，乎稱田校

○閬生吾歐歲慈仙福閬下：壯志遠游，學業進修，生有厥限書行，抑意錯移書生偉以林兩坡

國千百載，氣脈為惟書中數之程，之堂是閬下生獨狀世游，寔其登仙巳久，年前數致大兄

康函，為閬切伊子，聯月初旬到向，宜廿業三蔓博宮丸，東勝行十角人，昌君信計，咸柳如子於東京

約計近日必有所報，弟遂有阻滞，臣今未接，據聞者一論，致書言乃將競燠，於東澂，不請訪

國　生其餘馬特奏送，今其遠游，以致遠懷，君師風景，日執萬眾人情，更宮合相識，使難

上不擋剎剎，劃及下兩下之雨，奉與夫民之好，利于洋，自日初日，接其個鳴呼，眼人而挽此劫耶

草府及題視友來日出，客然大言于松風，仍目如舊，觀調風柳布巳，其難言

年前接二弟一函，郵票一元，前書到。達衡之二千而發信并書，初廿日寄，乘（？）便寄凡（？）件。

近今二十日余以歲事了了，年終無暇，因來年間歲往來踪跡，新春務暇，當（？）再以報（？）。

日日照（？）先年未來為念，京刊來（？）後房屋僅而能食此土，何為何時入學堂，途中何為，作近覽。

此（？）學（？）微中學（？）社為何，我國之游學與錢需（？）等，已否慎及，均須一一知我，新聞（？）以無之病年。

前陳而而及，道元旦勉起禮神，拜祖後將之見好，五日房已能到廚房，今於來後如初矣。

通（？）之喉已痊，兼以貝（？）書（？）仁（？）於中或有一致，致謹和作主，然（？）持（？）誰記，陳少棠說云，近於人域田數（？）得數。

然聞印（？）此得一函，因分在（？）內頗急（？）忽力乎？廣（？）上屆不足（？）得手四份（？）雜書。近日余又思弟

第以墻而工人，雅用唯唯，望原知以太安，與均三已四其店，本已安之。今正四此名據，即難以做下之。

況五年集千金，已本有限，當（？）暫不補，並是焉能得手，然此亦埴一私夏也。二祖母于歲底年前以來

半月飲食不減，今同什動如舊。健兒於學其大難，年初君（？）若入校，然今一事業，惟以後年小，於學以其

高觀（？）往達衡，弟（？）來返，得文雅，其語意（？）入離，費多。實難扶（？）以尋（？）或往，鄭植卿（？）為勞者，多依（？）俱

雅一堂正和，兄有能多（？）照，遣及其要，與夫眾已前（？），新名稱此國匯，交（？）六四，不可注（？），點此位（？）創通道（？），出世

依然有日以在（？）學日勤，從中高（？）雖精，然有益精力，所勞若不可一字。

○

莫楚函筱去 午筱君來 剃頭 沈保才來賀留點麵與談田事 申去之北手廣東作將家遷

接靜芝東來農 初九農振館驛寓 西廿四行 夜風大 次日海人均不能起暈眩 以廿三抵長崎

留停花開晚抵馬關 廿抵神戶 廿六二下到橫濱 神戶晤藤井君之 晤芳野 只代携手取至大

車之東京 已六下 那新來府 本鄉區本鄉五丁目四十四番地牧田方 下宿 全及藤田崙庄

大學附之旧居 仍抄大學 至岸以下 芳野帶同文書院訪 廣讀者 首同學 去門學校訪同

生 伊住大學 須旅費一月約十九元云 得之大慰 並已重閱農振(報?)附註麥峯之形于閩生函

由重書之 一過 惶極 携魯生楊西(涵?)問後並去 又挑烟二畝于秋盛見保成 亦佳 希之于

隼兒 俞閣去 陸紹書一言 歸 致語家人 夜偕與玉重起去馬 烟太嘀 查馬

十三晴 少寒 二傳求老烟 得芬半 旧存 百年 壇司錢周二人來 全部未妥 久去 自作詩 (?)作工之只

陳勳來賀 陳雲來 錢振玉重全伊玉 全石墩談 但 遠俗九元未同點 洪寶來 携(?)壽 (?)

嵩卿來 携楚卿云 錢 葉若生袁滬 賀蔦德方之 全 葉表玉 求再致楚卿 以之有 祀 大副情

買晃為之 說(誠?)悚(?)期前 但 一寫付之去 濂欣論久去 歐木村已畸 携去之 大店室錢金生 弄之以(?)之

不走之病伊將擢孫 學之仰 又定紫金圍 與問 市六 寫(?)儉粮差均不能記 論畫外 差欲施(?)字追祖也 見人

后 福康楊渭兄 錢 左全後堂 雖者 留一寸寸 酒肆 苗鴻勳 宿 袁其為人 作友 用心 勤謹之 使 伊 雖

諾之 但木而性執 恐非大才 然學未自能已事 是果 玉重 田卿 (?)伊之談 但今出詢 十六七 信 披點一

自偷之陸陽閣也
十四晴 取肥泥于地 庭中綠萼盛開 雖寒有春氣融融和風漾漾之象 而健從師不定 頗費心揣 恐伊
蕩情不定 去而不問學 去而仍處 寶生來賀年 燭與隣熟共伊飯 并留宿 壽民先生過節 加感
以甚愚于郭地 但不能多放 旦日須不料玉霜者定十月打捏 云色廿尾 鏈廿尾 細廿尾 色白於年廿又
然恐其失也 乃自北門健往 店讀報 聯軍指保定者 并以徐承煜嘯桐之子又一浴人盛宣懷誤蘭州正法 無異典刑
北見留江路 讀閣鈔多矣 又過慶壽一言 不平四和與曾云云 信邪 送宸而一綱要者 此中難善 以池太淺 云云 送回
殘同柔枝仿見王雲令 於風景 請久留江 又未長談 四爺遇之 生意時請事 後同方空之民飲 食小菜 四爺
後來 言及生意計及事已不諧 乃識之矣 時已過晚 而恨和自歸 移容猶要之仍邪 由蘭之園 見衆被摧不已
留笄歎去 陽旺又不留理 和又不付 庭院極暢快 吉来玫平里以之取健 廷九廿子 草意廿子冊
十八日元宵節也 錄房套楷林氏女閨东編姻游一表 作書君是变 未刻將拼訪談其旅將之北瑤中
廣慢禄小生請至店洋務事 知子雲君我過桐 因留吸久談 余以健之從師及田事及事墻了并嚴
履了為夏熟 知無所債吸煙 過後園見陸榮祥區在徐朱氏築墻今之地 於伊人目向之晚工作也
子雲來送帖到家 夜令寶生收年取園樹 以朱園墻鈔 而健不准將賭試識 看曾文正家書
十九日晴小雨 起地處已刻 又徹到西寓 將蘭出濯 聖月季 李玉田來謁 并於說其蘇樣夫不險世

山中作書六字附字 子實寄到恆託銷號 五十元 於契四件 於只情類函乃長談許以代籌
白鼓(?)叫子夜去 為人之雜役而為卸 未久于衆坐 然識子不計辛勤 但倆之鼓伊亦
不知感也 夜過賡言代策號 五十元 而以易伊地 許為約以後日因收諸種種

十七 晴 早移種葡萄于缸并瓮之 看農報 里中林令諸玩壺器 為八指頭陀詩 柱之雨 內子刺
青浦晝部寸宗 晚出曲折 前之(?)所以法(?)尚未見 往吳作入(?) 薛國對方橋 李家 三人 董國先等
穆臣借民為田弟姪兄 隨詢農之菴說 此事詢靜初子 穆姓二人作詩謎 也學撮田 南流步後
視我書我觀 乃開招印悅然諸此類十數 又穆作此語錦以書 新(?)見書其五妻猜一書一看看
旌付乃喚其笑樂 吟姓至又聞之 出面諸看為 遇陳小蘇不值 北新店子出其大戶大素責然屈
責書為衆言 而極等太影自 私亦無恨 入於風只潤為說而楊生意 直問養栗 野主硤已回不得
快快 直至兄覓就之銀 伊亦暗帮書 況味之一 曲園歸 夜子玉甥之
玉甥去 自注讀徊詢如何子法 兄大宗小葉來來談此間託其之 此大總劍不曉 夜看曾文
正家訓 并陳冊

十八 晴 美詞三朵 陳店子危弦 余甚為憂 代策亦録善策 去歲已議兵款 甚堪憾 特 連年含計 料其件
八百

5 2 晴 放紙鳶一則，令之周君祝彬梅以語 千秋神主跪謁乎，儀 玉均二人先以告 揚歸與楊

四歸來謁取屋，我舍解啓，且再復居處。生歸於此，阻撓利己，不能不與劃界，然後付之，且再乃付二

元四角七十五文，計二元。僕我保收屋基，第法付 臨神主 答佳 僕請司藥墻，萬方補虛須加葺也

善本廣先院南仲衰子楊仰謁見，謂惟滬滬，將之四川，內親吳務之 司筆札，其文雅，揣以贊告 見子雲與悅

謀子 〇 泉去歲已代某向陳謀大衍，約明日來 楊靜人日本學 陳子和四人正與學畫 及日當赴法物理學校 子方抵

育醫科大學之生，者以君與一法科大學生間歸，居待之。於周學一切方便，亦爲快慰，于是即由總領下之主居

前遣兒稚雲謁省 訪達徵于家，託屬僕見，從伊整讀書，伊似有難色，云伊不能改編，余爲大篇錄讀

一 竟生說請嚴居將之，余陳書之概意，告道況此初學不須大文，伍玉爲難云 玉安去印 子弟孫以指謀備

5 達法語之缺不能定玉，徽從上煙以來玉家已應矣 借其三等學塾書，教傑論課三本與健讀

解數多能屬 善園此真醫初學之良方 進步之捷徑也 應買與初學讀之 看至十下上樓 十二下 看畢

就寢

廿九 陰，微雨 觀歸，學啓孫玉美，仍讀三等學書論 蘭貞得之母來 金表妹早來，以子頭發疼，求藥至也 已刻

〇 華表政族人 福祥年五十二 搞其祖，自安作至十五世，至十九世 神主來閱，皆明朝衣冠，只十二位 其十六世乃內黃系

雲卓公也，因錄出之 諸世墓田三四十畝，以息稞少，僅供祭祀，蓋御史祇一輪，僅足發不求增

並佃益少，微如吾此石椁之年，佃者不少，職此由耶。託貧君亞江約月底初交。

十五世考以清公　妣葉太宜人

十六世國學世傑公　妣祝太淑人

十七世庠生佳賜公　妣黃範張太淑人

十八世考任閣雲舉公　妣龔範寬太夫人

十九世考廩貢公　妣淋範徐太宜人

二十世考庠生偉棠公　妣慈甫唐太宜人

按此神主內考有稱孝廉、廩生、庠生等名，據日知錄國朝惟有廩生、附生、增生之名，且稱孝廉亦未盡確，知係為輩人所居。况此品級論，惟國初誥封之妃烏有稱夫人，以下宜人、淑人亦未確。並國初誥官者少，加銜明代可見其多。又妣有闡範、懿範並書之者，更以為異，俟考之。

申刻子雲來，因至作錢達衢書，略三帋，細述為徒覓師之苦衷，將畢適上乃逸爺內子陳取洋卅五十元，家之又為寫帖，補加例節長話，又食糕。達衢又至，為之作伊寅同作兆、蒂均狂，據不循矩矱，此種子云云，莫可如何，惟與商，另請，為吳子良家，據有洋師，德太臣此矣。祖孫莫可，子蒂均未到，乃思之，前商吳季院，使詢洋師者，設之為雜，至再，心之痛。

待談佃不至，子蕙狂妄已甚，夜以晚，子復泣，怨懟慟之。蓋一以墻來，除以策一回一上，紫之。

二十一日雨。霽。元爺均不往，為讀書報。德及諸務，既不程料，該佃租與其地等之，均置諸不理，空真。

渺若无际耶。然绪满怀。忠告托予云：市廛蘑菇墨饼以补不果。梦吟蕉山居作，甚及庭不出至八下。

候上楼，难于交同公家书。

廿四日，晴。作书于笺。一至地图斗处，看出城游。午以烟白供物恨无粗，袜告食之，猩不能置可。

思来刻即去，访陈小蒹云：陵寿生现住二次，共言丛谭论编以为卖捧于吴右列，于马二处托买只

可依田价不及一半，小菜屋欲售价，开口称之，今去出一呼转涛司，玉色厥委到，候来一齣搞甚出

继于恒盛后入，又不能云可昌后入园呼值二壋，四城食点，过路中，金益戒烟，说者细一询，朱桂林也亦

相一言。是夜知有烟席。庭李使去云天后宫已收回，云请矣。是夜为考进场，顾询建纲经师

予又问往植卿住杭，何生日久，双夜云

廿五日，晴。早苏鹤来为代补伙方，钱涛司来工作。作书诸述此田租，访张寿生兄等，难接造园事宜之。朱氏墙／郑公先

午后以各稿再访友生，入见之，云伊寿生亦只说以当抵到寿生与欠累之不多数付所，闻言种之殊共悖予读，即比道

并常述此房椅事，柏生仍不言之，余田租宜费理加记，予去之，学见烟席，余猜思不愿。又见柔近处阅之，亦恭报

意云必来。柳孟　看病，见魏住北见，印图告之，便些之。我看亦看到余言认述事租，建纲

孙先生允为道碰保存者育英学堂，有校改其体株，前中学年二十四造年，胜借十二元，宜选四年以其自学

四五六年，加算读，再十二元一年，则可自立，而达该于是，至中十三等学堂。必严来，过之，借依光荣不限

制，出书十日余，将复一同信为宜。托建出示，读久之。看十九、二十报

初五廿二雷雨所由陟園散圃歸　夜先生文正家訓殊有味也　桐君來訪不值往東園

芝　晴早錢福生樹庭桃玫瑰十株來（付價四百文前）植之園內往楷楊種之　又于墻角四柳高宜種楊百株以三角十元又錢百株五年子楊十年株得百文可利無窮但實係窮子恨　作第二号書論靜許三〔illegible〕又一帋補訖

號如來和原送來二幅至取〔illegible〕中戚高修照印　訪璧陵玫瑰　未刻出圖楷葉墻　訪陸不值見題

仙長談告杭福生事至北店查板　荷畫薇移扦于園但剩多傷矣　于湘帘讀書譜一本誌陸余以路遠

夜作不寐改拜為使工值〔illegible〕五鈞三月清明佳出旅回　〔illegible〕律西墟上秋表許之臨刑〔illegible〕徐不半年但子

袁許之原爲報洊之不〔illegible〕　如試題〔illegible〕一年二題大〔illegible〕傑之士　夜不能寐至四更

茁　雨夏悶煩惱頁辭不去查帳　朱家張來〔illegible〕　雲雨未聊悶讀滿腔以百事未有端緒僅之作

字雜陳致之書陸孫子與逸梧處不之而〔illegible〕及〔illegible〕馬國未完止〔illegible〕行新政一分之儒雅工整

別此數事〔illegible〕余之〔illegible〕手鳴〔illegible〕今日〔illegible〕錢無法之園〔illegible〕陸而〔illegible〕似好〔illegible〕為〔illegible〕而子〔illegible〕為〔illegible〕局

為健不〔illegible〕健送書詢達衡〔illegible〕達修健訪陸〔illegible〕蓋伊弟年廿六里入中三等〔illegible〕無〔illegible〕秋中〔illegible〕隨處助

修膳資〔illegible〕日〔illegible〕須五元一月則〔illegible〕遠〔illegible〕果隨助則〔illegible〕修健〔illegible〕須〔illegible〕實〔illegible〕也　達〔illegible〕五〔illegible〕未

況保才送三〔illegible〕去云〔illegible〕女　致芋人書陳其書〔illegible〕未去

亨　早大霧辰已後晴至園以墻司不來而〔illegible〕爲〔illegible〕也〔illegible〕賀化甲楊〔illegible〕之二三至與使〔illegible〕書雲柳〔illegible〕黃

竹樹〔illegible〕踪〔illegible〕一人余他〔illegible〕理之〔illegible〕六〔illegible〕成〔illegible〕物且有出產也〔illegible〕園〔illegible〕四〔illegible〕醸〔illegible〕氣

琦陸存宴余昂千余呈貢不免之一品印以上託不復小乃儒墨喈即吟稿蓋道陽芳後已進速覽出訪錢東府欲不
蓋道夫之說皆不值匝祠其言又良曰誅佳又之漢者根知我中國與俄密約吃虧幾于無國而誤國又大於
寧扶先策之說和局以有主者動手為執政誰臣袁直其之宅性不得耶見陸學士詞其諸即未之常中程師刊
庵與子此一語見抗沈油家而一青餘以其由蔬圃見詩又作之一首錄一方者恨之因所詩之苦只再為集異
蓮全喜悍持制來悠縫以拒之夜思作書無頻樂惜眠已昏心不定且少長生性夜少寐
廿二晴煮鴨為先大夫繁辰椎饗已刻之圃行工大之作王登城四望桑行歷如四耕作歷洋武之考甚甚
豬牆未久北之店告花五何王芝石王咨未聞盈備如不聞我福的羅精店收租全能去見一元北人國過留之三云
夜讀文正家書不釋真好肝膈所發言諸達衛函為柱陸師
又閱已出碑奏而御將當午剃頭
廿三晴早在地方筍弦工清仲宸家舊工來託伊尋工伊說自來乃定月初到家上然于清氏煩辭不便或伊不
給家無做試之築牆未五人將決完事共約廿二工但與洋力大實又寬去為存悅泉鈔帖式囗所匝請
閱著牆報完昔請之至日晡與之結帳計六板共九丈六尺出錢英洋若干余以前次之工有無辛以至垂築理應減
讓益所付四元伊等諸無甚堅而錢亦請多不合余一再為所纏擾再得何眼之益大發思憤不與君書甚屬
伊等之寵之知彼六不大怪余也後女夫之志之要思北至店據莫細詠知其母道世其日諸信為明日領帖以石及佳
曲急者之前作一緘明早寄張恃國粹甚一見悅泉又見陳仲簾均一之君報致費店仲霖之又人為
月親來收帳已上帳矣是申刻尤快來是日蹈病

廿六 晴。早寶生來。辰與田子尤姨至鳳園，遊飛霞，至玉壺至。午後錢秋濤壹六爺壹來，以清京計與其入田地八畝，
大家舉內居地一畝，郭地八分，郭池三分，荒地六畝二分，至馬吉林四畝五分，前付過洋六元，於是又加做打估找
一元七角五。作畫，讀數語。申刻出，與朱厚堂一談話，訪朱栥生不值，過祥霞見有瑛，則在書直幅
一，居閏庭慨玉破體，追霜破相，將作新詩寄桑芸垂，秋色滿江南，書法醉厚之至。
到廣仲袁處，知陸長二初三到。子湘出一傳大幅，不佳。又葛少梅冊，論千葉。又陳受笙詩冊，皆直而不精。偶
閱詩佳者，過惜梅市鄉未錄。暗殿鮮言共印錄。啟後師海堂葛氏至一西師坡也，久之，從園催以旺
租六畝，此契尚未立，蕭閑四塑。玉壺處共話，雖茂不能嫌之。尤快之留宿。
夜作致李霖泉書，請附其母撤席禮三角，次日交玉壺帶郭店。
廿七 晴，日晦。早玉壺代市桑秧三十株，大面母指價甚平，即去。順交法四鮎魚，致店令催郭木匠撤
其爬玉園，令儘種梅，年未指點布置，伊斯垂柳，插于池上。午後尤快去，四惕來，皆語不着
心。子雲來，謂初二、初四子四郎又登過，欽因留吃早飯。人陳相昆四惕了重茶與德其時，有陳寶
費洪二百元，子雲肩看之，伊返三十元，余索廿元，白雲米元，并霞珠翠等去。申後金子書
出，店別子湘，與蕭玉園收洋七元，詢馬翁只租蔭，過廣生源，久之，過惜秋談，店處招論及
俄詞朱二奇，為其所敗，恨。蕭園買元破南糖，長江南名者，兩粒。皇上一案方，南楼接一局，金榜書處
一局。吉廣石翁兄意見不合，勉叉，將折，石君言說，廣少卿示一山水小幅，鄭亭丁山色圓甚耳已
馬價付一元，特給錢二付，于上灯後。庶訂籌，市派一箱名全閑

市六入粮
王竹西 住屋 二畝
沈連生大宗 以屋 一畝四分
沈待發 除地 一畝九分 另五分與入 十六戶土
周生江 地 三分
○廿七年春 袁進源 四分五厘
○馬大成 四畝五分

將百六切
將至三斗

王墻東 宣家木桔田（王因名） 六畝
園南 張林之田 四畝五分
姚元順田 五畝一分
黃九天 二分一厘
王硯北 談鈉山田 十畝
四右 孫守義田 五畝
居仁安地 除屋 一畝
黃九天 除地池 一畝五分九厘
惟生
章橋俞徒元田 二畝五分
馬連慶田 二畝四分□
王因受
○王因受荒池 一分七厘四毛九
○郭承先荒池 一分七厘四毛九
○郭承先荒地 八分

麥粮
北許橋 馬錦芳田 三畝
章橋 馬同慶田 一畝
俞徒元地 一畝一分
王素仪地 屋东 五分已讓 廿年有
又 荒地池上 一畝分

十八都十一庄

王樹　周王廟坟三分之一　徐家橋老坟与仰圃均沼　二畝　坟後地六揄　六分

徐家橋東我二三房坟二珠　二畝　坟前張租二揄地　六分　趙租一揄半　三分

郭家園坟大阿爹坟之後　一畝　老屋門前地一揄　二分

楊荒地　一畝

楊家池上田　二畝

東山嶽廟西田　二畝

北石橋坟三處　護坟地　三房揄收

辦當之元

王樹記楚

另印上王樹户下

楊家池上施租田　二畝　水粮四分

東嶽廟西官租田　二畝　水粮三分

立時另 和政奉

一切……完錢糧

房書昇心
禮拜六開公司輪至日本
此間禮拜二或局至中部
使局刊報出
西(作)近一年虹口文監師路
附本日本郵便月收
條日本東報奉卿至本卿五丁
目四番地牧田方
原留新甲出書 如陳古學嚴又陵譯二冊作六角採葉山房
讀書樂女莊 已存二〇 尚有三種
村四馬路
未十二號住裕
梘 洋行

又……
權 五百千六中段
野 復 村姚 十七完明在尺房錢戴ヽ 待 三五日詳目往 剌
新年拜客 徐儀卿 葉 二子 沈 梅元子 壽孫 王校 壽眾 陸 叙春子 惟成
○內拜客 瞿 穎甫 [illegible] 徐壽 梓 [illegible] 子邦珪
湯 蟄仙子 蒲卿 [illegible] 周 保 ヽ 伍 雨 子 平 唐 羽
○英茂 汝舟 子 十 惺 侯 吳 永嘉 沈 衷 茂
全縣 [illegible] 附 寄

娛廬主人承寄

健安住杭有大方伯巷正書塾 北門入坐
靜安寄到昌省城練馬場農務局 政瀛……

光緒二十七年辛丑二月朔 棱寫

……二月廿三日到

……

金壇蔣拓生子君館腕恍靈運時以書名碑臨照四庫凡十三經高斌臨皇御覽詔以頒行天下著有

書法論 陳文勤序之 從手筆墨求曰意曰氣曰神曰布 有字要分曰筆曰運腕一仰覆向背疎

密長短輕重疾徐宗莫見整齊律結體法也 指四字曰中正虛靜

第一重執筆握管中鋒 救之以撥鐙之法 五指齊用力 五指攝管管頂開空動則無爲之病款

逝頭邊作字之者 使筆與手如鐵椎木柄合然不動作在玉机運轉 玉運筆則凡腕肩節勤

須提起于下

吴昌石 倦卿 吾蘇第四蓮旌公路 倦補鈔

吴清卿大澂 南倉橋宅內 前與南樓

住宿

光緒廿七年二月初一日 晴 天甚温暖 晨有楊歸 徐重山女 持黑衣帖於蘧徐坤宅陳氏印

玉琛查主 次咸亨典居 居南寺巷一樹人 取丙戌 沈秋圃女 一印圖持來 秋水女 己丑帖來 且據以下云 往長計

議也 入園閒憩 延至午 桑中上城近四 倉農報 東文 兼 旗人福祥 借一工人楊姓生 千金一角人 伊嬸上工

余怯其不早來也 欲已用定張工 難以更換 但為以悔 誰久思令得 年之栗秧 着植園內 據十株 往瞧木 看種

福言今年並植 柿四周 種豆均 即余意 種畢留飯 且往阮肥 予五十文 熟令其有事喚之 其住在龍尖寺畹店後

頭 今出去也 申刻寫一小屏 秋林閑居 樹法固不入石谷清湘之室 山石似悟手生 設後 俾未完出於前與傳

樹生陸島陸祠中 見又許氏 告在官春明 素家二人一詢 樹人帖列店 看報 俄與各國速立 以私取東三省 而

各國欲先下手 南省列中國岌岌危殆 而日本以為雖取亦勢 不從他人先取 玉和議大綱中 緩欵必以權利押抵 然後擒兵

權利者 以錢糧蘆鹽三等為伊等收 此豈為得為國耶 覽之心痛 惟范五令 王芝印 開望乃歸 與侍又[illegible]

跡 詩箱書 帖 爲 核事 [illegible] 達 微 書 匯 譯書 集三冊 詢 建 樓 師 為 張 公 曾 君 詢 省 健 樓 去 遠 健 日 據 刊 崙 言 一

因見四遠世說 敦序等 十二卷 云 張已 致 而 未 據 隱 四 衛 閒 寫 空 年 分 且 青 英 一 銀 多 譯 雜 七 奴 事 多 未 定 鋼

萬 不 宜 往 由 使 自 擇 穆 雲 為 師

初二 小雨 晨 家居 閒 扣 門 出 葛 蒲 千 拜 盈 澆 摘 半 時 午 前 完 作 再 加 筆 談 色 過 年 刊 園 獨 以 萬 歲 種

采 看 竹 一 晌 陽 午 後 寫 園 亭 小 屏 寫 桐 與 石 點 怯 致 張 友 筆 條 據 兩 冊 三 巳 批 准 修 飾 追 同 來

索 贈 之 未 嘗 學 佳 書 令 差 素 一 盒 去 二 元 申 刻 出 小 看 展 利 紙 收 馬 租 紙 一 元 九 角 等 共 八

店看報，之俄約另行辦理，先議各國和約，議者謂和約既簽而後再加俄約，以免俄約彼得便宜，各國又從而
共得利之語。中國瘡痍，百姓民力竭，何為堪此一再剝喪。然則此諸大臣相（？）目，猶自退，宜有俄子約
為主約之權耶。胭日雖醉，請酒一杯，于怡祥歸。　與錫蕃話出
日　大東門買稿歸。　北門買修店梢。　健兒自往堂從穆雲讀。　接靜之手書，第二號。
初三　昨夜雨至明，及午晴。子雲著來，價未謂，又請開之。館無視安宅之費，盡不能預定，約與之。　健兒到館，歷
以穆桌夫人肩付四之先生，余又以未帶祝謁稿，雲切託懶慢自慚，正不容緩，遂呼與出，先之穆館會晤。
告以健之不好學，而其玩蕩，請嚴加約束整飭切課。緊晚飯，吃一中餚。伊以為路遙，隨年俱歸去。
夜課，其情甚厚。遂出，見盈有林一八福隆橋，店候晤西招，為作子雲道。到至橋朱宅，伊庭中路泥滑，不能入。
走吉府雲進悅泉，朱二糕已在。子雲去，坐時較錢，伊付前文廾。詢以一一，留吸午餚。打疊往坤宅家
留閒話，至申初返。伊甚不留然，首飾圓缺允補，而准餅車擬出洋八元，今以不敷，又色帖絡與准聘帽不備
其未能得出者。閑語因六太窮乾宅，尤不應不封樁。庚蒞之不理，未免陵首口舌爭論耳。余令往酒
因有庚生，然辭，留飲，至刻堅拜，着彼往拿添身還，甚為掛牽。同到店看報，小吸，往入席！
歸。先晴小到，僅余至[5]仲宸談，又至吏許，接炊歸

叔衡來，言張吟梅家被劫去三十餘衣箱，損三千金。呼郭木匠三兩、水木作修工。叔衡來，請作日記。
初四　雨。連宵畫而已。剪蒲補作團亭子。午後晴，出過月樓，言無紙可作，悵悵。託之約叔
孫廣印往上海，請購廣周術帖，修單。晤枚、尚、陳佳慎之，歸。過杉風，見錫三昧道，蔭兄之途云
徐様三趙世可惜，家仲步一大老仙傳之。又晤之，看兩異碑已矣。鶯鳴歎息。見陳仲生，北入叔蔭日
推道，似以鮮之債，余久成先售，寄無錢未免，而再示伊。申，宿承雲布拜，過桐蓀一老，端石并挑一百元之久
之，歸由園，遇道長至云，有嵩賦據門窗，勸先已送進，然不就。仆三次，伴來，看陽胜之不肯，從至後之一撫之
大雨，屋全通，發書一函。申，同伯叔[?]等坐守。四哥寄信，健[?]燈籠多物，舒洽門重陽胜
四乃偽書物之事一秋等。夜，自晴至夏，慢之無事一顧，歸飯。夜，跋如圍作，令精且錯佳。孝孚事
仲云，洪工價屋三百余，以修未下，信即至菊花芳之房，往居者口信。楊氏子息未但不允，果即至
不可悟，至廿二日不早來，問望仙池也。無往收果盒之又二也。談回來未出，不知何了二也。陳恒慨乃
恨日夜焦灼。子雲送雞一大碗，條一中罈，不免多煩，殊不安了。夜，陳彥孚等。
補抹
初五　晴。早寄煌如信，仍往與小娟陸信之，接如圍後。條昌道開，恐余沒身，云之小姪子四姆。午又來
留小飯。壹伯去，寄心徧菊洲，要寄三妻圍陌旺書。他室周巡仁，并乃廣香指云畫，森與明陛居而余談
未已，回去書以居致。初七日，行時廿五友，告以余不以一月不在，去之三元之價。若許，久言不必，余自向鑑誠創北之北門口兒

月楂告系袋 俱世元存於姑之三元 具當照匯 因有限不够 伊仍將約 逢日取此上杭 兑责不應只 徑之也

詞别後即修函致印圃 請其飭聯以為安信 貴申常更為諸 伊雲要予嚇阻也 客永和詢關機店友

三次係人拿照至荷玉夜不来 与厚甫話悶 于圃兄将睡 云明日之杭 因人過之碌過 余怪其不應 要多取

少兹不知其偶少物件 責發的人 將伊兄因有人係被逛 余不甚留意 照之任至月底 隨租再找 然後只

向取 題上烟四 夜四更黻大雅文 桐君傳樹人來玉文之

初晴 夜月暈早 梨照洽昨八下起 赴圃门与大向 延秀之之 將稱兆女会 陳紹卿慎到 告知与买妻 范

桐孚因夫婦為予之孫場為情異 殊不獻平常 留飯之久 然其家資全恐為人執設 年後有著

陳老封少眾追談相視之 吉壽生西面業名怪之 詢知由余往拜往 執乃談僕出先援語 其人恐懷舊

年雖業生在柳葉秋託指為釋之不快 未刻尤之 張友筆向彼伊推余據也 業予君 不疑之之 語多之出過

沈晃夫詢租業存書是在此詢此 伊本於月還錢百元 云月無人理 且不可告帰 又言篆秋丈歸將移

以為四兒要帰子伊女推託前不合之甚 之久出之將伊欣然宅 兄君實樣事 翰山 兄君實書北親請

赴辛亥之字 類櫻告用筆論篆體及家 告篆者彼雜人談 晃夫城中禁道 指出北局後店

不佳 方猶至 又 店知慎夫与張之談票可北市出二元之前于當店 四詢陳經一与仲袁作次赤利金

然來種桑 坤關以南人 云日向此來 与日又発同作 送 予當 諸其錢 一路之 兩之地契收取篋

日前查得多空昏埋地無善，晴日就來，或得還物傘書，後日善子，近夕陽下吳園中，兩桿阿姐似不至。晴，與同宗議不令人去查，俟晚氣閒，不能鑑致之，與查入園，乃要余又去查詢。留稍作門難，轉徙地中，查出鐵小筆，不悟善罷難，令其押出，甚不合，令仁時再三，俟知曼福嚴儆。

雷雨　情大哉

晨書四紙，茶，和甲，看報，靜兒往陳家一起。王秉俊家人久租園中閒軒。

錢日以醒撲臘，無事，多不移矣。午上三元二角，小臣計開第四日，以計二百，用庆芬。

九　代筆　晴　徐煮湖阿翁，無，田茂秀三手畢。書仍未至，定租西首一間，俟阿時還予，清明前後搬中從退堂。

楊茂福寄宿，月初寄中子貴之，元代留以落地，中和至阿前常居，須未久，子雲發至一切全議歸之，而年之，陸續方得。

十二日　元利取回契，留照以其息，回作致久之，照二個合，並書全，書仍須回之。錦北按，印圖照，以箱之去，須書自立二。

晴。計家未十四元，書下，日推令王友，未得，所日看其進陽，致印圖，並取起，錢皆歸園。

是日常以家款五之同收，帶去諸人之。取雜工付二三角。夜過廣，付洋五十元，又息。

秋　雨平穩祥，稍上謀事取點，不值前作，內子往陳壽田家送唐，因雨，心如煎，雜送居家，帶子亞孔珠。

安伯陸親，加來仍同歸，等及姚樸庵，母喪札，到令楊戲生工房書集之，常撥四付，禾杉作唐。

把計一刻，晨言，以屋中先窗門開，阿唯房物付狼藉，回寄佈回園，前案上之隱玉屋，向門書攤，並久之，開。

載阿擬移罰，王廿二三日，年七十六，落地本留，嵌入園，指示云某子，蘇拱十一二桌，並同歸，請久之，去王。

書仍昨未定，設租西屋十十五間，錢先安從中間，雖俟書租戶，初日向無人宣發至，屋為借，家訴。

宵先行乃懼書刻出店檢照即之易成日期云此亦值 珈若元 及作笑前每画两千伯神加二两語 原稀跡
林與翔笑分得七十五元 若商加至七十八元 金思此實亦既為買入次色又但用洋即允勝借而債又望得十
九元付程星宫共一百一十小粉馬月時至 皆予到居府付之又一率係前市何在原价格 但再三指四元南
今擬之付洋一斤九入杉風本与悅翁仍不至 盧錫三族姓安招請 同夕契伯 朱之同生全判於冬之後楼静
未回 價号
寄運西協源到知廿日之信已到 太史新招中載此俄約 召書國家乃大臣以官伸民久心久見孫 南北
其宫志真不知何為善 後知吃錢難十有之 成有六月脱任看孫太守但无孫別第 鹿於母 大 蘭方舟竹
六日晨未取行李 求生折黄錦樹 內子奇在陈偽 閩客三日九君乃我西月晦
初九陰 上午 午後晴 在中雨 來明程少庭起衍收舟子未付藍色金 好出西邊格花板半陸七條之起見照和
三郭友請君借北七馬友吉之四 余見角于廣市魚烟若交舟等之不來于小茲店為二君付銀二角 再待
久坐下舟開于五橋入謹子雲 似並同行一路吸至高家滨泊而上岸 二君留樸馬
余同雲先之尋生家 詢之云他出 望同官輞指借紫陳後格招出常紫杆 請云 伏福生不雅之保
當派偕伊之尋兒往雲停 高雨明亡由程趾至賈巳十年 艾唐丹偽 猷四乃千萬年之
遠使收高四至京犬執 余即至四時 紫生事成紫 拔不肯 紫生書諸不知

大高伊勢開广但我田寔於兩役之中係其基再四聖情共精形而解共情難然且幾法在其
原繕再細今之 即七分 馬保和 子寅六至 馬保堅許十三郎細今 彝生出理信居則由伊義人開
首不入理請余懷之役即課罷四思即彰 伐戕將至西田八月 十五日欲回至杆棒稀犯者甚众
綫都少問年寔帰棒 伊丹閣二十春于保 金石諸茶 假來責任保再三開能巨多陽高春來抵
談橋已將里噺栦尔來內柱子寔等 共六人 入使利 呼洛二千葉 就談畢而出 循付丹金始回
夜之歸 共八角 先晨 循 烟 母 四角 種生利 二角 末 將及二元而事未見成敦
邀廣知 欣佳招之 郭木田 來件把于廣生 陽明 告 當收
初九日 陰 下午晴 郭木匠 往別 來工作 使不佞閱 係係家門 及之 取 行于周服 只二次 李五蔚 惟四
餉物未留飯 ... 心情煩雜之閑 拓永閑書 陽眠少 物大根 年終之 頭木二之北 馬美災 修扶椅居枚
付釘木架於園 早蔡內快寔入謁 徇玉田花四號晴村 與談公證 禮根詩 請西出居 辯之 郭兵之
閱量陳板益今 頭工之恨 屋量六寸計之 洪 達遇 桐訪 欣 朱于寄 翔仙 云之 陳 叔伯 庠 與 羅之
看桃作畫 到由高家 寄十廂 加陳福安 伯寔 與 翠庭 摩大 廣庭 梅卿 間話 合照 二三人
云西內分有行文 兩 澤陽地 敵之 千 三 証 久之 出 仍利居 于永 和彥 報曰 魁仍 露 主 仲氏 方 居

多詳汀門詢寓顧知已莫醺飲未入又過桐由園隔 付木工二角 送紫杷順找 借赴陳廣寓席橋工

借伊 宋月歸 全頃 焗司歸 來祖園房中向 須日方候謂日之擲追

十二 晴早以費腦悶惜諸事 欲息世事日非 如余心欲为之善 而革城人之皆之官沖如夢不为救濟者 實馬嘯齋某處

植珍庭席此分如小偷之多 御民之司市人之日嗜烟賭 妄人之日爭鬥 表奕之非義 我所切心如漢田之一田數賃 而不休

者於以課真進租不为應惮 而有司为示禁 田座進出業之每以抵押为田肆代肆寫作絕 產致多爭訟 不獨不屑加遵由最

大長司役之胆 將伊真欲售田阿東安主 而善良思得田廣日 者被为乾沒 粮在田名 真憤恨難平 時之非为 僧即欲入教俾有

所信證之計 入園 有皆作桑 訪欣妹十家兒 四和為已出人毁 即北于翁堂 訪陸翠士 頗整飭法順祇一謨 市內一百文

仍由園 全工折黃錦樹 過午 王閏昌來中 陳漢田進祖 伪为不生出 以出差現忽宜了 另役侯宣說所謂他

日盜售好罷名甚大 伪安为莠呈 伊但被他日而借取之詞 殊懽借不借由求伊借來 閏會官此人之來探 未情無疑

久子雲來 六弓開導至再 至二時之久 主乃为了雲 請論指示 迎其良訓與 收合一元 小官來即去 四甥來 三人同往趁

申借出居閣振接談 之梅還厚二元 永和 見戴村老借之元成 子梅仲和等已在 季 七弟借去 院內村老

桓商程役宋伊渠自抗扎 必退欲進出 鍾宋二信 已稿擇其名 村以咨事過乡 西商陳稿 立案備查 將

其渠爭事情形細述 殺杜伊東 余为一设 詢居價五十元 見樓板等 須守還而付伊 言或須償款 伯余以

誰料佐出所 且須付世之 則出

江南人王錦華開墾以地 到吉工人來借紫布筐等事

莊秋甲督工于地兄錦章等欲去旧泉稻禾杵簾坝洼稻本烟 四坍未再四亩尋生意 然平日所慨
儆况无雨道仍錢代為設措稻園菜燒饷 仿曹宗洁 寄二姪信 午後英金山来 询其三成计少六
早以為余太驚責仍從与仝祖费有无耕料若此作賞亦如稻官畢之短缺而欠債假下仝无怪華氏之論
言說不應指下又不經老而不退况又經入余等是仍訂左伊慚愧並无計然云无項而无處余之彼户必六
底相執持者為此戚矣 午達步今惟望君一紙户將銀項祖出以了然後别設法与仝之朱星源交伊堅信
曾未交祖從而不仍收 辣酉老處向 靜房夫婦竟不自量害自蹈危機孫下呈悉冒之去後金士地暂謹
地訪欲休唾馬陈读田 伊移傷然 宮馬及華楷二項陈閑撲情形思余所應靜夫 兩翔至 蓬驄士二請至余
北与悦东旌二报 俄仍与慶吉吊詞 紫右麐烟闸實官指 陈瑞伯弱才蘇所任萧佳为哀 收王廿二租 一元与羅一信 仍
由西寺归 地主之来令工陶我收 夜作禀二帋付靜 国与内子言 懐伊等不顾父母而独喜莫践有未
失傷不能的點惟与伊之病狂復以振刷 同至夜深 三更然後工樓
十三晴 早令工棹柳门前省粟秧 百分之一二佳者 債付靜俯 計の年 夜園遊甜之英金山来田兄請其祖已
○ 子来星源宅 [illegible] 睦高 [illegible] 但佳无益一再請益借之大書稿後门入歷兄陈友 寅老言无可对而說鐘
虞侧星言客錢請請教以限程居隔之理正余必力請代祿余替萬府在你銀仍手書且便手也彼一再推合之
三黄去訪過六云请无要雉不敢負屋言之望一訓似与余田共年 [illegible] 伊又再中及萬情彼急思上居取無可余
前礼拜二居最好 最称 宜计而去 趁望及逐不及事若有心到来时去办为銀清也 暮 又思住去高樓去

來訪，午雲遊甫仍還伊布置，料量談及居事久之。訪七蓋來，言壽生已到，請仍望挽請出，張友望左天后宮，來煙寓，午后往望偕孟穀（?）廬望之，言彼處談朱西拉扯，旋請押收日，定到久之，向言之，爲四一耳，陳云欲付針四角乃止。與雲翁略究銀事，見恨來合含色子。少廣生尚韻似有四番，乃去往高乃從園歸。

桐君出示應伯昭君來擬物（?）差書，淡地有三四株楠佳路。應作禁馬，禁遺稿稿。

十四晴，起少遲，檢壽登頗取保究館，仰園與江西雲談問，望下種取薯菜，惟收久之。四號書靜第四號東洋信，又作寄稿，宮馬溜（?），說非信，查報尸，小函發出。王來似未言續園地事，未一年未定。十來到書言天應室，見夜望子姻室，云王固易改來說園之業，生出持慮信人，抵寓之款。爲姓似雨（?）至園，瑋晚回西亦高西來之。寄生病病直至寧到，今在語已畢，一信寄兩（?），約入略與吉村雲卿往游，所見一年月推，廣間報論志士爲國家元氣，其使阻俄約電請國魅之激有力，惟夫非起百之保會，考首會造春來書一會之言，我與寫西英使（?）美助（?）合一段。室市稱修西園地，其大柔皆為鞠起，陽之未定而根。

所稿。桐君仍西不來。傳又為說子田女年七，取帳作牒。爰懷（?）原四號日本信。應起追讀田節。

十五陰，黃沙飛騰，滿室積厚。反令不肯與燭生往來，今使出游。收節，晚勝未畢。查園看，茂生聚地地中。松崖日來，恨王四之問及退地事言。午後有星書過西子屋莫，朱新園四反，晨子雲樓來言，張女年十三住回子。樹以明同居之，帳有招房收。一廢堪來，問信拼錢，四捌來，久之。令王子榜兄高四著言，不諧者，有寄詩

擇五亭到客但寫對聯，余從之，至蓮花洞衙，爲多出所謂閘爲復与友談至祠田，約往北山金山，拉入飲趙
呈作 詢其祖係與年主，星源不肯出，而多誤會，大恨，又令入松風館，約明日往謁，秀生、蒼甫、張佚弟雅往，余識梅靜甫
李共九日，去石雲處見松樵，云藕生〻兩三元二三，乃託留仁義緒絹一百，高秩往。夜過友笙，与君秋供蒼年并
方仍改請令〻，先至玉田子衛，待橋看燈，雇馬一刻，且力不速歸。是日仁菊人爲盤及萬八學，擱汲与保二
文喜坡一蹊崔樵店。夜見談定租契，畫十七八九年日記未及。夜卿及吳子禾言，靜日本芷〻
十六日 陰 沙先依舊積累及兒。晨挈健田廣至春富庵，桃李將殘，柳黃已門，呼金山于途，入見富生，因
肉譯兼所陳至計，須即上巖面插金子一面，此間料售店屋，錢成舊店，換下石條，將請後户任謀
存屋生才貸趣伊攤歸屋，至果沒人伊感，撥裁寄傳，時午后飯一再，何學一夕，懶歸，潛孫而出田
壙，風景殊暗妍，肘腋間拂〻生風，件佳，仍在店吸食，繼回，呼喜談子雲，言余思自往小東門，乃東
去至伊門，見喜卿出，云雲已行，中間雲繞下，皆逆同行論，及適積供主〻言入留，舉重連甫出日報
閱求讀書樹藝園芳亭，額曰「芳林池塘」，初書〻不勾，再鐸重書，乃成下款「辛丑暮春王逸叟秀木篆」
乃出南陽國振家，桐君適來，燈一口，綠羊枝，伊与子雲全吸，健乾頓，健人至燦及寄錢金相楊柏
余至薦子雲〻，四郎与健伊久留，逆同桐至園，寄祝葉蕨，旋〻令入擇小橋三四，又至池上
深地姻墻，君以一枝逆同歸，食後鼓三〻次，是至云〻辛到，已成四更，寓游士友笙亡〻未來，坐追
悔亥在不致逆，秀喜同桐雲出，後又來進，至友笙烟〻雨，有蓋花禁〻，村辛進，余入寓君門稿吳

告其欠租五石情狀，久之門稿(?)詩(?)年入來言即訊，寸是明壽弟壽生在戶亦房，訪查人役衙郎以編(?)檢查出余舊契上陳，以兩年欠租十五石，余以鄰叶(?)價九斗四，而余賞(?)毋出之意，故雖況上年欠租，乃係伊為子定親借，係不知底里。壽生上堂，余起立于旁，供言田係抵欵，敢(?)兩第十年之久付息，雜米廿餘石，自賣田四畝，實之上年率(?)遂延至今來，二石，余只欠共欠十六石，只言此項田畝五八千，官不之理，請其仍意欠何如之，多不可迫伊，將陳抵寫之由官不為理，余請將租請(?)釋放，呈上契據租串。契係絕產粘開，租契且係滿石，官似不解，一再詢壽生房書。

○官隨與田准照備價回贖。租米速還，繳合十四石，伊不言。余陳絕契回贖照程(?)無絕產，多又事，余由此之者半，亦繇此買，官亦不為退堂。壽生入押，而壽生亦稻(?)留(?)，鄉(?)其祖輩佃有功名人，謂吳柄仍今。桐雲出，偕余過學于友筆硯間，告之伊意再運陳絕產不應回贖，捏及盜賣之再定，付花並錢一角，與雲回家，共

○應陞之滋(?)，王東儀來，贖(?)回園桑地原價六元，云桑林五角，余以將此收拾(?)妥已備用，不足一再從定，揉(?)桑否(?)一年，尋契至久而得，乃付之。子雲來，應良以錢全粥甘(?)。是日事冗而勞，擾至夜。

十七　清明節，晴。楊茂(?)生工回，書分(?)府，付五十日，明早取一角，付面(?)兩錢廿五文。張將于本月想來，言全定一千，絕賣

△須繳百許元，余存三十，前此(?)，余另圖友借，三八原定山般(?)，需多加至(?)慨，相與推(?)缺，須照(?)章理(?)視，萬已付復要，且要無拒，如多大難，此三元必歸，實難為許，于是留吃飯，當烟，將其價一再論，照(?)免理(?)，大(?)元，此係如以(?)吳許，字元後，俾計叔(?)此用原票計，僅元○頃又許，余色(?)開併出單，我共繳十三元，共圳(?)君又假(?)伊詩(?)出(?)設(?)對元，及請再讓二元而成，時已未矣，久之，寧余料日去矣，予遂出訪陳友買

言及廿三年遇陈及阶亭辟起四年借契债之存售多告石缺而想一拐改作契两々付其重费若字等费
见伊其房四号三年计对我向例也乃专于打铁巷内之吉丰花生堂门见穆恒堂又言知金山侣至余家
余对店有夫为金已至余家后其不值同向我报月推迟枯入杜风会照数存须令伊将来打伊先之言余以
北林沿访送店之生一夫应同至余家打钱当聚由店送到中数周报之至乃付店其一合四锡住取其报可也
元之票付至店饭后归云伊不付乃大怪因陈为之　一夜辗不安一日劳顿
廿初第余林苍夫人寓与吴拔贡说契之讯张君遇郑君国沈语之而出　使至郑宗庆不　姚樵
店因是未归　今日业第完有烟气不愈作　士数之信有廿年不值
廿八　阴　早出近店花会堂使四方讯文　钟士甫来公戏未曾出已不能　若顾票烟不准及余之之姻知不借之之旧四
伊但坐哦而言之妄多多士夫之说云之　今以至逢士夫不再年年除住已初出访桐君看树借至居家寿借上见
陈氏之玉屏墙至碰蛙草烛均可变见做友可数店主年膳收四锡来出之　扇茂询沈桂之江布邑月祖出云昨延
因之下跌不能画室早可六七日迟或月不能定烟票决令之近店四退择既而与伊堂之吴锦内陈十三名行坐余曰一元可
我伊素今陈云雅起票早可如之计账价格算又与伍荐之绕篇　昨日取两世住不了言昔一再伪堂阁下但余唯
殷已思但未脱货将所慎与承往彼人难作近途境废不知作藏素及庸耻抑不可知于是辞去庵花会
叙事络绎不笑市肃以秋数可支四十元店又吸细圆至乃借了一趟闹话通之苏景涛傅树生诸之沈氏有二示未
两钱出哭　及桂传为桐借叙四人为陈寿生遇和苗叶护小儿宿舍回将钱一百碎　遇沈寿承孩掩赎将一去据

失之可惜之甚矣古物之興類若此（大抵然矣）焉阿七説一尸五寸係及談孫六儀先埋祖五廟宫供具百數然友王子培告
大璜女後佛面有屋之威石像面衣為大損物識可惜云云又去小玉三子觀其供案各代物合諸子語有此事皆佳入目
似与印圖子無甚多殊歸　官程掃洗地桌　萬青園王佃主已化錢弟十餘元頭隱開兩年者元也

廿九晴早往五伯剧劳蘭熊作饌以請閔叔甚佳　致菴村主信致之石尼票缺　午剃頭　日錫來　子雲來函伊有留
吸煙論及佃事之久萬蘭菊藤今存花種付杆借出別去余赴居致惺之叙戊時日挹之披田　与林雪堂諸云昨兰存
坂景作雜而昨得蘭擇收八千二元蘭轉出付惇祿讀歎因有滋擇又入筆山易之石恨函子恒祀取余原票往取付龍町
己時燈函市書墨筆帋水板煙廟　唐重火書送市筆掛為可外孫之學之用　歸已燈矣
是日作一扇冊古村秋景度設色不匀　開歲筆墨蹉跎懶墮自悔負此佳晷光也

卅晴一至地尙潮出土如山甲開寅而喜　午後演老余請頗心云云李方匠十餘欠朱呈漆之墓荒（其須侯荷余以次請願復光岀）舊少然唐色
錄我秦甚不應以函八月無票為浮匿很不時回入惇祿付百十元取回奚棧三家自雷傳而貝菴村老因其房便找周陞
枚門五弟詢錢往余诘佐仲周字之元戒飭余付貮九千之色仲和因其借入是室秦印五萬洗又約而十月包付辦
之家婧姻飲不甚放譚座一侄乃別見日推詫之忘之烟又詫百以分余以三次反覆不許辭之晏主相詫而去余已氣填
廟即酒

卅一昨夜雨甚早微即霽茗呷門檢月（作）挺余之諾侍相偶慨大異吾已蝕均禮来吿稍擇余去之理往圍心挾
饒言甚為詫異因之慎有大氣中心忽恨痛即相隱息去之松風隱成浣走往方波大龍江之茶与十數

譚談葉六要事無程注賦月行事只及四字遠胭与陳滄大家說月之妄狀之極將約伊作而責揬陳然乃葉玉
隨伊逆作桂山棟聯作澤而去店飯即之王樓訪子雲留吸煙以月樵之妄瑞軋稍欷其不為乎　有佃仍　諸留都
已頗譽子偕之訪大健人快愕花四娘等叢談其濁力伊久而別　是和成月樵子說談滿詞欲余大為經
世間焉有此種与之評議再三四難理其詞窮以無恥責心病狂雖清告老睦宗詞捧之至久同去評理子雲功
皆婉謝慨然無已回校字畢賦齊僖共五局四致悉敬讀四付錢之議嗚呼人之無良至此極
庭樓雨雪来擾痛甚与之　因呈戲熱鬧使出觸
廿二日晴早鍾官来岳日去后后回許其屢去一同君然成為其加印去經入歡穩之而處尚陳氏幫上將去　儲四百石陳公
二鼓復以去呼回拐往伊家与之將語話来挪喬　久之念北京廣存伊祗住似此入西長議余奏其為二萬兩去
坐枝之家其友棧寓陳人均不敢置喙　月樵胡之妄語終以極口失而詭特余不能不屢加譏讓至大聲
理枕四語功夫停會所皆不敢違令出然仍回我處樣拜寓　書此已改亭又至飯後題鑑此一語詩枝輕
詐棋伊即成立去委遠也　因黃係来告以其怯伊推諉去　幻國李家作来已行我語終
指正坐樹劉生枝重取之諾久札仍我整仅黎之禮事程先去伊村與余同此至虎觀復過親其余与
四匹釋又國今日度少向月至指揭票狂言揭票之它否許寄只我同此往案成協佳去出向此票付理之四百至
經大哈哩去人像共爭謹而致　与劉團同物入之歲幾之前　十地兄五雲詔已遇月役已曹棍概西此咱
初物之好而為是不值狗与子齣去　余係定改去年決回此道稿請張友望伊至陸家至十八去完細說

而吾稿只詢小菜店再議出錢圍墻堵塞地怕 殯内子印嘗等加愛恐趣且種因果得之也 甚矣慎之極生人
之玉臨況和夏 晁成之事將以畫瑕
趙樸三 擬上疏 時局大通商世辦洋務變律 大 宰原句 老理稍遜
罄鄙人得吾法知音 甚將不大悟之
大臣擬上疏 創業獨開先因舉鄉中舊倫比 舉權勢
廿三晴 同健去地剔除盡 歷事消閒 剪葡萄 改移聯 計料諸事 是日植蔬于園 舉青不忘 是晚西風悍 座碑 田事
〇陵請吉郡志庵 前日雙葡種村株陸以事之 屋價歲卅五千 又前後回付清 〇詢 司作屋業
僅還婦 怕再契與租契均有房代門窗板壁傢伙 當時被茶店將二四面全行拆去 故今租戶 擬補裝 述此柴也
吉林之如竟今不正 我約佑關係 件若干了事 求請裁判速了為要 是日未去
並詢前佑居甲中多裝修留匠以待 契中前後門窗板壁傢伙全 今租契今租戶力請補裝要修未辦
問等回肆裡枝 正租不正 須吉林之此之宅不正 討我佑除錢傷 惟於難主守 勒請到官 速了更好
四錫來兵談道 三分林庄陽回煙 煨認舍之宅若有情 同出之付錢拒完 祝北四右二戶錢報再了
計完二元 每角收七十 又高回告 北石一戶由李四代收 並令僕請有四吾 乃即往 小菜店收不准 北大店在拍
知我洋又以舍案冊照寶票 設擬英派隨領時候 洞於曹該核府處三院侯 江西撫撰新候
正清吉十餘共七十二又三來也 有一萬四十條大5下 附論市不根之玉縣退之狀日西時奉之何言
雍來三 退回 吸論之

〇日。留江孫來，晏孟雲、石大曾、瑞卿、路德、青錢、新卿、張橋近日自六合回，擬久留瑞[illegible]圩田目前
出路入江，孫田歸余手，種價若干，聽予辦理。余之不知田畝，僅生疏，伊現在過割，當一一詢而予
孫意尚債田種之，地未知也。余寧計此與靈[illegible]事乃出，或且從而詢之也。合入收問之，請駁正事佳付
一角，[illegible]大市加魚一條酒。　[illegible]使馬[illegible]莊忠心中久田，但不一起且粗[illegible]，未理取閘
是午繪一畢，已稍[illegible]冊。仿董文敏有雄雜，抑因[illegible]睡，對[illegible]
茵[illegible]尚賴[illegible]課健剛，第作致雲大兄、瑞卿信。
瑞卿且下昨來，第江兄述及，弟[illegible]得書一一。惟其田作時抵當，意絕契已否收租，已否開報一一
我欲出[illegible]帮伊，莊共大小地名首尾之[illegible]，當一一開一花名，草分別田地，現下鐵[illegible]，生意不假，抑係過割
現子要時擬佳瑞四五千，讓洋一二方為，所示[illegible]我日前，[illegible]替佳[illegible]，倘若尚遠意，未[illegible]我報
不敢問，必有種種為難，[illegible]不免層層。至如留元致意，請[illegible]，[illegible]惟當[illegible]端，俟或予[illegible]，係便回
佳瑞擬我，芳文有友東城西陲[illegible]，諸凡[illegible]代[illegible]某處，特此。
致子雲集，弟[illegible]大二位，仰圓來文，[illegible]帳交當，子向二[illegible]，即[illegible]刻一一收集一一，[illegible]
辛酉[illegible]子，因同之圍，我[illegible]而去。申刻子雲告以[illegible]田事已致書，正待復許，而合[illegible]，將以有
利于闔伊，欲其先之，[illegible]留良[illegible]話久去。　酉刻健四雨，中未能出，僅與剛闔畫諸[illegible]之。萬而合

金香門徑入夜穩再三指示

陰徹雨花落殘紅春事闌珊正風飄萬點愁人之悅 談立本 三事紫樓不置心境與精神為之

孫懷諧喜至河邊收筆怪濕活難 閒理筆研 萬安橋前 陳七云北石橋李保四子 已將令下次卯期 令本

桓生兄弟來城 廿四日為伊作霞 計大四十分 而談的是六廿八之期 與仍客滬北 到店子衍之 王抵江二 每件值五 謝登元 二報

八方計尹彈元 以為查去而生 諸用甚矣 館館而物跌不可思議 如仍不出欲裹 出方石照幅不售 今約作幅 而運益差

照文所傳者交軌彭乎矣 見招中 登李合肥 在伊言孝邇 誤作之照 默登陶與轄書 傳改更一切入怪 秘知伊

成果氏羊沿餅三店 屋价十千 加中代 租兵共 渭舍莊尾合算 租是談次及余後園 一瞻 悅余而由園 后歸

腳痛僵甚 仍為作畫 作一幅冊 寫一馬一牛二小景 之老桂子添庚鳴家 詢安家大族

廿六陰 洗足 剛筍于地 日食于罕 直開川千 故玉陶矣 為篤于同 到二石章 一子同之卯 陽文一泥樂 陰文一

以服茶久乘生 於在處試為之照 有事觀 于同往館 查因未大佳 收淡或石或玩古泉 作五言詩 靜之弟 至

門石聚金蓋茶入寶 瀾之用以作塵蘭之肥 炕涉 春已用燈照 由光只悅余 ……重在布 遇之西入

秋風飲 廣南可吉于雲之 打出老店布工收 又飲店餅而招歸 細雨異于橋小坐 夜……于傳

留客大凉不出

廿七陰 午晴 黃烟以發之 回在卯本 出次差……雲及本 開舍弟談至午后歸 素靜……之弟 張桐君

遇金第扇 見祥霞 笙湖來 四極廚 三話到位 將不能記 出之如前借之 同李四……一月到卯期不來……

合照……取看 研北至半…… 四石生不到 二尸 合四幅去北店 買招歸…… 再回南 易李保

昔然一二是日心緒紛亂 靜伍如之蓮亭 桐之波蕩三不妄語 但以半洋 余不以報 對不得 夜半未寐

廿六晴 晨以居隱閣之玉璽自然交與人之樓之去后 至地塘喜取以尸 背斤斧詞曾教揮龍 向而去
只之同詳以五斤 不至圍 与王瑞錦之小池飲填 見驕車欲之長者之速 芝文蘋向雲閣 祥素詩 璃王閏
写至圍四匹言喜字 毫不實 而將葉生出岸 為僕家安許去 積以伊普士高 余不能待 只請比近
改定 陸化林来借謀二角未與 下桐君金扇款 月重多疲
寄五弟信 出保 晚膳後之發之初稿 二十五日定稿者 朱某来 理本是信物 頭七之未佃 旅来詢 但失五高 出張春堂丈定比稿 記陳小某無復而行
之重帀日發試只十人 華人致其書 朱陸陵華之字批陸家開行 志保之記 既不交 冊獄于岩 批有紀詞 伊不為 老知孝武
推多稱相令知害已 故見子雲于廣 香報往行處實 仲甫于照北道 冬烟大葉 歌鶴絕飛 孤有兒 令之元
我鏡白髮白鶴 佳甚者 似油離 既而高用竹高 挽陵段 扶三及四廣派 六尺權書之帀以由風 八十而食州
只拜過祥實瑤甸 昌細陵乃佳 五段舒已 知不了 抵家府陳髮 由子撥 張 懷保冠生書
拐料研墨存以寫對 黃撰幸合因改
桂詞無里羽我胸中有熟矣 上賸用吳東札 陸保之慕鈎 余以上年 根出於余書 孫瞻翔
古琴擬寶 箋人僑所恬知音 志發之撰 不賸用伯牙事 以為傳人 所知已也
見晴 得兩六弟 作 信 頗異常品 作寫 鋒捷之 秀驕 因積存 保氣為上海 不人欣喜 從保 陝內守
但五三名上也 又集段葉 禮書 翡模 寫桐君金扇 用書壽二金 珠 惜 耗此 有用 那 及 適

四鼓至園入園菜河其義田食粽出取對于祥霞之店仲袁讀表錄出并皆陳安伯長聯兒
節亦與陳芳山直入恒瑞吸　叠至之甲直恒祥知廬亦歲歸已夕陽下舂
夜雨三次夜亦未健準備　夜讀俚世文　二更聞雨聲甚大　以帖皆是惟似張佛猶女幽
三十日晴早悝怓陣雨起已朗霽　溫五十餘度　大家收庭今照小半　館無照來為朱帖以內被家
不甚相合撤還之　地中僅第十餘斤　花椒滿葉　梅樹葉之葉生甚多　殊怡　雨雲來達集畫
撥六四幅中三私界　共之問知近日事　甚苦先言其將就死之信案為之心寡計　滿樣　四下全出於此為不完善
其行到廣枝　靜聲之行　前附御史伯　祝生先楊蔭已歸塾　言西好狀為益陵詢蕃知勝偕華　東園劇有蔣芳霞量
卷樵伏人桃仲常蔡生子　許伯鈞山岩子　述閩生文甫共二八　乃為孫盛之了　后振　過其弟無收租仍欠子不足路仍悄
來
是租廬晥已經過園取息六元詢訪　市糧力一元一角　過陸揚林贈陳冬七斗又錢三斗價三元之五斗尚不佳
價讓二百五十乃歸　地中悄看同之　揚回歸與楊歸來取展飭老元付之去　容照四日不做為那
二月初一日朔　昨夜兩下來　曉已朗霽已刻　夫妻陰風樓鞾契報之　竹林中雞犬托留　收拾第十八頁　剩此三八後
以夕雞鳴飯主　萬松陰山水四小幅之一百九零并支疵家甚華力與倪書也　和尚比之何也　出之此一尾取足之
張吳蘇山冥一幅　破一匣生為益言　桐收物之墨俠家聚秋公　余與其此已廿年與其十年一過　總許之　許古近
翁在等經許小題一幅大談味佳墨　出此亦根綠銘共行六幾路取船余陶說　不悔手撫一元　市辨條一角取
陳和積付一元　外小詩一千　兄之總盡一本之全之　之外　出作祥前并賀宋　初禮男之　綠人來相為

偕諸甥暮步，坐未久而出。憶去年曾許來看花，乃歸西園。夜和前日韻。

歸路經村未到舟回。午後剃頭。種草花四盆，見折去三顆，以當之不可責也，悵。

初二 陰，時時欲雨不雨。灌花去力。午後睡，悶悶，看余手抄《楞嚴》引喻不睡。傍晚歸來，小雨沾濡。請神祭祖，遣俊孫至邵家候孫。

俗俗動輒以牢理。楊彝生來。上條行俊舟上塔。楊彥生候，去談，伯昌書來，坤甫書來，收單付十五元訖。

晚出，東門外一面涼，以俟稱之。余處賀雲之偉也。原信寄至劉姓，從其所議，即復初之。作一柳湖上。

日 暑氣似盛，出入甚燠。設瓜未食。偶憩于此，皆四五中加一信，置書房，以坐為便，每為習書，向其躲避。

晴 初五 于此坐傳，夜苦生病，臥床。五鵓鴿壯健，勸喻散歸。

初三 上已，昨夜雨，作留過趁晚往上坟，而餅盤三五盒，設未完。歸後帶舟至澤岸見示，隨至周宅未啟，恨為俊俊明日往也。

周芙卿來，種果一本，梅于陰，綠竹柳條。臨動未到者，未到以為又雨，再至周宅，俊肥于秦，栗嚴。

訪陸仲甫之書，易為居士百韓，以藏有陸跡也。寫也，談馬遠故事，先共遊去，雨語饒不高。

雨不至，老僕往入古老之集，因即回，歸階，雖未可雜，心性一刻千變，此兒必大有進步，如父母之嚴也。

不成大器。暮日詢問歸將，租季歸，萬不通，自可節于生堂大段，而始至伊醜頑。

收拾種七年，歲全去，不過三四歲。作稿園。

初四 雨間作，早陰晚晴，而祭菜飯備畢，懷即昌陰上墳，偕彥生桃葉祭品食畢，同僮一肩行，于斎見了寶，甚談。

伯元伊亦上坟。出北門，父墓土常寶，收三付于陸店。西宮橋趁于亭列坟，呼沈坟丁，因之未見，母妹上年均墳，乃祭歸，陰甚。

梅詠松柏甚樸美，素只不再不知理修伐，伊說說付田廣糧。張錦瑞故鄰未之墳，只好加三五墳，墳前亦然，余復以与印議定

再云：舜生往徐岸借舟于魚瓜桂生，促子挑之橋往呼阿秉出，言如圃田今太市後一，乃偕三人下舟之，此叢舊有棚之後

家橋伯家一席。先于橋西看祖地所祭，係蒲新墳，列翁佃西頭王佃來報云告祖，今年我收王壇樹，故祭有二小橋，往再

西尋李贊頭，下五地，係家曾歸云出，告即出（同年似），理料之，還北石橋往仲女公墓祭，向見坟赴与西被偷盜，詢知係王

某令二人（致諾）追我來後，橋北歸之，王氏云此祖舍与炊餅店主，歉年之。余不欠此，係吾地早日与故前全田合租，今坟前以樹邊

不出租，而（致諾）後乃私盜被砍辦，候理明。看我不依，遂擬亦罷之，來福生柏生宅，柏生他去，福生找至告之，不惜桑，係伊採

金即告遂來，所以伊乞柏退福頭。柏西若干云云。俱數日令保出于星遐郭等見佃好租十月，旋下舟，向王周翻王橋工賞

租父母坟，時已未刻。祭畢，有一孫少年向訊余，告以墓前地伊云有孫姓於開場來租定乃可。開舟至鎮市，係趁四人開四分文

係十又不意雨下（一路），乃買菜蔬開舟，風雨益大，擬係岸已將黑，趁舟不獲，待高冬之。適舟已不及出城，須省，強之乃行，阿

勢已上岸，直舟從臣暗中余唱，惜叔係由循闕伯山翻墓際，偕之又非其所千金之至工家，寄橋于瑞林來店，借鏡題

二字于船（往）歸。借以係至河口看，健鬼尖足也，令之屢小坐，以論兩具雞蒼祿帽退，出門迴至橋之上，欣然遂乘之

回家，實大幸快手。聯舜生歸，秩衣老佛濤，大約若矣，終日不曾喫

家人之桐君未去往我舍，知屢寄往特邀之，夜叩門詢已上樓矣。郭文儀來，二元。云石的要印，在取出家，關看他

昔云

初五日，雨。早，舜生還舟，累攝，心性冷冲，劣至。午後，北石橋保李四頭同章柏生來一再之情，柏生退

租，其欠後日撥還。余欠退而所欠太久，不能全許。林告至久，李四乃言以後憑伊其地，着伊自今年

起每年租一元，或令伊兄福生畜業，不若敘易租，以此斷起樵旧坟鄰傍，定于六月二十以前交之

洋以十年爲限，伊再與議。望前五日內，今福生來說定。因墳後地伊四告王歸，將已契加錢付租金云云。

冬之事。過虞詢彥合，可伊已定。明日送其姪女，將王國澤、陳虞山、油庄學業之便。王益庭、虞李歸。

風雨交作，麻雀門牌，消以遣興。晚雨。竊王吉坤不至，金伯爲帳。夜雨滂沱，雷電交作，聲如萬馬奔騰。

過郭禹三夫人，交石田仍改。院以匹洋祇退，余意須求一全定者。閱伊衙役之案，如地方抵用廿元作速交清。

取伊置之地不耕，浣日見其菜將以爲餅。僅能韻以對而已。

初六日晴。至園查視並理諸事。後晤王肯華、周蓋隆、錢匠諸租中間諸之，渾王歸。錦瑞幫松石歸。晚已和眠，處作

寫蘇扼夜六點來申，初於雨中訪友，云寧未遂，去已一月來，閩訛初五至，飯後兄來，余即出訪，遂指除

入葉生子，彼珠有私見，欲仍借貸未及出。兄該新郵等于鎮店，夜至其樓說之，待抑止，得一洋，挪兩串下

于廟寺前處兄陸七語，黃召坤中。入米帖，和市，又買一石，付一元，找一角。晴晚工人挑鴨餅兩只，兌傳來，戒蒸之

吳堂巷莫緒子昆峯，于路中閩之，到鄭處搬動，後許來三束，換膝，送到兩其遂桐，閩之曉余

糕餅樣，芊人仕身久而歸。取筆州

梅七号全，楊蔗生來到，仝仁和人去匹郵局歸
盛朱伝信陳美子

初七晴。早一至地，算此人生糕薛書翟之强迁完。致蘇隆至城，寅去，寄信速日信細據付匹豬之三成字

人之山楼下六之二串。致友畲，取其稿四，加叙葉生子稿錄後

延頌石酒請蔽予寓。前仰陸追談壽生買租一案，已蒙處訊，伤日扣讞，此屋談壽生即錫亞租米十
此遺之陳申以
口承押追存案，至今多日，照茲不理，又蒙諭說佃以租之田十五畝，俾令備價回贖等諭，當思此田非
比抵押，蓋自光緒十六年秋，經中王國易王壽卿、程壽彦春之談壽生之父談家樸當開陶廣庭起
底將田十五畝向。抵付洋百元，抵年清利，兩年為期，追至期向催不贖，又遲之三年之久，至廿年秋談
家舟已故，談壽生挽原中一再懇商，將田歸絕，立兩契共八十二百十千，文又中代廿一年文，即將押據退
還，換立絕契，其後談壽生擬照不理，去秋推收，族陳之佐收租，年十石，至廿五年，口據伊中爭換
立簡轍票，即推收入戶為輕，是此田作絕過割已久，甚為明白。談壽生至今價不回贖，僅以美作
異另貸承賃，伊至陡換絕契，收租了之年，並欲詐賴，左口原不勉意，惟柔然租米難過若
坐賴處，則談壽生貪據租，且田頭租佃，出具即呈於賭，論以恃姻，必有推延，仍為絕處，
面完租並欲索取。矯詭萬端，秉承此雅談壽生當日並供該田伊經委石及本被貲伊弟
壽生當轉，賤價抵祠，雅係談壽生私賣大東，租不完息，既談壽生完租無幾，今談業
生竟貪情租，禁兒皂果，有為直過之延予殊，予殊不平，伏乞

父親大人膝下：加稟談業生，刊案候訊，比追，俾租米有着，庶可推諉，並請常州談壽生時
請同並委伊等談業生租穀幾何，米若干否，應將存若干談業之田，然後定個辦法，只見
寄來租米，只可收已甚，不知將來租，又全無着，粗從仲办，此事作罷，徑以催現延，寬為之後
由該個請壽生討案，另請陳生再奠免責，倘任彼有恃而賴，勿得來只租之保但安
催租者時抵賴，得計矣。
書就，稟擬明發出之際，忽起寫厭，代收風兒並大孫男女結親，吳君已告吳君名義，以今之通品
余見相同周姓結婦，膽若能措捨六百金，同周亦言當籌來到，祥嶺諒附福禮，去之邑布，仍詢仲
和君值，詩均寄挂賀禮已也，有報京城諸事，難信，嫁娘的也，四百五十兆，又道另奉八百，居寫並代行
四千圓兒，王廿二文，穗貴，年七十矣，五二讀四事。應坑帳眼去家隸甚，設佃意不來結完，撥三畝服未就
天生陸開于柯園案題馬傷也，第已勝少，果猶業，補物兩未，有李四了能地保，今李福生至蔡佃之共在橋地伊
敬塋熱年生租謂一元，归之有三千，以前付該一角，扣札詢答，付此宋澤對而不甘，相生執此過之，必責怨之，西計久久，然澤而伊
等討情至再，蓮說定，余今寫一租契，當以租稿貨對，以不之善寫，被將此作契，兩人之名扎押乃已，再令坟保王三
狠撈墾之地，房全未粗乃去，未刊細圖，未為之佃，果起業有陳姓相余，湯仍不早知，即告諭情僕，自明年有澤來
帰余一半，以半元归產，餘以余費詔費也，並高澤出橋地，撥不再開，請之四錫，高全收告諸四下出先系致之事
與陳友筆蔗于烟宣啞云，王七之坪本仍初八，以今湯至全佳，須明日余以反取回無信也，只具還之事，友筆以附件送看

二三角，用托先之書。錢南庐同生。物成兒，瑛僕，告富昧。到店，應拓。省鹽城歸。楊庵倦，陳代奏一元、配一降香

寫箴　云云未完。寫恒盛、盛成信，陳力之校訖。歸園。乃令徐雁持片之函前。應去范素林娶婦禮四角。楊成生

代取工洋四角二文合。拜。作宫馬遠梅李桃，創氣頗佳而多難善句

初五　晴。讀事。宗授不了，復惶。陳芝侯、錢生瞻來。壽卢。園將工作。拟旺遮租不付，錢生交來七角，共作九……九

交作工年十一、十二月租，今年未付。料理屋桌，识念欵事，心决極濃。出訪朱星陳，因素不應此店界，宣而不居間

今云推卸，七晚。辛庵偕往宮指紛宮。佐强之，尤以兩雖甚喜肺肝，怵之。出于祥寓，向另另召恩已付，僅三女之扇未來

出門見伯子閒。云五金果恒泰絲行欵。閑，君庵住錢十師家，同在三元，于是往候吴子卿，付鈔

而去。志庵應欵尽瑣瑣，久之出。北風，店未报。俵陳陽庵，降香，束氏。循序，教曹三条。恒禄祇大向，魯仲和以有

村舟往，念今句等，我大將未附舟。見達衛，同之，從升，而日拍看。論悦西人之論甚実，其情詢靜，健事一剄。楊岩、黄

久蓋勇，歸田園

是日來致恒社取札，欲生往藉

兒往所作詩課，未師批改，畧有進境

本之仲夏來，偽不有吅之詔，要錢，以乃為將夏深耳

辛　陰。至地，前堂遍以病不事事，而陳工捆行未退

拔宮馬一宗，改之未成。屢將二眠。三下出，于園兒蒔業，致現均含蕊，部花。邑陳友生，陸家宇

並慮拔病，釋放。伊云明晨王沖與陳及楊來，理事。叱曹不消也，宗出訪郎嘉庵，何之閒于錢

氏不值。此兒于三元見吴子卿、季長，與參生同在同南談頗久。朱宝林

孟多三二，此十二一元，乞來

于蕭邑程家禮堂出一萬仁村大硯，原佳宋扣，一吳字山水平平，一陸美小人物扇頗入，一陸南生寫僮西柳，
其佳王秋言長跋，得清近乎葉旋，仿南田本也，宗硯余助子卿得之，吾甚然之，悉伊吳之士，屑購廣報子程。
收其種我，說大谷日。陸方來云，市尋豬一角，于瑞花寫朱福基，王雲子語主厭惜，陰整竹帳，近以西羅傳其帙。
其亂之也，于園一望，陽台海娜并。是日領薊菊，瓷以趣較健，其此物望臨以助時，實人其重耶。
梅鼠擾甚。

十一 晴。是地潛割地，幫晝已畢，改禁旺播。寫致仿書，挂卿信，詢田事。王雲來云，大雷，趨金之圍看。
階北別，仍肴錢三十二章，云護送蒼生云萬仁村研以子卿得之，價錢其信，孩其科居兄報，係二頂內，幸竹葉擇府。
付云問收之喜，豆同原問蘆價二十六，旋歸。

基雨

十二 晴。早王號金報云，慕地奈被竊去之，約兩恨富娥元尽，痛不得以全，楊工足移稼十七。
已于陳通衢，子孫工學，又時割地劃界收束。沈氏雙貼，妙妻生，表贈詩，學集，沈霞如之，勝年十七為他作。
錢而于許收八月，往帖余之代來識，禮貝所，能署信為佳，如余譯之，又而不得吉，裝背拓錄，為後學罩作。
出訪陳仲甫，持其遺稿，是揭諸閱，改伊返者再，求以牡翁殷節，尚問色諸，道字其名，又伊出親新雲。
寄王四梅信，補其詩文之去，過錢秉和宅，入見鳥并瑯書庵，問之，當些收歸，借入王字葛達，臨方今作。
到園看器，舉園刊家，玩閱多種古物，閒言當精以，奏雨溪濛，青夜借畫畫，道之稿。
移書致意，沈班昇與謂，其為信蝶說與徒，律自謝。策往看，進役多賞，子喬二紙，强來乃歸。

十二陰晴。出牟在地尋節，進園嵌细節以牛年掘破竹根。剃頭，以無旧刀修以剃囊，柴粟付一角。玉堂來，以履搭套

借僕等之思之烟，無所來灯到，剛之言，及其比時，諸是此童之兄之根。留飯之，戌后之園。閱定夫人所定時開之，你玉挑肥修从往往陞之。記之

先化去予指前弄之冊全。蘋生往作瀟情出新。西戍畢報，囑託玉書田事矣之，伊去余亦之出園，陝套程粟。

半萼。王馬田所去陳家小猫，余見之大恨責，此一睡。吳子卿云以五元事內高比都視，到店見新拓登三史，挽联百十乃急促

為錄。三十付之。陳六姓来原過出城，布水烟不佳，西西去庵遂路因雨，云今晚西殊。夜錄联子弟紙，与使讀解。

賞食櫻桃。蒟蒻餅，暖脑筋，坟予数日，不吃力苦，而只此真大貴品，逐平常植物果品药之也。夜去地头策

十四陰。錄联去地付靜讀。六弟四弟，但述家族多事，而读章立三大又一不为理，隨印集心細揭合本地

家六弟来信。看全整畫茶，设匆不来。二兩猶弟云昨日家事，駕不准而食，思目后觀，不自以量甚明失計，告道

送息余沙之不遇妙。素後去访志書不值，去东府謁要無稽之無聊，其妻状丹人颇硯然死董又刊出到

庵產阳家信。轉要二房閱讀，以兩卯市閏，一百十四文。黃昌嘉紅，付四處一圓，付三百五。王瑞全布暖子

于南得。十五陰。伯岩招談，袖好而来。夜搖徒不理思之。

空晴。溯居豐，上午谈地事，因思吾中四民，皆學生植而傳细验之，使農工商咸有实地成世物之學

接八弟来信。官伸役遠殊種种業诸耗氏，宜亦深果，被通文藝读書（記多厚省差），如農工商亦顾利益身國

附達御函。樊而盈旅無益而耗氏，也協察現于植物，務究農根果力，使三眠之廣已不多，補助未經翻

上已。父母大語之言不能久，即去婦之又因性情诸秉，强且失業，加以將來之雜症，也可恨之之来作

另作麦十餘本移至園在從北岸協保從前擔樓靜穿連綴亭中現已在辦茶果補錢塘竹樹

以備接三角練習中國地誌礦石植物重學物理化學物理實驗格學生理學乃數學經學等門

學校　晚於理學校修東之最佳者北市孝廉恨合同保姻藉紳率諸人見係重程告詢乃趣

東西兩館推為不知一身但告道合園是詞奉祝烟燈一之及市趣歸

十六晴　早起烟　得笏來　田君又來下午知照來舞蹈彼逢傑榮　買罌不成　李子造尸來　華作夫館　現任雜富

書畫商生在園看地金種黃豆　畀存于脚墻葉子中精之大　至兩之路墻之　未見玉堂于池告四次在北

祥雲觀李鑄在府之吳伯陶水仙石太帽　陳細萬　伍大雕松橋上接翠之詩其作甚簡厚不快作年

又游山看錦本藏本冊七十二頁　極有田敘四種獨開詳種極可賞玩　與蔣穆重之　將陳樹陸緒來同于六人

參書合雜伐書　原走報　此是前被在官免赦京官避眾痛切言之　吾之立國與眾大異　僅訪但亦書住者

陳小葉獲見不殺　章行之來歸婦娩　歸程勝原　玉堂不肯離行　該人無唐了之未有而懶情之極　恨恨

二更出門寓于地

十七晴　罌粟開三花　移現於一花採歸　過園見葉與王狸　玉堂與使徒是嚴亦高擬至北時存錢也　自聞寬竹祥

在署　報有三來如其戒賭日與陳在時平極粗悍以著力之不得資而為里賣家不能維家且為生破

富不為懲戒甚不解也　忌　午後致函　夜望裸詢訊　伊云拒絕未服約而來素居成但飯不齊出之游

宜至移爐坐室閱演八仙　二仙迎宮　劝農　四郡城　罵曹　于雲與李伯同來　坐　使又至五人合處久　一見指陳仙

出于震寰 右軍二蒼 招之 有馬尾只及稼 書生出一硯五保 堅之 現付十元 餘者元四月十二日壽終十四元 馬綺九月實的知
芷侯 壺生字伊吉丹定 余言照此不大信 宣况工年米於三元零 今者元作二甲元 按非文 矣請友略付加濟他
伊定保釋 余授以保付閱錯之久別 而數到子雲之園 看花返家 含起長談 甲刻含至北店 接雲大去
蓉鄉賢云現去惟侯羅誰只定而歸 知照一只招于協際 晴未見生 知子閱已來 告頗我 為題經無語來
夜与王堂閒話 蒼生讀墨脆

廿八 晴 樣遊現于園 与含徒慶謀至看園之庭審田解蔬字 一屋三株已至十五道 蒼生作把 未刻出友筆 不值 又訪子
閒 石臣之人往看際 直四店筆招之 得宗已去 保來許為相待 玉留生擬去劇 收生七事 三點後以天熱即下
熱此 指達衢談 靜去 自點去相會際安宅 名益局叢在園附街 名雅歸
士穀午來為偶友去 日沒之国首 回中須招保之指 他照一而又帝一功牌 余計照一條九四五兌 保于五二功牌不
株存居而安 為之学好乃五元 伊等太去識 只便宜也 二兩拔之

廿九 陰 早似雨午晴 至園看視館鳥聲于花際 益閱善人論也 未刻之天后宮也 見友筆云稍來拙抜舒
朱來出一言之 以見子雲 余不敢看 伊出約明借北至半 余到店 子敏去下古今事 余閱報之士厭事 而專六云首
歸來園往事 南溪來以雛雞至去 如後數玫瑰田 見康隱發傳書 陳師已好讀未及

卅 一時雨作 葉三四濃秀 余當病不安之甚 勝疾後 舊睡罷之 意必作病 身寒改用 類不適 讀書葉之
而渡來 後信福桿 請甘泥詩 賴而多書 內子又不知其數 耕後去之於一生不足讀之 但一頗年壽之念何哉

廿四日到店之後子堅在三慶茶館往觀與採銳收拾之談及同之華日同盤入□而進來伯符之久至語題仍昭子法付
內宮之前極家廿余乃因伯銘所以白退之廣又將又第票蓋其家恐債廣加以籍余且得引自議同雲之而別余亦[illegible]
月餅一角君雲不只但甚繞實不大文　夜以為抽腦焕背福園五艺　夜以雲捷接錯大素表[illegible]
廿一日陰一至園採孫穀精神頗且衰　請人作事変著轉為後日表其事不能成而江黃豆一[illegible]　店小
廿二日大眠　寺到寶風多雨園構剃□此為子雲意偕烟灯而烟一角去　待久月担過問仲字只宗票不提付洋
錢之四摯票秖久等候達五下彼騙又向一錢四請宗之即以收據付洋在此而請一右悵生偕北棧得一百廿三元之一角伊不肯如此
只寄找七十六元余大責辯甚如此回極無恥悵生請笑伊糊打哭隊余云本利之元乙角以扣捐共七二角有餘元伊又推安
同緒即諾去不如此數只將全行不付余以其慢無理適于街大聲詰衛鄰此人知其阻秖歸人伊即問恥隨辯謂
伊均原能計而接成悟其莽而無恥之甚矣此　香柏登西安行去請以夢之向皆賢貨物壽寶事此國出
止有傾蒙夏惆之歸來替為積興　五夜三下不成寐力恨彼皆安思無時準積洋後思有票再與騙票只無類
此人所同　坡一推撤着　去官鹽行之角樁往謁苑處抬灼回借票烟稍詐鄉人洗洋免若御史再
必使家人表功往生計　又再請子雲發府等理論故極如伊耗精出氣
廿三日陰三下後一刻至七下謹起唐請之雲寫詩事起請橋　改俗全詩稿劇芦上芽持条付友堂廣抄批
付宗洋通讀銀之五元錄七元侯讀書之票面去云議實只七元作開銷費不敢刻之華年　子雲來
議有一之留起借去余訪桐君出稿宗薪業式根佳甚又小石出謂成原有華日子伊但訪問[illegible]無他說
只之子只要一執予之無險耕交請思軋暮往讀久出唐之雲花松風入睡又來　[illegible]廿六[illegible]之

章藏閑門書林之有之說明第又擬寫王耳文報人之錢欽之外大士翁之友宗之家照明日來乞代寫之之
陝縣西芳之名。許書林馬氏箋　得成仲和韻江　悟老李仁夫回府出獄入諸語詞論　出時已寄存于北寺街
兒孫至玉春庵未刊和其章往來　凝勢撲延到今日同和札不下五期　子得余書所予特作計趣敬善之歸
途所並閑處我為來保雲三合　乃能所者自如　告家人　天雲照悵及嚴園為其懷之　布置之語
杜之雲畫　寄鄧崇伯杭州求揚其術　著正學塾為使了
廿三晴　出下起余妓雲　又致嚴莫之書附錄二函　因半起是倘不可言　攬鏡顧影不可言　利自危處　亡刑
主園擬花所著之書已開　迎來即至無着告哉　攬于秋來居至七嗣居得小得于錢全生間言過嗣後乃歸飯
申刻之寄至高生程之翊稿善不已時彼借出伊往章　余亦只留江同之　悟瑞之之威降茶所淋章告手行
書之四付抄一角　雲西之論列同又指再思某明日過著　對雲之名弱書其之明截中該無閱報　內程姓書至　之名信乎
議及憶寫書閣　莫翼　聚有一二真難殺者修辛矣同雲使元我　之叶机價即過現信許　問話久只一至人于保
字此色可付書之　出之桐閣指有庶病近之同之有蕉石樵浩王之其華宮在此求書字碑帖何明日來
廿四晴　茶攻取　程寄扇面取所拓四　錄存目錄于後　石硯田借一吳人楊寶甫　年約五旬　家住邑衙前湯家巷
善識古即首桐所存者　校是論詳同字閱及程書是古既即出多寶塔　宜為明揭　余之翁蓮心真玩
鎖帶十餘之石刻令至江石如玩梅隱帳　雜石農居住五少年作而石如臨少糖乾　見亭醇仰的小屏得十元而之
家藏阮文達生小楷之禱壽　又出保類直取翠成之至西即取掛僑十元取　陳子壽抗之好蕭處如
之妙的真之甚相與論古今書派數知源流以為書至古難更大難倩御然之時人固以淺為貴

添為蓬狗年人趁順祝舍作乃歸，鵠甚歷為國大家墓耶似恨，華又何相與大歡笑時也。徐生去遷
賞伊所刊 芳曉樓之十萬册 仿石谷臨南田畫 題跋照原本加已印而已如第八千 湛漢 第丝青蓮 第六本秋壑
戴柳峯卷 第根古寺 第瘦角流 第小滄陵 第梅 第山雲起 第雲 有陳 藏印部
致佳素本狀 一宜亭 攬帖 居帖住上 一王東莊 是為寫過園山莊二尺餘 題者張香雪 棕甚長 一錢舜舉小幅
六文節蒼舟藏 董邊夫 野橋煙雨過耕風試茗 董邊夫萬子孫御閒來 蓑對十友吟鶴圖 俟將董跋其各種全院
又八板未宋誤為楚之甚，悔恨也，久之去，又來一王姓吳人，令攜買舟赴吳三三 書報知平議 已另印售一角 兒子湘雨
丁雲久不至，不知何故，孫不解波形之甚，悔恨，待至下午，乃由園歸，座風不佳，藥只七百
健後到陸吳二人來小人物作待渡圖，畫筆亦居美，吳江人，字宗楷，擅寫真，也能筆之門，惜少里，存已譯年年矣
廿五 晴。早裡看為掛帳，植六月雪，上百之閱不看。宜生來云，春只存六本。楊芝生取二四角。赤刺大夫卿來，里作畫甚
春諸來，佳假長日，而不為此千百年傳作而逾之，于仿若不能卸何。出訪方之，以鬼門閑一過園而。陳杜之遂後
出轎居過謝下，諸健並不請之太甚，行出至楊見子雲于宗室之，且四印看而不會而手戳而眠，為印全出，高之刀織
伊往年集待之，而烟房漸以擬例，收廣子送叔保，約日持還。杜拜定以康，南見昧欲借市來閑一路閑話
青鹿雲返告之年，何執意以四本校為得，計算之不理，救自讓而退，歷傳唐同根家，飲酒。叔健不請由又為
定居四部未余嚙之，精煥章。佳業杜撰，乃亡三 一元一角
廿六 陰。未明而雨，強下樓，六下售藥，得五十八斤，新地被竊十餘斤，皆蕎之產也，慘甚，令將捕之，來令付保
豈蕎葉之一石，四揚來告叔，玉畫六玉源本價，與言再戒諭四，年份印出千錢，應之，儲稻生來，歸
一板佳過徐友峯云：請佃戶寫畫保存

置論陀曲廿二日十二點往乳　廿二日十時來取　保五十五元　到　期民如期清還，決得追限如違必提案嚴辦云云。彭云門稽以杳無確訊，亦字難稱

西泰豐元拆代保具字，余暇办之，收銀稱借，期滿不償，殊追拾辈，仍如其理，余殊可恨之，詢其深也之，伊乃出姓

詩重貲二千四百　余以領衣

李刊　三千　襯大票

爵山春　五元

四書館　七千六百二十六分　計八元　合統計四錢　計去四　合存一元，陸友交保

孫子　叔三角　八計一　設清存再付扎洋

字牀三鋪　元

內　元

[illegible]

四　[illegible]二日晨老吳以飯食付不[illegible]　伊惟是

呈仍付計攻祇眾　　無事　余費計多　框　付　計多　四　付　夜

為以角報

史霖姓　應存借契內　共計多貲　府吾川　二元　計拈　悅

甲部过访　詢碑　為吾君擇讀書　　四元　有　吾　　貰二又　存

余告　年日推敲圖表五節，皆為不平貴只妻穢，惟再三計議，成与評量思氣，生來如此之欲，天雨乃出冒屑　甚是矣余去　限于　归读书

小三園已露衣　　情陷無限　　陵男傷風甚痛　　在城坤之列　　扶言　　　偷　　　淨

老吳耳地菅業　　作小孫雲之門　光始，本月昆餘与社員　　復起一飼養　　右梅直千年如去　嗚呼當年感之不容吝　不幸

香子擬玫現　　裝叢成叢　　归市梅二　二兩燬至　　昨夜夢向兄丈輩，謂有与人作詩謎　右白雲

蒿輝條編　痹　鼻如熱　敷粒　二句共花　　茶靜七年　謝達衛二帶

第七号 以本款業授不置打昌存店間作并者于庚苗見玉女至達微處東存在座為商請信付
寄信
附送二函 縱針並折及圖計四之東寺又與達細商釋釋交暇當出晤睡乃由三府昇壹園面談知仍月
抄條 初存付廣生並南訪緝成父子伊所計 昌爲條理余乃仍取徑謝同達至玉亭夜而出
保成塾偶肝胆與人且材看用極為義城四亦健等 夜三更不寐思念各事而進懷
縱告前于假舍 中于荊居今及其春次 轉之厚一而再矣 竟辞人心如此

廿六 晴 壹園擱花已開 約瑞金看梁邸燈 計我麦五周日 自播已七石 售三石 又左存五石于橋 起四後聽睡
未生庚來松大振只家云老吳仁甫又花並談佃飯資 伊當日計 余樣付 伊本爾計 略曉即要照計付去送談
反稱稱伊等但知得利與余為不敵十分强挾 然已免其買松退 北街壹元盛 巖岩袁來五百元付仲
〇 袁店收余銀 以順生云再布款付杭店 留作不許放 蓋公請由園至家付契押票 批七元並菁過 劉說去 少頃
余復去之 祠堂與之笑 伊爲居然子余年款 更推延應予 云為計議到店 仲容告伊 話及為唐金釣銖之
為說頭有詢應保 收條云已入口得 其緣成 仍應不免 免母之敬
金植話 子雲 雨燃 唐小峯登山 夜十二下始以以此 山棚 市月餅一角

廿七 晴 北風少涼起 極跟隨足搖搖 程方蔣 指至園付 荊刀雜作作劉標官 瑞金作鏢品 劉法大異 劍而識
壹寶人雲巧細 動真良農也 余並黃許於地中 修御路邊 倚身便 乃直以乘 挽時 語語 歸 歸後夜上
山家人忙甚 申子雲過于地間歸告其所以 久之 借園至白老橋 登鄭叟 往雲程 言日極甚 謂了易不理 歸必至
評閑不過 言不款 伊似知而避于東豹 又久之 起北約雲並于松風 余獨房接静十年 康少縱共而之

穉九号
来往无芳
遇之日
由泉板

有往慎其友吴云方来言之姨告需款乃付取足大元五角交需花之后看更入恒裕付上年五分要息款 局借用
孔德入松风与本电话遂奎金剑秋因昨仲甫托图採询徵款予剑云周甫 有作来並于昨书不归不
出叠其比追但仅只已是百元自元今后计未免自看况老人子用性嵓存此予知不諳也蓬述其後 王昔蓮丈云函
归馀加扇后閒其小蘭问及田事勿益生之后 来信云有友召即辞云去乃保欣休種春林美伯姪三人扣
饒仍征于元芳饮和与诸公笑 计及应我仍当宗词集事足欣共愤之饮至亦来 稀查粮以輅 绿成又至陈
二六区与合楼了又 友 至復领上燈散余回妙殊 薗别诸人 平素来京刻並了票
仲甫程喝之商行該全会 松烛帰
取若具粗祿付一元后借和 蘭之元二三至以兰角去
应省山火该人轮想以不发心三更即醒四更再起者此时值不安言足为踏出软瘦蕴甚

四月之朔 晴 应大半登山起少起 精神羸困 无心于事上且嫩想以奠後 至申初访仲甫于宗间语询禁
遣招駱马福已擬成 乃録于此
理三庭授葉備存契内

8

為批業植木、驰放马匹为害非浅、环视缯帀而蕴雜、一面责成地保、速即招班守办予宽律等求与
稍、惟有同地方利害不能织路、今后各家亦应凡近城之處、鄰之翳野田坊者不附律遏、見有遣棄
嬰接米、皆以存枯为之、其至以徑由本栅、替代、随地安放一径日晒雨淋、旋即尽堙腥穢の痛、甚且
犬獸相諍、烂物交集、况原高人貂鼠所殲疫瘴、并有路覽之与等徧、業該公地、雖經善堂設
為日增、而经管不完、惠损未及、雖見殘壞、置之弗問、去年

往府前與王西門，觀各氣息，又見敗撥殘壘，書商往陝仲寫美，即往拖泥，其價及拈骨，嘉惠坊八
美生尚甚惟華露檔木，隨时而有不設宜年權，方可為善後之計。又見街衢馳馬者，李蔭林禁
金數未滿，前曾牓示通衢，共見共聞，并出示 仁憲示禁在案，茶馳馬者類皆不法子弟，每
馬者又皆虎狼流氓，此室文而能何本 等多見連年老拖，索匪市而殘，被馬衝撞，倒地者指
不勝屈。甚有馬文甚于虺蜴者，續年數發不收，任其踐食麥稼，民地就荒，民利何益，容思城地
中放馬三端，桑葉乃養民之本，仍由武營假放者奈之計，姑與卒歎各人何益，即等具四集
議，惟有以後 諭示嚴禁，責成地保，傳諭各自圍禁，畏養。倘有不法子弟，究罰馬夫，指徒獄
究，即由該保指明，呈究將馬匹充公外，仰民一律紀此，如此則民生以安，民利以保，皆出自 仁台之所
賜也。為此聯呈仰祈 憲鑒，匡隅 俯示嚴禁，一面責成地保，嚴捉不得有違，棄桶木，散放馬匹，倘有
藐視情事，應即聞稟究，知即將該保革責，並將馬充，宣喻上each，將偏野之桑麻可植，頂佑上
矣。
書之物，府丁祠見高悅，乃無往重備之物，老極取一筐送今之告艾，指民材合府悅之接，乃北到店
見子徐子報 仲宕枉之計事，其子今之來店詢米，入和保 庇我 宮，市有義 匡益大令日聞蘭禪
高堂七十 中鑒 柄舟言澤未用，以侯之入城市買肉，歸由園 瑞金云要票一口，天緣一以還也 特禄

初二晴 北風甚寒 尤甚畏之 且難幾登山 古訂用火蔽護 手足尚不暖 弟四宜上山 同洋生錢店 合一錢生 知吉已到 云桐
桐信印北之瑞林先店 惘之無作 二元爲雅 計見 五年付陶 四多元 收之 向半一公 又 公之一年用 行伊字操奧 神州腔
詢以疑似執之不惜 一味横率 狠以相陵 此四者 能爭余 既勸喻理 說情解不能 一切 城不由正人君子 諸
教育評論 伊 伊先而推 奉咽 語只日 煙酒嗜過度 及再問確 即云十六七 歲 酒度 只智短 而不肯一改 筆
除一口 極 陽 雅 出 全 歲生 有半白 余 迺 桐 告以 今早往 來 同尊 不應 相 指 鄙 一味 居 民甚至 之 不作 畢此
老 叔 如 此 往一刻 歸 園人 云天久 無雨 乾涸 及 蔬種 不生 如何 之 痛一再 自恨 更大 容人 無用

三更 以 後 起 寅 視 山 大

初三晴 大 溫 表至八十五 至 九十度 作 家 生 洗 盥 錢 楼 寓 樓 掌 風 燥 日 炙 奉 成 蒼 極 遠 出 至 北 錢 店
桐 奉 壽 之 宜 橋 聲 而 訪 蕨 東 氏 以 上 杭 不 值 由 客 棧 店 并 入 帳 四 與 房 錢 往 一 至 見 一 大 桐 辦 作 茶 另
兵 三 件 物 紅 如 珠 條 于 廠 口 頭 有 細 縷 似 蔓 龍 形 下 雜 紋 上 下 口 有 細 條 體 洞 鐵 三 四 處 且 頸 紋 不 意
手 極 不 可 耐 出 肆 後 之 即 訪 留 住 于 家 留 吸 出 而 重 品 實 兼 取 大 洋 布 以 洋 摺 兒 甚 好 作 行 且 販
欲 往 怡 昌 陽 錢 棧 說 商 貴 得 翻 雜 而 疑 且 更 不 易 弊 以 為 之 悴 之 出 時 而 亦 入 城 談 生 記 布 綢 魚 等
報 兄 敘 禁 煙 似 無 確 論 又 加 布 官 在 四 角 也 夜 天 微 暑 寒
初四 晨 小 雨 一 二 點 不 止 平 風 平 後 陰 煮 煙 日 奇 至 回 府 開 來 以 前 小 開 平 大 米 雲 黑 暈 之 瑞 全 出 查 報
接 五 弟 姊 在 城 三 月 五 日 力 而 家 內 為 織 所 需 第 平 前 作 信 印 錫 舊 少 上 向 以 一 料 張 叔 年 收 即 開 不 知

石英何鶴柳仙甫皆之多也。石刻甚粟僅及一二，而午生瑞金已四百元矣。鶴買自四由米圍排牆進宮月[illegible]

惶惑到惶悵。小雨。留閱北京日報，祝融之耗，熱土圍戒，瑞金列店知。庸臣堰下之秕，侵失慎乃至，夜名

正刻大勢已滅。人為橋軌洋龍救奏，虎山見七架高房全失火，為寵[illegible]，而惶四思二十年間天人有往討

根此次曾飯口家，以去不慎，累及同居居讓甫，諸寶書二家。潘居今時此租人失此，而免飢憒，可虞

鋪北岸只隙妹拄之。洪茂接宅，然只八十之太夫人，君為應尋救，餘火救材，而未有餘宇，恒之洋灰車

徐叔去旦然仍失，小六七千五石田。而火獅為不隣人，以不平。夜出與欣桃[illegible]之烏鴉諸坊橋側。

陳蓮臣宴

笛浪之家人乃敬言，夫人不安，千金移今小女任意沈均失此。夜出賣幸脚油手少以用後

初五晴。收藤稿多幼及飛牍。二兩撥弟稱未擇，蓋四大斤。請看花神陳紀林之首，汪貴子首把記

東乃信佳看之。然第四子慕慕玄維武開也。梅雅青梅桑杓春風，聚數弟宋樣。九已撥未完，扇二斤八兩子

葡通寄翰韓紫綠襯。送弟子電程以六。甲出剃頭。訪冕夫門辭而出。到店接杭大方伯，仰當伯

蒼山書館陳語頌端守利幸瑾細楷之至。年提子稿平頭八千之兩，稱五十郷百元，生此名規短公縣慈但為

覲芙威未久。出月來信有附，侔頌信端未出入。正成隨此信寄寿門遍知云之。此人叙茂日出與雪程之之

欵之不應多方閱觀情形，反未見現行端去。然甚人無錢而安，生趣，像子愚已極。南只留江子細一只

報此返知桐君來訪，乃亟往徐韜般家談悔，行後入與朱請夫等訳，而桐笑子三人，皆至夜入

席與桐朱八又弟夫子及子田子，余居首席，初夕以歸。

應莊葛臣年程 拓示健兒

初六晴 天不雨且燥甚 壽明起入園 螺掀驟 三古僅存果 寄玖 常伯稿來 借頤信 金本國

常伯先生 端鑒 昨 慶示年程 伏讀之下 具見 住理精密 索言盛心 欣感無量 ○

并頒示入塾 時限 欲備 俟後日 揚考書静 佳音 悵 有瑕 俟信 抑偏未能入命 久富 填呈

東山居歲 材精 資陳 禱請 鈞安 王國維 再 再啟者 決用 壽書幽 以候 兄 賓東 陳 道 爲

時曾 省家信 周華 代答 又行 謹恨 王度

初七 陰 以早起 不及雨 且 主力 畏 乃 堂 抹 旁夜 值臥 獨 閉一閑日 經 覽 自 寒 不 復 出

初九 雨甚 嚴 望 澤之 甚 金 健 取 祖 萬 與 加付 陵 玖 唐 李 梅 詢 委 訊 附 五 蘭 十 枝 知 士 穀 之 弟

王 愛 之 讀 經 游 世 所 備 禮 其 命 運 之 壞 所 學 龍 益 偶 值 之 使 然 耶 竟 日 合 力 又 無 為 懷 不 出

黄 應 健 伯 和 馬 祖 不 付 擱 存 李 館 為 之 然 責 恨 之 四 日 僅 存 繪 四 函

以 中 懷 記 多 筆 甚 不 成 寐 夢 中 猶 攫 錢 于 章 吳 及 欽 並 免 無 遺 之 旁 尾 得

初八 雨 霧 微 雲 初 五 重 來 園 東 保 條 稿 嚴 陵 演 老 書 陳 述 金 山 玉 枕 精 品 挑 供 換 且 至 寄 回

唐 寅 之 主 現 名 職 及 不 及 二 字 但 抑 未 必 可 因 抽 還 又 附 陳 元 倩 與 何 渭 野 以 屋 事 相 累 云 云

其 不 許 即 嵌 隆 欽 二 字 下 月 不 列 只 寫 屏 收 存 間 寫 勑 林 古 人 作 畫 但 先 樹 木 寫 雜 事 錄 此

果者若能枯樹亦得全備思之至矣第一雅在蘇華之樓之陽耳　申刻四錫令君歸和哭信相

家嚴向對訴四弟闕且推進中喜耽狠橫大非人情家人慰勸余責語四五耳伊雖許之其心甚懷

扶余與玉重長嘯其不知是玉枝如此　申末出知邑廠有戲子蘇州來成扶州大方伯養正堂旗杆

花恒盛之廠看見石函玉紅梅閣極有情致與王雲小蘭同座王雲陝西人明日來遊之居已上灯

遠靜室　廿九夢十弟出近來且脾虛藥用二種採來大字現大發云云　癢極以一角市月餅吉園

來十弟

余占信日抄吉　示孙　知陽金云懷已穩　一夜與玉重閒話伊執性六怪

初一陰雨間作雨半澡冥外下一年烟　遠靜見八弟信四紙加一朵　善出之邑廠健雲視觀戲子報此畢已晡出

遠靜八弟信　擒想于米度雲居于恒竹遊達衢出靜及善之學規條書乘一程閱子雲來同聘居看報載宇商

稅金乘程有觀將來或出成諸公鼓局換于元彝孫太又之如問馬租約明日雲告當總之

遠蕩夫先仲袁乃刻余市鼓弟陽原作歸　醒睡癢以硯出明板已如決孫

初二雨間陰物暮堂掛東西廣撤年出而果吉園種洋茄鳳仙老少年雞冠秋海棠及僅劉懷之全

乾矣　善出生岳崑腥戲又來出秦且于松風會一程春老云居我案已取來矣之後下龍時已下畫遁程字飲

宿伊語之刺岸知龍游待之不至看之恒夜色夜大不值　收筆與翅我一元為買米　玫君陽以月與而為

且我若有不睡更將出宗　爲夜風歸

十一 晴。五下起，知陽宮來談，詒孫妻老來，約六下出，市鍋一角，六分。買甘蔗十根，風洞茶座，偕趙有儂從吳
人光風井到老虎廳，付之甌越出，趙又來（張），余來寺，往觀聞早喜，往來望四齣單散，于姚陽及紫拆
伊云僅一二宗，約价一元，丹余後不必，蓋妻姑若乃不問自己，餘與余有相執，余懷欲默默，聽雷伊許
罵髮不省，稍推前情一也，屆時話二也，現每來相商三也，于是允付外房伊呼作業，而房飯茶全歸余
搽胰膽之，簽付洋早五元，房借十五元。留四點仍入是廳，見之，相君子雲來，坐至四下，與子雲入影宗
吃麪到店吃，雲與仲來報談一點得，去散，余赴姪詞任道語，余外出鋪同四壹安礙
中飯以肆語偕店，上留京飯，飯用後至鞍械之之，後与雲再來，遂談至云昨夜晚叫至五更一下
歸時偕蒼田園歸。恒盛取木屐一雙，計三角五千
十二 晨起已不早，綠與時完君過兩卿撤到，購鱼半尾，計十四兩錢，發時新佳品，此番不易，一口吞留
洧中半年不過十數尾，四月上水尤貴，五月較廉，陸畫較為點紅，價亦未矣。於是与陽間談一刻，入園撥
墨家小菱亦對，小者以錫利之（卸水）菱，時許二斤，水香不碼（入）不知將來能吸否，暮出之邑廟，子雲已在觀紀
君畫居程兩齣，散偕店看報，閱同文學塾，過恒裕与謙欣一言乃歸，園門鬧，瑞金不知所往
五堂工畢，計五工　偕生來送至西首
十三 晴。早錯理亦齋以左事各物，散積擲拭，備畫指揮，以責名以揮點且草，皆至下自用

而且作事不振，貴孫此等家從事之才，將使其仍為計，正不止虛也。付玉堂工價二角。之家人之來信

云楊聲生欲返家，為去工作不合，伊為自是，乃欲辭棠。余令其暫緩，許以早棠。付二六角。午吾正剛、鶴亭上雲

病，然而能[illegible]信加以微名，海內有數人也。出之足病，歸途騎馬十餘匹，放北寺去，以千門，乃大開城神

之，如本保但求自肥，財於民生利病不問，仍談家務。控假兄之遠衛，道之生子雲攬問諾一刻，收生五仲衷

如缺等令翁到店閱報。子明告王子雲掇欲無恥，緩余五月想余，深恨，求生學大德劍此輩無恥

者，我訪桐岡，言又四弟君子雲不見，乃歸。

十四 晴。早理各事，見池采為馬嘶，君慎填膺。令六達口閉蘿蘅生到已，已刻告令郵來地，歸田上游

母來書告伊女子翁柳瑞生為老人暴民？？全甫 武家景呪 午後閱作山水 三下出訪朱宗壽，我

家來告，讓子病店，邀之年，予聞之出店，暗了，叩余，仍陽方之取一我務速付洋，借見樸信一通，與伯

莫怪余為吉，太之于恆猶鉅，祥麟告登鎮方，取一桑叶之店，更見煩，余甚為合意，恨頭之，余暇無，轉山華

院者多知又將得將來能為守此職業，均不足計。陽四去信十七付洋七，問月植回，乃往詢伊伯

深之余去回再談，談祖元，子衙堂稿，有彼之脫空，然通去隨之周晏伯言總之該了四五歲

月，謨徐之先了余一杉風，余料被晉之經過，圖為向與談被如是辭之，輕是晚，之逐歸

十五 晴。晚雨，祖者雨來，今之後晴，仍水之力也。晨王備全全一帶山人在廟方[illegible]名同和在

仍阿旺先日說起，想往中問，余知其今已之在舟楫。有一處西日定路，因上頭不發，鼓石几居寺

以許其租金付押租一元三角四十五，契目即送餅擲進，先之余至圍，允見其箱物床擱已到，渠及陸四年

部移一週归。訂圖來之，得葷亨斤，託市洋種一元，告巫市一刻去，晴午玉雲來，為言託尤姨之五分

培因求糧留飯，伊辭。言之至以大姨錫如金，霞佛量，余甚怪其作事無當，以思慮亂言，語恍惚，以為瘋病

後作不為止，阻返。申刻子雲來，閒話，仰而見其性情迥異，及商議並陳前此隱章多情。申末玉雲又

至，與口角等在廚頭言：無出中堂，呼余長號辭別。余語其不應經執，況吾暑不就，正產人，只知語合為

作忠盡奉。言：為母百年孝，儒心思情，惟細思余言，伊更誣亂，口稱吾已有成佛之功，口吞乾坤，手握日月之談，以

甚不復可理喻也。任之出，又送之門，再三叮囑。又言人生泡影，但既在世，只有與世浮沉，力求正業，以資衣食，無老

富雖天降悅，天下動物千種，皆浮蛋隨化，萬萬勿作異圖。伊倒然而去。余亦與雲至衙轉，廣仲宗

者差莊評，今已出捕，厥係且見。盛往伯英有子傳據也，勿伊代謀，責其少致辭。與雲令入招風諫合隨

為其作此小之句，向語久而出，嵌招。市笋脯一斤，予二角，收十文

是日向儒生林去欲探華女士，詢西樓女一小三陶寫。紫羅蘭、繡球、桃花、丁香、石菊閱過未甚動賬

微思向余直余約借三元，伊返去，貴生不信，今乃許二日後還，留示。持歸，與觀。夜耕之職書

戲張在生無問保保之限，請四十五元並契，約批注一夜去後

夜十下，叩門甚急，請人皆收起，查知四鄰與施月仙並見，坐車持灯至寓。吾雲返，鄉夜飯後，目

書生死去，性急撲後，後同去，奇死，請族救援不及，伊等二人先來喊，知本三招余往人

者在打攪大約必已逝矣 嗚呼不知其何自起病之甚 茲是諸人皆謂爲有鬼附 余謂其去執海
佛路超脱 悽悽再三 又恨其無識 要于五歲日少已覺潤狎 自從少年 岩土青兒 甚痛尤
歎息不已 知存唯矣 五元子內子 陪伴四爹 全與修佳 要在成強 而四爹眼瘦膝 言既無痛衷之狀 而似不相覺
自話不能之狀 神情頗痛 瘦削似較重 痰咳 壽徵 又有痛處 甚至處也 十二下雨 續晚陳麗在途至爲之
怨泣
二僕病在床日重 不入湯水 更加憂悶 夜陣雨 慢陽 尤煥來家宿
廿六日 晴 與尤煥論慢 玉堂八歲生出 脏天井 玉圃去福齋程求泥水補塑 修十四日易安享壹 二僕病因留
飯 華表坊家福祥來 問其生工作何在 乃去 懶而情 低嗜不了之 伊亦深怪 並知其歸 並加工一元 令
以後 我工錢月十日或多不足其自發覺 匯家 觀工自多官兩相合 伊大然之 入圃與戒四五 共飯 西豪世之郎
中 從出訪 伊友生 同談 他係保 限入 洋未來 云須三五日再 以還問 諳北邊 相和 解 牽是為保 成 出邑
後 已失 與入三元 並 看畫 說 名眼十付 楊君 善 還早元 未谷 勇生 等 請 石庵 山舟 杭州 等 石 硯 四玉 余 刷 孔
甘 郎 一角 伊崇 石坡 借之祥霞觀 伯恩 吳伯滔 花 箬山 中 呂 石 菊 詩 佳 者 即 去 到 店 詳 查 詢 話 知 家 寺 米 即 出 居
舟 市 五年 一元 以 前 與 錢 柳 樁 言 辛 誠 其 快 人 而 悶 誰 安 又 去 伊 君 與 詳 談 合 往 乙 於 乾 隆 去 乃 刻 元 六 分 留
厚 撥 乃 係 君 盈 隨 伯 述 語 未 我 尚 慎 恨 者 久 之 去 總 作 僧 慢 之 動 譜 了 實 從 忠 相 關 此 程 由 人 散 可 惡
入 城 晨 見 吳 子 元 同 查 標 本 並 告 帳 村 去 用 君 約 後 君 保 成 還 不 見 蹤 義 送 市 批 抱 回

夜計各項條款，達徵給三四下第，又擬致唐杉條。

十七　晴。種洋茄等。致唐杉條，知其年五布呈狀，指示聽處斷。唐邑來告，已刻子雲至，聞說種物單于膝至柔。借去，知玉女來，子和先至。一啟中徵抵坂１元１月回。宗題伊作推架，不付洋中。雲市去錢三串元。又久之，議未定成決。聞尊章理夜硯并老臉抵押，各交出葉。鍾、杉等夜價，款息不復過，抵之出評理，夜偽自理之，然亦微諷之。子雲等一再說。徐佳四鼓及陸韻杰來，為餅以餅招之。間告以夜吞稅狀，伊謂昨夜使知秋家事至，至初保成、達徵俱見，均至夕之。桂之別處議，聞保暇謀有四份，告譚保元付票伊，並是昔業狀慎之，告該友不允保。雲達各三先請借出，乃遂出手徵大聲，知眾除此不情，所之笑。故恁許又年，佳利款十，相與間談夜已飲，醉後作別，約明日定計。　指印，韓伯校住附議保兩佳。　至安與二弟孫在家。

十八　晴。起，祭昨。　王湊來，市唐什事二角十文至。　借西孫至園，來夜所往，約月抄，仍余正借付契，託佳貴帶保于後。鄉去角來訪，詢其為月租并款，短付去去，盖秋屈住夜告。知乃寶告伊不情狀，渠亦憤，織月書年曾有其三件，被軋有元，無恥惡劣，可無人氣。同為溺不齒，因相言話舊，該心兩家情事，可許尚明心。出于亞花，別伊諸少年。余又祠宅，聞言之，保成去，觀估價，及月可達，徵亦到，又票借出，往收全，啟唐僕事，諉在園告，歷叔俱此，說為子雲恨成，抵說少息，計及黎元。夜等無數，同一機局，少間，保達攜回，已說香收之下。適杜風茶錢入元，再錢二千又半，佳利其擬鼓。子雲使到，適論之，齊晚二人別去。余又與子雲入，恨瑞甘一角。雲計以楫扶之，以後余仇過思異少平。余氣噎，庚三周夜亭大呼其餓之謂。

雲翔與慶人來歸　夜過慶陳二姪病篤，去樹樓下　健孫子蔡信招病狀，請寅如來　四鼓晚來不
值，知伊兄次日揭曉，是晚竟嗚呼　夜歸因向話責之，以健心過甚，口談未給，稍責不服，乃大恨
以杖責爲，里自是更懷忿，及之周功乃成冥否，此係強頑犯上，種種不法矣，交伊伊悟悟
十五　陰　微雨　田六母來坐　所言吳子六云：保峯伊係之方夜，情往抹未暮只代謀　伊亦悟懂云
8 海甯各典行者無辜無賴無恥，向來鄉人信其概當現洋，自三五年來，小額洋擇手下鄉稱戚付票無行名數目，僅一二萬成
千數，倘印不同，係要如起首年分之文，鄉人不識字，祇收藏限五十日付洋，續年爲有偽行謊騙等，乃近上年北亂前
有洋借四十二萬元，及亂閉，縣洪三十無人家主，行中鄉累之，近知要錢本，並將某若之累有，誤寧洋元短
歲爲百餘十元，有該家大成公退還，有謂其低者，稱中多加郎，種種扣發作難，姜丙公害諸信義，何存安在，安枝
宜鄉人自書係已借去，係以作用，或已償完糧，或所典贖物，今忽改換兵洋，而該行氣燄橫閣，鄉人莫敢詰
何哭往相向，承有急切欲甘拔短，其情可憐可厭，彼行大如得意，似此人心天理何在，聞又欲在上市，該行又欲
從出票，柳其家之洋，墊上該欠項，承有冒騙，下鄉全行無著，皆欲控鄉人之尼，憑以議借書現洋底樣
此大笑焉
公議今年借如係流帶現洋，其銀兩交，蓋上年行家出鄉拜客出票，但此亂價忽騰，議人
裝　小檢被扣少短，發退還且多謊騙，幸若有典延借已，宜還債完糧，而典該用，不料用此不應之票，
內吳陸其橋去交果何家，特此通布，庶免後悔
春君到府，特著鄭吉甫才謙者與話未久，來府無為是月頭，伊亦代寫帷撥今其行，乃大頭而不現已
其旦日餘款操之，以為無替，欲為處，待讀秋典當未收洋號描，而典月八六作操，借用，新令兩典當之出頭辰

一兒復作字致函與和陶呼寄兒，覆言頗讀多悚。往拱未致，千元贖債並不與函，並云不再名，唐梯一錢六。字上又須賣燒

○二十　陰雨，雨露露日自覺甚病甚，吉植中為也傷，午前僵臥，昨作小楼般仍筆，書目集抹，下帳洗換床，申後做不出

李來，函有得物信鬼書，舒中全吉林十八到，唐梯靜兒十號信，附達函，廣陵五成信，閱一閱指，市批杠十文，歸由

吾來信　又園　茜任　二疫病況重，已在滬留。夜發達徽信，土到多字版，頌子雲

廿一　晴，陰六十二弟，生拌梭閣馬，余以病也，起甚遲，尤呻吟無力。五弟借家來，請徐應臣，四六疫母，寶賺長安至堂

二疫病　脫利舟　料理家事，齋景書　致寅府書，知二疫，或日間不治，將四疫亦送往通路，子雲來送

茜九　吾來　其一大雨，西元留，往問其余病，中全予家，夏兒，陽孫，程惠，李徵，湄印問之，丁丙弟十請仁收，程論余子

信作　前在廿七後，往傳送鄭州，寫三信，一鄭寄徐又孝臣，到唐家招，陽家七月三，居雅臣寓四一道，恆雅吉旅

傳務依定伊六兒，二弟已至，核石光余由鄭嵩歸兒，吾云談疏，已至，而吉生不及，為他不應臣，向及英蘇伊府

挽條九十元　余有促論，揆慕家事珍，并告章已定，云云　四二角　十斤　因王天秋

廿二　晴，早空氣生，工作五弟，五剝書，為留新之三元，衣銀錢燒香，又市肉一角，挑杠等升，又收一兒子雪，付收只

陳雲蒲　四錫來，李珍友生詢談，又連自珍，楊焜之談，五兩四桂，送科程多陳，出之，有生收讀細程，十元

餘候吉君六問之出，到北，陳毅庵，核六弟楼，收楼，九成吉，亦革，伊付鈔入同義元錢，亦在

收存一角　又鋏明日撥七斤半　真幸餘也，到唐見報登，四月十七上諭，向特科傳學論

詞經濟特科，首無一心之語，有奇才異能由特旨保舉，咨明務實大臣呈試

林密卿以下，書後，職道安豐籌，崔燦似陳海，大有為，臨之人以行年

詢東山寺保吳子文不值。由園歸。瑞塵來，同往竹門晤。唐健作致子靜書，述二孫病狀。晏吾

廿二 晴。早煮烟以八分半。日存寄來。午後陳星濤山雲來談，陰寒徹骨，伊先入祠也。嘉善楊以新

驗穫勝玉園處命駕之。陸貴院經費兩文帳馮樓。吳仲竹門四周亦竹木，數費心力。此移居時伊仲嘉安

與校閱蘭史之帳。出城市水烟，半付一角。唐三更少輕瑞拒與同談論。二孫病狀將夜，即至倦下榻宅

相與論人物，見及擬友大本岫雲書院。朕學修天宿村一座，來與朱君扶、許金生等同座。陽殿佳春家

堂錫鴨四品四點四小小尖。陳道若姬四盤，廣生歸，已將二鼓。

廿三 晴。早夜起出村衣冠，往樾樓往。晴雪前衣入祠。陳志夫陰入陳壽生，知本月之行，請客從澤玉

昨陰語。道沈慕夫往許處，往陳攀山四葉館。墨卿、姜華壽佛午飯後同桐君與仲甫士穀偕入松風茶間

談，廣生之以燕菊。回歸。賓妹長來，四糊來。送徐禮理王子培肉胡祿永兩。午後寫蘇陵真

寅老信少間，陽錦卿力挑擔病摘。同之昨致子雲將將松澤原之子雲，雖留速及而如今矣

日原點已易，出且候。出代緣慢子雲，再從蓮間橋，委將挑出。二分半，室許付洋一元，約而出去。暮，余出北

邑署疾店，詢雲不至。出城訪子淑玉，往御收夏程。旅少坐，與午發一之。出西店，致余子雲請述竟致代家

萬來取條。歸已黄昏。　二孫病依舊，且自重已死孫留

廿四 陰。晴。同作讀花移，偕小翁等入祠。福姪女至，二孫病無氣息，僅存。　高伯齡袁勇至為告其

母月初除靈問說問，為健作代予擬陳氏開米店，勸海叔園後來刻言。日暮，廣送魚肚一碗。

晡步到廣行，子雲已入枢，見吉渴致已，另用每子代送全来。取縣見諸熟友於祥霞兄、陳夫、董桂艳
二仲愈厚用相立允，律其史口撥秋泉，沈佐偕秋泉杭人，山水畧能布置，呼陆九与施友卿亦致鄭莊
立成堪銀，推化屋三毫，珏寓藏於住，報登七月中四處，是日上業一元七角，一飲同美之，錢圓并祝德兩字
去租契以計料二樣表，因其神主与漆作七八元不難。

廿五 陰，黎明一陣小雨。陽華卿来。十時子雲来，文諒湯就多允一，遠二播氣絶，諸如卷料理後事。石厨子来。
王漆匠来。允其辦工，開報表單，十許字，寄致田继高。石门又陸石陳子馨，长女，邵鈞甫来宗，棺石脾棺，四位開
单呼佳居陰陽宫廿八大殓，又開市五鸦，又广生恆祖同陳，朱杜福生挂招書，应挑石料做之，尺三一，应要米
金重与陳氏送離口，祖席佐五，鍾鼓喇叭振原屋五，三更散，備夜飯可谢。丁賓又子来挑去

廿六 晴，早起料理一是小满，为四樣漆屋用佐六，双府華生市蔬，又报表漆，瑞金掃理雾福，应八张筋桓
陶来，早令他出兑钱角并用坑，送上行照生母設位牌四个。郭松樵、陆逵卿、朱子雲、诸来吊送，雲於接信幾
尚歸，仰旨色明，芳以辩十二旅對去，现寄恳送禮，後徐王漆匠二来扎烛艸，石厨挑碗去，应田氏送僧水懺
喧閙異常，實為世俗以此为赵蔫资冥福，上等之人於此作为良亦嘅嘆。应借人家恒以楊联与送疑
上十二下，賓燚与厨恒陪应，五二下十樓。

廿七 晴，天微飘微雨。應遷位于中厅，出柩，用鼓手四吹响，全僧六众加僧三一，羽士一，召作鸣鼓法器，世侄之用三班，余
不独獨革積举殓祝異扎，祇陪撑门面，以了上事。用工人四名，挑品，防六，瑞金，成生，华郑一人，自此

夜鄭送禮者來五十件，另便收角二千餘角。信僧紙來元及繖物。料理小殮，要工二人。棺是夜舁全備。市各物俱
雲瑛及午，陳子馨、妹丈唐丹孟、達卿、外孫黃弱二人至。畫二兩。挽寫八張。補刊二十四張文。戶部弟姊、唐三姪孫與至
與唐階庭，又言：此分知余之眉綻也。夜補用度難雜，多不甚神。余亦自慚往日，居官日晚步神自相體
四兩三年為事，與子馨話舊。十年不面，觀其嘆惜。然今積五千，下生一子，是危如累卵。三下同惟錦。後二日三元七五
四十千五角，以不專來。茶社十角。余日伉達銳。要工伉加柴，柴四斤。又查茶揭，三角零。石匠子，午六十，七點
晚二茶三素，六桌，工作夫。得得照。又工人燒肉，端奶，陳六，共洋八。又是棠茶，伉。禮力等，任茶二，慧，伉零。共長安舟
陳氏轄伊來，並已洪然，枉與夜向百不計。成服畢，各人依之。諸工人便想裝衣，門至夜，終飲
夜聞有異聲，蘇生起觀

初三日晴。與茂生、吳姓以蓋欠各工價，出按去年單，已如廢棄。工既不動，又執性嗜飲，此人死于懶，決于酒，可恨甚也。故作年
節每年均須付錢二種，計十六張。往諸入堂，並飲茶。忽理料小禮。在房之來臨。夜叢萬株，予來，并帶仍此，臨來，儀
付伊舊養園，見鄭兒十葉，取橋苑樹為挂孩大貴論。又一王歸，寶之謄，從與諸嫦媳，余亦回余所。伊付租契二，阿姪
付租。茂生四日北台押，市租十斤，二角收訖。于廣取蓋獸煙，烟代茶源。矯
各物歸者今晉陽國，于是歸來，祭起程。廿六抵伊宅，家宴。靜其姪字福陰禮，孫之。以病除怡善
孫清於市至，嫁，語取為茶具租。收二元六角。價一二，私旭歸。督其即于廣，付論知二程高
恨西園。夜指咒陽風村八等，乾怙奇給予市盧福西
夜三理大去混樓

五月朔。上午細雨，下午晴。平瑞堂來，訂有家塾，值詢定，將多廣土下，可失之。撤架粟，破子，可接西虎

出校五件以歸。午後千金角梅福祥全子翠仁來，彼見識課，又為使作伐，拜匯之再議。吾揚之向田事業書

昳完橫幅，加題詞意，書無俗塵，玩古人十日一山之言，乃細略古人用筆厚處簡鍊之辨，一石一山之

感垂示後人，決非橫抹亂塗可以傳世。要見有蘆蓑頃刻成者，要平時積之，蓄之是乃狂

妄之畢耳。石谷生而好學，固不可及，六十當其時，遠近退老，皆夫能諸用事，既皆同鄉之

好，又有姻之康(御者)，南田三大家識拔精微，故能名播遠邇。今世雖有大官貴，又鮮識辨之人，奴

藏多不知其恩，安望援引時人。為呼應之，空留其硯，空後之為流俗指摘耶！

初二　梅雨應時，自昨夜至申未之，大小間作。早似蒸病，午據之。於西房廚書中見一黃蛇，長六七尺，蟠之

不出無往，於書中至未刻始去。色黃而呈時滑陀。要是白沙杜杷至，味甜而鮮，乃果品之最上乘，嘗之如

天漿。當接桂園譜之十年而未到座。昨暮書蓮花經橫幅一半，今晨完之。下午雲扇，款寫三尺彥秋林

雜樹，較之南田石似厚議之。石谷墨跡，晚又見一幅，才是堂藏，于吳宗之夫挾內，一日而見二幅，洵異至

園見石榴初結者，偶如芋大，視紅滿地，惟前春所移一株榴已結者兩，人窗之青矣。園內如何可失一也。此時

窗之種之，不結之也。殊又不解其所而已。汝輩不付租，狗之又鉤，前問之，望稍得之，屋處葉，其六者，忠信付，只人心狠毒理

見我有似而病之，而指結一亦藥伊思之。租我屋居，累不付資，且租其不還，而且叔欲偶歸，而中場改不多

崇況自之不肯而中，故阿旺似之契，今得要中不出租，典或許居之。而寫當空是退租也。去

合正洪傭契不來兩阿旺之伊中　且自正三月初三日又四月十五五月底半月租不算余責決無此理也早回識其方

崇始暫許入而立券今延久屬之又從謀又不行事月是何肺心耶無怪仁南人嘿嘿以大章為馬後不合之徑也

貴日不出　夜三四起犬吠擇其窮

初三日晴陰雨暖　早售二葉早係斤二十兩午售早係斤斤七　收洋銀二元比　金姓來　余至地積芝桑脩以石咬洒紺坦

宵始也　為之檢作挽詒　宵陳穀如朱子扇作柳陰垂釣上完

夕名門沐寶歸　衰落貴家歷大劫迄六旬燕華千　總當恨於一身　天奪何辛丁此奇厄諸

無限從想及又靈騷現前澤伯福　指世塵謝沖霄得同片芳徽以早而半陰　懷無有緣鴛湖決此眾此生

自書裝扇作寄同身不遠五度石也　雲書蘇富燈以修老　章畢序

留陰細雨間作起遲　校芝桑　子雲送內棕唐多之有愧拜之不獲　蓬萏花開　改換聯　送朱穆雲飯金勝

賞初并節粽物　合傭曲園前歸之租金只許月三百兩須阿旺五六月四付　著一月到前余以中向心私

辛丑又一月乃為平　致瑞金翳果子　升許

北到店順生知我存杭晴以二空措不合算志無法去年存放

有卿識侍止詩表佳而西安行在已移雲貴二首主試奇矣論大非之且聞蒙古政務眷目實力之譜

校以府雨守篇多多未錢閒憶耳　北轉因雪取　誠殷於黃帛九函　南見雪攜稍所居園七付芽

余素某貴名家乃接入伊家　初出雲梁書冊同往業等皆　國初人作　沒古孔太冊將争出住極佳

風又將實四家名續附以一住均端佳　煙赫道今不易得之書也　又劉暄極山水十二開余所收為名

見書畫之本癸亥樊侯書。金冬心、羅兩峯合璧，道光初許槤題大字八分，款篆書。其金畫蘭一盆首、
松桃、菖蒲二、石五種、竹寸蒲分一叢、一貓、一鴨、一落花游魚、一枇杷；羅一竹大和鵲、一雪雁、一芭蕉、一霜
美人、一肥馬、一瘦馬、一馳馬、一寒梅、一寒竹，一皆水墨，清潤奇逸，古厚神趣，金詩跋更臻其妙，真希
世之寶，愛不忍釋。惜時已五鼓，不克久玩，即歸，思之不已。時欲錄其題語，四點寫鶴，然惜恨
主奉天閣如此。　夜識。售其不佳，足稱雲銀膳七元，還內五元。寫長子鄭詩作

端午日晴。寫復款端字篆文，莫逸齋駢四字。又憶當工日金羅作　段鄂鈞甫　扰詩作
午小兒女作艾虎蒲劍。寫多作并作歎辭。訪佳哉持與之售，羽力借遠卿，屢哉佳作步橋筆愛請定
神魔暮雨至夜不還。諸欵既不來，而用度且日增，以為是惟難支柱。此時在事殷實不易，將得為
加房捐主為五成，又稅地捐、米增五分，進減熟加，庫之於官府，祇求自飽，而爲顧萬民所以成今日
如此之天下，亦難哉。

初六雨，長日飄搖，梅雨應令。偶於言中論河盈勝，勢未至雲，然人心大安，乃揷種際寰喬之時也。
書挽對，作屏，寫雜搭，布置不合，大難，一屏思索，匠旁夜，始定，改作，是有二難，一用筆奧手
深後與時失迴別，常人不解也；二布置未入深，及刻收盤，得多識不能也，未刻而悲如此，為寫家人綢
水災庭未出。　成生佳語說諸戚

初七晴。為生往葉元葉送。　張改余至扇，也題周郭地，梁葉全為寫書，不獨沒已乞來茸保劇

宋枝双此果自此不茂，救之拔却作薪，如是此种思富真罪，实诛有辱，何时虞治待世种书小
全行锁柜，辞其自觉，以蝉善良，令之官室安平自足耶。楼子庆信还，初八来。金姓来，请为圆作，敬备
迎神耳。论静恭弟，询其病状，令且归静养。与伯圆侍立协保，二下出，将祥霞到庄，与子滨之伊
喜称为快乐，且须一体之保，村庄难于出，论议种种，至欲存盛，予此非其时，现无典可利，故十六十一字相救，嘱子协
保庄中，于及讨振，事须张皮烧毒杂肉，种值此甚饱，真难得之，遣出城访孙市。自念五十以后，惟此米价
怀付雨不收，下午自往挑饭，亦仿之百余人。新洞菊堂法十五斤，新云亡，斤收。与菜担访运子云，询于恒盛往
见悦泉，观梨湖，晚城丝厚局多，东仍居云玉，借兰亭饮，文澂与陆氏园之五石斩道，阳山之墨归乎。寿曹之
拂老约许墨槛兄贴，同往进庭乃归。见四雏门不闭，大来责家仆，怒一无了了，但能食耳，可恨之。
初八日 雨阵午晴，晚阴作阵。王往贵来，之首郑信以乐往美罗店。夜，拟晒国干而仗数之，公不敢，苗不与贾。拟菜
子拣桃冬，瑞宝宝芑，予报将我植桃外苏无良。丁至，舟来，付上海六元。室明日周八员礼，五债主。许悦饭乞五一牙
后予佳乃尔
呼哟孚，看米，市马膝、小菜，发之付力用钱。召神者十余号，登岸付钱帐无力。致姚友生，询该佃欠
补往于闾，晚出，西巷恩刘孙，知雨也，令明日来。市罗汉豆，往彩霞桥小饮。并市菜豆粒一二四碗，中见有笋
脯、橘柑，买荐之，极肥嫩，根味少减。福宜胜无一斤，分归，饼一斤，付四角，卅文是善。管拣长来，云二是下
喉好超航，至程皇，斜径迎神耳。
初九日 晨雨竟日，好雨甘霖，真及时，种秧亦也早。云起，陆工入厂茶，炉吃孚。张待至余在园面，庆三即一逼请来陈瑞

生八人，至已非全。余亭生往陳子鬯，已刻到。達卿來。松壽時，姜萬飲支。第者寥寥數人，送禮者守餘者共六笑話留
子鬯散。蔡雅余堂送債往。又留而回，已昃。爺人至。又送禮到，堪謂異也。早，鄉六來云：靜兒已到，怪詢之，乃陸守恆復人于
伊田令舟知之。該棋我，雨車達滬。渭南令工人至，廣生同逸，已刻始與至知。昨夜桃奔至夏，因往十家，為達卿家兒
病不甚深往醫。子鬯推卻。文衡仲中幅，乃上等偽品，即還之。鬯鬯與子鬯談人閒證，鄉鎮路債者
事　廿一年上午。東六家，夜葉六家。衣廚如作料次少味，六太為秘，以老鄰舊館趙明翁之。章楠葉威服，送子鬯
去歸去。箕付及陝用帳洋十二元，今買尖手兩手十扇茶担去。工人兆云王文保方灶，藏生。衣貯店述之后付帆，良毋再九另
雷雨。世芬老榮譬四圭庆，不计外。事之一節甚。為吾友禮分十許，柴炭生為加貼五六元。夜鴻已饑，張鄰
三更後雨下，春隨如往。以中大蕭急，乃誼情抑。子祉沈治林都之，鬯達曉。
辛　上午大雨徹，嗚呼，我生屋圍墙滲水，幸而不入。至辰未起，令佬視去之坊，而於他處已刻甚費之。又令去滬，不開通
以廚庭中水已淹階，花盆皆浸之。關唇泥浮泛，泛雲之庶之潛漏，又有大水之象。着廚從園以溝渠不能出
四　蒼健于溝中得魚六七，一大如筋長。夜雨少止。魚識陰日。上海諸市場道路改良，填築數丙年，軸
如橋良青車馬游人之路，漢于廚分另，以捕蘭上
壬　陰，小雨，水少退，午食起。翊臣、靜山、陸閒生催函，並送又竹匣，以為在東京為本實，諦視良平之
但遠道見贈，心誌之感。見益善書法者生，能談細頭，坐久去。園維偕程契又月計中行蘭方伊

寿石和合植梅二株，适雨下，久之甚佳，至子後门雨节止，遂易而其归。不能荐此为仰
慈觉起自以得大凤，更楚入月底以视，梦觉，属至再为要，此时西宵前后痛甚，至不能思及
超不已，真无妄之灾。

十二日晴。上午以胃痛且有旧病，故拖延困倦，闲床中。午后美观来，出宫书，谓金山来子不果
来。数年两谈，初以探来余，欲为不贵，至请余往上佛契，将事出急，迫中心不豫，再加精神，亦是併作祟
信，然亦不能不应恩。往来宴庆，但伊不肯，遂定计来，遂星原读向伊之，但亦未足，即日往中坚京一书
读先往发，伴上为该来作信，由并告美之以下宵后子定，随出北广商询，借泰庄北市，士平当后，以饯于
同第之相房之，紧而谓分有同之，余亦不二，盖太子将美事，然後伊亦代办，又抱寡者再为静事评话，速跌
遂后张御询，静布斋，药于张后不得，又将市宫善归，贴之后，又以针拔之。呼圆之，广生取二元
美观出留住。请郎钧南礼，主角故，后为逸

十三日晴。早老姻伯分来，内存二开来，至午成。又黄之蓝自拂意，亦开来。圆之来，金往还，安使取至当，有事伊拖
严美祥、吴子久盘，者但以不来来洽。杨我生、四卿料理日来。瑞金来报，陈图伊任之，东墙所有事
御姻二丈祥，尔免加然，临后即吴，可司不作，而嫱司所此人数，如余致有事，示诸数了，善上国
老姻丈、瑞金加阅来，向来许佢伊自微，为之洪许，水付契。适雨一阵，以池上水没。四壶第八卷，此刻广存拓有
救信来书，有老金自老之，电日，信太臣星专为之所判，死论，田垄退货，按其宫报，信静国生代前宗面代

市楊梅十枚歸　周六舍者吳氏快艇四舟　許思之修　寫明日移　付子雲及陳扇並唤司司　元五二元　馬寅庚來付余陸

十七日　陰雨甚竟日又雨已處出行爲難返已刻　三咸經月陸　大雨謂其與大水必帶于米進　其有時中阻十餘日

者功一晤甚是所陳店中甚藹而所爲布置種種諸安誠堪痛恨今也諸債畢至無不備了真自取咎矣

吉之老悖一至此耶余心惶惑無根書日爲家人及金山所謗而實皆與吾係無危安居陷人誰今日有屋可住已

大空男震身說余手弟可傷說事不宜法未宜止之下于狼爲弟再而經等堅持真是識之　伊等能否得利以免

林置書受刑布置而知于彼事厲爲上書表示露之之　陸司三言賢有過半真實　上海于閩揭　王恨只　于江中揭只我只三子　我何

免蔽身華船　昨欲令陸借脩舟決之前次揭守　雨於三江十與五六石　兩挹大　天大　周六來舟不成因告雨必江水大

表甲蓋　理于　須候兩日　精室候經于鎮　作吳寓去一敘昨行　致左生條　市經敘陽去

日前子壽來到　手書稿生　金東弟四里所許仍未應子張六　加外脈宰　須替之子茶主進說已說定　莫先生竹芳

約攻及復別生　梅節前苦主所構的契理宜於責任○　子興倫應須得初程僅付置可高得　暑來所辦矣

梅住役得　裸抵括只伊失了　有可達處　裝而天又大雨詢之　寫友謂江水浩大　多阻滯未能即行勢久

當可一切應空須與辦事說明而去燒典契借　昔取其樸付據廣極易矣　昔科法須周轉作移○爲滯

雅插卻其以事受果會大去　法例以句狀款○　告在現前而高回燒匯向　擬利應得○余此只寫

季成雜付○此○不惜作刑付處

當夜場　周六去陸　借經一　余恐舟　行集帆而官　內子上岸　加呈對得廿元　附只當一　菜五往南埠　一角濟雜

一角補行曉留　雨行下至夜　信中五函上

霽。上午晴，午後又雨。黄梅久陰不晴，兩東房屋墻垣有損多處，而諸匠皆不能下手，以雇撑搭之事。吾東備書

十數頁，恨不能其句讀，仍畀作廢字本。　暮寫扇屏，設色未竟，筆墨有生意，覺庭處均見

昨陽此書取武樓、鴻一石五齋全函

七下日子　暮書陳以村，侍郎不至，往至今許人又分百許立諸盧識良，出之北庭，後報與保民館于同保人

趙道桐禮良併煠，仍不至，話既補又保貴品，至大小錢，自仁文與他種莂。祥霖云篋中六

出治餐行，將但識種，吾已　取命世洪秘契以吳蘭方子 令吳居 梓君作中，因書問之

三

十六晴。高氏取來修工，為傳作改羅湖長行，籌出取，廣生兩子夏行，書蘭兩焊，夏種料計 貳拾

工畢，又建修長行上下料　煤角　又出詢吳梓君，以病在家也。又至店向周之伯以其

照之去書其友云亦不及，題舟十五搭日脱，今秋兩集已脱玉界，恐百册全樸，不已其初，恐畢餓兩

混國此以美，手不撕去，以今該手不了，陳賓横出來了，編又達，逢胸之患，尚殆不可喻

寫扇屏，書而至畫

二三

十七晴。上午雜花，賦又二五，往周之不至，保懷照人之處，幾年樓書，往于以午司司至國至園處，祝約數

日未作工作，去該認統，見此上重子，佐錫　設色雪屏，種茂易來，示為携館來，手足甚扇翁

久書諸張不殺遠篤，吉五年作在設色與筆，甚融服為陳子鄭中，以為恨甚之吉　葵去

莊陔友生催謢佃宅浮梁爲伊作伐 桂竹鄧女 許旨 請帖予如前約 知錢撥工取書 而未完 訣之 [詞字 工]

不爲觴假又訪 欣安宅見四五 兩手 蒼茂師閒之書 畫冊有 鼠二枚 疊板蘭竹譜 尚催雕在

未譜 出北至店 看甲戌及商務日報 兩廣主試已發 素軍入京 保兵阻止 北至香店詢閱六三三回

催借內些二車 五七對只捉 十七大前 金盒記 [以不借] 色墨甚爲鹹色 要得以粗著須多 蓮路不借 駝帳

與其遲浸 只買了二匹 歷而底兩又大損之 官跬過而電輪限之 悅余有花以水亦似有識

夜計料理事 皆情多可之 意蕭條也 太素

二二

三三 陰雨

僅成和二工 陰雨 司司 三三 依理隊園情上 內於楊川針 又 在庆 八余斤過園 轉吾文 朱宅慶 [壽] 三十

素書過兵飯 先利 柏李 叢之 笑信遠 公子三讓 一三 石 諸君一半年一元 陸上 內種二百角 匠代 六角七十 書之

四日夕刊 報之 [于三日] 二十七 于是合只受女搞粗錢移錢多 合捷計五元 是善玄之 伊大照之留領之 楊義生來

諸話真工作 太門開墻東門 閑居挑李至 陸錫社來訪 靜 意陳飾 二下出于園督

司司寿 錫瑞壁 只于而 東門以後 後栽幸 墻頭 祖五尺白 瑕 案 積平 收只此 即古程六案五家作四 指

芳 手栗 栽主羊 插以菜 今採桃 于池上 兄弟又子 釣 高司司 北屋工作 北訪蒔 悅泉平小宗 五十二面

下史病窩 出湯 家方西 竹石劍 晴村古陵書 訪 陳白之 葉其表 揚首談館案 以五十取也 不三又五書

然而許 他人自文 撤仲 書園之寿 詩家二冊 又陽閣之 小花寺 四冊 撥備 麦后共了則 甘讀

譚齋旨吴讓之三頁叔蘅 郘亭作篆本 又出墨緣 得佳也書寧額横 財佰各畢見乃
其丑 漫出師仁色史以歎隋書也 因得帛將面對 萬板鄭住丹然碑 每一卷八元因
趁語久之 頒下紙乾 本卦廉訪 墨蹟云姜文叔 乃作字冊二絕 若無畫二次 气振 不留碑入
出瑞均留日講評 其乃邦上戴氏物 新作偽額而知 刻寶玉老眉 老個艾以猷 萬樣出北城
淘 至暮歸 曰加冠 三月錢仁 于蒙泰所歸 一名任之真 常夫雲卿 陸 黃竹子仲夫 達摩濃
了 賞鏡 房出微 亦田 蓬田佛 子光 五峰 清收 石濤 康熙 高之異 七八卿 華以 懈墨
棋 華松泉 山水 其蕃 南田 南沙 白陽 王大米皆託名 無原句

三
九

王四姐母 為五大所 盜死 被母擬鴨送 諸門 余以鄭 故大之無知也 全押 告其本 借為文余
以事有事之 然失及聊黨 例遂至 乃初收 當退 澤自忌 所以受居鄉之禍也
加冠襪壓 家中提篋其六工 任工譯 有衛 生五大 防
司同來 仍三人 以等園 墻補壁 獅旋墻 樓偏于馬 蕃馬 古午二人住
題呈付 租一元 刻 注來 過園 特來看耳 未刻達 徹來 与 靜談久 余出之 居然 得取加布 刑至 馬房 特來因
一人恰 稱亡 此田畝 如大水 后高合 蘇仁 流下 不少 義橋 于大仁 出殘 後高 寶中 數尺 收為 謂大水 至之 房 者 撥
吴 社 來 遞 存 全 入 串 康 周 之 乃 姜 文 叔 小 幅 物 本 一 兒 釋 道 入 新 收 屋 存 掛 之 扇 時 人 佳 者 極 之 文 戒
收一片 國語 而別 後來 宜報 已上 燈 再歸

二十三　晴。巳刻，知和龍自石迴來，龍會之畢。交李厝口反埠，反二百陸楊竹村竹升。抽貲每市庄一出二百，乃是第八卷未閱，聲息生時尚早，翁入園，陪旺作租摺，付一元，而租契未立，因告以原薦楊歸，幾手生不作中不可，强須易覓，遞立伊憑之，以為要等洇入，稍有薦任，何須契？余不能之，第等租不有房以合佳。又書中局如是雅，而伊石言，原要六月書接匡，首為還之，余然允，惟須定之，原余應定稿租執據，蓋慶只須等中，將設多貸不還租，且有閑稱之契，設不得不為國，東只費耳。又楊之差併獨步之，荷花池大車橋同六龍讀到，每飛澆漾，旂幟飄闌，一茬約三十餘人，唯一廣氏子在烏弱橋，即宅住，詢只有地在吾鄉，伊族人嘗為楷舊陸，陸伊久地，你伊產余亦未使自詢下文，蓋今亦無人，而欲之望，余價命歸，且俟有書，探悉情形，時而成之。話龍散去，余旋見士毅一言。午飯。後睡，瘧復如生大病。計思訪務善一信况。寫西中十張歌。士毅過之，与靜渚出洋事，余甚處告以欲去者，須多缺默，并手其六對，六付龍宗將存稍，待月抄可耳，雅是。

●閱稿四。出北祥霄，見宋穀年十二冊，乎乎。陸康夫低山水羅冊，却多意趣，其有名者伯元亭

甚似是高手又老筆惟佑画無法北列居之如云意在便怯无事余寵撥之偶果斷岸祇得一二好手

三 不畏不久剩也程居注同邹易等語深了四圍行出維艱 取廣自萱側醉料分升之南

廿一 陰晴間 人極懶倦 健又稍病不列館 暮雨瑣瑣 作事了無心性 蹉跎歲月 老大徒傷 僅僅暇佑

精之男事文墨 無有進精 古人老而好學 吾尤嗜好孔多 亦何生此生之無成字

二之 終日不出

廿二 雨沉沉 連綿如重梅 霪霖過多恐患 工后巖此城中 街可行船 商業江有居宇人高 低下為西南人

揀後又閱一女郎 亦為榜報而言語未解 庠桂事 照章試學者種山石於樹終未成就成家

陸蓉卿來知 重一堂 丟取齋 杭府試事已如約未罷 取榮最世慶之快實出之意矣

廿三 晴 上午間殺去雨事了 午後出新步 家人作賢黃 未後出往此見金播示以此未見葉板梁之稿子金偶理此

病物保管理與余云已作之呈禁樣晴居金此重璞之繞伊此書接顯此 使有司一示之此未見藏中禁令往伊書語五上司

之不懷間況友坐和訪陸時十家談次告書將徒獨之理少久以擺雲頗上也 出北路與相君之達讀了到居去振論

同播陶鑄金昭之役之有進出家和有取日本使北路陸祖見林之白擺書五見事決卻成道獲之者趕緞行相風飲于

是入重向之閱學書多有 陸荀友 此年此人獲之撒市共話伊家多多義會居群殿 五上村送別金歸

市後一角 午刻

廿四 雨間作 早出迎巷后須館不佳 市一示去園兒 王佳貴自三叉埭至早茶 云海南未掃五兩田去大半伍海存七分花地伯作

之元五角已昂矣 查枕蔬菜乃回 稀樹林葉潤 同大快 夢以火重乃刷之見細小此累之無鹊 祇小陳之不足伯葉多見

收去五我付二元手騎付五角共已十七元矣　以雨不去　楊大田來我付廿五洋六角七十七
夜雨甚澍澍之愈急且伻一夜大收內語蕭葉樓不寐乃起
陰晴又陰楊達縣信催村約款局　其知者張嘉士即解局人如陳吳兩紳介於英俊吳子春言之再
車午後分章　書信與門一函韓信屛閣函一函有之在般陸生而論五乃下節之之
晡出過周蓋甫取余畫於桐門閣并詢前事實不擇也共至店見子雲子湘看報富一條悟社門兄
核航向其價無恆并薄見達衛及扇緣戲之讓之七弟之述據三十八七兩蓋昌叅　如田金逢之矣　高四
于生龔子洋五元馬保森之送成而會洋數伊為質之長不同意前生乃付　且收知之
共　長雨淋漓雷聲隆隆雲卻鈞甫抗謝經　致左筆索　撥張仲甫函呈底
多日未睡以下通食不多事心緒歷亂且時為君直通迫幷之解勝　前次蒙收禁馬稽楊送于今改生派
追芸同志又見張姑詢門　事余接有禁止遣棄振木指康午兩君之於三十條兩錢遂收理而附申一示於
未見之照收并出時篡寫　中雲之札且不行寄於並以至等一案而坐積幹　戴之題此更不遠淮因二十日理但此
乃以而且善切需之速會可呼　至見其有六名所以攀世學之初爲不雜者屬原稿四函事儀希勤少
為陸寓花并十十九年屬仙兩函奎以函借款　日為董達鑫寫柳亭之去條小水之用陳敢為
口
專此匯致不條　以兩仍不能去　顧維為　幸重義利廣付保之一千元素發即與之石之以
俟以日付並頌回我唯兩蘇子堅上但開奉收　聯大已在擬約一時治不能上而子忽然就
事作共此處以不能一副易

檢周紆山一識閱　以圖本跋及跋語收　表兄葛振卿刻印三方

廿七　雷雨不絕，庭濕身懶，早起　市齋酒花雅閣三角乃歸　第孩祥麟房常樓郡歸　時至午後

祥弟發付洋一千元，伊四樓二萬　第出之票　乃以杭州金錢樓書院而收西園閣語書　作小屏極有意

孫出觀出之，祥霞吾人到房　仲衡詞五數以日向錢也，因告年家，欲其侯雅霍報恩及與印園合作

出城詢叔園，知公已出城，吾已做作紙點，特上版可為我冊，吾至發四舊抵家人，大去而現時我去為吾辦是

若二子揚存而不擅生意，則一家何極，總是伊以學業為主，而言之，此子尤成牌氣，不為福也，識見如

眼已見雨，仍不已，歲歉大水，已七八堪嘆，江西兩湖亦然，惟保守蘇常耳，上又水大，又為蒂予中心焦灼如焚

今年半熟而已，諸時不成，有憾，新正種勸把　年奈何蒙不能看何

廿八　晨雨不已，晴，喜隨作　富春柳大夫之保其完　序孫乃至　寫自撰書　陳富壽書之序，共卅馬寄去

子　薔出之居，知市已清，以七成出城，巢幾成極欽，茶之向來價昇，更四還園　源泰、康二號，喜用二元

又市白粲，甫過間之，蕭僴然又告烟貨美不子，洋油中作價昇，亦更合價已，向盡又樂園與餘恨成友

案許合買，極存者藏，却不向似橋口合所許，詢而定過，蓋大亦微肥，且抽二十元之左右，過春，閣子去

怪秘小堂詢帳生上等，昭帳不售，何扣至遠耶　天穩出陰之汗下，歸時燈矣

廿九　晴，漸涼，多是以亦真情　老橋有电數，擇枝澹潤，最大子夏，無可救止，戒虛其合肥也，園肥加

亦不甚設，作秋景四屏之一，胡流不筆，不成，雅路，蓋心諸方而亂，不應作此細工之事，戒之，三日云葉

三子惜且不戒重，將為之何，出之，園春蘇有被霜者，而僅存於中一份歸　因又恨小雜成隊，有蘇被霜作

幾與世人離乎閩陝 與沈建侯美中離別 訪陳仲夫道其業 見其考書院得意 見鄉人錢佳女志張寶侯

在一殿某仰者 因訪周莘甫不值 見渭夫子悅民 北到店汗陝背如湍 取報閱 有廿三上諭 令保臣條

訪出洋各學生切實舉薦 政務處試 先以進士舉人用 看殺那速擢用 新報議及此輩 照合時政 亦崇遴選

同鄉□□與松壽一二蓋貸之患 回船 伊亦上看之行 但老父無得此意 日中約加信須在初四方啟行

我悟雅 以舊帳須撿 申月餅一面歸

午後三過我 還其壽二帶 託我伊之留住取付

卅日 晴 大有作陣意 賢姪亟來取耐 洗之 曾蒲理藏樹 李慶川來收 付一元收前 聯甫自野已申來 到店見

姓名無而通者不來 只有舊產使楓 可看其保識遠處而次者 又辭 蓋人一善 真不損 語出之 因思之

孫作書 問其何如而屢存雖有兄須之新在詞静 吳藺甫云伊子作中 寧四和松取出秋帳 以七枝繳

漢鄒和義來 書付前欠之伊于鄭澤全 但付之向收 馬租限達一期 恐敢因陳壽年公之產 據內述看王某

棠侯侄滋來 徒才用課洋務 而隆重等莫自擇而猶惟名 任猶林擇 我洋報 並祈擇者□書

兩之似為騎也 惜中之人雖以書門新志于是耳 收馬租至再持善者 見沈鳴生 以示夜乃與

信我 壽北飯之 隨贊其收我四角 遭將久二元 約明日再歸 鬥過廣取一元 付元錢六角六升

逢四日 晴 已上燈 俞祖眠歸 昨日

六月之朔 上午周生鄉至 云某某合地錯之 據趨至蘇 午後出 率陳雲卿去一元 又為陵中事

百郭已至 持菜樹出 與本鄉郭言之 率□至逍 因當之 率丈等九 一擇狀之 紅汁有六十餘

計來一元五角，陳坛二角，付一元二角。緣罷作飲，過廣和，昨宵草宦包瘋癲，夏甫將釐金之二處正
錫印白花。過店一元。過北討馬租，何事得與群儕一言？無之者，以老甫年甫中心作甚，無報。予萬元見
得此捷之飲。計半甜。澤間言道其原坛拜之堅甚，不能不踐，以安予心也。
夜三更後醒，詳思詩歟之不我理，返急之矣，怯而莫聚，太瞎，更恨。
初二雨。三作又晴陰。以思印（標）上宿也，取殿書書，用陳小玉原，又日外半局，悉出。奈年田鄉毋厭其來，得分。田最二分矣。
●其音甚次，竟不堪吸，半似新衆來，收似花而又不稱，過下予（滿）都，而又爲捺心，仍爲種種不快，心不可問，似在中
歸而往來爲贅心，須知子雲道妻富，莫說蔚頭視話，向君嘗謹，斷何以種見今，都更未得賀家人舊之
似不早爲三殿于親，未得及離此爲禮，豈不計及耶？此一寫之，歸腸迴別，極及發此，益我何爲之思耶
張楚銜之，奴士。張吟梅來訪靜談。而不能出心境，抑塞無可排遣
初三晨雨未止，蕭陵素作畫，識彈瀾。晴，出到廣二三芸，招飲，乃一再，予叔兄來言看
大鳥畫之三丈，大如二尺，和尚不備，次日藉其山塔山壞，看云其去長大餘，聞雨來向寓如若
乎成去大鵬之鎮寺，予寄人與予圍，如者來帶紫帶大鳥，冠昇武，聞王子揭篝人往
揮謂氏修之取毛作動一城，乃過楚涑，席上三扇，全是其家一扇，人節其姓，乃向爲之來予處
間閱二帖，其子殿禮，并其玉及書，又書欲收，向晚歸之花，少憩而又又開冊三十年，借閱墨閣
畢，極神遊，欲賤。又翻石庵冊全，殘書戰，又撿錢，買石璋烟，竟世要休架，最為
玩種之，留未久，遂去。往小坐，睡至二更一刻，即寢。

遊一時樓士妓 小字 家書覺無為不看一字再出北之同陳君松壽之上杭雅詢丹又來
園去之定揭五 看魔鍾棺法器 歸飯一宿服時晚乃歸 夜過廣雲林借書與為至
間之西隊已三鼓 仍廣居銀元一元 以捐羅梁鍾盤一紙錫清人西大字一元文
假異性品
初四早雨晚晴 擬往揚益昇以佳紙不寬展計料多裁摺花華年後 子雲來未
巖
久閒來甫至出尺木及諸桐物相證 均當收抑查其有一品楷賢道地者一仰望
楷扇從肯 來致余書文一扇並字畫之 擬與諸窗之人士之北壽宴遊閒士與子
雲四三元 吳俊卿厥之可笑 猶而陸慎忍陸明農 吳大澂談厥為畫是余之真心佩服不
兩換一 余自是二十年大局 而自識即亦佛為手文不回口然尚難測 此他人擬為大家
到北橋和陳 兩詢徐園到祝犁和老家已開 太堂照日上有 一扇悟被廣居陸船是問及
四丹許一元照日定 歸 夜余致廣告照之肯君之我歸 夜手寫可而移也云之 無後
夜理理以書 不爽齋目為撰輸畫送去十二 初更又往廣詢全林云已歸

僕似乃不復嘆耶

初五　晴。定計至嚴墓吳宅。錢言請行甚勝，亦靜穩。又以吳存不繼，而備十元自存，錢又今一千。私計
界市物值七八日勉敷用。又留致慶綺之久，仍不索。錢留亦之。打疊行李。健幸于前月思隨行，甚
切。余計不需二人，僅買用工人舟飯，因因而又須工費，即此項豢出，亦為僕費。於是令隨行。至三下，令
楊二挑行李。五下行出門，過楊二回，後隨余送舟。將廣樓，實未至事，旋中處以大水，故未議歸
錢退不安，後除請來嚴，或往護，但行李已下，既登程，在中止。即令亦靜去接嚴信狀，怏怏
為之。過徐於浦為寓，以千元送話也。過恆祥、祥林，謂七月初伊至工蕆，可備人，今不及，謂宜過姚君倫
方，定閏匝舒暢，飲之，以天已垂暮。至市燭，並恭物于市橋下航房。膝一長沙人在炕，一李常友一書
幽價並支一銅洋，初下仍僕之心怔手亂，頗安失被，迨少定，乃開舟，被褥為查檢歸物，少留乃行。三更小
寐，醒，健兒臥之不安，以其寓嘔吐之。戲往舍恍，告持不知失何所，詢之其不應，呼舟子，知衣在舟矣
心境繁使，伯夫既僅至臨平鎮，一路山色青翠，而蒼比擬茱萸市楊埠，已午，初付舟資，烟漁卅
而健兒頭痛周身發燒，且飽傷，頗覺嘔，極板，其反覆，進退狼狽，且上岸具想，而定即于埠住。寅
三五在史後巷，乃出茶于店，再易小茗，呼何埠夫令至江干轎，而來，議定價至楊岸無過，挑行卸
訊，左浦送君儒生不為獨吳氏，若過乃易得舟。遂入飯店，小飲，甘魚一味，健兒不復覺食，只付
膳資一百六十文。即出埠取行李，加轎，登上南行，汗出如雨，將晚由金山坡茫茫也

假從門里許荒野又二里店中餅柳至嚴得我自行乃告上嚴覓舟意一路先停西代覓乃卸與付與金一元五之三十即取其上棧收住身體傷及背保處其為難之處暑出江口開眺帆檣及濱十里不已渡越船不需費，我渡其大是多半東人之文汐明水潮回覓育店不得以飲于肆出此數為南戲歸曬衣于行与金小筆蘭數叢店等今廊之設似六叢大鎮畢上棧似看舟睛金物理鈔已四更聞陽聲一老起而誦經至明少入合眼起詢經房齋壁息　晚雨一陣

初六晴早食後出行詢一小路姚姓右丹鄉人也與之數家談甚為熟掌見東楊柳風五十許歲其左觀之最即按數入城十名橋過海潮寺尚有里許乃又候潮門看演前為長錢塘直行大市橋至鳳山門口過履泰門也租房寓不勝今昔人物之感路泥濘甚踏泥之到署　清河坊市上書蒲付店僕收書寅分○　晴陳雨換早至西行程數棧下上山為徑乃得新起海會寺為皇山觀峨閣僧言此山至城隍山主峯最高隈道由當山上入四宜園茶閒憺與幡局若遇雞來有飄飄陵雲之思一望江山如掬紫陽樓眺于東海氣淡蹤于西松楸生風綿仰不能畫焉曲蘂至殿下十五開巷才大街見葉司走望仙橋而進葉種德堂紅雲丹一瓶抄方藥冊一本二角入寓座十餘頭乃出為往出候御歸新飯揚秋告有義烏舟至過嚴好南門便宜趁往是急據行李又市漲付行中寸洋飯食六角以二角同伍四角飯食　並設行例不知須費余以雞于白但付之特

舟影未明行李同行赤溪看舟主馮三着力來僱乃行三里餘至一步兩人肩負過下灘水淺躁上小船即放溜

二三里上大舟雖有竹篷前後通洞高僅容一鋪處處風吹而舟子以赤身皆覺待淅來月上風來

清景四圍蒼翠撲人眉宇 夜以佳帽睡橫住椎之不醒余終夜不什一 老馮舟子面狠而獰

夜伊等煮肉不上岸 天發靜請開楊行

初七黎明即發和風甚微 行七里 抵開家堰上岸市有糕餅佛在外佳甚買米十兩服一兩以舟要菜也

艙舟者子市外種塩物時許開得大順掛帆南指水光淙淙旁看望大山纜直壁立下有小山環繞

村園洵紀乃富陽縣一村槎山下千百烟戶鏡屏如扇層層炊烟四起漁舟泊岸菜與城廓以上為

園一碑目過山腳黃沙如織沙帶岸峭南田路吳用御苑太遜富春山巷有山腳沿岸丈餘开二未

有古人眾墓亞何以別原荷洋陣田烽至大里泊于山下荒僻之舟皆住淺水洄急處連船由泆

石潭下 午大直雞嘗夜清風殊適終日四顧蒼揚頻然甚 引一百二十里

初八晴 未明發午至桐溪鎮甚荒陋過桐廬縣 大致如富陽山由更豪逸晴千仞峰秀者柳桐

君山都 富春山雄而秀嚴子陵桐江新睛露頭如髻環重一轉乃濁水色澄綠舟子拉縴上灘

水淺石亂乃爭稠而流潮瀑江如摺疊 是日風不順僅行六七十里泊于大山下明月徹風入篙工

寒宿乘涼戲懈以臧于水下涼傍不排江闊約數里平如拭鏡

初九晴早行十餘里入龍口石壁蒼深稍一上彼岸黃土掃七次沖刷樹枝漥橫穀色青翠

田家漁耕，牛犁相接，岸高二丈許者，有樹頗殘，草淹沒，知爲水浸故也。次歙屯溪及江華蕪錢
此大高屋建瓴，人畜死者億萬計，瀑沒田禾房屋相等，甚大災也。自去月廿一起至廿日方止。
過七里瀧，江峽僅數丈，兩面山峰峭起，水如一條，舟行習靜，流水委折，左面石壁百丈直峭，
太古氣象，小者如拳，大積如賭，至圓無此之細緻，松翠披黃，峯入青冥。三五里見嚴先
生祠于半嶺，門一石牌，下有碑，進門有樓，凡登卅十餘級，不及上，旋遂望爾，前爲客星祠，壁紀以
出爲功名，隱我爲功名，未嘗見先生面，真皆過釣臺而僅瞰，余既不爲功名而來，親身相識。
過此平生慨慕先生之意。嚴先生者，仿人之欲，超不勢而得成先生之高，以傳誦于無窮焉。
嗚呼，何古今人之不相及若是。登山頂有巖石，玲瓏削瘦，五色斑駁，撥援攀援，攜肢爲跌即
駐踏，跳躑絕糈，不得上，一石高出如豐，峰夫樵偏于山半，陰處以石爲門，上堂淺慄，歎口有船石在出
跳有假頭在大路，屋上此又石脚嶙相搏，繞一鑿爲深土，費千鈞之力而爭上之，山勢稍寬，隱
處險慄于瀧口，有獻鰣魚者，索二百余重斤，余以舟不甚重，一擇絕之，不便，爾不售去。
出瀧二十里許，又泊住宿，亂流如駛，有一大土舟滿載石子，詢之舟子，此處名山半，華離嚴十餘里
耳。
初十早行，晴天晶瑩，作江黃色，知午後矣。堅開舟後，山勢高闊于前，無以前峻山也，一抹

船開，岸南高山一塔，右面低處亦一塔，頹破。大禹山紅土，石色青翠，殊小李將軍皴法。少間過東流一
帶房屋，稍北沖復多存屋，在街市上。到過西口，一傍水，滙灣西山有二庵一塔，極秦雅，須入庵殿至
南稍橫，係往衢州、金華之道，西稍寬，歙州、徽州、安慶之道，嚴陵城東道雉堞
直上。半南門外帆檣林立，屋宇傾圮，蓋向北過城閘不復。三板舟頗爭渡而過，泊埠，理行李，喚舟
數艘入南門，抵立成布號，寄寫謂兒莫寅之不在，不趣。付舟價一千，錢十頗帽一百，匯著舟子來詢寫（來小星燦）
計小付找又頓三角。莫老請屋子中寫百千錢，請張石情款，說倒塵心境少安，見陸子山
李宜春（住華寶來之昊書）董氏三昆仲，六淡為處，詢及伊店夥子房屋往號，物皆望積而掛于貨
頗進出（詳）。反來問價，概不回心，殊屬不能賴業（余）。飄貝係貝萬萬，然萬太甚，不服來，執子同此處而
誰有六千（不）直達，不賀。度日本係不效。午飯後搬行李上樓，夜小飲，遂睡。夜復呻吟，萬苦之又至
十一 曉，昨申刻雷雨一陣，今日復作，甚多水矣。夜起一走，（大）街至半里許，來往一場，鎮鬧田告以英之
余乃往船口，祝宜有此辭之理，然既已來，候李請談中再詢，韓復一函之，屬余往建德府衆
以三腳根而歸。伊再三望請暫緩兩月，恐送款到付勞，但所云被兒付足訪，取罪勞亦允也，因
問之在府，問前學記一五貝園而逃，知前中到成之，余發兵於庠，奉批而做，況去即去
淳朴有子不能接，一數宜平法，昔不小，且係什中尔不翻也子式或于通張

昨晚寫家信二十頁，將校刊叢書雜稿寄。是夜又洗衣八件，于道安處。寄與楊辰中兄等

子再詢居子舍去面揚云之寶見于夜與其茶久而復　嚴陵四房皆居城內，偃民居之多，市肆兼有條合

來前夜獨去北大街小里許，見一石坊，乃明三元商輅之坊，又去十子坊等二十，至其宅，則門向北，住之街坊亦居直嚮家辭所得者

往在天上宮釋廟也，衙署久燬，改移學舍之尹　再北于正中建樓，高僅及嚴州府署之

守劍（印宗標煩人）入近儀門，爲四圍山岸環繞，形勢寬以得，爲古所謂

夜雜坐，翻校遺稿，陳文恭宦譜輯，校夏集　吾對山，祥麟工酒人，對山七言集（見人送，又回）（借向書）

十二日晴，午後大雷雨，來去三日，今日不起陣，夜涼如水可。儘其天時，未正之日夏也。今以天其語其性

頌之志士識者，實且惜之，詳事之。然伊自不可作，苟有奉才，建佳，務將實情陳述，以主相待他人之所

亦冀其終去壞，若文其本價，然後付契耳

昔舟子陸金華有田牛，天後蓋因偷田因而以牛代償，無使人偷取，按例如何可同，通庸聞字記之，以其（一王云不必去）

詳細說之之上一份而寫

○肩痛等記載：不虞之之人七十二歲，屢患其馬。遂以龍膽三錢、淮梗三錢，燉一夜，夜次辰服前一

時加薑三片，添二次服。服後即胃不納，前因湯之方三劑，今各食者

牛肉以滿夜燉湯，水滌之嗍　病氣用薏仁四兩，又熬上土炒黃，用水煮爛入補氣研成膏

每用三匙開水調下，二錢為滿

十三 陰晴半，時詰維唐長成寶，陳子庵與寅卞一舟，午余歸，陳寶臣至，話次乞二百兩，舒勤寅卞四點鐘抵館
西陳補程余材此處極為不能救之，今失之，即易守，雲往成都總餅堂以處，卯余且遣成舟儀為望
與健出南門渡河觀潰處，山色無際，雲起岸池，水村帆檣歷歷，兩岸間屋宇排列，如畫舉目
西溝 陰雨，舟中流，晴，追不可言，惟其閒，聞吳全城外寺皆是，此物亦一，晴淨，兩日者無郡城不及概
一小鎮，路且乃回，返行向道，謝門非無柴肆主，辦理夫役數人為苦，莫老無識，無計假已，於此二兩
〇 年兩部二任不郵，且董依共服，說去年之人，洪水至一歲，頭老越者私存起，織役之以難計，又頗揚之，久念
得未必有存證，止勝渴，日某欠，坎為陳補，不思進出貨物人之以去年一陵，危，乃伊權卸，而論余子少面乃
四 與陳子庵李寅卞由南門出，小南門入，一胡大帝廟，新修完，被水沖倒，民房十不存三四，溝兩旁[illegible]
晚 李云夜頗有浪，千人舟彈唱，晴，攸以余觀此，常器之色，被舊之舟，更瞻之娼，豈欲肆而遊起，其他入由街堵
菁林荒煙削，積滿目，里余過東湖，水清澈，茅茸縱橫，勝城隍廟，入北門，西南山下水流漉漉，園以石欄之
唐伯初生入兒雨廠，從雖衛，並見[illegible]地殿，聖佺壁大石，芒草塞道，殿小松數千百，出西小山，沿城轉西山半
嶺有亭，過板土嶺半，因危岩秀栅也。結大夫，行於西門，史無主廟，沿西河之堤，沿而回，約巳里矣
唐與莫安之又有二妄，問知何以不催風，在兩者，唐余讓[illegible]，袖，其以何處，因得存其物，隨又偶食而已
十五 寅之研直成者之各，奎壹過墨，黃獨晉撰，黑餘賸王村山撰，唐兩暮歸
十六 高日雨甚，夜未息，以雨已 借陳志唐至晉七里閣 黃筠家快

夜与岁老反覆论语，催其早为房屋，面不能久待搬宁。留程两门资又之，伊伯紫龙笋作哽噎言，实实为

惘惘怅怅。

十六晴。娶昭不成，发起独阅金壶醉卷。付茂衣炸果江日本册，腰一萧山陆宽思会醉。中一询能否

三日后房屋牌付　付收烟一角　后有另岁去陪

是年随宿坐典资三〇〇为　契买布店租与彝例

以广所果主请存案了。家籍海宁坐与，住下开张立成布店，主董元传（晏山之生）

华同乡亲姻。光绪廿六年八月伊店移朱星泉等住里，换其作中，将住下南门内坐东朝西门面三进并天井

墙围装折一应在内，三面议定作典价洋五百元，当时书立契典，以两年为满，载明过期不赎准作绝产。

（并议）每月租洋六元，按季支付，归主租据附有。该店因原买曾税，红契六纸。○上年租金按季交付（迄）

今年三月，四月西面（按）租金久不付，四月中得代该店开张，腊月二十七月间五月○不另已来，严查询该店闭区

迄六月，商及成典之屋，欲另售以异，靠理他人，十月以前偿为回赎，惟是该店主思得便，谁知义为

主而另租金无欠，家有相务，难于久搁相待。职以是知往而异，肥猪为抵，株我安思，欲钦辛还，因特叩禀

公祖大人电鉴准赐存案，俾免牵累，实为公便。

午后睡中刻偕之学议，借董六欣　出至城隍庙巷口，伊见吴在剥店转入巷至其家询吴公名思周号

子舒，是在按察司内办此店屋中，彼在旗城其号号　出店谈对，映偶地痞，苦吸烟大水，更辞不成他说，谁又主荣

西出文至府，府城守对门访严荷笙，言夫家在，以致去，余谓昨日在立成摆碟云，因同之东走过县城隍庙入府

城隍庙规模宏畅赫奕，为府以前笋叶，眯目由府下河过协镇署而过之下，是留二天

城之市巾烟占浮　庭寄金壹七墨　英吉興言例　一味虚浮　無思縣付一年　兩倂此一半　期定真料陸考

華如禾柔巽忠厚以愧人　所以至此

十七晴　早晤書四一條　雖然庭門　此屋出售　因有典契在外　如有得主　須附紅契為憑　以免後日糾纏　特此預白

後漢文字　又至庵寓老人　寅翁一再語勿然而成付　半價　詩俟下議無實據　阅得了更一言　昨淛大晌　性再四不肯

有些等辦法　回生無異　寓未此屋　決難一時出庭　賤無理清之日　如何是好　晚雷雨時作　待報其不至　閱世難

閱書墨　如無可辦之處　亦之會辦　問之　聲詩人貫之貞　宗陰　電馬中旨　侮獨　行院不至　會算　真　本生朋僚

見夜以寓一文　亦之留亞　子庵　待述云々　當幸非實之説　苟無未定何不一再先動　彼余默認　宗知何所以然

十八晴大風　早子庵之　告以極不可　欲以四子書為藁　行百五作俸田十畝　以教月子　要死如此　欲侯人之前　風俗　以山占活来父八

之適行江上　蔡玉香些　門前三伽　連花詞亦為　卿首母子二不察　百數人扶子之潦　後月　稍花均四十八　入其之牌　當肥識各不出

陳石自居　孫花晚來　請留備　酒会飲于是　關門教雅為秦　忠全家人出場里鄰以上年　閭徐藏　鄙勤　錢以早了一網庵公

村陳積二十八人防區撥鄰之　伽之不穿云　地必需之靶　在此山早　善韓理未證　赤人城守千秋仇　合人未證之々与

山書夾衛　出山向雲起里　蝨出後　緒東出雨　門後何　帆橋林立　見方殘秋井　西豆布積　往屋為作北　他不一二兩木

主久六七十　茶桶候計　才是乃旋　但待詩人岸　藏總不来　可之短气

十九大風雨　昨夜風刮地　為冬令　上午至来大使信　係極苦　再四上坑　崇稍起　痛苦要如抗有　種侯此以梅

緒二十年　官來之　孩居　巳歷年　憐匠許日而上三年乃　大口借債　如何　計枝及孫家　輝煌之　余嗚呼何其處心

積慮以為人財　互吾　置上公　我福　獨而為禍　与他甚　其為計　則狡矣　其以此聲名　狼藉人之　獻博敕

本々年如為另此　善人之氣了耶　余以俟鎮日不適　信庭　口其子辭　王蓮生二八五　叩其姓字　我許人

議及居事，彼謂伊已定見買主成交，昭清交立契。因申有舊之隱，一向直進址，而伺伊歸併，然索直三百還之半，
未允。元讀屆且將此者，余乃述其十年困窮之情，彼又力推情，並為親家而讓。余謂非也，設出屋弟兄分明，
房于何足云。店付銀燈照取得循理一笑。子孫枯廢絶似鄉之村牢笑。夜又促之，二日不成，我不能再往之取田
來矣契。夜風雨聲不斷，出嘆殊服可畏。夜勝無策，不能入口，以策下之，若矣。

二十　霖雨不止，涼如深秋。市火腿一肩。作書付西面待諸子處書契，已極滯鈍，虛余鼓三中業已將然而復
中夜稍勝，勝不逾之干事。過韓佳樂之柴店，理去往詢之，得虛仍以類推，得異途之語。是矣後郎園不以得居
爲事，故以一身相騙，又不得已之柴。余度可成之事，必有過耐，何況殊業比泊小涵，安其既買居，必以出居爲清。
此事之成不成，皆只乃本。取余達過而未費卻力，雖出心及此時逐追，雖名後其心安乎安乎。世家何不得而作，
示靜候。賃日表局。席未使精神疲甚。天氣風雨過涼，大似正陰四氣，稀有勞者愛之加于本形。
夜二四起不適。承書亦辭記。

廿一　陰細雨，午似晴。先余于天晚隨以糕甜于箭，以厚重殊慚恨，于是即往詢彼人，諸云定究，又不可之真意。
閱者謀耳一千勝段，閱讀人議論，出未如識之，而未而即付條兵射自著，雖忽理。余乃過令使積待晚乘并片字寄。

〇　日玉建佳書一封，帳門徐之來索田。余告不必定，西陳接有定一門稿陳之。因在退者告伊主成為了處情，伊即代為
才甚熱，車倦，華狀式圓之。余君我等安田子，宗因出謀得出，遂度又而陳諸官，有一尹姓者一路、、拆尹以圖謀一読。
間天冊筆出，諸門勝之以納西而代售。有一蕭山孫佑祖布精友陪。至久諸談決行，因不會欲諸查對諸表，余乃
述其黑居情由，出能唯藉。所字六千方案小半張家之子雪華加倚李拼股倚，余與諸寫共超折，陝、頓、荒合上本師。
閱隨閱諸誌。　嵩邨枕島就山之勝力回、接曉騙之而青年日此言。

江之南一山亦峙一塔曰北高峰 又起东头绕嶺作江南起 乌龙山中有独石峰 四方寺 再上有茅庵云
寺溪涧流腾向白龙一道 乃想像古洞有时云起山头 黯云挟山开者 缘所成
暮坐两子前梅阁看才读园随笔 又鉴斋书法与素玉铭 君阅随笔中有先生之指教
正宜书画录 其意不知今时为者 殊可憾也
廿二日晴 一早招陈芷庵请来谈田事 伊云已往王中丞得明 叙所情 我先留韩宗 韩去现保且赶出庄后 什金
千旆又告说如此亦应为票据予备契 仍空缺已备据一承收 即为情契来前 伊来所赶了来办否
先附契而须成契云 需不帐甚升 罢即形程特程之为难
廿三日雨 数起 招田来出方谷 吴子钰 王蓬生 蔚符寿三十一岁 余告来谈 但既来日求了而着写
归请之如数 后之写红帖知仗押唤办理大要一身调拨空 收一石付之将一千但为出票 俟出庄 余得陈
芷庵一身之情 宜来告且勿接帖 余再求是再来议 数贺对为其言余已照付庄票 程云至缴发出之后 庄
呼芷庵亦携告以三数之余 荒弃空宝庄亦不能成契 乃空田十亩 地十亩 归出票 实去俱矣 余亦必往四
债但照日多重押 契难出示 始重不要西屋 二契十日是与实去一身 扣空缓上来不上实身起 至理又需府付
后请还十 岁城四百里见山百十峰多不需名 富阳对面一鹿山桐庐云形象大似黑然
廿四日晴 未吃 起出便不能再宿 以多叶荣接 得书不甘便起回稿速便 遂余将从一账 出城者舟不得令使打
叠行李 午后市 收买小土一元 带吾市村门先紧一元 烟加庆用 芷庵季宜来等借偿伏余帮之查旧账
成城依与青 辞不解折下 如此向余索诉各零计少一两 此中悟辨费事 不能说且黑劳人 嗜欲之累

阴。之言已

黄草市老饼（座塔九半，仟加凉店）卅　黄滔咸乞本兵，市沿江外，昨宿卅，到芦庵出江口，雇舟往厘卡，知照千行李，打

重咸告只即行，伊善亦允，程贯又送老饼十、汤一瓶，余不思受，更烟恼，赞岩以，余以借晨，契之咸即亦伪

一侯洋材，即家信书万人指契取洋，宾之芷庵，皆一一允诺，具望早至，远生来后，韩实不买之孟庐

先大尸向行药，雄伊等力辞，彼执盖将送王老行钱，闰契（将）而去，与韩为难，余谓韩不成，他舒任之，况予

一败不佳，房西拥挤，宾之乞食，诸人星散，至此始知是孙余叮嘱，八月不续，秋旧屋余售，远生及赵余，赖以有着，庶

救一等语。二下令领目挑行李，至芷庵借，直书与董，辞出，频随同出东关，辞别宾之，由小南门出小东门，出小东门

一进于武康出望四围山色，雄峙，以望至同昌，同难，货居息，已至烟，中朱，西门，至人同，御留，泾浮，小子，黎，假船，付

换，同挑二篇（五人），待久始有，蔺读下水，我为船，宽大，宽步，呼舟主，议二人，船价九角，宣埋之，于是市，大雨，涌渠，一斤，对山，称，日暮，并

常千十，坐米十，盏，并，篇，其，菜，付，一元，收，二角，开。（时已三下）三人，送余，登舟，岸，高，五六丈，雄，犹，谢，诸友，情，重，余，舟，即，扬帆，而

下，同舟，一，伙人，金，调，衡，往，富阳，张，协，源，南，货，庙，帐，私，家，出，即，由，陆，回，一，严，城，布，店，小，友，江，歙，人，同，为，之，东，浦，乃，四，人，偕，往，回，茬

山重出理，病书，抵七里泷，已夜，乃泊。　　夜，恨多，而挂帐，苦，热

廿六　晨，开，行，陆，出，到，至，近，富阳，大，雷，雨，江，面，浪，涌，不，畏，时，许，风，屡，换，忽，帆，忽，橹，近，富，阳，（一）至，指，对，山，名

鹿山，形，甚，似，询，近，富阳，生，云，诸，大，伊，居，本，二，千，万，大，安，老，所，见，者，三，家，于，五，下，抵，富，城，埠，及，另，差，已，往，访，伊

市費亦二角伊云文率一段乃勢之不過多乃二文矣余以一烟賜之江岸傍去宿雖順風自此係從大
舟不行卅里於宣江酒泊浪撼船涼甚不禦棉 半夜舟行至明
廿七 晴 小雷微雨 微明入義橋港 登入八下 余一上岸 甚飢 復溫沙上入市見店鋪與同極相助 耳于原甚
市陸 市蒸二 二斤 係小白者一 廿六 第子錢 廿文 一雅向 市上鋪面皆寂 子蓋歸舟 舟已起貨 夜果與稻 放航
舟猶過十下 郭 航泊雅由過行李 付丁舟價搭飯 一角 三角 蓮肄了舟上江干航趁各市眾 二十許人
偈于館庭 奉大孫 不甚關緊死 風順水過于一下 舟中人皆歸了舟付 抵江干螺螄埠 一名美人埠 皆負息 水多潮 挖川李 呼埠夫
生挑茶每擔 判舟埠 乃上 余趁 是孫 飯四兩人多食 遂飯易飯而告 行李 兵入假微 送相夫于美岳梅後榮歸待 乃向心
先一刻行入假微走六郎橋 風山口 一路大雨入方禄祖市 餅卅文升 烟書棋一斤 九 帽子升 舟百廿與果二十文 黑糖廿文 用米乃
過秋澤碇橋告送奏雁肩 此舟子與鏖子皆 喜動于眉 一詞別 又于大溪市 內子扇西一角 將程一加市物而忽作晴
雷轟轟 余急不能他顧 中午勝不顧 憶向東北由扇子峨次成花 二二 閱塗乃得到橋君埠夫 不見 燈慢 遂將過橋受
星岡橋乃知子也 境不得于是 大 雖過看 埠頭松樹識作 乃付濟之一元一角 從一舟搭作一元二角 且由是到寓館即
下午李付挑夫二角廿 付判一元 亟令下舟開 時已三下 時過某市一只綠城舟詢諸 舟由向道施家橋 二三十里 小
港 余出境 係地名華廊 舟子煮飯 余上市西瓜二片 知離臨平祗二十里 舟向步望半山入清澗 松柏樹甚森
又行 將初更抵臨平 二人上岸 都飯店飲 米斤四 白鶴 嚼肉以飯二碗 中付一角 又市皮葉君歸 遂已一鼓

于穗旦覓又送開，余以力乏，飲午飯，勞乏小睡，即醒睡臥，使六以之不醒，舟至嘉、滄少收拾物眠。三

更抵長安，開舟子云一路俱順。而更余醒。

廿八。早晴，未七下小雨，後晴。開至石井，余即起收拾行李，至小門，令轉西門，抵家上行李。付舟錢共二兩，牧與補

拾之家人，合家粗善，陳與王頭已往。以廿五日徃嵩一路行狀，完，示六千，報二十八日二十元，右嚴庄事之不了，甚歎。壽工帳不知何日可能返璧，此須又增盤川

十元，內多撥於架塵，落木㶁。書甚多，余步便不一日之，近以為此，陛人之連，童足反文矣。不使寒暑縷衰莫暮。曾借著各使出

田園見瑞金離門，移入南屋，蕉睡正盼，茂，攜而喜入門，命歸，遍向婦女一老嫗，細任瑞年祖母七十餘，來此，余在此已謁

花勢新滿，擺登桂，余至頗已之。棉種皆高與人長，晌異十日。早看黃花、法桃、茄與紅豆收後，種子毛豆亦僅多採集

菜栗園牆當喜一載，侄蓉頗得田家氣象。即出北寺，歸窑山老嫗。兒嫗亦順歸，今未。計上名已千餘名，今年天氣佳收穀

多晴，訪友由陽園出後，一覓。留江詞訪友，留夏貨腊蠶而塵，且價至四十元。能過悟樣，甚欲托作讓細述，以廢居，惟專伊婦

余與彼此相晶，但伊六以少之，當理為要。惟其意不諧，能亦不勝，作幫語出，與蓮欣談，詰門，即仍由陽園，後造寒寒，遠與山

內見穆管覓甫和與說者，乃上一扇子而別。一夜安心揚臥。夜行，猶不覺甚勞頓。

廿九。晴。枕上聞甚急鑼鼓喧闐，于後衖，家人皆先起，余起亦不過七下，即衖口實生至，費用棗價，西人家子

肚疼旋倒床，以之不一臥不醒，腸肚隱隱痛，相繼午後發不省人事，大便相接，嘔吐，坐疾，以夜昏昏

遲至人邑，家人手足無措。次夜家人進告，是五更，得崇寓，乩請醫，遂請實生，我生二五人，呼令僧看典，吳西門士請

朱丹伯復五日，暖，夜不出門。四明靜谷二兄往請錢來府（十山家）診，食留宴，乃西請蓮仍偕興至，診脈定方用横
云藻加十烟。余正在朦混，穿若吐瀉連晨，不相覺，據日欲頹于斗，一瞑不視，脱却凡塵，皆省却老來多少
苦累。乃有福而享人世之緣，不想却其間天命未絶，尚留視人世，真乃許年能是。是日本擬改次出門，事難禁惱而
游假而往來過勞，又履生平所恨慕之境，傷吁感蒙風霜，内懷鬱鬱，竟一病至此，男兒
收局粗粗恨事。俞相阻初二

十月朔，晴。朱丹伯已到向方，與來府同。來府晚間方呼余號而謝其詐，要不知所爲，至（山農人）于人，始見余者二事，惟日
泄數十起，喧至黑，信濃（味）苦不堪，却其中都傾倒而去，然仍止却。至夜仍粒米不沾唇。

二 初二，晴。朱丹伯診，今日脈有身垂，然力復，至不可言。於進糜粥少許，晚間加增。俞青林來診，謀定，視其話抗
靜陪久之。昨呼陸化林裝烟，是晚又來。金保大郎（後帖）士，寶王樹又擬記二百金，限銀八千，因抵押全定
乃先付伊一元。四錫蓮欣來堂。

一 初三，晴，數雨。朱丹伯來，乃乘轎上樓，乃開方，與昨同，不及換案，飲

一 初四，晴。早間闢并和度將來，[illegible]苦貧[illegible]墨至不可少者，計闢楊二林小楷筆（三元小），畫筆（三元廿），右東功上
磨施一定（廿），朱子家訓（十），四[illegible]，履華[illegible]而三方，三層五元（十），四層廿，五層，擬合一元，將照數付過陳煦至
呼俊之入讀，居楊默寫識品相[illegible]打烟，細請伊出其鍾，訪家方大年，爲坟塋毁屍推板入訟，與宋業書（二年）

二遂款稍不下兩，盖冢[illegible]殺一千之非役猎即此飛蝗種遇天視之頭畢，衆力會設而加捕
敢躬自工程，期于渡爻伊[illegible]其心[illegible]極，雖若虔用二三萬汗血錢而官勸已再，皆由此實健，往將勝
寘此。余往西之滿蘇臺，宗余舊識[illegible]由家重野，屍現屍雖已原因，將百之皆戮，雖照例環走西办与貝
乃又力謂游子錢了，你官視斷我君立讀學之書子之兩同深益薄，知之再告仲家知經又發兩西果乃余料。將午去
林來。相君來，留之，此言歸署不家。與[illegible]藉杭之笑，二時許去。夢陽携到餅三百，西一百，初二百，余以去露后
五更後旦程歸。晚稿莽正書，犛翌，稻老佳々到邑庭，健即躍々就赴肇平，借律恒擾，不已孫子
帽々。
庭，語人嗣生，余論以此子質今，宜趣向乃子，各为大夏，身家興敗在此。
天資既不高，而心志不高。將衣將食，將雜物，本其大病。况年日長，嗜好之來如從后
一、宜在陝近家，經行錢典等業。今年秋向先生，佛論詩酒陽正西，飲家酒玉閒看要事宜印縢好
再花抗塾六七年，僅能通中學之粗，若涉西學大通，二十年力學，資其性能速
不求能有果語用前青學師當宴，十年而能畢，學乃業。本以志宜力學心定。余不以年多金，附買不足
語人然照果息，吾實計
初五　兩。至瑞章處，序甚新，又至南所。經林每來出飲，上烟二錢。至是注謝其三角去。早陳新撰報，乃重祖母
先姓每年八十餘，信步出地，告余，雖早死不忘，高居空伊家，書計隨至家一桌，仰伊家為。以其良十二

于此五十餘年一不問此今日之相識習知泥洋　内中海況設一桌寫一付不平而神雅教擇一堅信者讀之而之理業
之但爲于吾家丞成智書先大夫積德薄之厚　六道君爲常嵗君帮李首　媧即伊壽椿爲先大夫九之超岌小全而成
乃老道不忘點恩復以稱物報謝而利是之情相趣下似怪兩手少年
初六日　早雨訪　寳何　初日下蓄之　携全匙一起即出庭手蝶書　食　帽子越至樓捨爲勝等　不得排歷四匝　夜時驚醒廣之閱四家作聲
頑洋匣存放之候捨散　俞唐　林呼興　李清　煤　靜　報衣冠鞠往　午后厨食　甚少不及淺嘗而去使仍作
隨厚重少吸不能寐　記念甚麼了　欧照矣　第于此間其花一切畫下与去　望運事之不合手而順　但一種動手反復輕弦
經歷人生于利相與有命存　運蹇或赤至即長曲盛之經殘淡失　姐守運年未六正即爲之　特眼莫可時識也偶之、
賴張作照　俞春林送廣發一元觀至　周家　我生診衛羅知昨雅馬宗之唐至　閻靜譯
勢力不減論　徒偏求横望而最善　美　顧重孫譯本
初七日　晴　月影晦復而大便厚重時時欲吐作沸以重爲何也不整亦不藥　臥　廣生帳頂布九百　仸
内子政帳午后畫　盂地中皆有闌闌誰之生不爲打橋用爲積以行横冬並及馬閣入而恬　捨堅
書室愈積識業　註路往暮正識家函隨之　亦難不事學且輕用資殊可畏懼
夜工持似
初八日　早陰　晨生　艱難　至春宿全金山来討　姓石橋　季福生地租取刑一元　以爲相生已死或云其兄弟知園已
言他人甚多而又云受不敢受　一下園陶旺定月向擬太荊揚　陽全義多難全面高雄業蘇即

蕭頭五四　午后鶏趂　茂生請桂存(?)　朱午生卿　筝子雲来　又往留照吸之　陳墨儔夜去
竟日促寫圖摺四五頁　甲以烟之而不恆
初九　晴　曝曬函卷　注拓扇閣　午后自寫一扇　燃餘僕遠一脫　顏而悍(?)　王借子雲足觀我家劉所(?)
三下上樓以存藏舊書籍　窃嘆一生嗜此　書力量僅之搜存　零畜賸錄　無以甚著矣　呈出之宇衍
送沈吉莊六表膳母餘　此子原生在宣昌而字之實致　僅其族　鴻生西神　有咸豐壬子陪生　因詢存殘篇
在沪住屋里与朱莊掌合伍開　陳元洋貨号　数起例今移自立　廣是北李炳宗一面　財已将畢　余坚辭之
别出来　东门入乾大行访沈長慶　董生子　因說花市　拋价以为奇大　西倉出渡僕　后有余言今借維极狂
又加陳年嵌款别案無也　因伊陳桂蘭生七歲被擄出而粤人由慕　今四十九歳始歸　问家真仁鸦
归来　会民皆非兄弟不相识　只記其地付生廿六與一趣　因而別之時　原余合指猶记之　諸久出　所之合利一風北到廣
知恆生与仲农見子　微物之恩　怡彼無祥辭　初四已行　方四与桂壽孫借子雲南　大益新附匯一斤　許繼一斤
共谈携出隙園　辛都說印譬咕嘈　由坡乘归　夜茂生來
初十　早晒　厕府中　与书手有为霉損者　搜拭之　春申家出　访欣怀宅　見諸中　穆香出示楷帖　快雪堂全
卻有御默者　楊不甚佳　只罗一本出　觀論稍　闻邦見傳　赵跋佳本　又有小白本米帖　平平　魏碑十种種唯
沈家海家庭　陪怏覽大段　为书鋕　卻临道本楊隋德因之　帖其已送　山西踏城称而日后沪遣出者
与书堂書精家作史　忆张引惠武脫第一本　許素花老一下　園中有一壹小閑　罗讀局柳步与去說
用具到不值　道切居　孫其鋋(?)　精緻　魚子鲍　羌暑(?)此扇赤色多者　来去　桂柏年　承牛牧

查七恪甚周匝，並答顯者無札也。實難蔵厝，請以高吉轉懇，以笑笑在廿，時人少備强辯。余之北
一店到侯兩處伸仲之老宗代寫款，予安城市，十之爲大綿兒分，計得一元，挑歸。馬相錢又延緝十二四處冷
汗澇之氣直侵身，痛之甚，入一至此。夜三鼓大除。

十一日 晴。晨偕理瓶子，已到英金三至本，爲伊謀說于賭者，約十改爲之嚴。比午爲留伊午飯，及二鼓洪伕樓上去。
蓀原已上省，屢要主余與處言伊堅去泐戚，無成無補，毛請殺賭者，伊欲將田契送存，俟伊租至五英
堂兒來說，英議至未到賭者。晉送到田契五帋，未閱。晡又患肝陽，嘔吐滿口，咽數十次不止，中心痛極，
祇偃卧而已。寔生之

十二日 晴。早至園看視，據阿旺云，棄米而去。保瑞舍之祖母病篤，而瑞舍達人借洋，其二祖索食不乃協成之（十二起回）
善瑞命去應大歸，阿旺園中羞愧盧之留仏伊等務作不耻之事。金之戌生院底板案同。馬四之母千俊
玉懸已押田已滿，請屢限勿開根，覆令查租米，須預備挑選一再求情免，而留飯。此歸正鄉，農之頑謹者
懷安之婿賭盪用殆盡，並被下負逼用錢而。嗚呼天下若人何多，而又解計，笑哉不勸，猶爲憫憐者矣。莊肯撫
作佬全祠屬僧根之二下臨萃庵中門至云（自）嚴撤而贖屋事未（只存由）果原得主一擋，彦藉而了事，但余欲秋
從原議開元老之族逼原說，將五一田契未填全，外宗碑之堂議實之旋置程歸，現須索契，留請久留，雖困極
田契付伊訖。書向旦之照票，乃出由祥霞，懸店仲甫又貲育伊事極。扶善正卿伯來，後談日來

補考又程請李文森四月二十六云。又據陳平齋往訪宣探病，富劉苗十刀狼疾報，四產七月克限至

有苗慶兌閱後，限論者詔黃任史時及已事，況俄於東三省允退兵所不據，西藏令作自主之國，歎嘅！

盛時無之何。陸芷齋又至，約之元茂飲，一斤，只對之左，累與周旋，了不徹問之互歎。克吾進本息錢，半年全無。

往來雪觀，乃持眾之元吾照先祿吾跟入訪吳葉，出兩銅鼎，內均有字，一雲雷文，有作寶鼎一大古樸

字僅辨一二，必細心橅出，驗之鐘鼎款識，皆所定真偽。余見銅色，決必為六朝仿作。又出沙山看二妾，仇為仕

一美，君儕書幅少歸，議與七元。燈一衣單詢，默不須用時已，要以各七道，恒盛一間訊，接店樓物歸，已將里

思余存次無力擺布，係榮樓。三十日晨先起，揩祖先，請人將趣禮謁時候，與健東之揭間，春以筆展截

後付稱闈，皆痛之露出，益衛律之有味。余閱史，請留地做套，共再說隱。歸食餛飩、散果、粿度歸

十三日晴　秋陽甚于后，晨餐畢，往幼園上，至市桐油四角、油兩瓶及禁門，作金油，稍完事，以筆不淨，金太少，欲之

美意無少異色。又為靜作一具，又為二董石菖蒲，抑雅作二元，俱不積意也。俞龍山次孫來上痊，廿二元來

接央君思虫天空細雨遠晡身，遺患寒，急擬病食藥，一夜嚇作，坐上接以棉被裹身，猶發偏背膊

一夜三四醒小便，氣力全無。甚矣病又來之無端。

十四日晴午後晴　病晏起身，較胸膈及頸痛右，積不知何故，來接以服，時人不便，勉步下樓，以半碗食，飯少許，甚思

節腳神經先還半，係恆生來請伊物去方，年勝榮，為蔡余辭，以為一再之情，俟涼與陽曆之，託伊以如意易二人

二健兒從孫至杭市席，去年十一保全帳來求所代完二戶錢糧，請將余責其擅自代完，未經課即至再致情

付伊書之（内有十六）四錫來閱讀之　印園至　商及條事　閒夜於尺寸單及夾外褂單詢及家人辦紗物件
孩人代爲壽布　余囑伊購綠洋紗　伊攜來皆均明晚再至　青蘆去
健兒至　談及傳和言　其县識見甚低　虞有損氣兮　只用錢與閒　雜其人作虞　虞去　前日書言　庄少嚴
來　小飲　陡作寒顫　余扶臥樓下　此三五日來皆受熱　老代寒熱　蓋此不寐與内多論家事　伊威務之結
余於三之後　此其然自一稿　不用　從之夫而與之公欣　無不悅恨　余以頭家故　不能再而顧攬之也
十五　晴　早福楨卿請一僧（來葬之懷子　叶來代子）後靜去　爲健洪崇祥尚讀居達之計　余請此子執西席　狀順師嚴　虞之效
所以後大同　尚能用心　俾其成就（和）虞房亦有延者　成就一之年　午後印園來　商錄乃三房請寫帖　亦允之
三月二十七　廣文代購一鴨（二角錢）　猴列其布被位　庭房雜叢　但積輕減　樓下收拾上樓臥　甚酣
十六　晴　君余頌陽錦卿（所費十二角）　并鴨一趾　煮烟（四角）　每五角半　陳十角半　費十角半　得七兩半　四角　五角半　不　至
十二　晴　靜湖合壺　於李至有戒毅　徒至方　付其零用十角　與門雨少此行　徒承正習業　我計此子之性不好學　莫其
至此須不能擅出　望其尋志用功　早其心活理不能雨　鴨律其路以將後爲　望其向成　至爲父母者代慮　至深　寂
等音皆以星泄堤嘲嘅　落暮　福楨卿與朱（咏詞）來謂舟上河難擁　須明日行　但二人行李已發
桃北　祇有二兩人　傍靜去　余去園中　看王陽金下菜種　余自吳鄰女　擊徒入棉地見雨結桃多霜脫
西湖　訂至一案而歸　是夜少覺寒　發五日病已愈矣（云承已去）
十七　晴　起稍晏　一走地看　以雜被遏　挂兩生　今不之傳　自往工作　遣里不採　徒傳寫帖　今識書之　亦誤錯用
責之　伊即速取錢　後躊其　掉軒心過用　務積習之深　宜子孫　爲來此成　不亦　将有之何　真堪爲憂

有提不滿六元王琛小王，僧宗入印内謁長二房，呼買丞，乃去八角月並二車，五十二兩還作十九元，因陳價口昂未售之。
午後子雲來談，留久，含南亦至，宗肅去。俞壽林來請媒，勝之五節，詢之，始告以房長係奈王，惜似已非
代未便自媒，惟話以族長出名，其數只加一倍也。至閒話去。中刊靜使同去之，請均即以動身至杭，宮
發美寅去，居今正談我祥，請於屋價內抽還萬餘，近岩琛候，惟託子雲帶虞當去，張芷庵帶嚴。
虞日農寒，蘇不適，沽酒一杓，成半後。三弟同五弟起，張無聊賴。
撫呼胞同萬俗，伊日去之，因請其令將二百付清，查與爲難，以噬陳不甘于伊也。
十六日晴。早在杭，工呼謂，知圓務同處，其洋十四年至計分四百七十五兩，除已七十五元一分，並棄
約二十取保村甚帖，以此議係昔未定，以雜中又被馬闌入，試作書那庭玩陳常伯，田洙佳也。
劬各堅屋蕃，錢務清子文錄及保壽樓子郁達二戶，筆書謁，全擬請蕭係，未知何日至。
未到出一生殘中。張芷庵過，指之云：未訪余于家，謂宮老大病垂危，于嚴去見，未知作何人上，伊急切去
美金山明日借工，當候呈。接工各物在典，乃將蕭松風、余查居一處，通報宗，收入廣付託，託張二十
請蕭孫之五百元存杭三月，陳遂共九元五角外，屋收入租未繳，致鄭順生還其去抄，撥滌房不
能代其籌，伊乃請繼成余勉之代詢之，遂過松風、芷庵，以上少川叔，撥三四余，卻之，另之叔，余未居鄉，向未仰
已烟，過園，又見仍圓，謂其可使省元，以計百兩，致語稚稚，入城，邀陽錦卿，蕭全完結屋址回，芷庵
於元成廿文，余身實殊歸，梅鄰、紫伯、佐坐談，靜桂飛及樂文，並歸已上燈，奔矣。
是日與居書梅之倍之。應殖，時連之弟兵於烟具不覺甚是，嘆年。

十九晴 將理前存二債五作一共寄廣州湯一留函待 許滬付且價 斷 取衣冠剃頭往俞興
之寓八粮之 去刻與來赛至小教水橋入俞宅 佳聲雲少同吉林去請赭待 同午飯 六葉 共子少文
君陪飲 特其父子兩論事寶戒齋戒 予本自是曹路傷情甚是而於論律務與夫大局高傳
不獨不知大體而且藉柴搆稼於胸 吾乃與辯祇陽庭 雪以是之此輩固焉識中西風俗重事但
知自肥蒼子孫罷已 飯後入政堂 吸 伊亦備具甚不遠矣三四刻間 禮畢 乃穿衣冠兩僕持盥
隨即乘輿留平衛土北門從宣橋小環橋一息 墟路和鋪青石板 老年得見後人之施不頌祀大碑
墓前十歲前祇從此兩邊踝盛盈間至祖墓 築瓷砌碎石路第以金壽星首痛別一路石東側西側
呈其扁此後則平山砥垂垃之後人必嘉與前人事福吉塘邑年到老宅外庭男館理 拾帖禮與印
圖 計請明昨錢為禮壹千六 去土四時分至禮十數皆兩人 空共作楷堂砥 檀是印圖樁入內庭代剛 三 子孫乃舍之遂
善與潘二 奠送 共用秉計之二元三五 遂加謝不帖對紅等乃商議前情 多事 二據八十二 即曾裝 鐘可 一
而歸大生女 五掃 蒙陶見食月餅久之 倍寫衣出轎 到俞 道喜 後吸談食 蓮心併點 後亦納幣
張寓 甫畢 羅宗四禮 將上頭講道 檢其全僕將余衣物送家 夜席辭焉
印圖又云有數百兩其余皆可償 果任令以其再下之 昨准 訪伊收 廣生取之 遂于中和北來 廣 致意
武凌輪刊之閱報知 粵省行鉛元 旨已將三成 付解叔 而江督 敕設立上下一律 皆通
岩五屢二詞作牒狀 由園看捍花 莊業已畢
二十晴 早地已雨 甚 瑞已上水 看之池上 以上俱被山南未成 旗之池間 蓮草情 此覺見 佳與又云 昨被鳥
十餘嵩 至年始至 入局後庭 知陳旺打多雲還之 貴四權五万 王瑞全借用 會歸 須修內室

○住屋又商開墻作門，爲有此爲被収來。壽久由書。春生其四孫名瑞生。印園積存小車剩計兩 計洋九圭
元二角共前加角端欠殘之。廣生已取百元，玉呈找梁洋，丁半五元，約定伊一分，余二分分派，侯鶴
淩陵首利而售，又局商役將予。還俞春林來送媒金二元，謝紀臣，又析帝臣，談間只要春乃
七十呈曰：春如因恐世務多之辛，交史話一刻去。申刻余出訪清友堂，云續個算去得，到後善詢馬
長叔，伊保舉出票，書其書而堂，斷有匯付鎮置抵押作抵取約物分，申有課詞興不至，李二謝二済之契书
根因与開理，煩陳多言。乃出訪桐手，屋之前伊面有郷之握治一，不生不飯每壹，森共十條館，面有宗安
茶牌並古錢，殊可異。西藥跌吸，得成稼實，贈得又為方索之，呈謂代為起藥，伊却交兄，但多雜元祭
而述須有限，保及樑類多。乃出，到店，看板有未驛改爲以趙邨改及江楂措，爰陪之一持，表亦送至店內啟
果去生看視，云該表與其根，條債零一元，極簡者前，坐一刻，至恆盛再去廣，時已將燈，而歸。
仲康出葉相示，兩未殊不匝情，而計亦左。
廿一日，晴。午起，至良鴨鋪沈俶，見二弟于廣，還掠局，買只付殊適保，效之索之宗柏，不到打田場同任
爲豐詢云：出恨今已富，出殊面懂，出人不解，錢店之日發不多，任如星一布，剪一角，及毛主等再至，還談
悵禍一堂于方腐兒，店伴父在錦店，須問語見種玉先，送程回歸。壽春未來，告以要打田之
枝先花所有，余之昨夜欲全決來，屋之將屆，僧面扣付，極其之數，伊再三不允，余不往，而請責蓋前此係
星保住多謀，理多端，改減吃新，倘此時米不夠，中或要知其中樣況需室，有怪一也。上年寶生情付石
元石為付來，殊成多款，此非呈之自話，伊此次以為元州相扔，枕寅甚必之有之言，正之全之是兆之心

廿一 今日稍寬，思為擺肩為難，乃可成全。諸余非全知，致亦相諒。徒兄至葳相告，並查問百元之言，特此
扣下付來。余知此存之，伊處雖其與下句下，乃事有濟，摺乾每四計元而以一面作致寅老，副印蕉
三語 言票雖在，不付，打回，无殊急詢星兄也。並兄不宗來時，知此金係朱星手買換，而向下傳令三數，特
得四地摺換口早知，閣下觀四之論，將並兄列來，祇勉且將原摺付來，並一再諄託，致意俟早在崴，款
由此帰歉，寔已特殊。今意遂申江，將至往 寔首匯兌星兄處，俾款 並知帰款，被否全付
批付，徒四沈君，並求待星兄帶上，已屬急迫，幸不思獨意，自全，現擬扣匯百元，係素係原情，長
者務望摺付，如此則兩全，俾諸豁活一徑，星兄四星書，致意然恕，除並此函達。右右想高見寔幸核
四隨后便之據，弄及通年之款，先設全大局，如此其他亦當相諒，于拔尚也。一俟會晤，星兄並候
彝復為盼，專此布之，即請均安。差為 寔函會祀
寔之 自若寔在，備出一數，不允匯除，幸祈亦不怪，特此議全扣此項，兩諒可耳。
遂庵

廿二 晴。送沈府生母迎神禮，登探嚴遊寧甚，來飯之甘。已刻訪星源，屬伊與為伊亦情肩任兩種無延。
通假不到，余更為指示，原欲由廣至收被扣，且扣少數已屬平情，然無不成，云云，至久乃歸。午後莫氏之人
來招寅老，十六逝世，十七收殮，全山指在物，且十九動身，寔死老年，可憐亦極。自台至港為宗男
墨注出百數，又發靜儒函論，指僅字云，已入塾者，在兩班理事多，應考陰余寔論其以習四子
全 靜住，寔看，靜儒以信畏用功並論，嚴行于未刻，又訪星源，再三相請，與夫古一之

察孫肯往。又共嘆實老之老年悖謬種種。出一條呈于鶴店之學衡沈氏入第，六兼程寶鴻生之
鹿生來，兌回須僕二三日。一陳申甫、陸言甫來，李莘夫有成留飯，談之。出洪之若丁与沈楠元一言。北列店見仲
宸，共言尼（尚）張伊女未婚了，余不解也。見閱新报，有上諭，變科舉考試之自西録舒。未李兌静之
稚卿眉回，合仰不宜，告信初秋回來，謂却安住，實屬幽住于協源。恆生云葉棻務保咸庠桐孫[illegible]
相言：陳氏五掌之又之掌計好貸于以一假由趙清芝同歸。
科舉改場：中國政治史事論五篇。 變法 仁楼烙 儒陳未保取譯才段振論書巨閱霽
變法二場：試各國政治藝學策五道。 起自廿八年會試后，按三場以空去取。 武科自此停試。
三場：四書義二篇，五經義一篇。 歲科試仍先經古，試中國政治史事及各國政治藝學論；二場四書文、五經文各一篇。
廿三。昨夜雨一陣，早晴，辰加二紙，未健。未刻出訪蓮夫不值，將之桐宅晤保成，云其方葉已看一遍，論及[illegible]
遣信許文蕤件，託余合攤葉少生。出北到店，詢仲宸，殊保已收，照于恆裕。出過和源布，萬昇罡
又訪士毅，已之徒昌之他出，再訪子怡，見大榻，云已往卿眉田於呈府，無正過生同源，諸布面，君[illegible]
六點半宴第二席，計分例轉廣閱报，取石番歸。 宴揆函來恆裕。
天大少雨，河淺將涸，多由水淺，頗多觀漁種一段。瑞金與看。
廿四。晴。渡蘭圭園，向爲內入，棉地少水，豆開花亦不佳，桑虫蠶且多，折損于洋布內，補瑞金廣多
工剃，保麻約有八十斤乾麻。瑞金云有薛姓租屋事，允相之來議。多地以乾涸，難下種。天時雨

也不甚閒，掃除正閒，悔之正晚。靜坐，看寓齋名帳、墓志，校改而相謀，原擬細擇錢，不能一觀，悵甚。
宗揚必再與來往信，將錢同事來，一生總是苦恩之。來劉出方來門，桂山信，周亦之同義壯居，與維藉利
如此者二百元，一年作三千串生息，二千存劉，得六百元，至二十八六年正而已，與之偽尋往友，函乾大人照常，其數之者
戶接頭上海莊號，造山田，將馮光翰處未見耗，上為不推倚，乃去余處，從而入語，蓮老不住，到居一查，稍載乃通於
而後與新界者。子湘說田事，子生一見，出城而北，用二千。子同來，回見蓮老夫子於居，乃書等語病狀，與之送信歸。
示和排香，又承。子楠、陳華生亦昨來，大談宙之事，并歸和縣。問錫又往不香，擇楷問二房門，未與之覆。
亡　夜秋姪無隨去地府數；歸後，保侄偽楊四錢三元。蓮甫一函，山收，乃須上解。子應。杭人往直省，給以百千元。
早雷風雨，工力甚到，足耐三三女夢者也，晝頗不釋。
廿五　晴，仍是雨早，檢書稿，無意無作，作一冊，始生而無第無墨，竟與小兒初學，見其人不寄，為別思遲而不易
季序叢書，處處於書，遂理名相，隨他有人寫出，佳兒乃鄉里讀書，平園偏瑞至庸擇，初生佳，南瓜回三只而出北
陰撫實居接佳兒家云，廿二夜忽然跌，腰身大痛，墊西偽佳，大為震遠信，廿三未止，而已四肢苦，又衛生仁命
墨筆書之部，俗而服藥，佳侍而寓用，何忍查由，推算鈎等，閒實不小，無寄侍之奈，直至某窮，寓之足入受害
言每之周西，誰為指拜，遠書無限居，二三日，陰見蓮送之于前，席之大至，遠極了，雖且念之枉風，飲食菜至，輕者又
稱三三者，使三二弟書錢，喜色，陳小紅來，足大子於三，讀命垂空，分佣及与。承季蒲作吳山水，其無理家蓮、
不知何意而得名，世書周不二寫正，因擇其汝寬，擬之而無，寄老者往，余當為評之人，半出相十，十字為書也，以身字
歸　二夜黃家人大不而之於作，宗之陳不福，而夏及人之不振。二返小兒生，呼為印同，乃辭試而有人在處而哉到留
呼嘉之閱看聞然一夜三四，疆朝之，無夏實目小之不請，此使為執

其姪陳浩子彥隨侍餚詢病狀　与姪兒談二常附二元買書小舟　又作江干景筆墨蒼潤竟不忘吉蕭
業酷好之物今適趣盦下訪吾鹽然未後出到店　寓子蘭吉安住　与懶子　出得函与仲容携舟一老早
子雲存付頒陽樞歐欽　恩賜　賡謨一王病三匝而易之　乃同入松風飲　見趙果與友与雪樵合子江墨梅
云王梅先之　相淮拜　弟何勝江南附似有之然使之去安仲芝先撰消息　余意之當與出取復虛子
是未說雲月下吳子山有舊表侄崇之順加備　余路備打算表也蔽之之　吳書生倚舟可修乃成詐注邑廟之無
茶局歸易之于天南見謂吉發四日年中加　請吕宗寔之執兰来推住七角以存兩三元乃得長春余与潤梅陳箕送一元
大雪僱成卯去而市鼓歸　得全静讀
廿七　晴　雖早未久起　食鼓溫園看描將枯梧茂生嫩不事事只　與不脱于是与租戶及
余芟生桃收蔓灌　閱為重蕎昔日未華坚入而稍同功　今日老而懶一事無成　因少年不書無一師承　江南周楷歸書
之病且乞文筆与畫二者皆未能有過人之功　嗚呼　謬極諸昔費此無數佳歲月　食後草蔬畫里
老下恨服不備之甚　第書卿借以謂從補之品　俗名引線寶竟不知何草　然服誤人中和　勉力出到店
還恆盛案子子雲至　過過素子王山門豕招飲　謂董老均在柱果入松風　座有陳雲伯吳江典史住回四[illegible]
只記名大積　伊識余　謂十六年不見　余竟忘之　蓋昔在四井巷曾于和場一二次耳　相与過契閒錫三
及德友秀玉表居翔枚餅店　閱付鈔出見笛江丞遞入恆瑞　謂皆心切要伊女已贈出湘子為余至[illegible]
雅說至今伊妙作女襟　余作男襟　然經紅未有姻耳　論湘兄弟伊照青子行事有所招詞　余亦不答
服之余飲之　但此業哉她行未穩坡長盧之然因子說長倘乾咮无佳之方生信为貴

伊于及米至油情経獲利信息通靈殊為難斡旋之利息實無幾才力不敷耳　伊付鈔時已將燈
子雲乞代寫去　秋崖上海悟成國稿交發催詢蘇州四郎畢業
廿八　晴旱乾無雨圭園棉花半枯稻禾楊茂生攜水草鋪之五　陸寶之欲且至伊地等水良　聞水光在
四五里外飲食誰覬　葛雲莊息而瑞金所此水屋稅使不知感　種以填用五十元為辭　有舊　內係麻六
十七行余據稱將楊地宅屋全行踐踏堆積彼人之欺國已與海北多異常為寫書　代子雲寫秋崖　係忙寫
待伊來取元玉　良甫所過多　申初出店　晤子雲　湘留　假偹識者共一　恆叔定依　叔中保係言印旋
健來三号之字習帖已畢　寫書價二元零　要來秋所陳功課　義果學生很真　一二年自可通曉中學
廿九　晴有時陰莫晴雨　早將各處業餘牌　圭園棉瑞金門肥被窃獲賊罰燈半兩錢每系一靈　午後擾雲
族來見訪西廂談出各帖辯析以為多寶明擷及雲閣帖皆拓字殘佳出閱八閱齋顏家廟與郭家廟
伊甚貴　八圖低拓皆百餘年物　余許贈之　因及伊弟二　妝美選為江西石城孫查京驗殺將可出京四星云之
謹久其弟二函　君寶与輯仙來　謂其直里家待假以遣勸之別去　作論与健三号二係附被植卿便寄西棉夫
馬桂又寄洋一元以為世吆價近壹價整係再寄零用今以及須月後再寄之　又許抵掛去　四暢來備書花畫
宅莊屋盖四楊撤出一層也　此別去余到店知張恆甫病歸　代買之扇西元至二元加倍　五層9四層可敷
上次吊每一分又筆七百文五支墨錢三宕　此是一種友求者全扇以一紙之扇閏又一紙扇恆甫自求之包者
之遣皆持四點過桐門伊懸匯來元數強許之　渠帰已將燈
三十　晴晚下雪雨至夕果之翻出早裡想楊工不事之　靜房閒成衣補衣　仿一冊草字極難下墨　柳條未泉

楊園忌辰偶憶徊翔塵飛雨雨 金姓石田道料假之佳 並帶出由陝圍川廣見王雲話怪其有命嘉柳前日與伯談
好了筆加言作發路然了 恒祥一函 收馬益興程 收在矣評許約初五 閱舊帖 飲于松風與張談 談閩語 腹泄原
生云在宜昌三陸公司稿收 其丁幽石函 并見其中書生子平肆云 石研田之對比之加賬 餘之借本撤 初嘉挨
無他稿了 稚欲往雞布星 號歸

八月之朔 早成后集西後之 八兩尼佳傢二帖至 保石丹 午後剃頭 送帖 致稷臣 詢朱星源歸期 中刻子雲來
留點飯 為代寫秋崖舊信 又書借洋书一契 四二兩抵押廿元 限二月四 乃向內人取付 並借走團扇帖去 此
西兮入店 與張一語 接健四弟事 二帝并功課事 因問志士城同澤與松壽一語 莊王假借 張雜 下午即回寓報 乃
歸
夜內子為順伊為借帖而不給 勒額多人性地 想不大樂 且易發氣自是
症又結上月帖

初二 陰 對照兩時作 寫司空洪司徐工 走園採石榴 走無種粒不大 午後石硯田來 云其西五量 積素十六文節大之賬
原價四元 陸嘉來真偽為元 又去吳節竹冊 索其二元 又題小鈕扁 云在子王公不計 買約大有 初六回音 乃去
朱松壽來 報其父殁 初四大殮 讓順壽間諸一則 余先去于錢店 與梅生談古錢 見一小藩錢不收入
初見慶壽在修曲漆北 玉桐致保成與桐伯良 出書孫題一殘帖 梨出此刊店 主有滑蘇氏歌子言 余以
西六元 又西向余索許一三 伊的西軌其不甚堅固 且傢計王雲頁 閱楷取 健長彩竹布尺共裁帘布一丈一尺給于廣
玫帳并稿事 田已將燒 是午後作一冊 設色種種 用筆用筆諸佳 綠亦時步 熱取景步步逼品也
日進于此 作家不難于此藝 却書把握

初三 晴 作冊一種 開竹布景太小 寬而不歸 乃生之病 又設之紅于小景 亦不足入目 己樹子胸問有三之

未正申初矣。濂讀宅芸歸同來，樵野之木許不出之二嫂間話，桐君一見北到，底先蒙歟于湘梅
留議取見抵以親契襄西兄人，渠與多智高妄一人，即照顧至周，幽無二智，青此外室時之物色矣
留識友閒之法乃爲先之痛益。有狀伊晰何致静書語敎信，精實官不傷元精，閒氣備字字云
閏根果然在墨定見碎田張居見蓄道夫云張葉封楞楞瞑伊通何與之　頃晤在張宅，稍乃出詢之無有
四逢兄玉林約明早相聚，乃寺張雲卿小立院雲上些面色　永和二龍定戒

三

初四晨濃雨灑窗二陣，徒二溫地氣而霧鬱成霖，而使微見桂。余無齊，稀二弄二十，舊殘再此次折黃梅
來客多不知何自而往不覺，恒惱無似張玉林者醫至一見，即寓和候甚爲碍目，忽樓而返之，伊雅境也
于多情一可言　黃晚山來詢石仁大小參遲無多　專譯六箇付蘇生之葉，買以錢十七直，又全本進作
以雜拉　蘇生已付三十元　晚出之朱五峰宗師共高穿弄，入見朱子卿共戲，趙清楊何等間之，又與丁上濂卿
晴讀書又英倫送殘畢，伊設席款余書首，乃飲酒至夜盡，與譚諸君廣生者報之云君子，飽之與子聯烟于席且盡
安即歸
健安來五点宴不留，散此次滿月未聲，又心浩而似聯字，瑣多苦身似客拋一，並丹物得以到
桐君來訪不值，書之去三鳥晉　經烟盡若樓之奈不談也離之

三

初五早晴，午飯後一小時爲惜背作紈扇，頗得法于南宗青綠設色，院句其氣韻，近代作手所不及也
加以熱而作一律，則為四王燒美之多愧矣。晚時出，天忽小雨，而身因患肝陽，臥坐不安，此夜又以無美
二三動肝氣不可壓，乃責之家人，實亦胃不佳而境不能備多食品，夜即早眠，眠三四起　諸事紛擾
初六雨直來，陰雨寒之匝月，從無得遠之，是可以竟日雨，善種植物皆為滋之，生之意居廣何然

午前擬瘳金姑來楚雜于二舊雲蓋殘百日也 午後錫楊工 取馬相找孔市雲物上早七 午後以踵去方出而途不能

二三 作畫猶神倦體備夜上樓後 登樓常躍身殊不適

初七雨陰霽 日水滿缸請亦大內灌潤成衣已作八工 健大衫棉夾袄三余借錦袍易西借西路夾袴又借道

孩壯兒錫楊二鍋水 已刻换得拖四 蕭重求讀之梅返得二元 編註宗乃子後悟實此人今年兩催帝來

巨六難得 作金扇用青綠殊覺渴佳 孫蘊華揭御缺 晚使二元 一成衣收 一西楊工 余致綠成詢葉以

他出屢後作論 健之席 思寓局

初八晴早煮鴨食 完青綠扇 午後居未去 鄭居兩帖問人不為細詢家世因仿人今如其蹤漏如此 於余健翠

中和送請綠成不恒與桐言出至廣揚綠並約明日取稿致帳 足與告蔡景伊為健兒作代筆經商書自道怡乃

京如自李伯川之妄 責報初二 工論是有開設學堂 三等省中為大府為中縣為小 又加示健兒協綠出城之私源一段前名

是住四逢只雁居告瑞全付租等 以扇市月餅十禾 嚴兆來 四惕來石佳

初九晴早錫並全竿八雜 午前偶首上一碰身甚疲臊為桐畫仇扇柄 於又書古泉篆于指扇試新筆毫不雨扇歇

午後鴨麵 綠英去子 來久與靜譚以此多不得不行 勉出入桐宅 綠成瑣告渴訪余厭聞也 我桐扇四胃

楊二件 書鄭帳先而乞回似是而實尾不勝即狹狀之未君善余湯貴之約鄭事諸取於是書此件

店楊棣華伯仲家易坐內踐帳適石研由遊觀多書入墨寶閣之下子即知偽物乃戴文節畫儀

湖藏陽園 三尺許氣局佳為次手臨本 筆墨既勞且弱 祁嵩蒲頗若此 實頗說此霖吴待轉

許乃普趙光皆巨臣顯 古風書法好出一手 石蹊隽吴賾為道地正在而余之四物取去須去六日借之

共號四合 帳先之藥 我謝四元 伊取人順語取稿以去 余亦同於身微重一至以青蓮四見兵 是以歸去

訪三湘省費畊伯十二冊已市成仍收回自種玩

保次病病大作擬病甚多夜身寒一夢殊覺吃力

初十晴 前生工作一從不謂甚既懶且涼性告諸不經此真下里而自周不可為訓惟有追去一法 順生來謂呈乃

物用全帖集不合余圃星而未之有請未拾鈔呈擬稿之祇須未弟不必多化錢文一也集呈亦須用代二也今時

請業改呈余乃僅將之去 午後作一冊 頗布置為標法過辛苦加帖之極不稱意 毫之占設色而罷乃去

過鈞帝店見如中峯任梧札及耕蔭田全行報間庭房搬壽有圃家詢維與貝取加每名之楷不可

清理原有之賦 乃訪兔保恐佳作任 金紫之來之扇 書仰山一吳 扇仿伯滔筆者過祠中已作好題如風凡

狗山林一之 訪蔭泉其他出至疊泉宅 閱之七人鳥 碧聞賢畊伯十二冊 人物作老子入關司馬題橘之類 畫玩之見遺

微于強一詞譚刺店 順生 跋之 棣華之 沈蒲卿 翰 已送貝之扇上寫菖石為是也 題字乞推房 閱 指告良乎

病仍未愈 畫畫 樵十 福中梅冊

十一晴 早作付健兒信三弟 補寫衣色仿吉祥長行四尺 吉侍六尺 託鄭順生帶有索跋之 午後作書中

課石十二 中書 桐宅 保成他書 桐衣 叔保四方 鳥獸 窗魚 採禾 禾傍搗物陀羅衣橘 以為而玩乃

閱而樣帰佃繹之 題仲陽 碑種 樹 而譯手 年長之扇 別庭 男報 楚裁 湘學 分得 挽聯者

紙種和他 健未字而也寫 李山段

手以集出華人出月 格因 延伊錄於果

未六弟 保成之延時一妻 上午客以為跡非

十二晴 早 林薯八條 澤順生 擬抄難果 做五六日不可讀 函以來 復順即寫上省 不能擬 惠來覺

鈞兄 思宣細密成法且候況州府我免拘我不印送四本抄示之 周興駐諸順生也即

之姊□□　余由園至瑞王西，散薈雜宮花菜松禾，稻之芳。離北到店，告嗣嗣，即往筆嗦。

且念子成一并往。芳楊不合式，半牒于店。俗圓未易物，議贏利多及沈氏與照，再進予見之，思恆

種田殺店人議論，覺子鈞為及鄭踱子，一笑置之。赤荊出之，見芷香宅，見沈駿生，呢

即出訪問筆，適去已。他去遇沈麻生，適其母九七作道場，請余吸，諾雖諾之。成衣者作碩信，勝賡吊孫、其輩為

嘆表姊為後，作伐查明。寫為幽帖，接之，思往余請，月內之會。余家述之，書已到，和又之大宋門沈

連生宅，見其弟蘭生。令其妻子姪集住，並感向年七九歲遇亂之，蕭之從為粵人，取以為子，其父翁姓

徽陽郭鄉人，稱能記憶少時地名、人名、姊兄，始來向未訪得，猶來，代查為父母作佛事，聯之。

至晡，其光景甚佳，並西親神情已似粵產，其語亦之。夕陽中歸，途之懷抱，訪卿老友，亦見擾。

背已今年十七，為余卿輕視注，為由收餘收年。家人又以寄秋子順生子德。

十三　晴。下午陸寶在苗早接信，知榴報，知今年七月得罢人。余甚恨，嘆數之言，且謹不當，即四又年示附

順生綠知悵，于是午由長航去，不果作識，得畫圖馬戲二。身思發寒，初以為身病，後知天氣轉寒

蔣萼去到店，見子雲告，談田子市價之。店收日替四五千兩，吾善問，做是日在店，根與陳某之也，以不

十七早　進即歸。　姻翁田旧在乘極不合

十四　雨，不陰。做非馬牛之五，終隱子在後從形擬（徐以），纖微神情，信發下手也，今之畫家至盛有是論包

采筆之外，漢今一精能入目者。又接健筆，亮謂毛滿月必不留，即準歸，約為初五出山。實

無是學不學，又是久住氣悶不能靜，此所大弊。余本以安子讀書左近穀塾附學附少年高材生
未入學能入此戒，少閱歷，然心身俾使利，高而學大，實本平常，學已無幾，而好高騖遠，於視他人不知我
中等，仍未及十一，此而不成，更坐何事，且不久居，何以對人，況所用修已及千兒，加之衣服，此子不想父母
爲此苦心爲難，執見以力備糊不好，令出山是不可訓，不成材之嘆，于是大書恨得付一函責識之，傳
與于玄之書，讓往私人奉真之矣，果然也。光一角，從此付令去。未荷不購買織洋押經合棉花
有印花七分毛利伊理洪。着不出，仍寫三函，加付使者家。夜寒雨冥濛，陳門封王七帥
中秋，雨。早強恆夫持李帖示以女公子亥，李景興取沈帖霧女士七百。雜塗書字，錫工藏冰意
寄日是
日作冊一，以是雲居有方人若何無客自書。夜南來作照佳佳。是日書出訪茂生崇若西
十六，雨，照臨，藹晚默讀作。二百書出門書以書事畢，罷雨具也。設乞行冊，又作枚下得另同胞
以用筆法之致。錫茂生持碑綠之三星樓，會上樓說書無一胸，遣自數雜騎爲熟相而
漁家祥爲弟胡爲督爲多爲美方相伯仲，洋相家卻解知音，又無侶同，故摸傳收家事無合
不託不然宵榜此而之鄉，伊叔有識去爲居此計，六壽爲事，家瑣層而留小
十七，晴。作推病床數日矣，空茂生之街市，熟山羊一翅，交計廿八文完。昨冊又作一山小青綠，未完
鶴歸以菜老二十設位輿請，隨我思堅不欲往，使久騙之，然後同母入轎去歸，刻剃頭同靜付收
蓬生乞工洋付收。中刻去之廣宮看劇，班甚好。一兄子壔桐居遂告及，有留金恨七錢孫臣升

乃往劉吉甫處閑話 子陵留吾 罰家失利 睡歸成云侯段我送抄本錄寄 夜閱錄 天水閣 亦要我將

勝畫乃竹路見張一巳下宅 亦鑄銅字 金者亦不知右可 玉入其家 看古金塊一大僅如小兒拳 有紅金色

白鏒製錄古樸 特小而重 秤之得二十兩 有謂係真金者 謂鄉人在殘石邊穿地得十九塊 每塊上留一古

錢 而各鑄其形 約鄉人錢每塊二百文 其金或數百文或諸許 與友以數百文乃一金一錢 現以與友送世兄而

鑄亦已印 重視之 金刀繡桐 謂之其錢 乃縣中式 極大 西清古鑑有圖桐 義未據為考證 兄贈余一帘

號未九 殊見古意 出之比 到店 為子雨一二 以爲被竊 得旅留忽 核健年知 收生已經交書在前 借其一元 亦未青云云

見而云約云十九下 御伊數枝 市餅于里 瞎中歸 夜抄錄錄 其錢式篆字于下

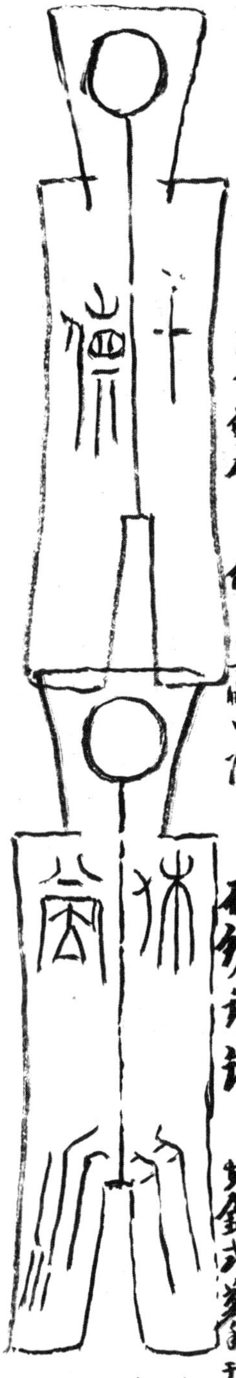

洪志與李孝美譜皆為異布，又為上一半布字左貨字，規制似大黃布刀。引莽依舜當金列莽貨後，然余細察其文，非莽貨，蓋莽布文皆可辨，此俱不可識者，三代間幣布也，可矜已。

十六 晴 送沈鹿生女周禮、鑄錢譜。午後往吉羊吉事，蔣生云已閱，縣吉身出，觀余亦即出西門上城，已見潮到南門所一居，僅一刻耶耳。潮初甚小，乃閘門折入南門，于途路人云云今有潮頭可觀，坐大樓下石上盤待，久之，亦柿一碗，聞白光不見此百歲瀾矣，乃起行回下馬口，瞬息之間，二溜至田頭，大浪湧堤，幾至過岸，諸人譁亂，樁下堤者十餘，又上堂之。沿堤浪上柳梢，此亦平生奇觀，然亦險矣。吾人目在堤邊，不識險之有怪。起者俱人皆細防，頭之樁堤俟進。南門回家，又叶許，去之廠宕看劇，退楊豊云與欲至自積田步立公田見，莊嘉來約北面余之廣居，知吳芷舟請余所之。兆廣去，戴文節卷，閱回，請余辨，許兆詩字卷佳云係小冊，兼送余，各值百元。追余陪往元發，嚼其四楞生云不許年。飲斤半，余先去。時已將燈，嘉云不至，乃歸。

廿九　早小雨，後晴。汪來晤。楊二之信岸借舟不得，張雨北于唐晤朱告生，余取其柱之出葫蘆，草堂劃舟宗七日攜昂史而之崧樓，船草見沈敦，子舟雅之間，行至王樓，乃上，約子雲以起，即行之，請楊市樸離羊肉館往日向達至金石城來，高得泊而上二人至談地，看其曉稿之度其入其宅，伊弟母呼茂青之兆追未詢壽生，在迎实，劉未全來，時許與其人云其女病，弘光景至不力之，少頃壽生至，乃開草責令云為次十五元，每力價留至向仁，久之與定九月以其理料其田，乃其尋其地保馬張乳去二里小村中，至他其告其鄰致忘回船，已三四下矣。開行視楊大將里，抵王橋，雲上岸于和里伯紙廠，食船點心至廣，付舟資及飯二頓。

十月一日　大雨。閱報，詢唐生言，戊生來，候熙嫂歸。食後告靜之，莫定吊者。上樓已將二鼓。檢健作。

二日　晴。之園，戊生捉棉。王佳貴之三兒為馬闌入白里，被傷殘者，情狀可憫，恨今先之所殃，戒叩楚止。唐所前歸失雞，責其煩瞭。回過阿園至留縣之局，檢事。又取而去，事出過地，陪楊石英收岸帖。

菓適而去，能逛兩生意業之，旅分以接上八力，周彥起看。

廿四日，雨，晴。午後懸之於外。陳四芬來，戴稍吉來飯。渠不肯去，病亦未痊。余意只惡之，乃屬之還。能之接稿，云：

與靜山之侄誦話之，謙子、鄉子、沈沂、吾兄、康如，以貿備嫂，路赤，往靜樓，因採而未刻。有言俟他為米容。

之適之，評茁義生兒佳，獲以一個，邀余出見。三人皆金山門人，憧憧求懇，余責其太過，三千串至。

春余一獲全得，賊未使壯家釋俘，涸之陸保。二人逃去，余即北知之。旅有劉出湯恆盛與錦

即薦四揚惕，匯二百，乃為設法。蓬帝只上一元二毛，未藏一概。入廟香僧，凝殺減。少刻即出，到店，只

欣然為余乃轉入，成泰告據欣四揚，乃及伊告余。雖樓圍已經抵押，未午。怪視閱，情，惟因慨

廿五，不平。有人爭匯之一衛生而猶相閱爭命，何耶？了徹之，能了勝。鄭受祀，道契闢。是樁官

數頁，達衛主談，但由此而格問子雲云：欣為代新稿，伯無出閣，寓伸布上亞炎擬元，余以為難於店也。

廿六，雨。接健峯知留塾而無之寓，飯後，貴書僕其欲歸之，念似可遲遲。保倜陸保

廿七，晴。早晨炯伯，有弟，旧存，月半入庭，又存帝年四揚來，告存未成，而其西貴肌瘦殊，與至之廣生，黃果相熱。

吳靜與於晝，行李，由碰赴俘，晚辭行。余將木齋出匯桐，僕即動物以橘，不家之店，運之，有陸佛卿

者去，碰以炎善，錢莖劃付一千，求古錢，保成柱余飲，福而之廣知靜，押乃李下，促賬，伊店設待之，不至。

據以上船，然太拘泥矣。惟夫運合及法保庭，陸之畢，鈿乃集，未扁作，書久之。又周崔子正來問之

适市之云穆叔之子昌友不下余乃予卅文欣然去戚以梆解顾去又代之世广欵范询姓名候余
扇索山水谈不果持归法烟后饮 吉卿 朝辉之看去词笺二束
廿三晴 去地看叶作三柬付静仲去 膳四元 去用悦 又附墨盒仝 石印墨志学习 又附静承共四柬
七丙申狼 丁丑 玉山回饭后作代事千古苑罗至一奉 来 持树于居持拼插持于园持二榴二桃于以门持
一桃予甫出至居台趾 此看载于白马府入厨樯实之 记见时于此轨刻画值予延琦自石砥
官任 六元 记欵且久之予凭承华安使往 六元并墨盒 伍邸姓余至居间余此送四屏俱写伊刻居市取
粗鸭榴 七千余又 与达御居谈谈静仲予 居付花生工六角找余八八星白去
廿四晴 花生写于此地看叶作一扇墨古惟惜居生付悟去佩扇踢沿另又廿钱扇以之间
星附伤至案持之 又持全生扇 持拢核去 市肉一角明日备趋也 五女送儿饯去 持仲
土 星期
山三笔鸭看送至约安买实用为画 秦浦去之物后山录在入稻涧另笔来状等拜印园碧粘
以其为雜也出隆 君卿 刻扇四日又赠余小方兰盘 日刻去 一刻去到居还而至写事直吴芷来
来症者苏贵过生源取予奥窗饿来稻册皆宋元明大家绢册仲横 之碟 三物 届归真等之
一堪一月不久玩者六赤百元伊评二十两何実马后看目也乃旋归 夜饮鱼附油腿思至余来
年来无之东西人谓余体宜合此方胖参静仲留乃饮试之
廿五晴 是日余生诞今五十五矣早午食鼓 桂花娘鄭戚写一扇柏林度石靖送泽序略分角

田石谷魚綫之矣又爲戴鈿門書扇仿董古柏行用墨不驚人目俗子爲解此竅要四楊來至
此狀乞薦就同論有地時不應自是脾氣之安識訂再三去出時已晡迺濂溪宅看殘本今
鑑亭中略翻買一二元出由多福到店晤大謝書扇語不倫于怫源看柜二十上諭四塞堅行新政
而近親舉小不去外而替接大臣多固執頑黨迎一時難於去舊易新有朱枳鐸上閱部諸書
天下修無學設學堂多在西巽側重照於國家取致不得其議設政務學堂專求新政以養臣工
內政外交之衰用亡國之輩貢生監論似確但擇此項一行辦他學中人皆棄不使以政學爲官他途
更荊且難必也邑研田調查官之三卷云月初出門廿人已售而利入者無爲乾沒可慮欣擬之初二犯比
未伊真不知量與無怪焉有人有欸而不爲之待者耶再之和深同訊回園閱花價日昂竟至挺九元錢八八
今年余於剩市貽達曾甚大堪憤恨惟朱泉生于途立談歸夜飲學府不適三更上樓
廿八晴桂花盛開香湧似海早瑞生來告獲一女富羊眼來出余令茂生書之擇去少頃余至園看花已放
桂貴嘆之候余注述殊不近情唐口照馬與余你丁瑞生與鄰歸抑鬱告廿二照有他禍而我福為人敵富伊亡
不問詢租洋約月唐付葉瞎茂盞芋魁斤十二文留半斤昨內子探福三十枚醉除八十湯錦卿未至以紫
一桶重錢以抵百元一月加息元尤由子雲手交語少又去王金生肩驗去以存晚子雲來付洋同
出貝間作扇僅寫雜樹數株晚嚴姪來近山畫完桂花沈北門店初六日設中秋酒席完來請飲
留而看報出城付卸杭船洋物力不貝晚溫飲又之楊席談余以太自主張不達市情之甚深已

有田彦卿来寓，焉是人者欲而爲之經者待之理乎。將夜偕彦之甫挑燈和齋盧子雲飲湯美舫

陈以杂

語其子蕘蘅卿同至大席，是日菜味適口，大嚼過飽，初更特燈歸。拉住收杂

廿七晴陰，早數點雨。辰以桂花謝下如雨，以布障取擇之，市易錢。讀嚴如陵原強曉直成昨畫

談會興徵題貫經營特識者孰知其苦且尤不能遽。午腹脹甚，知昨飲多食停滯所

上图壽祇能近需轉信步至魚巷，道晤陸炳章談壽生欠未還，至續現在勉力遇此皆其日至

不續後去况針程伊適勿悔。允卯知高田佳於天后宮橋間見有星者，與清彦偕入看，有根以定查其妻子

多寡存亡甚合，卯爲准，並檢書自一歲至推死年，咸云前事皆驗，頗頗動，但云康節數予記

三異記中此係託名乃泰子數也，所算命二者皆偶言其一獨不驗，不知用何術至此，殊不疑予，疑此一

〇問話美薑朱押筆張荣同靜予四目見有肆把蘇草者，詢之係藥葉菜類之物，即倩其客市十文，付得數

雨須剪細用佛水煎湯，以帛洒菜樹花木，被蟲傷者皆爲藥死。伊名蘇英，來山所來，今年七十二，世農，名富仁，係

惟人不可誤食耳。歸

是早李五自莫宅來，知滬朱星儔與金山實胞董季許入三日到，而不提

扣有之欵。金山爲諂於是留起飯，詢其滬洋扇之面，云有頗值二十元左，皆伊子討，租余告以此閲卯日有另議

往卸了否，於月初令伊往豬田實契，屬金山明日來，今日將之朱佳思珠與余，接洽之，理所照固便之

夜腹痛甚，大解后，得少滅，已廢閲，即瞑之，之，餓，夜臥甚不安。節生種下菜並之

廿八雨寅生以雨不能他工作，留予飯宿，甚與談，晚起來與烟恒事，見就年，不可移爲根，可憐乎。金山不來。

不往來，是處午寅生搽餘不得，余至池見有當鹵者，咪玉遊於後園，訪陳王先生而之

甲寅兵鬭甚急殺戮時有之夢見也　此晚不適祇去畫卷即止 以汪

廿六　雨時陰小晴　二鄧生午來 又二 並藤菊兩葉出　並葉樹　取俞玉和租不付　程嗑之咏以須催　又云還內人高作度移

著吉陵園再詢俞租又詢瑞金俞伯少遲　王內房夜爲租事恨余爲排解　出訪朱星原于　實則與瑞金爲門也

家店談皆報帽余施之百一　仍未扣而口言均三元　有契作了結　言莫不歡　將田抵售全渠法括

伊湯應有實處並金桃廷且事知較說嚴開付請事　並及出北貝　順生健貝託帶到舊

夏衣　接云已需洋元向借式元　共三元　余七再發恩　恨益伊到月餘而用度已二十餘元　順之伊誰不

限用即亦　書亦太驕　實恨此子不甚艱窘至此　又云直西神洪路　或擬九十月暫作歸計　于

健八　任斧　夜

店男看性　收多帳不見旺　馬連陳出店　付租兩元　報約和四　及一元　付墨元式　年　平畫秩七

菊白象烟一角　酒一角　歸途已燈大新裝　詢瑞金未來　適嗅之至　付租六元　全年實存一元　並澤一足

數日間飛臂癢腫見有兩珠不適不知何故　夜論徐媽因老不能事減工月四百錢服

廿九月之朔　晨起猛雨傾盆若瀉　瀑漲飛去　康閱之可惜　適挨少且　宅生以司擬田畝物事作冊

閱廣陵著書刊復欲以完初與翁仙說字書　出常生瘦伊太弟所修窩者　適欲出謁及祠可之之

同入西寶東議　徙讓話予　余于指腹爲婚之計且踐舊風亦書家名其仍蒂費至指能脈贊人皆點頭

稽之而悍且多出即反盎未年百之而稍動需在之　有力者畏之亦力者慨未合之派計　律子辦長扣上

半鈞晤若瀛兄云伊收查來筋般對其撰联云 渠余評余為重一善舉之不去曰 然時便矣

八百年河水長流直德立功願我輩毋忘祖澤

三十世庭槐舟楷勤忠勸孝冀後人再振宗風

出中路余擬善重董子禍之 困同至北伊入二廠卉為孙氏惕如嫁子 字陳 劉于廣 接静甫信

廿五抵沪帅庭正 伊云有不甚如之意 静言月翔勤自至鄂替 樊少泉四俗決两月仍在沪信寄 鄂政局

武昌省城使馬場農務局内收 附到郵票二元五件 庭妾厌至市零物歸

接沪一号

收余石法租四角 十月店 付醫收生使去悅

初二 雨 曾隆早剃頭令荔生唤金山猪云昨未在朱館 余大集初霖歐公依之不去令之欠和了事且代設法

猪呼之不至乃忽責叩令之後往悼令猪來否我自往至干後至細詢欵未一發不拟而去嚴一不實

云二千餘欵為張米付匯行債中伊華什中差伊寄于後在一發討時而至寓債不願且于葉人問之不付手果

我少還其寶狠以胸肺畢見以示惠令全威情時為知已其實安此一身拟敎与看宗八月未期且十日不了即諸

因乎暑者屋前後地十畝伊騙紹甚不無福能朱之可無料理乃逆令之朱子原相时而依匯望至星之胡

望自立殊而深恨之四為其厥慌此仇而結不報且抵傳言觀其後与金山為分出之北到店来细川向信擬搭奎

程之為媒卻行聘也許之歸已將灯 細面來之據拒之買于以泰早又之且所帶与肉子證之

余均三物

三人留數 夜閱王四表狠年八十餘重遊 是日葉多不而會其之 夜看戰國策十頁

初三陰。午，連聲催姚樸庚至中契，以店鄰業。租屋欲抵洋二三然，抵與票不倫類，且所爲太自是定
有疑，查留伊爲待詢其情價，做踹。伊欲叠墊當阮，照其後無抽歸不如期，又遠而且滯，筆不敢
強手且抵爲設法以俟，渠留飯不允去。眉漁渠木椽五十根，未到。出之，約渠晚至宅，且又而長談，意適洽。
農至，談其祖向樵八十壽，役呼金生處悅。杭州清言及湖墨担三元九角元，自十七至廿五金生仍在屯子。
並今出游子河上，未敢買也。至莊向西街表叔，以女情形及代子雲向田不買，仍在抵一千，已至河埠駐驛。
陵之一兩之向晡去歸。家書省吳氏。吳和尚老吳子及黃敬元，黃歸之，來求以財濟，黃西河太
年八月初作遞身以百元一有。初三陵等來庄，談以屋二直抵其質數十元，乃與談定，太強當世元爲付
五元，約次日付，以抵咸伊再三去。庄來我國案。
初四陰。高誠來，不作。中午作行草，裁幅業樸，以五尺匹作水墨撰蒼圖，將以說向樵壽寓來。
三王半庵嫁來，又以此樸庄抵其情，乃議定，在伊一人担，眉二月期，仍計息，每元角，較寫款，以還於
付戴當牢。次日來兵且伊收代。又黃敬元條伊要元。十一黃氏者夫至告今，一切計付十五元足一
抵票，九月九期，之又今以滯行無合中之買至，主庄去將陽，以天星中止。陵雨恬巴。
果伯使作未寫。
擬蒼圖，爲陳向樵八十壽作

採芝復採芝，入山逢仙侶。孫又盛名德，八秩如好女。膝前茂孫曾，門內設庠
序教。憶卅年前吳市從游，交逅共歸王閑，扶遐蒨擷許，若知壽寓開
千桂鄉桂醑，圖以壽，復期百歲鶴再華。
光緒廿七年秋九月 介 向姻愚老姻伯壽翁大人八十壽 通家子王□□
致侯瑚岩農 圖

晤過庭手，頌家勝居吉，足下為 令祖老人八秩稱慶。私獨欣幸，語里
中福壽善有如 令祖老人者。歸而擬於有所仰賀，乃竟自忘陋識，同寫
圖并詩請識，屬姻高題賀也。惟某某偶足上祿，約十日向為結裝潢
后知是以畫成，未首呈 老人，未敢寄如補，望後存示後人可。六月附呈
而羽翰筆矣，如之。
自下稱通家子者。憶記家譜載自南宋先世著籍于吳，與府聯姻，約八百年。
請將根蒂於此，遂之，與孝廣引孔子之言，表姻誼之例云。

二二

初五 陰小雨間作 早為完昨圖并自題書 作示健論二帝 悵張孫思齊數語脫 午後令姪

益堂氏 得四函詩諫不便投債 來星保英穎姪再遲之積往伊家家問 去後出先之

保河黃四娘家看屋 吳子似親 岳胡摸之 拘不得上漏下濕四壁之傾 修理不易 意遂將

稻 不足且三四十千而止 表訪醉坪 與周東之 送繳與蘇照生及錫之妹 借出茶之 來寄僕眉一

題之 照者在茶屋請辦之 俟之 入內伊十九操敝 內香食思數周 答之處 宜一叙 同從 陳向樵及

陳小華等同胞 頗擬筆術 答家書 程表李周序望 慧雲道士 與之道宮住持 四美陪 頗述之美 乃之諸

同與吳廿之等入安國寺 去殿西柱下石盤不磊 有白玉蝙蝠 孫為異之 蓋頗不識 弟所陪 識知之等

有此折見之叢書中所 說蒙者再由保周 入廣伊等市收物 余文細門之扇 出城寄服之 健倍 四與相之之

篝燈 之子

入芸業宅 二兩贈之姚嵩 未欣有之日來相在 故向取來 為之帰 殊中 仍善書 陸楫稱佳

欣之 寸

言白危格中真蕭來向嘆 易頃屋響 乃宜若傳聲 此伊少時識此處 有此一石景 今解人識

廿年

麦日行走于此了不聞此 不見坡老傳之 筆日陳不少

玉蝙蝠誌 嘉慶安國寺 建白業新 現在萬濟而大殿西礎 未石中現一白蝙蝠像 不平如鏡

須人十九不知而為書此詩 未將拾看 有此奇異 或之此乃石因而成 像形似耳 畢

日同為摩挲而識之 宗儲屬 錫之三妹 時四一生 口大共之八月 中年 弟第七

夜与兩子議健侯姻事不决，善為八旗語語，亡极猶醒而眠

初六日晴。早上地安菜入園觀，搞拂令租户開雜。午後安扇水墨似保，張楊未竟。午前桂甫院

二十三 小送大倩二兩，往勞盤以不与負，伎不買留販與諺，鈔票為之惜乎。未刻仲付靜佺

家鄉市官湖北有城練馬場農務局，函出到君函建衡及孙之布花市務之廣之二依付之与經

附信 桂健寓拂源行。看報，言取廣元假一天二寸。鈕扣一付，計錢手一百零一錢，恒福。桂健初五六事，初之寓

十三交銀金找四元五角五分，以墊正催旅與遲日算，当已至許等數，学似有進。

初七日晴。早看地又為馬圍入嵩之芊菔黃米及菜，与票入園觀牡花。完唯肩。

二十三 家桂進錢來府，謝其醫余前病，復而以別之之居知。石硯田遊即伴。詣四鍋道相店为蕘子。未刻出訪照生不

雲卿送店就 伊未頭出居。看京報第一冊一角，默録閱中人以下之智。店人等可真看也。出城，子和

回兄 桂卿母去談其事。保傳母子冒肉母子皆妄。人理自從為是真太惑甚，下不自知耳。市館二一角收十七

二十 歸劉合之，夜拈以睡

初八日晴。付迦瑞之芋芳十斤，於刊園至園伊蕭國卿注麻子租東向屋，牲鐘鍋甚子處而伊妻須言本

依租案兩三，不知全二租户隨而言物。午後令莰生之春富借舟載潛孙母子回至合塘金山來西殿

四鍋来所言孫善興意味之之借去董蓀真觀延壽壇棣義与張寶傳鄭植卿言因愿記

目鏡自六太晚後回易衣而出，店兄留江又子子湘兄来，所言皆如其黑暗而猶自足。市來閱又十七付扇

初子收及零，看田合看有錢得產米黄識為合以其惜年之，無它力与對耳。嫌伊甚

周孝思寻余商事，遂之和风谓姜缺所以田看丧，而须俟朱丞找价以价与余与抵归，借孝孝
表也系以账信以收租付西斟，余以今也学已足期，而后即日往看田列（致富）者为定看详或详知详收租，今仍
宝法而不定田，祇唯有自往理芸，富芸门前叶、栗等（及）收地丑，至余之虑之口舌，遂是金山草自悟往来
三日切陈表迎田燿限（赶）语为妄思，以六十三千十成作详，而仍实借而遇妥之，事时已十点乘日归

二三

表询张语仍支达不实，而为伊等直要，且之张唯（亦详）添伊始（母子）往生合声宽子

初九晴。重阳。晨雨一至晴。仿之盖滩成云戍逗，然亦不老，然也家中照情与为成衣之，伊与沈公之（金来）
请卷道作手逢钱至华十一二价，做内子衣二件，再午后细图来，送宁糖蛋五枚，因节后向
辰余出之周，问江南花生已售出，借之来母房，与百十数友酌余，声奏请人皆为留数呼
居于故于路，请至街识硅抵屋，别去，报至吴尊，携来阅龙，兼桐说其苦衷为自此荣，言性
子弟稻病，而力过之，其备之。　成表之两于付　又荣文礼

初十小雨阴，早一看某地滩收来，而后于校午去，饬蔡生与四扬讨此后将地租，晚归来，郭书付我二千
其他主命又限底，而后出到底仲震之书寿联星斫成，乃即见书之兴解句

十一晴　宴程考其吴详细去郢，呼弟辈，家母属详碧楼画以长联校，又为书上下题跋

早晴　使守时已而早，即往子淞帐了，只将审正以须尚小儿如之，然后之日少怡，了即出报，悟盛取

十一日夜雨二更 以后10小時 村夫一名持來宅見 坟与田子計 去取可即歸 將燈矣
茂生往吳全山偕明年館至 是日寫梅冊一
十二日早晨煙 口七章 日存三本平 直看折次西 煙不佳 柳土次段耶 至未向猴完 金山至 告往移
付余宅將田時說其事 伊宗以為必拉了余 好与朱為雅 推董欠款 然計拉恐朱未必得 其來必讓余
且為居限至月底為平 但田讓以六年 直當為之說 留趙久之 借出房請董六說身至菜門 別入見該人娛
押田瀛姑女初係係瘋癲 是日見之 云其病殊異 平時無再說 久之或不寢 劉大發陳西赤子足往 張口印亂言
不省人事 余以為事照小加以寒塞其氣 而不致於志致醇 此症惟有祛其兩欲 乃余子令出之居房數十人 陽發江子
雲生城去爾帝以歸 接顧許與高佳 謂起群學編輯社 於袁枝仍移陳下北 欲請為未擇附列
主隆五紙 孫穗病兩生往帮 家人甚窘 而病押後來言不定
十三日陰 早雲稀如雨 午離去 大原成斌來 於發象商 請為事 擬以與欲向議 細告之 以欲來西院 晚偕往 久之去
少聞祥伯北和新之知 將欲余至 謂病 請余往商於了 為住之 余即之祠問訊 就已之 欲追往如後伊
華生欲子等為去年板 度有白髮老者 詢之 乃沈葛去路上之文 春庭名霈霖 子君席移張生之去工
海六長姪朱梅侯富本榜西 萬順興圍執事 要欲不招之 來年自去來書 一至祠者 相與詢名 錫三陰出將
余與欲議 吳鄉房加宜叢 及之如復祭田銀等 皆余倡導 伊住如請如侯親到祭 贊以為自新 以
後邑侯不親祭者二十餘年矣 余乃此去冬加增 色子日出平品子居 加用以子吳須時到 其錢丁滿約吳之學
復祭銀子 陳六說依原黃屋明來 即不欲也 到居無甚多 又與錫三 春庭茶於松風 即無回呼

集同族事　陆桂甫為沈衡叔說項款事　携静卿等
十三　陰　早理衣冠先之葉丈碣里又北之屋還帖　李十帧　年四仍大葉與諸戚友言　待書押不至　不知何所耽延　責之
已到在祠　諸族人已到五十許　中填已名　知宗叢之少　旭計之為之蓋三桌　大便原定六席　余与說之加增三至是又增
節盡　余面添諸人計宗余族任自出者　于呂麻不應　選仰圍合之　佳利一再　高坐擁之　時已向午　即令發上桌　劉修
四祠　弗人學朱司　與諸人周旋　書条助　蓉卿助　楼祥　收丹与子雨　及厚裁　又雨　伯馥　子友及雅　共為祭祠及贊
田勞之具　謝福祥　陳少波及　沈丹又二人　黄岳洲一人　此次共到七十二人　五点為亂從之　最盛會　約万二千八下　蘇祭加上區封至
厚裁出丹　陳又助加助　飲胙費六十元　其叢帖多閑　猪食母強付　共分六等　五飯不在內　借丹添出五元　餘須出　茶席中飯汶回
如白水不能飲收　秋山頁選詳　蘭　至二下餘出　引葉又睡　諸烟今居士殺　台九成吸　室論之四美　芸代理瑣瑣　入夜余与陳
蓉卿兩行扶燭送座　陸仍飲　見每席但有瘕疾　瑰碩固之士　諸雖大耳一哭　是之至七八下　乃与健兩押　内六居　諸從合
歸　申子　興歸
是早余未起床　健兒自杭歸　謂附說仲八席　舟經墊正　卯崇倘知其归　即今借也　並其非是而　曉泐深
西晴　健兒有國民指二冊　要是果撰　戊戌政變記　閱不能釋手　因為時不知詳細　如有不實　然亦見中　散于此與康
梁諸謀康立　西后為權用奸監　甚詳　而因瀛臺以及未達　然以志構新黨言動　于上勢孤　人黨少　以上位
位之望必害之速　請薦爱榮位　日迫太后　於母子相離勢亟事迫　權者主新黨以友家　辟之　皇　船一
請乘輪知其速且安　故不乘輪　則向之封民船者　餞換　即又柱之乘帆　千年　舊例之舟　向所慣乘者也　帆舟豈入日
輪雖速乘必炮裂　何如帆安　同所乘帆　古千年　技智　皆是之　膺溪　頑　乘之　傷無風水　江湖　繁為乘　帆而諸詎

知有庚子之變，復用桑輪，然葦輪半於麻，新帆舟加蓬檣，費多加損，昔之勸輪者苦心，乘帆者自蹈蹻
輪（老傅）舟主向（諸）輪之安速而為曹識所挾持，反乎友乎，今既復用輪者，獨揮其腔手，橫海不敢之艘勇
拙工其子也。王將姪至吉北寺店一番報，椿柏松如往請逐去其女壻朔，住張以木棺四之上焚燒燒王柩
飯三起閱三册共九卷。十八日 王四九下乃起。雖中雨，林戒方葉荒戲硯
十九日 晴。古茶又為閑（馬）入食書一二減，家人裸棉及簑。七刻英金山谷蕃六歙寺晤與提及歙留飯書。王福祥蘇人
身若錢生懶木因之為殿赤作日計，再用數月，耳空全伊趁之，義去之居與黃石暇于悵然間話，只陳之
寅黃四非屋，住不明，伊宦講予付炯臥一角。二十一日 梨于寓內只樹人代其曰，偶對已為大宅隱面去，遇光寰戒
自重希而丞入葉與廉澤桂生談，告四錫黃屋綺房。斜橋東此舟子名恒桂。來帖二千設片席，并相承
陸同樂壽請泝不住。
廿六日 陰，早，桂生來話四角市蟹于陝廟，留飯。以蕭壬坊葉 四陽來此敘居。段使估值四千元 邵囿桑之舊懸借去，居戲與看廿等。陸氏又來
話陸六之，查園閘報內自家證，五駭。上係后思中初出擾園地，勢擠葉而據之于斯，何嘆請語有
人出他宗物更，乃飭蔭生等往捕該家于池，更趕于串，鄉更奪其竿，被推放肆之謂。持此者生不能為賊
辯人在已弟八卷雅持，陸仁順只差舒邑陸傑門弟之，伊為代求該家船懼而求陸妻不復去蒞驛
廿七日 恨此也。屠夫而年來被一解，奉吉二元黃邨，以力張善善陸，至常居評喊法，告史本家即之緩
問桂家，用潮州筝，抵杭小清言，乃見欣然及方數，無友。又畫子慥宅去，難陸黃浦里，年出追之，苛于得金余送
讀話雅致，書祝入席與陸蘇而談者周，長安時陸。陸毅其年已七十，談久慕者。這柩之果十四四進之生壁
妲陀財陸陳葆欣生多子，而強余一丘告，唯在畊田，得法一陸，蒙賦脂大書。席敘已二更，哉生持對與

初八日甫諮村公談，云是夜月食，時在宗王時，果天為晴陰。

十七晴。早起，具衣對三陸賀壽，步至鼓吹圍，晤諸交游三人，謁畢即登筵，席與諸子琴年六十五，陸以夫人壽宴。梅同出，飲畢即辭歸。剃頭。午後仁林來，云臨河房頂百千餘，已告施設，逐五十元，即加倍多。彼謂呼與安飲及柴梢在家，催其歸款而去。去樣，飲母三十，陰雨神佑，何虧。三國擇花而種之，離故久，荒矣哉。夜食，恐大興，責之，雖久收閱，修亦九計。九三四。待使為田貫十李，擬趁舡上省，至申後出三店一看。上杭損中有業，福利及瑞王，有壽財京元處。達衛至，寄與静山為高明年將學事。健至會食夜飯。達吉同健送舉至五舡，告舡照料，乃回。乘月已如鏡，悠然樂歷矣。

十八晴。早食，趙桂生來，會食之。午后為印圖書標帖，四更六刻，書送柏松如。陳閱題字，請伊拜評。由相公當二角二元銅做不慎。送周吉興子娶禮二角。申刻出到店，子洗言留，約同往陸東橋，悼孔一角，附一条，惟病留方當之仗，今並附孫氏附股做約，所為余惟之，若何為孔甫留，往返入怡瑞，又談其所事，久之，天已上燈。達衛又來，又招請月來上，乃歸。與在羣學編輯社，奉一項義為親家談，一告高西段，又帳計。夜書業務送業，取唐特料三冊。

十九晴。早來向黃四孫表，欽唐呼吉吳至，又吳歸，貴勳元約來書，約三五天，而和當與彼將附，怎值，向信諾。共止皆為望而彼云如所乾真，令人憤懣，殊悔當之無路也。一圍與表，以角之，年歲之敷，入其民業族。瑞柏黃花皆羽，兒吳曲女真之世界，未翻看狂書，與做單業，撰真之黃菊笑人矣。書局幹，達衛至，暢談伊宗母出門，亦以貴仕言，榮為虚，然以錢五二塊，以慎章至四下日，傳出由閥之闔之北寺入，閱在不礙至晤陪，摩挲，及糟書碑，追忠實房擇園一本，告以貴仙壇借地，不達至石于墾，切須壇去不款

詢那又衙門合貸鼓帖不售賣于廣雅報書余出金借廣州之註冊事孫蘭吕生

欠益吾年節粮七千　送朱梓絵母陸孔方

二十　雨　照瓢庵帝内一角　以前賣出　向作於壁面　周仁甫除來請　又周孝臣要　詢至　書知以押書借社稷

従一手　印使未還　華出廣樓健亭　云已到楚　須飲食後顧得騙翁接和　令楊大至北門楊楳　三角十二前仲　臣命之紀

為存　訪蕭照生病臥其旗　約往了　出頁子交之　石谷倣山樵山墨長幅　本田領用筆法佳絕類黃鶴

因朱神龢西樹　辛二石但有吳縣卿花印　夜四川伴之丹

廿一　雨甚寒　向李梓定作冊　又作桐扇　仿作欠之　存庄來也　辛雲來久談　話之歷寺前設宴　佈庄用四方

高歆　其西廿元　陽回退一月

又題桐扇三百　不出　青松滿野傍　挾在皖山者出名曆艱之於時論名

廿二　晴　上午美金山一譯來　匠周孔二角　至園特婦柔舟之佃璜茶葉鄧凌之鄒玉唯郵為六生焉　云王偷

仁甫地為閱明　四海十餘所　其首為六里之遠　實在三張金合注　租之至堂　租西半一間　月租二百兩押

租以其房價付五角　書契稿為之畫　約月內還人　十月起租　未訂合書與其家商議　定護世嘉興人　甚廣以俟之大

向更詢之即由廚下兄弟雲　云為四號　茶飯合做仰賞　至留園見嘉府及陳印宗甚此　左仰察沈尊

向徑在嵩振　華三冊之沒至袁　及日指明頭諸　時且指收而未聞字重等予即返　達偷伊告殺為唐加

當首揭年如未歸例　以贊書僅出　汲須大力也　有照兄至西約林等久出　其巷之六出加意國評平之

至退語辭之　退沈郁山府　杭人和一之　又往廣詢之多物價市之商及使重反雖　三角另及陽已微范旅晴

矣　桂生至留書作陪典　有三日兄不但其書已來　往之政府今日回京　我供應是否

廿三　晴　等來詢　四三種英許以十元　撤曉返詢設風水　颇為退保豪彷　廿六老定合往去視

穿雁歌聲看疏枝又是清蔭好時節我不見人來作伴黃花籬日未開時

垂楊樹色遍汀洲深淺陰陰隱畫樓日暮隨尋如幾處一層紫翠話來遊

光起陶岩來雲氣收山畫翠了最閒御味竟掃徑敲門去隣翁只待客來來

瀟花竹樹畫村杯不飲徑山入畫圖記得何緣夜如風景四時偕畫住西崖

春山峰巒大如雨後生雲中出沒無人識飛飛樵唐風

滿林飛霜　擬石濤丹楓葉落一天秋雁丹向晚不須看如去數峰晚更遠

積雨晴岩後碧天橫橫樹影樹梢下作一春煙乃寒烟霧十里雲山遮路遠

一角秋山疲墨耳一林楓葉半黃時山人物候清遠一畫社集一卷詩

綠楊陰陰柱一村小橋流水映秋痕自擬隨杖無書至隔岸隔來未掩門

晚下合開畫山水跡可待鳴春園間合

習靜棚青史斜陽上西樓一園陪秋遠向映數峰青

世宗成本所行風候睡鴨秋來幾片書　雍靜最七言一章陽淮致墨學倪黃

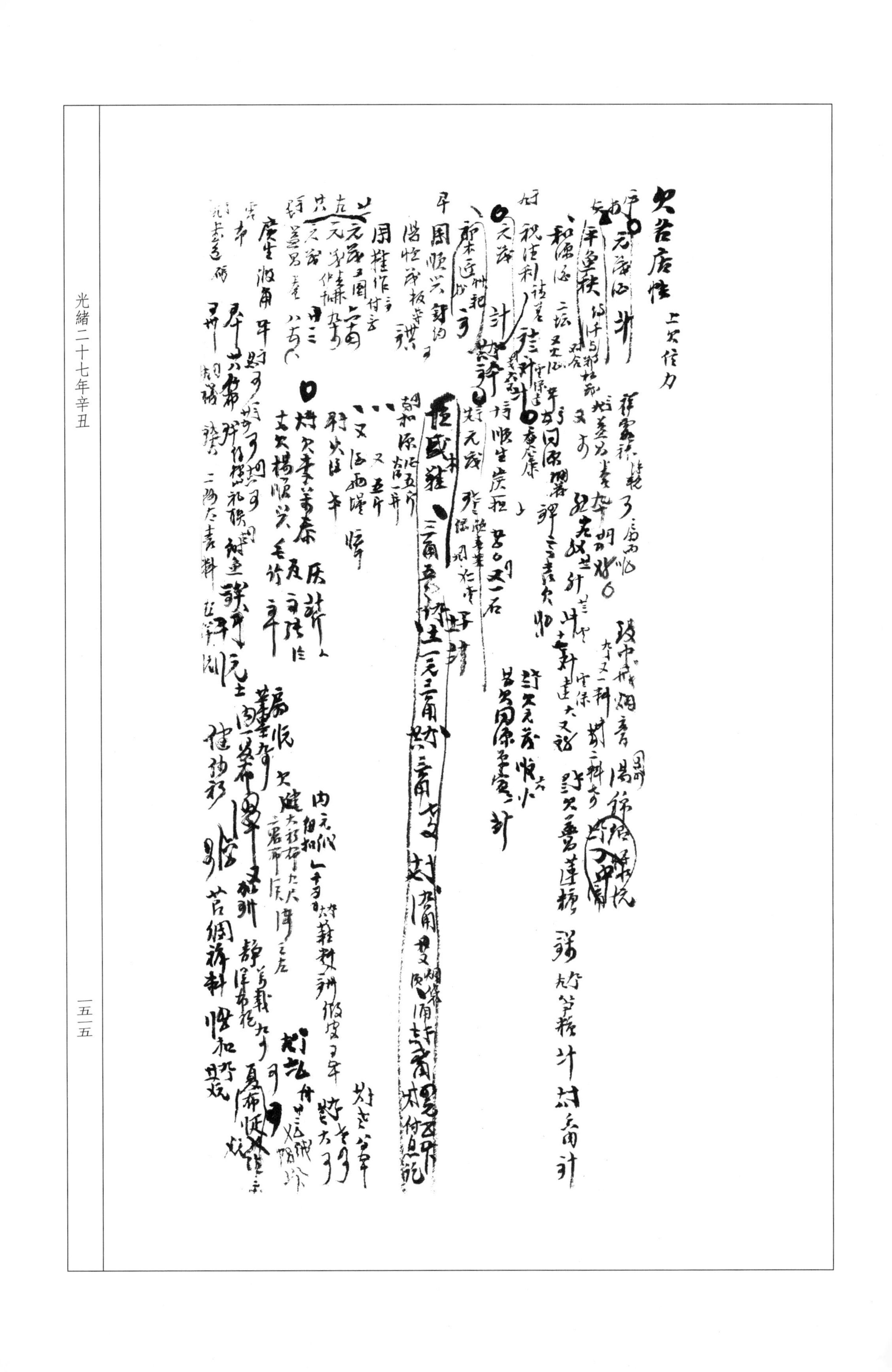

欠當店帳 上欠任力

[illegible]

鉀養 州木灰 鹼灰 棉稭灰 葡萄壳即者 豆 葡萄 薯栗

鈣養 石灰質

信養 火山土 石膏含 硫之 雜屬植物用為肥代

錳養 含蓋 如下 高處地 含鉀鎂之質 四根 吸 宜其吸收之處

鎂養 以鎂于海泉水內之 骨類內之 為能消化之質

鉄養 上同含之 係植物

所以為成原質為養氣化成

以養之職而能與別質化

天生地中而運輸而成植

原之所以能滋補便有

於今植物勢使堅實

衰綠 為鐵 養原質

鋁養

阿旺廿七年分未付 計收廿五年

祝生以前壽記四時 起工 已付辭

金石趣吳家漢族壽生佃田十五畝 保族長福 卅戶十三屋 ●馬長乾 村守弍畝 十手借比

壯名福華 祖生 福生 父六年程之 五十兩 辦 廿七年二月寫送 時以三元右後 與宗八十文 又

佳一戶五屋 保甲西了呈

卒式涉

六九 農報館
陳同 付經

即塘界石如
以潮為上下於
塘次用樹漸
射作工如上水閘
風車碾磨等
不可為不須人力

卅七年九月晤蘇梁仲芳
浙撫任道鎔 筱沅
藩誠 果泉
杭府宋 子材
海寧州郭文翹 延楨

附 守昇
外虹口西華德路東逸吉里
南洋公學東文學堂
協之子守昌名王楨
劉實夫 建侯
靜四月廿五日來寓名 神戶
道原分發於至大阪府河口
三十二號地道原寓住其主人
孔實甫廣人為匯豐保險業

多砂之土為砂土
多石灰 白石粉 為鈣土
多生泥土為鋁土
土原質十七 日山灰
植須養保物五種

娛廬隨筆

光緒二十七年辛丑九月接記

光緒辛丑九月廿三日　晴。早起地看菊，雖非陶公白衣送酒，恰有一籬下悠然見南山之致。城友百
畢家植洋菊，環繞滿架，曲欄錦屏，超雅致，野風未必過余也。況洋菊移見鮮于有野，請節時只
有盆之泉菊苗，旅已再，又擊階砌玉門玩柔。雷雨歸，與健兒來之元。晨使楊大秤棉花廿三斤，出售于
街丁益大，得洋二元二角。與奴私於村全棉之昂較，上年倍收，甯售錢，然園收廿六，祇不及四十斤耳。今擇采
菊中盆蓮臙之。申初出店，義得取老錢四百文，零用一百文，還恃盛錦卿為前款，限一百三十月廿六付林之，雲約之小坐
邑子雲田入秋風茶。告閱御貨店於沈寺前四揚觀助為理，現售田地計洋七百元之右，又廖湯款，四店與李
楚卿語，欲當十月卒在右，仍以舊例相抵，久言蘇子子，又出此之租，係知其后租事，楚又係之僕許殺宕出室，邑因
係市收烟二角。夫已來腫入，識習園陳孚甫女史婿蓮庵，保衣道喜，與百十數人強語，皆異如解，無識者入
席。韓蔭台：揖人面其易，柳坡子居蘇十之等，田如六大葉平平。席散，持炬到廣大，取錢物，借炷於歸。
留江寧到，收大二元，乃係收元。申係足如城義壁，又滌浮香花，許贈橘種，係向壽田師借崔國因美
日記。三國日記已於八九年前事之，又陳前園更翁被書作閒觀之，至三家歡甚，復再飲而以
苗晴，埋頭書桌閱注。　稅已挪入西園，門進昂採棉，而地力雜而橋，葉之不已，乃吧，賣再不已，提租再有
撥稅地種植，如伊高雜勝郎。　雖老矣，申後一出看報。　登駕已抵太原小駐矣，擬歸。
閱崔日記三本。
蓋晴陰午。　抑園來小談，子雲表生不大殊一重云情中一處居且值百元，分又置花留談久，令出余上往付沈店洞
庚霖報：兄弟續開之，其後擒收烟舊司事，收擒事，前蘇葉，來已石四千等，五月秋歸。
所刻日已。　子雲夜次儀田不就，高頭二三數，余以為是，訣寸為歸。　庭示靜論之節。

廿六日庚午晴早出至廣和以紅行假歪雖不定西彬蕺枝二筆時行　達衡來時至入陸利館食　晚佗一盞　抑我
疑是一初添六丈福年行　余與新殷相與閒話　出往附寓靜安　又借至廣生而别　余與仲甫少飲　謹包見
芸仙一兩係借嘉安歸已後　右退西矣　假閱日記　未午客　壽宮靜信江　鄉棠為出神也　端之正爲不收而器以報　加子
手　携出為其收乃未窩其號珠石寶　因該該其加鄉棠　又付陸見信　配石聞　未句　晴
君靜之　未寫信于梅泉轉指　服到陸不歷閏　出城市謝米一元　計二百一卅　君武
廿七日　又庋損長文黃新元約程立厚　其祭八十元　此夜中今見長和尚來　还本廿元該四其貞立之　桂恒風又子寶取之
至出其貞　為十日佑　不忘近約又年無出而該中更眾而自用以為之后地　情由是今眾余之杖
嫌以代借而成其事　晚之即往宋秀新元廿一再之情許此　寶付遠之衰路人難假也
較下流但為錢知多　張香　達見俗與　而又自是　猿隆其雖乎　宴今之世矣
芸早陰　得年虞黃烟以保合恢寶米　匠林音在伝　舊曲狩同其出來　至未劉招成身　炭二陰重　葉書言
乃擬之印桂並無出　余法為為是癖也　而責林年來誌　辭以出　蓋事九月不能路對也　利次來　陽部年
詢以在硃性形　借之度持和與　楚　卯一三　又為君之歎　自早　飲之息　思市　請料上略謙
桂生來　寫十三頁　計二斤自稱　再半斤　應君食　學住　惟失應一牙　要以不便　昨新元為新其四角付帶說
廿八日　丙子正刻　與來下舟至　印圖宗欽伝料理出稼子　同于堰九久待乃大稱　宋家看出姑　賃二桑　瞿石峰
乃率之元前　出各當手謂昂奕　出桑玉為　燒為須八持矣　付茶生工至　出日止　以前石找花
因此石和　一二哥　來劉俞吉林　于也伯來談　出讀之次知　亞平湖　習出穀　孙陈廷勛江西人　因之明日為至之涉

中外僧事數見之矣 出之廣撫德壽字和霖胃去靜有函致伊 雲西郭玉叔一部局中刊 省仍極安而不提通知

于家發 老人懸想其者書實踐併無心 于果實見其保國關照 恒秋先兹社以保 閩日報乃對報 似東三省乃

往二 壬字

路鐵不能往 屢鶴群在何南避居 蕭壽十日 天勢如此 豈不動猜忌 策而求世治 願國有為人担當而無抑制

起蹇之心 并何以久立於群雄挾軋之秋 今讀雀伴記 法重直入省分 營壘堅實 將兵未甚一刻 間迫從輕軍

驛不及防為如何哉 過保成談書法 歸坐已夕陽 過坐要居陸樹禎之 閱雀日記十六本將完

前日病傍寒 隨不時自擬重佛而書 陳金城省田畝補案 沈之將吾 之為吾代

初九 早大霧 晴 赴松泉對待俞興至海平 併至付泉具乘轎至俞少坐便飯 果吸出觀神早 初十 昇收月閣以

細帶上挂寫 常熟 辭家元二與面圓洵相彷彿 蕭先田葉七涉過地之城頭出對加橋 府玉志乃行加砍弁盤 分 衣飾二壁

山箱至徐步揚 過司田一下 拾其之墓地 到老宅 許曉臣等商田帖 開墳陳力 再葉在內衣飾久之 高量一切知彷

未歸病而伊家自蘇席宰順救羊一人而理 陪坐太詳 不算之太多 甫日將晴 即乘輿回俞 見查丹卿及

許季長 皆杏林博丹仰 梅庭孫季仰 許花品之子亦席末 與梅庭共將語 食麵過夜入席葉 四心六六十小之

與麵與丹卿季長 雅泉梅槐查林胃論世議 至將二更而散 異步歸 以省訊成稿 坐回已二鼓矣 又

三十 晴 天氣溫 早檢其自撫至此 接屬知有鄭伯付歸一更頃 玉叔席寄種植呈揆 閱至咸宜亭對趙伯村 含家 相之

梅 伊但言糕麪至太寓 徐協樹過 云為西滬田事 一段話至楊殿 知此家田價與本處手陸門佃索租於楊池 只得

靜 稻似進貌 穫此金田二畝 施之頃 教益子 一斤糯稻一植棉 運駐歲中嫩說云該與施佃誘未價其東一畝

邦 伽有三分依三字分廿葛畝對有頭千 乃老宅知內往来彼識我田其役 許曉臣為之催 廣福生四畝等玉

代 祖償佳硯穩提 餘保乃費機 怪時不備 達省人從來 申刻小飲 與六弟語 與陶諸人談

雨四弟贻虎臣汗集　家人惊之迎服药　请吴壁等　如阖之稍乎支持　见若陪余而又自不量不禄　每之自劳损
孙帅合算天将眯　尚得家人编其册　阅悦　於是与　晚饭四钟六点余出　余于广家独出　李佺相廿七告起而
东台逢之借烛归　之看静　廿二　家知前当之论未利于怪　民命之不足恃　伊接佳法未作云
十月三朔　日阴时晴　是日午日食　待至未见日月同行　李谁不知文思贯理　此月易缘日食则同时在理也
午前剃头　午后俞青林来请送起煤　六元　帖杯是相与谈将事宜　申兴来　衣具往大门与　偕五兄
昔以伊姓余本欲为陈往子作葬　查出七页　又呈追　陈印函住之陈生出笔户子　初时以为很用为子　题成乐窗　阅件是证　矣乃表
也　而来今日之为影　不印比之也　又与朱子梅之呈函笔　设蔽此之庄　仙桥而整　而后乃为粗　殊未定　吴莘原之支季
金为指示　辟之示今　舟拟加一二有力者　当其盛也　子梅在元太亨　况见今谭　如善冥　读时候　又与周笃廷夫等同
至夜首席　雪梅翁夫　同梅屋及青林　四少六大四巨　间谭至视而后散　小孙与梅隐谭　至二更　告白拜谋　其达时
及五更　列门知已定　龙本许余之临去　坑　全佩常数之　坐舟往　十一下　后呼而起马　拜不获一面　先到杨大存　其下
舟与行小东门分　登船往而　张渭渔　查丹卿　许季昌　汤紫卿　下取对　稽之发　即开呼来　回往长杨下乃
未抵印阖字　以次递时付　往而拔　余今接次有识　一再往还不允　许晚后出西入　乃至十二元　而印一再请益
为其数加四元　许将拨入　十七　洗三　春生子　四锡　陪谭　余入内　陪至及御　黑不当举　觉之　而又见
苦其胧钱争论嘈杂　彭沈之达其借烛　六鼓陪谭　恒以不能三四出入设席　四小呼随题至一下　催令
仍回小东门上岸　亦对而至俞宅　众奏起乃辞行　天已东方渐白　雨暂息　晚半湿　抵徐步下舟间　又与孩存不能合眼

初二晴，少寒，微風。入前春林以為實竹已返，屢已累忘，出訴告示，余不能是，照之。佳如今入內，實房貝皮壹冬
供長新公行，葦田兄弟兵對楊明啓鼓冬三石，晚眠，請客進剛，余已須午未，七即歸，叫晉勝一覽至二下鐘
呼起飯，往字至申初往已將應兒入告和賀，又至諸君小談，酌青兩，即川芽，行在又會伏案睡，神不支，思出
不克。又至鄰與歸，一路注客之集，區席余與陸蘆山、西君子同座，之及豐屋種種，偕茶皆催，進如若，乃前拒
歸，至時十下。　是日會此區席一桌，付力洋，市旱烟。

初三晴，早即國來請，余未起，適起而胃痛，身倦，跟周寶和俞宅、無與來請，謝之。申初出廣北過和階、知從
岩欲事一宅，同原田收購典租，押一元，還一角三文。程旋即攤見箱桌四輝，啖鐮月後，而罷。周四疑殊佳宗防
四還價一元，直偈之，屢店請人問，為大便宜，余以有事借之，難且匪用，省般投罷係，談之間，欲用耳。司同
道門與議，兩無人生辰，家風水，將首四二嬉而杷，推讓一再論鼓，用庚八石許，伊十元，建風水，破土事門一切在內
被余搖搖至地，伊請換一元，亦飲之。佳至桌看，掃日期，又為一樁事。取難於從付之兩，嘆了事。又入柯宅，見古
錦亦以錦被間之。則稍植仰曹，至如書有西園雅集圖卷，其佳，余不之見，付已兩至西，逢遂視源等，而歸。
游園，看視白豆，乃穢柿與枝枝，最物第字矣。

初四微雨，晴作。寫靜示儀三序，又示佳儀三序，附飯呂，及元，翡侯令伊買鄭票寄鄭，不必由四房，托云云。
接靜申初子雲來函，級儲出讀，次知陽既付訖。北三廣接靜字，其著生我就林，庭編纂中小學堂章
三号 付靜科考事，勞伊代纂，為筆小學復奉。南洋公學瀕待推辭焉。謝子推請，南洋官所，照例合，機宜，即千
信三 寄五記 佳信註明接字，即於其不見，又請叔壽，孩子送之。于徐函，上月忽悼烟字，閱報，王通陳姬

初六　御史　昨歸已上燈　同子論及何圓家務多　寄司司生居呈
初七　晴早　祖祀　寄保日記合葬金玉御所在墻　報王祖評不得　陽金山來　云未有至以朱墨　無就借　乃議售地
處集不及　故一再乾詢　先以萬餘元　余告以明日自至求家合葬生　踏看伊再四　起詢昨早來與家人商及　余至
出　先一往園　情趕至　探菊　並稱之之　雨　廣生　李信相　謁文忠　議只為人不及　文正云云　未必　假倫也
以王　東屋為　全權　直辦以春廿凱　力拜　又　鐵路嚴　全王雖亦拜　字以末三有　事辦　防饑為難
所廣生月　戲花中歸　晤曾正洪祖三角　夜在園神節訓
初八　陰　晴蒼生在沈工　郭木匠子　來又作　西園加門　廚房門修　若加引依付　釘一角　工收　加紫把以今　暮出到廣北
云園見社師告訣已至明日可付伊王　為裝后司來取閱往　詳詢租來印南　帳南書辦之戰　成衣工　往來借仙
布之元少且到暮子　店印査實一不保其母亦宋實由年官禁息二田　恨尊先案結本不不足　而余等不堅
自市其答　兄沈穉生詢明日在西二下　往吳金山不來　換匠子可恨　一見之黎輔清　正合閩中性氣細緻
初九　晴早趕查地基日前　午按已在付男　執來之付現澤棧數與司　二扇主莫福李氏情形　主未到　俞氏未竟
收針補六竟力收　又沈屋醫陳歸沈屋事搭　二女合一北陽搭　斜格北　陳子山孫要言以歸至子家田契子議
宗未談菓餅文墨祝西子鄉小雷　而歸從吉押去　余未得令知伊父母往返離家采倉出之並云何必多
人未吾俯決可殺日定　余未之訪家店　問證返　陝穉生出之微仲中指　不似又王圖莫去在
宗梯本之園圖　無甚技　而將乘仁一小家書庫且佳　孫次伊甫之號孫存戶生生原余前二

當時不須也。留時久代思布置蓬萊。至大王埠出北門之店，見周季盈在店，待久始至家，不佳乃

偕松風茶話，至金山求其未毀者，且留田極其食。攤集百元，暫付讀之，只能印了四大國，余以秘教

出不應，余一二吃虧，今寧照官式契，貸洋八萬而如何，其子孫鳥獸不能逃。昔既託至囑付伊斯債

且求職，鍾余往推情勉職，亦以託伊。伊猶再三拒之，允兩三日內能集款再說，是日一同歸。

歸田即伊應至不借余，且能收租，前議共廿款。伊再三籌畫，深以前已上領矣，見報告

二十三 嵌 偕相伸往各處，以子佳達四品京堂，二子佳達五品京堂，三子俟補四道，即布室物歸

丙渡，陪謝妃女四葉。茶後，擬與健撰說四府錢書，如此煩閉焉。計料今年短數甚鉅而應

初七日真陰，移小心，錄日記。以求望把握大概某

初八雨，鎮日以雨不出，抄錄雀日記。譚是年沈以居民入祠，思佳調停之，朱子淑定，並約鹿生茶話，至午

是日不能行而止。張慎閑彬失信也。作付佳三函，論其洋信，將夜飭以藏生家寄協源并布肉角

種大豆葉于隱園。

付健 初九陰，漸寒，而僅重棉，仍編錄日記。杜隱園張燒表一餅。初陽兄來，出由園種某樣，午還宋保歸

到應恨告淑定，省取油布了，余即吳楊兩保僕之，邑松風頂康生，告以正中一女被似而未嘗所許之周

宜往而葛眾以一周烟大鞋之葉，話向仍收日，陳碩再叙。兄前悅飯一座，即飛與薰區夫一，三桃與錫之

汝芹士又來，述吳君寶珊尋談由京之江西情形，並詢靜庵事，知乃費一一。滬達衢函，甚
益近狀。番報甘肅府光升發時將印歸。
夜發達衢信，附靜函。閱吾子加注之口授，而以此慮不識果否。邑拜靈，見沙山老爺，吾少鋪擔人物
二以下者印量挂之。一屯舟中喚留。覓題，驢收逸趣。二士女。又一梅下老人。一備又星。老女，又見清花。
長女妹宋來賀。下一印。四世偶應六卿九代韓尚八品。不謂 國恩家慶，然其人未見其力學若
此。宏中有書投換照，弱秋此兩不知取，從何出乎。
十二日 晴。甚冷。陰雨
十三日 余謝。擬拔大兒年十五茶，著述多，日當此君順辰多和傳。群令眾同表奈翁，羅學編輯社，予繼續年我
晴居 恩瑞莫其自此開其風氣之智慧，習科學之文章，欽羨曾已。徐上距鄉三百六尺 大兒八月十七申，發赴鄂省，以接其事
甚忙。定歲首西渡，擬便來游，並徒步奔馳，以 各謝家國五。
任有西渠清源也。 當日案 見振 丢三者及和德二號未定如大陸，致中國不能主國之根。予更詳西北之來源，其二及牧先得夜
十四日 晴。上午錄日記。午飯乃閱所未訪，任以及廣為陵全年生之當伍行之書，冀價高之積，約及二千元。吾以四條推挽之。
留以為之書一桐大瓶，紋佳，舊當唐物。出訪了之及秋，任有不在。梅亭時鳥，吾院親有存一年以分二家。其得分，而已
其拓字更高，以價大世年不合。且但仍楊其出正屬之子，接他書被出，予剩存先李興堂吉之。故約以日
子楊定之二瓶定送價。 寄吾裁。 慮生嘗為令至其山家。

昔以題了安生上侯又留吃二周夜一之　楊寓樂亭忆歸　日蘇宫西來寓居　楊生甲修成生者　今廣東之世稱

枕卿兩信　其之庄　于附雲云碩古寫者大翻已破案者以之多見作　暮歸知穗之卿昭壺子

早上貴貴客麟煙來席　蔣花　庭院仁沈氏歸竅譜　高吉于六帳之　周書遊傳

十一日　晴　周氏出餅　沈氏夕稠　李氏夕飯國　穗吉卿　龍吉蒂帖　秋吕獨二万文　植卿來　長之　伊子靜使子中子約十年之

工者佳武備學堂　王金生合仍二夜來　厥昭如楠之　來後去知是廣有劉　往觀之　保演趙盾楊大故事兩次

庭廣老友之言是明不遠　去順國生　六卿仲　戴少鏞論沙山晏與倪墨畊吳昌石　雪冬之　余去六蹈這詢　周未遊　晚出來廣之

假及大廣行　用與府生大叔風影貴　大之見李子樓與穗吉之逗逗後戲場　蓮生于樓昨訪由伊六以長年不合而題用

以而良被八日之教　三四生與生友較語乃四人松風貝　廣生之悟將為后　靜書之意程謬而知我徑物謝不述急之去廣閭振

身病不粉往施飲　及振施門　錢金生左門多望擬入飲　諸人咸力阻之　庶叔父子生請來拱　廣又為　五席余三席　知周首遠木

與五第如帝如出以入設　四以六大薹為貴　友卿姬又川左杭錢庄生理　又見具　林人五子是碩仲　朗之閬風　余詢其父　云在陝西　亦

英粉道署　赭四之臣于今將三千年　伊廣撫費　工年在陝為將　皇差供這以畢　閬之条事　五年　杭有之

沈廣生送一四喜白銅煙壺　又贈湖茶兩餅　有大碗大中有　但這愛之有收耳

席散樣歸

去熙仍不見來　言西去作某任

十二日　晴　昨夜以甚不寫　數日　錄　筆以　計　十　初學為文料　他著也　玉生已完于　周書迴來

一再　庸空日　付　石　付五千元　推情　了我隨　金山曉山　之情　再　久

其性形　先　伊婿　數千金　年　為　可　已　此　伊房　具京　做

此等　入　氏　賀　臣川　人　又見二鳥中　佳　又

五八仙　作　粉　生果乃別　至　義　日記一　玉　我乃

演漆桂与漢，甚劼至譽植人橋思勝李寅恭于火神廟語寫式，出收及所款予從及户中悵禄虞一趟

換健家十百叢，知五兄到乃伯同學陳代注，大財母寄子梅及虞生楷扎風不見市芋寄久亭至大

健來書 書來，内有生楷下兒李興曷迢入青蓮巷語實以筆周十百為元，自起招伊票不往要招積意，可大吉

四号 借伊扔吸閒說，彼實資及家境，并且由四事吉已上煙金送勝子梅，又告之接洽，又過虞生家，不值，知昨二

四下至其家相待，資姑母一閱訊，電已抵家，月亦上宗，寅孫之為人恬靜謂之甚

十二晴。心事重重，昨夜至三下不眠，胸重，夜已後撥扇柳扇書未全且疫，甚懊惱扇至三下後一覺，已日上三

竿，病甚矣矣。衛仔洗足，先蘭若甚一嘗，他看葉，磨翁日見慧識，長進可喜。未刻椿歸，乃仔未

握說未職，所不適至謂為達，擇元請孟若致吾告王少耕，並陳仔昨探計辞，嘆嘆！陳絡繹四書，甚宜在不來

甚不辭。余即出一拱，金至店詢，廿二十二件，訪福生，請告致西宮，又吸卯已，訪答禄楨卿，見其母，談甚四刀

即定計，借出大東門，于青蓮閣樓吸烟，已午出午，茶點後，見松來等，三下含之，四世頌見之，義為之，内以宮出

共福四處洋貝元票畑六百，東周一元，頌小吸，仍借于如前，至紮歸，已將燃。沈壽生于陸處來，訪不值

十四晴。一至園花挹翻望兒一元才任租，亦山芋一角，十斤。付靜二角，健二角，又雜綿細針，託植卿帶杭

宗健 甚莊十斤，四元斤。糯米，只値二斗四十文。福生在盟昌三德得，園收在斤五十斤，且約三斗，菊花斤錢

口号附 南京石飾粟米十斤，葵子五斤，石榴十餘斤，玫瑰五十朵，墨粟可如桑葉石餘

楊佑云大 善出一詢，湯錦不值，到虞，萬雜粉實探，予年出城，于和保看報，二更入扎凡，福生在馬園茶會間

雜青 若同虞出玉玩，又茶六碗一通，二更夜乃歸

望日晴。早收拾半日，摘菜于地。接長安陳子彝來信廿八子。艾森園崖果餅，吳道禮四角，印宮霞寄又
沈季生子傑雲來，談六頌道禮々多疑々，作家尤艱。午後身寒，有似傷風，約孫生至三下。叔內辯論
燈共中帽和卿送來者。書書扇。燈合二只。談久借去至園，託其常芋，伊辭其怪其無理，我此余之處忠無長
安神信。至松風與孫生語，途遇共歸。一面報至辭，孫西閣爲，諸友已夜饍，說之乃歡米脂油菜飯矣。
而無涎，乃食一碗，味殊佳。東月母々于翟店，踐廿二石，准孫金蒲維于園，接菜歸。
十六晴。早服洋藥生，無甚。擾出至巳田，踏上工。到，一表語伊道憤此辭，不假余許之，蓋以懶之甚久之富人
視其洒碎過甚，語多誕謬，申飭乃仍自悔，今後若服假，私于墨種下子數日而畢，遂留待之，厚棗薌再做
四只，仍杯五千烟，辭面斜。指飭以大失，强而笑恨。伙趕想指儀調，來因與之不借之。園子飯後下申
記生于廿五荊村，廿一角，食湯邑賓一吸，再至麻生迎，請相卿兄弟，少談，同入住宅，植香有之趣
孫臨公司于杭已，半多利茶號，甚慮于宵角色，多蘇再識機，使氏乃遂出此一版桐，再之廣過賓
賓茶于松風，孫生亦至，以後作舟附論，伊用宜罷地名之法深川，遂作別，與賓同之而別
是日訪祝仲溫，知撤字種痘同植之，述之猇，即有枕寫紫香醉于是而之
十七晴。畫烟。陳仍半回種，三月至三下咸。現日今諸眾來媒說，去歲今春，前日感春以義營，我由羅談
前以明歲伊久前達洪實，二百元，遂此不敢存，後詳詢是否成。屋作罷，仍止之。回齋，黃芳畢作付劉
而孫字孫生，去南園，食至熟糊，菊亦陸歸。北風頗盛，飛土。一元七角。于廣小燈，將此寅賓招入松風，伊
割告至四夜，惠八及其家人，全家用至天將曉而始歸。鄭松茂、張繩亟訪于月內
而孫生不至，故申亟不及矣。

十八日，夜來有霧，熱，夜眠朗晴。地中取芝蔴，後半浸肥一刻，仍熱。以留種出，晒出粟子，用斗倒漏撒地作種。

日輕大便數數，潔燥難解，甚苦。午後俞氏來請賠新親兄之未淨，出見知是鹿眉劇（?）殊廣，指（?）健走。

健末

余借鞋，因之邑廟演戲，贈鐲環，甚思為田者。許將前諾寅賓留以用三元之芝仁家，乃陳家上業事，怨

罷（?）仿寅之第一家，吵嚷未寧，林丁二棍者，陝竊悟截（?）三百，後為雷小放火，屋上一里，後深夜持刀行，其鎮有資者均

字

滿滿，烏（?）仍茅檐上未獲，段（?）寄費將數萬云云，相與嗟嘆。寅西鈔。吳（?）俞李林宅已微花者，出語，繼見石如

日，弟昆。初查名六。少間，仍圓出，周數未到。大席魚翅，以佳。此後平平。莪生攜其孫（?）同因一吸，抵數合席，伊與滌

為石理曲云，飲以痛。席中諸語人至二鼓。莪生照歸，告瑞全與陸唐以善團，陳班母子竊負某某服，奪取刀

彼兄不服，夜投以難，豹（?）馬良業。吓，瑞全為彼兄四五人擔毀（?），遂向叩頭十下，追回。如此日夜與陳雅于其身，而怨（?）士（?）

其下，冒犯為理嗜也。痛深，後飲，曉幸倒床即以。晨，吳芷父子與朱雅梅，女婿，烟（?）承仍（?）寶糕果等。朱在中

業通事者

華（?）之　表情（?）　昂（?）　士立（?）

十九日，晴。早莪生來云：瑞全以難為，唐母子抓去。瑞全人在讀，為出資，遂至團，歸于哭哭，告實辯話，勸令同去鄉，

近各相讓，以後服余勸，各罷，俱甚氣，以解。學陳其竊刀，要余付還，伊是肯，並誡須至其入團，去已理鬧。

須加責千。莪生去，未刻，龍健人揆（?）蝴玉（?）繇程讀移時。余先出訪，欲以陳（?）君實亦昨為祖陳壽，欲痛小痊，方

須，炳實出為之打疊行李，之江西刊省一候，恕碑，接着至後城一道，別為之。他自訪君，私治一賭，要改云去。

之廣生、陳仲等侯某出訪，季梅以往，歸，筆不值，是之湘宅，云從行宅，做已成，議在陝用一廠（?）。往年話（?）

甚好，意如以廣為夏，因回去，種種。夕陽中歸。一班（?）權舞（?）他去，後有報，俄約在此議，而戰爭為俄人守門，即

借伯，茲情已見。食菜飯一碗，思暗，樓東而回。適其瑞全向其與爭，依余經罷送物

寄信稿 託仲遜侄 代為米雜貨店轉交

二十日晴。早，謝閬苑寶生來，習靜，第便麻詢其交猶三日者，以強注，向以田抵洋（其弟已借十五元），余在括據而其情可憫，姑（限不令中代，至又無原契）將移曾待，被惟注名，自帶馬册，契其先後，可畢，換易之田一畝五分，利二分，仍奉還世詭，旋允付洋十元，又代向廣豐賒布料，備候換契，找足拾。又見神方角其西客極，不為精，再其再能再見第向大由於，而伊弟兩次向於，御民修歲，動輒且一人世間，費為至如此，物怪其馬誤等，則（不搭）則的無物只貪其山，嗚呼，中國農大抵如此，又為農根，代與往國稅，其發不平之念，截農勤而貧，強四民情而宦，而工心計者，上智作法作機，令下類之以利勢安可據，可惜其學術之逆。未刻出店，轉走和園，詢即圖，又過觀音橋，叩龍門十馬，使人他出，而換殊，出見閻，說家常久之，茶出，對立若肆，看之大松風與閩，少卿語少出，珠廿五六元，一小銅器，餅看再役已敘色未閉之派，楊維聰（海石八丈）鯉連玩之，最有價，皆可得之，山出石，至牌此一錦，粗出綠玉相，玩久之，即圖來詢，並在家發役，而攜馬之之注，為人甚正，又致楊子，乃別，明日出城云。店閱報，直賠似用袁，度的凱之為上焉，道恒盛，全加小土販一兩，烟茶賬，除之斤，乃歸。店拾陳拾討集閱

廿一日陰，又轉陰，暮狂風大作，從西而下，賦寒，加雨，棉不出門，屋如飛，葉戰，辯其亂，後圓墻（缺）吹倒，又圓虎為吹亂，入夜寒難，促偉，移姿縮此年第一次，試出作字，鈔題畫詩，竟以雨不能出

在勝問沈三侄，渴未至，茄箱一種，頃陳，又加一楊集，扇子，即摘其八元，加自箱一只，加漆瓷，以其寶，輝撥

着孫經備之也

廿二日晴。早，至園，拾下羅粟種與茶注至三粗路，注成，者承，賴契，據全告，屢陽正寓客，即君，累而菜，為集。盜之事，貝情可憐，東莫輝煙一兩，歸。其孫捨書至午，音出市，寫因知織未能，廣仸，集四角，恆夫，芽往，因崇林，捐澤資（上年），已繳出百千，全因殯，燃飯，百七十千，屢為當擔，派九十千云，張房，猜，論宗多，餘之益為

已晚，道恒升兄達卿八張，其草亦在焉，再詢靜娛不涉，周彥峰擬作跋，余擬稿甚思與之理論，云云，乃再錫庚
雨未盈歸，已夜矣。
珏中等熙孫等居　子耕攜二版
廿三　晴。早有冰，寒甚，土地午，李賢仙四弟來，訪肴查福寶假倒之，並留，午同點，借天下有山堂畫譜，借畫圖　付蘭
看祝英圖于東老，飯余之北，到店，至福看戲日報，余後周福英店事，歸已黑矣。店買帽六角
午同價三百
漢口黃
閑往三白，居年錦三篇，手指動之一篇，以三年前貴團至再二載，而並宗百篇，寫今附之卜
戒也，但世于漢口大市，切勿誤其世
廿四　晴。看烟，同母來，四月八日下　早陳孟表兄歸，以女婿內捏在六直以十元來，取金戒加利一元，取去，卻有惟理道
一五旦一季料收諸利，年取只七分而已。晡出逢庚三錫翁與錫語，至將甫入訪寅庚，時已二下，余未趣，床甚懊
高手雅力處唱嘯　高居與周三兄談一刻，出北桐店，言在滬有時某及隨渭漢等陪其朱玉書，答新叢附而藉
詢恒來到，不從告詢賢歸，余勸親往趣之中，至量子四方已為秋濃甚成，猶不知何業　書生記其覓舟，約廿七回店　閑店
李梅已來家　言在店，送告仲岱在杭來，逗云一刻去。過園詢陳伯九元，林威於角機市二三十店，以董之惟周你
市頭雜心而憐之，程欲一去，言耗而從于笛，以事合股，六烈懼不得下手
夜族福祥來，與楊大宿，言以五作，詢以年歲。陸地伴來注定，高　西户報對語，兩又言付與元，其陰順去　計九元　廣陵但六先伊
廿五　晴。早去地看擬業，未撒斟，世已以先居，租與諸戚，衣設極世，元將租四百文，而息余，雅不能，而子以近而取
親易以游，邀萬八幅至西南，子華做而說許家，狀三下，出面，恒不見，是日寺大對，又至大吉談之，言在市小設擒
界有古意，恒辭，詢出，照時，寄郭芑傳，詒生其年，謠與騰已，鈔悟我知歸鄉之后，行一跟即北

遇張君匣廿一本，匣甚舊甚佳，內藏趙文敏為雍書友遷傳前赤壁賦，小楷書，似吳平齋所臨趙書錦大
作楷書刻，另小楷跋，中多比兄弟及大跋，而多錄于伯機處，集引壹跋，陸子京印，潘布鎮寫，真的然
然不能細辨，書亦全未見，似（不若趙功力十三四），惟項印甚佳，彷彿耳目（既以蘭令不藏），又聞于此無從下手收刻
庚子吾莊氏二兩，洽詩過之，而猶從指為，伊為收贈，先為留抵，蓋尚接其意，故刻之。信言余亦勝庚子
亦向談一刻出，于庚內返。寺故宮云：祥伯與此此圖甚快，惟以程辛，後甚于董其甚程圖畢，不幸請
秋書全之修書家，辨別謂七十鄉摠堂為趙智陸完校，秋之收為全擇揭擇業，余謂宜託族侄撫諸
子四萬示我，與和事和再，伊恨昔皆別去，市索物歸。為蓮浮寫名箴，並為子馬少蝕
午後出遊出，徐恒幕來看，（夜）福祥談，花早放，冉士侍之，金石攜來談程

八
初八日　晴，早見離中萊為馬所齧，甚可惜，余亡羞，眼花，竹坪撞膚，喚人不起，甯令懶且惰，為生五萊騎拂田，尚出入不有
可為野愚。昨夜讀君緒文計十數頁，閱時多典，似皆任胸臆之書，實一字不懂，老年記性已不堪為用
三下去于木卿坊，見吳香僧云，午後不克陪置書，功生侍神可談，粗抵深同，田詞且為留兵，谷之來甚，憾國璧屋
坐田乃廣，浮恆于陽缺至雨，恐沈炳壽積缺至付，恩賦二三留，遇天中悅雅，稍風吹回楊，亦去云，見沈奇之，居又詢
雨之悅明月初開，話問知降伯渠為家募認，遂回廣，應稅霞與生用茶和合，多聞豈寫回揚，星雲菜事，余以輕夫
雲湯明月得播靜去，鄭家程次下日申過申。牀蘿來行而御婚為察學按予，歸途過逵街
靜未毛金
云其兄為又為浮展鳴說和事旋。晚登明日下御予，夜臨蔡
廿九　早晴，晚陰，清晨起，衛蔭生挑行李行，過廣市買物，因源借保羅，子居撥過福祥，知借船

不得空手而出，但日李已出事，不宜擾逸。該登大同有空舟來，長才遂拖下，搖槍含所開

已九下矣。由甘蔗埂往橋東入港，見金石擻余借個艙，澤紀二弟承之者昧，忽地渡仕三次，而者余悉

跌一身。向訊玉，謂舟是家換，華伯唯兒壽生呼入其家，云來已食，要責詢舟三錢不少付，雖時有得下月去

春付蓋上欠擬新租以十二石計，以四元折，錢共十元矣。彼但岩葬嗟一味以遲塞賠之，要租指內不仁訶矣。西邑但租

下船所飯食，即與戴生船子令之馬長犯保長處須具催付，已不家所棒打，仍回舜寶宅一舟，勤扔空至三下鐘。与

開田新開河上岸，洋出右橋至該橋已黑，拖至橋叫卡而入，赴日李所，戶問之，廣付舟價六角，推諉不允，須貼大錢廿

處較明年御金借開河南華業特科，仲云太陽素已履。　　　東弟貼一角。收九文

歸已出番餅錢之至，以已十占矣。

、

廿八　晴。早作信靜健信，附棉鞋，義同汪寄，已到鄰村綫公打魚處，往買生蔡山，玉乃摺領至地究

人供偷捕網網俱沒塞收，近正午共得六七尾，余購六串價出，乃得廿六尾，順在得二尾，於此二尾，余二尾，此乃[illegible]魚

俾罗文得通至八錢，自網六錢，分六房分稱，得十六斤，計十二尾，乃捉以還魚秋價，比租為不敷，而各其小池二

坵網十斤張網，價其健一尾，計三斤錢，乃付洋十二角，遂已並未池以還存對頭大池，萬此必十餘斤

即送錢東府鑿謝，魚兩尾，蓋備餘之，日所謝力一角，但[illegible]各為[illegible]而不出一錢

名為分計多[illegible]實取魚兩尾去，又[illegible]隔金一尾以見[illegible]也，甲[illegible]地[illegible]舟[illegible]取[illegible]

合二廣付七角，又[illegible]幸[illegible]譜[illegible]矣，高不[illegible]陸[illegible]糧出城還[illegible]吾日[illegible]同[illegible]家健代

西[illegible]城[illegible]見周[illegible]與[illegible]錢[illegible]日[illegible]同之二[illegible]高及[illegible]身且十[illegible]其[illegible]也[illegible]之[illegible]詢

留[illegible]計[illegible]大[illegible]四元一[illegible]五[illegible]即以[illegible]。二月三日[illegible]付[illegible]田[illegible]新[illegible]上[illegible]

園匯款諾不協予天臣睡靜卿始付來百元 請仲孝家恆收少欽沈紫生至四畫並五日換恆借洋項以
後四月初期以六月與六元 過時日交家付洋 予與見杭息 標明三角 又價 每千兩換 康微里歸
寄信 晤雞 安靜
金寄帳來樣說去 見時老 詢知以補查許入將去 去年嘉 四月來高盛等同居屋相與共安
初十 晴 指示之 午至園 構大倫至衛分另生又作 坐馬竄入內園 並怪框橋 託亦稱草回見 吳葉慶長三子 今在衣所
生內樓 將抵兩租始 余辭以無現送 同王秉儀 又來往 云係興契約五千領之 吳振從吳氏來 本匯來 詢之無
狀殊堪哭 將午 園來回至 僅付五十元 又匯取契三紙 並來未有坐前 礙于情面 計戲弄作 乃付契函
午飯久之去 館葉氏畫四分二尾 隨謝草畫一尾 犬權一尾 未刻 有陳麻根全 駐縉 農陳二人來撰讀全
至李間假音出之店云 濂欣來 孝遂呈之 云與長安新出九之 其家二內樓云來素 我不定樓庵
桐梧文有淀衣等 並米傳升陪北於致中 濂欣另列云 樓庵二百元 只送家 定收日還契 伊欣駁
用係至余收證至四月 而濂石致久並暇之 到店與依識加請石庫未事 另廿止息送酒 于之戌沈激安
又至 塾譯住問證 我並稱慶德居詢恆甫 用洋一月收枕抄許之數 乃付洋以五千元 詩明日付說而沈桐
高又不至 我根 回至工燈
撰 借 薄
積信茶云欣買 保世新編一元五角 英語七至二集為雜談
卅日 晴 早畫橋市網一園 孝祝 至吳宣清 取至代書我出 以內樓係租被子說素賊不克換其之乃一
允欣原以王素儀作中代 又被匙典契稿 全祖四人寫成契 面押決 但小領匠收約下月而要不
在以將天下攬而限于役期 金寄帳來云前之樣不果 又另說寫入帳來 余二下找 收未至店付其
辭元入性一月期恆去云余沈綱高 明四月初買 騙元送濂欣付至樣 和係取息 並五日計五元二角歸中旗

九月廿五 學堂（入仕）章程，編有此甚不平。由小學入中學，再進大學堂，層層考核畢業，功課合格，然後作優等
學生，並由督撫學政考校，拔尤送京大學堂覆試，優者會定為舉人、貢生，亦仍應下屆考驗，御試
優舉人積成數，再由大學堂考取，送禮部請派大臣試驗，録取作為進士，一體殿試，分別引見授
用庶吉士等項。然此育才者非十餘年不能入大學堂，非千萬人不能考取百十，然則前八股之倒埋沒
人才（如）時久，皆不成材而用，甚以為如此，學堂仍如不設，而廢法不可持久者也。要我政府諸
（陳如善者）否則取士之道，因如此耶。由河西街撤訪律人，閒並入城，收華典租二元十角，付卅，市雄肉換小
（五分角六）花如添料米，董蒼生一石四元五角，由南送。宮小飲，乃歸。
收介山借租二角，欠九大。汪早收汪茂方租二角，帳。夜茶，又為馬榜錢數太半。
十月之朔 早宴見盜印，以推擴防匪之日也。粵東捕盜匪議章程甚善，似宜致也。
此如一城二三千戶，内必身家殷厚者二層，約五百家，聯會平時不名一錢，但認分數，以四萬分為
二平戶以五十分為起（富者可認十廿分，應定九之），若有盜警，不拘遠近，人人可以照挐，如獲賍真正盜一名，予賞百元，此項即由認分（取）
付，倘獲十盜不難，由會首填付，如此保全一劫案，破獲二三人，約需三百元耳，而本地認分不過（三次分數）五十文耳。
還少盜患，善無過於此者。至御竊案及種種，有益章皆書所知等也。
午後沈士根分經華店來，襟説吉以上出世諸書，予成作不一，層後上嘉通之。
來刻之實實家，以而讀見，閲陳兩母快其種種，全實出列桐宅出孫掛談之，自以（一口話）來佳（云在杭皮市弄深寫本堂店内）。
以百二十文一乞ム付分，又食菲粉，和青卵近在法寶口並往之處而妥，至將座串侶宗至乃出北斗店之有要。
夜作健三十為者，陳思榮拔一假傍，且一嘔吐，官課不及，夸説為數百字。

又兄周家店租事書寄處伊云必一往商理領之余言可往趙從三女自收一并付迄　又寄叔宗
健來　玉崟原全先出錢四千卯　憹乃成合同借約回
與老家人催病　定明日過節　閒彭恩大四節
八、廿一日陰　早料理過節　寫付健論向病狀　午過節　酬神祝饗計五桌　計自曾祖以下三房至吾父輩
寄健四弟夫婦加雅房三十副鐘筋　二席　地主一桌　姑娘家容席一桌　又二膳座一桌　祭畢午膳七畢家
七弟人理祭品余吸　催一成刷頭至面刷畢又一成出令　楊大先生　余轉廣泉至孫生橋墓次祀后土拾松柏
被任芝株次首坡歸來責詢少村怪異弟兄吸相烟猪亡不好窮也　祭掃畢　村米糙四肉卅文蛋旋東入塘
二宅收租与角方合烊貝莊洋銀之三百約十五未慶　又來施家堪　東璜歸之　約日內挑迄因未拿出故也
又後一田勝至趙伯村佃不值仍僱其租二百　錢以藏生回余之老宅毛姪女歸寓已至向圍亦昨回詢之一切
良南不糶二日已歪嶇巖間　毛姪託萬常佣勢　之同原入加之付健交伊常帳付糧日到收取後付未飯の
兩日回任也　付信力以市茶菊一斤一角至廣云芷亦抗終不果哉一後余家極可並歸
夜王來儀先至又吳和老所蘭居　會曹巧生至所有該具本奉成衣租任之屋宅以二十七天典余兩年
為備卯付稿以寫造成以該不為面交老而催令來立租契一再往還該至又以不肯押謂月租四百必
至以向不立契又向不押余又慨然押總四條議巧生至即照至伊並面押租契其正契寫押以
又以中代相推余言典租一歷係本實宗至交通例令中代中出一元与吳王對分与余無涉始付洋十
元餘十元照找此等異而見小且狠戾不能与之交易特因子能之以取租近利厚然已一再止之恐休
之契中想之同西程地契翻異陞为種作清妥也
細圖但稿好我善不能自利然表道未遂侯查初
之典
曹以生屋巾
該租
契

初三晴。蔚寫生兄來，昨至。午前畧作字、校碑。午後出訪欣林，見三桃與朱霞廣臣山東，卓卿人，現任知縣。至未晚出，殊稷

重丫淹二四來至閒一兩，間均未出。乃由小荷花池訪錢祖葉、莉竹子，此舊友子也，且能畫，故往看。書道已至，有小道由

鳥家弄知朱周甫已到。入留票見，今陳甫談久之，云自語報等。東府于少子又陪印寶，至語對面，并及風水

倡以畧飯，每以出示稿，云看后四入詢，健狀甚好。一至舊居，見其昨病甚，老以官課聊應，唯病未全痊

此字記憶，車往知寧校是大鈎，云稿爲書院買九通一千本，計三百元云。出到店見周景林作，復余飲之地。

而雖對門市糟賀二七八文。歸，已微山日落矣。補記出來留之。

夜，寫生兄弟出回，與六叔五子將以臨斯，陳所付之錢送了，約以後屢贖，實亦憐不可知，而錢羽稱

拖欠。　夜看畧報一二冊。　三四更睡。

初四晴。大風。七下有客叩門，入知宦寶來訪，遂出趾，所趣與之周旋，皆由國香視古鼓洋，見偽成。宦付鈔又收入

松風吹見名無多，存十數，談久。郊吉甫來公座，閒話久出。廣言得有指子仲裘作佳，並向後且拖出當余

只贊之不言，然實原數談了。至出來實後，均亦未妥耳。並過我中，晤友卿，堅談，實殊見伊之志已好

也。于聽下一贊寶，刻悔已已刻矣。看畫報，有舊貨室持王子梅山水二幅求售，以爲名跡，展示之，用筆

尚是大散，殊少精緻，許以恤一元而售。又一古銅圖，孔甚舊，黑而剝，文不甚精，有似明月新及龍文，

許價二角，先售，余不付價也。一刻去。三下出訪寅寶，閒談，再談始去。余東門以之北也，乃自陽邑至店見

湘更出城于閒源，閒未見，杭往來，游畢乃歸。　夜我生來。

初五晴。早飭老榮房菽生之侄去，携取雲甫四封並一箋，前未謂其意，與范令恒、大佳甫、祠堂信，屬以便處

停留。去歲不及往借者，臨之付洋一二元，作罷。書雲甫，又付洋山南罷青南，又寄圖公，餅子，交付之。

去歲之圖，特加下蓋粟種，余亦自撮子。兼中思路，多十倍，並令收，雖少而居之。佳者亦原粟，完濤且

看方，均更加推焉，惟紙少須購寫，由甲擬屬行製，款不給，而工人之不得力，此之而異。倉底付找一百

芸孫 悔信 復 廢大十一 着其到北和有刻于其廠，入觀一新，桐君語，古鋪者之居，寄陳一函至，付板刊，須應付

接信 不果 年 接信，章之病甚，產月課日集，共二元作，惜首課僅作一策文耳。而有勝訪其孫四

且甘雲將會馬並一陸莊鄰，仍裨說，而而不從，以其母至，此輩真可憐，憐不知可耳

罷招中方秋理錄之。

七弟信 初二發 初六晴，六去雨，又太溫，余身重，連日其苦，早茶後，約圓知不知，抵毛孔而之，託網秋濟翁託人代之，何猶

接鄭 靜青 三十發 市，得第，新，靜三十號出，於戴十前後四張去，打豆約一年五六升。接寧家以子寓與法寧恒子

園果至，得鄭擣僧，整如姑替子來。室四錫來，夜其不應與鄭族[illegible]罵，今同至城腳

磨勘花址，適天大風，頗寒。伊隨不知去真，去人道人也，為犯為人影，作其今來一再

訪府何即。張可欽其傍晚回園。葉彼程一一方，菽生之懶痛如此，且兩家雖殘

衣代之，不之北，居其二事與仲一讀，由市肅一兩，收支可作。熱六十五度。將青縣送到，帶去四色卷

四

座記五事，另及今晚計，與周子讀至半夜。周菜為烏合考，性帆年已

七日 晴 大似春晴 惟大風 雨雪三寸 堪畏 早三圃 [illegible]至楊 市紫 于偕 至韓玉林 指書十數種 皆百年物 不已 書見其色者 四錫來留一飯 付三元 往書局 市年畫 元九角 楊大隨往 福祥來 [illegible]大宮 平安橋 [illegible] 楪說 不見 從借 金銀來 云 富境甚佳 新人年廿 借納其[illegible] 寄書價議十元 作停 但其[illegible]恐[illegible]人 詐人 總思莫令 書一本 書中 反約十六歲 寄升 令其母 詢 細詢 但此等人何為 經擬議多人多日不決者 實是而而不智也 [illegible]只一楪 令借書去 [illegible]皆面閒到也 三下出游 前[illegible] 由北門至北門店 與仲謹子湘說 市肉 怪[illegible] 一以偕送湘園[illegible] 也歸已上燈 芸生同椎平秀庭歸 [illegible]懶 畫已來詢其肉不去 大晉元九斤半 又截一角半 又稱 見只[illegible] 余大畫畫 四錫[illegible]元 別買[illegible] 霞秤 共又二元 斤日稱 合虞庭 仍令別買 上荘棣沙[illegible]隨之 錄岩招 送陳[illegible]肉子入陰禮 [illegible] 庭瑜肉

八日 晴 早下送陽[illegible] 子[illegible]周[illegible] 孫庭 孫[illegible]子二兩嘉 [illegible]入牌[illegible] 畫一人山水扇一 小聯書一 以作賀禮 似[illegible]雅重而[illegible]諸居得者 亦不雅作 畫副[illegible]作[illegible]錢[illegible] 得美兒二子 陸[illegible] 沈[illegible]子 [illegible]四子皆以[illegible]為重 [illegible]手 [illegible]書[illegible]與天寒未[illegible]下第[illegible]且[illegible]無人[illegible]理下款 印又不易 [illegible]者尤[illegible]評[illegible]真出[illegible]人之魔道乎

付楊大工二元 [illegible] 下日起[illegible] [illegible]一斤 市[illegible]一枚 本日出 市海[illegible] 四[illegible]十[illegible] 四[illegible] 出[illegible]四又[illegible] [illegible]生宗 [illegible]山[illegible]樹[illegible]以[illegible]

戊[illegible]上月 大洋十[illegible] 廿二來起至 兩八[illegible]

付陳四元存
付日卅

前片拔健來以字二紙　文時函送帳西湖字仍多

北邨店全甚多予協陳看指　歸途由北寺大殿直西城脚勘見　僧房墻直西

栽新居城脚墻隔之不過十餘丈　往出西南至西門口均荒地　地限百十畝荒草倚壑

荒則百世不利　于是細檢　西北一帶有閑矣惟東一面

於以植果樹園　大宜　南六首西門居墻　若百畝則築墻數百丈耳

庭建以前中有池以前用十人則開卅畝水田為食　此分藏一下果　八分

現以善段以陳氏合作　再與葉芽合公同　先呈淮　次立規條　以前築墻栗種　以前壑去

開卓路由北門陳園起　陳園田待改增　用宅人手　設立農會于寿國寺　立國生　按期講解

直立一農學組　戒于寺

雲早陰　有微風　寫作健函　午晴　以前生未生疥不有年改布　紫三眉　欲十七五帽計日守館斤

湖春剝驗戒善未到店知悦甫正四年到其內璧肉兆　不佳之至　猶不買　健安盤中六未歿

佳存說仍先合未　千千攤仍張多謂也　瞞園中猪看葉浣水　攤作棕林自煮茶

道函陶梅漢札兆　浮美存二千　入律札收　按鍾岩知第三函　石八元每甬

李陰仍晴早　寒甚易度夜　未之庭　害捕合民入滔陶丈　靈見周壽無咣又洗　周王庭皆謝

晴又許晓臣　仍園叙未皆到　楼阮梅石　莊琛去之　秩北到店　暇未盤之壞之帶

北大同源與松壽說油價或再減二角，並聞託鍾敬宕代減十石，允明日於飯後于楊菴
減之。得方升降之知我即南田店房仲恆晚付五十元，余又和源坤估店換肉球過海棵，恆告致廉
不近情。長孫出訪桐知赴陳，濂欣云加租意見。逢臨公與來佩菊一言于途，又見孟多之萼仍之，命見
穗壽老拉入縣向陳告自題西興緣，伊自日甚，並不及半，亦存也。子淑六列將夜與書華飲，畫之
命代之。余與印持煬送傍夜入席，其若拉隨送，屋歸華與淑偕出，伊之廿二作糕，於請遂乘自歸
如姑同一女錦芳一子新芳來作客。夜書內子油了之其取用，卅元，余又加五元。

十一

陳冬至夜，陸家吃少。寶和來之作伐與藕生，砂石路並在姚，並往老宅起出墨紅去付九罷二家還
余送付和源園，四元油價已即圓來。余至伊處及其留吸，及致四錫、二至，偕出。蔓老宅園輿為
王五買不動，以至市，和代乃全藕生合十畝一段，園為過和借用，諸列店取煙具，復去知談
田來見，函北知菊生，全家來不全，去乃之，圓知菊生先已二家收夜田，振得早取票云，即白之田，已靜生于陸
友笙而佐徒而至，同一伊族談順洪，去伊處來十一若者一再言此田者萬三四元，被伊得六就九分了
抵余之評，本田一再實租及約定，係乃當大吉元令租，又兼照余算，已欠兩屋全租，得已八十元，今旦
為君情之語，伊一再照而壽生之戶。如果一時橫狼誰追，余答決難允。今惜至五十五元，及令租
作實，議來姑不多順洪，見勢不轉，為先出。余夜須內子出又軋之至二更，而伊約以取去出票
來和德來至二更，約回，稱云只此田數云。　為之撐一夜不見

十一日晴。到保險行門路。未刻仲甫來交作家信，托寄洋貨[illegible]二百千，四個，在[illegible]，但不知何以稱謝，飲之。
告以店屋[illegible]賣給事，令至吉。晚出食糖糕，到店取[illegible]元。店開發月市，[illegible]土，寄健侯信（自家行[illegible]）。
于同原市水烟二角。同潘[illegible]上下店，見陳[illegible]（仲[illegible]），諸[illegible]伊稱靜齋來再看報。上燈歸。
寄健侯六號。
夜繪店新解圖，大憐甚。呼許宏慶畫假乾[illegible]。
十二日晴。早工人[illegible]來蓋墻，至午[illegible]至園。[illegible]碩素告接上海探子，代作家洋貨指二次收單。
宏[illegible]常來。晚至園，看視到[illegible]館，[illegible]請雲青話舊又店，見報之園，詢油及前日之洋
[illegible]宏[illegible]航[illegible]買到，[illegible]宏[illegible]東門[illegible]，[illegible]云油不[illegible]而[illegible]同作十后[illegible]
之[illegible]不解而[illegible]乃一再[illegible]詢之，[illegible]與[illegible]至[illegible]店取[illegible]鋪，[illegible]于[illegible]乃[illegible]
上燈[illegible]門，計七斛。[illegible]一鐵條，[illegible]之店，[illegible]以取也。[illegible]歸已上燈。
[illegible]遲起，[illegible]烟，[illegible]（[illegible]舊[illegible]）[illegible]至[illegible]來畢。[illegible]同三[illegible]來[illegible]說（伊[illegible]）。[illegible]但只有[illegible]
[illegible]歸，[illegible]前日之[illegible]十六[illegible]，今[illegible]難[illegible]況[illegible]來必佳[illegible]為中者[illegible]之而[illegible]一[illegible]信之[illegible]不知
世情[illegible]日付[illegible]年[illegible]之。[illegible]且[illegible]全[illegible]子之宅也。陸恒甫來，[illegible]家。[illegible]再又[illegible]陽[illegible]
項[illegible]之[illegible]（[illegible]）[illegible]禮物[illegible]矣。[illegible]圃來說[illegible]，[illegible]之[illegible]之。[illegible]和[illegible]佳[illegible]日后
日[illegible]計[illegible]二角[illegible]大，伊[illegible]。[illegible]書店[illegible]等[illegible]余[illegible]及[illegible]
[illegible]又[illegible]城見[illegible]壽云[illegible]已[illegible]一角[illegible]（八元[illegible]矣）[illegible]北

入和園，聞云不知船買成否，若不成，如有(來)信設有現成買客來欲售，余云且俟帳來覆定之，或再除

此云四市，野雞已矣，一角擔丁於杭革廿，簽櫃小水，糖十隅，以多食誘小兒

十五　雨約一寸，云雨矣，而稍久旱，乘致虞，嗎定不往，須數定倘數，俾填入，又致和園問　油市成否須帶

須四　晚乘膳，高以目力不耐作楷，殊苦，程晴中換索

呈附看浮紳捐局

其事：海甯州城廣綢布雜貨洋貨業　生源　廣生　萬和為　總捐事宜局　等在海甯

州城廣開設綢布雜貨洋貨鋪號，自十年間，本　大憲奏設削有洋貨捐局，並立公所，須

董勸捐，經理課定各房鋪號若干，經收保佩各在案，惟上年(兩)多路市面蕭疲，各城鎮鋪戶無

恃捐項難償，欠價請減，但言等久休　憲仁臺以經董無三要功，以為現在各業而各捐項

為百計設法籌助，刻此時勢艱難，商困殊欠，以昧天良，庠全以海甯城廣先行請減，以為乎

仍俾各城市現改，擔任捐脈，各使無違，等因。商等最將海甯城廣向課捐錢每年

一百千文，勸近詳請定讓廿六七兩年，分本二百千文呈請　局憲在大人　憲擧檢政並希

編費局收執，守自甯城若干市面，磨小無庸實為通呈，以請貨稅寄呈據情來

該城件分運捐稅得以遠城件分運，竟年少，停與城亦市鎮一律合卅年准

其多又後上字

晤廣東洋行不須到會又擡利源泰衆弟提油棧一千斤擬領條之
薛生往平湖宗耕莘經紀借去　作函與王家門前蘇揖子沈舜子永嘉和益店聯號賀函　朕胃雨出于
義來還均三乃招而立言詢事匪許款係以存來乃對昨之米府議存信而向渠索余告伊將
沈自投去等候前月家言且余今日函覆自須往借至詢渠已交晉曰已付留妻與山之為郁用
不敢許護之期均不理也近今此輩無信乃印信投刑日余等候處用伊允而別之店仲
云會證之周蠶而周寓事是談一詢款暇之　誰抽印此一圖為之佳議油棧而取余復明款去再議
還廣東難布可云為細之歸自米價機則滿滿矣　薛生之弟平湖宗耕莘幫布成
十六晴雨昨一日　未貝深遠天少寒　幫糟收到圓市田四畝租來之薪將其性情甚好爲甲能成家人
多不曾之且性皆乖張市蔬菜一切皆須零中而來購及法租道市墨六藥積欠頗皆不應余于今
終一人心無幾仍且不勝其煩而該戶皆貧無恥衣約屢屢　暮至廣益吳伯振談論浚溪宗子北方脈于
同源五六私圍知油缺去　上海而來徐信悟之周書興宅問英款須二十乃付此人之失信者爲朋居爲場面
去成且是油說不居乎其於李店止且問不去款來再說於田于一市壽見湯宗伯許　煙無作賀儀也閱沿悟
夫且還往款　市棉餅以歸
十七陰北風不殺之寒欲雪狀論義生貴人篤田嫩而之下衣食之乏可伊僅適少從未詠意不思二作儲之在理只
以採之葉種植手冷其真之之深非工作人也　至晚仍不一事之　未刻出撥君相至留宴至蓬之見
陳夫又來之　又馬鶴翁來作人談久之勒至旅書之陳于其門見伯渠及和仲　詢達衛之安乃大

看王女云以昔时疾故不辈二姊孙归甯一叠，即出到店。過恒祖不出，出城一視，乃市柑廿文歸。
奎宇始一來

十六陰。至陸石林舍，其猶不。來，為青蝶説闇農云久留絨，言必拜因陳墨泥太減十元而需（以笛舟視伊兄作主）（大頗者）物險（㨗）喜大之
五來，到裕成復付定洋四十元，此為百元，須明秋歸付付也。即出帖與之看，吳欵字母至留住。映旋
出看過同泰鑑，訓季恒讀書，出讀。乃歸。　夜觀皇極經世邵子

十七陰。微雪。頗惺然生畏冷懶作。至午始起。長子壽臣　福祥送布至，告其概令歸。且暮懶，故出不出（售不）
由其室付五三角給黃文和，促取藥燒一瓶汁。午前之園看菜，而為缸不煙，以穢凍。又取之益于
五根所論無多一處，不為好取馬惠也。至地也，俗椿也，是皮十樁也，取河泥也，翻竹掩如昨，置之。午后再執母之所
周秉興之計元，已另付，乃其擔借，故不店。烟而託來中人何金山不与，債自來，已其店注票，説懶失控至此而与来
加價換契，原十百各買得，以余難故不能考。實而不解了。來訪秉泉老于家，不值。到店（兄）來，佐之，于邑之俶所
十、出和泰園一回，由竹川皆曲以，兄得一元乃家金言語，歸。

十八晴。早出至園市，業一肩，削好作付，使附靜。從住，鄭雲一對，周吉進，欲不至。可司來，送吳字携。
十九日霽五二四猶搖擬下雲久之，去年以出于錢店（帝）兄，屢三稿即送，彼伊称写需欵，其借（嫁）兄舍生詢渴
見瞭臣，將前店，未為聯（好）予甚未可眼也。陳伯渠乃言，稿未了，至慎，陰霧似，其周之道，前与伯甫店
（毫）大吳之老，從中成店，吳雪叔衡，查代其所，游園之陽，若見四兩吏人留江宅，又得到出東門，嘉遍閱，學
（附靜）其言陽遲，時于陳伯渠處，聯烟，前從舍，陸乗知其道別，及訪家，先事，宰符紗一角，知廿二日安
（泥師）大家之一區話之，出去余一人叫化，代予于又陽中走，小東門城，從兄次徊逸。以逐入不東門，到店壽

信又托許飯時已燈後歸　和子府書來請作伐，實不自來，其帖取僧元
許玄廣何以未來作　錫齋成否明日來也　撥送廣　夜過廣知不值下晝日送至舍請田轉請書伊
至四嬸說許錢帶接回　反岳父母屋之皇極殿璜兩點也，末時許歸

十二　晴，早霜如雪，積一白，頗寒。起遲至久。許木工來，進甘露棒牀，少頃高成來，撥至為余修改
十三　飭及修改房屋坡院，以兩合撤作花也宮之，如許家屋僧之將篋牀粗來，其議是不宜，而于修改
晚　十四　晴，事一不了，核明日德倣一二。楊修飛至其家閑事，與路得改，應將二十對元為年歲，十元乃其意
益借如猴分西壽為莫議，其人之家不由佳至此。余于申前出于橋外，呆守等事去東南門于山塔
詢義為未出還，錫齋相入內之一階，而情即按語北店詢事，信出城取周鐵店，行外，明日撥還
錢撥問一，蓋不合試也。而遠無一角，一身一鄉三角，撥路已上坡高目行成期，富人困一切不顧
與如之，將諸糖家以思儀留之每不嚴，而時於園恩路雜事作家不負也。莫說以每去
十四　晴，早理衣冠，修帽箱，替木工許密之蔭牀，就修令作二門內修地板，假推價去，門板將午了
十五　湘使興至，乃乘至宅，傍入見來伊川、朱三太太、朱串扶孝生，丁午孝隨粹理，禮揭午隱，伊用二金一玉伯
華顏合，反年淮餅十六元，來即之笛江宅，睡，燃燭解，燒伊用靴帽帖綢，和合去年翁年，織錢以美玄素祿
同摺少金，年以年使，命前送喜一年，與金之，又送年搭役年，其誌府耳，少久四帖，使回與至淑宅同館，抹康氏刀金之
算使命盤役，以搭役年，前送喜年，檢盤年，捏作年，新作之，共二百二左，隨留收雨烟，價兩元，時之須失以成
五六旗之至，即出與諸人，請多為知，陳伯某記了，勢斷而溝西，又土于朱反路，以上打入內去，安貝七人之以大
宗，某書至四點至九下，特燈歸，寓店冠于楼，媒金來，兩元季，對紅一元，周燒之以一分，但出其門搭以

一人作之也　夜久谈而付本之计方始去　夜作甘蔗妹铭，其上云：

诸蔗虽甘，同节难齿，若壮恃利用，且戒老悔，毒涎失百美，何如用力易于妹，保玉尾孝。

依韵已书

廿三晴。早携蔗半碗，范太子（其侄）来访，其初四早出，把久而去年，约请玉来取衣帽，故事田陈泽宫贵

二侄亦岂径石三门去安顾，午后满锦卿来，欲用洋，乃写炖书而付之，定议照三月廿三四对月百元月息

三宗亦广生馆前年有种罗计千元，候之久而去。余取之成租，借出玉，米星源住顺见告，余已写加价买

华英之二亦借余欲伊为借，稍春吐之言，余出示指，租系中时洋向取租，余亦不了，余再补清方向尔取，奚今

实华来托洋保付洋时，若照余到西与彼论，则可指，伊出言语芜谬，殊不成话，谓借广兴用，余报借因

有用也。出到店，一刻元与收生，借元出恒丽瑞林店，亦告来五斗，计二元二角，书后笑与陕浙安等谈于同乐

元曲评良玉后松话卅在录　入城向广洋有屋又坐之和源，询李佳后，云顷离今日来航，或升成下，然亦已谈

矣，乃金根泉手该之也。四之广见王祥龄，已由出城回店于恒初内，待锦卿又至，伊店不见，仍回已上楼见

报到，稍习催进瑾　上巳去，至洼府园去，即和轻驿与俄使议来之者　连年成，直留江玉，言及伊母廿二日

八十寿辰，余请为费百元（夜）上寿，伊犹辞，经不舍，（能）为继，恭敬以之，对邦里中归，殊艰。

可外孙书家后宿　拨侄宋廿二昔，知又需书价。夜读达微，伊为忍矛论，以不足难家效亲

拨侄书室来

廿四日晴。早甚重，刀摔衡一侧之园，菜小采来之，读租放杂作，不依约束，市菜各与而见故，午后少向

出于天后稍见，尚云陈诏已稽押于神房，由中截由李，摊来，出东门而小不底，账小字需接不辨

石屋与聯玉談伴唔家厚載家以往湯蒔事首邀及種種余俯仰之于家云云袁國若以生子所出君話
桐君云云出列店，交列恒盛，月元票；又未邑和源知典價，仍諾，桂是金松泉未滿，望季往極之，需已交
来驗之，遂交列店取洋八十四元付典價；又卅元付湯錦卿找。印證交和源收票，係九月九年九扣九元五乃
往松壽處之，嗛于外卿蘭生詢典當裝之說，遂於衢前中歸。夜与内子議，請田伊根且收其字令
王岡君至　玉珊去　致達函
廿四日　晴。午湯蒔来，所家未据請往脫出之。桐金兄保成葬子，育之伯樂軍墓指基不慎，改又逢歧，乃山主此
▲事已不見，將欲者將恐生新，雖費力挽回已失計矣。以之出列店，拍均後，照平作告，遂良山門彭家埠来。
家已有一男一女，孫守二姪君司新起屋，有一女，而不至京家何氏，伊挽人來類入會，經所之，則得所矣。出城訪
人，不值。至叔高楊十本佳福第三方先詢由請先期和圖擱借票另借依。余即于此對面照票，假期乃与彼索
往留江家，予中飭和源知典已挑付，隨与松壽一旋廣以歸。　市面一角荒甚
廿五日　陰晴。早擊潛孫呆芳　未女　楊政要，市地票，適田誇禮，又係至湯芳舫唐饒其勞，太從人陳以甫
恭錄留江母壽，午皆以旧日事，薰出田店，去云居衛入留宅，伊即請宮清東帖，高禮委居然，吳見禮不敬
六廿一　全變則其性，將貸一畢廷而使入已，自是終以夫顧指摘，不飲至僖庭与鄭三同未歸
雨事
廿六日　晴。早具衣冠，使居猶指帽邑，至留宅，祝其母　八十壽時正九下，趁席已後矣，彌羹且不堪入口，三杯一敬，改陳清茶
上去荷素壽至，隨留邀其兄宅，宵見一席，陪之，詢知川六備壽，坐席而伊叔叔陪，渭陳　汪增去座中向敬酬
子蒂邀坐去与予湘鄭三，曾收而去，話待午徵歸，之店，興易帽之，湯云棄舨蘇賀，又見其兄子貽又
睡後病甸，陪楠楠席而出，来衣于湯門見王岡君，話責伯屢括不至，伊云不收，向根又須於洋而令速
出談佃伊約，明日并約初二来完，其款焉然不可怒之，情義樂之，細之礼

四爺子恆瑞來，睡，見朱泉聲邀入松風飲，談賓，又過姬炭行，鈔用去年送年款此后未多，久之別去。洋一角付
烟茶鈔。陪又孫留宅閒話，問羊東儒等，五姪不席，卅四席，俱貿易市人，四小六大，四五路與宿素楹戰，仍要鈔即
付炬歸，一路以穿靴，腳熱痛，抵家困甚。
廿八晴。早，因兒子之龍宅送座興去。廿六年經繇，爲出靜宜，廣西往一大一廿歲同时西到，六侄寧侯黃盲
卅里云咸在月底由照程或摺。措春逢玉別客多，僕十日而廿二之寧，女十九在省中，從據四夾包送大實卧中
驚逃，披衣跣足，且夜寒甚，降五十度，于露中牽髮無着力，赴撫廂，被不延而凍，行書均無慮，兩兒出陰此次驚，
凍不小，實年幼矣。早爲膳畢，訪玉姪，邑子雲來訪，二兒婁談，知店已開歇，其子之從學業，讀至未從
同書至府，與恆談，贈伊易沈綱齋說玫。余久之歸。及兒之龍宅，謁少亭，雲生從留，即与綱齋讀論語，
以他有恆二分相較，尚有從性論性或每与恆商之，云云。請多聊一二，松舟談，便歸，羡入陳宅，飯後
飲頗勞，困憂風雨，其業甚不宜，口只勉圖飽暖，持炬仍之廣借燭，與恆談，以歸。
日來夜半醒，深太不宜，幕況事不了，又以未擬与款，及莫而更及大始，惶惶，輾轉而起，以痱
反復無緒，意欲刀割，擬至香卿，繁燈燭裏，再執枕，似又復夢一白女苦至此，迨天明，身起前
未爲犯坦然，進日早定，笛心復心中不捨，憂惶難失，抑亦病也。

先梅徒

寧印付役

卅晴。晨秤柴一百，園瑞舍侍園不能，馬良葉處聞已掃，葉滌一片，不能而往卿，非條不精，而注余
放雜錢菜不很，柴十貴五二百。昨見玉女，与孫玉嫂女等，夢出恆初邑，綱齋已如識，以其日月后起，
少有之窗，穩，登太云有障。市丹崚舟至，先有未一長生与舟，余不久，使令照海隨下，舟空而
邑，松舟移店，市將攜飲鹽一四角，今兆生攜四

指使寧爲不孝諸媳謀曰無不留伊不能留意大悞乃即手復于北令老母留家去不留
六弟失能留明年不住則進退維谷耶霜降約初五六租四穀　蔭生仰未已午後令
之濟生校取清稿租不得　自理佃農　梅長安宝禁令附各只每箇十刀
十月廿三日　之翔晴　秋暖霜濃加霧捨り李全藏生挑二次出列北市燈烟攤一角草面常有韓燒蘿蔔蒜麵
正居沒大雲陸舟路塞被挨王長生不日已印下行李閘已已和利郭店市肝脯莫牙七下西鄉稀
飯至諸稻森星馬七毛錦方米一石八斗進客生家知已来城見其歸子中閘由鈄橋至宅字去橋王圓
局家星来其子雪林謂伊拆價乃履助共田又開由章莊擬質不景馬達慶租一石八斗五升又星
余淮元来乙石八斗八升交香至久又南星馬六毛米一石三斗五升熟毛宣二畝八分五元義以七斗五兩
星只二石一斗之右一斤來已求只加雜二只香二斤末作末一斗計欠五斗五升約屋罷後清正君以不令宿
叢又問馬閻慶不在只子予用京来辛拾樹星穀健以完居果墜伯侯租以古米丹隨去近来
惟七毛舊欠難退錫林前田一畝六分五尺光明逃走糧米全無乃呼保正沈聖生至者以全容
滬根國謀伺以着再四扣札又即經來城完結及今藏生寫海舟子永嘉入津孔局對田已夜乃歸
与來馬男女場上独存勸懼堂曼家給上燭飯夜閻慶未船説托四錫留得白米租以至兩以
廿四日晴　日上三竿　看雨村詩話　陸聞由北至南来抵夏家晚飯已星独品怳租米三石一斗伊去歸令

大為懊惱又地租一百今冬要報求余代為措四斗元之送來下船送出之炮橋收陸楚才來對林才
仍强硬出爲買姓子怨人而又聲然返又念佛種種設宴和石之理而余得下乃許量被三石屢加一二
斗了不應且又妄痴惱人不可耐惟思而行同船生到陸桃二佃之田勘視下舟開船時已未刻一點舟
脱巾淺大船橋扎列城已申初矣下米肩、取行李　余過和泰收六元到店與子彬結租又至厅也去
只茲生已書告登大船户生寶生之蓮余二人食一日伊二角又五日半云七升米已六元種種浮開心已大恚送
至六吴姓則又加乃付民五廿四每日烟加除已屢可恨送歸寢休　寶生一頂生　四安星米石竟每石少至一斗
我二升我五合陸星至七就只一瓶來不少蓋余已在岸錯過不及此次被偷已二三斗　劉世能户
爲窮賊亘大總劍之也　乃書條付帖　掟二國由華連挪須四石二斗六升口　習同來付二元
初一晴　徐性倉莊堅地殊乖陸連杀計價廿今年進出　李万茂爲英送烟望之晚出到店
返恒福爲會有款而難挪寶余探息價并攤明年做懶歸議定之　店取老米乙千　公算乃賴姓計
貨價十六元欠約十餘元　爲有許元之息未除而當息之九元五角　要伊付　張恒甫會算　五元又交
布兩匹　借年　然來與余所言李權伯辭　見李匹色久付票一担　市價三　沙文歸
初三陰轉晴　早令寶生兄弟攜大又俞至往葉文家措取石臼上臼來難出且重甚計五百餘斤
至野行出力者　付伊力二角　計分核廿七六年　余用項近三五年　均有大事即四桂與二豬賬二十
餘元今冬更兼報填來　事事要記　今須許元　今年又須加債　學堂用等又四十元　似此只一不

悟使夜短總嘗出之大東門市鵝鴿腊一角見義為于山墻邊其形頗王舟子入寓吸語款以一分

二作四百吉元四月初壽然夜待至初十四公子梅寓兒乃出之陝聯生家云之禾其女在致意會項旅出于山墻

見錫爺留吸告款為以廣州子息作已五月為期然夜候廣之後而竟入城逕去同居催其租

伊於洸洸滿口不欠而夜二十未還叢謂至極卯後田伯伊子佩字置房為推人不向西恨至甚懊衣

其內到店無所事歸已甚夜　夜宝生先來荐米五斗　同姜老夫來拜拖明日出出裡無物

初四晴早赴鍃瑞林看糯米一石借兩先生款我生與任我方至陳柏至安市孫至已雨到以素送一與如星晚

與林與玉姿均須四元特平利而孤女至陸雨二內悽至告難數以應款大素來告及午包烟閱

蓬蓬嵩大重形梯我生化出自上屋灌梧以酒甚喫力加夏財許怹然後飯客五六人忙甚

初五如姑至梯芳以四元至素來同姜老夫以花補良四名來指乃令以桩易我生至寓同附去禮

伊等與行余申初出之店務于坐補市拔鴨一斤茶壹角兩茶旋卯之後梅置力國已至姜地

祝宗已聞二僧宗極烽旦坐四僧叫開節二人無喫力猪祝知二僧八人中有三僧三工二匠

作共八人夜飯已用六石四種之宗蚊甚怪訛以為燥也務用不能及時許送茶勤設　其歸之丈夫

病之出送重大至城陸和深付陸瑞之極該長來便四元一角其一角送恆該與祥林

之之款并送出禄會屋市票三寺廿又到廣取陝綢每百元票良決而清仲為又為抵

款謂果告睡異甚矣知行二所于夜硫狸叶至楊只來寧有該積揚康朋蝶多歸又

據失付二枪二 俸 诗加一角五 尻四角两売已 每共伻未 玉女先已去 夜理诗轩

初五 陰 早伕 伪六先之徐步手擬之佳 九下拐具之廣去反入挑品順細直县玉至代除 窗細挂件料为子作新婿 許其付二元欠予一元 伊月四潔細盖不得已 乃付剪还我约奄羅还归拷去 李幼川去其弟不情 乃解和主軋之不已 其昆季間均以利為命 張愚不及已 惋惜一呶即出 拷健四婆陈宸洋已擬 初七趁心縠舟叩予示 不過解館太早半月 飯食之付又失 十五日用功寔屬失计 从今自主而行 毒一元予之丞同原鸽家 付力廿 息之由豆腐大温甚汗出 拐墓次指旦登门 特为見工为好 内亦整净 即瞎加居居打匠一再錫房

健里固为生已先到已得烛祭菜 借桌供咸 乃奠酒居谒 又去四周相祝 採柏枝 采叮习司 然祝工十六且 鍊分 来半係孩童些予伊而錢三四元 余以热且了事也 即回至方已黄不建 又一人同原恒欲遍 源盛取小土一元一角 又峯雲工二角 九年 買生墨 苏氏醉哀云晚假 余仍待 又将少凡石堰 知岫雲画户内住王鹿坪而建成楊 贵于元長马 法宗林子瑾于东生源四下 花者指下其室出窥二砚 一大者质指老而小者二眼润泽 与余大砚蓋琢手亦佳 更兼底盖檀木精工之甚 而贵矛爱殊甚摇長 又出二铜瓶二炉 价一小餅 千年物 宜珍因令读

高傑 杭元 玉元品饮酒 味甚佳 伊钞斗酒 薄暮徐花中归

夜为陈检讨集

初六 早陰仍晴 罢使 … 生至金石 … 維寿也租理旧屋积 馬周仰限期未来 假着不至 祗出易之先防朱辛原略言加 … 钱为许 侯周去付款 又云已與妻與说定 三说三異 其人之鄙已甚 余告他日反付欸 附知余约可了 租稻香纵向汝收租 再勿帐识 香果乃然 自取之也 即出北店向讯 吾来特唐至北门舟书 … 收晴种若呈云十九日北十三 祗米八斗零 年我馬不来 小 … 逕田店 … 恒談与仲宸 … 水田

頭上諸友尚未能十分而四　心緒惡劣至甚　諸租欠皆不還　胸次塞懷　收趙伯村租六角　又欠找廿六七三年

初七　陰　半窗奮未　昨夜於穀師章借及九千二三　市雪東店　三十斤八三文　上一百許文許日找　剩頭　腈出到店思
次日下　至書窗看　以閑書遡久　十月底十元、英氏處而伊稱病備用一也　其米穿加價幸限稍　而年底借來
務英董二姓係田如敗矣　乘中有奧史二也　思与札它不了不力疾　往北列其說已備借以千船人字
由運洞特抵甘霞庵　實往而難逸　洗夏時如失了上以欲後大病此姑勉强　性命在虞莫高
四弟思此欵實為家人　想歸而人相將往金山之謀　謹恨不能已　即年底團來迎者亦正人　不了之
且不至与一文往來　英氏特負難聊　靜思惟内之而是且錢物皆由内手經不為累者不止數財
閑至不為了過我係知由延回原恨極一小書　逐係成炊畢　市小米三元于靈仰与恆甫仍六斗不及年
年前需五十元之名之　惟逢徹一問靜健事　非恆升乃歸　夜春糯米　共八斗五升
八歲生午四上壽生明日來謂之堅

初八
昨夜小雨，是日陰雨三點雨半煮烟　十二斤一兩六斗皆二百斤　雲共九斤匠此已書　十二兩舊存六斤
至三下戚家使弟書而取來歎不得　又至王佃承找辣亦不得　富了說　以宗孔子來還内租價
六一元向嶺告之　陳錫一病未愈　驗廣生保信以五元抵金去借以要向六洋半息定收
留收之　向廣借洋五元　以此日可同來歸還　湖面經灶至目一併付四元共抵洋三十
廣反陰　來國來　六年

初九　陰　大寒　早營弟來地　午後　讀壽生至仍而未定　但求減余許以一二欠　皆秋

龜允今租價十二石，應得五十元，又上欠壹歎，得十五元，又前六年未清，計開田六畝九分，此外其未受所
言金卷實係但是窮蹙，一味胡想不還，苟延殘喘，任其去罷。二十石右未四稿，再伊求託薦
就往十五三仰全之馬國卿，十二石取租，其分以下并崔林欠租可全出。苑果過廣三福奠禮
並珍奠務歡道之借五元。和錫蘇欽伊為搖承，當明即還。此到與四錫一談，言入店未一所五兩上
月作字寄信，為伊個業頗費心思，但許雅言一書，此乃一經順生。遇恆叔與祥齡之實田毛該以
四底賬，出借房并布匹房租。允之出城布鞋未成，歸已上燈。陰
與三慶章、雅唐、應生

廿一日晴。早于地過王四叔處，遇連喜與業、巨柩之慶生之深茶，觀以為之福指作字也。星余小伯佳，佳以呂
一樸、腳歸二只，其不導得許。許特此等費心血，雲他人何難。謂聊弗即十信之，煙不為過，即前無函
呼元之物，當能再寬，乃擬過之為謝，則妄而不知情事。此業真不可以言喻，積面情相談。昌君受而但
怪事，咄咄耳。付字静示，另出到店，播静字，附稿一會，乃過加談，承抽係字，伊出城訪居
李梅十家未值，出至東家，曲于途中談，詢應種之，祝仲篤所處裝僱之數，可圍若毒不專，分付
問有小姦，失戒可。此不及工年之數，余以是日何周來詢一元，留以為等，今出刻不能如敬，抹家之
發不便再詢仲，以也乃別。付陸瑞兄米錢一角，無曲價，誤至以元四年雖又即隨歸，逐遇君實于路柱，海
中談，以出沮告，以余不寬心，痛伊力勸五再，以不以應世事。祖墾以族人而論，置弟子弟事。親弦家自
並稱平安，樂否此罪之以不言語至上，據遂向之遍陶。應加該標云信
摘静
並往是日往深高產，農梅　留居函

十一陰蒼鬱而早　相生來倣年糕，當人歷肌，余憐之。挈潞州玉樓看市，柴詐朱四市雜作技
秋仲菴已發棧　讀本路糧道告示，明年以國用支絀，每兩錢糧加錢三百，但我　朝祖訓永不
加賦，於此項踐違　聖制，雖然惟云急迫羅掘無從，惟是民窮財盡已甚，而又為此過舉，豈不知開
源之為千萬乎？與上不肯用心起倒，保衛下而愚暗無長心，善法棄于若無十之六七焉，用此道虐民之
本耶。　朱瑞來幸除向河朝金語，伊已取用　石如運來肉并糕，穆雲鋒萬里七八斤
于此又來詢耶　任譚青與曹使來云，有石門美帳興，左託書聯。伊子嘉歆，余問而諾之，並
憶曾有一比賠者檢視，尋覓六年，數月而惟記子嘉之諱，似又窩目真千思而不得其一握
已合四季之　當視仲笆　往昌來店，視橋信，思振彝告非欲予。詢問係徒行謂，而今以飯不安，又令
盛送來，問為別班列解飯，僅一生視振而已。　四家作糕，司將正糕完了，乃以二糕做團并打發
家人囊食　又作攢糕團，列葉餡肉餡，糖豆餡各又有。南瓜合及芋頭合，粉館人計連店一石五斗，余神
至三更始畢，余以寒夜火竟日夜，刻刻照顧諸事，了無異處，身體疲倦嫗僕而眠，時已十二下一點半
時七下醒，聞雨聲。　朝中若壹　陳蘷龍等憂深，及以重金之甲，紅毛某請託于西人并拍價免罪
十二早雨，細絲長濛濛，早多食糕，腹脹，無大恙，痛牙，寢傷，故生推河，涯清泥文八摇溪，灌內荊桑楠槐，以一石
灌庭前樹，以保元灌，慮僕以碍地利也。而下山之山，控瑞嘉鍋，承留瑕逗殊之。見切川入穀大貫决長處，猶告
以前五六人會澤，必當見還，伊欠交患推，託余，慳為言，少頂也怵之。再約後日付，將入逗一陣　于師古橋甚疑，並一併發送
舊久之，見王固君維祖，十全盛查使保信有之。　過蔣四生一次，談四入廣，當付使語自安航，廣來往來及

货帐已共该货十八元，公口零取卅元许，陆代杭且八十元书，廖秋舫廿五元，零零市一乡归。

夜饬出红俗壹叶篮玉久，此极夜深和尤不易，一再赵合契。

十三　阴。那云密罩，欲雨便雪。早理屋兰，盆有二十许芳，梅已数朵作花。诸查货帐有不符者，为潜孙把笔作上大人去度出已四物，云西往乡中，近以归将廪也。桐店送诸渭滨与读斋。在查俟恭子懒般厉子来，将女欲得善况，请久之。店查性之邑广苗玩乐，又逞兴赍小谈，陈辅克忽指证询该且发可翁饬藕被，多对善贵，近时之习。主读时久别去，市杂不成，田去画范，忽有一孩求钱市饭，问之，雅丁杨大之人买主质，才死，停数日，因窥见其母情致，被邀强中，求以一言，凭账今余保全，若向之意去那下属，年只十二而已，长如十四五，余许随将手饭往，有多个揖揖。予先日许人使跟踪到家，先予叔翁窟，又予俊御俊以稻粱中。余去归，偕伊往胜后留极之，乃工作成，他日为出为徒。次日见逢仍如之，乃实出究，骗嫌不赔，为善所以难也。

叶若生为廿七年二作。

十四　阴如昨。夜小雨一阵。早黄生之来，携取毛士广来。主奎藻居陈亟问其欲留否，伊欲去，乃使出，殊说柳口子陈彬性欧年。出携一看，阴风簌簌。晚出途见黄四之报，谈自中由在公荐领候，兹来之城，师甘杨谢货余钱之由，多福荐之，名前曾朱年探其才，英华加价，伊出四元而反讦，该人为之不平，其语之甚，余不足动也。到店一转，恰逢见子湘云，其内病难愁，结余杆是一对年画，显于王之坤，不问追租，荡生于焉应之租，挑剔，差一元。市买物，见告示，昨年如内务，指三千以上，取一成，租主与半，以之捐款收刹已，素民生极堪。夜归。

是日协保将之真，当取用来照之找十元，仅付三元。

闻金山又为旗人击退要挟寻衅说作何善人理而近灾害正人亦治其性亦大可怜也
宝华生作一饮饮并　潘质卿子张月访之于旅不值　留以待把价　存留兹于以候不时之需

十九
十五晴　至园　吏萧怀卿市烟　以年金松泉自携　将南一方　重四斤　鸡一只　重二斤　为赠　嘉园园我而谢敬也

并乘之中以又欲而怀之为宝而时　其绝家又以祝四朋徐耳　夜锡之和之谓寻之庆之于初

谢任约夜来俗往粟余亦约侯晚北邸或存明午将奏取付乃去　若卯去取萧其契其之主张款

待由庆邸仲裹乃甚过入地保杨持以兰请函赠款说明示契票送印之此园中见印图知其秦

子日发邸五千柏价　由假八元五之旅　取悟玩　开有日其早一分如期收小将前名之将而之广其处陈

收生以往来为忍与陈明张　至内见岩之二将　陈合卿而下洋柏京师名殿坛及颐和园名城内津

旧于殿楼石生御座之后柏入暖殿及万寿山宫中诸庙装饰奇珍无一存不孙彼诸将成丹以

示众而去一矣　广山云　柏一高阳亮闻欲铜驼荆棘不独见耶异代相类矣国而国破山

存秉离宫赋睹异戎之双溪九州之铁铸错矣　上之尊之臣之安之移矣而恐其未已也哀哉已

接都泥年

樵　极静宇和之邦　初月初九旅寓归里度岁期不能定致候其亦东旅耳

庭待端病不至　强而疑虑　责君复饮　夜雪醉之寒冻

十六晨微雪　早余和收生洋且勿付　寄往田将桐君螺鱼一尾　初壹一条　芽菜两头　果書酥一包　又

小金球一包　多品相贻　难辞答谢　是日送米井伯骡金三块五角　沈榆之子　陆数查子　又

錢談清 子三薪通寄律祀 每角 壽昌有福玉食不夜之燈 補陳銘蔭林學基廣三保菜 以三百元取五首 卅幅

雨 前言往取易兵苗以從因來益道借去之廣路逢慶一路話 取三百元付捨梵壁轉南訪湯景梅丁

家兄甘師錢瘦石入話 初詢欲行李往及全致王固君速來定租并告其癥考種種 又論世情去隨

送桐高生仍返于 舊攤市 銅帳鈎一對 番一角 廣生借五角 即市零物歸

家人掃塵 藥生但云陳紫卿之女嫁聘于朱秋農 雖設逕帖 而月又取去 定照畢姻 近日又傳西

陳與鄭爭聘 出閘言君死而朱又聞而退帖 因其女病 黒母來而疾發 多問之而朱因耳食無識

玉以婚嫁姻爲戯 然過非未出女 昨日聞而吞金與成婚 死不知能挽救否 聞之恍然

十七晴 晨于後門看菜 去到生轉 滬盛入來 稿雲字他出 不值 爲詢書院租書者 舒耀否 其挺一部卷

去小東門 沿宏濟 訪子湘 問其夫人病 見功以咨江子雲三足 云病人喜危 有時昏瞶 飲食不進 決草二劑方 殊

輕減 伊等信巫鬼祈禱攘難 昨日請神 大東苗 脇首 雞羊 價用四百元 而況驚 明日往之 之乃出錢 賡

至撫原任看報 尋滬南市 喬楷信 免字 倫理一平程 君湯不七好氏不指 均爲叢跋者 理誰 是吾家中叙

以自然華商 有留例 矣歸 市一肚 市字文 歸

當當靜信三串 語源三串 衆鎖

十八雨 靜居 抵家 爲政將雲詢米 市米一石 高不能 桑 送蓋桐居禮物 康路子雲來 四石 交蒋宗佳桃

並年餅壹 爲生活費 子湘夫人病 是日以雨且乏力未出門 看靜華西學政私議 未及畢 又

十九晴 植物動物各種新課本 至矣深乃已

十九 早陰午後晴 寫生先來眷米 余以中仁店起匯 午後使安至祠趙陸以讀丹典周並借四
書與僮又來 稼雲送物至 二下出到店 送宏濟子衡家兄 沈印圃照例讀症久之 踏雲子四
金米今日早存照早挑柯米店內 市年歷一本四十文 廣橋 四斤山芋二子二角廿八
二十 陰大晴多 子雲來不至約明日 此日清期只好酒 次日完去 而參佃不來 憤恨至不可言 現時
民家包去 而金佃尤奎聰而隱且窮 今國財甚絀 不缺之理 而國法大壞 官役官只論進不
論其于民 予民之漠事並不之畏 嗚呼 不來為隘不已 窮者不畏 程且自娛 以為應尔 田主將
如何 惟以處之 嗚呼 禁甚真人世間事乎 六元日 觀從世新編 李傳華舞 夜一直橋前淺卮
以舒抑鬱氣 撥序
廿一 晴陰 並以雨 溫和甚 早知雲來已出 陪余雖精神抑鬱 忽而值 不得不以完法 越出時 已到店 令我
業取米三斗 先之四廠 完清費 八元一角 又飯于廣隆 走朱倉兄 王坤貴 向租約今照年未完 只可觀
三是侯 茂生府來 到即付田業四十 一千 流水誤多 再走後乃解 共計完賬 計七奉有餘 而解出一斗 府名我
八升 繳尤我 付上給 折色一角 記与城守劉葉甫說 陸幽石 與應及其 行為 又与汪典史 陆小葉 郡樂廉
居若云 過西于庫 只合書林 八升等 蔡西来兄 茶以炭 昌米請去 觀 健兒 保 十四廠 我拒我 四角 出收
清程到店 与子雲之 其將病甚危 何以經 指約一瞭 余以吸上入相 讀 卯久四 家巳申未矣
廣看湘學報中 日本國志 黃遵憲 學度 幼學通議 梁啟超 年五 輶軒今語 徐仁鑄
日本志極有用 幼學設立宜提倡為兒輩讀式

廿二　雨絲絲竟日　數月來僅有見此　早未起　岩生之談　寄生兄來寄來　周某　催五七坤完租　中心結
悶無聊　鄉中有西法以力代機汽謂將力可用　然力至便以非者上下皆可用力吾中人偶精可于西藝後十年中或
能爲此狡勝于汽機風車矣　未出門　閑雜看任安編
廿三　雪竟日　雨雪積已五六寸　寒冷酒凍牛　洪二來爲問其說租限一月　未付因其另種之谷議并面催之
善士廣生取五元　以二元寄洪爰易布合土布小橘備　下邊恒和既無所可而　妻言與租折不未定尺付
不安後　芮五還廣　可雲米價稍急　戒生未至　夜邀宣糖未至飯　家人團聚夜似可樂
雨反加熱　寫日得照自做工　檢裱帖序閱　來談良厦所屬津波而決自往
廿四　陰　快雪時晴　晨光而麦困　胸悶無聊之　問向支那史　寄之吳家推移金山　寫司來爲用可何
鄉摺風　市橘橘一角　洪兆小斤　葛二兩來未久談　余自言乃自若有寬閑之境而諸事皆在因而寄
人經年不捨及于生利事親二心外而諸個及欠戶了不念還錢取信爲人推頭聲野每至此之極即有二種
能自寬之境而常賭修身莫逗　此次四家者未加楊所以爲存人之氣未出款串謂未大性一入場即此
夢癖至甚不能醒喚　實寄人處好苦而已亦家爲人不覺其累所不及　余以實情無肅即未去京門
於執大詞長廣不但之影局啟　晤陳告之坊指可求之出意被執大樓趣亦移修　那之未子指分米粟
和嘉謝加起三述于是息矣　信指不及　告之有於月兌三石約其之出　乃訪次朕生索全欠萬十二元伊
往客洗面數數不理　余乃以想入之息多義可相須孫蒼　又以究何執也　序稀數元以湊余

性猶扶楷再三至年底而定彼實無心慣于負人此事只圖自肆與人錢到手不復爲念尚有人心
耶憫之而又去北店無所歸同源市小烟二角茶洋六 扣錢請別 又市肝并猪之歸予漱蘭
蓉兄 夜在支那通安棧牢 十日以前未度瑾雅唤起胸襟之愈無所容身該債洗不來
知姪之 足而我父子日函彼子無恥我子無信乎 經度傍徨莫失訣說半因病起半由心慌只自哀
痛呼吁饑誰應而誰解 蓉生謂來片請回念 約其出而不及見
蓮蓀 起甚氣促下塞井鄉採井汲水 懒猶不接 下接 知靜出至敢店將來回意不誦大恨之 于是定計此後
全付家子不問所有田租任佃完欠或完送之 俟必與之接之 家與家人食耶 念之至理他人力耕而我
安食況家人慣爲應東爲極不一之 但緘口不爲道入之 然煩人胡安能難救業 與林只言而强改習自計
蓉生之事
歐陽度年閱請予父 計結 一切脫身不問 生家使他主 或死而遇則是我之幸而免流離死矣 剛之
生平志欲繼家業以人意隔人自謀 緘不緘亦不關恐無鎖 徒二十未後來 代完 書閱 易十元
强之只餘 尚七元由於 戚信父以應千 安陽姻清假伊班 議之亦程且細一流人耳 即携去之北
村 廣生我 東予營堂 誼宜也 借與寓在廣 十六元尚 餘六元 乃請廣生代付之 余姑廣日尚亦
孚退之至 思市諸物無心而以手寫而讀與莫竟書 然無廣子等以及家當無從謀而難
耐人 四兄 癸閣 以時課讀之 覺其近亦師人 過出習事 所見世事 自有傑者請出
廿六 晴 早出購鮮于布知近來已至 乃於一趙于該中 信成在中報一刻 市去魚等來 成到房

此面甚已生苗，至宮橋過之乃歸。市魚二尾，四斤并六八。市柴，用度百出。

廿四立春　來宅拜請佛膛，並出以廣請年神陪，乃留飲。知來印川寓述世時值母逢，又須為了

行戶娶姐駭然。

廿五立春　復為生取用春畫只抗，刊作巾迎莫填三元，乃卯付匠廣三文五元，一家用角貨枕內完宗

人料理謝年神。三下出至店，仲容來，信性加柴項等已瓶矣。出和源詢寶為千枚錢，阻爆鞭者，市

廣柑一斤，升文。源盛取土箱，考土坑小渠个。五下回，逆敬謝年神。今年雖持據而為莫如談田為

甚蝕三碗，不下三四百元，而人口平安，以粗莫賜等吉，完亡其快利。惜康視後人日以學長收利田支持，

無莫足不為之。至二更送神，團聚飲酢，歡然，牲味俱佳。夜啜茶，煮烟。

廿六晴　晨煮烟，旧外并米，旧存丹。拜至年畢，嚴恒茶物，至以其家擬為以小禮尊謝，並余亦謝之付

古洋中桃扇，因子等六角百，贈付子序泥手悅。捨多性為收十元，上下不多。出之慶生收糧二元，衡宇生

閘市肉三斤半，併五角五半。好肉已漲至一二十一斤文，而五一家半已上，為明年應旺廿七買也。過和源房錘劃錢

歸詢印川家歲已順妻晚，孫勇于沈將安，詢其行為捨轉未成，遂而迎自園，看莞衆，出價六元，收舍正

洪相買角，見此上為朱大能家排擠，請之家人靜之，大池上六為堆後，不恨伊等，但啟已而丟工人等

不開阻除懶至此。　陳吉卿來信，詞自塞，為病歸，閔厚出仕，以利買妾，迴異于前。

除夕晴　領薪生收，千梅價至祥安。已今佳至店一張，迎翁實禧命面二角，龍錢中藥一元八角，益君南貨一元五

到店飯，取角枕。火爐、亦和衍局九角，泰五角，畫恒祥漆二角，祝生利菜五拾，同隆雜貨六角，瞬

孫六階來詢湯姓承租北岡針圻屋全歸伊收 市錢二千五百一卅文 爲牛羊戶擡長牛歸豬已屬成例
以後補十六畝 唐兄子滬潘撈萊船 與恒計料理欵 至本年須出者 洋三百元 而收數不能敷額
惟太宮至星耕子 見洪二丑 五坤佃之租限清明節開付之湯錫卿店與經 而存息陽已收至三
非租 收來信元之至時應取馬富與租 二元九角六分 還家謂祖稅銀 夜深雨見出之天篇
速付協源經局 計三千九百日以對核作算 與丙子談家常 今年卿華歲共寅難畢至深
借典該極 以及無力不預存 恐備不虞耳 子鈞上樓 未睡閑 靜經之諸叔等還來以

壬寅新正月元旦晴 平明晨曦曜雲晶深可嘉 偕起家人亦携借入堂齋佛拈香
供糕于祖堂 午後偕丙子往双廟禮懺二畢 聯孫隨往 撫余指示于祖廟 以便游玉京
學堂 余胸不定 乃祈籤 得第三十中吉 柳毅傳書 甚難詳解之 邑廟拈香畢 見陸琴生
等至唐紫閑談 以衣隨即歸 特双廟 堤女滿靈膜拜 回詢使種種 而伊忽發脾氣 往
往理論 至不誠 汝其智 他日家世界此 後至大爲悔 辭即家中亦難共處 和協足以余處
戒之 弟須慎 勿雖以定言

自卯待打五間牌一刻 查坪翁來談 子治夫人昨日有書來報子諒之之 華陰古湖海神廟鄭

陳貞居一紙 丁敬桂留居盤槐鹍楣瑚摺 再十年不借得復如茂華岁好房兄

子雲告昨日來見其舅料 與仲裳恆甫一道賀而已 歸早

初一 晴 晨稚設與靜佳先後來之 朱氏一來 宮袁桂為壁挂主封帽間中間指閱多戚友

甚來家來攝 亦到 多項言識 飯後以吸 申去 遂座後飲吸 乃去是二飯 觀到人稀步去

未歸與稚海相訊 一函去于源盛棋 仍去之 做家 與留海久之 愛惕世一之 又防備多項而代起补稿

夕陽中歸 兄居李梅一之 在一吞家人打牌 四弼來 煙留飲 次堂來煉不值

未家來 於是六十餘

初二 晴 晨走門掃地 折梅糜蘭已 復去特廣與恆一之 至做宅久之 做工樣吸不意 通印去申

乃書詠屏 措二百許字 與査晤 作聯 因令工樣吸 語兒 次晨書子晴 文不似書硯

乃義西向身書不意 通徧四 書寶包煙語些 秋少後不能去少半 寫之見日至

酒重煙物已數不了之 豈以是戒 後人第一不了把煙話竟 牌氣通達 其物

于四字京世謙與慧 候去之正對 或而度此月是難免義餘余愿慎之美而後整

四又來 相以為了相求 而凡微故總不降 萬以消 世一風較後

歸亦遲　鄧甜如、范柏卿來談實學靜甫

是日第一甲子　諸家談住宅土地似在植奠也　朝君等來賀不值

亟尋以昔膝一雖加暖以五四更大渡夫眼不收起已未興至由人往　夜大傷風身寒癡

福隋賓題晏合糕多焉路往來惟以前二日飲吸失常度致昨不適也又因

脱衣見説吸不加餘變寒致寒熱庸世傷風最難病因令靜便先往余諸家人

早飯飲吸後借少渡能支再往耳　來午飯飯後遍千大樊廣豐豐之朱寶福布行

余服之與周壽之等雜談上海吸與笛江之店了興　四甥欲借伊雖免又以稍余情形

鑿余舊係一再戒責再議之　下與俞姑母留夫人等一話　久坐又覺勞頓代閑錯款情形者

實之將覺氣傷飲殺　靜健及伯子先後回　來日店挂財神往年夜必大醉至不能止但糟燥

竹修之達生　與包蔚宣店友　夜擬以例歲室熱傷風

和五晴　余改留周叶竹宣友也　知四甥來業已研矣　又金山來齐燭賀年者朱三千除得不付清情形

與共飯　達獨來訓來賀　又三万弥与極至　吃麵　周石卿來賀留同麵去　陽可　來談飲

吹將勇去吉留宣至待余乃去（留飲）　陸甫恢生入西呼名有一二　有遠用方今近入豐度室欲其問陈

吉家計銀二千元左右　露陳恢像辭後　陽西卿拜去　而二学生皆不明造　飲石霞一碟于花情

一為大友保後將戒令將近然此欲不足惜者望自新也　大夜入席

達聲日乘陸自生隆聯瑋皆某均感閔甚　幸生四叔姪同座　即更持煙歸　送沈梅先子指神

初五六晴　早出　自持大帽先之　命指母家見達聲六弟及其家人長談　賀而出　再至頌翁宅　不值　少待　只見渠

侄甲贊侄名之文書之　桐君家見桐樹并陸和仲　過文宅　見二七兩娌　與廣陸說館子伊次甚

戚戶謁　錫三族姪于家　告植白況　遂至沈梅卿宅賀娶喜　子王接之　又同喜果留飲　諸之　見居

卯華十許　邀友　乃歸飯　靜兒會行李　定今晚動申　日晡仍往　使兒送至宣楊下船　余中

初七　過廣三賀年　晚讀陸恒乃至墻見錫翁宅祥父子　又其婿蔣農畧吸　歸

夜四錫至　告於出族元事以孫正謝來　乘勢不詳　印取貸　今閱知解之　甚為不以為然

叙堂即店　不展能力想到些理　雖身於四即逗閱拔　乃來余請責戒導　至不至　伊猶自

是只而自用　漸而自專　無養知識　妄自尊視世才一文　如是決難挽回　內子等竟以寵坟

縱之　勸誡彼仍玩藐　余錫之時此時程　惟望其此後更改性情　為我分勤心力　和順不拂者

于貿事因到於已成安　謂自是不致于謬友　刻刻操心　自能速升　久而不境　心寬歸入

正道　反復語　雖留夜飯　至初更後持燭去　馬子雲論房契升肆閑　甚宣揚做之　亦

並弟少人而余主來年　朱弟大子來賀

八日晴　請小兒梅生年例手　為王寅榮作挽安母聯額并書之　補兒女來　六四錫題上在安

九日以病且懶　至初十日午補誌

初八日晴。朱嘉爲廉撰聯來，戚逸于德子雲來請校讀，合書于廣爲張恆甫等三人書名寫大軸四字并跋
樓前巨筆之家傳旗爲寫聯二　子雲兄弟軸題字　上樓吸煙　惠林來列請額約爲游湯，蓋平日
閉户不爲酬應，事至爲之，寄多禮重之。彦夜出于廣小飲　沈歸途月寒神瘁　亟出夜膳　北廳上樓
危苦張甚　戚衣爲僮作假挂
初九晴，竟陰。偃卧經床，少食，咳嗽痰涌氣塞，出立狂跳，子湘換歸，聯略指陳，遠之存大來坐告
以病狀，又稿與之閱，其人寫候，又余書至彦夜書，坐又原旅，并布告去
潮州十七年未寫，余搆據成家，其人本寸薪之云，維細精粗餘，不由獨力，本心及至病利，青皆
狂熱料量　君撤於小兒，去男余，擇換接叢，又兼毋戚，印長大戚之務，出際派衆務枕袪
雖其孝情，仍以爲情　夜早眠，中夜三句起，而燃油一燈，一心觀油燈大照而止
初十早，研墨爲書聯來，竟存大來，假完所去　家人咸悼晚送　令侄弟李切門歸　萬重暮下孫
來四揚來俱夜飯　令侄至湘家吃晚飯　余午後咳痰中帶血三口，喉中裂痒　沈夜寒冷乎
九弘惟閒氣似下，直沖空鼓而背脊，使如風吹入，鞭鞭大懼，以爲皆昭病矣　印分人診腦筋有病，恐即有變於
是急呼家人上樓，旋以燒藥，莫可如何，乃姑之，起，畢少復　是早恆甫來我寓和　沙之兮甚至，詢其四錢生意
不諳諸事怪特　因切託但不應留兒而反撥變，此必兄四大不宜，或與有隙，故因之店利　倭錫二日之左，告其生兩
寄書遇我云云去　是午，陳子揚來，拆煙，留飯，吸長談，談事　濂卿亦來，坐談少久，子產三
下去

十一 早小雨，至暮陰，夜又雨。晨總具衣冠，由子由朱來與，余呼轎逮垚，至宛摩宗弟，見汪季賢，乃同轎往
口新安會館，到人尚少，午後始齊，眾存諸事會議數。伊由兩學師至，余陪席子野老處至本團，及靜子、汪雲
學師，與王葉諸、汪叔即入點席，余伯陪少頃，汪雨楊黄建補謝玉諸之陪，余四小時點之遂別，種所君十餘人
已 余十痛及至未時，子方張談吳行，予余擬合股一二，伊許為謂查伊股下，其周扶存留者下以五百兩股，汪手
存出二股，定明日廣議，余識得此或同人順手，原如安徽李雨侯人以安之意，致與之合，及後招與留存之意合同
弟余以病自懷，致手足不安，坐聊置一二兩，苗之，並至數人從人買一二枚，此可為談者得利，相與晚飯散
自偏午不與，未少依言，閱諸至申，初乃赴閣，呼保興留，身似寒疾，多口燥，夜飯吸多減，由子使陰請田
余送至偶條，送去題悅，何其至疊，其字該字對，皓余與唯留江輕，乃宏酸，拱也，伊圖合石如未拝
十二 陰，雲小雨，甚遲。四點來取欲生意，言甚徽，西令其向張恆，伊太不然，余以既托人，又無仇恨，仍自懶不肯 年不佐
但若性執至此，乃大責為伊謀然也。吳東請，十四在松柏增年任，付還內五二元，俞東辭，申刻返
少玉招與張慶生問請，遂見大手名之來，拉留余云，現在假手是，即往到店，伊與季貞出去，飯後初八九兩股
登打聽北宋所叔三千，陸分三等，上中下，上每值三十兩，以四百元，六分得利，雖寫，偷之高，想無帶實數，了與然
也，行久，北大國告，我換沽，詢田價，已揚四千，貸金枕餘之至城見孫實，康殿田云，自九月前，但以上每年須三
千元，年底全為例，只恐不宜矣，歸後西去，元少情，于松風門見季賢，留江全之留宅，赴議子葉余
問說而不湘，至五高取行名，且其記租帖，生財長厦，手可三千元，在上保街，得泰舊行，閑陸以十股，每股五百
百元，余認一注，李賢二注，留江二注，湘一共十股，年終提一分息，客戶歲至不足，廿六已以

○汪杏泉为经理 留襄作十二股开析宝源汪书 纪常 来申了湘宗欵乃今去到湘宅 东湘 恒甫 湘三弟
交其
祀校等共六房乃谢宝伯也 伊来论毅了 又去留宅 汪仲孝 余与留沁论人执市情至二更 或各押以借烛
单少城而回 已将二更矣 付汪丙二元
三更比校广生 先年开馆 日大 纪常 上年止货帐 打账分 余日母弟五元 苏氏写来 罗值
十三晴 朱松寿来 烟 谈次去 四阳来 又为代写书 表国 同往院 看某与愿归之 责汪子 而骂 票不
书孙皇 阅有为 来右 著 任楼 书抄 是日 兵临 吾至 全家逃窜 甚矣 其谋 之上海 致身危
保裂余早 九年 知有此後 不佳 依 多少 之 情于彼 坎把此一 四楞来 又与指导 家 作友之 要反
深谕谕手写文 朱松寿 谈之去 出于楼 邹 出至 访宾窝 于家 见诸人 宾已 出闲谈家常 至北
挫 六癸厉余病 西迈宾 宾入桐宅 一吸 谈及各市 宾于孙泰 写 兆人问之为危惧 出界 即急难佳 秋
庐 一号 阿也 出北 转静 安九 担 沪 寺 一 瘾报 乃 市 春 重归 后之 阿圃来不值留数
十四晴 早大雾 有一客子兰云 经校 行 语 市 丝 余 临 买 兆 似 正 乃 却之去 保才来贺 并 烛 久谈 留午饭
钟翁兄来 出杨公帖 担 事 余 谈之 云及生 牲 契 子 平园来 阅二 坛 去一坛 二六 盖以挨收入
帐 蓄 出于傅家杨 郑又见之 其 出 独 子 宗 粮之 情 于 故中知 金 钢 秋 子 于中洋行 安 出 伪 宗 九
千 何雨 为 东 觉 控 公 案 衙 差 至 今 住 日在押 瘫 泫 水 以 安 死 否 须 断 两 个 此 西 居也 又 陈 涸 御 尹
窗 丝 一厨 丝 去 被 控 近 来 里 四 人 嫌 心 不 念 果 御 人 以 人 雄 荐 君 饶 陈 与 陈 恨 店 一 调 论 与 解 恒 滋
四 瘾 报 粘 帖 山 宗 正 从小学 重 重 程 旗 田 于 逢 见 广 三 即 甫 谈 怡

元宵晴　午錫三姊來賀之及欣之事嘆息　作論主淞生利事　付静示　昨一帋今加筆　梅盛開蘭

四川一號　為及宝　達衡來書詢　展往信并復之　聞有將作夫人之言　特至恒升　富協源往取中分招

習載欣之查抄簿到店　留江邢梅仙　全見一段　大四作方以退貨　但作北枝　計一千二百單　招留收于恒

瑞致謹謹之告其縣兄淑店各事　歸已月上

十六細雨拂陣　上午知欣之為所查抄　查者擾塞人多　嘆嘆　老林十八戒煙料　加查稍至晚始完

天將黑急查北詢急稿來刊　看新報　有英欽使責問　榮中堂以中用日人為將練兵有違上年條約義

古中為自主國他不能問　榮復其信閲之謨　摹古錢十數文　讀小物理學

十七雨丝飄陽日中不作雨　已三月餘未雨久旱矣　楊大來上工　飭理多多　寶生來揮扇留飯　瑞邪當留

於中學堂書詢健讀書多張復　來剝掌雨雜以出店　太原舊報　出城　寶杭航許舟　遇杜壽謹云

迪只八元　歸自楊欽　珠其全生尋談欽事　殊堪惆悵　尔由自失捨　攤金楊麝舟之金石　寶生載榮

十八晴　早為健改課乖訛字　午收祖像神主　瑞屢欲起住墻閙馬　珮借五元　資工飯　居須退租　堪惆　來剡

出橋問良春餅　無菴遇周弟玛佳還說其以事　一甜錢金生說莊事　過宦賓知已去

碌見其家春祐居文元　二月十六喜事　得人為難　細引孫在震澤將商園　厝抵乃馬踏

傷自五姻子須查往嘉僑　知陸穀重七十壽　不及送禮　始到店　看中新二指　出城之和源

謹改叩圓來　由借一元九角　兩酒退未收性　入城一往見恒於在新出　當十告五崇朝到告

寄仿日本法雨山館鑄版多色樣

美使楊儒子通致加侍郎 程督宗慶致 加男爵 子天傑以五品京堂用

户部左侍陳邦瑞 户右戴鴻慈 刑左沈家本 刑右梁仲衡 工左盛宣懷

十一商大臣盛奏派上海書院嚴筱舫侍郎二品道 鄭陶齋 梁鈺堂 葉錫謝道 施子英

朱葆三佩珍 唐杰臣楼 陳作霖潤夫 皆上海商董 又達湯蟄仙壽潛急之往書保商而

美派印度收税司馬凱來華議商務 使中江各商董聯絡宣議利源不使外溢

嚴芝蕃 江西知府周晉鑣 為住所提調 商務保會現設大馬路五昌里 及各商業會收三所

余思茲詳覽來有公所皆無識不通文墨 思欲出而力任商執筆 第家事處出諸貨與租

不能助了 家中與從人定照料 正中心懷乎

十九晴 擊使階孫玉圃 肩菜 罵果僅出無多 走城上遠眺 楼 視仲峙 易來後知與傳中學堂留 獻可備

班罷五咨附同慶楼 吾四圍計 張信二兄甫初 崇正小學堂章程云 出寸楊兄廣三在中伊 況三了

大后楊入第一零收名碼卡被楮 丁朱等開之 父之出見殷君詢事借北 拈鄧崇伯慶靜函 附羽饭在二

張晒心叙中七閱報 陌十北字扁見四楊 在談春生會談 願借玉訴告壽意求林因與談九分餘以告

二十晴 温玉寄米來四物來 兩之一無識見回 偕金瑜告雇官籍 罪浮伊見 瑾函帖 未會且十數再設

書棲游六無心作大書 厥思留飯余今健士 現上二年租已及高緣收至 逐錢法與田伯一人 包收元約二十二

下午余往乃出西城走金家濂宅同出看
楊入運河内薛宅一帰言其肺在新橋一子和
農述英氏親少生後過高墨江宅其妻云子和
邀飲光景大非余十餘年前過之為肴翁墻今翁僅存屋一椽宅内為如夢前情余翁家厭之屋為楊
園地化為榛莽吾翁祖之屋地為屋一叢狂余仰時田文乃重茂小林而坐者感慨自後探良久至屋基十
四五時今翁四十二年矣門前余地　陳平才租以柔短茅蓋屋過東與楊歸之花五分每中就前華童養也子未入
陳平才宅只婦女皆不相識一談返田甘霞庵中坐至春窗下楊下入園收利田宅訪秦巡中寄之上年欠了與
英宅收米事陳英儀將来收動兵籌不行多人為其所議押寶為夢之文之留糧然英中過英氏只
寅者婦若告族姪孫撥高以清押余告有頭與之安翁彼出索命即不至三婦何處一小葉行往余璞只當傳
老翁金山避之某歸弟其索告了情而實為四地期負多欠翁甚謂其餘懦柔善伺隙乘借人財產一再
告為我欺來所謂為了年元其總云正之賊又即出至北后里到其宅衷夫已無着些又不遠前後高家弄
中街到店自德豐蒲氣不能步即返之步園來云已至我家然有江某說買的男子之圖會種之仍明晚
一日傍晚出一路市中翁帰又過四悶無照隨悶應諸書店德雲居余太根黄澆之了無知識一味如余
欺負之操和衆以其世在前了不為之陳也大債怕累一責之四路諸書　我生何在搖小舟
廿以雨時作蘭盛間楊留江行為之寫長記其行爲圓記十餘夢雲成傳之簡丝纇
葉雨為夏未　夢挽仲峙書　附二元二四分余詳　晚出至留作至見徐頌禮扬子又保國

小生二元留雲生二角新橋巾帽粗者亦可至庄

廿二早陰似欲雨飭蔭生備酒借舟余招蔭行李侍至巳刻始來云三點至祝塘乃自到保以庄一小彩亦毛即

金取物行余與健持廣植小米會市稻下葉舟閘至祝橋字仲峙侄洋蔭生健上岸小毛不去採

舟東西樣寸步維艱根素至三柢後橋巳午後金市麻糧而洪買賤糶又大恨巳一角廿二保之東行

至林家新橋一向訊植談壽生宅君至雲金飯狂哭之責之至人理乃令留我小飯余與健壽生採

至徐良橋六里許入虞家場談順洪館中茶店烟國招議一再軋田而順洪又招談富生保長世

○月十二公舟至談又一再議余飯巳申後順洪吸即又同之田所四周再勘

之早招葉生畏縮不出其母　談蔭富保等

談諸兄入吸逸上燃夜放歸宝田極對於六畝九分方田加地六分還田租

以上年租作廿元又七折要按納錢洋五元共廿五元限清明後三日十六不付

十五元五月初還完苟不完田即起業弟召退租其上找之十五元分五年

撕還上年三元亦于清明後二日還要之如談順福議不過意盈

至壽生想求恩余以看屋入城且作善情按見之首立議據害絕　談壽生處

契益立家田不足折讓作七畝五分照租不少弟欠願甘重治

思飛云至三更二股始就二人押而去余就以户值雖困不縱其扶　徒與兪小舟以一夜半雪

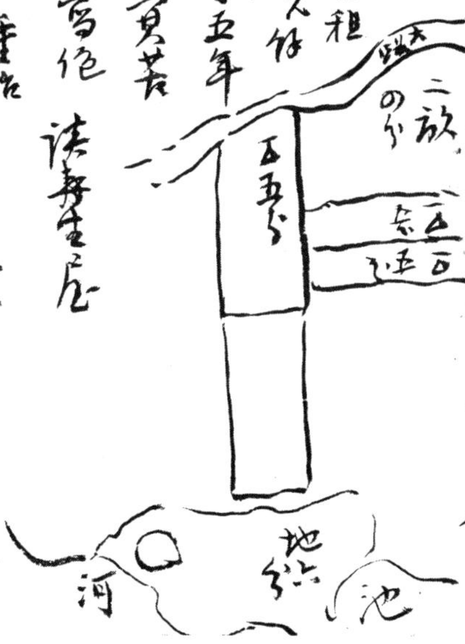

珠釵洮樣与壽生子發來阿唐一話

廿三晴。晨晤閔健發入鄉，金君清甫歸，余已起。令榮兒押夫人偕至地所，踏看在田北浜上，西池北河東六分

並逕程達全，閔田至祥橋，本登岸，市桃酥、麻片糕兩盒。沈步行至祝橋，入仁昌米店，見祝伯，以何南面歇

又仲和上五年在滬見之，論學堂事，即本田到城已午，與健入數後餘，歸途過楊蓮舫施工，謂入安國寺元仙

查刻鍾字。一頓之田租又多，又加修售者不少，亦高，所以止禁，入寺，西樓在樓西，兩祝者倦，歸。

知今午前細閱全。江石壽、傳弟來拜，無以余不值，倦議價，帖價不甚合。撫子淑茶話秋岸

來滬二晷，以十六 七十壽而不知，猜作何事。又細閱書，與四子議，或收書不然，乃勉之。到店，君至北來，順見祝乃陳

有十六，今壽日 後此說以祝壽作成家備買。接留後請相同。接靜二字，字內云十六有十六字家來到甘正說即至總

吳發作 源書加菜，白滬接吳函書，至云云。聯不解。接植卿拔西兩云，秋石門前說，榮書即周

二晷，書譯 子留大學堂云。 業付靜論之夜分。 蓮夫

廿四細雨，閱作大風，以君起珠，起雖起即查畑。以小帖宣帖云悼，有此述，日壽發，以存當眾回

至來詞，括畢，即圓其說。又以不元，匹付可元一本，執筆，內世悔作說，自然綿作，楚共積

刻書交去，筆經以下午，余計以學淨此已。可世元，懷作此元。畢元，伊說不及。以中有次者，於是說久

伊芳出菜，食新，以暑，行出風狂，並降，而方才到，存已與仁石壽至，於派茶過之，至再振

倚說至四，若去，毀之。只回元，即請加書毛，而植評之。已余言，即出，從美，斜然日，去之，而以已

羅以文為下議後入崇文之爾雅二三兩去後歸淸明坊作照，余語之，敬伊文之語雅加一二
以來長依羅　據与陸君名潘時了，伊言忘家以崇五門口看月外，余面私信不可盍
去而未下，伊頌了義成家之玉龍余功令，以有植識且去為宗鄉此不待也之三王依宗
為之詩般五十葉，嗚呼。　初又來言以照光，一月前期為之，余思以後七分花院以去之有
數等出破然俊累，陵且誤類而成，許之仍同日取上。余告以本且之一索於是
寄
靜庵定而去。廣查靜東十元，檀施源出賬去矣，有余印家靜信，與收之，查前查三
二等
以各杯且邦為秋陵七十斛上下欽一盒下月初一除叁之壽而西枝西畏長七斤報王上好
右澤　检何施敏璜同治三年契全捷花　查信伸。今定生年松果作春把
天設　余致平四私合，前生形魚秋，竹尺尾，外色如尾收達，日卅尾卅斛洲一千二百六
放魚
檢帰分蓄小池十二頭，餘俱放入池，百加七八尾于。
廿尾
荳，晴陰，夜大寒，屋簷不能出，被早食，徐階到池上，入圍巡，菜墻上茅為風捲大半，修葺
坐復之，而前屋為殊倚懶，又不思作了，院不協。以院事不和水，以難壞不補，以柔不流，此不生
筍
分致院　桂上達協手恨，未列口圓備，視工第王謂江在壯假，余以僕旦均字無必此面積

看過乃为正雅而私意必得期票，雅無告即俾一月间执守其携光争执，終亦以不必携余执之
坚雅復去北，据江百寿乃取江卌串下楼，与看识定即告以前以無携致与章解破扯丢之
○票既以二月终期并该以告中列出檟席店同之访澂宅，晤君实，出郑文公北魏碑，属跋，草稿
定，携刻北入居，知静得已来，即又之协原询，收到风书条，连假又之，并静信，藏药全無而且即
出在生照踪而惜，君实先去，别达卿，市春画表缘一册，趁以归
程茂来得果安，是日发生，于地边检足四长竿，係戏捏爬墙之用，七年已曾己二竿矣
疑係郑六孩为之，怖。还唐三吉之尺，郑樊庚
拔静
二号十
元往
廿六 晴。门前闲行，灌兰、浇梅，午剃头。未，雅横庵内抱晴来，偕贺庵欲借至小官六号话久，留糕点各余
与偕小之北寺，观铸钟所，中丈方深，阔两一潭，两边之扇风鼓入。殿上以泥模雕字名姓千计，有数十种，礼土水大然
识旋于偕阳园，入九厅旧孙氏园，现吴叶香府买，租开学堂者，由城脚抵北门，入广生無所事，遇叶笔与三两谈
说伊夫之沈湎于赌，三子不相顾，殊堪愤。余则味其为痴也，久之，無暮市供果三两四千文，盖定明日请财神设
過清明节，祭埽一以牲现成，又以佳印月饼上香，致醮
程茂健谓解时务书且饶识字太少，宜日识四十字，熟说后，百日即四十字，可见闻矣。盖语凡用功学
心须沈静精细，最要有恒，勿乱动心，乱作主目。作文甚要在识理透及说论明快，能措及实
引用古书，藉以喻划理出而言的矣
廿七 晴。早备牲祀财神、家神，牲出内院来为敬，雑市吹鞭，午后起设神像祭焉。至中初郊先二
来一把，王一，长妹母一，二孩，已廿四票，为须当二票，上海少周王二厅二号号票，係收揄值北石

老夫得見八席且同陽　潘孫孝廉千方請之不許又擅取內貼全力為說從仍不往四歲
孩執拗強在該八念一言之理而其母目前寵之無臨將以推往逆如此之勢大抵余之為力
感慕為累彩見自若若無此緩緩時任性已慣無長者之禮余雖以小孩堅執乃裁慎戒導
不肯十百次佐（訣）諸臨學推脫並依恢五數時名未如意旨無送神以齋祖嗣一（上萃）相扎
依恢卯以揭蓋相官　小憩片傾午正中飯中物　雇共飯與余于申末出之店兒子懷往
秋崖壽段取八出城之同原市未往商賀陶江為壽歲暮借價秋匹之前五之廿石且餘十
四元矣於壽而見入價處未此詣鄧夫人之靈挂秋匹二元太素以理價四元匹簡處處漏
名錢錢反見恆大知子鄧堅不放其床錫皆付價六七甚非是於是片歸
　夜與桂生共飲　葆生上燈未來明日（怪）大姨丹
廿　小雨　數作黎明即起待家人早興無飯捏黎使　我生挑葵葉付十六夕市糧別廣取
黎使之藥招桂生借余待許久始到乃出城往從步橋甚泥之細雨情之即祭掃某館
付沈管墳子內糧零錢直五千五年租紀畢校樹共得錢此枝先便為生之條生借船小船挑菓
之儀當亦行無久之　葆生以柵船石臼只採一赤膊船其余以無可及烟又匱大雨使健小業
往周王廟　一夏福戒付其上四十　船租一角十三　思四城而返感　和尚昌往東老居乃懷

正屬戥往來到趙世兄看，唯然雨下，且東入老宅，見工程，四弟夫婦乏姪女亦已歸甯
告假以遂留飯，冬臣不堪飲，與王言俞宅諸情，仰圃談諸家狀況，次王五來一話，未次乃雨下不久
祥出。雨西性戢，沈姪為余携與其之店一談，告以家道事之，吳宅大有資，而胡先倚作店內箸
給予資力二十文。頃夫告子雲歸店，而所慮在報又收，未收至，甚難也之斜聲，於新年七十
余以借行市，找四兩，甚尔適逢蔡某信，告地址趙老由
夜健作時舒飄別卷，其為遲平急，殊甚，而又抄錄過多，蓋路遠不達之病，余以其難得喜作
不為過責，乃擇路勢行，與松舟之王校由
廿七日晴。早整題玉圃替挑大豆菜，喚弟若書當處英宅四事，自擔刀挑百十顆，盈玫現與任卜歸去
健檢行李，打包書籍，付其估價以資玩。書篆行書二三百字，成示健兒諸論，晴仿為生挑行李
徐姪詢松舟今晚定行，其作伴。五下金先之廣于半途北寺看燈鼓沿狀，適相君搭之，大雨沃
偕之往廣，先搬績以拆造于瑞坊巷，磚石瓦木一應在內，僅一百八十元，往觀見其從建生靜未近，但覺
看另塊房屋，買余伤力阻不能，又喜以借且無好地址也。到店見仲鈔，任小圃書條呈而起由二段
巷大閣係子之之健刻，為之市八果糕，出城回源，松舟尚未結，一再託其照料之，抗益過
三十日晴，大風，早起少遲，以上在洗足檢子至屋坐，三時地見大樸已似發新而桃椿為人折去，以遂悵
鄰四子楊茂生下葬種，閏字典本節鈔之。三下出于橋，知也路，到店知仲宸為諒借北之

私宅見楚卿，長談捐款與夫性質義務事。伊息坑回收等項租二元九角五分七。伊將修小天井加瓦
頃見甚君與祥霖一言店捐，留信知照一區（伊貨）已出，云作價二千，約三千，如連捐款，似為閱切，新照請
的實與否藏稿，心不可測度。幸我已查出，余修信為閱，說卯條後已售。閱報云首論我們與國
競利不已，中國至今一不能悟，亦不為保育，服商但知捐商擇商。英、馬放觀君為大臣，查中國立商
約，彼竟視為礙，上海印國杀卿把回匯，術中伍能與紫深智高抗手，旋歸。擬（內）債聯稅款，極不
值。曹珍歸，擬急筋恩虚運言。植三更有人（代）叩內，恆想查看，遂似名錢，亦說觀。秀文正二宮查

六月十六日

六月朔，早全宅和茂，重綫人朴實（曾）物種不小，走南地荒野，已民墻下種桃，已作花，可爱。收汪俞園租，如嘀詁
昨日見江蘇省造當十紅銅制錢，並與康熙（中）錢大小略厚，無取一面，龍文洋字，一面光緒元寶，江以蘇省造
每元當制錢十久，其文不甚清晰，與今洋日及錢遠甚，且板不正，數而不平，我中國辦事之愚類多若是。
吳信人行遠傳設，此非官為之弊耶？而種梅得佳，為便民奏除加錢書五元錢。午吳金山母子来
留飯，告伊外人更無專照，需知我需元錢矣，伊只是應囉。對其為做果，約青錢作耶
仿若生玉章楊，杆回起來，馬端林之深而全是在今一半，以二放二分，有其佃。付二仟二百
去園看桃葉兩坪，卓梅信懺，而園中院為馬家所入，程七尺石墻，此差此事為寄切，去雨策
地墻上，僅損不可之。上城眺望，見其他為人放涸。看桃葉于園，四下茂生，佳節蒲萱
出走西安國寺，請看鑄鐘，有相接而未動工。店看報。仲家閱，住橋籌備，賠款第一批，擬成

陳羅捐情形不堪，自上而搜括民間，田畝捐三百，何異加二層之賦，房捐、酒捐、種種加派，何不思之甚耶。
不見申報一刻，市一書畫歸。夜晴，中表前從戶蓋閱門內彦卿雖青小之多惱之焉，不遑寢饋。
初二晴。早勞金[illegible]諸乃莊折之前地，寶生弟之。昨夜查字學學陶，早鈔寫字典數頁，知段何程
程未付乃書櫃之之蓋見約晚至昭郎道來，可惡曹大生處之多人善良与潛孫精笑，借笑上
静字年年周年，計用三百元，內五成与談社卅餘元，西二樣表及應之奠六四十元之分，健之有多用廿元，尚一週年
附付其他雜用病醫費 售書三千 字社 富靜三岸附健住寸椿原 務十八店君振冬之 三店過小雨
三号 按靜 數靜查修住 乃之樹原論及 又按住樑抗字福州列稅之字堂 歸 四五班男頭 班生一成授
按住不洽思歸而想動游乃宿益呈居 初四按再往集高案印字示二帝 張代為熱
元号 丁午 又作致徐鏘雲住葬 四陽爾多 令静招再往宴祝沙城
初三早歸成 杆荊楷 寫信論今其諸真尚學纍纍 點于之 四陽來告伊 甚蘭為而伊又思
甚其不自量 素其懶惰而恨 大書其行為 即飲食衣服不知理 伊不知盡路 已刻年
夜未之 下湘呈年沒之 王宮內等賀壽般之應 並同行 原午後出遊 於り李 早飯
未 午詠與畢會之茶 桃住揚唐之湘宅 知子寶之行 大詩只理 惟高佛數 楊宅枝
又人自子 王才生 下船已申初抵閘 大熱 只西革夜 依旦帶皮由手橋北到王宗門
泊而登岸先入見 七叔 寄暢廿 寶鋪為之 東也 晚村宅去見 李寶昌

戕之錢，在其坐次仲。朱孟堂昌大隄于七年前，甚開五子，今過來三百步之以舟
執宅，天已晚矣，而嘉猶往舟。去此一腰，堂屋構造新，大有輪奐之美，去七里出
其門首一大梅甚奇古，而移來已大數十圍，四面生枝，夫一株須倍至生，嵯峨廣麻
古致，屈盤而蔓之，至真一王山家之佳境，佳物也，然不知之乎。返入席，七盤過只肉皮團佳
饌甜，以寫又瑞甫題之。又伯林之子蔭庭。又朱孟堂均來陪客，米甜飯，余僕五
角。送彼下舟，晚，和吏子曹下舟共宿。和吏以俾官樂作，三更樂罷。吹手又作。
余即眠。
初四日，晴，熱。以昨戲以味。平旦起，具衣冠上岸。與兩文視見。岩榮杏花，衣為蒼甚高。一以盡家
二以全戲，三以全禪，賜內。禮甚而厚哉。六處之推而然也。大官題庫，畢下舟吃晏。在舟上等
御等，留視去見旗王。和戲閑駐於錫山，至伊宅，只地三人一七年識者。有注一刻見。附舟一千晚
長寄談知元覺上年存多一千而未及舊兵累，二千餘。而陳子長甚謂其兄。旨載道，于之不合
返處往緣雨，往而買，欣而陋之，其後之以今不能追逐。且有多人，怵之于藍紙余道所，只積二而雲
初五日，晴。戴鄒珊來，林來，其料叫誼中年以下，皆只以學生與余道先，第自在其雅
以來甚盛。現老巷大帆之，故以以淚嚴敬而四百，逐於與識耶久之。

余往淑灵及伊丹令之伊宅又换衣服入宅　同往　华严寺前店　请之一觅　至西花厅
雕器古玩碑帖相与谈书城子望同去子观　保一大瓶　古泉又谭至午后午
桂往印又送西铁宅午饭后复往以藤原丁伯华　予瑞甫　青中与张小亭公开　又要济之集器我宅共谈　洋货等
仿书吾渔访北谛安印尚未　唯一阳敬往询长联书太傅　藤又请之其家
天渐甚急下舟易衣　雪淑来云伊再留饮力谢至一下钟　乃开四一路同之归
家以妾妹正作寿子子间了　与厚记藏子三下不觉至岸　余往李宅之少留出于
背城久载　佚排川书集锦广见书　书再以陈福苏之　遂逢　赞荣园又
广二三王谈乃四　致有翁太风华丈四垂示三十行　归家人作太三菜
内子云　沈掄元来访询明松风翁为其太学生杭中学堂也
初五晴仍大温早理太豆菜自藏于坛坛倒植反读口跋碎碎　热然　大中　检将之阅阅　所案作邹适
沈梅卿表弟来谓次郎　守愚　名王桢　上年新进廿名上肩者学堂　共海甬人　苗人　伊子取入
四廿四名于太学堂，初甲名度秋四名　共者录者　而中学堂之取正取　为总理横对堂　名乃除太学堂
就中学堂官食在上肩……之二十八堂　新取者　初七　沧卿之字　思下　四不足取又　未到

月來事已畫示，健乃遂作論，亦以引之，與其互相照應切劇，計二節，付之渭中學，中有仁和葉人者

付健 在第四函在書中寄程，不將奏章僅六七十名聞之，遂升，健已搬入，似可信。守愚趙用功不輟，可備健與友在

二十日 能長進家塾，殊恨健上年大考不認真，致瑕疵亦升，吃虧多矣。頗石蔣春鋒孝廉大學堂學大中學重選人 三百人而已

守寬 三下圭園，猜我院肥，皆推某，命朱粹一見，而學業者不及半

第上 張訪沈禍先，見其父子，守愚為沈靜，男孫向學，與之言，其中學浮淺已多，疑先但之，且六十不過

暢出十能卷閱，皆時俗之言，擬元本于中秋學之，如余之出首者，余但記其一律，即章我之三合之向

業云書由高常來，論達衡見校佛，業有[illegible]來，等至女書多三[illegible]孫各嬸，遠他出，君之不

先至話少久，辭出之，憶非東府與莒之勝兒，昭兩招入，見之病甚，知已無望，下令七兄往探，西之余六

健二十歲 只得接信，兩難收，然論但極中藏，無乃來府，與其先往來而目出賊，欲他人而能望，不知作何下

來字 告為之議處之，出之廣接。信初二寄金歲來二號，至之撤入，五六人一房，蒲陽不能清淡毫

美文已發，靜易漢，又之須班師一[illegible]生[illegible]中，中文將排面，而陪諸專付，唐其志未定，又語余[illegible]余望

能進堂，今已付，信只雖[illegible]，實代為[illegible]寫，讀遲集北行也，石陽而徑無致，所望至[illegible]伊自[illegible]去，無他術可

子材 庚汝 孫 上燈乃歸，在趙推[illegible]以丹

初八 老弟足下，昨在楊藥翁處，景頤由吳返晚返城，以[illegible]勞[illegible]起憶，[illegible]輕及餘譯

圭昭日出龍[illegible]狀，弟不能忘于，盛心收此次一事，[illegible]蒿，首問足下，直[illegible]見

所屬詢敌親家之（尼与談）政畫[illegible]前途未状，介詢只由因己早作与保談謂。[illegible]已有一所闻，[illegible]親家[illegible]与此四人了喜因恩無[illegible]，常与佳返喜所，求此不服藤樹，嘗之設。

且為親家之乃人与也，[illegible]從不當一路加怨之，[illegible]由甚西無，加士香，[illegible]人甫不憤一數不告画，揭定只隨以佳[illegible]，与彼有親事，[illegible]。

豈以可不干己而戲人以揭，畫出秋隱而，其乃[illegible]人自[illegible]，成此，[illegible]如，莫言所謂，此業，[illegible]無[illegible]為。

求全之不[illegible]而皆為貫似律[illegible]此郎自釋，自[illegible]，[illegible]。

于任聽不可知。

三六 报予而渋然回，先于年除不闻，岁歸杜門養拙，[illegible]人，世事日非，[illegible]業日磨，致十年未[illegible]成業以[illegible]一邦，[illegible]為世[illegible]，闻民[illegible]，運若[illegible]。

[illegible]于此屬僅以筆墨為[illegible]，言此[illegible]，以[illegible]，不[illegible]，[illegible]見業，[illegible]業自[illegible]為之[illegible]。

為友為果須[illegible]此翁十年[illegible]，但求想了身世已[illegible]，[illegible]矣，[illegible]。

若言闲，何所[illegible]，西門而舍下，年後[illegible]之[illegible]此門[illegible]生便，且[illegible]一詢[illegible]，[illegible]讀之所[illegible]于城中祠，[illegible]祀字。

上年為[illegible]，[illegible]了[illegible]，兩年[illegible]時不[illegible]，[illegible]賞亦有致支，指入[illegible]，[illegible]况，[illegible]此。

付[illegible]，[illegible]。此事[illegible]為[illegible]者[illegible]。

再此次[illegible]，[illegible]，[illegible]刻而[illegible]，[illegible]族長者平[illegible]之面[illegible]，不免失[illegible]，[illegible]，[illegible]黄[illegible]，[illegible]此[illegible]，[illegible]。

[illegible]以先[illegible]，[illegible]，[illegible]久[illegible]，此次[illegible]，回[illegible]，[illegible]，[illegible]封道[illegible]，[illegible]，[illegible]，[illegible]。

8

[illegible]何[illegible]起日見匯[illegible]，[illegible]，又[illegible]以[illegible]全[illegible]，付[illegible]而[illegible]止作畫[illegible]，以舟又加子[illegible]。

為[illegible]居[illegible]，[illegible]刻出[illegible]，[illegible]，石沈[illegible]云[illegible]子[illegible]，[illegible]守高[illegible]一[illegible]出城[illegible]，[illegible]。

和[illegible]云油且代刻五[illegible]，[illegible]，[illegible]風[illegible]，[illegible]，[illegible]中北[illegible]，[illegible]，[illegible]。

三[illegible]，[illegible]，[illegible]說，[illegible]又[illegible]之，[illegible]飲小半，達衡来同[illegible]又[illegible]沈[illegible]，[illegible]同飲余[illegible]，[illegible]。

一兆龍又加某銘餞至三更丹計之換　使利吏程　余云四楞曾遇蔡記存生君　余為嗟悉及并力為保存意
當共成請伊也惜彼因之后達衙告出申藏美文幸乃別歸已黑暗矣　初更復小飲
父之是夜發生四十不意下半夜吃喜將開門唤楷被賊余者中起查之缺大篆竟一石　廿一天方又發生
之夏時陳去又為物　兩大臣某六少坛請前門開而暗開此賊竊由後屋發抑從內蒸濤向竿欄
濤入賊由陸屋西來並竟無蹤跡而捏　殊不辨根　不知遺同　為四之夜又去
雲　晴早陰雨一陣蒸霧虛以被竊起查前後查看又之北見行余數栖栖之楷告該近鄰北思查一一全
難賀發達本卿巡付　宏林力世　后飲粥　見六不　鄭潔甫朱冥庭等入除祓取陳生三舟朱熟一丹朱以之陳
竹筐兩根賊偷書籍查向歷雖亦未離　廣三夫婦來夜　余意頗致為信告蕭馬二子請楊小甫正公
板帖　有地　放出責不要錢有屋內租不要租金　姜憤倫宕　馬擬人不得安枕不能種植然靜悟之宜將
木取但求上司不知連作久住造孽耳　四隸笠布店　并勝使為物　膚善書舟保國看刻　遂金收
非主謀久之作　收圍菩　寧後住王邑巖　擠不得立足　到店只漢何事　亥冬子一角　付價四角　市查些
有後人廣濱　三非亥子　益帰　出租定事來夜飯宿含門前辦併賊余一家來戶前至初更而寸
知狼將將無作勢　懶以上看之已歷屢作　玄和佳　噢種學　汎姪　二更至　余以早起力德飲以
子时　庚次　孫　問急呼屢秀呼知屋下　跌孫男兒　洗浴　孫膊　三更畢　汎姪去　余亦睡去　字初八子时也
初八　晴早飾市之鮮物請太均午畢　即飯　陳莫二崇　柔政　建衙所通古素扇　寫　演靜
論　二大長帘　呈功令入秋聞　余蔵生今日亦又得之喜

又自滬付還　山宝生兄來函未　又寫付健補　蒙蓉莘官來請庭輕辯法　隨日繳出抄往來

付靜　四号

杜航付函洗　眉士穀道璜币　并告知委王甫山祥歌該自行賠西　又通陳豫庭含入藏還茶并札

永協

風晴　戲裡湖人陽歷陳三兄　貫子潤其世禮帖子函　豫庭從勝英派子至料理日來照正　實英英之謂無豫乃

自囹目指似好人并此了其經西金今々不侵回帰作不精之極　指來及老來抬後發回屢　子渊語安呇到

某自作爸佳原唯酒為好飲斤許甜球和又搭燒歸　是晚踞全家任帰伐於以伊祖衆彼居全聿錄之

付健　四号　杜函

○二更間忽地家人喚起　急喊余醒見前牌樓門已開　喜來云　初者翁口音叫役門者陳鴉不許伊至再

叫

狂与新主陳姪璜之　忽以全身用呼余再至樓板呼而墻外者在叩烟筒一响　家人惶懼必係盜賊

與開門翻成為仇　援柔急下樓亦稍之驚　恐呼寶和又吊起　抄械出閱　如月照如水　乃大呼汝思賊在外

此樓　吾猶見雨而柱而余寶之之不已　為據自此今以為不爲死　則他從其身信伊備已整　以競知回

全

詔強回不情　大責罵　廣三在伊指詢　云已有三人在外　四家寿　爲覺　亦歎豐而回　從疑不已　雅陵以三更後

以后不勝得睡之　以傳大而心　紛擾之　閃之隨　理具大畫刻　廣賊由屋乘以窗樓上危處經夜　財思与伍

疑咸明日之夜衛門　直向又戒　複伸改為　將情形陳之　分杜陽萬端　是日宝生移居中樓　于園一兄　仁百吞語

初九日　晴溫如夏　柔眼已粗　實不雨　點全　米一百昂　春花桃個已數　早去園　賭哉生　臟柔　昔閑程　應樹

全

詢注帰去　叩庭乃係我方以陪金傍担扱來向不門開　乃快然　叩庭　實是伊叩户　胸乃釋然　以途路

來靜

五号　建傑

附

注　各々去　滬匯　呼劉於　舂未九條卽のエ　畢上園　僅七石　有只三石　陳氏姪至　自請慶兄照況其事

家中事既紛劇，勤撫需人，補衣浩繁，叩靜齋之廬，既德嗜仍必用，極一人飯食日增七斗，又來且時不得力不信
少臣不堪話坦，叢書甲於前列者。接靜翁兩熙宇，附達健函，函悃笥函均不接列，而素詢地保市地契
旦與陽行家食，夜仍檢心，少眠。
廿三日 晴。久旱遂甚，春雨廿四年未[illegible]而不足，所以法民嗷嗷。猪、成等起菜刈地，成腐義壁，漆以乾，塞拊種之。
國忌。又令挑小炭于庚，鄭幄生售計六百日。午前身甚不適，過午更甚，偃以榻上，風重，鼻塞氣促，身
熱，乃嘗然勝士，遂至于夜。敘出市諸物，寺思訪人，鼓聲不及。晚膳畢，感此上樓少早，臥只及半。
廿二日 早雷作，欲雨，遂大稀數點，不濕地。辰付健論二紙，附靜翁。利澤女至湧飯，云米能至翔，眾人懷懷，嗷嗷嘯嘯，鬧
付健 四物至不齒，敘而至前，國公讀，談間，余懷三日同見四千從二次，皆不爲檢擇，瞪目相視，已覺可忠至生以至入
五哥 附靜翁，本理乃太言，櫂責柏罪，禁只甚性至此，至十日未爲之，維我家你得，若公團了，又加令靜之。本寧社吠
寒冷見贅業圃，託慕諸之，陸一再，盟慕保慕一人，但之，皆幸微，所日見，說不但不知感，反白眼相向，可千
犯人對此，實不理，而子孩貴伊且不知死之，債空追債，日來責問慳戲之意，光但理乎，天之余氣，已具起塑之百坦
傷我之親戚情誼，伊既悄只憐恭之窮，而彼已是我之人，全籍為地。又作書付健，上言年來之大吊，只見諸蕪于錢一
第相語，又別慨窮極斟，實蓮暮，之隱只秋等，小狀族祖，屋寞人矣，至方實報，趙可求尚宇誠太相
宅士堂晚與人士女物四篆讀，辭實佛也，筆法素對，照之奉以大自援芳氏物，余為指正之相較

不收焉，此入店付二元，前以買呂裝取一百文，又百文存後日。拔俗五更手附穩雲中學畫館席捷

寄有闕擇需表，五天之友，又需左傳、穀梁，不宜詳，零用銀洋附寄，後加入自勸本寄，許很一手

同治知由，許托寄四弟之宋，及勿動歸。宗武來，我不已半，業已生，尤雅程良米當早刻

秋雨。桐宮陽未能得十斤一八，以南景山華，頓民書大莊，情景未危殆哉，而未經日之擊而無人報

陰，後晝靡靡雨。

花朝。早起温波湖見獨寒。午前添重竹篋，六尺竿，並種架，並插上桐枝，以蘆添伴，各縛牢。

又云五種，下如藍菊、雞冠、秋葵、萬蘿、洋茄、薄荷，盡取地撒之。午後朱松壽來告云，健撫

商後情狀，因述五家情景，欲撰說。孫女閱諸五久書，借到義餘四國日記，並壽承來，後二下鐘去。

于寓，稱見四甥，謹請金之懷下訪。朱穆生明烏士中學，吏借稿二付之。其姪蓬仙，係伯英四子，若年伊父

在余家安讀，伊但十二四，今已廿二，已入學之間，既進且有。敦樸之家，又少時面孫，因詢其狀，時與友出日本

游學，志士也，惜其毀身與槍之。我屬被劫，請姪之保護，因告子不肯出入衙署，而大宗會並英見

有歉，似情摘得之也。而菜諸人書其後，戶問有告後戶而圓。盧陸輔光來，門招入，看其新宅。涂光四

迎爽，壇子書，譚又久之，退書弄曲，府轉又仍係前柜錢，順者見余招入，顧可談。又移路，請孝蘇

于余，有復本寸已嚴，前見二英延言，招入書室，見兩廊，係許州，戴崔澗子呈錢生，詢其

上年失於年已三十許矣　其畫以典浸印兄藉架裝　任君所物以四圍皆席錦有牝牲而愛浸浩飢
隆茶年來傳國以段作手卷色首等物　余動之備擬倣儀以見國和製佔之工不出倫仿十似絹本大
長幅四面闊二尺長六尺　均畫宮闈人物多四季士女紫東布置皆古然絹本非明代不過用筆峯苑
未能通曉畫理如係和學院宋元名本無疑屬余評之未價平公買之為將手贈足公佳矣然
後為知此窮安耶　又出觀新置腳踏車一價七十元　云係天主為友自杭來均乘此車以四點鐘
時治塘栖前百里向如此之速余慮以境路難行以此雜坐之亦雜逆料　且乃余一再乘坐騎坐機括
前執手以之轉運撥旋前輪左一鐘壓轉後運輪一押之能走二道　坐處晚大中空通之　下踏一小輪旁連小軸當足夫向上一寸旁轉大輪前
後我數丈　布軸與並係銅與重約二十餘斤　甚費日夜于城內外試行　將來為待演集思置一以代步也然須
數月之學之因僅往返易也　此已睡斤半乃耐　計鈔七十五元　余買料然猶別去之廣耶　台上去月而仲京等不
備余即舟子而或為茶館偕隨路不買家　達柳往性殊無往不知鄭浩所目為似此乃恨　適陳吟梅
去家為訪將　呈訪擲後國長生天一再　反責坐請假逃去而嬉錫十周擲以有大東門滬來出息年中為居
今長歎陳洪華此田知余輸故思其罷之後等小人執又不宜惟者契免之畏不敢耳茲亟歸已此頗
夜大震風大微寒薄棉已茲備以異大雨而不膝
十二陰之小雨自早作乃眠作默然坐帳山年矣　書與國日記薛福成百十頁　室生去付未五年

英生來云，我家街李家弄口弄基為人種桑，殊旨廿二出賣，知為沈又園家墾種，乃又詢知伊前
向雇種，向園不在，候晚，問昭云：我處西弄朱氏子榮生出租，示且近去，殊乃朱地，前來起墻，并為沈搭
以沈園無錢進出，其以有址可指，而本地始稍已管。朱大船戶係熟處也，且俟之歸，因又出，亦邑尉係盛
取土一元，蒲八廣，合總已面留出來列，問主後，即北市和源詢，向園以面寫後，兩任百錢六一睡，云只賤鹹油
三元二角，市零物歸。即煮烟，用炊燃。

十四 昨夜雷雨不甚透，小滿節，是日陰霾，時作小雨。錫模來，煮烟計十二斤半，雲來，合二斤半，庚寄至午后
收烟，九斤半，舊存二斤半，此二十日自為共三斤，併之已臨畢。未刻瑞全來，謂沈氏為地，請我乃出，見沈完
有一楊氏婦，指云係此家沿河，母家于龍舊只見傍與又園弄口，係此墻基，余乃指示西朱地。沈言說究余旺
係所無事矣，請令今楊婦、沈婦、顧我、朱鄭出至楊四家，皆為強求賀，謙余以我來有大桑于其弄尖
可將弄後去，于是楊婦斟令，去中西之桑一行。翻主議出一弄，咸允之。余以地甚無多，且皆鄉里鄰
舍，被領之。侯一二日邀其楊我，話其大船家之不情，家之不給，逐派乃歸。並鄰訪園女婿，兆一角
居爻元，要禮二角。燿次孫購帶用硃砂、皮、炭連，以燒細用。暮，達上竟說小兒呢乳與哈色之，跌去書云
四見股與極能法，壯無病。屬試驗，要以本身精神以從補。從瘵者食肥，二元半。果應有驗，出謄孫稚子。傳世以濟世

十五 書出至北于店，取老二千文，合趙君貝楊雲仲和于途，陸文石約以來家看印譜，并攜諸園手也。
夜看四園日記，初更與沈子紫證諸家子。三更雷雨。

十六 日雨甚透，甚甘霖，時雨。於其花需子時逸之望，翻出勤觔，王鵝子廿七枝，每大半，錫乘日記并

付静 錢恩家來到 達衡送桑椹 明日赴申 附來六元 係静爲崇正作碑記潤敦 未府子送印泥 楊收条

六弟信 即寄付一紙交達衡致 筍生肩回來定書条 檢得經世續編一百三 閱之 便湄

達衡字 竟日不出齋 夜雨止

十六日丑午陰 午後微陽 酉日雨 催薛孝來錢入河 為聯兩之繼玉也 畢之園采櫻桃皆佳 堅案十之一之子

高瑞金接桑伊下南北兔種子 借予地 俞正世得櫥一刻归 錄華禮 蓮識來語 廣生店前抹以拜

忽孝同警板出飲胡狀 店人以便房主何鑿 而莫以為上 架金加重對陰于角 舊以不險 此生房主廠

然修支票而出來告余狀 余亦甚怪 店之中起高屋 為田不先自高察 致成此難 移設彼 且于東人為想往益

自吳自大實雜肆 晚來于三元見周善其合其婿 吳殺人 杭人鹽務中任金華 桃花井 因言近狀 食肉飲六

值赴鑪齋玉瀏 背曲園挽錢子密 又皆挽陳頌甫 真雄快宕 實海內僅有之才 侯鈔錄存之 達付鈔

同北余詢悟升 達衡啓程 亦為西店赭印之店 恒甫告 胡屋子處 金指示 舐要中宜之板填實 此為者不

健來 六弟 堅之理特寓上屋之力 着在樓上 伊等甚恼 擬于拾宅 然今補改已晚 此華自用 不需人不服 若寔發兵了

達衡 十三 指健 七弟信 附達衡条并帳 月底須寄掛賬需用 又需金罢九通考 而心又思大兩洋公學 往向寄不捨 于北市

以門鐘一 一元一角 鉄者 亡漆面 指安國為赴煙鑄鐘 夜檢經世續編閱 筍生書

十七陰 午後雨 筍生來 利孫女來 漆脖 大橋 藍錢 各零物 盤 午後閱書 晚飯出以散步而止 夜閱孝題書

看 錄四國日記 余故寄卿以他本不全 換書

十八晴 午前後 陸仁林 偶去 來請完 四石 奴北二户 条豁 上一兩七八斗 須得三元 飯後話一刻去 孫明日歸中

義園辣飛去西 于第八卷 蓋雅集四人為一卷也 陸係叉甚至 中者三幅非完真 王罷君 八幅 硯北學
其再宋京 僅半限但土尺三 紙亦加三百不平獨甚 以二千二百元 完了計付洋四元 入袋 收四扇 共旅出于祠东展秋家
鴉有花種亡另得陽去 到欧公宅不值 君實主在 店子仰家嫁女 秋農弟續娶也 中出列店 按静五号
静舟拿知來 蘇信均到 陳達徵佳伊 小孩病未高服 云知渚比設富錢非 出北門市 桑扶 日來罕見 于同源市
十三簽 全 水烟有取 老六吾婦信寄計 猪欠 入和保告酒楫 四宋錫來拍 日本伏止素作字生 東三有来吐 全價作四華
幻防已年三換 而市只 紅扶 以媿欵全 磅或伊高上下只分至此 見采園 云已回以着了進访 趙繼 否 雨雪 冬
朱來要賓平平 全錫 西周胜白 于北寺見鑄鐘將開冶 看者接踵 此四已将炊
白園 出安用以 送禮三角
初九 晴 早至園 借明信 請批命 而柔眼為注子 剃 嘱之學無猩石酒嘗了 剃於素四作淑目要人传 三百 雜還捺
訊補報來 閱信設定門門局廟坑殊陀 著出於安園寺見鑄鐘之開爐 煤鐵添廠斤 以鐵萬
而工人百許 兩塅高八九尺 周閣丈 作四風箱 每箱以桌大板有活門 而手搬手家推磨每四有鼻眼入爐 風入
煙高丈 下缴 下插苗大缸 底留一孔先塞之 俟鐵滿下作出之 塞漏 旋 什 下插漏 工層加煤鐵炭 併計 每炉五千斤而 計二炉
甲擬地深丈許 方丈一二 將下空架上先以泥塑內膛 只存鐵 以用碎泥 併炙之 俟削去碎泥 將外隆七第
量成上但宜承接漏之下 閒一夜而鑄成 觀者如堵 二看相摩也 一見桐 文 抱 至列店 彩十五 報 內論 韓王

然出衙者廿八字之多自陸强大路新不知俄日相勃愁于人事不得雲挾即從日俄點韓俄得日忌西東中
韓岌岌已殆而强以屠火積薪不懼實可悼歎論者甚中外寡詰亦狂悍耳一王城間即四取留阅
或在床上阅異記令余書招牌第一樓楷體阅畢北寺士穀等又托阅生丈收花中歸　夜于阅常樓
內紙條頫之下不粘殷來課識仰弟寫阅等裁左不細心而恨派力再檢粘之　夜阅未不寐
廿一　雨晴向作　午後雨一刻　司司來傷玉馬兼買修理市竹一枝駝兜篆泰　五陸加泥帳顧生市四兩過日即太
次又分歸逐責之左定令推泥佳幫午後督即去歸四　余趁留惺甫粘余研墨得换筆佳店書　又趁書四
師借游記措利得佑孫主子游俄蒙編兩冊元和郡縣志秦隴巴西地理兵要一冊未刻
司五半五　廿二　晨雨止蒙翠出于安園寺見錢之活成熱氣較充溢遺莫莫矣亦玉與講同借北游余取四筆
過屠詢留未到至云在一語歎遏元茂飲多食色出何子貞聯未見真迹一片即甜顧四于淘行而去歸
檢西地理沿革　看巴西俄游記　夜雨甚厲
廿三　晴　午前谷翻陝水圖日記中奇形詭狀異族奇俗　惜相不斷費眼力　今春旱乾天時亦不正節候糾繞
春季花二月初已開謝桑葉于初十前即青閱夜庵口年常俟清明節後今年月之象已差匝月而節候推移
小麥已早出營不能收二麥至今已減不三四成　來年是人心大震動　已饿食亦元寶　未後出到店伊
將墨研好留以亦來乃以遠書　經天津地理織成直派咩又稱打及南左又直解而以太小令

松丹錯墨汁潘糊更布三幅帶書之　玉卿巳時餘　諭人帮伊收印与留之恒瑞烟袋計于余曰寶起心而我
幸未為情詢告其節之家等　出巨大時賠金圭鉄店詢　鑼價計一萬又出口卅兩之帝之腩田乞燃矣
一晚宿圖于店　說些款　夜雨聲颯颯似雪至五更頗覺壞窗下　早有司三章以竿將窗而上帽擔竿
于地攜俾賊一言移我之處即四點鐘更不寐　是日于店書甚多念兩一以兩兩心不甚佃珍然
二十二陰　同佃雨作例觀　彙編　付佳讀三節　付去生年光一元以取鏡　辞　觀書字太細極費眼力而
付佳　兩胖省眠視外長賭而其中數甫能　者其風俗為大板烟多而　餘若失　旁差出于成地又恒夫為摔說
論家墨子一路往玉店閱報　又至園閱中報　去世凱稱字劇招珠動情　一見子雲布善蔘一斤廿文　將烟田
視眼
玉園夜歸聽食借任女住租　兩請壯又為風刺下
廿三陰小陽時放　同園東北者與与敬仙玉午下段加尾于園三拉編　中加尾于我來墻　柴西俄衛自費西
又換俄版第　土年玉之妻六年　使西　使來　新書查五一章　伊如詩　南務日紀　吳廣之帝二章　雲龍
程　十年　鄧代鈞　使俄
廿二章　又見義塾條中隆裏學董宗課章　和學每宗
拱德　以音以形又典以加以象形名物繪形多　如舟車皆象形為形識別詢童年為大之學也　撲之廣窮之
等
印诱桂繆知其日想程甦甲与松抹之學者与中土者是人家天意人事至相迫肅且
一旦有變　遂去任空擇學塾學功　使与七先生亦去學本洋國學為要　見隨其意西時致五

未在老新昌春聚，出諭宅伍大伯伊等與之筆談文再食麵。都乃別出，又至城門外子洽宅，知
赴杭，途即匯出，獨留江宅。又至店借六元，即寫一信付伊，屬其用功，不必他事，又留江宅，許之
其於湘亦中學堂問事，留不假人，諸家我亦再為之理。又即出，至北門一周，而同鐵店以錢子不坐，因
重打鍋，並思以前之境，未大嘆。學業余亦不能變，而相爭政術，聚至此回，往思之，頗覺之傲
之小慎，懶亦不斷，及情慾未能自棄，可悔之。以切戒之。人存不至得而擯，且未我以來之患
宜用定功，亦如此。業樣，旋即店，見報，江都有義人借通事之名外寓，家供應至不
足盜，亦見蘇西之不古。仲家借大本儀禮日記，即匆匆而歸。夜，雜看語書，遣閒異常。
匯濤帖。付司司工俑世六計五元。是陳半子周孔。夜雷雨。

付德行弟六元，寓不欲帶。

廿 早陰，午後晴。看儀禮半。此行無假日，本事卒了，但備儀禮為親，飲輕何矣。中雜散詩無見，精速。貫
探往老宅，劃地為正款，以病未果。大之橋告米，將余家之應存之書物託其代售，扣八折，自往售，價
伊允之。此到店，匯六元，昨借之價，知照余之弟森正款五月抄劃寄，我以辨付留正根以辨寓城，匯恆裕，乃
仲家，以休下去多或段，遲日，宣留利再寫，益知匯恆裕翰霖，太之同源與相存語見，未果去，托語
旌田宅，相即由北寺歸，鐘已或條上掛矣。夜，重病更甚，因子以氣不洽，不為，即太利致受
困上，打至寫畫，捍由子攔之，雖力疾，略時已遲矣。

廿五晴。昨夜少寐，奄忽不入，痰住似佛不捨，而病更增，終日呻吟，幾不能支。宗生今出，而弟等儀稿第[illegible]

計息[illegible]飯後辭，計借一元六角。魏郎[illegible]加信，家人不悟，不善看檢。青邑桐君出來，陸祥翁、子田歸[illegible]

帖花鳥四冊，又以余一柳下路旦人物刻入，夜真善思想入此之者。入夜病重，不能轉折，大懼，呈移[illegible]

宿樓下，身熱異寒，喉間極痛，深處由痰之燜喉疼，皆臥，有時暫起，時[illegible]小窗。

廿六雨，不能起床，晨不進食，午僅入口米粥。有陸慶族人四叔之侄引余借三四十年，堅欲為事，呼玉桐

前諸有地四分，租遠為不[illegible]事，備信于陳廣與陸理[illegible]迄，而看陸中間指作難，請鄰族議論，不理，祇作[illegible]

祇余功之不在，須小而入氣且附錄之，或再與議，或候[illegible]葉，況借來八人四人之欲定者，其說來，更何再議。余以病

亦不順，但走進五下，而親任族中長有識者，今之走又至。余又走，而上君至，或存案，欲以妥而至，而引泉以後紐

族地皆可罷，其刻必從一中章，乃而禁止，持之甚力而歎。稍怵以設費，後祇從意，余不能止，祇可予一[illegible]

往代走朱存林，為之善，且用付呈費，及大欲繼走，並余真以族誼不能卻，不理也。廿三日出王行全

夜以閱樓前，與樊嘆雅，又使走上樓查看。周身辛痛。陸廣三過門，又有鄰兒來，拉墻[illegible]

大觀紫春雲作劃

廿七晴，陰寒，今節早冬，弟生市歸，請煩大言金翻不值，怪之。辰而大及三分孫，完玉繼又至，女與幸

余病稍見，清[illegible]而瘧，此骨瘦頭風，而手勉起，仍時執卷。又使至問炯夫，未宗之。余意再來與留住收

俟仁一得故也，詩生四字，付大看，今日十七，四紙四字

廿六日 晴 午後陣雨 雷如潑銀河 半年來未有此暢 午後訪國香 留語點 為告江楊欽家只理 留收而
留寄書 劉未嚴館之北一想在大鐘樓 析宇底到店 知留書回 而悔已在 作兩次請之 而仍不知其所
往 余素之心郎 抑居友之 輕如事之 也 二者必居一 余為責僕婢 宜已 赴粵與仲哀 使人一請之 訪國
香 江右舉人 茶于城西 宗法 又有國金生等在蓬 瑞寓 或留江蘇 綠住收 室計 急先我 字不以接而去
又之悔 積先知殘 業市 又過居 登樓 中有 美依夫人請 公益 收等 是日失去小犬 在黑柳子 有金牌
乃訴諸太后 之之 嬲訪積之 可笑至此 玉山夏布行分函謂 江西要加指之之 須請名參（我病）官詞 其余請免求之
以書寄之謂 玉山來四十里 常熟孫某以境內加害我（由）來業不治而事壞 叩買田 不獨仁者之損其身 於行之
移利全書 然從洛官之奏為大事 一委之陳玉吹 失財利而民然家然 不欲歸還鄰國美狀 又擬行
聲中市遠惡見捲老化薪椽 六七味蕭饑之而 性情不遠 樹豈國總哉 不自克 入夜即眠
新松椎素 昨晚月桂歸 夜與小孩嬉安 至曼殊夢攬 不醒而逝 哀哉
芫陰早起 去園看視羊菜未母雛 欲去年公 戌生之過 汪戌方不遠 乃瑞金之與 雛接 所乃祖之之
余之過田之格 市白千畑甘蔗田軌穰熟之 看平陽黃廣澄 東臨日 記畢
黃廣門 從日本歸琵琶湖
登樓 湖畔散椅 欲風帆上下 行人多 日光高漾 柳樣碧烟 采暮花 鷗浪披 作書 世無白居易詩
今有蘋東坡之遺事不傳 吾作此詩 以揚舟載以過

午後偕鴻以病去　三下出去地看筍見四脈未全入北小數過店知留仍未開傳而　下雲至云彼昨若已往
家豈知一不來店乃5　雲過松風飲　新茶見應与諸友知　偉七湖殊去　久之出之城防　留不值往　和保收七元
晤祝從村為理　村翁家東用度　上計去一千七百元　留午後店之語煥林祝四之功何即田過店再往店仍拷
留不至乃請伸恨將宗家　前解請收澤　留未至加第入函請入宗陳　乃至董　王平　刀屢　于王吳宮天已
黑夜　得新才云郵歎狀　馬馳撞人幾死內加卜六人

三月初一日晴　夜大雷雨甚久　晨挈二孫至橋市買甘蔗　桑已大如拳者半收奮矣　一想回　午後家人傍
磨作粉　三下偕余出之　郭門知事已畢（行拱大殿）　桑白又送沈姻御夫人迎神禮　六吉光弟　秋北之店　見留江鉛鹽
付洋四元5日於記　清算　昨請萬餘代收伊每去余至保盛取四十　陸南愚　忽驚遺去洋傘偏捨
之不得　又查于益昌　必為失矣　及悟知擱回在家　又過店　梅　萬裕　後生　吳澤　四七元已收　未入留賬　鹽甚就那
之寶光元　一看根了無他事　並歸　市柿餅　一想于橋　朱杏林子　陸在生說豆腐景　鹽留江兩付四百元作余
夜看南行日記　三更大雨霹靂雷燦至大　秋收深秸小半　鼎記五行股本一

初二　陰早　偕陰衍濃　是早又致塞　去地看筍　家人做糯團　幸磨粉為高孫孫月作餅
印度有鷄武戲　又有鳥戲燃炮而鳥不驚　作墨岡山水一擬著　輪鼎穴山折宮
之拊不雨　寓目　世種那佃筆不可　又略設色不可　[illegible]佃矣　武嘉在　帝置郑清山藕

廿二日 葆年為余診 入益善師承 且過鈕時習所以任為門外漢 午後至義隆 雨不能出 而
至書房看等務閱蔵 得康三伊清函 致居子久為米價太昂原定稿 思事由南洋函囑
雜 此次將風 因札高赴錫定進二十萬石 查送吳中委員採辦 補漕數十萬 價太昂 遂寄南洋
謂南米抗用 倍于前 撤販而進 皆批札咨商之 並晚私米地糞定 此為办京漕 且定例不准出吳境 內地
各處商販居奇 而情採办之米 價仍不廉 不圖 果各路反惶惑 準提不解矣 豈謂米必係流
通無阻 今一省無米 尤多積藏 有米者 當再加 祇宜嚴查 不准出洋 江浙內通者 不宜抑止 致滯
積貨不售之意 即截仍不能平 則委員赴安南 暹羅 新嘉坡 錫蘭 各島 購販接濟 直不能長
雜糧 穀 二三成 庶人心可定 饑荒少減 但糧價恩居 一味富戶 鍾伸兄与之久未必皆照辦 伊等上
買可甚 仍有居奇 故輾中止 方又一函見鏡湖 蕃 是日不克送去 呈回 夜為孫輩課字
初三 陰 晨 至地種菊 大者被窃太半 送祖植御弟書 朱松舟 李桂 除座 談衹
為代作書二函 致居子久 陳朱昂定從通 閑暇 云云 海 陸宏 新印 致廣
旅廣 為之以為一善 即為 剃頭 小孩均薙 磨之 想于 店 与丁 人及
語即之錢推敲 即見兄全 詢其 全送 仍 又請 未
批即送第一家 林之已批出 伊指 批以善 甲等 理

楚傖乃指聞公先生之第一疏告之伊思即堂以嘉下嶽也乃順告勿擾宜退並再告其勉許
加訟詞者指許持批示中代 彼師人說並已付之允當須抑一天代書必以爲簽呈 楚傖日亞不
可底止彼皆不情 茲止以爲心肺也 別之此動店 持靜和百發余知達徽之根源任沈志雲
也看報陳論說與傳馬凱君與呂鏡宇 寫 致高約加來函聯准爲出洋定中國之者正
靜來 和字 信昂爲玉合國共爲餓莩 乘罵我儕之無識理秘不塞道一城 且勝髮亂不鼓耶 諱多矣
直與救時之論 並我國四民通法 唐之古城市斷炊 雖由一立同保門無人 子謝留江歸已天
晴色矣 吉 修箱二付我 扁 收任和 扁
初四日 晴 早去洛園之中坑爲人捲碑 墻草又去 烟草不及來 與余正洪之小孫猶今俗 游段西池之北
然爲人開大口不倫 窮蟲花 憤而歸 美金山與吴大道名子至 旅今往視 吴大爲余填池缺口
隨午料理轉月去佛 小孩剃頭 雞園名子帽子滿盤 利把女六至 全吴三人共飯 余園與親家
付住 請六 子 收屋一角及三條種 晚余人四去 余中刺書由飲定之桐宅還 陳吉卿在乃禮繞觴之 伊在張家
口花都說署縣秦鴻祥務並有協務劉設年每得二千金已係訓叙意甚得固月患腸症
於 亞出不能 見勞概似有爲而但太軍競得 桐呼其食 與次伊爲 楂卿弟主事來也久

又閲書來北人店見報　塏穆爲外部所劾　又刑部主事吴保初上代奏　太后歸政請復辟
爲人所不敢言　諸大臣將愧死一書　恨極　家梳許敵信
初五晴　早煮烟未完　旧存弃市千柄之　計百〇五把　拜之不合　笑已甚　張店允全西來　遍請再
全余独劝至再　將桃煙換絡頂与秋評全　初八与同族多人共商議　寅卿呈雞理論也
並阮壽生子塾禮三角　又書卿妹十一出閣　書三角　攤自家　三下出至沈壽生家　其子昏日已加冠
小坐吃烟　寅出訪儲植卿宅　先見朱頡甫俞老僕子晚九郎　植出之　書卿約出告其孫婁木二月初張
杉衡身後累且加家計須其住之　植至西宝　書卿楊閬吸諸餓饮　書至諸次送其掛禮　伊為標説
況女晚海頭之　植堅留飲謝之　並壯至店　市海娜閱報于協源他去了　市歸二把　又從縣假之鳥鵲
楊並見教客和圓乃亦飲書經滌り於是四後入夕同入席　陰娟朱梓饮　罷亦大圓間說稗之与壽生
六點產生數語　招姬歸
初六晴　完煮昨烟　得九十三斤　旧存累鵝至午始畢　唐洋之　稚中係子　以日跌之　祗閱五遍　聘之　未知出子
老之雜諸人亦所罕聞之也　作一墨册　用筆較前沉着　一舟平正　難三檢　翁錄閲竹男見道琛
中刻出之沈壽生宅賀上梁之喜　長慶並出之北家果即行之　宜橋李氏並權拜陳靈之目也
入謁畢　見仲甫　益升　壽　濂清　蔡輔書　孫博匡　蔡敬勤之　桂婿　子仲去　長談　大三方之至
看墨牡丹　即倚橋間　吸煙而不能用

如園。沈梅卿至，因拉之言守其左書法形刺刺不休，至嫌入席已三更後，同許杏林、朱六老、梅之拜樓
談話家四小無酒酣，余以近病不能多飲，而梅之彼宅遠，因大意跟圍尤甚。飲畢，仍與梅杏同
行徹月，肩黃宗陵、洪審入城，于居藝姓樓，前求分路，而至唐鏡芙閑話，至四門口不覺吃力
甚有倡問話俾不寐，寡也。 途中陳琴士乞書扇，允之。

二三
初七晴。萬成衣父子來工作，為余做綢小衫襖。在樁檜扇冊，底又上梅易海麻，洗硯。又檢石年
先生大冊把玩，余十分私淑者，奈近來能得其腳汗，真愧絕耳。寫一冊，布置與用筆
思既不佳，偶不成畫，可知古人出色之作，十亦一見耳。人物花卉鳥蟲，心知其理，而無常年
苦心動身，從事於古，有若無以余所論，從則入古仍難，而一磨于躉，一磨于病，久擱管則身重
背痛。人亦木雞，要亦老天不欲成吾之業耶。 暮雨備之，既不克出，心倩惆然。

二二
初八陰小雨。早家人作梅園請小孩，往樓至不理，余又無責罵可戒，現時之父母與夫長輩皆姑息養
撲撻秋兒事
奸，將來害非淺尠。彼皆從不一懲，惡語痛之，名為愛之，實則害之。 健安來六子，謂備班時必併
四星，伊甚躊躇，伊之父重謂之，至再擬附往，查已難勉做。余論而撤，不作。又填窗，依歷
又誤且深，一也。八月大考，病不完卷，二也。十二月大考，又為小辛辛無計班之機，三也。故至今
補入備班，伊豈不視之真中學，得見嗑新烟底，是可恨可憐耳。 晚出由關見人地中

積件 墨汁芮蓋 送瑞會稚肥 黑老歸又口信洋 共查計二餐 餘一套麥具 錢可悟特遇 楊撫
輪口惠士乃梯登見有人攀撞之至店 悟去去 玉山信相公示為任右加縱指彼多行為難 康字而使
我至來店以審法免而進之不復計其謬之 並知等我請于我初又為指訂言真妥大耳且指四子察閒
見他無成可取 接晴三万於歸來又扎計行支市索物 細雨春風撩人無限 寓並又不洽意
是日胡家炤送肉為以契飯至仍詢湖頌飯云昨夜去當來花店被翻

一二
初九 陰晴 問楊大到工往園起一茶計九斤 旦戒秀告瑞不協狀三孫往返雜還午後後為誰綢緞
公具審玉山來夏布經信 擬以改往常山而亦對玉山指伊室無利權全失 計四紙屢百餘言
書既就來接書徒手至郭莊庵 遇甚夫陸蘭江請沈梅卿出守愚兄家信句字較健將而列字貫
錄六百允然一年無考高列以堂備之北 余入房閱報伊家杭信 報林東之有俄佔之之勢還 李鴻章子致起
感泉粵東諸匪叢起動盤踞豈之無因要挾權利 真居於不睡也 信之閩省天欲共二斤 炒勝果六伊鈔佣
間至渠光景頗艱 余稍家人往訊自書夜勤儉至甚不應極僕為為難 然飲至上燈而歸

二二
初十 雨連畫達夜 雜閱書寫摩印字古物 余訪恒夫 玉山往竟日不去 在樓檢多旧物

二三
十一 雨多春那業其難 午後三時供來告壽生諸謬之甚 云康胃平左右陪請余並至
太往所至多 閔 余令伊君佃三四擇之 伊云須遠營生 ……劉退租 另留飯并收

付佳叁之元宗洪音小香帖　作付佳論四峰　午作畫先大夫及先祖王父君眉也　又寫付靜論

論　昨在猫楼書室將所臨畫譜爲其拆碎失落，可恨極甚　李善來到店，詢五侄銅絲去爲靜

付靜論王帖　安慶周夏布華閒經摺，是日取汀苑洋布一丈二尺　復之沈綱會子，是日見地起世痛，價二三百文

均善手　又拾他書年僅廿，往見其太守，强而詐有萬實，我你守城作家，然本夏天要壽，其兄催之

振扇　余四弟以白松作劍牙，僅此表而未有，不斷網在忠茶少讓，而人不擬，所以難全，西院看報，出家杭搬

市釘鞋于協隆，又索泥佳價洪，前而遂恆裕對門以伴五角四分送寧而出城，過周蔚夫還只茶棧

招鳳間之畫畫　即畫孫長　一重之西信，寫而種市，直粮匯聊，以歸。杉橋見廣之張友生，言及附

二三十五晴　寄四子信，告金生爲陽鄉鄉試題，廣屋所欠千串，西向樓及木板皆全

十二日晴　送畢松舫，林保，以四沈夾網會子，禮泰僅饋絲一質，加掇薪筐，其地若算本福祥來留之，謝之

伊祖有地，向白蓮花寺，廣十餘丈，有便宜，業爲吾代得價，昨遣而起，地業爲子售出，死後殯殮乃至賴，以二十元

其餘業空着，彼不甘，允訟，伊爲王氏書作俑者，所求計京塲爲斷，今以半付之，而時勢逼爭，乃肯皆著

著撰一元出匹庚子澗玉其拋借其撰對玉紙，往七與閏　往京金陵請之行，說及曰新豆中往佳

要肯之不靈云，空間之秩，撥他手附美課卷三本，即出讀了，閲報見俄約匹例，即之壞丸之未採

雲家不使之只拖掇，入與米松壽少生又來訪錢祖業，其時乃舊友，訪竹子，訪竹別書七花

午後，于閒上年子林柏歸籍，宦情負至堪，寳源祖業善畫，出一坊陸日暘橫幅墨

撫使神用筆寫書吳晏那比萬歲，寫畢，伯蕃來作。卅自運河滅也，談六法與時人之言審極安
李升仍送朱與乞仲和葬，十餘人請入席，四小六大，與楊太起，楊馬姚王、錢韻博大郎，又楊子酒酬一擲
二十七墳戰，知小藥僅斤土爻，楊大將煙銷廣，乘月歸
十三晴。起，遣入園看畢棗半黃，蕭而往程巍方。種種石名，俞正法與余修箱與注，瑞堂不在，訪楊矣
二十部初二先翁往揚家看一帶樓臺，凌晨送沈佩寶子大殮禮齋，四觸事陸極滕朧無恨依
長冊仍指不能遠網。蠶已二眠。蔚桐君書，爲李經跋爲序。蔣暮出北于廣，接静字知達爲
家事將逾遠，直悉非急，雜於其先而雜之，離於鄉耳矣，是將淺伯然爲久宦乎。又接留江兄之前月
朔之四百之被刊殘，注李兄云現不須用，英用去四月二十數款，請另用縣樓，於是着急出城過同源市小烟二角知
撫靜和壽不出問，蘭田五五月抄入恒裕探其來並用，祇詢性夫而店收扶照抗拆，於是作急函留劉抗保泰存廣
李輕又接陳吉卿清緣保東渺函一看，中外及新報捲只子使英賀加冕儀誤不退來三者，而於三者巢雲之之
甚民不堪命，請安課校，但與為米閑房捐賽典殘毀。山陰根景與李眉子。夜雨甚潮濕
十四晴陰。於育那亦才持東來，松壽請回門酒。寫一青綠扇珠，仿柳仿大年春樹紅黃以秋
用意亦為不殊生，仿之以是加之布置丹鉛，房舍人物着之，遊致飛翔乃無到了，雀石畔
至於耕煙則不敢望耳。申和至，女婿病甚孫吉，加以陶根驥增四人，而二孩攪擾寧日多
春已母貴有不嚴，一味姑息延子今，貴之不改，狂縱將成如何，望其能順吾言無恨之之

余屢誡袁其父母，而孫八歲不上學，殊覆之，乃害之也。竟日雨，時作不出。

十三日 雨晴間作，中飯大雷雨。早阿六去藏生，付沈地雛，以為臨摹也。贅十柯數石，巨匠圓石筍。

早園已羅，雨至，稍留竹柄少，種筍為養轉子窮之。朱松村家來請，回門，往汝道華丹門，呈游竹。

詩扇一，畫以油，不着墨，不種何坡，唐以雨葉大點法。青羊士知已雇至劉士秀，雅不佳而横咬。

十四日 陰，戲士洋柏山水大册景，雖真而拿來，跋與陸叔堂一之劉揚，七天錫陣邊廣楼陸兵

石函跋其又題士扇完去，兩錢時乃之，仿高彦竹，書其生平于案三十年之仿戴作，不和

于墨更於筆。琢石之書六朝，頗似褚且歐之與仲一之，帝擬西由隔園至雲寺，風雨微大，千筆

八巷寫筆為風雨吹柳奔，下筆雅唐，極風雅，雨雷電並擘，書幸已至屋，小憩，知是由價已

八元山角長三寸之

宣紙日精索去，債之過，飲于杜店，遇藏秀堂知家取成去，大風雪揚大臣之此茂方

携刻鋒歸。是日得一小玉，似澤物，喜，從把中檢得桂葉五十許斤。

十六日 晴陰間作，上午一玉把看葉，抒雛，匯園筍已如猫頭出，晴，飯為陸勤士書扇，仿

董跋以小行楷自極得意，因又復一保，附扇跋珍石。又作一扇秋林，少佳。申刻出一過

程寓，見陳粟舟一大幅，仿癡翁，似少黑，重一詩，又一大幅，棧道圖，吳履欲擬下，看跋。至鄧

金之店，北來扇于勤士，入叔園，由之端，知金松泉借詩稿，即携手卸于沈灘處，取見蒙生去

夜校致清又來史稿六果晴風雨譯蹟宇恆閒無事而致入子湘宅李實甫錦中庭知杭歸
湘留飯談久之乃出　席彥報於錦堂揚氏內贈秋月四林見其病後憔悴殊甚

柳静　十三年
柳静家詔妹歷於大開譯局需東譯三四十人屬静赴日本請通洋文譯手月內動身
一月十歸　蠶已三眠
十七下午雨晴補種桑柳　馬又開入出去桑頭帽如切齒　付静論三第傳論二第附静函　詢作字打
照畫稿極憚近時人之不能於中沉厚秀潤四字來領余論本雨頗疑古大家一累于煙西
于懈其不合爲人屋之布置者未能貫真達于意　不然全之家滄若流深山大隱必未必能
過之也　奈何去濃好有好了家多收藏宗明以淨其西屋之於石名之唐耶四首其贊合者
寄静　得此事爲侯諸陽世矣　購出貳色廠看刻盒玉濱正酬人家乃出一墨恆國錦卿出匣畫箱
協　市一小洋是苦到居寄協係滬信　匯芝東華佳醒積書至東文學堂　出城寓祝船杭行之同原詢
寄健　視天已下黑不及三和至匠內廣借盡由湖街謝大不能行入三元官銀號解雨大佳竟人路守內住久時
秘晚　歸坐換其乃寄西歸　夜付市黃五一角次早不行付蔣生工　是晚大陣雨如瀉街水奔駛
十八早陰雨又連綿午前門子諧林沛走擬花橋與吳年青多蕊梅子如凡雜玩畫本作冊墨
竟日不出
十九雨連日之竟夜雷聲轟作滿中平岸魚工　茂生來寓得大女卿數屋余早為

石首作良自往地取蒜錄園題墨亭　墨林三書中撿樣雲藏扇錄之箋計二十紙
三下著殷到店　接徐劉雲　隨任　兩蒼　四錫蘭務不諧　局未出城　子和園詢務岩來至
松泉他出　陳佑如舊　認侯務至議　松壽亦不禮　請雲青說昨聞重事　子湘說本事　看報時事
日本大臣叡舞小民反覆於人　誘孔要挾日甚　且勢逼之　奉諷猶多而且實　歸途見搶
亦云　陸又杳奉旨發京巳裁止家臣也
二十　早雨仍密徽廉織　至午晴見陽光　仍錄無人　夜雨仍濃
過里且摺斷紋想遠業　角　又俞石年先生所寫小冊七頁　又墨冊二精極　以付蔣神查裱
家由之論價各之　計一元四角　保推蓬劉鏞　見璧有陸云凡照墨恩而長卷　又有伯潤胃石王治梅等
扇　又史某行楷扇　詩字精絕　百餘年物也　出至店　接健字　又入恆孩　是以前搭之孫皮推　已售去得四元
又過萬山　吳艾香　陸瑟士一言　回看報　粵西孤子君　子湘雲見取廣一計　子而以歸
接恆武柔之隱宴下月付　夜至全陸吃會途歸　而辭逼甚恨　夜子廣寶待將三更上樓
接健收
成宋字
廿一　陰晴小雨陣陣　撤查豆玫瑰五六朵於圍　晨起進省三來　謂士高蘭不由特衡　從萬蒜閒居　聯卿作信手
之余作書自稱文之　亦與來必得也　四錫來亦以數字　蘭蓀皆不感懷恨　偶寫人物殘帝男有的
又錄無人　為質於夢廠　墨得小錄等皆著無人收也　送錢菊卿　陸雲禮萬補之辦宅　見來府隆去前
暨蓮汀查等十餘人之局　靜了亭　此事了　宿餅久之　酸醉南至中之皆君似不入耳　旅以說雨去至店

見詳一走著覔市中傳言吳壽已損大半余大驚悚養卿氏二三祇粥充飢待其雖未延入為告
此饑饉堪虞閉閉不請矣乃市葉豆粿詣季南通梅卿借同弟飲余付銀伍一角計洋斤半於
歸由圃瑞余等擔三瓶而池東梁為人過探窃去貴瑞余之不曰應夜數之出圃香葉大吠甚猛出叢
門已開幽有寶小故眠不成寐貓亦走失應損失詎次早知對門張王兩宅被窃打地洞如桌大
付蔡金四角共綿自初九上工起　付葛惠一角
廿二日晴晨仍小雨未晝門前被牛沒以一角十三釘修舊箱二只修戳鍾於門打照欧北而須吊謁錢氏比
暮蔡生勇葉于後衙至日將落今我取衣帽同至錢氏入見六七十人自三十年前者皆熟論靜多
閔枚琳云連衡本西已入學李云謁雲卿彥昌在今歸留酒席同坐為張渭卿吳仲和陸珍石
陳沈余六人四小六大菜平之適逆座出視衣臣未四在北殺家多怪余閔之大異隨來入席出閔然辭出
蓋詩人皆以道座而至而彼居人子書不歸道要人生來飲卿張席宴名乃駭異不能責于風俗大者閔
碍生如不愚何伍無知識法之為正而責備理之至極之直也　上灯後回
廿三日晴付作小雨未畫園籬環晚無花醉蕊百數而罷霉然無幾憔悴此蔡生過書亦田大然耳
余壯來出安吉路廣有詞通吉與寳白宗役尽觀收回剛翊之漾道確而廣卅日以煥于廣事支吉
氣急出任巫遙情殊多怪云代畫二幅實之　閏六年來　付健重論上年三班否及出備一也上夜
日其今年未見二也他生歸條而始不條三也此三者非不長進即不治今年後並詢鑒正固極之也

閒寫箋書查諸事皆不能一一從頭完事此大毛病也　晡出至鄧診　欲望見陳七弟進内　余不及詳

西牛街到店　梅　静峯云共來　九遇榮主孫賓甫家　云出城已細雨　園詢油未穿實而余云

梅静已訖　始在未回　据采云日間石者浪勢也　入城已雨　之祥霞余舟二已　拓西已大雨而舜來　仍已廣

共峯　見和篤　北祥伯之祖間家生於[illegible]年已七十四　坐而説極之知　湘蓮典贊出云久待　菊生[illegible]而[illegible]

到乃峯之帰　　余于沈桑賦詩工人言之不合此言

廿四　早雨不斷　午後晴　作箋竹石人物　似别具風致　而骨法不醇　致否畫不能有主　昨夜夢數奇

階古[illegible][illegible]寓于肯過[illegible]友喜數游言境象蘇樹如鄉中建甚雅　彷[illegible][illegible]祥持花[illegible]而[illegible]

入一大宅　有位又十一[illegible]四[illegible]詩[illegible]見如金剛塔高三丈許一大面　位下[illegible]論極和藹精到　醒後歷歷在目

晚[illegible]臨玉樹　市豆見有榮全幅已拜而拜大聲不果成　附詩從出到店　返向鮮勸言有一人

到圃[illegible]到同廟上坡香三炷　出城[illegible]仰壽一語而　坐瓜　王瓜熱瓜[illegible]種　四座者報雨歸

已大眠先飯後　夜起下楼拜下棠　夜雨甚大

廿五　正晴　大熱暑盛　[illegible]冒雨[illegible]半[illegible]　[illegible]人物最見心得　後圃採玫瑰花持　[illegible]小[illegible]畫四[illegible]

[illegible]或[illegible]欣[illegible]在[illegible]記冒于[illegible]或只[illegible]于街者報有　[illegible][illegible][illegible][illegible][illegible]以四[illegible]賊聖只甚[illegible][illegible]仍[illegible][illegible][illegible]

全圃[illegible]玉[illegible]而[illegible]不為[illegible]也[illegible][illegible]于圃北向西[illegible]之曲[illegible][illegible][illegible][illegible]生之　[illegible][illegible][illegible]未訴[illegible][illegible][illegible]之[illegible]

[illegible]工[illegible][illegible]又[illegible][illegible][illegible]　[illegible]而已[illegible]七八成[illegible][illegible][illegible]　[illegible][illegible][illegible]一[illegible][illegible][illegible]　以之[illegible][illegible][illegible][illegible][illegible]　[illegible][illegible]

託唐宇帶班四物，申寄物四。唐太姻已寄十五管。魯拔山借錢一石，收際昇翁店昇贈

送男夬托蘇華寄來，唐太守等長蘇俟是仰以箋岩歸玉久閣，十七日二省拜計書

廿六日晴。入園劈劃草換，置采葉棧其二一瓶，計五六斤梭。此亦未必能代櫱也。付健論四帖

付偉 廿七日晴。前看諸批，明日保唐刻起來。夜雷，作石牌壩下起旁全折，要後三百年方能再，右作雷雨

抵佗 白石出陳廣洋藥店，看詢咳嗽藥，乃有廿件膏，又餅藥一治新嗽一治老年咳，擇用以內子附般

杭航 當來賓後也。就于其店閱中外新報。冬冬于山借一先里，又入西堂見義堂，問唐三云已入城，而與之九節

俱作此去心注意，孫漢大意，及中辭出，彼皆但知肥傷猪之翻身，余屢有年為之按上，為三二年為其酬

論古章而為此說，俗傳為貴必力。又無小粉歲在取見一虎，為古佳色全無肺腸下具三文，猜之尤及固頗

為何人之氣耶。正梅廣六店候不與之入城，見廣六漢延自謂宿寓雨真保物固然，確此到店見陳

恨生已到大盛，去六常到，留之來店喜極極。出城，客杭西門入市，麵而回。夜雷雨五更止

廿八日晴。午後又時時驟雨，鋤採葉飼蠶，午後又入地摘葉，六點返寓，研作指勳，斗在匡店貸計少七年

返歸此間一二月，恐大漲，不審然否，在店手不敢心何，勞晚食後驟雨，去橋間皆我署讀到頗快

到不及半雨，豁卯離桂是四幫採桑，共二百餘斤。夜又屬為助理。三更起飼蠶，雨止天

滿星斗

廿九日晴。晨處天佳，至辰乃起，此下出于外署，晉安縣譯至，居翰雲同至大堂間，聽士如雲至都自禮堂

瑶浦书役之春,不知屋梁有鼠,梅卿因之毛剥,店余整顿。又知钱已关,候又注明上高揽,俗候大
贤(?)阅西卿书甚下,又印出示地图与陆秋帰,为郭地叶,异价行。屋前为小虫蚕蛹,终不知何处扈(?)
惮日甚,犹用且旦烟油遮之,不止。昨又以灵腥收藁之,只见小虫出飞,茶库(?)昧目未害,终换肚肩,梯花
(梅静)梅静来帰,第价一千。排把挂四百,屋帆(?)周已平等中下。午写一小墨扇五松岩画,单船泊渎
(馆之东官吉)题山写幽人坐坡看瀑,大似上年于岩为七里滩光景,笔墨深得其挥运致。今日阿谁知己为
(梅侄)痛惜。出之与一主看,太见梅卿云字思心,太阴动下半,须考大墨重古,使云同石宝何想,其墨其岑
(其家)均考古墨(?)一刻,即偕玉北,余入除厩(?)取小卷一之去,乃玉广、梅静廿五分,留川(?)分,其佳卷云卷十稀
西卿出,遂又相左,见留江,入园,后雨。屋仍下楼,同(?)卷。星广访帰
(十五日)廿五日晴。平时起,自觉瘦瘦不可愚(?)。仍请卿睡中。黄之玉园,瑛撰被窃,不为疑(?)决,横而策(?)案,余谈(?)
汪租不付,而各工做。二两腰玉梯卷。萧(?)宗,梅苏撰泥,食闲。梅卿作扇,叶价洪(?)玉一千一百。为姜君红
(以上)梓禄来,留鸣扇作山水,画得梅花庵遗意,真自不恨作家也。申出之,留画一轴,刻写之
(大东门分)以二两买予市家集与广杨之一,向山阴,使北台致色子三道。广子泳谓与见大
暑,伊屋屋山行之侯,名在送扬给如,看招为根楼,善伊为峡桂,保升乃六斗,而真真无妙(?)
根与敬益兴一谈,吉生陈代借叶以千九玉山,买布以指侍,知知琴屋,后做,同玉布,乃与分出四
扬生言,梅达卿会之,入九日陈旬西等书来(?)

書衍來信　家人採葉三石已三周時，共計十六七石，每擔約二元，先買以應嫩枝，嫩生以後實粥一元
往來閒客　另述加稍卅元，並囊共有理，惟太勞耳。應致撥雲信詢健秀，夜出八角，保應須歸本
陳臣收下錢　是晚往訪不值，遂之馬大雨宿
二十日晴。早閱桑葉，女錢相啓，乃付一元二角，武林市面五西五斤，采六角四斤，又截弄，又陳比桑八十斤，去之　付收四
楊知業查本多上山玉園瑞金和我勞去斤餘，俞正洪做稻向往我方取租，限次月，致德為人富士
逗本園中不能種植，多為租戶所觀也。庵中盈梅為細吏所損，踐以巳去，祠中桑不正，又由隆求
柳二三已俱未止，竹與梅俱有刻等小蟲，告僧驅之，莊共請賓大局，根情晴買應得饌第多
進義　盛陽雲信曰陰并吳九角十七，又卷三一次也。梅費兩三圓，待富同芳多而加函付訖
容德　徐伯村稱存禮二兩，洋二元，常用擲出松存，還四信，映士鮑鄰壺市頃王佐臣之子
二元慈　十七日　徐成不但到店出二元，常健四，葉找取歸標謂租一元六角，又卅六元滴，和園取坑油如藉
衣話　收壽　第依止五石矣，居閱報，市登一角，付我二角，陳墨指六分四。庵去盤上山，看桂及其
二更上十一時睡，第為趙篇　三更下停飲放
廿一日朝晴。起甚晚，力諸人已將庵上從下枇桑山大市黃里玉園採，致現為人富道本一豆六分菁
收酒錢出租，送前玉上三月初五角三十，採綠萼梅各，致頭修樓畫扇附各致當古泉煙
利在女送餅五，嘛本于陽園鬼蕭桑數石，是多貴人僅五石，原一元為可歉，到廣雅收貸恨之

識蒼茂孫，託以怡堂吉公，即有先君見委管賃利，勿誤之，但放之甚難，且時久年，然囗余云贅
思作無謀，決利也。君板于恭，囗市物，亦囗一語之中，事乃畢。夜仍贅山居，至晚未能入，夜不
睡。兩度又熟，皆以享慣，筆以為大善。蔭芳易來，和若啖，節筆尹時已過矣。

初二雨。明作早為探業，尋門得一石圍，與來寓。未謀，后至市，尋米裹粽，後看，計五個，為上山。
午后無煙，乃嘉。因石，窗未又。至將黑雨，畢收，采陰出門，與此筆，劃，始作力，畫目。
晚夕仍是中，大痿跟趾，痛地大，是此裹耗之情所見。 枕上得句云：夜歸鄰犬吠，日出屋[illegible]

三夜成數起，以是山不敬心，時多發之醒，然未由驚病痛也。 鳥啼。

初三早晴，午後小雨，天寒，可穿重棉，庵書不作，蔓生筐，不合葉，凍之成病，牧成大減。如余初一日記[illegible]
是早寫三日不成
書園採致，現可猜，歲前地，于橋市扯把五十文，海帖知發，沿大市不及上年，蘭价
且有六元十斤，者可謂昂矣，而罕聞聲收，為可憾，米又增價，然此飢饉，成就為憂。付錢與前
中後陳崑耕之，謹訪幼園署，移。階孫咳嗽，謂乃天時，用白耕者，按海石蘊者，往橋仁，二書
昭出大又雨，往達衢泸浚三串。旁夜寒雨，似十月後凍，雀不食，不行，周丈不温，余聞而然
往便，辭工作，雅倫書醉，田不能至，手上山，乃自上，件抱院來一味，辭謝，尤惜，責備無良，仍隨又自
知山有，能嘆之，乃矣之。 夜作，余太晚，信手隨心理，是之而不能詞達之意。

四錫蕃來詢已之謀何渠不遂蓋自是吾不懈惰爲之有成殊堪悃恨　三更又出廁了看恭
山姪火炎生尤屬太甚責之不理　上樓看沈文肅集於吏治頗家工四十年中未見其比之才
初四晴寒未減請扁花神市內之至口
黃西之屋之至口　底屋等之美道管望之知小事稼往六七十斤　錢二千四百以七
十斤售蘭治四十元已外予謂昂矣　陶挺候來　妥道楊　收齋正浩租三角　日出予祥霞兄處之去追趾
三元當有石年因不置至看澤玉有地保之高嘉成不爲　陳王某之借誣控爲覓賊實只係失竊
追至伊門物之擇真人妥究而彼悍僕于城市猶不能遣群誣陷討債卅元向之詐人爲不平之之
揚
第付錢一角到店看報　旌揚便寄昭學堂諸生與豬鹽小事交互詐及總理走及師等之
任
壹閑罵肆退斥出之三班一室健卒返回以看着習趙等留之今年起雄大壞已甚此北真
迎拿
学堂不易辦亦難得好学堂何處來才爲巨才耶未守不及收到伸禄禅柳陽之即歸兒之
此非善策想我之出市收烟肩水奔之油仍只汲奏一刻乃歸由譯成內書一旧辦高尼鋪書罷
白地三獅居其住以悟爲之　唯應碑後模玩之之
初五晴起夕匯家人已採薑共先十一人運擇日[illegible]十六午從竣七分　陳石信至那步也該務歷碍待周六不至
付佳安論二布　帶同理應具出備車金茂泥寨特周六不至要往即早出至內乃未全信
車指揮之旅出到北廣齋指一見留　知照已上市秋川一車卅四計去　是日收十三筆批状于是出
付佳
寓佳論法瓶之園室產種知照一全松泉油竹如舊見前澤爲舟乃往錫山事爾之者過怪祈
論
來者知引易吾果信右思以得一石

上夜請甫談于茶寮，亦欲定運署楊幼醴福，年有二百金，每中扇乃禾中陶琳字年七十六作細柳
飄扇如趣大年，無一老態，可珍也。乃市（代）壽頁而歸。
初六　晴陰。早起下閘出車，而萬難保，不知何故，或疑為風色，或疑為天旋（奇）加大，乃速成，旅吐紅絲下旨
保之。旣即斷難困之甚，余亦驚惶，常指要，唯（寒甚即止，恍涼飛之故）担出之，售洋莊，先令周六道雇（停）定之一車，欲
趁作周出起不改，往即開車，然為之轉盡不小。作付靜嘯行二帋，辦託貴拓轉赴部並
不甚也，名也以一元一角廿六，市門房冬米二斗，送回乙瞭日文矣。晴步之從霞飛路廿年藉
二山小册到廣全棟洋房常借往一仲家等處，觀村園之一道煙雨門天已下雨，於店借
蓋回。夜取贛榆志閱。　市月餅二，海鄉回
初七　陰晴。閘作又徹雨，早煮，閘子深車當為代司翼，玩百壽圖，乃霖志善臉無人說，萬善玉篇
本書指可飾，市米二斗又二，價計一元二角，銅元此資子飛云湯十二兩五角，留作之續送借余以租可窮
酒再定事大八閘行云。　夜同声，竹杖三甚房起視，入園採玫瑰，奈正被竊
初八　陰晴半。黎明起，始開車，日出之，麴館食鱔麪。夫那在誠易南得便棧，建居宮弄，世極樓上之
向先伯千金之良時，直城路出就西戎家，全不問知之。店市黃魚一角一斤有，見桐居中歸，緒己
茶付象戲，取和園值五角。又市鴨担信队牛起可採萬廿斤，未計洪梅卿來，謂棧
回知早宜及學計作道，跟八名同出者十八人之多，自可於四，守望與使者往前到

接靜兒常函並港信，取加早時達御覽。初四日衡山從出於廣香招接靜抵日國字出所
招日本共六拾，長崎三十拾，神戶廿五，大坂以四，三十二青地，並原手任理，途償保險之上海人孫實甫交信爲
一萬字
保存色字，市批杞與賠，又出城識別關同貿店觀佽實，並取到德存色字。
初九早雨，午後晴。上午監保益書，池魚滿地，黃花天蔭，高涼眛目。直此入瑞堂宅看採蓮，得六十七斤，於
有罷市主人回信，每十斤銀十元取秤，司司與子玉者門索伊接全，全伊工作大東門，指之未諳租地，瑞堂等
事。補內信。採蓮四斤十枝，之市付二元，併保益入杞閱。發之甚早，餅送入市，直家以益事，小倍不前
晚出之芝廉一看，別時源盛付之，桐宅睡，桐交其扇，伊云在中，笑栖程之，說面陳，又云缝治物少
說書帶上市，吳西全書交，蓋另紀喝扇。又入芒廉勝店，患利國，晚蔭宕知油，公元言，言告，法云時
家據付我與那店，餘乃說之，因此油定己五月長古利，時與久桐源出免之出與子求，該店不合選源
南非與法快全出臧，余市斗二一角十三。於此四五兄該約之，請夫代說市旅務，帶甘蜜罷至批杞，余代出
、全之只家，全般如佯喬桂來法，該亦需託鳥玉上燈歸。家人在手在中衰病付欣
初十早晴。早時理書，家付靜詩，需其賠此信，計二帝用之，坐來鄒家，四三六易如來話三次，採蘭十六斤
家禎以下組廿六兩甚此正理，補直四之桐在中常看，三日歸，懷如在說服與蘭貝家陳其至中初出之
日本茜二顧客截兄伊之海擴東帝，說伯之院內乃秋同市客之處不至食止家梅源東信存報出同源又
作梅
保和國字，發宕菊撰一千斤油，家代售，又在申報出與同仁甫店寄南陽福只存過隨協世在
甚取字，市寄物歸。將留照五用件條字標問之

十一 陰雨間作，早寶生三月表侶光弟來，益星其奮又無狀，其情實堪憫之，至分下半丝，伊但殊簡，亟作不
乃□早飯耳，薔雨盛作，至夜尤嚴，踈夏葵以織茣留蚕小伴，得筆至自為塑摩筆至夜分，費一
晝，夜來者寶生宿。夜閱處威收名應者
十二 晴，余服和德丸五斤，余談徒壽生合議，往岸看田地中重事，付洋酒，並將併平，家人阻將
并頤及種，動壤儞簡，衣怯，砵特甚，既拖時趕作，乃兩得衣料，用紙甚似晶之也。居善安岜屋看到
印之廣達兄戊來，立續四壽生在店，余責其無信，今並不常得至一再，忽之，限陵上日開拜之，且下日得來，余言之睡
沙自為數三而已，乃去，昨留空晤日可談，舟往。下次一共五車得跗，并第之伯楨
十三 晴。早理料行李並帶，兼五車，蠟箱，適沈柳卿來見，守候，伊并二班，健入四班，必將之，適手示一帶
付沈勉兄，伊先去約在陸上，在東陽橋候，少頃余之橋，共點晚，沈亦生佩，為并共到店，稍談，留余坐舟工，作談
出食，飯之，書門只舟又至達橋二人啓，繼續登舟，十下開，三人閒談，店行兵事，食飯，至中和根膳于帆，斜橋下往
上，舟合及晨記行上船李，共新來司姓吳，第數名人，兹伊串新友已刊十餘人，相以序房余言中，據云顯畢，付當帳
順洋光什少則指杭，保存未往有燈，意定留之西寺，飲茶食已多，久之別去，余之壽威與陸葉兩來談，見面頌義
夏佳同話，舊良久，又過謝吉姓志庵，閒書行至方里四家，姪鎮均搬，楊飲，石堆田卯驛而出。夜與汪君談
十四 晴。黎明趙識以尖至撤大急楼奈久，日之床，並瑞棄失驚之，行去也。鄉後去見陸某招兩至六二經利見余兩祝之，余又迎
只真不合聽，乃勝度處，夏之轉由吳廊運以北，秋岸而同書二老過飲于石坊，話久，四家設中閒合多謝去
傍午鶴陽少許策之，余別見亦有今識人，如盛與士敏談，過返去看報　服藥　補缺　下交漢卿

间言此市舊情世故与國事，望留夜談，飯畢斤子畢，卯去陶家，訪未子徹，夜留未談，閔子成言麟人語又

季補平拜許　吳居人　陳息程　二僂（爲樂大學生）　半生一蓋（恬甫子）　一經（季賓子）　一詩

至厨房与间壁看視　昨夜以徹有莫垂接少瘵

十五晴。早起，食饅頭，午行，知此行米首以早前为慶，此將計加五元。國文蹤先買言胃甚好，息之之坡，保欲晚極日雜二畝

描之為處，我年不勝，此日益徹忠欣然，至未刻往季貿屋，田接與了，仍留二至冬之四人，食之西茶，芸華雅，久待之微

因言行中規模，食饞子，仍回，至東街，與留子吸于大和居，留書蓮卿，傳回子，與留談久了，賓山房，拋此六卷之飯三十元已久

其查中不能言，旁夜回，法飲，二生家具飲　夜與徹談其家稿，仍妄等事，要之加戚，該加飲，鋪已閑，不果

十六晴，大熱，早食後回，控鄂孝子徹高及回子，貌子告宴，冬之出，見陽言，寸樁控呼，判舟，加蓋取業，收四斤，紅三斤

市稻糸、拼餅回肩，市窯君土，大土一碎，公攸事解，二元入君，控卿一語，回工作，隨處回，控捐一市，尾不及飭，宗球

肩鄂事匝，祥出到新橋，防葉舟，見七妻之合，由隨過，稻末取桂，至徹家，粗辦嚴，諸昌早，半生送茶于舟

飯，特開回帳，留仍飯，乃回往上樓，留一西知冊一西，候飯余吸二口時，仍遲刻，別決直，諸楊下舟，市白河枇杷

二盌　帳　市色至肆下船，汗下如雨，開十一下綠矣，至四下抵城，紡桃大織，店又之和，係知由作詳，黝然全脫也，禍

徵未售，來大幸，乃諸脱回梅，靜泉瀛往，達沢住，入住利，終悄起，坐居交代，家煙六下，四家，多批

播都把握与食家人　吳親母与二四嫂等均生　周六上看，勤甚，客代畢已行，付佳　孩帝師看

達作　墨宝便好，六方云已去，看大可怪點

付鏃花用六金

十七晴。早回家，花木均為虫擾之，困，為桑桃被人折傷，一也；豆畝被盜，二也；帅情出失，三也；苦雞傷□

飛息三西園大談傷時事 復往錢房 此園全為伊等作踐 實之可恨 晚出又往傅處 訪談二枚 云正來
而去 訪桐居于店 謝其贈酒餅 告失擇注 往錢房 會搬書籍行 擲于饒芙 又疑 不成事 留之
又往入店 看二日報 有亂圍桂林 急賊十餘萬 湘且平 陝北餘亂 而南方國亦須無以阻賊來
平 而留意已直見 油房信 並知和源又 著增油索拮据 竟因四市八元開出 著者之十石 以五石保伊
園 議二石 房準三石伊園 於公 其八千五元開 僅給餘利半分之 還 臨去無穀 間然收國金 從保君
(元豫)須於收毛 初畢一二 須議妥者子 送於壽恒福均讓旋偽 沈仰園如高昨者病 又決產歸
六 晴大熱 當付靜論一席 富中大日本郵 又付德論 豐置已各有可恨 商地學女回去 瞿吸咳
未瘧 微見瘦 而高昨又作頗為權心 並家人採豆 余出至園 晉祝 跂成方 遜移許至六月 至協源安
往 又之杭航 宮邛船店者 招布 枇杷于居弄 以白沙一籃 計六斤餘 擴門計角
(寄靜 寄澤一号信 一信) 夜與內子商及去歲至三來子接 夜雨甚
九 細雨霏微 晴 錢生理 存具掃抹 歷事種雜 雜鳳仙等種花卉 為分孫來 作信寄子雲 寄吳菊 詢其何日
來 及詢子湘知一切 並詢存息作何價 碩升記 而女送黃連至 為分孫事 暁出市起 廿二到店 交春信 接健吉
寧安 夏衣禪扇等出之 和源知油 於 且云碾不售 殊為難 陸乃階同源談 係恆祥小生 宮信 面承協源
(寄濂 十七寄健) 寄湘 取升二四 付角 收廿六 過名生知油於 而不進 何價無殊至此
二十日 早陰午晴 晨往越至園 草菜未芟 為之懊喪可恨 為方子寄桃諸人 皆知損我地物 又為之急歸乃
詢美款 又是本無針 筵中袱付十餘元 其有錢帶八 而欠帳不理 前上年給米 今日尚未官取 不思努
往而又佛期 為之何其可耶 居心亦太過矣

兌金中紹閩陸店兌金來未代帳呈以力陳三積疑殿也余乃隨論導其三時之久出望石之
英下
有哭基店主概計合局難兌移部查已四下 英全山李又詢欵望之 八月初四看四千三六鶴停
付余匯洗舟一事許久相扎合母之余亦隨也毛北寺又睢金告写車匹劵至停稿下見誤壽生云
豈不甚罪身後陳三毛家請田余入店見恒甫誤詳欵又看报乃北入和源傷匯緞約照日取停等
石知招牛油洋四合盒六年客照寂售将要常回程是帰 陳壽生已往将丝作價五元又使取去屢之
陳事
移以着衆府之真情与收借約並一併送付三十元堅申謝之 而于是遭陳九月唐和殘場付租六
石五年一再要一五京乾好米再奪 豈不能庭下能少至其感恩报佳会如此辈者殊良心留误三处
正夜猜笑之 取着兌匯二事善退查內來時始付排收七啟豪也 得予得二角無成事
廿日晴。上午付戴生五一元十角一元加奎四角加招奎 玉是日止計四千百 ケ辛百益三付邑甫予学收去四百
馬租借欠并择佃書入地產五種廿號瓜门岩香樹干段为健宮府并下山收欵 周公来以石入杭城
校原常存丞 付債請作横帳五天三五百意少暇僅写雨段整稿殊無佳語 本之昭后腥請府
嗚嬗杏梅六枚 之宮扇光之旋北到店 萬静房夏布二丈四尺入摺又健緞傍庫約二元夏布
移祥式帝力年如寀余初时生能陷也 实可熱夏證云照物窮之其实害之也 掺予流复謂存其
四
五日旅帖英並和侠市也三四十色戎リ㕥方四色而已而洋相大泳 出之和源僅收面洋八元四角 商看居
前陸店計悦匯照日四十以玉店楽致留仁壽宮五十元 以四月卅日四元前十二而又升元合股本五百二元又
家将使和色二扇出每祥航匯同源 往寿仲和合且作 於八与議而恆夫佳丝六車至貿四十七元五兩
又看报 宴直寂 写悟平

匯源盛紡欽廿三如期　取回上一元七角　兄服上二元一角　牢八元五又扇頭　粘帽拜合　小牙本　大牙竿　布牙竿　台牙竿

三　入錫　四角延丙齋生工　夜食杏梅枇杷等豆粒　兩帽收多　琰寐不安

○廿一　雨小不與亮日咸辰來兩工　查畑　旧牙旧存二斤半　午剃頭付百用　至未乍罷而　子雲至留伊晚回家

吳應告六至長塢筍母子相見辛滿大歎　而為旅途旅退亡宗代作函租簿　又乞余攷寫子湘至

申城去　是日辦魚上市　得二角半斤　一高高奇頓西口年一老就六口福福難雅者書現若歲不免

函令　雲去　英壽生有余家廣二月事六元洋　蕭瞑闔闔雅有細找不願出逆叩　廣三門以歸回

亡　六孫母男入見　廣函　鏡波雜話諸事　紀林　查畑二元偕婦留伊晚一宵而已　於上燈乃回

亡靜　夜閱雨聲甚大　蛙閙空增煞緒伤結　為雨起至稿

廿二　雨午有霽意　早武生回復到　今佳元租式元　其馬陟六　約限五日　錫林不見　主闔為限以日出不再

刁猾頑局一至於此　馬田邨佃家如赤　但不能一再吃索租　蔡良法救之　圖計收租時將屋後種子

代猜七元為佃贈借一架　如以五分收成乃付手價　以一穫百十元之利　此真第一上策　識之是不知

能假到否　並請佃問之　屢十餘年以來皆以三四成收成三五十斤已上等　此如是全當然運氣責備無

思其黑至此而悃執甚　談收供茶飯　今日出付洋卅元　余責我不力　修閑　暮後出手摘知酒大瓶到居代

航作售和以此晚信　手稿三雲　收湯錦卿百元　手還票即看程家樣具移祀入龍圻性湖留予收并攷意種種附家

廿四靜　來作　廿三　和源留收西二元　恆于同源松云有和取收帖有曹狀以一多八元且抵余以伊符不允　旋看報　梅靜寄知日抄

三寺　子留程迎伊　夜付敞報工二角　待洋不至二元之理

廿四晴。早談，承堂持寄生集得廿五元，蓋少五元，以作打樣少售之價。鐵之甯不足，其居心險詐至此，殊不値矣
快也。其送此佃腳與洪姓生理，丙子見洋，嘵嘵者之謂其名，讓至見洋，但念思不思，此回資數許以五元
錢許錢，資數許洋，此說廿五元至曹二年，廿元舟川兩石，次十許元，而再年租與得年少些，不下百餘元，至屋將伯
此兩祥內中脫食，思之惱也。　午，韋金生、錫卿、子來，稍將退去。　蘇莊一晌。　晡出之鄉，復訪欣棣，不値。晴和。
廿五陰。之十景衡，晤與周升專，定行知佳話。高崇峰，于許定蓬，借之堰下。道崇七，晤出崇峰，傳金雪舟
昌由湯垣學官，都為四望睡子蕭語，冬之合去別去，度至之店。接子鏡臣、蓋安信，乃送吳澤二匣，沿上司，衍送二條
周忌，有孫其知，油信之。戌已後，到松壽室，詞訊昨已能。西田知照，而金龍到，明已旋矣。並與恆丽定售價
之票，為店。看報。百餘秋作會，務擬已免。恆裕佑陸渭卿，又約與仲和一談。歸，並過高崇壽，十達，共相商
向並別去，廿二年矣。知為駁素其去。續樓南貨店，但于十景衛，若址趙齡屋，共相往，庶而別。
廿六晴。早之園，看詩地柿叢，屢地檢二蘿蔔田于城。也得夜。市批把一斤苗。　夏陳子麐，長安信，周之買到抗朱
晨心思蘭亭，舒甲殘。　金字雅送桃至。　承生合。　未工作，一人去撫地方，而搬去與儀至，乃加喚郁工實
季得安。　暮出子園，不見工作。詢瑞金少年，據稱旋北于祥霞見墓。　嘗覆問之，又白陽山人，竹菊極妙，用筆墨者，顏之再
到店。十四未成，有和源借款。店，看報，與子雲入相問。葉思謙熱人，間話之。遇魚老。久坐，米店，其友許言，由今
收五價，永清讓，乃許一元角作。　晚來成交，要歸。來，廣取票，道經過陳。　吾陽兩借欵，竟乃移燈出未久回
付票，語姻兄付洋，強四但之照此，係而照加云。　庭院五加添。　良枇杷佳。　田之男媼送餡至之話
廿七晴。早，甚熱。十五日分，種花，盤玉。　六尺樸幅，寫四五日至晚，猶未完，而寫延之，慶時失學

生有邑人之才而不學，懶墮大半為烟障所礙，殆悔無地。此藝固計于入四家之堂者，而余
船中之言，而失數百年傳作。復又想望此人之至，悍宜應早為立意，戒習出門，以充其志，方知此
生狂慢之弊。晚出大東門，山望嘆揖，蘇石玉為怪，殆玉學矣。沈宅瞭叔姑，殆竟臥而一刻出，見沈建
于島觀楊告加租於彩坊伊勤秋，價生之意怪，時似有理。萎病矣。北到店，三之叔問詢油價，魯仲叔
初壽祖，近價加和緣，知油但不然，安然遇鳴，專近行旺，神州圓系時宜，當庚坪六到，茱諸里時中
無用作杜，庚與叔咸李充話，物所以感余亦辭出，歸已露沾衣履矣。
庭芳甚惡，亦殊怪。

廿七晴。完昨所作長幅，用墨昏濁，不接，其方惟筆稍生，不能開合如意。三下出訪沈梅卿，不值，出
桐庭諸湯朱以及滬上殊石古玩市，心一為開。北到店，以與梅卿約酒也，乃入同茶飲，而梅以病不飲，往作曉
茱一味，見高紫老、蒂陽在。歸店見恒等去時，云大墟甚惡，不解。恒知學記存，群之庭見，余
心未寧，乃看報即回。
庭檢糕已生霉，因計至秩，成市兼並或付存，聊移不決。
閱張肴帶發于群為之，閱竟，得甫僅一字，且與乃書谷早得入學，學傳文成，更云英文作條通，為不意。
梅不永年，而嫁子嫿，其婦甫歸，為卻小滬女。蘇錫庭氣盛，不畏。貞在元

廿八雨甚大。早起甚遲，已刻，雅楷庭歸，蘭指女自長玉，為其女貞之，掛船歸，沈因留飯，食欣然事。余上樓
閱友扇下院帖五種，蘭舟傳即回。叢必至，頗事，有而來也，累杓盞胃，雨出之太多，又

拔静 油洋加十四元五角，路中雨下，如銀河倒瀉，奔騰猛厲，路石走湿，入路中避之，見黔石匠取其
廿二東 第公 茅庵四壽九一，計角為高孫喉甚吐也，轉北加票，合百兩洞兩二百元六角，乃作信致赵記函快
附銀入余雜折，帳簿本號，又雜找合號，知丝市武亦利為客，又云和源行欲俠雁千攸四一坐，帳猶欠欸
或延半月始見錫孫，彼詢以向全局不准。巳章並及俟店者收會，恨她于夫，晚見鍾韵清，閒談歸
將天里，知角四元，座柃和票撕退之硖
廿三日 晴。作付健複二年，内房租十種貿君云，謂毓已交廣收，因該久為改私計，讓必其乃柃付，崔加授於
我余息，就之晚，柃り李，貴脩書之，廣之澤，到者俟兩元，书北園接取。又客航健複書和華諍，但大云金，取道
信北芦浮一府村保金闽毛，以早開，信綳中叉之城，收蒲租二元，南屆恒卅门見玄棠峰，嵩元修同茶飲，吴子奂，嵇鱼
謎居具今爲飲三斤，子付動楊攸明，棠老七十三，談笑時作，軍鋒危起中止，弥不定，至晚里歸
廿年月二初早柃り李，今壽角元り，索附书打量，許了中攸園去北，喜陽的言惡之，搭乎未叫，請浮丁代往，官趣旣司府
初十二卅舟全州之時，座五刃取言下，舟開七九下，抵硖，县記已十二下，五兩安時，筮老之叔长澤乃付，舟債八角卅
二十五日 晴 入县記其数，又求少，向午隨貝鄭季卿南浴坐，滂了缩微克，尤吴六俏，偶八，苏性太及三
為京元少珍座，知丝仍旧日收二名色，廿六起日收十色，而上雜為完与委，览語善多元，索書當之，只總十卅余兩
實子晚已同登，不往見，细聲善于，發楊浣店，而錫争至青座，饮于楊座，饮後樹陳友扎，些至三更，座
為十收諸種，以丝市难，俗信私利，难决，视如何，接之芒
二十六日 晴。早代根呼，幸小鄉之嘉蔵又孫鶴唯，象也下，澳久入函，我全鱼乃四鼓，行饭知丝，邵，岌厥拔
健附改来，余知致归並嘱，家安泽二元，千後唯離不耐，至未收回而從り霸補珍下，激为之蕭薆

斯臣台郡道台作乱二房修圍閣之俟携合墨千錠不由新乃易為　先出議者委將志屆与朱玉六議
字　市情所富強恩不必在下然有見地應須設賠司異數人接昨少石元云吾于查賤些請留玉慎懼再回查
核我寫被錯過收性情印諸筍懂仿責之不知重實無善同事在想留伽不能拜絡兼附作接教將左
根門二三石携家懊責飲其住您痛悔係樹者督之過錯也　夜二更讀與大值閑行人至天明胎焦
初三晴早撥作歸計此留之廣家到謝其請客后西代思錯飲又爰霞核偽帳被無頭緒看出市
佳子小主之再回繫價不笑了事即往市　柏甫程君生一兄唐善与笛患于公昌和大之再夜飲於大佳局
二更未寐　　一訪張丙梅知往仁山不值
初四晴早打包拜行出　宗林肩行李過元亨知陳竟山即四當昌合舟送至判畢後人滿不得熱頗時乞
元亨云欲在公信亟往之已去又再之元亨謂舟在南米市忍之不獲見王五又詢公信恒豐人路者並道姜嚴
合計四行千在行須取行李弟善退譜老加盛至康過格生云其姪回宿直至偏失格巡石被窩書房兵分
小主大よ行李伊知康之逆往詢格生中之云未隨來而失夜半大佳飲　二手賀松甫　此執了　又因為小頗四宿皆
為要事二再說言余未以乃下拈為代訓之並伊等必思四焙並而康往太廣室
星著閱未村章告你未收行稅銀伯視詳太率向以七十品付二元上下今年以殘缺加定新章每戶
身計以七縣而折價須加三十分康云至多作地丁價二十之左再四爭執不允余為辭解先付十元与未之
乃定已成与康議　見面諸而付開呈借与康云以便取首拜清對付信云是晚市鋼手照二一兩有
見店有銅鏡十數不甚佳其海藍萄羽二作銅之　訪賓實不值
初五晴夏雨早後拾行李先至郡知四四行此告說往乃今下行李並沙葉丹再取稻多糕饼　明至益歲

轉霽，後出行小泊，未上三元下舟，十一下至塘栖，有客趙君，詢之，富慕孚也。係大相与同，話閑，行至有仁和大

大雷雨。艙過夕注至郵店，雷雨滂声，淘淘。此土城地勢略不甚高矣。上岸至廣付此洋單，約子雲与君飲，於

肯隨至告無可，并四點矣，失此事大甚。適沈協之至，告使退与守黑已，枝酒以樓諒程今班，十日也，即令陳日

桃紅李四分衣糧。夜使伯讀史學事。

初八 晴。閲使程浙省之清議報兩冊。果撰數有華見，惟于近世不能行，不可變此乃地球中一新世界之先，在

子雲來告，能法條狀。名之菊生亦來，余以兄行未到之，略署曰。兄謂，又候之杏林，乃去浙告以開

老村年法原和牙稅乃以視行之，存歸來而租僅二十千，然去稅無二租之入矣。況開徵稅未有許

程乃因諸換伊之恰甚，屋既而候同年田議。特民新聞書無不可云云。于是辭去之，廣与仲清存之四五

之息，計一分半月收八元八角。入余住未，帳与恰之陽事，又之同乘久燭，漏与杜仲謹，至于陸杏見，事談無

翌店久之，乃至趙以歸。

初九 晴。午閲報。 況守黑來，約使晚趕舟至肖田。 見劉世兄。

日之申，請托開物性論，以未悉出識，然以相大而有探，插也。 永甫于在杭日，交學重与使有來訪。 午使守之到，永甫亦之同日伊四船去，可合趙也。 陽錦卿來言，敬之代措於銘閱。

付郵。申刻出，到店，知叔蘊批駁而反復之，余本以作罷，力難入伊二兄前，堅欲入此，今果敗，既不能人言，又須余租重，二等大

論。不懷因復以至卿省，報兄洋出，同游西湖，甫使說罷代對，術至此不復。陽錦卿至店將以言於以自來而後此科

月假，乃代子賞談，七十元，限以有房，姻誤以妨，作我伊身之，今其帶新舊交甫，於是防。

夜至金生肩僕票至，付洋去。

初十 晴。早至地，五積椿未見，肥壯作騎。子叔作未寄，守黑來与久語，約使合趙、劉、永甫及子舟上杭，付使以

借用四元，戒渠使程之並作文，開功法至中出，到店看報，進使同守黑至，使又有代數術一書，四本

至吳俊卿三益舍便飯 以葬至行李下舟開船至無勝 余乃還 是日大熱汗流浹背

廿九 早晴 十時雨 暑昨未 以我戶令查飯 朱方白呼起 喚衛第生取行李同出 轉廣玉往東橋 令我借船往家 爰撿了訖 令挑李至待久 途我田不得舟 空計搭船至郭再議 遂於橋下趁石楓涇小信船有一間艙 并趁六七坐 乃以渡村之思 勿諱小字 每行行 閒話 抵郭店上岸 雇以乏錢 余遂離資 蘇子禦訪村蒼于家小坐 偕之 若玉代雇調船 往友生毋子 與書話 陳侯子將十一下 下船 開至蘆木橋入詢至坤子雪驗云 見父至陝 渠皆不接信 云付不得 乃識吉至再十六日得付信來 城中因九月取新租退租 一再該房開事務 馬開慶昆開之 鍋往林田不種 伊代覓售 以當安 名未回 現捱三日內未城空 再至六宅 宅僅一歸 味之不至 家無長物 田一間宅 再味乃至 給十六未付出 得雅許伊借肥本而 [illegible] 之取該捲 以去年歲遲彼村十許家 僅一家有新之 [illegible] 皆少二三分 收者大為惆惜 與閱一再 給已雨益抵捲来去田中 膝種在雨甫 山趕水 段道須下舟 為理 班下舟 小良一碗飯 雨盛 過郭不及上岸 歸城付舟價四角洋 廣又延市太秋六枝 一斤予廿八文 冒雨回 身淋濕

昨晚接湘信 知稅洋已付十五元 作信不須再之 前然依然 二 [illegible] 太市 [illegible] 二三分矣

房店取十角 郭店二角 雞家 [illegible] 原在長壽 村去為擬二聯刊搞狂

茲市紅樸 見說長流郭名 [illegible] 月 [illegible] 懷疑 妻曉甦塃

又 歲在壬寅是稿重達 名陳丁卯 取予長壽

卅 陰晴 雜霎 無只梅天氣 均如也 [illegible] 起甚備 一 [illegible] 尤瘦 午前無心子年 [illegible] 青查將忘只技 [illegible] 畫蒲黃之

不甚我蔥 早全我之讀本只粗至 [illegible] 不足

無事稍半稍善之園楷元照眼旋北之廣揚靜四川安寺 初六看報過恆祖伊祠談至夏布
揚靜 已乃出布二小佩月頗卧麗而一談過話茶點不值一生係國都難未成 內金達置前四年足夫十北寺
錫中字 卷 送廣之板須速寄來正閱雜誌情之 施丁重三元寄三十件一元收三十文
十一陰晴早間無事又思米價之故無可措減惟恆至張氏上工閱屠琴卿驟病殁于金達諸業百務待無
揚穫月後之減近日多病瘦瘧早發多夜至四更 看花為照 揚所殊怪患之揚健家 附笑深寺示機
審 日間極勝當之芸稿素未開帝礼 杜拐寺 至北楊廣恆祖夏布裝集難花樣看報謂賠
卷 款仍定四百五十兆銀款而難分於國家 務 分先令大難若是須七百兆銀數於是恆道難去辦照
無之難減中國民家財者至此已極而再加年出一千數百萬賠款又地產銀雖敲骨剔髓仍並不
國勢積弱既智 如此而說謂中民之力之維如昔中外寰國必足為害先務矣
金達楊元訪桐君于家知陳吉卿就國南卿奏調之聘仍係道所薦
十二陰雨因足瘡難下出而禱定問事不能不一謁 而靴勉入吏長先之北去店該子淑書志翁稅收速合眾
事又不辭伊至今不歸 蜀金之四極不食胃而至禱謂金已算畢 扶而出步躍陽三與植卿望曾飲
于吳少席 未穫林呆五伯子若孫四小六人 保國百石 鏡若 曉臣 壽芳一席閒之中壽 看保稿數所謝之
信其驗疫屬之行領至上燈合保一路歸 于橋過晨今 取而推出橋店供一撲分軒如律重九入
四
十三陰晴 午來 年前以上為鼓日更錫小仁大保南陳合作 再加厘官○音示 其十二套 至午過兆 既日收寄者 義文伸
未睛未過廣三知男大人病傷中或理病以無人照看之殊動人念 寄屠同人往看楊病乃令小四

亟置于鍾坊橋見壽揮令归琛意到店，楊笛恒似子欲已返，遂出，安復入睡，云候登岸。夏十一點鍾
伊去。中與似未看市行中揀二盤十餘，墊及二器，價不能映，抄家談擇。瓜之合華云先打九色，後又壓一
多種寫帖，以作樣云云。余所據春及楊比返店，乃打田番楊儒思十色，雖合係下無多，擺路書香買
將余所九百元打二色，副三號窯貨全挑選，不專一二百，請暫作樣，駁帷人不至，候市出后麦又以
所存無多，被頃見之，太疑，惑但慌不定，蓋歸而再設以商。市月，誦至桂楊梅，初聞子返，渙金帖
作惟不食，六書罷不傷害，或卿是意。福齡之至乃傳謨輔，吟晚不及往市，居作卿大詒。
十四 陰，細雨。暢之黄梅作矣，知子歸未，但聞子欲秋種，雖症無礙，早煮烟話，林又來，因存舞之店，至午
成，午後馬閣卿來謂：一旅分乃之田，無人受種，而且不應荒，觀其實伊可旅，蓋大家以二三元一旅之頂
為求之不得，況此來昇平歲，伊措而據，弁余粮佳荒，俾官自種，告其村如是人心如此，懶極，特其一村無
種五百以，俾付選看種，令宗等已矣。留吾一飯，宅竟不想出，候成熟付租，大謂如條，但其出苗穿罔度
嘗試無種，或由余嘆其雇工自種，一切費余付，每旅秋種六百，並工旅七百，約需二元，又壅餅二元，另約四元餘，伊擇
由伊今年暫賣無謂，以吉返贋不值，鈔出帶家論，竟日不出，數數聞疫癘實行，如樂多死
十五 雨霏微，至夜甚。日以耕烟既味不佳，而腳十層，其下懊恨之至，以當補藥，以亦配食之，平後代
癒。比返，廣聞其夫人病狀，因此賜母到，如之種之，略一日申初出，一路知母，來云相隔，皆疲發
到店，殿子涵不出，請其陸三個店，以信以係，接指後往茶，忽復大笑，識一指示，鑿而結孫撰
見復為予自種，一返情，移還信，時店其市，我來二角，長眼睹于傳楊，雖周渭夫，被單
者，其後樸得葛生，下午長壽部是根說，之次年非不要，此識淚，則為我也矣

處甚適意時有以試事來相勞者以勞相勞而去之　鈔四書注　黄昏頭暈忽大汗
撫花蘿自捲子採雪　風細手倦（讀半頁）盈地
十六雨細霰霏霏昨夜見抽屜書亂蓋乃捨而整理得古文於篋理閱戒烟百覺勝中止
特所著有底十歲之四不能得理然睹之日欣抑亦叢畔擲不可知者古文雅義　是日未出
十七陰晴為時裹作午後料理雜務插傍位置而未成　門首閑眺陪孫嬉游　三台視瓊　高明刷石日頭
靜論　持靜　健安
付靜論二弟來信　接大來字云二十七日行　晚出到店接健字　又償買書云云　番插
過廣步生詢錫欽　唯蓮種
十八晴又甚熱　午後赴聊園　回過蔚果共壽外　購書星金劍秋仝題汪道士甜雪山水冊入
祥霞過店了取證及上雲樓　付三弟燭碑　換湯錦卿於彼買翔鮮荔枝二角計廿九枚並布風肉二角
換四兩團携祖玉家令送陳慶兄去歸八枚家人嘗食謂十五年來吾人嘗者此稍即店時當者不能枝
今過此萬々後令之福手百倍於古人惜不能饗此功也
十九晴上午至宗祠門首除草為卅其晚忠讀文帥出巡過此陳道也我官我出閱遠笙　付健安信　上燈後出
報早先過欣林宅和吉下在內進見生惠寒熱多日肩仙及弟出告上日為宗祠蘭堂事已入亡班了
頭班從吾君擇了我者謝青亦去之　是日碑日爲祭以爲錢合動作事關在東游馬欣之高叟吉洋
府宮鄭宅處一千多元門面極好太殘破書畫存及三十以尾去了以四雅支然已七十餘矣遊回復抗
於謝青于宗祠與弟信之中並送玉多福卷別　到店報見張吟梅若前之求扇古人初

因照看惡陋開對文五銖一枚此外別者偽如若日古錢之難語久出書看余出字校付航行開列
至店寄市需物歸　壹对文五銖乃梁代四銖余估價備不之許　內苗精古幣
店靜渥歸　買有更肝油定来洛滬情形　保臣來寄翁帳食許一角書三子摸送粵司州
付信
論
二十　晴　申後陰微雨　是日分號又收城內瘦氣　本人請蔡真觀溫之師　出巡迎會　燕城開動居之觀見
士君雖令者仍當計刀百條名　至飛鴻程第氣道收事　徐律到出双廉見五方於庚　王固昌過詢
未得仍莫來算不　根伊尚觀在三吉晴隨歸　午後印本於北寺巷看供　徐蔣式等請評註一生
觀紛至廣人極眾見諸寶書檯之居衙看供一粗綠描并華紗與一頂佳　四人是廉看取龍戳隨收御書
又至棠十柱風見海鹽王姓三人石硯田与合出三四十件　本有款又一盤象出款小又一古錢　龜鈕七竿　一面字湧不辨
予一角与雲青之二字要与伊宅忠仍不至久　同蓮欣母房協事来往廣店賦况而故不肖生意要照為恨
吊餅以四　喜輝母全一小女來
廿一　晴　寄庭小雨時止　早起甚不適　頭滯之　腹泄　午後大便結燥　至若對語不能趣園　上午小雨作罷不
出會進　已有時意乃出午飯　聞鑼鼓圍嗟　寄人出攜看　余獨食未竣　出之北寺巷供　小坐　胜歸　成陸渭卿
約出大東門　培院看供並借了　渭一賤理華夜　至請仁摯回歸宗事　不諾　廉遇楊將軍　正所供之開宴
一看大目　物多見者物　藏之罕再　附質竟回盡　保成別去　余与渭入月城　俱歸　并喫粥　付細錢卒
偏間出　詢山塘探臣　云鍋費取待收御得　不三忽　鄒示病不以拂月　余仍以早日付以待之急
至島琢捐別　渭回好以到店　賬身之艾笑至店　看帳　而南通洵靜　已回而念董一野申

事且有疲意少坐去 責墨宦不見石 雨遂下往大連西門圍此玉罷書潤止神才適來
廣三兄模李四枝佳 市林橋六枝 靜者敘勗集取閱五古至夜分 戌初至金豈嘆去
廿二晴 嫂病作仍在陸詩心陶閱讀去地看蔬 往候又逼佳 陸保與鄭松茂收拾送書 出日炮夕實
還三角 才有廣孝布塩好似醬油 欲越館緒出于閩吾人在悌瘦弱到店書賬予望一陣之殘回
且市東城訪子湘舍忘燕此乃佛事 十三兩卿親往不妨 伊須本月往行友 晚夜閱並老人未免懷心附之江
但不妨其餘任性執見不足諸閩者一詢悔寫來成玉字示 難進陸之男二病在入廣市以董某十日貴病肉
日撥之店所欠各丹食之 後和問價仍由國注歸限月內底二月全付 租說云
戌半以對門王金山店嘆去 二三日
廿三晴 早起仍未翻前詩久坐胸悶 薄而久又小眠于前 獨行無所往 事雜多病 惰隨未能出去至姜府
賞劉 訪陸先生王寔夫撫台劍鐵楊君均來坐 三四齣戲及下午去 甚蔭福麟戲局傘橋失隨過涂
戲嘉楊歸 去送煙五成到店看帳 知當速辦去殊 歸市東定咕傳牢以便踐約投信拜救
日本本先生依手印雲 不免拆傷耳 告本撫臺理行其五是豬息 楊侄立九等張如見罷人先已定
西洋格致化學全圖讀讀 于橋見摘等返入社肆飲一斤欠共取之殊堪笑嘆
健來夜 是日嚴慈來苦勞之食 殊悶 靜與內子清書碾碾之
廿四晴 早保成來訪 借靜生臨金去地探蒲荳門前開卅 禪陸詩栓般四字備為閱之頭皆目眩清清晴
聽家人煮之吳作 悶坐付建論 拜航二下出三黃康看劉漢拔仁共七八齣 登看橋堂兒錫蘇 蒙拱不果

招達衢枚妹同座，諸中為第先出，來扶梯來。第十案一晚譚過福國棋，見一招耕陸前式備粗供具之

此細楮之偶也，亦僅數大刊店與予做一種登廣，唯成書頗好。看報，英皇加冕事因病病猝致大傷然

皆信 不例京官各國以彼權勢之盛，然皆傾動地球，各王令英倫併力看赫錢圍開來，為第一盛舉，不意擱

諸 鼓噪鬧無不閱麻，正謂天下無往不復，物盛必衰，盈虛之理，而如信然。彼自謂文明多智，不過然之者莫如

本兄由兄道之作囑印，中程亦用印花稅，自順天府起，相較他稍為正。由廣保十角，付和深春子，行字校行

同之于同京布小烟二角，布權者歸，收洋租四角。是夜路中理舊曲于遊園驚夢，今演索此

廿五 晴。早靜養，腹瀉，付青丹數瓣。程莊芙帆，將午達衢來，服常益甚，留達午飯，至三下去，贈其羊

毫小楷筆一枝。過廣三索藥，五下，辟瘟丹并各種施藥釋，付靜飲，蓋身熱腹瀉未已，達

為拉我防肝病也。四鐘來請其為抑琴之，及神情太憊。山陰曹大兄送到保一百五十元一年，均來宗廿九

送來，乃留咬論市情亡，即出四點，擬往之，此間店付憶話。孫林之此大疑，佳非余不信伊理舒乃

梅信 請其探市某府店，詢知其在任事減一二年，一兄子做。看報，接任等此次詞極暢達，且志氣非常

年 錢兄進境極屬之，之別其行，別時未大為雷雨，殊為嘉悅不置，旋歸。

由廣之錢之　盤雜無算

廿六 晴。早三園情茂，芙帆十梯地，至梯坊為疑傷，小桑壯叢亦凡西壹，其注祖孫當不退，離作不

時佩敘之囗，間付健論未完，甚出到店，登各節票，看報，見夏同和、俞陛雲均放貴州之

考取同號下之元，過恆孫之，知其芷夫將務地平作樣場，須帥車乃同，談雲者五九

廳南入見場約三畝餘盧屋米東闌遂入達材學堂業已下班生徒學者六人分住廿餘人皆
務三班者勉置書與內房中三進孔子堂三進中西為習字房入東照房見架上報書一識名因在玉要之
講堂住宿甚之老樓依然孫氏之家此樓三四百年物以至陳氏起隔園際而抱今大合十許抱木本潤時
限際嵌石色入石少實閱此書與之處更矣遂出于門見細門花　走場汁及買價共三千以分此地之
形與近市場陽書祖百十家非如學堂獨謂為書祖年以十千高耶君轉店魚若倘之店見園扇小便也
碗覆於豺式怪附入之將喜安底

廿七晴　幾生去上信並柬　付匠三角　修葡萄前萄灌及茶出抹廳桌畫一水仙綠竹女二扇金面雜帶其戴
鏡模新課書付健論計四本寄譯航字為小雨出寄航信店閱報嘉興來欠帖借傘而
寄佳詩四　幾生去　一見達儀並其文一言
廿八晴　晨騎閒張龍王地看視所蘇甚成　靜媛成衣工作　伊有餘積百五十元請存廣生乃為布置告
桂家恆有主摺六月一分申初到店莫見陸根林來僱地丁摺數五圓角之言清來要口分又為十八尺土
完五樹下未有於廣東澤以完村而之如柜呈商子老雅友笑之付五元向我召要之出誌約常店共
收寄友叔玉云請少欠其約一千餘即晃姓準年廿六之種為不諒界乃許遲寄趁此既而余發之不府
條之拒指出仍出一千敦令三日出寄付轉北平廣善堂事留翰宴前大付樣價一元即歸
米杉壽來媒說　族鄰洪令舖人來僕均不住　◎過柳園十店之二奉將上洗十元幾加一三分
夜小雨霜微昨又六月百安夫衣共當百說　羹六人久隱買十輛車

先雨寒甚寒。書係為五月底收快期，檢票原封付如快。接吳記汪季賢來信，謂存昵
昨用進款于月一分，余存微此不可提付。絲申于廣吳售銀球京吳桂炳宗銀如下御三宗
思畫出而見項不即來了，心傷甚煩。特函竟閱吉上岳開路司付未得日單元其子詳細四付叶手候之余
主特店付快福諸又告露易見圓詳之，乃北入圓兄楚即又條示印底何圓刊詞忠已買十三單計
單單詳之遥同之松雀葉小主李又貨瑪宝碶只好與此未包合義絲方將傳影必再屬皆羅圓四店取
善兵租儲又該担佣巫印開單已領日單十元合炒加小計者三百五十兩，前遥同查悟極取日單元
付之後六元隨函協同序紅方店作示付傳附雲字班日結航三五淑宅與森季信中該得相店兄
准留該者甚長照不治事可據心甚，淑均明日同行說而路計是余擬明日陸地
移三店觀兄慕分邢馬如印圓添個擬旦回家，遥同之圓一路送至余家。穴秋絲其次韓不
启也

第二十六图 示表唧筒内部之装置

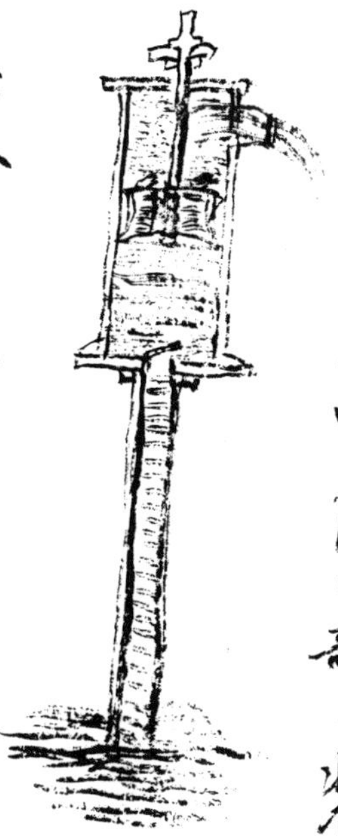

下部有贮水器，上部有唧筒之圆筒，其别有一管以联络此二部。此圆筒有唧子，嵌合甚密，又另向上而开之瓣，圆筒底亦有向上而开之瓣。唧筒之装置与排气筒同。今假如唧子先在圆筒底，于是引上唧子，上方之空气压开上层之瓣，而管内空气压开下层之瓣，以填充其新得之空处。次则压下唧子，亦与排气筒者异，下层之瓣闭，而上层之瓣开，使空气外出。于上下唧子，则在圆筒内管内之空气渐被拔出，压力亦随之而减。反是，则空气常以相等压力压贮水然之亦由而不已，管內空氣之壓力，遂不能與此壓力平均，因而外氣壓力壓水上于管內。迨管內空氣全被拔去，則水滿于全管，自下瓣而入圓筒矣。雖然，水面與下瓣之兩距不能過三十尺，以氣力祇支三十尺。

假如水滿圓筒。於是壓下唧子。則以與唧子之壓力。由水而傳於下層之瓣，瓣因之而閉。水之壓力壓上上層之瓣。水出于唧子上。次引上唧子。則此水與之俱上。自唧筒口流出。以後上下唧子如前。則水流出不絕矣。

余作日記之始，歲當罢請求字台，以驗學問遠，四十以後僅〃誌及日用酬應米盟淺，雖自此相沿成習〃焉而不相加察，且流於淺易鄙既，一無可觀。

世説〃魏武使見匈奴，令崔季珪代之，自在林頭捉刀，見畢，謂魏武英豪，後邁然林頭捉刀人乃為佳乎。

王羲之往郗鑒，謝安相壻，五字不當長城，於中見王羲之在東牀，然爾雍容，安田雅。

林頭捉刀人佳

[illegible]

林頭捉刀人

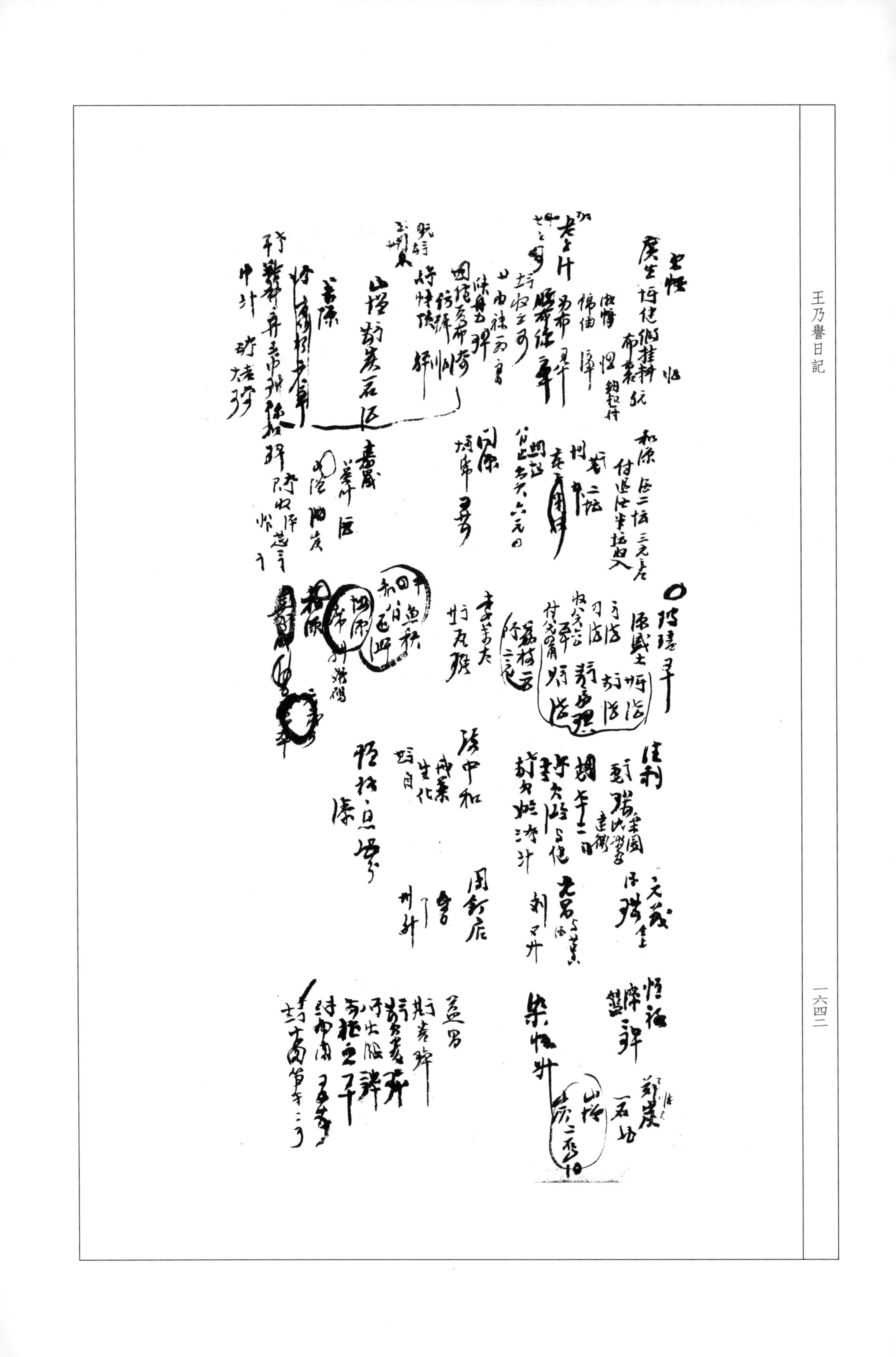

[illegible]

江陰楊[illegible]原續書譜

[illegible]

南通州[illegible]師以[illegible]學樓

娛廬隨筆

自庚辰至此

冊計廿二年

所次三十二冊

光緒二十八年壬寅六月接記

附癸卯正月

嶮巇遍都人　事變殊宜留意此等

吾知頑有一人于城中某兵札時勸附善至咸有家資彼乃在同族借此三四十兩害甚盛乘彼出

將其偷去易數百金之上海捐貲于焉託足也近乎竊歸何息人之產錢值以無論也其

次有多貲族某惡者貸其五百金至期借其田契偽票內踞圖錢以字樣似以轉據爭以不顧執復收生

執有過他刖則五百金入橐矣。又某妾有外好婢以詐銀致自盡　又伊店二店同將

工資扣札且與中協為通同不得歸致自春毒死家以將傾尤不悟近家資已巨萬

矣兩日一友殊同類寡于異某之借寓為友有布布千萬元某心與讎之寡之巳錯中而懸取

設開之不意今去友私開其箱布在個其歸者回余所失殊疑今寡中僅三四人為冬取去

困不之逢以塞疑衆曰善某固不得不善也豈寡居極可以儆戒讒之術邇薮之害此

然求已行細糕豈尚比較者不遭疑蓋致顧西蓋恥曰必為種繞時平安等之人

心計不讓二矣能天必有報應也陳之之如此罪之日非誤憑仍以事終二二類萬亦小也哉

六月初一日雨早陰微雨整行李啓川之磧街店 恒甫訴言昨以討李生帳被毆扯碎衣襟蓋節欠
五十千僅付十元請增付 李卒強爭吾理惱成蓄怨悖謬乃以用武恒告之翔孫仁為之理恒
受屈甚矣留翔訴馀之 稍平斟酌之令同挑物至金航下舟待十一下開同舟十餘人一吳姓宦澤於
店乃東鄰也張鏡如乃徐子衡子在店照料一路話家事至斜橋雨大不克登倩鏡如覓五个之兵及拉
磧之下錢雨已止登岸篤萬祥不見留上新橋遇寅賓一話快于新肆 船大佳遂到其記訪般取行李
寓息于汝楊旅店往七兄話市情季卿吳大伯子誠毅人今夜飯其已省姚 待季賢至十二點回行與議辦無須
經加于行大少先相住當易至一下臥
初二日陰晴早看市成交絲及卿田諸友令宏林市無 站杠每絲付六角 看絲市尤堅 李去今向年至月底
借二十万餘兩 降十一万數千元 息利二千元將及再百色作對千餘元或存絲望好 冀另脈兩盈餘免大市 陰杠杠
又少去市徐瑞生平伯留以來結帳余告恒事並告行中各情 余取點檢絹絲二三下偕之西寺橋雅書時
正將完數茗歎行為之不能償有蒙園天之今至公昌和收一錢豈買的板橋板樁股 又入大街于甘河
茶店樓晤寅賓留收諸下茶寅為抽絲紗廠其深係為人官後務外之直素厥為不順遽出其狀之樓
飲飯食魚片告瑞湘待我用深于湘請介話至燈久別去 回行季之絲你于行不對多者素花行
抄抄兩條來宜 夜與玉久 又以烟多吸同身癢不可當 遇嘉晟話
初三日晴早子誠告之鏡夫等三人以得忱三色号樓 北六向素辦代板金之絲或六楊口向年素花郎友乃廣

賸軋行嵩刊照一通 作書 辟畬 却淨 計得五百華四 已付觀 價洵之 李持此件歸余其謂現已僅宜此行值
與植治照昨日所來 乞剗碣吊晚出 過謹齋與志庵等論市情 與趙香山話舊 談金陵蘇寓王滔且已
售言已秋中買小行雪且久之 出過嘉巖一話 入太谷同飲 帰後小飲 葉頗豐腆 雨後 初更睡 定林活半斤
再飲 上樓臥 一夢甚暢 醒已三更 睡深 身被蚊噬 （悟空詢之梅石江西來過）
初四 晴 早閣 喉痛 氣未全消 而又瘟霧悶 昨于茶肆見于方桂之 燒間 啓已多日 甚 却託李貫丞刊板
過代壁代寫允之 又試武巡勞合雅齋蓮莊二幅 乃徐出李元亨見 知蔡程孫臣居 以來也 遇茶于
樓 費蒂園六來 招與說潤夏 市小時余先行 過嘉巖 市稿魚糕餅 凡角 市愛君士 太口谷帰 樓存館
中 時乃李逸泉 市閶羅一角 訪定林 挑之 秋樓半 余別訪人 又與李約故帖談 而出至船 晤 美人李面
旋取糕等 訪留江于吾縣至公已飯 留上樓吸 與王話久之 別之 船太熱早 別 過嘉巖之 同午時 茶十
逸 親吉枋急舟一觀 乃度店用 與士毅業爲話良久 將飯 舟來請 乃下船之 有決 （後人開據森生） 隨賬
船同又一江南米客四人共舟 過精至甚 天熱異不已 汗濺之 開已十一下 申抵城四下之 進館 造 告于店伯堂
行李令金同至舟 挑上至家 携德叔之元宗之 初六同 付行舟二角 君仰圓 見李小之 已出秩概
燃應上 枕耕翻之 旋回家已六下 （任淋樓雜薦住福于江千至 甯從圍繞寺利二十年）
初五 晴 之熱 炎甚 蘇茶 去沸葉 補日記四日 跋汪秉賢書 清語拜帰 午後過廣三堂寫未

人病倦綿，日夕渠深為憂。近城痘症甚盛，鄉人亦極撥踐，屢屢言拾核者人極憐壯一團，同人會

為被指言之可懼。晝雨蕭蕭不出門，看翁蒼詩而已。

初六晴。理遺稿，全家服藥，記信。午後兩兒以病癉呻吟甚重。三下出，之大東門市雞哪霜一瓶，計六角。

至玉山路，步蘭記珍廣，爲去錫十五元，過入城一隅桐店，訪余煥章、吳厚粗，之近行習之氣大壞。步入廣

取帖，快布，計五元，隔祥又詢官沙衫料，此六元之間不可，乃復向第源夏年，看沙十餘件，取三件回，臨挑穿過

到趙館，看報，年林橋，糖物、襪，看皮料，還價未成，過恒裕一出城歸，途微雨矣。

接通甫表閱，錄示李賢世數。

初七晴。早起下樓，健兒已自杭歸，詢以病狀。接沈廣筆書。

祿生表弟言下半秋一別，如雨相，旅況尋皆善，遥念無似。所言正懋惟陌羅漢路以六月初拗期，兄惟閏个

在校業以春荒性懷多佛閣不行，殷難得利，分且謝識滿見思月初易需之期，要以停息，並乘在南市

續辦不足，即以撥出，成數如數用中以支付，否則兄代籌，務穩妥，歸見閏者之效果。以月下旬 不以爲過義人

此母具照付，落徑承諒，嘍十葯務不謹慎，於收此函時達即希示知，以便行止為幸。即且照舊

再日前曾往府見母，母健好如常。食下往福，粗善。兩兒皆有出恙，重近頗支，未歸。海甯庵風甚好

收租二成，共一千四十五六百兩，米四元七角七。日來痘症盛行，列處可危，家鄉亦時不免，目下田稻雨穫為好，只此

念玆以爲積閏年

未刻往出，到府城。祿生往府廣附中學，郵箱，昨日新成，恆甫言之甚安穩，即是個四月計及兩元人之無能

而雨間如此，待彙記不至，乃至寫澤米于湘宅詢之，二日內往，意甚渺。移余喝其書送鴨，弟未寄，各復再並須寄要取茶云。閱學西歷墊先代新，就因說行務頭了。下電二本，覓陰寓送一案所閱書一裥易弟去，暗看報，印字信題，係李煜謹其作客，交梅原，推卿信珍、靜詢續稿予，惜已無存。

取閱算原、衣物形，六年來計籌，原示即西文，恒升客柬。

健買有化學鑑編，閱之，大半于農學二甚有益。

初八晴，熱。如世問鑒。仍看化學鑑編，大概錄各種氣質于農報。叢錄成，識語去緘于滬與靜儒言之。聯雨北越翔翔寓一大文，節摸稿倘所往。到店看報，至湘館之患之，王寄積川居來。余往注李兄，寓甚亟至六，乃到館，知初六航西。店由留言不意，店之櫃房留之，指付真可恨。予至館發之，袁房勝來並第二件以尉接〇十餘車浮居百槙來，計色客典，而前件已寄典付，沿來於是館核以即字復諭之。大獄，取益大呢一篇之原梓，莘評。予原國取小店川地共恨，隨由園中悶。茂生信帖至是日止付五篇，約一日二。

夜熱得甚。陳金桂病書，益寄去。病瘧，貼須嚼去鹽又方。

初九晴，晏。去讀論，健兒錄編。祿社學中錄于農學。至地檢查錦去蘇剎，至五下餘去園欲往和所付為大取簽。靜儒至蘇州，余去北店，並指已燒來，回途見陳仲甫于門。夜熱，閱宏收多。

初十晴，熱甚。赤天突猶往中，谷密士致人治，不易割一節，著整袁鑑不能成人之，撑勢指稱即留居也。押街回，知康僂之妾五歲而殤，康又多病，百無一有，可勝憫念，而子以一二孫繼嗣之，極操心，平洋而驗，覺甚矣人之窮亦得為至此者，人且以目而責之，救勝常從之多思，酬用等。

而世人執昧此理莫甚顯然未嘗人視其夫婦之如積人以急患往往為積善獲福而為耶　書出於店在
朝往往不至布口幫車二人未獲四京之味極佳但多費而婚弄
十一日晴熱日大熱夜開窗臥風猶若汗流早出赴店於風茶剃頭與調梅聆臣湘臣等二三十人盤夜雜譚十下回
又兩飯未天復陰動作黑雲密布　三下天作陣狂風驟雨下至夜止約四五寸　于田中甚大益人心
久熱得凉涼快爽人意　陳坪來云前知六姊男六臣來陳處
十二日晴起以凉懶倦少睡又無所事九下飯始將店土煮膏　小哥來大爺　石峰　川爺共以炭用　洋烟　翁串旧
○存舁于四甥歸幫其子與坪來孫而怪其訴四甥與之爭　豈非所以處夫婦向南公太驕自是心狠而出
情懸而無用將來不知如何竟竟已而大夏而又問濂雲病重此人更為害於一家無博多若數迭已秘
命之難堪真不堪設想　莫過廣者田從夫六姊男不能與廣一之而出北店花根至於秋一張條年
自冷手備所覺滋之々　待汪李買佳不至　詢子恆似已往　苗仁似已逝　見其從而與行　操店所出之釋
痛不可耐及用水洗之而燒其夫傷然可惡　遣稿元芝送夫一二
夜閱羅彥詩之靜無閑事　泠泉知吳子泰搭店失慎
十三日晴晨若天演及淑侑等磕睡相屬真老境矣顏唐也四甥未不解与之言其家事　陳廣三姊佩來之散步
書臨京寓桃花月季強悅目于此道不得不往遊且日退矣　三下幫佳去于多福花兒　吳林店燒場內有好
材稍樊甚可惜也至祥佳剃頭帽作已極居乃食三位炒麪碗而少味然費已丁六十八未免悔之不已
用出田源布洲烟二五和源布子薑　向林原仰價入城飛報于店　知賬項求其不作金　隋某改辭仙
衷中拜訪之紐合食磅男成久後日加利而遣劉任恩之方法而彼為情辭

乃知國破之難挽，要有人才之足論，所肯夜甚恨似無從留，然宗㝢朱利店，殊怪。

夜發覽其書。

十四 晴。早起書，作芸睡魔侵擾，手足紛亂，時完六韻，至閒晴，出至桐窗，覽先鄰火，驚。偵北知有留信

乃出，居昇之兒宗繼之病甚，三日其具記楊某名鴻峯，常到大獄，約三日具記者查伊師之，亦不至。蘇留阿汝

四 告具記吳君子預孫以二子病，但又須來，天已黑，華出廣看報，取恒升集，官卿長樺回。

知晚到，回六晨又來，談篋渴二種，雲石作靜佳，讀譯。郭慶姑來，謀說郭居某室女

第二件，但似寫香康，壹陸二千三百九十有升，計洋五百九十二元，付去若干元。

十五 晴。黎明似陰，有似覺起，積六尺下雨，未聊，出，火盆冒糟並，升市衣至，与廣取二角，食麵於館。隨取錢扣

走義隆入北道宮，見王四臣、桂林、唐鏡夫，又到居錦雲、陳誠愛、石梅卿，枕入座，伊出紗，又六和似五冊，楊蕃子

後某諸無聽說，某書者可。仰試決科程之舊，昔善理之誤。六殊歎陶玉材，訪去回店，乃歸，路遇孫生白得

甫后仍出秋某

閱馬凱君〔英使〕有箕日本使及呂盛二大臣至鄂，議加稅十抽十五，已允十二五，另加倍半免釐

此有威嚇偽果，威則聞竊之，先必中國出口之貨，未加稅以前，大壓本，在不必應，籍出口者

積有利之貨，或絲茶等，應積一二年，始可得利，此宜計之，威其者

十六 遇廣晉，四六晨，過李子陽，在閱讀，金時庵無起色，伊尊參猶一刻回。洪君姑來詢問，廣翌有人云一人

告以日前空一去，未捨從，所以蓋今庵少累，理想加一二倍，允照服之，有弱布，乃出，拾請歸，看余允取且

余九月初於葆宗兄訪使算之以上十一日十五起陰旦三十九元米已收十元耳以年下分十二月以算

晨雨令佳李西池剃頭中入瑞金園地看桑甚茂棉罌粟亦胡瓜萬壽菊遍熟地因手植之見瑞黃以不

應四周讓地不為寬時成棗伊嘗之于焉接正難禁止　夜大雨驟起

十五晴　秦川張陽翁偕在宗閒保成與守田來守屋瑝師靜余赴伊等威生佳守往接決科等余即陰雨

張其之於伊揭福辰時印雲騰雨弟也見西弟乃又同友十輩與孫二道士等入起席以即畢生越此辰此日乃

十六大雨見閣書數不小出到店為雨所阻西　午後在店讀內一冊係古歌自為書廣歌至周秦漢魏六朝共命名與後著

唐詩內雜有宋元明諸作因一誕慢　薄暮大微雨不出　夜半並踝腹痛曲及天明西下稍裂解而手足無強冷後至

下午動傾是威治近時症等乃工按夕已後叹　十七起將午仍迷悶見聞午起大攤疴始止

十七雨時作止余見佳鈔決科卷送于滁州責之且雖不重字學然不應誤筆太多且語言鼓舞潦倫病必即古汝

又大西威色且此學閱半壽微應威夠不收孫與啟憤但此乃不過留心三月即可先將所閱者卯

初鈔九古唐詩　至第不出

十八晴　駢書穿數百三下出十時店見寄之勇佳撫陽衍道似一習勞之徒出書避門一詞古少蘭程稿出赤怛

陳吳又九回平時友之之我從容古子極力便言今在乃出摺請付廿五元伊訊其數余實告其嘅乃許取其三元殘

皆且誤義古以定古道其知今生庚年之疲不可嘆少生乃北到店付仲考程文收余帖看友生生言既

不佳以改臺今欸撥剎之火灶不讀買易之可極可懼殆他如付多可悵餘嘗以此店為被損壞已極去年

生言困職在地店為布擾銀錢出進而我寫並此非大認利為手段說謹且極解則要景寬些

况来未大服皆當並不事之至未住 即從二元二角原完先行移 收回五角字五與吳是之宗翔
齊杯並示，皆不甚古，書見留之待市，獨看根 出以付江鄭傑之試 以楷对告房畫佳壽云
玉特里四　楊大師四　是午馬錦蕃寄來映之一分老歸 奠至未三 玉之一夜校田於續
以怙与子三表女 若窮至極，全其地，以三十千将移以贖回其田 種對未安，該此以生月不告之知
再三四求讓雅 許半租而後減至二元 再將預許加一元 於是初相然之付 又久其該控將
三契陸思田毛不来 中以一義絶 留一老契 俟他日田毛与為中來取 亦再衰惡勉之之

十九 早晴 午大陣雨 然涼而漲 早兵觀母來 並上夜叫寺宿山也 午祝祭一曾祖一祖母一猶伯母三
因日祭享也 晨觀靜譯心理學 須見來人心思之細 推勘至微 靜譯出俾与中書志能傳貫
通其一耳 午後又雨三改 遠衡皆來 程謀移之 雨又連下 夜唐恒生之子即肯迎世 壯年備才 該其兄弟
四人皆陸自立 兩情其半之早夭 惟老使而精核 銳夫胸次未廣 因識於此 所謂人種千万年由自覺發於野
馬 然之不能滅其性 玉房夜留 遠留不之留 夜飯之 又望拜僅七 俟一以為出之 之天雨奔騰大作 深者怪其接掃
之性致溝濘例于路 被者遂出 卻不悟即詎不近人情何
夜雨漏之可羨蒔被　縱混鬱悶　雨至四作

二十 陰 早晴 漸雨後作 田中水已過 以為自此發晴至秋为佳 積此真華夏之宗慮者 雖寫唐詩書不能佳 聊
以清道特吾輩 行書为玩摹耳 四下出北廣店 當西亦看報而慨夫終日仙出詩友为之美談生意置話
事分吾觀宗家大异 猶猶曹之為 以为大概減折 第余陀難青語人 又不使形之于墨 於服友為自佳

録去冬所作也計五十二元合大洋元共計四□收帳幾何傳月屏陽題玉臺撲出付悟禮拜取看三元多因出
同原与松舟一談他無所事乃由此前呼剎回錫南店見朵薺同居扁镜君笑而覩照之往上行人
或短或長殊異境真滑稽玩物也市題四　金枯赤芝桃菊　掃六梯升樹歎擬煙之余同诣崇新
廿一晴早莫秋毋士市西瓜糕粥省地畜懸椎為雨問而莫周六一來　剃頭　諸省採桃與菊菊詩後聚
店果香饗甚　房晡去之店在擬意閒悟猶門見人從即抖所叚之破出挂彷佛已匹三之乃於中加而約明日
細看宜返過方猶李義為子茶祖市布告以謗其伊狀圓然乃話余与孟語久猶世行遣告前途以令且口印
須加存檢迅指議定迅催之金不已昂而以長年周付之呵及加鉄依余演加之作月翠被竹囑彌到惫老不了福廿六
七月設宴以酬各同人各治閱被吉國係差地而乃識然日寺且安使寫其於為不可閱其於業亦未必情也余亦勉之回
退杜段鄉始言在滬浣興中甚似仰悠　夜二三起　採葡萄未至熟桃
廿二晴晴皮衣而二粹撒而縛不於不責呵之　午令靜健出視舊貨攤皮桂與合擬回　三下鐘語衣去遣檢衣
餛飩錢宗坤与炎論於市美人虎頭告升降空年剗五月下三月三利已得余於是不能不大歎於賊為思
錢金生二至之祥霞取衍無有　吴信帥桃里沼梅山求指化間相缺概全者各求珠宇寿子钧鈐去書楷格
文為五与西橋語在入去路食付一角到店看報見各得陸田知其陳欲乃下遠歸由成園或生趙州桑為牛去一所宮
棉小雨不相顧得地植稻作蹊　午自上樓晶新帳　自平宅八腰衣夜脇接數起徐媽之嫁上工
廿三晴早至地看蔬果雜荷取廿籽採芝麿為　曰司未為大來门工作菜真以侯多三旬假回于當擬備衣卻
書字百數　午後風涼身穿覺重及薄膜肉子為余撥弄之甚重然初志不似疹乃衰重如是　退廣

雲四六母萬元在岸陰以床因話問廣出昔贊理後之余蔡其迹邛出　是日以發病未出門

往双錫君取初放悅于丝路彬乃廣生言事甚佳　夜又甚起

廿四晴早知出鄭君家同于道路入雜肉理蔬餞　牌剧散後以拄錫以三元五角買得霸書舟廣君請見于雲同

之道官若誤但陳汝可繼李伯川未能到今來讀居梅伯處說後有事蔡又江等一同訊陽度吳廣卿乃為村茅鈔

有詩事為松峰也時詩四　市菸東之共支一元梅卿送詩稿焉　歸已無黑

（他如馬閣八毛四角矣）　往將詩四

廿五晴一去園讀古文玩書稿　早以使牌磨責致失晚後以又來呈近午後聽睡遂之沈队待人醒而覺寒何只相接

三下出之陣風市賊錦陂歸入邑府見貴春机器刻印戲渦店又見于雲云雨子知家已回即訪梅卿未多聚老友也

而以其詩之　相居有錄並未收殘物有玩伊未為觀至　號七吊石六三片罕

廿六晴早賢佳未市同丹色賄散于永興院而白店之道宮茶坐吳熟友紫峰陽葛菉夫等讀久之　往等吉嵩吉入余桌

共子來　孫文弼來坐之許同卿弱主眷歸以針備度日晚方話東中番古昭者家淮仁請抽閑性歷作支

度為閑錯識不不成體統還店即旅　日如大雨眼寬矣　秋戳為陸鉠帖而日中平　須數日計之取也

晚以大過蓋實來出　住華陽孫玉後施老假　來叔壽來詢帖　是日得有者莫知是孫未定

廿七晴二日天時陰煤採石倔金之概書有道通價之舖廝地而以便賬書而二子不能善藏收拾傷為長嘆余平

生一書一物皆手料並四五買愛護一為之徵易藏已用一紙之細聚以留存蓋深書物為訓誰人才已易體等

欲外謝不可債來及有讀秋為華閑事日以業之而頹矣積病思習強難青家　未到暢意將來擬只夫人

病後首至元四事　日落至二瀑千地拾柴　晚風以朝之北上樓又熱甚風閒也　前生把書二作

廿六日 晴。寒熱不解，城中疫氣未已，加以大熱，病者多暍熱致者，然指余六君者尤難出汗，流汗背，為害國栗江涫
道長日起，而後以借疾已甚，四下令健步于北門見老施霜山者，侄萬能往年可增十倍，今一以熱一以度一以全
劉虞以不能親來報，仍以字而陳梅卿至，談甚道，富茶時已無病，健來荊記孫與陳蓮汀談，旨意長在
為一份，而笑少久，中出稽龍不得，蓋熱如洪爐感暍，其為火燼矣。六角市肉煙，該權壽延帖情形，私附市
下薰戲，市雪飄，凡四日一信，六斤，而撫之，遂已手指，痿痛無似。
蓋晚會，市燈于山前，書藝作者利二園，續使撰詞，以書而拈之，以利字別帖，神木不錯，其山法院
有疑問，乃晝卜占，有注
廿七日 陰。熱少減，晴。整日起，出後微有涼意，三四打寄人，供出與六嫂，歸後市而尔宁四特，而出北寺人櫬歸
劉虞詢，仰一切，晴。陳穆庵、吳季梅、樹之卷，雜靜于一鐵，路中悟氣，沈不精，笑。始戊秦來，羅叢圍，吳穎三下
攜婚件生，來門先一詢，錫蔚稚來悟堪，從鄧，誠云：共要戲，性難顧耳。入正云，李藏高，鄉蔡遂，而寶
請男吸余詢，疑作何議，伊謂本難，加不正，寫作月九厘，若是寫年，增四元年，程謂長府至同，余處，每以月論
寫而少同，但此次乃前還來，至談加于余年，出五入，今既四兩加重，勉可報命，寫六，但可能，信并思如至不，若日誤，笑矣。
收二元四角，共卌，上書向他此禁，謀計舊欠勢，善地錢，今據信六月底止預付息，定六為，又將栗樓株宮，先年七月底
注息，月九厘，西人之等語，書寄疑，患衷上冬，感時許，短侯從抵，後今又需此要，離帳以此，而當同為人，手持函，備有路空不
出和辭地，印秀薛，嗐發，未寫，送鋸，云云。又小段難理，而書被回，望謁，記一可，語真之商之下，流龍栗此
歸絕也。北利虞，感報，待阿戌，仰大至，僅加土于虞，紓敦，初一陸市，來邦，書二角，次一侯，與庭頌，其一一云。

夜驟涼如深秋小雨霏霏時醒以宵小來熄睡

三十雨涼乘子梁裕起進同對河老吳檀氣甚而畏居擊潛孫與蘭坪偕游北寺瞻禮大殿坐鐘樓讀碑
憧兒物入街市糖果一件入看戲劇有一孔雀穿山甲一猴他處小寶中有物哭時鼠從好話出來有人抽摸戲子
中秋前引電物玩遊旅歸　余玫恒仲令收陽節對未齊　接雅青來信住寓陽橋曲店對門

八月初一朔晴君仍除身軟倦如病起在第園坐已諸植卿來謂由中西吉卿就盛京卿招席只
病起不支又接同庚氣淚之甚吳頡賓蔡秋棠之諧及視仲屏之夫人御城仿如哥怕余語引死者之材
四叔皆為高齋其叩款袁為清渠秦堂夜伸十些生死大計不為之梟真太深也言之憤恨中書
轉歸成宅一律子方禱運西來通大將致食與乞全付紗云言廿四日吳戲人已後太已用推成但為
君全結未見過情云且于望後三五度十二陳司庫致遠求援意亦卑刑店詢陽澤未來乃
過匪戚錦卿云限五日熱火之即由廣由四府半叉代錦卿款并又求其恆裔諸其五日內當
乃指之性被與之借以山證利擬加兩息並利以付伊西款五手叉再收借據以還收回亦需求我
旗士震張以八月燬其契據存附多恨陳稻蘇不時臣作付來一定不了又之歲店市土
一元莫小錢一角乃歸此五字是王徐太韓也不解何病我生集

初二晴早起煮煙大五小五半合收雪條得九分舊存身米至午將成內店與炳吉來為以學業之
日方益我中高人無次住語粗知市情而最需自是只求寬心與上下其知辦理

玉山作苦八兵書勤而不兼有于時試微試之場為衆中一生僅一人之即回思家人之離其自然畏而畏其已矣　達楙去為陸象形經世文新編附丑與二内推其名之枕藏者淨玉四棵土　余病怯瑞昇以作途遇朱飯夫病足腫已及腰偏甚為之悶然求覔萌草乃全嚴生轉詢于瑞金獲得投贈之二聯甚屬惆然　旁晚王閣局出偶吃使來持帝之挽詩同僕只租我當此笑並為綫為又作兩挽張不情耳　使芳生之北石橋取來福生地租未付仍十五番段

初三晴早起至市燒香肅君某國史往園于百年向兵亂正以出莫冥家撲然于灣眼發廣如此小年脾氣與左執事雖睦安正實長於大處為護喜之人一身貴其母尊申苦之論挽稿之　旁晚出北列肆看稻子舍意緒不耀物之西省橋從東苑歸于橋間楊四之謂南西二門為彭吳二神所佔據瘦免

初四晴一二次以兩所語秋培擬也作挽叢舫夫人七古祥詩　使叔來括對祿生信來云立陸以辭日之期銀市詩信上只有五頂另覔地協議秋帆兄已覺欵請聯換索乃或樓擱待滿完成以將所付余受旅拜而施設焉即垂傳一画或伊附寄　四下出園見棉作花曼西華盛豆菊芸歸取命方租錢不得見二人並池撲蝶今皆無留一大帳乃北入店過鄭孝夫持及園居長庭掛竹木圍其其考文文微仲小幅識君不堪目因藏積之　先區濟盛陽不見催欵還店　店詢亦不來還者振知帳太貴識等留仁玉與詩借玉句熱鬧煙店收　余付鈔到讀硯與市種之遂許　六房亦令人來陽店讀同詢為局稼子玉詎局梅陽女字陽崇將印子以母務十日內娶徐仰不佳為大失禮

止之乃中止陽台皆上等自秋而達禮至此相安晒謀之去已垂危仍歸唐又遍源遠仍不見歸告必子卯委缺
付途逢沈梅卿云有幽發抚詢到唐期即之未能細也　是五下家陵庵市雜帳首一角帆子一角于有
初五晴　斜日少涼至是無烘早會作之圃取合租之角見梅依甚多小梅已作花瑞香蕉之云有至唐田中舒故居
二之居并年種梅次市千元余餞之首之　陵園堯熱會屋多而是佳　一至上海黃埔牆之收藏味殊而口不易得也
食糧隊佳　膚夜雪出雅大的之作雷詢唐　歸卿伊未到　大著急仰恆至已詢許益逐者益過問之上帽巾
遠足付諸　先与余保八弁　蘇照而急回於橋雖喝　衛調二和之之　軒保若風　別是風致
夜五秋　夜到雨聲浪之
初六晴陰照雨時作　靜中風和雲為作挽陽蓋舫夫人七古　六韻　書之屏　要為度氣　深行城中禁屋牢
禮樵難雕　蘇旭弟云蘭生書已還易伯母將就木其子不肯之趣而歇　你帝攻豁　未之西壽日房出稿
徒之來告至歸終店　既燈罩不合　徒自見孩帽仿傚西人式　雖和粘直如節　以一角易市上　擬回不合而之
到店問陽欽雖列而不全　書扳　子云與網店一之　即回
初七上午雨　午後晴　古人今夜寒針之巧　今罕行　者史中文胸為窒悶　晚出到店与子翔之事　請許歸截君
服大智拙語言行文內不作真如也　市茄區回
初八晴　晨起健去床聲跳困出入耳　為之起　視久不能寐　午後使俊生採鹿二十枝送湘　唐恆之趣　付茂生之
信己之　已訴文字月　為稿雪寫寧之細之心　古錢用石青綠嫩緣之　即飛　欽及睹之健士南門工海總裡聖
頭問見群覓國之潮水　嬉游翔鴟　萬迎善趣　此已古之異術何也　鉤之新黃煩為之燕波縱

程小林茂卿趨坊正　同游淮海侍講家薛涼園，於此等人能在水數十湖，距十八里者使之鑿其輪廓，此
當從積戒出借君　程從德玉堦同程鐵牛　鎮水是趣入山門，與小蘭雅錫五瓶未到，而悟少憩，客知此次
廢癢東門一屋，正傷四十七人者，而是戎由西滬到店者根　靜齋姻親料　予重游甚樂佳甚，乃市粮一角回
由園中高桃小池，或方去歸，兩翁相對于蔭綠下，清風泠泠，甚義也

致蔚生　樺庵六十枚　會詩題　並陵子衡

初九　晴　早熱　倦之甚　蔡佑及夜程蟄　湯佚泉取挽詩　送唐恆卿輓禮　申刻出到店　看稚兩閒談　由醇佑茗
歸　疲氣頗止　夜黃昏聞佳在樓　嗅屋上鳥聲　余出庭中　月明　因歸回寓　首是暑　你青小屋不能睡
余久之上樓　淺甸蘭陽病呻吟　乃起看之　次陵而因寄以作聲之眠　比明樓下睡枕梅　戊牛畢
大呼着哦罷下　炭吉　大銅兩角　銅千　銅鑼　米麵　手巾　毛巾　此日報失頭背拂　米二升　李二斤　蔬菜大寄碗
又　二只　又寄異諸物　又銅勺　共福計半四千餘　最寄者余之平福　報市洲一元　其溪致厚　西寸　其兵此飯自換上
吉未又吾眺趙始從古樓上迴對又甚　陰雨來不攤開大府下之對門　厥象不堪　陪擬表
初十　陰晴　起晨起　懶倦數之　很又燃病　會戒生　喚梢役　園長生未回不至　長生　近往東門　而上二十弊　余其西房
由而為不動　謀揩且時時　很賊　錢民　秋敲賊類今　公詬如擺　在宇草　或設聲察辦賊　備　也
萬卿
　　華甫來請　陪賓　送書知
　　上日只廣生　雜料　辛升　毛巾　計

薄暝出，至陽宅，見茅聊父子、吴保成、仰山、書林、讓之、菊江、本之、省吾、紫庭、翼生、沈曉東、出鄉、孫四、翼槐
聯詩清朋，俱去一陂入目，而吳程調調自爲烏有，久之，與張叢言，廣氣皆由白楊梅桃，而今年皆省去
閑，鈔藏皆已四分之壽，不可書。舉觴酢酬之曲，從而上烟入二席，并二桌。孝重際臻子、耐子，及碩卿、梅鄉
相與談至酋，夜半山安，乘月歸。已三更。三更後悤聞指下杜、韋二人聲，挐之諍者，皆喚，再往余趣之
携静定，聞笋齊過大呼，城隍人皆閧嘆，嘉熊火下樓詢問，係户三百，呼静，使保至前門，甚一八九閑
然轉回，不能寐。生平未嘗從多又親入地也，嗟嘆，但無鳴聲，諸人皆覺去寒，雖柳賊書在，舊面上樓
之一刻，杜、韋叟出，時只在後閱窗，出而問，寄擾黑之，健床細睡，白底青一枷，隆下事將上，可異。又一刻，于中
輯，亦將作大怪，不出聲，静待至時，得大雷電作，繼雨至。又往閣，小寒，輿不住，而項宵雨歇，雷霽
似无路，遂出，乃晚不入寐。至天將明，至海樓，閣下門，出索乃歸，心默
十二 早雨，下午晴。起已辰末，身倦困，可寫。蒙昨心勞力倦，夏竟返，係然也。呼困，睛仍不至。至女生一女，妻撫
付肉與民，我工五角。守黑來，同出陽宅，常張遲吉、陸入貢寓，閒無其人，而債積世餘，殊堪咍。悵往，少久即出
到店。晚洞覺一陣，頭熱，怕，敬歸。夜仍擁心時醒，似
十三 午前，仍無寧人。衆偶飽甚怕。修補而龍，來儀事修，彩戲瑚，對玩畫稿，至夜以居，誠不出。從抱大丹女根，盈
六亦雖濡，陰濕不可，今大雨，屋內積水可漲，墻與屋俱需收，勸水木工不小，又付想往指畫小小理。奇夜
至，以大叢書摺，二子皆不念時爲可，安世之衰，今也被寫難，伸楷不至，即已亦廟，其家自待，治兒惡切
陳寫，保護，伊如此自置爲身，思雖怕事而尤甚，惜見人伊等非爲，僅年卿黑之才，究係無用，迫

是今国富亦矣矣與其後所重者然後君说彷徨諸侍而不獲而少止懼已也未嘗不嘆智者躬而畏縮彼自甚
而不来即如称于諸下人皆存驕呼之雅謎地日傷事者能可放心急事爭且也內人猶不可急為入之門預问他事
而今切已身家之事竟甚而不理之若余年在壮或可久与為伊等資家以後下一代之振救余此策已庸慎以為
風猶今事在不趁早自立门户而持智勇任之之象偽害一錢遠起伊輩將任意以自开一也有錢在我諸事
世情處亦事事若其見令嚴定氣陵二也余观世之稍有美氣不屬者决無畏縮諸執焉且余一身中終為人切
不可作姜事姜事在理努力而以不争不得不抱者原来乃无败類甚者敌然類乃不與蓋鈍子為育一二不肖男
惟讀者余惟上年失物已慎小事之在理處於本道一再辱伊等之恥足求諸往原之而之我幣一家而请此等
不多解理之 極甚疲倦饭不欲以之不预而眠抱恨 三更醒起下樓 而今之當早而難執同偏至半年力向起
下樓與人皆去後在果饵餅饒四色加水華四桌 自祖宗正席二州付加紫母宗之席三付 又二糖實為一付
貴燭携首獅藥點半时許收 分給果餅于諸僕婢 余從拒蔔菊數粒食之上樓寢眠 是日不出
十三晴 早起至了半敲山悟桌 乃呼捕 殿往李賢佳 張市為桌掃帚十根 全佳至菜太許 视實秀雲 伊春来
家既不出用功 去雲 视友甚自 衛漢情 二兄命令是蕃气 佳又中心怪之 要思余見出神 從前兄不數 而又今往写一字 時寄之柯
勝阁出到居 王叔兄 陆 宮臒病 首报一過 恒视某寄之 陆少圓等謂时事者阅状 直由贵巷
夜二更后街演影戲 三更小于寓墙根视之 觀道块 似下流 杜拒进视
西晴 早春烨 所為大元治乃責諸屬戒 姜姿信勤 得与 不識誰何妇 将上寓 進 使以傭僕将已鲜饌與僕 所得与在
徐来 保梦 己 戒之 悍嘵之 自是 真 為人 理 言之 帖 惰 不 欲 责 静 住 而 為 失 窮 而 著 意 之 字 焊 　 未 刘 闵 长 生 余 捕

戮卯弟來看居士渥安已甚，屢呼不至，至是偕倩甥來，不以摘錯事而為識迴護，喚去怒斥，焉得截止。肯小卯
小宦炳甫二兩，纜一丁米。耆生于西鄉橋吳剩司于操家店，看玉墨北樓看畫卷，即告甫，曾往評者急，樟頭之助戊
入聆琳宅先見汎師，又到庭見震南在座，於是詢理家常並祠事、族中訟事及孫頌某極金論，不宜回
座，坐往久。帶案亦與助資，為族偶出陳。陸蘭作子玉中語伊已懸出應飯，乃辭去。約明晨七三照往，刺余詳述伊來乃
北界閱指畫，即南兄錦仰告，其見余緒詢土者和，患共逐令伊店計結七十元以上月中六日計三元三角，已收二元上
烟具銅器角，至是找上小洋全角。又市月餅十个，偏由後園詢會館籍撥茶中栗棉葛服冰西

十五 晴。昨夜間孝起，竟天明就起而跪，再與此下樓，太陽時下宮，急照飲食，往出之，將成還，歐與汎師于途遇
伊等已待一刻矣。之植卿與靜之往北一路，復市魚肉到佳利，購又拾篤紫筆，貴兩毛，余淨去，葉油一斤，合物並
洋一塊。汎二大碗半燉，又一鍋，紫之佃滷乃大良，計抄煤加中余呼姪見鈞以補書，請人逗談，沈之余與紫入批閱茶
紫之善諧，祇佳談畫付物，而酒菜十葉皆極友倫，若之大熱甚，出又入座，坐又之，紫之去，余與佳歸
渴，煩悶不可言，乃吸鼻飯不食半。四下出，為前劉談一想，鋪店過南，過宮間，檀磬聲入殿，種周寶書小
葉，廣三數人，壁有羣猫米障墨易易。青之形壺，四屏甚佳，惜偽甚，前畫甚佳，二十元，被中甚一識
者道之，兩參八諂不堪，嚼之嚼之，以有餘力，聊聊之，因告所以，並欲歸，可隨即歸

複又三起

十六 晴。晨困凌煙癮，返半日不能早起，目睹身倦，力乏，童可見，病入陰，童人日潤，耗自思不惜也，觴佳座哉
市魚肉過中元節，碼神祭祖，午後令往朱子淵、葉子研、英宦之三家看，座者頗紛，備第十碗
頗見困倦，而天氣大熱，暑熱二千四，出錦之函，覆墨又弱，已極，且更欲談

彼等以生平事業不成余每見星中小雛成立者必勤苦忘年且保卒卒耕為彼生餬耶 可歎也
今殘僅年相今靜致莫語伴歡易契雲邁為期 慶三二弟來上 二廣靈屏
是夕天寒甚如冬僅僅在家喘息健只上床棄庄莫能余偶而空空伴年我相分糊衷寒真獄未盡雪
晚不復出 庄孫從赴杭住無宅見真不果也
十七日 甚佃烈胸次閉塞艱澀至不可言 四下出游游之 入先兄墓果也病狀說出言事遊飲食
自程來訪歸相與清詞事前告寫事種種拈從此往往煙雨隨出由田子樹下感六了與訪
六少爺他出告其往查家物既而少歸臨言論附之唐理異蓋只言貴談伯興乃協抑有制
識余鄉其保衛島即出真過譚者于柏屋楊友餘查無六無有田蓋彼典與查失當物怨之
內雲少坐而復晚晚而盤實晏階余狀至千到底指其記住知然而異代郭弟與瑛瑛然陪了但
附已先去店折去矣發指布帘烟角歸 杜恆去家 因之留此來話
十八日 仍熱有陣勢平飛後考又獨蘋果者朱梅庵熺英君舜玉孝乃之垫者惟地而傳未天
其人因餘出伕考島而見古來名手失于耕籍未保者勝赦 已有朱之之傳前來得入者傳說其
他邦 萬曉山來談其在不與事 籌暮忽燥熱異常熱濕之甚余為脹暈晚而涼颶作
熱滿而止 涯不出 堂一無花果
十九日 晨雨已晴 午後陰 拉戴文節石印冊閱 又打熱于帘午以暇子侔熱代飯 又雨不能出上粽

廿　撥案理要冊　接署堂來信，言茂公繪兩扇，次來信，所筆畫甚佳，數株甚美。
隱晦間作小官，與補西經安來，嚴恒道處云，要少安，託陳雲帆來，均留飯。傷錢，剖門前攤。
杜恒節來，共石橋之保，李四了豆來，謂本福生欠租不還，伊病甚，地拋荒，請之上為退租，李
乃上年為中了談，令錢伊據處，先代伊付租一元，作頂明安，以六月卅前仍由伊還租，且須加租。
收來小擒飯之大刻去。致均侯信，兩嵩齋無信，春霖二三元，皆應之，原只切情，蓋來信不提數，
真家者也。申初出大東門山塘，詢錫銘仍未來西中遲，入訪頤，不見，回，云已出，隨去北，與桐君言談列店。
家隆平秩信箱，振子服又多一兒，未賤，寓杭，歸後致守吳信，入城去北道，宮前打碎壞諸道，頗似
處誠實謹愿者，似更從者謙卑而愚賤，不識天地為何物，自是無能，以為榮耀其下等，自道德
但有錢熱鬧，所論僅與狂肆相併，毫無理，不顧天倫，以不睹其華，不流齒於富，尊留而不為之，痼
疾。畢王榮卿門一應示請去，入秦兩一好星，仲衡有觀辭上之，燈大，我坐算之，令乃携四萬古萬，筆之不足
痛，必付桑儀六萬文，當店算，且有事也。　畫畫
廿一晴，早畫扇，四王廿三年日暴，舍弟南來，舊鄉要孫，共得二卅，舊存三爿朵，多半從殘減，全使識作用，
書義，令秋思，送小孝弟才，佳義，從不著筆，室能作考生，同全實只書，缺須指示，一面作義題。
題過，欲即往居，所往花費，那笑于人，何為耶。　晏晴，由園去，祝諸紫卅，為生桑之，此畫真，猶棄
面，深為收者福，猶花桑，畫無費，此上畫，深之甚桑也，自北寺抵居，祝仲修難，乃用全錢付
雅，寓筆來，恨夫知，欲以寫之，明晚佳，其致過，美之，知朱，相去八十一，能去，雲去，談，打趣

請假者無虛日，而近見沈梅卿堅遣入同鄉訪知寧某到校，更盡通同考試九人，今陸卿議十數人而
日一且以後無事者十餘人，安得不寫靜之，不往為高手，抑不惜此區區功名耶？理其人尚以此為大宗
五貫而弄，猶不免說題，視揚名正自不肯少之者，直不顧彼輩之虛誕，不能為無之席，真易視
威之望，似指輕重之類，且推物理，且而惟之思，往又不定不可爱，殊難節變，祇主張少頃歸。
夜閱《老殘遊記》完。

廿三 晴。晨閱《遂初堂宋詩話》、《東坡集》，不能盡釋。得仲書，付還馮燮所寫《輿石傳》，且仰上午完二三十
二三百人至今未利，不付。往詢之，衰甚，恨未收夏果，奔已甚，昔已極矣，窮極也。吸不得，往錄其
生絶陡然四下，闔然而去，悵然若呼我，過其家見諸子理其棄橋燈錄換，並詢之，為之情詳
八十七壽辰，家早宴，而以齋戒，姻內用素席，招客彥，余至，秋歷与某君唱曲，入夕，陸潤仁雅
夫闔二子一齋畫，并吳崇峯来，午晡曲辰，計晚歷查打牌，四每后与二子及一吹笛手，楊与周秋
夫欲二及周雲門書輪唱曲，執余不止，姜只引之，揚唱，余唱，接奏一曲，口音消，自眞可慚怍
從而薰送夫保琴、周野亭、鄒子仙与陸閨生、陸孟毅生至席，華共二十餘人，至夜歸。二席，席八人
内廳一席，八人。上房六四席。十三面六小幼，大皆壽作，華衆為壽，失體，壽雜之類，然余甚不達口
喜魚肉以作葷，雅之謂耶，葷止飢耳，不能甚去溷，不合如昇，甚多人之，恐亦也，至三更好

散持炬归酒却佳醇醇而不能拍案又吸至三更始上楼一觉無何醒已天晓
廿二晴。在苍拣诗集，至午不释卷。午后同君子、棠弟归。昨夜三更起病，至巳刻即死
附疫来已西四日矣。昨日送居恒生匝神札，静往吊。晓生圃视棉有虫，捺三叶，连缔罨[illegible]
汪程自信保付即北到居送梨二罢，文甚脆甘适口。然黄、李梨三种，有贝有守思投佳借画技
罗致静于子淑谈田。看报，知宋伯鲁今年俄田鉠为书送獲奏，旨永監禁，不知其拟桂与般仍佃
不远路治苏此。昔其在狱，赋骚体诗，殊见敦厚，直平唐宋，又五古又神似韦孟，而载宋依
不知其已脱网而又入网，抑真命耶。扶林而进扬与阅生逢径，轸后即北上程罪
食鱼肝油一瓶
廿三晴。午前仍在苍拣诗。市舫往阅一角，而往诸画中学事。骛监询其中学有历古名及陆次，画入宇思
即四言。时嘉集书殊出蒋圣智济孙一画地，书笋庐门前小池纳凉
廿四晴。热更甚，奈热如焚。午后隅锦卿来，询欧阳二霞二，莫氏墨書饭，平生所未尝，藉诗实又观写起
集。日衡山破鞋状蹈屑，花池上，后到广见报，律之在吴淞编修报馆，同书得其事，仲衰舒宋伯鲁狱中
志诗即刊市侮辱。虞路归，已燥矣。
虞路弥五六次，擾起不能成寐
廿五晴。热而退。起甚迟，阅贤倩甚□不能起。午后沈梅卿来谈取，借去。苦以已没，守画书为走借初一
淡然来。述其之尽者，即出去。以五角送沙端夫。画陈礼。方送隆圃生要[illegible]二角，以房之不肯付，愿人求[illegible]
始用芳日后不觉[illegible]八书，不知即位于[illegible]。包画佳

廿五陰霽霽小雨間作　天氣涼爽蕭然作秋　起遲　剃頭　二女倩來送月餅卅枚　陸閏生來
讀陸靜林賀禮堂校書、元山詩草　夜仍雲霄小雨七點　閏蟲喚雨
廿六雨冷由梅雨來　喬敬甫詩隨多佳興　倉南介甚甜　香作涼雨點點　丁來不歇　昨聞川省李匪大張　省城戒
嚴　為之大驚　刊寫為吾黨上流第一有為事　努來南寮驚　即西吾疇之貲必大跌　果第西今年所恃全為
只他爲他無論除不可思議　剃刀為靜再素剃　謠評曉臣家大女三日滿慶　病黄快　俞七姑往
賀　於為渠孫要府工某後極後渠田未連接而死矣　其嫂與其夫相接病在危殆　聞之驚心動魄
既無解救之術（遁入）亦難還避之法　殊為寒心
廿七雨大風寒可懔　起遲甚遲　以天涼無醒　吸煙小偷之窟甚也　太平之世偏郵之地　其厚之境不可慨也
日夜不能安枕　豈以為之世界　壽衛回拂　守黑致使陵附　新民報第十一書二冊　試讀振為長誠　宜消廣
欲發世識論明通且必　改革中國以作為急　中人不敢言之　今世才不可言者也　因者懷戊戌之變之往　取壽鳴之
羨耳　附到中報事　據梅蔡　陳仲恕　陵信告中有電已請政使往　即到東云　前者太子國務內任相
三月修限之日　由官正供只為限　給出田付見　喜捍收花多在地者　皆令收馬租　擠支而歸　陷暖付秋
北到店多但之　豆少升出處往如李賢送與已賞　沈李興收買之千餘串　且陝已無兩得舖只月內三千元　偽少留
未發為貨可得買越之存堂鄉鄉穿　備之理供　呂馬店樣收一元　餘貽留　本亦可及雲物四
付運角子一角　夜大寒夜不成寐　較作校揚病益重　夜小兒等點燃于地　煽而陋識矣也
八月朔　陰小雨大風不已　夜聞吹損田禾之說　為穀民指中處之　穀羅價每四區戍之收政無損　手錄自陸鄰林

朱云胡由團為捕差役至吳至沈風山荅賊于汪家坊屋内起贓，所有屋内盡行打壞，將其什物與書票等概遺要人對于前，以把門並將家主之租簿等物拉課，細詢乃知汪姓日者江南同鄉，與其家內幼女目汪日高之謀旅夜于沈總清宗入寓，被沈獲住一名，招認住此，起贓送縣收捕，第不狀，經至而汪氏亦不知其向，其妻已走，於上年伊試云已被獲，往余告其租中係王瑞金，中全健貞往全瑞、汪二人皆來，適之之瑞金已去，汪寬來看屋，全陸俊條租中來王元高人內已將汪租已復租屋，約不還，且其租積積不少，今者此賊屋瑞金之多至若之，但此移屋，種有家人居住，為賊據別保只不留多人，租之非我家在息其租，寓此賊將賊不租，宜之一年，其息且須賣屋二間相并，為七六百餘退交人之掛為道人作多耳。可恨瑞金今租無所據，將家之傷。佳俚小李將撤起居，四陽在繼續起程。

郭文儀母與孫又全家丟擄，說清保管田之款，每就來五酉，年十八矣，且所家室居既田息道，聽宅兒晡出比及杖諸人，謂賊子有人看訊四云，將賊根究，所當諸家招課，而又有太案，捕人從推此，為的藉，得案而至戶之屋被為被害代寂，方謊俚不可雖如，即是余之被失從屋上來，法所出賊之所，為被獲之後，方知賊由必重犯，屋而逃，即謂百十案無所許，直往保不以，但賊案不根究，賊之某居賊之義等，近問將大案等期内黨籍之寓家女，被藤鞭，方置責九百，逐出境，說扼兩黨之，實之元，是沈捏時識留，陷不易獲，看用一賊據及全黨在旁，將鐵鏨擊其頭顱，次且有傷，提把人害，殺此所謂人因怪汪為人之不協，而汪以為方，但知不為役獲，造退余為賊，與大悞此。夜大紅以俾盈之座，淨賊地而出余憤，瑞金所為六大不洽，廣然悉然，印象之對取馬租錢元，付近看，乎以添慮招寫，文生者再四，府告云：白事去，子雲仲宸伊等何矣？上燈，所取實還四版圍中，高洪由菊料付，租四角高尺現，正叔膝陸保來云，賊已審責，前院役持去，余將來南門無物為役取，存且須照景清，余不見之，若為屋已去矣，且有壽至從鳥用，語可去，以三郭諸人

晨陸鏊石來不值往莊方丈筱廉乃出門陸俶衡以累也　夜不成寐三叉河奇東韓開遠甚屬
請人趙祝陛光臨下榻同飯再內細談而已寐然乃復工樓而樓於與夥辭者屬作照畫實小徒不令寐又
雖起再三至天大明一覺而已
初二晴起德八下服迷濛身體隨其伏病體並身沼遲起三杳必以為常將從事行為雜炎祿地總不樓衣
衛瑞堂來告以嘯德住丙午重光住自內即大彰矣居亦亦院不西退伏人題孫又責買不應賭博敢有中郎人出屬
其地須實力認真責諸若食即遷地今年加定三方而役家久未付院將屬則而遲而少疑一事力為附伊
為之既之未來　市來備肥下怪紅　午後以馬西陽押搬而子竟不理於讀唐大素意罵情德王不行
宜靜養德將行年見有閩中新樂府三十二首以之諷刺雅為將但斷矣未確見地不高且有謗貪悵閑室年
柔智宗余思讀數十首大而國家中而一城小而一家皆近時之為甚不當理應重罰而者密處才不及附奎聯等
事不能黃及君應子舟一春去精小立至是若無許之牧疫死見呂子康即以市歸病狀與迎神朝隨此冊
殺中已阿魏一粒以之穢氣自然盡青申問殺猪小所宜從也列處見諸人近以風大收與達金錢渡與姓
力圖請紀捐書云　湖廣匯人救人作細詢西子殊近獲一人並全殺往也　閩白馬廠後樹下有婦苟子下
傷大夜往聽來死者本匯人也　市鄉遇二尾半斤男子二名四方者食味佳甚健與曲不活生平所難嘗的出頗
王張異傳也　自上虞所聞東韓開係海匯也之舟以俄搬翻頭太作收信柳艘下或供倚翻去係舟
五弟一舟二人皆死一舟五人死者三又於舟諸死二三不等今日有人于在語頗詳起處身無名又一人並拯云也
此可不慘悼悼數哉　勒頭及衡從水湯及塘四瀾激蕩路水填轟數丈大者可吞如艘巨石平常所

呼誰謂此論一句收音甚異于小灘耶以角見之曰

初三晴。赤緯予靜砝市，寄呂小上二元，台二元，又櫥(?)。因飭桃蹊二角市收支，爲寄廣知，許收臣之畫蓮枝

病瘦死大雨悽涼，玉自一家染六七矣。于是與靜談，靜草杜傳集注，令依歸時刻傳，冀減痊耳

午後，靜仿蔡生、桃川、李寄嬰畫。令瘦與鄭受初合屏册趣味，益歸心使之，趣有理以李。晡，鈔傳集注

單共四幅，將以出一張于櫥，一張于鈔弟店與金生。應鳴來等問讀，瘦氣壯班省，道曲與行人往來，張張甚

乃醉真明鳴蟬唱也。由此前轉北桐店，招生活家往到店，又付草稿帖，看振一張二，華嘉三日以風雨不通

四肴、裁裁櫥，價加以税，無處。又教舉狼賊，万億之飢，何不為患耶。此市仗者，此今價六十餘。付一角與使

食面兒以風雨，若以前日之節，而又谯令瑞金還，因大誤矣。三三久久，到家之燈，靜亦下船開

初四晴。早，身發病，將例两次，素款之甚，擬病久不痊，殊不解。使與達衢合册趣，省乃起叢致中學畫總諸家

陳仲恕來，使田里詢其使己四月，向已斯四班，令該房備班。其故何由，以爲似在備班，將來再與中往多此周折，抑且

功課費時，不知授等書何，於事無益。因圖如是，方笑也。請其照辦，并示其班次，俾進聖賢之業云云。四錢來，令

為生桃川李，爲建衢陳、鄭、借孝隆盛，靜義多擇書文，臨此

三叔相見，並畫蘭扇，樣即吮墨寫之。下作流水布石。題曰秀居茂開漬。付使畫中飯，命盤內常用十三元十角。陳慶

畢畫成，著不己，大生再日上宋家，信有之達衢在北後，也渡使動身，全綿病，病甚，積日之，換此兌許大伊隨

省西達與震居己下，待令之窮，讀店，司鄭，桃川李市糧與使送其五觀音橋北，行下川李達與雲水

根舟又有葉某，趁舟之子，所許者

初四日 晴。諄諄囑付徙兒入學服從與夫用功為人之道，俾有道乎。余回店，有三指以微暗中不能細研，店靜不得主意，
到孫熙熙，素其不甚作事，歸途見陸保云已出發，有信胸次大憤，不能自禁，惟屢告已不通信，況又書法寥寥，
費用甚宜，英領之揆與靈乎之交從與歸飯後，薛回店。夜雖困病中醒。
初五日 晴。病我未能起，昨病之重，不意其至，而洺稍稍，難不責備，挨延不為此之慮，牡舟不靈。付還廣翁午飯羊錢佳，以我生
採南所六色，住且重，莫曉山來談，含設不能，留飯，借信箋。

免時疫傳染法

霍亂一症，據西醫驗視，乃由一種極微之菌，其形如桿，寄生於人體中而為病者也。此菌以末談入口，有胃強
者則為胃汁所殺，胃弱者則入小腸中繁殖甚速，一枚頃刻間可生千百枚，乃成霍亂病。人吐瀉中內含細菌甚多，
極易傳染，故不幸有患此病者，一面施治，一面當將病人吐瀉之物用生石灰水加入其中，可以殺菌以免傳染
口。再此種細菌，逢燒煮即死，曝之太陽中一時許亦死。病人衣服器具等可曬于太陽中。又凡患病者往往不令生
冷物，則自不能傳染矣。以上方有患此病，務屬謹據功效至是。海昌安佐傳人律錄
蒼出北店知(?)上茶衍靜翁到店。康翁報董店生意之下，被不思意外，托生意傷事見樓先生
別解科場事，旁睡，據物歸，夜病初醒，又不慎加熱後，起病狀甚甚。
初六日 晴。早食餅餌，遍施採取八枚，巳而竟陳子觀，蔣金聯不帶，方恨余從細病，膝痛并安放，下午以試筆
以大開暑之計，而不開園捷後之，蕭孝園命歸與之影之，不在理，想身于四月，端粥宜不再候。出後者尤園入
夜至樟樹前，有不甚借實古慣，僞甚多，雖不時移素，素属不理，時後一不治，即移擇之，搬不可，要待其家後付
雖伊威也，蓬壺北兄可能說與市。被學生撥叩王旦夫，取招回，未足為中不刊排，隨而道至真，歸而思我負心

也素弟生兄談藝席居梅侶作之局似服兵之強佳實時氣也乃大憤于胸時人執為辭之右詞我詩為不逮
並與時習而去古法甚遠也即與之歸坐頗聊些
金壯遇之至席已送我二箋本茶以燒茶　又送燒考玉　至送席與之原訪
初七晴　午後陸寶之二子來堅入坐論學書之有遠致之快又以為不順目殆不信也余意為談席富村二枝後寫山谷
帶錢未送出後作一石題真　兼而王書合於不快也　辨跋云
昔讀周瀕窩煬名人尺牘有裁舊遠人之子于時氣止矣　時氣程江西碌宗伪孝宣黃孝宗誠書不知者謂為觀其似而孟充舊　窠在假于識懶於
者視之則揣似賭目不堪迺一頗接之稚氣杜冤更有甚也案　此論甚確　余母年以識不免于時氣自讀古籽
流日以勤筆迺之如染惡疾是以痛恨毋處痛毋猶今肆新所以諸辭盤古人書況國和諸之眼目　又復至于百倍宜只　炉畏不辨又門
雖名家而軟弱諸假之見且其直求罕有名手徒起也　帰有愉空困述感以以書畫語
光緒云一梯滂自來去去淸上日雲飛　而又以強名為不成畫之　剎然如來
日華福市寓　又北市烟与松壽語四恨痕甚祥麟上欽座看拍康照柴納歸
循詢其事安之書來席謂曰曾去詣中乃不蘭為謀之禍疑其私用獨自收書問於其言甚談中觀欲至于誤　歸逢之讀供事秋家
与小蘭不和者其多与居也余大奮恨責彼我四尚以業云求疑付四一字修余為中院以情且著生為之不為全徵
匠居仍擧將此完事或權以完渾米或日別有佃居不爽為將人之心何也若是誠不知為何慮久之余入以伊說
乃酒甲飯更令收五作伊數似如之勸令直于八月初結收稿而先為之言留之五言伊屢稍欠及所當乃飲
之至和更去
初八晴早無事正刻陸紀林來謂代改書寫之余為添名號于上他不能前收至午後付四角銀

去墨亦宗長殺謀墨鐵條作重固防害也 ● 有北府播章將金者行程福牛迎趣之 告發一月內李
條來西洋相賣未從有六不已無乎佃今自与李 高侍明日來 晴當雜枯木鑲眉一用墨串不能和
枯樹外加遠道山甚不得使柳由子生致無也 去北店促純于新開店入祥雲春子觀 到店晤仲
芻 寶成之亞應於城外諸樣門窗 余庫之吡立發家石西北子開与余陰蒼市捐唯有聘御社日会議用工
播德 人三以百家為率中立十伸大户日需六百文偶獲賊即賞十二元文官懲治以免罪批曰是民可以杜
雲屯代 而不借今乞援勢散焉能辦此延官民不去未開不可以口爭何為擷 接健 初七 山宮寶 陳來都二匣
元年 言四鄉亦不如信諸仲忠不來查 可免重稅之壞 旅歸 妥安三子荊頭送意壯 致鉅陳奇文侄大宗四匣元 挨余二天七尺
初九 晴 已刻稍搭道走北池上觀魚流水中 四多藻甚 可悟上城出見至圍栗樹見有鼓 大子人可愁而史
且一點可昌寄小之來 訾与官皆不知此木係何去此中天陽金之閑今两人拆去麻已盤石向与一棺者請而歸
午鼓 四鄉來之豎魅 陳氏來報伯渠此病逝世而達遠意在揚其宗氣象不佳伯更之路与議聯異異
自出不感子歸六評責供其也 將未借素秘 備述陳氏四角俞俶梅七女 迎孔二角 二下周妻照來問之後推
更入廟出言莫疑困其二种未成為出息而議為任三十元以八月四日會疑將還之初旬之以未其語
● 匯余來言居全即付之言 可為貫百元為票收通而妻匯將以支要係支先得其祖原案註明本欠為根
余檢去票即此一註信未可年元于廿五年二次已付可年元其四歲田圍書田情說已即檢還寄回書說
洋五百元云云伊係其為語可久倘明年今金山來往又係余又以雨雷開坑借貴不 至而又此均堪但遠
市與歸已行矣余以天寒不復出 至地榜收栗教首鞠葦 至地過久之 府又三敬向寺不成

寐　積下痛擾多夢
初十晴　起甚遲　周身酸軟不能行動　天旺後更甚　剃頭　午前待老巡等不至　失信如是　真現時之惡癖也
午後擬作致扇燈　閏生董芑年伊來　日來京寓　邀余竹西待春游之　與同行入京也　惜下欵書茲並佳
劍已行　更存其家　扇未完　時莫金山為周老巡至　張聞十久之　索洋三十元　乃付還田地三行將史租　價元之據證
照前欠洋七元　留存移趁　已日止宴　余二要取　伙存之收　現存十張　洋又北黃生取洋五元之　怡祿付契據洋五十元　留且
北岸氣　西邊接涂鋪擬契西入廣和　恒夫與留趙　典利龍二林華五支　理付帳八角　又接姚芳高信　俱屬欵不清
又接錐源鐵條　七世差振帝題歸
十一晴　董門寓尺寸　午後報母未擬說來　排梅　沿女　西信說烟且請帖下之　未來
租子伊也李四子五不來　李已允從　決來允對租戒且五　李從定西定後畢之　吃香　何不收定包
爲叩之見對門酒肆友上早館　難作了點心　九下時留午後即赴瘧氣　乃叩吊螺痛也　留告附近醫生石灰抹嘴唇
晒查巡錫捐　尋之陽望煙上見錫簸　請收西集　怖之于瘦　待柴草不能急書　并共所欠自一二十元　至須早付已
爲代契據代付息　正合未取回　遂之仰店　稱思索　兵燹及催詢　治須二三百　送至余家　此等爲人　住手寧安
而後自累即連入之道　庶者刻雕甚者睡　陸韻生　云場欵已全　仍同洋廣元收五足筞論　通只入場
狐手好人　海宿同年餘人　正店之知鐵條　戒扇順興　即告其尺寸　書面數五六量者餘　市梨一子隹店
閒揭　收書西之人力　昭之于旅來　沿途目所瞥　險累者　數數矣
走街中無家死者　田螺之相接　目不忍睹　于陸琴士門見帖者逼神條　向其門戶知係痰石

于翁也卅　十五迎神舍獬叶舍于店　真不凑而余不害为怜　相居精字次六孩

十二　晴　陆勉拙来　送饼　雅于内孙等询其在元来生意不佳　一行已闭　去四家将闭者不胜计　坐只宗华告其

伏取北在租　午前稍病　病甚重　午后不减　昔都州于病　竟日未出　只和口口言

十三　晴　早起因体故楼下　稍后以一步步赴灵烟　上小肝　萧石保空坏　厌票得苏　旧存罗亚　布帐

洪全挥扇炒　来半日　叶空重前　饱病转恒并向达征已回　益伯渠耗　逝四星午来至三时　孙广鸡驿

并闻其店　三分打上花乘陆玉卞　弼生孙代佳烨　及今市在厌　非陆揭又徒留写物　到店陈馆写抽　无不来〻

周联店接大义柏七十四又今折钮等回虑报　市饼一角　归已月上矣　夜头发惊热　板痛上入腰门太阳时

〻加重　头晕发疟　上灯大撒发〻　已黑起核　久〻上楼　发热腥发〻作　变三四醒　热稍退　次日辰来已

三日初鸦去来饭使　茫生二往迎　嘉令劝传染　而要

十四　晴　早病来已　午后写沪杭两见谕四帝　静生闪十时十日来接来书　为谈也　郭雨之接汗十五元　该收山增帐

海怪已定过〻店附属韵雅之再而得付人钱不知其荒得琴担人且塑具三月之右　其房加此何如读益画告桑

●后〻至悭区之日映加鱼付递　全知害后出到店　邮至子出窗杭舨　视雨精等亦见云去　调秋孙璐某

写信元子

○主谈谈店见子衍揭其行知你偿已陈　陈信胡恺琳全其骚者步楼之势　涨调〻月尧问之取帝回后之

家静元宁

家宝记来沪南函　中扬兹待出字之

中秋　晴　已到玉园以挥撤叶与理前不合　至祝全瑞云　付祖根其不勤于地而多前往孩米郑屋起业物尚我

地母灵只神始也　其等亦人大可怕受掃旦有　郑牲之　而事甚人少年为其说相屋国辈二次　余因之

陪相來使歸，又有誤言也。且俟道蘭輝嘉謨有交防重四刃，錢毅若受楚卿託而來，談楷之先日事
訪不值，留函去，屬王君雲甫款事。余思此刻因在担延，即代措尚，未必開窒，況屢月捋别受維楷，又集本牛
之文須書再議間語。美稚以取來批梅女帖去。十六九月生留為。未刻桐居杭歸，並余負附月餅二
裁身作求山冊底面。補帖如來，与芝侯之賤，付五角。小五上伊四卿祐閣，將伴先兩帖于家重，係來似
府爾呈報者。作路石門在館，祝仲篇書，孫稚の到園請留僅，不半中止。壽晴出子湘云即搬去
積翁報光澤。子善事，來日歸。月色甚佳。禧昇往相戶殘，傳付為生帖
十六晴。早陰，午前甚燠不解，何病？背阿父會月譜。善書遇桐，誘贈遺周道來，因宗祝壽，而桐罢汪氏舊白
鳴鍾重莽行僅完佳否。紅木箱意欲應北遷。梅卿去自杭歸，健呈家書，云在陸宅偏喜，頑手然太急也
到府書報，兄及（庭）周而同室起居隔一舍，知欲顯內七千卷耳。衛莊中四千書園子前閱一朱氏子疫殘僅者
王悟之世告以句傳渠往。寫仲篇信
十七晴。早起為督照。美魏母与補帖皆去，花悟午去。取鉄來，家府信，集請回源。映出店一看，報即歸
約子雲來，令看衛
十八雨。半陰半早細雨，午後搬出，看撤少，滯戲出于城根，已聞假寿攻由南去，八癬弄見城上多人作像
登城去，郡司前撤已去，石甚大，路甚流，亦不及平時。然急走百步，氣促力微，若憊哉，不復能行。返古城
端之南子莽撤，程惠老往于錢店見，殷庚卿過入，欲看話龍詐犯，若渴百樹，廚以為珠，影仲皆未去，恐不法
之前人極羅，因之庥當金匠陳鐵，長五人，詢辭佳，余以久不晤，遠忘其名姓，至為自悔，然然其已為歸去

則仍時錶贗物屢三讀反　乃開修園者也今春登岸居閩至半年而名費人需三千文忌所而狠說秀帆極余

無茶烟早既出以送粉擲拱久遂令此于就之　又燒麥浩酒茶烟閒之並友御見後　今余書競伊付銷

棧居見其倦湘且已誰　辞西海且錢為其歸十日向不肯大計之象　寶林帶到帚　余另給十把以居回

即差招５午　送一元又送友御室為代路找向于晴中樣索　書之　籌二字因而順當成寧帰

十九　陰　大早嚴姪來　君為送脊筋安以饑求食也　殊堪惻留飯并午飯　晚四點四刻布僅五點而半途

小人從欲大患大悔之不咋自檢之可恨之　柏桂生之佳子殘未振　出告著莪于橋　呼剃　如前見君實陰

孫柏自揚回　談揚中事　遊麻宮橋觀劇　演呂布白門樓　猶入海神廟　樓盤槐登殿閒浚塘及剃　計里

去捨撰見四甥　欣然延宥　遊而玉彈估　又上殿楣游則欣欲走　雨花廳出遇一僕人為開廷查往西門出過鍾之

家閒之客予詞幸留食　銀純　云欲往三姊月內之　姑美石城　住由九江搭小輪而呂直由此舟　至尉青遥來閱年

需四百金　告該女四　天將暝矣　于十舟　本處查詢矣　醫對以姜痛果卞方體之　到廣之上燈　怪子州程未歸

告來閏于將咋列欲進止而去合字服者　上澤已斗罌兩為看氣提之勢　即為家印四出示之　並已收錄

之甚少向　子存來向共余件　乃可作成卷子刷　照劇　約其被云名隨者照日販返刂　約約廿三四去矣

搭健　十二字　梅卿取帶歸去　夜和受交月餅与兩子　話久上樓　三四更聞聲心悸之

健未二號

二十日　早陰　午秋雨除陽　居出扶廳喘易書葛　剃頭　午後全茂　程葉　送柏氏五十　相表禮　朱松舟

遠禮　捨畫冊共十四種　內石年先生大部　一冊廿二本　扇冊附一另銷矣　書　陳德泉　陳翔庭　孔裕園　皆工品

雨中廣月鄭某請夕設中秋酒，飯後出到北涌，與大毛已在，接静十三為第一，官附十九，出門到華
時十日不當岸，發家人熱念，十二官後又匯至二千，到阻滯又數日，屢識出門者一校家所巾官要岸
静弟兄如此蹤跡，殊可詫。看報，鄭植卿一之，與湘明謀，原入席，佳利の小矣。秋兒甚佳，朱功岩與
果附書張金未飲，余飲不及辭即散，途中燈花，半宵留飲看，乃大話，此极了，者之不幸，乃因責急遂所
一友者少頃歸。市小柿栗。

廿一日 晴。隨心寫人物手卷畢。寫中雜茶。接桃樹二年，使接廚下之水窩，有大枝半一，接五月，再三發
屋牽又往，接二本；又於墻下野栗七接一枝。對内荒地大光，機接六枝，子工一滿，自洋第二年
所接十餘本皆不活，半為孩童所毀壞。旁睹者祥雲年，所見到店，家奴集，看報，若重見，迴書與其友小
話桐云，見乃市，雲物歸。

廿二日 晴。陰，對雨，識工未經結綢。余起匯身弱病，日重，店少氣升，頗不自支。出門殊疑懼，手足俱顫
門前陸氏鄭華屋，皆向與余屋連，殺私以為十年頗遠，為由是，故今路之難，機氣惡自宗思之甚大
可哂笑也。蓋從出門法園稍為命，得寫假，乃今後生法，採食得，所情者，伊等皆以為素性全吃
無形于面，而敵難復接，種之不信，且可驗，途至往三橋，計日三十餘年之，百數，仍送伊十枚，合其所餘四
者，他日再採再分，伊家在桂清橋，因以天里之橋，只以葉十二，四分食，橋與家人，送至其家，此此其
朱氏叢氏，又遇陳伯英，途和四南。柚絕六幅付寫
途日烟不過，擾甚茶

廿三日　阴，微雨。郭寿本来，作伯宽铁条，候门客种与頡，不暇。瓶周铁庐二卷下四十
彭同十二卷头寄沈丁八　计银二三百文。楷示高峰所满，不得以曲而屈伸，楷碑而不可收拾
张樵椿人也，四月出到邦，约友卿往晤，不值。玉庐谢云：子云庵病甚，言前所作仍旧之续之说
不宜北方舟窗。张幽青俄惊疾殁，余于前晚来谈，说云昨宴饮，谈君话极痛相对悲
三更起，传五十下而逝。可谓人生朝露。仰与余四十许年中心契，难同师今絶，此亦缺安事
遗文一　吉州老友展星归矣，可惧可慨　瞰且久之，过和侪、铁庐，取丁帝祖赠四由阁

廿四日　阴　木工郭寿父子　二三上作，管合满修梯，作补东墙板，楼理甚力，而天骤寒可穿棉八庵
晴，尽日疫殁送一角　木工五角六千　次日余旋市羊肉又赵又家人祝　晡出，至通庐菉云话门
北寺，逢一大批，脍云偶人云某山　居只汝并两锡云有二位付家　铁庐写付，廷浑丁六卷十收满拓四信
旋归　夜阅　两儿笔静二十年来移十四临附去达往即手加书字四帖升　健云小孝书书头候
指使三号静志亭　蔑一帝游论书之

廿五日　晴　早余说往家人张羊魁，欢然一绝　潘孙学拜贺，写静二，徙二帝信　薛广宁百四，湖作御来条取
袁王重生手三十六话，并黑化出，又访锐子乡，又不见，周老友读题上东府歎，与勿移二，又言两
保卿寓七里张口光景。舟道经石乌山家宫殷及竹棚，寓亩真填此册，大有出入，云随的为悟
唐沈山房笑山颇有诗　吴江梅溪吴板山女　夏洪钧少农　吴郁孙二二画合　景　时人既久甚微偃

安靜二号 有使我如至西廛之勞也，至北店有關抖之鞍錢米者，名錢百，店分我斗五升。寄協濟申信，寄杭程鶴卿。

寄德二号 北市紫薑、老薑及介蠏廿內卅。歸剃，食不及上次。平畫補閒畫稿竹，題絹城。在岩鳴雪園稼。

廿六晴。早無事，飯後氣悶，起甚難，迨下樓日已下。念俗蔥花木，擇價頗安，不事事，而不知醜者，不厭乞。將前懶階之禪刻識之既失。鐵工華送金亦即出，付店米價，留大藏付西平四和魚鉄，洋七折一元角存。三讓些廢已過同宗市炊烟一角，松壽言種種未見之情。又市路糖一角，二帰，市佛二。

夜分檢索，袂服不清晰，以毋書傳。迨目鉅乎程支錢，上半日勝實麻保為累乎。

廿七晴。搭視仲時，在門座館老佐為淘種，煞余偶剃至前，秦館現在三錫，各房錫逕一人入者不與生之札。佐嶲生之淡佃約租，付一角。佐又裝專抖詳作三四工。園中南瓜為獸食其瓤，只未熟而採，可恨，乃煮食。佳咸懷惜之，擲作畫皆事不能費中止。晚出訪墨，知今午上杭，于錫常店知近加病者十五，過高潛起。熙卿居在逝訊之孫才屆一老歸識，余問之，嶲老已去作稚章，余謂不解逕去。山陰錫之前日殘，昨已殮矣，哀甚。怪之甚言矣，白今日不向今已陽世大可悼。已錫之喜洋付找，其媳如此，即四入北店去報知，其又升第唐日雨。出秧作賃計矣。大東門市奚粧花生豐之。庚邓一杜洋檄烘二角，洋上有滿字十件，奇之，以見異品。村河陸八帰，店瘦殘至，店其殘歲作六錫。

廿八晴。早門前有小書童，提金錢出，然而出一似山枕者，詔右樓子係作戲由，伍者為伊剃去，亮蕊黃毛，着人身其洋。不可耐，少其婦，少女皆須褪衣相見，名為美人脫衣，余大大間之不喜。此等小孩作如是，思刻把戲可恨。修理家用物件。淺頗費工。嶲生讀仍四得大十五為素不及。然今日已一搜，惟我自志，許均不依余旨。

真草皆自用者。晡出問呈底子刻字，校甚次，問書生云許少安同居後遇悟感。到詹子岱出題設一卉
當信行不不快，且聲傳買而歸，亦少室借到初二三同至校，喜報長沙府有賀金聲生更華警告到
帖，亦止為刊本傳者，讀湘洋務篇，其傳者務捧以飄即解捕擬繫，電知部請旨，但語雖未涉西理
而筆墨稿健，聲勢頗佳，可喜。然猶深情不無迴避，禍患但湘川者尚爲國拔，猶習不能論開民
智，抑大似依大亂數起而平之耶。天甚暖，歸已上燈矣。　然三無所聯中民氣難
　夜檢前未刪稿，爲倪蒂叔畫可悉
辛巳晴。桂花盛放，今蓋香溢滿庭，駭為悠莊泥，洗灌至勞，午間作點觸。申出，庭見湘如已殘，寡者
賀善已我者未獲利　約以子一錢網撥初三日出云　書報諸家宿者奏勤，強人逼勒得地稱利，中庭開源可民
生利之事，知不敢聽乎。詢張甘泉神，市僅壹一元，價稅四兩余合行，租係一兩訊，本庭標價之
　夜內子課讀禪佛經詩　余始三更上樓
壬午晴，不陰，熱甚，地中精英萌竹。　李來似以成典稿之子與宗相得二元，質之再乃轉向內子付清之，又以付下月
租還至歸宗係之他人而與至又請其京抵押，其員心甚信，爲自是以爲可信，欲人之垂援，難得其父祖與兄
能書以是至高，不從人處而為其行，查飯大此等愚妄，猶怨命運之壞，直野蠻其行耳。　歸聽頌秋
呼母來言為侄媒說嚴鑑堂女，年十七，余聽年太小，渠來抵柄，內子久且候帖至再議，伊與內子共說之，余生
到庭見有老者種西陵，寫之而懷虛以大摺等私藏，查讀瞞尾，惟恐本人之查，為其所敗不善收，久之無生意旧

壞不知何路哲據法彦陽等构東規制　若余与二三五歲翩成　費甚心力　不二三年即壞于無形　彼細留大股　猶不
為成識智錯救之無理　生衆店務將如下形和而難收　書畫余及其痛恨于無已也　接達卿信　由附靜齋
接靜安　芭玉字未接一函　亦未知該房前宇二函投于何所　思之悔詢之　亦無以對　審住之大僻　中局自大而懶卸
靜齋三號七　收美與程恨甫　付己下押　此要城迅和保係洋　三元　十月又收力　告其高度致函另　另仍致之　候往碰代謀伊之詢
者而復　蔡振羅已得煙乃歸
收有屈和　三角七分　我計其欠三年　借之徐金租地　該佳房僱付洋　然已全收矣　客悲店寧　無今攙而皆棄
九月之朔　桂死書溢姑衛　早起　道光雖又擇　氣候作惡　起坐為累　作畫畧甚　半靈而能脫　閒半物情倍
於然帶白雪寸可已　莱務恒豈砚琳璐一升欠年　郝樣來之　華出于此番見仿合云　廣之松再三扮雅求
雁到店　仲偉書日來十圓　重洋一枚　計重六錢三分　昨因作原價拌案之詢　實之出此作畫小國以玩物　分量無多
接歸擲摸之古錢與錶匯得以玩弄子篇　敬福于昭成久有山鐘未之見　求修案者歐文甫　歎余人通便見
勿種喬余時之另修琺査之之　歸市罷　雅與滂好棉衣之　順風青一揭而與中肠甚佳　多穆猶雅客帖本
初二晴　接桂并修萬東擲哲喉力　作付靜務之　附達信　晚歸理和料玉壽齋　道夜讀某市拍云礼
寄靜三號　叢生秋柜中刻之其機物於青夜通　晴出寓中物深局　到店行細之磚　由余當匯丹
甲刻來其田錫玉兩往　大備出之衡案行施友何忍乃呼　文為隨行之錢　是燒麥經
說計公文叢話市井聲之　剝食隆風諸寧永　并筆店廣之與借那　于頌不在屋至擋乃
与其親加賈客贈三何少許可如此　三十二　謝也　意景而北　被不順看市其小屋四

夜陪賓以岳蔚　杜佳表嫂　上燈呼玉壽全罗切毛三底至腔平以僻饒未作黄三老
五云層限十二日准付固識討再玉重　蓮保拜張八層
初三晴　王嘉瑞以蝴蝶蓮花起開入隔墻忽喊夜為寶賊所偷驚而起查看少銅菜罐
銅手炉等　紅白花碟八只　米一斗　鹽　蛋　雞子　飯三碗　綠藁盒一个　又零星
細碎屋下由桃樹上走　據為奇控　因思一月　後二次被竊　憤怪玉君不定程君雅工理當
屋內未時若猜疑　以看今年每不為所棄　君之令人賢梧院已早起即查明　以小刀穿窗
來一二音又查一幅　書及八壯來　日夜同時玉來驗賊　安府若佳　杜之美　茲之鐵而來三五後參
此遁賊恐不住力只好宣而已　亦難見了　乍金家經業未　壯之老送挪小　兩書陳壽永之寶來
初十日　未刷出金店剩銀　未開前完　了　此行到店　然由北　船居再見　聲大伐　舟將行伊希
年十五日遞去信去之照一千兩一張　係三子義補　丹　龍合所世積　具何再　玉廣來之慎
晚請　探種攢弟　對此這四兄沈楞卿　子情君為梅翁　室春之　詳告田物　故又人均去
雨院生記此　打叠以李　思將樓岩對之　易一厨匯　談人坤于後厨加花墻
初四晴晨起登行李　令茲生挑廣　請寄人請業工同渡來與踐作伴　又每難示令熟摘此送行
到店　朱四表姪雲子　來話題同往湖　使來伯令僱舟　待久而玉自往房　吳見　冬之太云已放舟到華之莊
芹深母將艤　母子蔣　一女一子　嚥令玉廣肩物余呼　洋利　艤鼓竟下舟四姪　隨之湖家下行

李合舟三人同至橋西大船塢阻擋梓而東西諸橋一路吟話至四下抵碼于彩霞橋下泊工借刀料記余取一元半
付船價入余程　呼餛飩代飯　李篤家詢與價值定價買書文殊同然　學徒將其李送府樓二三多鋪中視之
路題臚踞不可獨進使其理之一帳以手勝向為蘇旋癢而起恨君下高昌地位　子威主人兄孫擲世李
橋題以為得安然　夜飯後出嘉蔭談一夕　屢石欲于橋　訪漢之極于悟雲老刂　收其得二元
初五晴　早起會華甄　与鄭季卿吳六伯行友十餘人同往招呼　枕同往歸而中午　交余等來之石蘆橋紹興
日遲視時余亦然之　留江干覓　自杭買照二張回　午後過蕭蒼林中西藥房一坐　又於泰豐　與友岩真義昌　坐市辯三斤
糕糰山川有十六兩大秤稱郭　銅錫店中告知伊歸斷信　過煙煙稱秋　實價在焉　詢又子詢保約六日取錢
向買日價　惜卜一個　出售吸煙未與環人環視　酒之回　由謝吉與邵志庵　謝候多人在在金保磨石灰色代太
其中舌此依色以試金石試之　又過嘉蔭獨飲于肆　註維真寸堂主持　西錄保泰棠八角
十六晴　子威求仲山信贈之　大慶鈔並多色指數將以寄樓同來看張也　午後獨自訪陸芙山欽上舊　於其向
留賀雲詩詢問沈少珊來告与高子江別布指結記余為剝以謂之半時而出　向私信于趙匯　贈其一言兄弟
坐東山石林桂樹水坡聯篇　仍過嘉蔭談　夜往燒香
初七晴　早有韶不得逸出　江精劉　未歸　有錢來索秋文　夜住于橋　為吳平江付鈔一張　程君生
初八晴　早出　計將自其五年出售取銅出示　李賢拜重九　平拜至樓上攜鼻　計數三四卅押洋倫六十六元請益
伊只船四角五角　余亦不之較　實已得其之可稱　其事為日即矣　收其船　去六元有角

翁五十元，嗚牧余帳，蓋系董其二升詩冊自存，教加息另計，欠款之數已豈付之少，移息後亦借信來伊之之[illegible]話[illegible]
銀先一石已付訖，年終一跌，買物於鄰，年前未歸箱，院內于中，為帝洋邑一萬，瞞內充，又逼窮，家告余前之欺誑於七
日乃不付，借責之，余實詢之，私段并去，期此兩人前受我家大恩，今忘今又翻作惜情，誑即爲借之甫帝一年中
發別於穀，皂錢但仍乃出帝，酢穀于家和，晡下日又晡，稻米錢餅，晡酸肉三斤半，蒸今宝林帝黄，丹枝每斤又鹽什
肯付菜錢老價五元欠許，及隅嘉晟取菜序，芯一千二百八佃菜炘，欠又帝士于二爱君，宝臨小壯小院，喫肉泥，但
峽埭賢詩侶編樺物取細思夢，申刻拔靜記年，家由最托園前二位皆石羽去內鄉局，脫鞋出湖發即
靜來，嬰于野，乃從只一位老家中，借窮為多自搭之，中書芝以十文市一分，宝枯而家豊，值大拟佳，飯烟足，分付康而使十倍
家靜鄭君俊，誰謂鄭政善益反使便益之舞也，最行舟來，道士禮懺，夜作華花，表之費用，伊家舉除屋也
霽，晴早食羊肉粥，兆家羊肉賺打疊物十箱九下，即出帝八年，腿晡半斤，即令宝林挑余兄之鋪，寄陽紫判舟，夜亨
力勢招出不肯饒先宝林挑家爱，往於雲物余待取于嘉，士[illegible]話久家，夕至二點廣三，又帝稻米，錢糧二角
書重陽糕，嚐不甜，取久不聞，又來借久難，見著錢，向未之家，飯後于宝源，頁加嘉之葉茶，時十二下，即使于東懷下
料同舟乃一葛姓，在彼市在業，識英氏兄弟，發聞一報，向話，浮廣壽向碧烟來，宿于陸店，玉罡，抵城日已冥矇
紫荊日，取小物，眉米熟到店，會鄭同，挑兩筆，首同栽，往為筆，知七點知宝院，秀指名，歸家，不早，[illegible]于
隨河令真挑，比來已燈矣，早仰轉于裁，陰[illegible]及別，夜將睡，[illegible]日比不安，自不適至是明矣
佳来宇

公所抄來上捐數

正捐卌 附捐知 讓之卅（丙公所） 姜陵卅

姜防卌 曦敦卅 何之卅（杠板橋） 孟陵卅

聚豐卅 四善卅 稻庙卅 城豐卅（附晉） 崇豐卅 積谷卅 崇正卅

[illegible]

十二 天又霽，晴。早補日記，寫扇幅。寫付俚語計三帋，說院老乃付件。

四元，等播出來。同徐季友鵝珍相對寫寫航，先是未到，俞蓮芹來，入言蔣嘉霖為十三印子山完姻，請余

第使三號 陸張媒，具不妨禮，如代未來請也。余不宜，只僕十三在光景，因無可靈之也，留吸詢其來者，說明陸宅自行

並四元 代去與蔣刑科號云會之言。余出匯廣生金洋一元，計十元，合收四千，于將生手靈根，仁祥簽，張多帖之同

以瑞方晨寫坍由諧坊橋去，視早沈氏吳慎實場市價歸。梅莪生收葉與杜樁打罵，責之。

白 康侄慕來書元值逆婚，違意一諮，以償信二百，翼為開板木店，以承撫帥告不救，余大駭，于寧人言

報帥指近伊然為之，甚無語，借得即有借之，不道為近者甦獲，後不及以自此對，極穢甚思害乎

應與丙午論及康侄及欲所為

十三 日十六早題，為吳記寫財神堂屏字，常僅寸間。一三公山碑一，校官碑一，作自財神黃

赫之那，不戰事財，貨國民，威屈中外，鸞鳳吐綸，綸之薦語，蒿書律以廉，崇四知，却餽

三鍾威圓生，而廉正毀，以指功世爭，肝膽當為西閩太守，亦移節，魔居海上，山上東

街吳記之 營官

錄龍生九種　余所閱者有載[illegible]九種龍，其名曰：

蒲牢　此獸好鳴，今鑄為鐘鈕
嘲風　此獸好險，今殿角走獸
狻猊　此獸好坐，今佛座下獸
囚牛　此獸好音樂，今胡琴頭上出
霸上　此獸好負重，即今負碑獸
蚩吻　音痴隱　此獸好高，今飾殿脊獸頭
狴犴　被汗　胡地野獸，似犬而大，善守門，故今獄門上畫其形
睚眦　括差　此獸好殺，今刀柄龍口是其象
贔屓　備戲　此獸好文，即今石碑兩旁之龍是

傍晚把附小屏書，思以天雨地濕不能出，時又苦瞑，乃令婢僕收拾。

十二　昨夜雨不止，晨又陰至午。送陶仲瞻女嫁禮：緞箱、神衣、對，廣生山送，收一包。午飯後，利為姪女之四錫歸，輕吾師來，叩之嚶嚶，與兩子談，遂去。初三夜查儀宸、大保與成試陪及其事來，今帖謂眉目祠，已至禮房與欣宅，宅業業查說勝負，及年歲情耕，甚眺按五陸店付息，又言及祿昨已大病發，由絵欣弟二年後，今與親事之篇人矣，以旨繁同弟又少一依持，乃勉依其表花鎮閑，庵其鄉下近為能度，且信鄉人不出票，為之一條，舊話也，未得出總于鈔局庵與堂許一客至論，何知金銀差烟費了。達庭劍秋來，雪仰丁某田伊言。祠中領款，本年以八折九五扣核明

二元甫請寧姪責伊將以祿領此數，余告以歷任自十五年後，俸未以差，年終指得係下年之胡
茀贊以上轉與此，余因寧不批。延及今日，余屬之告族，謂以事不係與姪爲難，爭此些微，族
約以明日祭時，族人諸集，屬以從長議之，別去。絳頭見一鄉農，告情于余之知之，乃年相佃卸
馬四子、右全文平案全條、云福林之四議矣，令其議立祀碑于六毛、黃不果、余乃以馬同卿合合
若不如願還租，六毛不還田契，寫佃子。又寫言愈六毛，務謹留存，還田契于大東門，令別。余入山
壇取息找，計五元六角作，云稿抄已歸，性之下路，供店已山居之善揚西，傍四五兒王星夫一談，訂北兒
桐之訪者再送年時程，告有松木稿可讓送，述生言之。又言陳氏景運不佳，北之店寄日記、曆心傳等
務精儀信，謂其二兒弟均已生男，均名　寫案女玉英，知寄蘀館有一男二女，而其祖父年歲若家
省夫要備于此，寄不暇知其數典忘祖矣。旦邑怪孤多年，諸問諸君所識，揚子津之怪形之不入
場西自余芳峯，號夫開來鋪于北門，市舖者七，歸出一大屋罷，雨歸
義寶竟日不事事。家人煤者至，樣拖陳氏拜歟來飲，留　杜嫣旺做之卿
十三　晴雨。整作早起，知萬生已換秋帽之詞，余以張店府引錄送曆，孫玉勝赴云姪余爲老閒
地事阻其詞，得者乃西瑞也，室未初兄弟十大團，以府未全，取食于舟，四玉同刈刀合稀
今玉王相入兒　軟匯四縣之中田孫之申抗終之周廟不早　門　房

郭巨侯祭松與談旗丁領餉到，書局捐款臘六元七角，張店寄鶴款梅之，又陳廣安

捐四饋餞臘十二元，六人事松與屠寬並其弟施三七人至，又黃運沂交　三人至，又相校康

交芬將午節捐將祭品與捐款一一點收，其餞臘尚饋，上年十四千，又杭會館十二元又

汝仲交款，六千元未收，餘二千元未收，以其發存本處余，俟之，屠家全之與蔡卿又交助修凡

本與黃道與陳君生，三友燉佰祭茶四担不應程國之往交其捐款之，伽請不來與

臉及各族語帶，午祭按喜獻俱請稅，又為其捐助祭，初國六科，午後六傳

歸余寄送張吳甫陳季孔，星三嵩之，因於怕往而情及料理，往之英信厨餅，約長子送一一作

別，余歸已將三下矣，一路傳述榜信不實，罷至青夜十字相應及陸君士告實

本邑共中八人

朱宗信　擇雲　許[illegible]　六厚　鄭　子仙　子良　張溫全　碩伯　張楷　步青

黃寶　璞　倪　袁　張頤　宗祥　北闈　吳以成　是科新政改詞為鄉試論列，各省聞墨此次多半寫情形，世

亦金歸，應旅之林懷

其日英親母上七之　兩報告健安兩對。朱雅梅二女已久議，須料理文之，其數件

未成，約國棠　介石孫女子梅，於梅仙女長女字陸曲雲字

十四 晴。早崔荪将信遣来，刻书论彩与书寄京，言欲子在杭秦馆二年毕业情形，实告拟要其楼上
招同办，不加招，以照常接着。据一角本地之用，倒或帖格撼等，思与本府商，伊谋会为持伊实为西董家
秋看道旌，二角二吉者加抽，请家由渊与否。其分写信，日上杭，久拨成到，实事求是。传其数内言，书不似语
人称肥已分面作桩缶实，即应者。伊意昔须而做，则照未达，其有再说。右在中。右在中帖至中苏古贸，计元又高
为年西幅扇山帐，背诵五脱句，辞书别而北，食馆饯，移霞居人物集幅，下属仍腥去，到店，换静初八寄之
五月脱，瘦驹为你旁，病已警，泊此饯骤会，欲为熟之。后成之。陈洽秋为书，托姑苏据宝亦大学
书来文写成。又孙李古通知师范学二种，请相挈，而伊以书为未去之，惟以理物理哲学三项中者
郎传 静来 来之不皆，谦宣极许。汇一二年后，而书贴书此，识会否免，多惜而更亲其身，弱秩胜只自为而已。又
五号合 使来信，宗得所，达卿信去寄之，据已到。又接吾斋信，帮路信。嵩之懂下，请贺揆云为信来之密
使孚出 望道书二卷，请大全读，由为寄之，安阆小学堂入贺，揆云知中诸人会错已借书询静子，中书宝盖客之
将条任 陈莲汀六来实清话，李中修理清洁，再月一新，米附许书发此，看振乃罢。孙煜之上来之，后来访达卿
晴。取麻子散之，自煮药。条达卿取书并劝其家境况，米大收留书月午前，定凌孺人忌辰
暑家之 邹觉佃手及陈仲君，来省疾中。书内一封
十四。仍付信请三弟取到，达卿贺附书，十六年 又孙穗之 并山房。又付静信二弟，附佳信
永郎信，宗从郎 郎佩

寓信字未识自横书粮已過廣書寓槐卿帆北又和陈稻紉圃与孩君一谈又入同陈与松寿访静侄父
卯飯書 伊子彦又修乌市契一帰 廣生弟老家大哥
写讲种 在坟茂色葉于地 又苍藤如玉该田住毕舟舍侍御搖舫后不令同去伊安欢谈之彼出见随
附静由杭 故六且唐卿初舟出谭安好频相游
郵四号
十六日晴 移花置日阳中 旭少阳光日不结实 旋二收風仙老少年子至地转剧遍留 鈞药生至鄉
借廣舟（以嘉字号）廣羅来该今出据屋作板寓之是院北至店書庭事 夜於出旅载陕浴杻未看
十七日晴 早发生艺舟至计日李出于园寻瑞金之過入厨余君見索其租出之待莽至门付余乳袁
以屬不应姻度来必不能付其租無之地去生廣则似郭頻之状 適至君扬种糯店告知麻侑也
用蘖種之不洽多默全印寓令伊又廿二回庸付租将地收如湖清瑞舍院跷且存伐殷稽有蔡将状
又概不多地大倍湯貝不必能久持约之蔡名子租标遍羅中并保押令退地屋语久遂于堰下下舟
閑之由春花垅至以蘇家木橋影施文蘭樑霧抵徐门泊上岸呼舟者至向其殺未牽且未晒
林以伊不如约推十至人今呼其又 余翁君叙晒即夜年欲之起而伏久待乃遂议至侯又闻此已已训
由东橋出大斜议陌侯名彩霞橋下个发随之且我行牌该人于雲以初到时褡物择西楼以 往季卿
四马不成遍往与于亭之下未彻布以而随舍彰庚公谈二龄于曼向茶生回庭舍宝楼恰因復
飲 下午湘光来谈伊而去卿辞稿

六 晴。早粥出之下东岳翠微亭，一元另。吉子以家有二支，只令择用请倪杜甫宫微解花八盆，每扣价廿二三当

旋遇人和访锺子梅，渴子卿，因思藩四甥也。讵姿顺不难，请刘桂市舒糖三方，四市饼十余段，以计七斤之左，△四十二

付一元。舟饭后携甥出往东山观戏，适陆仰琴，说而失去，陆往季贤五龄来，经庐下山，茶于近山居，与李伦弟

下戌，柳塘一见，四行理乃去，别下舟，已三下，开至坛桥，已抵山半，晦小雨漾漾，既而月上，初更抵埠，仍谈佃门，笑入我

书，检数不及五石，要之。煮饭饭于闲轩。

夜三鼓，书子殇之问哭。

日 星。早在县记帐房，付汪季贤抵埠需之，素悟舒怡之，计须一千元，约共市力起即售。

说过你们为元上下。

十七 晴。早与侯丙生诣圭田陇，视我田四围，兹生之属，言满田清香有二石四斗可归我田谷，后六七斗，已迟饭。

追令呼寿生，汉三来，诗未已写之，只晕数十五张不济诵，叶书实玉未收，后三本今收时许，寿生将到迄。

即想之君照，渴倒余问之唯修，余本待久情，是也，阅此土不愧照旨之，申辩责气所之寒。

久之，以侄仍欠当将对之，概作五峰，迩又欠光，法上年犹及本年两块，须十六元，补又悟峰，扯作不及。

少谈三中，出钦毋挑，玉舟指允十元，辛年八元。余附已上厕，若不下，舟之急喘，汗流如注，脐痛难剧

痛，惊惟迟中脘止不能之，是生急切数之，来视，情最快，以舟生亦为贯，病发时许下二三粒，复作痛不

止，肚口九暑衙传信九石，适又来之，应作六石，余将六石五斗，而情神不能行，乃以舟搭回之，归舟力确

許吾不拘多少量穀兩回，伊等賠錢量多不能講矣也。至上炕摸下一些，其大如掌，其長指，股而搐之，已究如此。
坐圓上將訪二時，夜飯不吃，只以湯泡上炕，即量完，計二十一級，言須作五千級，計米八石五斗二斗五合，但糯稻秕作五穀。
伊屬三私分折多，究不知何如也。炕下伊乳予寫推糧票藍田，余一以生力二佃佃將刈狂，妄買耙，居須撤光。
不許，以田林。談二以舟出請耙先生。
二十日晴。早起舟又乳寫糧票，余以此項佛老余貸須另擇寫，情况租房來在此雜久，伊又慮余阿處安以還伊
穀。飯後令起舟，以相乳，余不理，且量賬稍薦順。余計伊如是狂妄，妄稱即讓伊回一半，其率須去佃另台方可，遂定令
前去。初一托租房來換余錢，乃即閘門吐至田犒亭，筆生先回取錢，入舟收門，于泊倉下，呼肩夫言力不濟，即留
饒來，先使執予与鄭懋大，陳春生諸到店，知密劉析，陽甫予殘去，贖之萌芦，陳在舟起穀，入回滿，予烟，立
庚先係，鄉鴻四家已年後矣，接見靜十四鄉家，信十三家，陳子聲以信附少卿，其意予許，糧三萬信
靜來，予鄭為玉係，本乃趣廿六日向予許，約穀強讀予書予当居於，付舟租四矣，以偉舞又蘭耳一言送乎。
健來，業夜飯鰲食之佳。夫將雨閣兩喚人起，而余復讀以歲，歷身前火熱。
吉直。
廿一早雨，傍傍過地早將各佃只檢名契查閱，談契有應還款，王閱畢，又上七欠上租，閱家飭還，著出取
查如素，式皆留全之，弟傳飾，飾照式施为，剪細付補粘，謹繳。与居糧房，俟廿二來出之後地
隔稽擇，皆之只宜知但府余一之裁。再廿八居林回，付活卅

廿一日 雨。晨雨，至姜秀浦處還象牙山檀枕，大炭一石 計八十斤 硯臣至 澐言錫孫去未付 携手懷識 晡後出至北正 街 晚入
聚金，付取金飾 手工一角 茂九花布雲帛象牙 俱經桂元同 店夫恒夫歸 店伙陸柏林亦並 昨寄居花乃翅
閩節付二角 更怪極 至聚華 花月二振一轉四日 歸途已上燈 唐乾奎來 余前借瑞生去未償不
子且加問 言其發之 妻良因論辯之 鈔醮頌來 至藏錯書女附因與語補牒
廿三日 晴。早煮烟 付九分半 四府二分半 用小弟之 店福 併發 兩分半 出紙 厌 鋼 王吉到之 陸保未借 上年四合
硯北二尸 鈔報 計兩元 再三取未乃允之 蘭姪女歸二百 再至 知其母病 在余家因留之 藉幸二兩收 擬寄
四十五至其補 又先四 往輝本 幹下月初七為佳 文字朱桂枝女 陸保為寓 為蘭強 因陸鄭同鬼兩並成
為為此事歎 姜加洋四元 出之將柜完 四君硯北二尸 各四分半 共兩分 柜價牌 加又費 錢 結休二分又加
一甲共秀西雨 戌年之弄 又每元零七文 計付洋四取 角三分十四文 入見至谷村 告以所抄並指為某 伊言係私
杭 生丁 二五兩半以余價寄請 陰撥作閩存寄 館徑費 云上古斷了 為書九歲 存桑 要假之 又詢郵
子陳達勝 是學公之出 此邑祠店知校址 廣費付因于梁司 費力陳兩角四元三碗 指陳之 賭要或只 轉機郎
到店看花月聚華報 云為縣官場 往多不聊 新報到 又閱 大日上燈 校已飯 乃急歸 途與雲 在華之並
在子蘭姪女之 其行為甚佳且勤 正此乃葉氏之福壽也
廿四日 晴。午前 姜子力起 將曬穀 計廿三擔 午後 姜稅官蔭來 詞坤宅價二 秀乃來 并至 法 殊似 勇 扶 內子 之言 自 紡 書 補來
陳鄭作草度 戲來請 渠兩人入 皆觀 乃帶避三 此 待 為 余 打 此 作 曾

青峯出曲阿圖引居，知此館有真病，致書其所頌予蒼雪樓。植卿謂靜名霖，中年後應試，三子
達夫之族，傳病特甚，撫叔已而坐定。是日三子孫六七書林館飯，佳并送楚才歸迎社。
是晚李楚卿來，語不住，內子言拂帘一清作花影詩及聯，存。
廿五日晴。早起安便午飯後。蘭孫女令方晚去。回錫來書，以家世法作新婚詞七律，未安，以楊峯之
府詩錄上冊書小篆聯。會子賢孫回任起美人名士廿六長生，以古金碑字作小篆，甚合古意筆。
廿六日晴。七言聯一。書三角送陳子賢，見刀卿同吊禮。蘇臨書。晴之北字寄袁信，寄楊四川軍門。
粽墨西以字書，閔楊練軍。出城謁金子歸。晚記字到，盆荏一盆，竹一盆。
廿七日晴。午前依作論。雨甚。靜帖部家附杭，金陵楚卿并詩，前生自存安，以弃書子節胎錄之，林余月
付經論一帘并寄陸也。姜出路見廣鴻藥店，見珠繁子云，明章札。嬰屋無誤，加上新不論田作年，必五百金，恐不及，致乃屬架
靜琴房先擬提契，摘子自成付紅余閱粮多之。詩繁之端之美，需地稅契十不及一，偶必以稅而後閒，約閔將
平和閱收宗不過分，他日由彥禕兄作禮以往，紫也直是空書應實。雖分後福位佳，余子印無余，該個閱回送被
撫靜必何作笑，益甚難已。小如非取二串。當條屬石宗見，雨來，歸并慶脂詢，朱安狀云，人似少弱而日常
晏鄭書夏令猶擇梳洗，頷之。申出北門店。右報，寫杭永和，任任。即據靜書，曾由縣記加寄。
吳來，出于北門口，見一棄子，大四不足，破面有麻布文，似見有字，拾視之，乃吳未孫氏年号
似大已生，字相辨。援曲諦審，實係吳墉，其文乃大家天寶祭係天紀元年，鐵塼堅似石。

廿七日 晴 雨 昔日霜濃寒不已 剃頭 覆讀寰宇訪碑錄 閱隨軒金石文字 記律畫兔種用筆墨甚識
辨壁經而自學則胸中一物不留住 亦猶作文在少年 起根而尤在認真 着力或有省識 至以 間為論
西樵可老年 尤感之學 弟不可備問于年可也 隱而竟日不克出門
廿八 晴 寒 韋格之寄來 陸根六升九升 王回寓 借陸和令新租須還米 送應田糧米各來 云六七佃租以佳 李楚卿午來 借紙 并大帖 今
長孫 初圓未云 隔熱甚 亦定於七夕定 將沈氏往大五 說均偏地租等同出 余僅存 做 運 嘆 不可之而懶 謂
其計二角 收單 將做水注匙 不以家與陽上雲 借珠環 錯來之 廣 惜 南利店 以 身神 書 稍不為 托
市 半 憑 雨 甚 佳 早之 園 索 瑞 重 租 約 月 底 知 伊 花 生 地 中 草 菜 根 境 至 為 難 食 欲 向 之 已
廿九 晴 早 責 之 以 孝 生 不 理 可 恨 蘭 仪 欠 借 糧 解 二 元 借 之 再 積 未 至 齒 余 將 帳 收 之 上 年 金 之 情 理 又 至 帰 期 嫌 悔 不 交
覺 緣 珠 債 而 不 情 物 收 之 租 瑞 窒 之 金 山 借 不 付 而 安 租 收 繳 價 千 銀 為 難 也 將 春 之 年 餅 至 楚 卿 債 事
再 對 草 殘 根 仲 時 累 無 福 隨 日 有 情 向 有 字 據 稿 未 至 年 畫 傷 筆 意 趁 地 中 談 花 自 乘 之 也 遣 不 而
業 不 相 善 不 下 於 拜 之 桂 梯 社 程 之 妹 可 未 付 悉 照 申 刻 出 利 店 又 可 以 足 來 書 信 得 力 快 此 取 茅 為 租
二 元 欠 去 用 挽 之 手 之 下 為 危 可 嘆 了 雖 時 後 至 租 亦 較 難 令 伊 店 生 意 較 佳 較 得 何 加 危 債 她 無 租 不 可 鄰
朔一日 晴 早 此 後 又 下 應 債 加 甚 後 年 惜 極 危 少 謹 桐 君 詩 館 繁 山 集 書 少 孫 病 危 可 憫 嘆 之
十月初二日 初 陰 雨 午 後 隨 即 起 我 府 往 西 桐 然 以 繁 山 集 至 惠 稽 西 園 問 入 下 泉 種 兩 至 為 難 事 將 出 為 長
素 精 和 集 不 全 送 去 告 以 同 根 須 先 提 契 伊 不 信 竟 未 之 令 其 又 令 請 三 五 日 由 來 詢 索 之 元 付 點 收 賣 租
寄 宣 板 程 而 又 以 載 將 先 還 所 收 米 不 欠 不 加 云 云 函 館 來 坐 而 後 來
付 滄 去 工 十 二 角 於 日 抄 之 今 來 到 回 去

伊園來，定而子號桂圃，名啓勳，先定從其店楢八間，許久傭書，市金詠列店出賦布董丁圃，店而子[illegible]以店用

欵太多，且又留作月經折，不思合算一也；生意九月計減至于二也；不過二傳，不知友不識，真于根三也。各欵者皆不足

勸來 信孚 索回也，且書數端，陳于先余，六條試人之，以不證地理，年任不可對人，因招與免重責之名

英翁 搖健先筆陳考據經古。夜識文字多。初禁衙婆抄太費，玉田太痛

初二晴。早一鼻以耳重，黃貝重擬，疹疹不已，以區玉每年後杜桓先至。桑散金山詢朱稚梅，寄主婚禍誰承何體

華行大明，陸詢不成也。未刻，臨歸，第二孫來，病回。杜桓先到。食後翻值伊園來詩，帳中改書四十首

子雲來之書，定用詩期帖等共廿，十月秋書期于是日吸理，從文字可恐久，至每時夜，余不在出矣

痛脹身重，甚苦楚，氣滯稍舒。書作一扇，用墨運筆大進，惜生妙句，惟出病不能久坐，且字

賢家之書，書福以行大名，寄德福手

初三晴。午寫帖，朱子雲、伊園及三家竹多，將午。金山之書：峇陽乃名信，租名[illegible]余[illegible]

李桂卿手札，為扇資三角，供伊園[illegible]，[illegible]。晴書列接。靜翁、弟陳長安取信，恆夫設店用欵，[illegible]此十四年

靜來，弄觀四馬廠刻一冊，直詢園合方危，如請久之詢，星花價遇至楢，李桂卿宗見[illegible]郎口見陝。吳朗伯等入

火行 敬房錦倉備[illegible]，似大遇，舊[illegible]吸間，語郎出已，夕陽中矣。詢清屋與余共樓，起一造修理，租[illegible]成都

硤郡 太多之，必借另不止。佛送與[illegible]仰廚讀。夜二次[illegible]起視

初四晴。早晴，[illegible]。[illegible]洪文稍一樓，乃撰二至。[illegible]清，先付洋計錢一元[illegible]收陳房租四七十付元，十二至上月之底止

寄靜 寫靜三本，由張泉記寄郵。弟搖旧李賢信。合[illegible]角市郵寄一[illegible]。詢與市一，葆[illegible]店

欣耕 兄子雲云，加市帖書請，期中[illegible]，而[illegible]神[illegible]來寄也。[illegible]寫楢見，浣宗[illegible]，合[illegible]奏與大[illegible]相奏[illegible]

寄静与仁甫对榻吸烟，知辅清宗被窃，于半墙拆入楼，失去数百金，而闻当伊邻朱于日中楼上宅间打开，失去
由桂除　五膜影　不细，城内于张宅日夜防贼，但恐官捕之弛，致为此狗獭。入夜赴席中厨六，奏乐食七盘，四小四热与菌。
记予节　行保成同席，绿之树子书肩生楼侍之正纪壹极至二更许始归。
孙佃往　昨一见国唐孙佃甫医士令兄，汪萍仙子询故友，殁二世，渭源之舍侄士毅下殃。
初五　昨夜雨，晴，阴雨，数麦闵枚彭吹特作真嶽趣人家辫娶多也。午后又以大便里窝困迤久不得
蜗居麻油及打腾间，猴不下，移半而止。未刻县衣对使喜揭特广而到宣揭入，久见神考夜至矣，与足哉楽
见吴修大之临街兴子，见张雪卿之子彭虞，道如少卿责李烨，事出违资。见扬卿初乃抗合，守奥归，欠住校超卿云
美学陪心粗，弹唯。春卿生贼由唐杏凤断脑校，卓未戌而后渭源昨夜失长衫等钱下进房，东府之薛署以
情湖以陈蘅，哲君云士毅乞陪一春之，而与臣君〔?〕亦新版，玉更许入席菜同上日楽奏喧闹，应将散席特烦兄刂
莲汀袁克新行城间，东府因余出名人陪之，以戚闻入乌一路东府询静不入场，凡名称去学，画乃视为善宗云
招家臣二鼓归。　　　以是日遇胡知其孙病
和六晴，付一元半交宝函某，启书帖，截四晒谷往邮，照来，爸其曰井替久之，付建补三吊，仰国今向唐送礼八未付帖及桂阁。著乃书之吊
宝信　门一顾和唐曰晌，陆鉴甫书以弟兴之屋南楼伯与合，今闻伊改造，将来而经之此屋伊买之，于屋味三家原主陆镜比出屋此
诸师　屋伍宝楼有同治间，搜余书附局（镜）不知，照余书以前年进时知照你影，稚手将租赁，但会云向有原契，说不致误，但余却之知
骸　照向及特，是半楼之地今包为我屋宝楼而我原契，并王表皆在伊意，书附而岐以此，伊强之禄遂时日先该余之君与余的
水扬作契接而强荐，世以奇相与福成而屋值，你为直并不揆植，伊但僖日殊，与余去去日三千矣，其语久去北入唐询
硅余住心不之者，意记及且宗也，付门于夜五更，取师匠，何之不堪，次第恨之，寄杭于航一住，且原稿乃归
楚卿来请谈谢之，不值。奚秋丑以要来有却，以日之稿

初七晴。早理盤匜，待茂生至，巳初偕挑幼米四斗，另存一斗于伊家，羨馬蓋之付舊欠也。巳初子雲來取帖、書及諸物，余
蓋以從陝州二元乃大局之數。連去售價一未錢，往借楊雲家稿一至，稿甚。午飯備六菜，而人与粮隨良之畢將飾
物國盤飾瓶花果一帖，供重悅帖一名，一莱碧玉又，又鐵帖一普飾二金如意，重紹寮寸一寳吉一玉貴，裝二匣，四人送
上與主待時許即回。花鉄四盆、果弟挨，梵紅帖、四帖二名，二詳送多命一謝，開銷子使，四金，謂匣，道費
興會　興送　共五家今院可冬未，送至果四箱，開發。送贄　字　揚六六　賬以輝三六　未收良鼓
朱氏伊安長朱章者名長金一葉，知子梅生家，並豈只知己女已字叢子吾唐子公，稚梅之孫女也。
壽楠因趣出送楣卿來桐君之孫已殤，代為擬人情，刊居還花飾匣，蘭世六於舊貸，即擬
見易皮析卿，為書院，余為次作綠皮，為作櫻風閣價悅選悅未售，書城一間，求債諸，留仁云有鄭票東注
七兒以安稅因留吸諸行事。伊倩之女張，媒并述突馳，對為從可念易，謀至悔煩別回。路逢李楚卿，偕來
請昨日餞分，周金聲奏告以已事不能來。夜矣，親母去，亡留島
此候之荒諒必与擬為陳已。楚卿偕於帖內，前留之居士發作首序云，甚飲
初八晴。早令晒穀之，計穀五斗。
書知余為誰之寄呂，事回向壽來，特但其室春好事不顧，世事之窮，盧雲為裝，省厚，飾為軒冕，真家設
則書為世風之變已，未保者之風園，惶命雖之，喙且老也，貴之歸不服，竟當但費小氣，卻諸而去，老歸，更加諸子
理便飭令還，勒令即趣程，洋瑞云去，此事不思已，想替我望地，無論向時多情，縷乃北店，見仲說去了
擬健。初七寄史笑，字已至代數，並請加課。而不及中學之進君，將抹以為我為不能多學，從理者去冊劃之，加帶
買書不少，正雖為渠有也。它書此字擬已不見。至直梅李宅，論性六左，伊家會茶而往，晤諸友，並鄭佩紳，東廊

潤漢經同少岐至上燈奉侍不派僕歸院　計二千餘人六席內分四席　主人已位　大菜後主延席　謝謝　昌座奏曲唱
四家　乃奮　趙園醫夢　先開孔舟　易班秦曲　入席　菜餚如十六四八小碗六大　二道各人照加甜飯　余入內室看見吳炳伯寅
仍歸安隱樂女家居之眷諸親白僅陳珠翠及盈頭華賠煌赫　咸爲這齊　蓋均境左手第四仿高家宿之開之闊
不彰兵待飲至立一拇戰與一華一格少歇　術面合桌　即全罷　揖燈照歸　識城閣未開　收巳三鼓
梅健芝家　內子收兵付二元　許逸雲來
初九日晴　早出照玩畫　至陳郁之同兒唐至　叢下三種　吁　錢會　王固盟　從兄至　談壽生之不間雜　昔以善書
橋讓梅卿于家　見宇累　病日見愈　云從中學　現從上師　似少進　詢其種植左扆　今言代爲少
陶不然已捺　錯矣　西值陳高留辭之　仕　需謀　買書　立改箴之　余怪其中學不然　坐堂書詢之也
萬西書牡到店　又書歲馮租屋　視陳升已折　我屋大半蕊直　馬立信即日修成　又須換柱修壁　費恐不
小旋于廣見說于　云伊租主以六十元按六八桂並借全　南見回六嘗與競隱道一諸屋　云停止修屋
至西得飲乃入晚李福西別　伊面閱郭孫病尚來也　見健人于鄉　呼郭木司於錢莊日回正炊
初十晴寒遠不大理　以中腰痛遠起　腰際與背脊並痛爲軟良多　無不離作病　早請收至午
而起　午後清其雜著之類　又染病來　郭壽林來告　伊屋係依姑婿簡可了事且無
我之田卿　著書于其店矣　吳襄卿爲談而不見　而有莊壽到已爲碧青生不肯來　係書館交嗅荊
司碧于大街見欣不告以腰痛　到店書函信于樺至程郭梅已往　云不面大債而司司立已去後泥而頹
買醋看傷　說店於日鑒桂上梅芳之對媚郭塵積不能目睹　一書城寄司不見　市一　擇五計九十六

殘現一片也惟兄雅愛無僅今既作無兄十餘年而兄理今一家安安之不已而余于棣緣備寫知者矜之

口授侄孝先復語照例筆式棣華收存舊無誤附静筆意而少俞不能剝脱然一字七字郵來也

静春名
筆郵

應閱者譬如杜甫老入漢無似而老兵甚多豈能知下層寡為融中文棣寫識入融字他物了

侄穀與棣華信生要式一二条觀畢也可畏孝中棣上下皆人時醒此也

上晴午堂臨陵屢賊縱橫恐不得陰門兩傍兩將彼雞寇奔不問抛深雞而兄往仍獨向我家與我雖阿

且見侯茂四四來可恨之甚思得一法以大木架于半空使不得觸室而入屋內以竿闌之大過于遠壹

而下日匝之備賊又思中操假花墻加香樓室甚用度樓趕畢司張月嵩亦以備馬屋并常備名情

四楊來常之屋伊明早市尚乃至口再去善后無人之衛也余棣年後剃頭三下去之堀下次后川同瓦帖但無存

侯者列來同學但去後到店見閑來照之以招之言馬屋加備須二十尺之右而伊租備在店皆罪于寒而我當短日廿

又云易俗整頓加分加多分隸提溜若直伊告之鎮告余言之茂盛者必羅又入此于李家門孝程澤李瓦三包一

次悔與次郎行傭之久先怕而墙者五斤怕厌以亦以司作柱同深市可烟之入松風見閑與之然發展全書為少卿

與陳六侍御六至去與問話天大將燈乃回初園是夜得一子可喜

夜數之警燈慎恤與然者洁

十二日晴陰午後雨司司來以無影作空院以土又須市泥為雞棲可砌之然既雨至粗居若也四楊市雨葉至

留午膳畢來刻又會甚內子撫病頗劇勉持至將晴穿雨雜以書易膩與陶茂于家捷之了

來與馬談再往之夏宏德夢人書至牛玩亦以當播至佳店隨上燈而留矣　後伊等行

不安居不知難并不以居為事而業日業樓于家多危虞案材未至者思收此足用今者得藏多日而出
總其修理皆在季生僧於構此二三十元丑為案過節付整之用一金極半人難言待寔難不度其細
其當局解中止其[illegible]陽金已上路結甲亦于難乃
夜又閱某起集其次少其足而危上財者墜要物不確之[illegible]也
十三日陰登上店 司司查陳寄外人之馬極工作[illegible]而那日間不來大文作章上考及以存危不
付去巳桃康黄目登之頹如此帳不深習此業之安不足當責[illegible]怪天下之無人理●比之[illegible]
大來門入山檀間只我于丁乃 云錫蘇今至西書[illegible]乃[illegible]入[illegible]即日再此[illegible]同乃似[illegible]有[illegible]同過[illegible]
乃言是實而尤[illegible]着過[illegible]味閑[illegible]入[illegible] 金山[illegible]至[illegible]詞[illegible]乃為一圖[illegible]色報保[illegible]與王貴卿全來至
十四日[illegible]家問計一再細告貴卿老于生意[illegible]者[illegible]計再措意皆非正辦乃拍而一二[illegible]今明日來且[illegible]而細
為[illegible] 又[illegible]向[illegible]加租意[illegible]西[illegible]之抗[illegible]再加[illegible]議之[illegible]之[illegible]二日[illegible]伊[illegible]不[illegible]對而
[illegible]二月加租月[illegible]二月租既過[illegible]亦[illegible]之[illegible]之[illegible]北[illegible]太[illegible]論[illegible]友[illegible]
而有小息口事[illegible]閒事 [illegible]到[illegible]是[illegible]乃[illegible]于[illegible]人[illegible]李[illegible]小息[illegible]至同[illegible]而
四[illegible]一刻[illegible]打入[illegible]道[illegible]真[illegible]之[illegible] 市一貓魚一斤[illegible]一兩四十
夜上樓不成寐
十四日[illegible]平[illegible]起[illegible]司司[illegible]二五部小日工[illegible] [illegible]木[illegible]等 司司[illegible]不[illegible]待[illegible]不知[illegible]
[illegible]不過六七元[illegible]利[illegible]與[illegible]而[illegible]不知[illegible]

迨之夜作書致弁吏送汪得時此事一塲隱秘快者不無其人何其知識甚異至如此
栄所言既錄本須及少工作之時天有知者爲疫死　肩碑木二大根十餘擡壯一肩　寄存静齋
静表士恭又物致挽仲峰石門度館陳聞如虐頭摟棺次之　至中和書列居舜至徳下于此石展明寳成　又見日
勒齋壁猶存之兄際大北之馬祖將疳　辟已得泥　本作修宦與馬市之　不入年取租不出充付書城寄石
信于田院　授甚將静笒　于是將書至石恭由者摄歸已上燈　金山來事已爲夜鳴說者了
十四日陰　勤之作益兩起其之　寄人並菊致蓮姻向　經料甚炯　小夥那里實惊多事何分宋　阻君
三更卜　其餘至赤結畢　付寄静齋　欲生一晌静默不可得　天小雨止　乃逐出到店　接健杭字
詢物考而查剎秈以伊一人或歸試或与查送乃即寸之後而之令不衆　况力用功使院考書中
寄静頭住者客中爰然送本書上省未經料　即或住航　過北馬祖　伊者加何宦業未許　而已担買萬上　一千除巳恒
木一竹　加挑之　此加大三兩百文不多又本竹釘　欠用一斤　泥發時其擊付也　市宏第一兩　乃歸　細雨中
水二釘斤　度又赵祝　勞者又有人達掃　待于内
水三小上　十六日陰晴　早刁陳三又之作早來食午送飯　夜隨西往還張多周折　晚工畢　統計十二工四伊
上上　答拜比元七甫甘　是来到往廣氣與余屋加花墻滋向加罕架墻滋之　暁後至之者
來句之濃隱　歷張事　程匠者章之呼已成　此方來念邑十九不得至本大半　入學書
習美笑又字作賈格詩書　棄之如遺風佐一宴至此已極而爲秀才以去時在本者而

十四刻真僕傭颯欲死矣 言之可嘆 一到即由以小樣〻寄作山水寄巖陵待隊畫絡異于向之散淡者
唯筆墨少生耳 作畢天以雨不出 五月應司司兩付佗而又屬竹竿若坐以談店將我錫其挑搭吸
余覺洗浴余筋甲稍善遲 下閘 責之以為責伊豫中也己之 余大責叱且令嚴工 洗乃作之 意之用一家士
以此尾五六百元之利付之不足若家十人以當二十間市屋乃可活 香之以雅耳 宗人俱不省也 可痛惜
十七日晴 雨午 初微霧晨之 想市旱烟玉圃并視呈墨款畫傑 地不出情不超痛未望哉不可之 墻上有一不篆
紅日乃愛慶又枸杞一株而色俱全 乃撤回一盆向陽 盆不出 四家人超菊花真枸菊延齡百併日也中
種生向晚來留依與語久亦以灑傳談改學臣余已書可贈或一要免餓云之 成書 壽馬和來五十
計步 打 三升耳 十六日寫真情小菜撤設色五應未完 秋彬林鄉往者許宗之去
應向寫介有孝悲此之則行見東更疑乃同寫者之乃一裡故也 亦見條書集 應合宗佳
大雨霧微雨霖霖不止 作畫寫時物詩書緣 六早十二日向少日微閒 再孤食宗樹有味果宗不已
煮一菜飯 而後性懶挂其尚無信可恨手無寸鐵物豬為持 壽應李子而為橋無出識今日痛內
未殺挪到者日十二人與此則居善治事 悔言之須用木莠作方不再斜許之 過相言欲樹人表
肝痛見梅仰之守息今日上有市糖芋蘆帰 用一開 應有潛孫可甘
和雲無小腹大痛脹甚不能以語上樓尤甚手摩揉不已至三更乃得下氣數可去石
譬指已無積氣幸睡快甚而若矣

十六日晴，午雨不久遂止。早至地攤，拾宋人粟秀亭葉諸被馬夫奪。蔣玨作畫頗有盧客布局風，今人解能到
者僅，而不出四王範圍，卽世無知真四王面目，倒置好惡相反，實獨多耶。高八寸，橫六寸五分。未刻拜早
於錢子錫居，詢陸舒之識跋。鄧齊識見雲魚，云曾吸烟，即係其意，仍入山捕象，語多。
雅之後，出四國對策，又囑修，降付生活修元，初三元，贊七十二文，付五四花能入微，還王稿各。
十七日。茶細談，收且不來，兩聯唯有請，滿追遊覽。雨至，閉門通雨屢之，頗伊仍於風至。
別過竹宅，以與生共齋之樹語集，過其北入府見子低去歲，仍知近已動身與蔡來本
嶺南昨日即於舫館讀早伊佳換時相價內私報其路鳥已五月五日北十五日高和知為前推常
伺招見銅葉，則去秋承烟勝未成。路過十五經前播鄉，達鄉地來至今書見其擇，
一貫，叔丈別仍北同嶺井于報風為王帥，無達頭擇葛語告鄭，為伊蔡署其批狀
余未得德其意還者，已吳來，著不為存識，為一試點從書整治即備停，兩伊急去
申已遊王家語久，歸廣雅，烟市芋于橋一公，雨歸，道過山芋打桐
　　夜坐雪梨擬之，洗池之血閱祕笈
十八日晴。早起捨於本家語，舊磨已艤，子一再至家，入門戶鑒為出到廣雅報，取帶至此，上雜于廣居
已至稱于客際作觀過銅匠，取其錢銅未成下艤。而午訪子和于其家，又找卑二索三冊小種，出已往閱

一刻但見生雕中趣家泊第刻老眠少女與隆土呂友卯久大妻雜生結圍比紅絲十四五人師鐵夾一脈前匡正斜轉行每土崖石起付百出世之事華芝詩話于左下版已秘于指亭重怪物醒其方安穩風景甚足比抵已上樓見初州印正題記書但事光碑而近日往往謝謝而都在偶叶宏難經近墨傳之好不甚佳撒風是雅異自篆鐵筆而中書作一蓮館道中書于碑亦可下列文祀世之好其上誇一時譁戰争指二更乾睡後仍飲　夜以未校二冬作新校好作

致陳仲恕中學堂儒轉寄

□仲恕先生明覽：近游清暉餘田晨翹攝，楚依其及知所指，案前內人嘉惠士類甚盛之，前哲亦見同華信知中學諸生有欲赴院試者，由堂補文中道曾真，謂有業兒亦聘時校二試，學堂竟許與否，僅遂日杭府縣試已過，月初府試後院試即舉，未知小兒能否入場，兼習賽本相，各學士外餘唯伊一人唯□，仍乞寬閱元未請寄新例，小兒年已十四，未知堂中是否堂准中逆，完否能免府院試，猶請執示，查示伴有未諳，是所盼詩。禱。袁英仍與縣府試則堂生與他，獨舉異客事，送出拱讀，團作請票察明請。〔蕃附〕

○三更後熱睡，得一夢，赤身于曠野飛翔，獲鳥蝶唯自怳身長寸許，斜俯而低，外立五六丈遠，見萬里，此夢卅年中作者百數，唯夕久之，前一偽頂之一，舊古府一吃，解而未時按驛，奈尻一下，奈驚得，而作實有積極笑而怪誕之，不工言，以仍夢語，去茲之來下，又夢飛至一石山下，山則尚山，作瓦色，紫素株木，耳小，微瞻似少陽至下之說，進而有田千畝，能北望，一幸，共奏惟掉，去大衛收塢中有石峭起昂首如塔如桌之布，知田中石乃山腳未開者。東望石山矗處蜿蜒而下，不斷數十里，西看墨龍鷄足一邑之瑩苔挂魚中，純石之腳下，惟田四首西望百步外亦然，起伏多書法意，蔥鬱，余照夕陽下去，拔步歸時，驰崇但立久焉。

廿早。陰雨潮作，起已八下鐘矣。閱報。看李程摩本，讀說畢，西來動劄（言），簽之鬼民知之爲人殊之，小家宋之而大臨。陽5皇上不之知夫下臨陸業固而人相推諉不破即可爲憐之，夏侯付使諸有附仲然任，又付靜臨書。元有可四家偃下付二十元倩爲傳伊來錢之以付家廣吉小不能久往也吝也。來劄杏遇人叔門見錢子梅遊入薮讀余詩四錫生袁伊似許可，乃蘭香往廿河茶叙，又呼蓋餛，百因談及市及石門田年有陽庠家子梅指十乃伊付茶鈔，詢係石門田姓查恒茂於庄庙生理，余好面善，惜田先行不及詢之。稼侯實先五年前廣之糕子往田以爲富，伊甚同席其室烟好也。昨日詢子梅，又云其家大之而丑。歷乱蓋與子別逾三鐘，堂市上有鄭粟帷存五分者，乃將杭州往矣，牀之陳或簡溢之嘉田最與共有雜言一刻，大雨垂作，乃亟歸。碑院殘帖，行有半存不全，墨拓係查都山舟眉胗趙枝。秋鄂付蘭亭跋十許葉，潁山付行書跋一本，係吳宓東田侯等跋，乃康熙卅八年之作，用筆神似。靜使之詩行書張帅筆真筆勝，下有鬼其神化非後人所能學及萬見者也。庭陛侯一行然當耐早以

廿三雨多，淡少攘讀法倚兩，又石帽雨其懸空半簾後霖根王卓隨之後入時之身爲今友倩情與往來錄庄子盤記留佃多存久，半徒皆雜姿悍罵爭鬧亡言不為，余人乘七夜雨又多陰是也，鄉紳等計

布鞋錢三付一角　夜，課承者不送去，至鏡軒，議李君附列余所，雖未收，不信後，云照辦。
夜與談人新語，又示宜林程，本上詢談夜伊家情形。　夜雨止，少寒，竟日寒。
廿二　晴　早寒。剃頭用洋取暑衣三元，明朱湯送。禮書千言作歸，至到方道嘉畢，與任來唐主詩，帶訪胡圃于添香，
（十六初節）不佳，遇芳恢仍店，蹤跡已離，不多偶。壽松早過，對門若語，見及二子告，共即請不問好道，大見又望，收自隨店。
話及初共自度，談後至此，實難等與談之，偶華莫不隨式，無之隨從，往若必伊等作隨生，即告靜，倒家事為
男愛遇門房，談告嘉狀況本請在，又升階，比備雨用，直就中雖即救店，代付伊三元，又以據，不必見。
去也，至四川已歸，遂與談談錢贅。李照已去，六中三個請話去佳，四市不能來，便稱難傅時也，又動帖（兩
三云），初國本借至東山詢，黃山有截而城邊，燕錫見于東寺，由東山繞主古墓，間見高碑，陳刻踏石，
買主係收嘉靖間黃君靖山進士之墓，字末若缺，不可辨。墓前石獸極東橫西側，未多殘缺，墓道已
為起居屋，（右之分頁斗）真有小居桑之盛，字屋作中三黃賓，即其商也，對女孫宗場，在年若樂殘屋博場林立，今
已改大廈，路進合共。臺此大街市，談轉于信係茶中，肆食米糰佳，余之謙吉陸輔奏子間問，語與帝等
一到，退嘉藏知，住藥高納妾，未城見伊來，店老談舊商務，見隨動一恍，書生元泰，詳信不清拓好。
排局地甚力，過芳餘訪信，從此中入，往跡歸飲，隨狂不以，不動看色，須速轉之，又合之，行乃去。
夜，李贊告談收，語余房令須書跋，余收隨，又未成書。
廿四　陰　食宜林市羊肉，六角買白針，收其記，試古帳，共觀，乃出于門，隨動，又來遂合行，若且留，恐今歲過矣，收去。
真空空之愛名市去五元，稱來兩角轄，往謀接三角，一呼局舟，便回指包，今宜林肩下不佳，去報李
為約有市就料，為與即售，乃別式舟物食趣，比于茅橋過夏桂卿，入嘉威轉若部下，隨華舟
同舟一老，其小主一同吳往友一，乃黃松泉，今贊與友，于是四人請扎不能，勸只吸煙，曲身以坐臂

痛甚。酉時去下，抵岸四鼓，先入居，又行燃退燉煮，益增疲悔，行行讀五色也，余适逢，夜共食同之

船取行李，有四舍，一慰于居，适歸。此後出院石信，张謂四劳，頗而歸同。舍人皆余家人，此常事耳

宋樓孫仰居，欲求侍，言善識多語，住三侄宅

廿五日晴。早出，買茶，換衣單被席食飯，得蜀庐瑞，未晴似得官定一家甚妙，投我斗，子丹時早出，過讀詩樓

光訥出三屋四，求甚，旁中有一舟，于一賢行，一屋居之，後出方扇十二，相連而閒，深又訪門平，夜雨讀詩

平齋唯一大字出而耕侍，而揚帘，則為君今若干郭大而三四信，分付秦粟也，因之不免歉與說

印書滬，留國保貨為生理，語久之，适季拔續出，訪仲岘已拔拿住，噓嘆乃指津成，又億分播而他

據學業各項，其事務零余兵，指言以甚度，則昌言石林兵與甫合夥以色二元，樓以一半，所色一角，以六千

計分樓和色，庶館已及四千另馬，聞韻，現樓不案，仍世言順伊之為善，並告與庶務，頗甚遠之。近日上

在續業出身章程：小學生畢業者為生員，中學者為貢生，省大學者為舉人，京師大學者為進士，再

猶使學卒業作翰林。若小學業已入學者，作學費出貢為貢。衡以此數，推則秀府院考而不試而得成者

若干萬人矣，不知文機回情何如。言之別出余公，走謝蔚坡居，過訪錢實貴國生，陳瑞林十七來，世不能極者

惟乃詢之其空神，定府之謠言，竟欲為移出印。余小立片刻出，諸往榮為于蔚，以伯寶即門不應，此冊居樓

俾學語誦用撰需言，者所出已送示之。出城，取細具行謝自回。往本署，胖拔未久，行尚所許，付鞠而二資

見民信

回居，又晚，實因已痛，難忍，即之三寸歸，甚苦。夜洗足。太太材瘦。夜以而得，甚將昔殘，過右同，武武難極慎

封高似

廿六日晴。早有微傷風，身殊不安。趨出到園，閱瑞堂，租的出專，歸安限，而有歸口談遇，得，我聞坐下

葉種指示一一開陳粗畫於盆具之高歸　周少泉夫人來借衣　擬作摺炒人物寫之不識體格　應盛之四下
旋出付胡店歸令其夫　做成特絹簾刪翻洋皮包　受之周韓店　取燼鞋付價二角掌　到店順手仍詢豈甚
飫後除此本又傳櫚雅塗並閱報　歸已天黑
自傷風不適　瘦甚矣也

早

陸發時一覺身熱香痛甚誤貸　四鼓來訪　昨伊田之呼寶生拿錢　約明付五角收藏　莒蒲枝紅收之
中午種子　才下往店　族人劉全五謂張店鹿之從落者有助田產於縈豊　其有本稍田畝　伊欲租求同往詢
箕之件以僅領當卅元　余昔小之　其價以離偽駁據也　故出此合裡及向以借之而受又至縈豊租　計其在乃代族經
柏且許中刻來之畫再論　約午伊出後四留飯　並吸　二下　偕出過小菊收　命定　入道李林夫人經搞畢後
渭陳陪話又5　弟子梅論其事　韜根又5種承　汪榮生等一話　僅出乃合之　量入見畫　訖　旋同連
商出而告以族人租此田予伊　首肯　行和二來　友村祖書出官見書契　引泉大喜悅　蓋事之以極世之與
而答之不過十得又作頂首三生說其地伊生年實貝　再其人真其運韓約　再一出別　到店　韓此見子依告辭
之內田仁如聰之廣市烟角良山芋過話　欣商非宅　兩寓吏來之瘧　發為代際表賀　業附乃去秀才來
告之勸學堅持之　陸欣大題之　陳及雷腐之　要心果欣之元　又陸及擊國　族人妻陵要飾元　全野聲笑
無念而有訓　如乎余然惜帖之三元　柱付而不極其窮之困　欣示質定子將窮道取家本上語極危　但做不
列何天已衛山乃退而旋　市一席　是三下　健人特錫來　不值　夜三更聞聲起出看　房帳
我生四卿呼連者乾地圖魚

廿八日晴。早因傷風，起甚遲。力疾蒔花子，以五盆撤內。薑菊十白紅種，俗收存之以供來春。寄付健安之扇，附三元買書用，又以英學堂章程寄出月刻白考卷。

覺東來接。伯英學堂書出月會程。晡出訪陸榮齋，[illegible]，又蔣[illegible]伯家茶話，久之出，[illegible]到[illegible]林。

廣居向指燈未動手，到居鍥北。將律信寄同源。適有許雲卿子松林杭州戶函來，切囑廣田條回付酒，又食蘇州來稿。戶簿送達。談頃，洪芸談老福○，壽錢孫壽生開頼接曹，請不在心。（寄健三元板。許松林。）

兩簋之並利，令智啓託。又陳小蘭談，許十五元不還，契令加七五分，則可合，且以意無壽生無謝，以作余序之。（舟自任之。）

出中余廣告此因大誤余，以狗米二人詐求救於立據，折讓只半，存已百元，貝中代余已出廿元，今根问其中已虛出一也，又謀去利租息二也，作此三也，今不在余出而誤，便宜不向之謝，而反害余之印財，多好施決不肯重出三次。中資源令看之，伊二人終不悟，憤之，議令一者且契之須銷一者，控其名皆恨之，以為多人欲若成事無嘆之之謝。但來請者為談壽生。（為華。）伏望者壽生意契等從此請立案呈銷，依余控，於今猶未了，若以四退亦可一經通蘇，隨不久回至南。彩霞橋別，殊不解此等人之居心何等並借不恥如此，一至遂歸。

夜飛擾不休，疑不去，次晨揸之，又諸帖為被此酒傷數陸。（寄與陳令施予於桃來欲米。朱來繳從學章程。）

廿九日陰。起甚遲，待寶生等不至，而飯米已盡，不恨，被不知要何耶。門口幫濟林向眺，不禁脫我如雨。

閱舊曲居報，計及積家近之次佳，玉芳舫告主同居寄狀，談及佃設佳念之，良種之快恨。

四賜一來，贊其寫生不必語多，舍濕且其神形瘦不可支，為危憲語之，余告而去，真成異氣，可謂作畫中
帽心甚歷亂。至四下令取絨帽，並携隨之店，衍來會之。三鹿弄入陳輔堯新宅賀其子實弦娶喜，入見陳
琴舫並成并贈之，遇子梅樹人、春甫、輔侍登上樓，結緣房，喜果見，乃携廊宇觀樓，午餐食漆粥，
耀帷開，錫因廉翁是壇紀之象，知沈翁言夫人與吳孫來已不相識矣，及見猶之，伍佃于坂友律之小婚與之事也。
村人告訴春事為逼迎，夜入席，余居五座，吳世兄從陝州歸，五城訴王令陳不能逃，兮根葉易執，武錦不也更為使。
五和見問甫暮，乃去，散材姪至廣生換燭歸。閱竺書其令翁與殘紙來函，已買得人五姻處皆把指揮千
三十 晴，和陰。司司來閱訊以來挑瓦料。年業南來，仍來諮詢並往師呼之，竟看新燃之畫法，仍催飾爲幅。
至三下出于陝，因索王瑞全稚禾暑明約之屬，之程一生言病手，王子鐵友允借其來借空之據，實追還之力，口稱有人云
于謹只康開荒君戶百千餘入，余大意必然那意忍之談，是則余地壯只甫不易租債，諸之債之並一詢余租之欠兩月議北足
搬靜西家
層羅程司中再議退子，此告其位甲，伊所殘債之債之勢，店搏手財，僅并加去靜函，稱其修楷書，匡靜已就通
兩學校明春開堂即議退。年前再出程量，而此語尤健人娛惕生之言，并一事亦之業書于恒瑞內見談書，福廿一戶十三保
海見順洪合之廣豪生之至執之，折半之中費須由余付，余度以田本十五畝中資正出，合本折之其本難發，余加出中
費，則余七畝半之產而得出廿二畝五分之中，者是理乎？順洪言其三畝，校作廣范之，余庭其可弄生甚作呆木于湘
來語詢其狀之謂大范逢筆論無已，鄭順生來，其狀乃云果何聘金之得，則莫知參壽退租，是當則田主收頭之以
加
土中費壽英說租，則加租中須首以作中代，余允此言者理而從伊等之語，夫已里秋土畫多蹇蔭來歸
夫日暝思為此費之居長，慎閱無已，真無理取鬧也。 附述有似瘧狀
十一月初一朔 陰，大霧，去廟已閱，借二工。來寄語糠粃糜費，睞目整頓，恩再給租錢開加

算復往李照侯，請共相樣出售。未刻出，過王開甫于北寺前茶店，持書相質，得洋十百數分，厚付
來簽租照。伊又因共買洋再三嫌之，請伊并告漢伯之將此段照不能再便催，訖云。說久之，別出，
廣詢廣成當典票，即未從之，隔日再往陳翔往梅健常閣，伊肯作公字。未生閣子數十條柏考，伊與宇
里官便往考，以甲字現雖未有，另擇之將來當更急。以後靜去請余主催，呼余告假四題甲紀
健來
學收
余擬以心太移威費，詳靜之四點，又時之過子雲，招飲茗于松風，梅卿來，言守其狀，多辟去，余亦
到洋
主廊下，特思入成方，以中鋪太低，不能以此入，鍚詢續多福，何此之圖，詢卯圍之四庄鄉買地並王達材
作
詢來東湘學，查李程之契買存。後鍚詢女閱全照一截，簽中以下有出月分否，使向君說試多
費財力也。由之歸已日落矣。晤桐君一言，知其君居出日本書，說諸友，命書林大名號詩葉內之
挽聯 留名 真愛田孫不獲，而照 吳梅又乞作扇面一石，成字書中字威
初六　工首米乙石　八九下　靜庵歸　詢伊情形
雷　晴　起甚早。工首米畢，伊照穀，昨年完其總，白米六石，一斗再計少應付米二石四斗，應差（?）於陳
須與補足
抄南洋公學招考章程。云孫允全來，領洋往租，為清之地，錄未一下乃借去一點之，昨由其李，盡力已詔
入見，來作梅從陳租十八日事。告以為日前為導友說租之說，只告以舟余沿勝之隊末之，再如以一九
租，予伊言，欲租陽計田畝四分，押租十元，並言起單，乃全允。全自當即付諾說余押租中，謙謝又出語一
剩印當與允之，言今后去，收時不得謂肯五數十元。今乃得租此，本作小檔三十元押租，余得十元已成，則余手
○
二另代繳，首開及進錢及百元，伊感謝書云在此

桃字时许送新物全非前导谈说也别之店归此行又雨遏之梧风岚四菜觉旅归
史益吕南园一手 收合正借和二角 付葛生工九角 月抄止 年档二角四钱 尖角账出
初二雨 詹闻作生床为焊窦理知 徐宾宾来访及下楼乃专同五姐伊与静话久之此食烧麦饺饿馋
菜蒸之 余付钞二角四 见君寔唐来弟更入大成吸久之别已十二下 北先伴于广小想 送到南吴 南已边
持而归之乃建卿在家道与话同午饭 购对久之伊借静去 后坐换取列之扇面石一角
柴碳悦读金文 新购以来日来购得布 蓬第作研墨书画秀发 稀帐此种了待劳费力
也竟不克出 而后作字健归行来字
初四小雨 陆紫烟小雨来 南生作 去前 路九月平 旧存 日 至未刻完修库大约部若不了之不及出
饮麻油阳稍之 昌宝生之不能寐快战 而阳一来 晚二饭 阅书下楼寄家人嘱之 余阅上唐稿时修诚
痛益不得出上午将下 乃得安然就眠 是日作付健信令取干数版归读古莫假十日知守望
室计本 静挈赴伊老南得 罗锡持来宁海航
付健
仰舟
初五晴 翻行郡并景幅谈久 又为陆吟梅寄石于七箐扇八方之一款四扬之不惮 午后 揭出 弟益吕 十御之
季贤任和正照作孙证降询货居 宋生孙请出 薛指色太怀印稜访寻记之文鑑 柏保 阅吴朗伯为四川带
来借提两老 王 播女子四慕伊来作要推印图内提入瓮素细查手心女抵歉押而后讯 前日之惶之晶铜
櫂傲邦星令败印堂阁图业等之谈亦不足惜 于 从人之而势者也 陈传福孙售地横石 古铜镜之之
和府得不美贤 小吴尔 考稿于之前 同年贝沈摇余 告以使了伊所为孙异

仍明日來訪静翁。悦泉自吴江归，為予云伊子入署，請示之。

是日，稱雲二兩，托少來雲留焉。　　瘦閣繆墻考訂筆具

初六　晴。（昔雨，夜大風）市由樓去，即訪静翁，知為道地使予。樞卿來，為之陳仲恕辭去，蔣懋熙（字星垣）謂道出學堂黑處。

石趙仍歸與静翁少坐去。送翁妻林夫人，坐予室子游，吾為禮。事出，抵廣，師予賢修而之。

方少楊翁宅入謁，及重陪見蔥大，告以事于大使用洋酒業，仲儒飲之，以敘天與張家子梅

即同所居林亦一出貨并維旅程，又告吴陶伯華并見夫子，（怪）上燈，莫祭畢出，入座與蓋夫等話至

席散，七盡未不佳，持炬歸。

初七　（晴）早以昨夜雨滿，風勁，至早大冷，可棟子來，居宅。計早出由廣，見雲吉返司閽和并以其邑中之

四同即出小東門，之王橋大門，訪雲巖等。代閱項封雲儒為之家，性余男襄之，院而多事大小皆雲獨至

省儀未署乃退，坐于床湘玉說其市升卡膳佳，至申初四邨剃上，對與祥飲，請仍以前（禁邨）

即偕行之廣和，請陳往取視。余一直即岸不免乃歸。（汲倍於子夜時中未古錢又檢將地以償余（差至））

初八　晴。晨霜如雪，微寒。更甚。衛而出之廣，乃東往子雲宅，正茶天入房，借對道喜。再房借保受果一串

上午未留伊出羅，（與）四雲別十七年，男餘作正辦，而余深知無家貨不取只用貨可借，（維家）日上京動身

彼已健舞，余並不成局，況前進時請李陵春，甚恨無似。李陵來，語學堂事而內無一者，青少陵自常至早飯

家皆微嶶與子淑伯賀，李紉川、績聲嘉由家潭之李宅，至同吴宅子賀，箋仁與許康成汪惟卿一談，大廣

送果留伊宅，吸中晷，從之飾而賀，即出抵廣，作信致李賢昌，即賀伍寅仲，鍼伯，請扎机出，宇樵原

申刻，秋風見，與生悦泉來，與話，告以亦甚常，公司所（僅以刻字為地）間，語及友，將亦吴君偽也，出之信，樞

于九成门晤陈少棠，呼之再吸，告以洋烟拮据状。伊为洋三之账单多欤，接洪书一也，加伊名作中二也，未了三也。嘱伊不管
帐账之为今既逼此，以余告有出田退佃将价为作中，再加云云。伊亦云甚是，且不肯罢。伊出债全息为注契
同粘为凭佃。乃予付中代议久，余付一角。出别，市屋归。

初九晴。郭伯三偕俄女子陈雪，姑生往郭备礼静持送谒市田。晚出烈店，马义兴购书风是日停业，初居
宝陈室，拟一杠茶约来辞，和陈询问，其恒极悦，宋与生往于常店询公司售土纸。中心摇摇，无主，记忆殊
且夕消息，归于里巷。庭尤不适，早似病，前晡行乏力。雪姑如去。陈绘庭来不值。
五更闻汉门铁门声，唤起询人，於之，姜有案检衣闲次宏视，适以下腹痛，疼痛须换至微明起下
楼，出两去亦至颈困。内子眼中生障，且生小疖。前托春霖寄旧叶之药，并生补丸，咳药补丸亦寄为

初十早阴。晨昕乃起，赛府甚诸事荣接不安于心。送居士毅安除礼，辅出于广胜，于衍伊且已监堂前。
言悦余至于门，于申新闻北有址，欲为当有公司地数方，促欲及于之右，伊嘱白于行佳，实是日出发，前礼亭送之
去。沪往乡兄债以指言，店医一元，芝南旅归。余拟兰写取烟劵一斤，送陈
是二下候侍毅以汉地权连之石碑，属告于余，余幸是钱且不作，再三扣札许以五角程请加再，乃必待痛
劝其亟戒烟土，旋但差退屋，无实思儘之物，度日一人之自目，乃易过更难，以得除女座为用限
倩他道性包微逐以犒。俟卖地以博者之为，此辈之愚妄，题提耳而告之，亦终不信何！其所自
易若恼下钱之为

十一　陰，細雨如霧者數之，漸冷。撫兒自杭至，論渠至邦情形，宜以十三与靜同行，携回行李，中有譚嗣同作
字一書，翻閱十數年，大抵世男報又極致宗字之，但時乃現者，黄玉卿呼來，小酒後他過明
日過荆，出陳虞三宗真禮，此旺相，撫往季賢陶謂用受酬，十上海，仍高捏，全以實錢，此出周
值量物例捐升至京中，對季待久心焦，共用物以是為之魚之斗
玉庭來，閱書，做以譯作，如通三夜雨出，以時虞惟秘，本于太退家，此亦自召之概耶。二更陳來，偕編十
十二　陰，午一陣雨，過岸上西面，午請神祭祀，未刻雨見柱上綠出梅枝，新生來云，雨水不可車，不能船，道因
排上坡枉，半梅往季賢，作將與清家債，作飭，假莫訐鑄，貝久金將風幸訐莫，均性，又得
最北文項，號并見付銀，莫見，自計隣出大息，荒局荅元又母子元，連四次銀數，與債盡付余，洋以荅元又用陳詩澤所開加
議以日令靜使以至娛，將性誌笑，并格位，計十年錢，騎，携出儘摘債，至秋付使盛川，家開之贊
三下　倒圖來，德聖盡兩擔出，陝法為擬主擔，擒責借三年，方入家乃稱見珍，翔明，現仿強銷十餘元，千年，欲許他
日來代收飾，以話以言，余家居語，亟性，余欠伯十元，而至不相實，亟，季余先以已售，經洋之，下辰卅日給言
一擬告明，與丹往与諸陳之，未告伸，家許託洋十許，順升之事錦，仰欽之，席覲陽，債云，過国數定，詞桐使由擬
之分各債兩，義如精力二不能支，恨者，總調愛，年出數，見而去，荒華市審物，阳
二之　十三　雨，午，宗和生見，中來，荅米，荒生，見盛公，袁文四字之，暨啓，致靜，柔，商，出卮代，伊華，捨口事，總調也一東，相托那半極見力升

叔晉玉書偕出，余偕常包蘧雨具至人生昇棧之易雨鞋，至四馬三人共吃鮮飯，乃至出天后宮里衖，店一元另保之爾出偕
静儂保十元付作價出書之用。于静分益昌市燒到水門華下棧，候奎舟，与保羡煦人高賓濬，而身濕襪印
達保静生陳少問，達衡、擘孝先、生玉華，合下舟閒，鋪陳各長話之，到中作何事及往法躁跌至三更
孝先同至賴鞋咀，閘舟呼卡，四更丁支丙付片次行抵斜橋已天亮。雨止風作甚狂微冷。恩儒至干卡西大當，偕之十元下百付
十四日晴，微風開舟，風狂順如駛，抵碶九下至茶棧下泊上岸，送夏楳卿鞋子枚及信。入祥源數，付銀三角，伊之出言
舟上鋪予之行囊，然無人出，久之至至此間，華順昌已伊等行李已上，均在扁及行李入寓之行路，出達行市
物行，本静儂挑夫來山，余回墟。余貿昔說此甚保會用，以送保出，於交莫以不符也，因反說指其店
云：寫裕訪者留江說及換洋一分干以五月卅期，六分半月。余便伊西九夜，有千年前另用抽付，嘉賜小貨
別出之行與李叶帳，清心來，計除洋百十元而已，且至内付收留帳，停兌，推舍彼仁之内付迪，經濟取廿三元且至送信
禁之准是少分前往已五十餘公不在，貝他間裕林又少赤兩，計七元五角又抵息，余欠拜元已付物作，炷伊需其，到為多
二元餘，此中共洋十元矣，法後乃餓，吳守田、李仰、李天成來其座之，此伊等已上輪中，臨居余約計輪將動
余覺之舟在烟内入收，語也。送原舟，因以風大不能行，因呼舟子，子未開，游目計為之眠。是晚舒棧，計元，時入姜盛，風雨法
玉舟又入伊時飲之，畢已夜，送綬于舟，与李卿、漏之某等，以烟俗焼，不了余即取燈下舟，收室風
涼之，寫不業來，殊覺寒苦。夜收者亦遑作說，少寢，不成寐。

十五 晴 加賓衡來同至南寺 待程雨門之陸居起 合衡出行 舟子告採藥者 作戒淵水 告晚特新之攜同舟

至慳退 抵上碼頭早店陸行 爲其女多人 其素最工出而思甚對四旦 陳星山三經戒 且還意其累雅 乃見本云

巳廣古寺但千猶不止 余特憐之 動十中 但又怪之 而止 至東門抵城上之寺之 廣付舟二元 經一個冊 余始趁舟

仍力加并雨付也 抵川上寺 汽輪于市照得對老 用乾部居見王敏老 來告于行中經市十五乃歸

合省取行李 付根歸 共乃行 廣雅校藏贊學書

十六 晴 早 英金山來 共午飯 詢知朱星淳在藤 過顧如子笑 星在之名三百出于楊見朱茀夫青在

中此校大店今年與清甫合做留經校 伊摺一一分煤萬之三萬其在執事之措利市之信乃出手在題

甚方而去之分別 于定字先往全 傷菜冊完付之送之閱易同種册 十二月二十一日 自約望一余寄小卷之括

先之人陽見蓮舫送畫與沈觀去讀 靜之嘗不出見 留口一語 出之之 見在夜伊二子送書此錢歸中

與友仰齋仲仰談移子到店小譚 席夫來邀赴風翥譚 明年合做經手之之 皆合意 遂陳以柳未得

有往甫居安店 於古泉文內有一四出五朱 一永安五銖 一雙柱五銖 此泉子鑄大似趙所錢鵝

館書借泉五銖平之耳 語久回店與恒甫高雨云陜個萬兩之款 伊較多些 傷於完乃出而歸

付內子書去 收到第春霖弟函十八通 子雲告伊亦決不要畫以餘事分而亂心事也 悵悵

至玩古錢將燈事人 聊一閱錢

十七 晴 早 待岸稚情舟擬之談 宋和尊顧之譯岸待至衡時 於借不得 至帳錢之后多之 不趁午去信 早往摸 應詞以晚飯佇

當人所未識，故懶而不欲言之，真大可耳。宜和何他二作。陳梅居士作墨之拌，花卉樂石作，計布二雨一册。
泥乃廿八一再，泥男州為加笠竹圖六一束。朱朱即對說不茶緣。閱梅物皆好，大可長人雅趣矣。
學也。錄之書中，定了千百之捨千山矣。付與俾作三元，書家閱合年，甚擦矣。
書以廣勝和尚程岩之題，又用居仟氏他人田，豁如之居昇煩留作閏行進入恆瑞。繳後名字
欲月伊特借以來齋居庭對湖邊，始不果。傅余告已將細發，定一人，使我自書，只以作摹邊，決不肯以
學之。徽利西關僻及一身，嘆學書之拿付新如何。晚飯後，玉卿為舟彩之談，留宿歸。
廿六晴。早與舟玉起，先即付行李，行寓。二人挑而出，余騎廣，道澤兒。于市中下舟，開一路，向東至渡水石橋北三匹
許，于途余大詢僕先之三原，對之向，梭其問。然七人，少問女子，告以由下舟。煮飯。日已傍山，乃食。畢，開往黃
宜邊泊。又問只一發，夜之說我等往，宜護打曲，宴多禮。乃邀葉生，告此四時不了。舞悍獸及伊將託，迎度之
此縣不解，思母念心，心悸我青家，別是紫也。四僕閲思苦，可羨即驚楊。收之，素人此不知要許。談三十條
素節收告，業稱之，皆以舞之評，如此再言，去俾必多事。鈔和少四左素中子，彼三廿人區憶心條
狼甚福。舞字乃省預苦不得，極中也。至三要昏聽之。早與陳伯甫飲帖，梅卿賠話
廿七雨。留舒大風，樂從書早起，我去後，呼舞不居，只合以歸之。往市歸之病。争字文。伊王未刻回，但舞之
不曉人之解，踱踴谿共話，種種可愚，於小甚甚，自閉。竟日於梅物，質學頗詳。要蘇，且可繪

寶廷與紫垣及友生等乞貸牵裝一晌，心中懊恨無緒。舟至柵上，雨甚大，雷雨未止，默坐

十九日用度大，而烟物且不給。至夜始出，乃眠。送至舒閣。壽生至，余以不理糧一兩二錢至二更，又往

彼來問田，遂告以二畝，余以退租。租退即換中，註契抵糧，立退租據，租價錢八退，則以十五兩退

租。遂費刑以討，隨至粿日摯。彼憬然切止遂，不肯足糧之今年分付，余不從，而以驗論一席

劉嘉聊稹

二十日晴。起已知晴。大吉費一日與壽生約退租，而欠租（款未清）計二石三斗五升。伊與我坐私允一年，約廣羅逐而權備低

付送來。余應之，理被安。粮至是少一，食飯後作除下舟間，舟抵新橋，余上岸，計我之舟（已近），飯後作印出川識

錢廣與惟設款，出城市購二角，食點麩，手持回家，覺吃力，筋脈痛至夜不已。訪吳我與棠和始回，真懶甚之。

星亦能騎驅寫來。夜偶寫楷松廣等。

廿一日晴。早筋痛，身繞一盤不能起。靜坐閱極易廣等。送黃蘭禮。未刻出，路中飞屋事，至黃玉廢庵氏，偶悅

泉石陰雲。墨階過子，雲說田以予雅。張康舫（未碰面來）出，半見沈穀甫小談。到店收生，謂錢韻清

以當租居孫至誠，（月）以序而管二柑收伊討。仁壽食飯之後，恢復小度讀，遇悟什與簡爾言論，書者四五紙六頁

廿二日陰雨雜霧，閱防泄病從歸。夜雨甚厳

廿二 早雨霧晴 未刻去贄于錢店 告辭 和五針 西以為較釋鐵斜刀整以改府 安居以加賦賊民 今年又須加捐矣

加于錢糧數二百矣 今又加此糧 以爭藝之取 不止敷民于添賣 不止何甚心肝無肺腸至四 希大腸

府 訪之錢 訪陳子于其家 以病未痊 從床先見陳師 儲翁仙四弟出談 病狀并諸學子 言石城閉門

由訟於江寧 以江西滋省有里耳 似直于退其久之 出北入廣 帳之 錢楓只在左之 詞兩悟之 蓋薛 正手函復予

不能無復之悟 為洞高鏡已空 四月底陽翁予乞先付印 蓋年政留撥 飯後從揭 并致左予

廿四 廣涯杭 年昔慘 旋中旅歸 大便仍瀉甚 三四作 劇苦

廿三 陰 小晴 午看新世界報 主筆乃中學生 為書之 湯詞勃杜士珍為人痛作 雖不及 新民之半 書之將來必能以 翻身出

學甚矣 少年之 推學進 陷六經世之 書新務 速也 並六字論之 能

用保國 照日本 譯其少入處以 桐軋 述 敏 宗境 抵君 天人乃出 雖第 往部已 錢 性 待者日 兩 提 君 經 相

談于云印 歸已里矣 夜 和更 健兒 仍歸 告其 近 取之 發令 遠 克之二人 全田 李伊家 飯以李 石

其家 告其之 事 情形 使 帶 到 靜 學

廿四 晴 早 雜起之 而 致 前 悅 來 靜 以 靜 談 中 雜 聞 有 人 家 來 協 也 午 初 未 百 食 吸 大 往 談 精 竟 言

正康 煤棧 陳 宗 本 樞 郁 慕 生 抵 其 令 人 領 來 談 錯 讀 久 而 去 付 靜 諸 加 萬 作 於 家 般 之 鄰

三日　陰。理箱為節檢，以書畫遺孫也。九平同來，夜借宿，未刻出到虞郡寓，遇保才，云伊已假歸，宗
六弟借店薦之到個子車，詩字曾昔湖而荷二樹，出城門向逢綱圃，付見二角則收十柯帖，作金山
諸石，租具致，托催施租，又至金素談，公安殁，云出城邦，發合立院，北逢保成，松松雇飯，松伊健安
受贈巫院歷代墳冊，小住，贊宗等之，伊出代作料，招呼甚力，感之。明至健一往，向之，陳氏十廟而倚屋集成
畑之，之說無蹤太無識一宅，教十人，將何計安身耶！甚小計，是真齋本老件耶？一市一梨歸。
寄夜健不甚，悅夢早返，夜以西費，寒似瘧。
寄靜新
廿五　晴。早起，進粥形來需衛生，訪陳仲如，平少子書為佳，談，徑以病知其如，囑福來。未刻已還
三遲見命指授，見仰宗妝，請來見，伊為售物出集，與鏡股，讀學書及，變居病，延虞因與來，松村身除
姓借至家，為中鄰成之，松年公歸君家，金六劉陽，放出到店，其甚多，再出城，晉杭，航星橋鄉，道大截降
餞燒，出城，寄書等已，商定與仲焦傳，赴東學書，汪辨以己由東函至，備說，樓太學書吳取歌，貴之東
儀年書，太學生借，跨即以虎之爵費，且有歸其事書已至，然植子甲家在，松宗和石所答也，呼個面白，趁的收日
未打歸。寄生室和來留，健見病寒熱，序不願其病，由夜在衛生學
廿六　晴。健病未已，以為孕矣。午小山打魚未得，前翁將往游，小池得六尾，約八斤，而去池，稍之得廿尾
每居不及半斤，與積大者有限矣，秋生不收食。且取租大半以斗米作錢為不易網

寄畫僮不復得，網罩付詳觀角鯉，付宕畫二尾，兩紙爲之。見分行而自當也，次此之錦谷年

伯富故去年半旦乘生長，地坡壟肥，最与上年之放筆寫必加增，而知至引此畫十餘尾僅足

尾可致。家人係之積慶累殖而饑饉之涂，旌時光景部，恙不免出，茂烟略不及半，夫星而止。

又畫粟今尺，夜董畫三尾。指示九天內接的人之道，年十一，院局移規，模不怡齒牙以高。

若晴早，董烟上山涉川咻，上眾拚，因封年，用存異至，玉千畢，其覺備實，踐硯伯識卷至。

付靜

陸保今由早夕，計米四石，作疏付靜，附達衛信，亥廣鉄鄭，處出廣，北去圍，歷和舟而歸。

祖部詩登大不見人，致叔生雇之，因語事，信偲而使院少，無累行曝梅卯之，明日陸氏孝弟艤而合夥。

迎歸。夜多六共話，室穆先來，明日回去，與合計局大院。

廿二晴。佳兒病仍未痊，不能印行，甚爲于孝事有慢，錢出機會，今生不能生，只入學矣。嗚呼，予生未厭桔桑。

先對稿件至，呼銅匠至作工，但語物。昨夜以當欽而思伊出一援，妙難，程口正是異事，凄凄法而易用文雅。

證之善之，道銅匠工作至，天晴，余亦不免出，胸際佳未許至一毫而就。計算由予得米四石三斗〇由價

深談之，捏納，將得速令同出，免致有難寔之累。

廿三晴早。陳錫蘇至，茂庵兩萬至，約衛四揆，靜甫字星南，得分贊生霞，試藥，使匠取小備人局丹。

健与先生皆不與得少書之下，心如惜，盛伊卒業年牽，通要博洽，乃與致思得此，從周武許心力貫

戰許財而置望至此，不弟不得往往，旦予等更校而以政在關，所知亦正大難為情，自此再不從

醉本 英年 懷成通材程孫晤 歲月真無心肝氣息之人矣 附刊達任知照之胃郡至不可咨

昨夜讀葛士濬續經世文續編之此僅不十年 而現路學堂西學西書各學盛起大抵于

其當倫理之有程中之經傳之有蒙微者 施之前 該學未聞語學士程強于堯舜周孔孟荀而下

漢唐宋元明各學要本叢而不文 合雖以科舉詩何如當以余謂中學非此細力學不能得其文體

義理之淺而非科于不可稱得于一學也 雖僅并進宜其四顧茫無畔岸 惟有其益人之力之才猶可加甄教庶幾

或成材之望焉耳

協揆道作境出關頂塞南銅鑄潤係帽盈千一角十六

晚出於此寺巷見陸內斗叢卿去學術我雨窗 來此文 健兒已由中學堂送試 余在與之一 應考 各事仰

久之 遂過 仔成云明日行 批健兒之其與料 并請同船同 應承 亦均允 遂 桐君說申以承題一冊 伊

孫予知 社堂四弗 强才倦 應族中有少一操舉而了之人為吾族一快 悵之 遂 店 市石灰等

歸見車先 余將出門 見余乃仍入知 送余除鷄一计 并壽蛋糕一包 虹豆卅條 告其其地又為

從賢悅 余大囊不為然 其事僅以不予 其屋收物善墊 今已同善堂 租與何用再化多裏之且

所出又鉅 余責怪之 又大不惜也 乃留座復問話 至初更去

三十日 雨 夏衣熱之至用夾 派自往小煙以之甚牽用 誠之芒窒 午後有一蘇姓來云上余會有栗樹四

宜長料閒之以之做門乃討各后 并十八分秤 約如五六擔出 但少錢不然及從本時需用兵時也 使往

諒成評之明日到 聯踐留仁經留錢并告來計較等

雨至夜尚不能行，然借帽并被煮菜，借間居，徒与九毛，煮豆伯筆麵味不搞。收已租當用，与陳蓉屋七角五

十二月二朔，細雨不止。健弟行，余亦將同程舟出，天氣正難行旅，余既足病且肝陽張，不遂，而諸事叢

雜，多少不了，不知緣人將何處此，刺刺念念，欲出一精幹可爲之人，代佣用，可力押償，三爲左，試寫了不陽空。猩少又十幾文

付戒工仟，內陽已付五角，找七角，收八，映付健用三元，角五角，理川李瑤，得成條托其同舟，同處照料，健三下别

北局，後余出詢桐宅，已行矣，非遂子，浙直至倉前，云送租棗，現在寓向往看看，及借至倉，見了雲，上書將生

連力伯肆，館皆照閱之，出爲租事等等，并告留居，其安要亦理之一去，同到居，余北寓，校留一轉，蹀躞泥濘

又歸，院足。理川李之卿

初三，晴陰，黎明起，飭戒挑，又代采光川余卿印舟，以待之，炊後有，騎壞擔，李舟影徐，樣四錢之數，來付色半，健幾隨來取

物，余着襖川到居，借扇市糕肉米燭一同，俟大李舟，即下舟，譚下舟，又市帶大帶，飭開之至郎，付戒洛帶廿

到壞擔量，張桂才租，桂孝賊悖行，先要日甚，不待我證，盛氣凌人，張又佃僦，等之之遂，爲可怪已極，想要

罗人，余理秋大量賣魚一百，我米又繳，收量又照三石，遂加量成二斗，彼爲奪去，便出之，今理至此，不能不發憤

豬，財下舟一百，議開，惟飭河貽譏，加乃已，計量三石一斗三升而已，此何不能不痛將來，腰痛延至晚之情怩

閒極，開不及分斗，量桃而收租，三石二斗，口許其降桂產子，地租多子，南鷄子十五斤，尚居粗收一路，由東南北，擔手擔去量，烏達慶，靖

宗健元降，馬宅降，伴慌一百，附已上燈，與毛家而爲恰今年錯四條入閣，御宗卞之應不滅其分子用譯

量而四之，白米未落，其斯糧之一厫六分表，祗討還一石二斗五升，本賬三斗，寫回伊令初年種，遂又係石崇

而佃首投所謀弄，乃下舟。後生已帳多假，叢氣摸睹。錢于岸邊，吳至，在老屋書語，久之，得平草田

此次余携小孫自著飯，費極之甚速佚。二日祇食米五合耳。馬宅與老屋合當之田四元，多為投

須以繩封乃準。向田三屋 北 一畝二分 六元實 六元 老屋分炭 老屋 六元 一千五百 山地 今作作進 中溝 西原

初三晴。黎明起，余走屋西作踐，上岸于四畝五分之田，量之。屋東廿畝文

以繩量準，用木丈半為勘，南横中溝合袖填，須全墨原，踐其旁人。小 而六元每一畝，本時七之屋之廣，伊崇余

今試已種者未好，不足没日再定。乃下舟，間抵查家小橋，入王岡昌細家，子雲排，云米未牽出，余大意饒之，約租

已二次，其故意一也；余欲自定，初二之期，二也；我為求租自如之，譬均為限，還三也。今弟而狼未牽出，何对人？被作死喜

理推父王衡，不知何意實，喚牽之不来之意。余而見有一婦，又挑戚責王靜，又與其族論久之，岡昌衛四耕之不

能決之。初十以多截者未識完納，取付又借九只，全取其載室。又言宅今完租四石二斗，米约斗五，今年粒米不足

兩上租不拔，乃恨已甚。奉家族何，言此種佃亦應退換也。蓋同玉郭堰上訪莊李霖表陳、姜伯族姪六五在屋

累語久，望函須不允。伊子龍山出見，送別查玉。又布李氏門，見子優進入，茶話云：限田附星三元角，因令

入内看向作坊，以栖蓋用竹大篩之之下層，如粉再蓋之用，棕床棕出黃油，工楠佶硬，名為皮油，印做燭之用。其子乃

看油用石磨吉子榨出青油也。領看其新屋四樓二廂，槍房兩楹，土木與作，牙行甚閎，已須費四千金。送別出

下舟，中舟退舟，槳損，桂賠，洋壹元。至抵城，付舟一元一角。上米十西石，于孫甫橋施租，退上岸，送挑出，乃下舟投宿，此數

挑力李布山細二角。考知留四乃往訪之，入見與吳某友談，留出晚，告以陳用欲再定，並本年屋，五子，而雅欲来山之年保

之其姻宏乃出于，其即擁以一元十角，布得。女兄色緒綿草，增限一併。俯工與個佳甚

為者七分之鈔，假價十元分，又此銅佛畫壹一軸，先唐之撫之，此有宋局本，于尋常中得之，遂余另成十九人，眉甚佳，絕便宜也。途中知春墀已行，只三婿與其兄言要欠一元，初八未往詳始交楊也。舞庭過，寄米已來到，示家人，夜壹唯此寄，然不致寄家人閱之聽見。寄告春墀遺缘之事。

初四 晴，少冷。于庭收詳茄，宰本吉薛樣歸號之。三下出，行春樞過，知留汪且與王三德健與留借問入款如來屋，宣者登樓，携作银洋與留語兩家事，及議與留子作媒，并命伊將擬瞭，有事携之。宗為子扶助，即言所存銀出一票，伊竟肯為之。同北道便少溯，語伊以子到店，至城詢占米糙者四元二角，于瑞林店見金山通命閣招牌，松風談及伊祺詢，廣有缺在焼屋三間，地一方，係六達造總行租棧，自上六間年租四十千，現須售四七千，實業合行同意余。報計緩遠屋，非在市雖伊亦租，戶往且實並即不靠，究不便于佃租。語王乃元代為離主，以問留汪。覺悅泉同緣地之事言，急之市物，往北寺巷，往六弟處，電詢并祠堂留飲，酒罷及蔡平。謀係市之號之餘之，金之計撲，伊田數十畝，為米某讓大受厭累，大席未坐言。崇友、六姪等飯，見座出，乃席初六。菊時炬歸。桐君來訪不值。

初五 晴，早出，往市烟丸圖，發葉收俞租四角，催瑞金租，先年前付數之，告以借租查造，和尚精而讓于錢和，豆早為計租推病，復不肯退，堅往不付租地，維見藏而恨，譬臣。晨出不率之，回見子欽，星臣去御，寄静論附，往季賢作聞。寄静楊伯八分協，寄去未完租二元五角入內。余過棣，以形餘二角庚。三下出，于西路積余陽遣于錢廣元。秋勤小茶曉居，閒談甫出，序至北店，見悅泉于雲而閱，以為遊意。松風有來。許季長等來，靜生作伐。

余知陶葊康侯來遂留再談 看汲某氏人物得袁枚詞以珠出人意表蔡久乃歸已燈矣
和小峰所得夜雪下較甚明日積盈尺而不及寸然四周一白寒瀨漂洲 宝和一朵金箔番之陳枚林歸近札如
默出于天府楊見萬夫是書生白蓝不深此兩書画之三角葉二尾二斤每口計價店言之靜盦晴日
指靜
嘗知指高會為談此深亦服票占聲然至七十兩出始房以夜不足詩懷為趣至時始今世之方
鄭
場無事獨靜平解館約排遣拈田題小余作於接到康佛之然又此事隔者未友交江南相函
專卅
臨陪日來市紫銅燕爐一計五角卅酒盡歸攜江見于淑諸吳題僑遂羅極店諸講之余男
日相替分可姑減其租在居弄中所來兵成與灘無諸並以遂歸
陷六元求看者二石出之法代選入名全伊人作上虞攔笆兔兒之
兩新世界二冊極無有佳處
小世界佳從無意法國力
以識者不屑較之寧矣
聖嘆宝生來取去十段居小館為二兩擇約育產必以多人合育三十股然可獲巨利 余未識
今靜平指高股十五人以百兩而得之每利一成酬十之九十兩每以七十兩而獲之無可以一年所數
信利也若靜無真見然全買股中之且不能暫移七百兩之款借此機緣何 未刻印爾來
上務有余性無之之請其市補葉鼓若云今受君邀去其家之不幸留收出余六百兩作
陽邑與蒲秋之諸程及其事北部居詢留赤西出城時陳子卿兩陪者在長安未之法告子要事去
談同與中耕又告以予曾一言而此一篇文因此等順意諸夫該典三事通世而甚子寬矣

其生平所為圖做至此而終。興三乃康字里之大子，咸豐末年中舉，與沙西書院同肄，今入泰西學
業，今四人惟余在，而後起者不肯獨余子，或不至於下流，嗚呼險已，人之欲賓要舞者，作僅謀不
於我，今皆不肄業於余，寔半由作孽，半由時勢，小半至自無精神，有勢改造于是，大可惕，為世之供
厚寔，順理而至，蜀之薦地，筆遂茲順去細門于府第也。夜遲寒不上樓。夜閱民報。
付逸瑞林付四元，市上白米一石計價。半昳米之差　如生來。

初八　晴。錫芘看米，贴又市五斗，付二元。王楷携陶瓶，市莽。上楷理古玩，至陳杏將夫人照禮，偏晡出，到
北店無事，隨出城訪留江不值，返回。廣識於竹姓，扯設今肆，寓余兄弟目之，況識。蓋廣五太好而
生意日劣，人搶占，裁有言，執事例此扯。孫合乃表，恢恒若餅善計理之人，理未竟，留來荅今之三在
弄，吸吉，前缺屋，代餅豉餅店基，屋余屋北索六百千，已還六千，而積屋價與於措契，再定於是間，至予肆
與凶等，撓撓之，以致會會才而歇。至六點乃出，來訪闵孔，云已有主，往於侯十二金，明但契早失，掛出待價於
出，桑月歸。
家中掃塵，付逸瑞林米找一元，收三角半。

初九　晴。閱新民報，于算術、政治為他報所未有，即中人焉。得一二述其理者，將來民之自由與公理，公民智識
大智必于是而發軔也。中國君主專制，大臣主老耄守舊，至今日而不大變，務民富財者，於海陸兼籌，
不去加更革，自計苟延殘喘。呼！老大帝國任無識至於木偶，以四萬萬黃種為孤注，真是無氣血之人可慨

擬何如耶 午刻起 發短束與飯與處懷去 八歲之金孫取淘灑 陳次來報枚妹之女又殤 其家今一歲中殤去

八人殊可憐怪 蒼雅鈔新民報中詩數首 筆不中使且手生 於舊習澌忘甚矣 學問易退而

難進 仕途易進而難退 如此 鄭大出至北 見有銅鏡架及水匣 於隆寶罷送之二角一元 乃試觀之

貨郎以為架係細木 欲捕一驗 往之店詢 當不見 事到 乃出北門知照 船與明日至相未肯 唐生作

完 借用而見閱易 晴亦深 閱易見末 至謂要家根 每思君相 余何告之 一見子實說就 詢看熱杭

試重亡 情亦語初十 不識確與否也 有燈歸 夜間秀實怕青小心虎處多千

十一 陰天殺雪意 物猶押 打掃歷事 余自煮茶並掃門 積之雪 日夜錦家人 陳清均不如竊

午飯後之店 詢聞易米逐云已出 秋的居二斗 須佳處量也 近來刻老圍子 為生借隨屏米 便觀

菜畦不成 旁之岸有 往收問瑞堂 每一宅計 地已全荒 半為馬錢與為慢悠 此刻借茫 疑對中等

見米市陸壯糧糧 原擬佳穀不留 第五但中加以水且多腐穀 拼入大帳 而力亡出石 於子添實

買之必 以 尋大籽而代 為食應留自用 而洗性勝他米也 於是定計 減撥 不可 屢 懼 費力勞瘁 千日量完

計米四石四七升而已 少斗二升 於留不足 榮高未一定 去以 晴屋該留 又不值 只于燬和婦之 逐見以黃栅文

我們且通之門 去以米次而少 多要口舌 僅允我來 米二升余 須至少加耳 這湯歸御返 隨之該款余為

鉄拖欠十伊及以而彼支措矣 至橋話別 夜看新民報 極有發理

十二 晴 夜報至午 飯後 步出肩米 寶稱未借以肺 晡出之店 留說至一話后 閱報 指有 留意 業買往 且來庄不之照

再詢問再過于松風館，屋舍傍甜，情狀久之，而錢与份取票，伊云腕之不易，啓齒遇，退心中大怦。悶而沈梅卿過，告者四兄德

于考家，責其不應久居家多費，甚是。据兄情，但余只六知四日正場，今隨得英路，與四兩之家，承不知陌至十八入

重場也，守至入小場而後，壹筆但知要緊為要云云。唐壽留江源至遇之，其家登禮，自新屋住，並楏楏告憶

去借，事殊謬，伊告付票取，伊票帽，吾抄録之，乃大稱心，印于上，燒去，遂歸，已月上矣。夜寒，足不寒，其春來

忙

十二日，晴，寒，濕冰結，小泥燈烘，小孩瘡凍，生廿卷末。又米三四兩，已申初去訪啟祥，門見張居士年，孫入向店

等　請大兄偕西嶽兄棄于觀，與二人罵足去，堅欲復入，于觀告。先余租地房，偕公而，序十號公寓

靜　贖郵回佗收租，卷回付來，但買何敵，已卅三千，未申矣。請久看寬之，伊遠拔，在城中常主二姓府

佳作　致余先去此一見，捆劉店，吾甚事家，靜出于廣，自黏抗西付健，家許般四後，兄至觀幣，高

欠蕪，買火腿，寄子文，菜筍乾，丹文。廣店買在大鴨，計四斤，寄去錢六千，掛余之，領之，侯

以形四作，菜足畢。○夜，墩以後，須之家由十五串，計米一石九斗，有米二石一斗完，今足日幫挑上邑倉完之

十三日，晴，寒凍，仍甚，經足不能冰，午後往家，視農知已，老往古談，譯出兩四字，寬其十一至場學

梅靜寬　重已，贊于補而，總理以至，偏且同出，老楠保，保名，諸明日去案，而學舍者時，多之買，茲不

梘花祭　日，功名則，喜，祖已甚矣。覆函，撥子于來地，市業，薦嘉至北市，雜一，計二千，發付五角卅

計七日五千文一斤，而須日可矣。過錢中入顏友卿塾，拜有小東門出城，轉借揚角

昔聞吾鄉大族有設材舖二三所於[illegible]朱逢午府主 尊罷時託柏泉石翁君歷租冊
來,據曰可出不少之租價,甚歧,須立所得來年二千千之租,或有領之,楊月隨至市內千見錢三千
病極為憾,然雖未[illegible]抖之,鴨已為粮,監當食議之,然見九先生設詞,正修全取,離四千
外之租 見王関呂、張米市相歸 友卿于天呂之屋租,價十千,若雖于相許,約略[illegible]宜
十四 晴 早密和來,已菓觀察母來。 健盦託[illegible]來[illegible] [illegible]又止不托 [illegible]遇正場題乃
健未
重望
家信
航[illegible]
泰而不驕義 亦讀易陰陽也 取蕭[illegible]之為[illegible]乃[illegible]用[illegible]作付知[illegible]
匯付上不[illegible]田因[illegible]甚不穩[illegible] 近申刻出于[illegible]見 施友卿,查蔡四弟[illegible]條[illegible]門
領中朱逢午所到出租[illegible] 伊朱益於材舖月租仟,而付不[illegible]月二三之一,付[illegible]議必百千,租不
男[illegible]利,余非之,宜以七十千為衡 [illegible]一分四厘無息 合算已七十五元之[illegible]四弟[illegible]計算 [illegible]之
但此[illegible]祝以[illegible]伊之侍,已[illegible]代[illegible]一[illegible]以明年十月為期,想追一年
四姨余付稿 四弟執筆寫契,余出當作還[illegible]告[illegible]代[illegible]以[illegible]文集計又[illegible]
雨,聖[illegible]入元[illegible]飲 寫年[illegible]使信中,余以已[illegible]書寄之[illegible]別,廣[illegible]和歸
十五 晴 和[illegible]雨 初更自[illegible]菜 [illegible]小東[illegible]之[illegible]周,而[illegible]心中

十五日，陰雨。早作付健諭，附洋三元，擬託朱東從寄者。巳刻，擬攜書籍出之。陽圍達材學堂過。殊不安。寄出紙金九毛付銅器店，僕之原手詳，候往寄信。
是日鄰館請畢業，詢之李君往島，乃出寄函至其面致之，至今夜閱丹，併書去老頭。
請朱來擬寄某使譯，又函學書好，寄至中轉出轉廣文至元廳千留，留門見達衛，過入。
附帶首付三尚知其方，甚瘦，嘱之藥。告伊静健事，達神色過滿，咳殊未見者，善別，赴小東
門。一見朗月，說喝歇。過楊角，朱林店，主不在，見一友，藉告伊朱氏將至擬余，將候余取擬甜。
租務大店主四人，過子雲，珍意珍中二下來。比歸已飯，美叔母書。三下，顧友卿同蔡四弟。
是寄店杜弟子朱建中至菜話，問出契加載，屋以周年為限，過期作絶，粘從市士朱寄甫遠。
一戶陳二家，此均必以為期，償為理耳。附譯又十五元二角，付遠六八文，並告友卿，此乃遠寫一群。
特告抵虧一脈，不資計也。附作出，寄北行，已晚，不克出。夜，看菜少，夜深。
十六日，陰，欲雪。戴生十卿，擊傳(智仰)，楊芳行。達梅卿出一等案，伊守生列一等一，云今實一等而章提要案。
以十六七晚出，蓋學寫無壽，又限遲(宅孫姐)，孫堪說異，見楊潤倫病歸，狀將甚，候衛陳老歸。
告只屋三進，以大圍全人愛主，因十年前陸將師送價，值九玉，以等人向者團其強雖名，狀則余以圍
十七日，直我大圍，此將我價圍，有靜，終費大，方作往區

箐以作精工元未又家中物百難數計　動之風来備　二下出于磨坊橋兒　郡廣南弟四弟云欲帖病
其子處日見泥塗難為危處　入踐中告質信宋材鋪一匯租伊久之北　大店先推閱各人而别家
閒石弟言之大懼詳及之不自知子久附来告令伊又责詳友太自備顏不理發主頤　又及其子了而今布
理用費不達須向借此等間欸乃將除其息伊太多並亦責其此生之衣價之間錯條各條　出見梅卿居
入城食館飯　余付鈔一角　其中黑一等一具日晨令之使倘不肯再向守借用條之扉價已四月向其家
查館見近常出查詢之伊上午動身告佳了甚畫　令僕搭替大本郵僕為士　售作雖由重而書程不任
其捷與煙也　廖出其角板維公帝将詳久出　由趙伯材租二角　出銅匠店修爐銷便去一更千　此等并其把握
接于旅歸　座賓多　奇境　青接任意吳其氏拜年餞字　三度作楷限匯貴之
廿
十七日晴　早寅具衫觀　弟蒙之寶任僕其備用須余用錢千之　客生之飜米二斗作息　先弟作工今之園作
梅樹之株芙蓉一株須得梅條四歲歸把格之登理　蘭未刻存園　園精工甚久然厥北廣之梅卿家
政云僕已種搖提燈二千許名　余而堂前進也　云其以措升名到去十三名　乃加致書與其口并託弟致糧之
山本之程甫開客存空而與怡仲議杭滬洋十六之維不安旅思託梅卿與寄呈安移用印鈔
寓居
香貴其家不恒　樹人云城招乃名都　又園子告按任子　談甫豐之升健也　或亦難以陳樣電之店議云而
侍
由家浮信報人來　王蕃民之余為來家信執之但其寔借且寺星和報其貴以應用均千決
烟室之招主致意為　事出城處　系接而向隨與　梅卿之致饒所　余付鈔一角收四千七

横行宾之院不合理又非守官傲慢未夜推是所于倖宗泽之阻挠阻坚　但照查者余侈需也一生
正案一言动身难于著书理学台太多屋试　小场从正场又提要之试以为议刻之甚哉
日多用大且试多描仿为彭不进新夷然之气而胀愤
夜读宋人试帖不学则明從日而猾晓　放千月明中归
归
十六　晴。温和。宝生又在修法所说椅。又检塑地作市桑、笔石。金松泉送时宪一本，又丹桂十包。但知威乃尔
指使受之不免有悔矣。纳扫厨子，理临米四石。　夏士才张恒泰积居老閟由候，横宗泽伊若被窃
亚之上，只往冀三四，换雅而道杭，因之仰山是否上有依归而家之，目之不见，至中隐想　时候　唐楼健亭知其樑思
作　提前　取左六月挨保戚谈，谈罗进，并进后有印余谓所居该用此正东出不及，往西求揣十元，宗杭书力为向
亦同　广生揆十元，非论陈其不进不许一文，用以归款　并告其以由谈学查一用账式并询留查为所年用此要
原由　四书课生深不再得住询明日而后进住矣　指而之同源，说司帐赵。碓寓交夜抗四书为账主　本回乘付住此费加
上　遂切任恶意　放市广桥上取四斤　市徂角
二十　晴　平阳宝生盾米，阴六间，亦以挑米不多，并将宝一升加大袋其伊后四斤　而伊来换驿二石斗，指挥后之已乃去
于廿寺巷阴六行，脚费角，在进斜角之左，到后具已到，即询杭案书然可惺。午以法陆论之后以
先往付后费，循此罗之后回店饰，许司宗取棉袍九毛，查后久饼二天而至，今归领九毛，现未来偿
又将后宾物族，重要者也，告之母。未知至今何如，由早十点于后此之邑间，早暮驿计廿一十二时

找二斗六升，计共六斗一斗二升，付上会□廿，於是完讫。晚往内村〻王佰村，傅树生十四，雨晌来陆〻。及下湾生
由枢俯收，实被多剩斗许，来回店。三桐树人言，朱清夫今日大殓，见庄张夫今午枢回，以不能久待未
業乃枉仁锦蕤禧赠土六元，皆横匾。我写朱秋江子并挽联均。梅卿昨别舟泉上友，卿之同于怪其以道
此是竟无过店谊。昨晨见徒，沿途入见大雨甚。之读书皆资不给，维安得。秋江子为师陆霭峰所
〻资辞之。学台次将府州县细核金丝蝶，全照次年出正案，其馀皆蒞七生久去。市黄牙菓八斤
灶宜等在此付牵五，仰辞一谦归。五日共二伤，明未陶米，三〻宫于在伤〻，宮次西帐日枢
宜生仅备三斜，备锅业。夜廿四陆六水又话我米四升，许还白米。
余将至国闲庭前，莫侍桓梁。余桂特阿旺在衙最怪瑞，舍不靖。

二十　晴。吴五房来陶米。
亦多之话，即写书式。以晚食枝也。高小将来申和去，于三更见吴芷泉，椎谭以有，为九由注。叔姑母来，来临之宿。
公对杨达溪金，沸佳伊往谋烟写，指示要留食，烧麦六同归，新进信为沈氏匠〻，寿迦根紧在
伊店桂墨画白凤，惟李子谩告，广笙刃姑耶息，自往取之，盖刃系同画也。金叶绍先原来，佳名
不至，则已知去坐矣。列店访君望〻，瘾不无愤耻〻，盖早无卒邑一矣。济且心力均〻，成书
卷〻，拟记性名识，画〻晴〻其不能伯者，于通畅其也，况写累句，笔自皆是所叫〻言，惜慨然已
适留于阁告，新良已死。年前付伊注留册，余数之六，即致余为去去一年，李留只且以字片写，字之
後性甚不畏，粮物泾据动〻。予康六大根其求匀，来人所托，其稍示即柳岣系。

隨知恒甫仲脩日次借廿四元，曾面允，過恒告以數一二趟，仍前式領之。有邨由饒辨蓋詢住址
意但回家示家人嘆息，其必有先后之涉此，汝不能述焉。坐再事料芋理，學生亦不能算，風時為
之柄。為八那達朱氏四母之少爺狀罪者。朱二慶十日來。自來兩次，汝追兩三次，請三四次，未閱未作，杜詢之
十三、十六兩元，前後一則，呈得而諸不準，玉一不見，到其蒼理怪圖，全有人氣，或金假也，或悔扣息四
或以他物不協，也只以先露之擬玉作再玉些，況年高過逾，彼對之閱室，是良手庶，可理責收回
廿一晴。吳二來，寧慶家人催之，巳刻健歸。雨脉接家中，句不地致，並實今年大不自量，其東西南查用，加錢財
健歸 白和不得，以所自之，事倘學問查一句，悖之過那，手帽可慮，之其收白之余自立，且將用耳。手波宗生惟住
借得五角，不免蓋上年有借款又懶。至今一毛不付，次次收果沉。工紅耳，次利之之元，餘而不及半年，演未年有
六，後付實窮不能憐，況今年少慶且善狀耶。幽字健保六元，善以手指，中應邨以王錢修，坤字捧芝杞
靜歸 百元，百且代布廣借廿元，吃碗等等合完，拾之洪宅兩致，雙姑，概說即由盡花歸
夜飯間，靜兒自甲歸，京晚到，次宮尉北一角，代買到之文上，炊汝兒付還之。以手度帳，為加廿元之
左甚兒帰膳　買從代買到耕程十分，盡程廿欵，計得三角
廿二陰，午花　來粉粧仍來慶，六人皆食指，款怡，計十六人皆飯。巳刻之園，糟種穿梧，防怪好配金且
決議　葛栢如來云，三慶來往辛廣其英，得強雜勝解，家人作糰糕草忙，晡出致中，又復問
縈高求延，信匯租候，走午到店，恒去為之靜存，次樑余告，渡伊自主。海恒杖英，默不說，丕為和
原洞群岩頭，決結樣，將園靜宕，交摘，攻吱一間之，市姑慶第一角，花澤，五倉取法□士

陸益一來約思守思靈路建　旋歸　夜打糕帶同與孫及二更　後猶以不及待先上樓

萱嫂偕富人掃理　穆云送禮物至　董十二于路中偶見匯租以去被約次日　房門開來至　布書畫斤拜節

外孫甫　下晝𠅘昇　與同至某說年事　久之歸

夜祀竈送神　余家年例俗曹雅支持不易　今人動以借用加費而入不加進　奈何不窮　但余年四十

無思所振作　現我除鉅利自利之人十思而九孛　不知將之後人彷如其數頗害耳

靜峯蘭賀　於年行卷中尖機與誦

西陵小雨　送來穆叔禮物魚燭糕桶　夜作字　二更即出于路中行遇佳友所至　宋門林店以主來居

名頭他出有主同史一近農告以墳屋租明年歸我收悲棚伊久在目與挂子合致乃別之　子陳家備

甫陶也招宙玉長談廣店震生意之微居微壞也　三人智如能廣匪解善方宙發以

宥身要乳空乃堂做吾　然一案家待託生之能等已習慣隨遇又無振路生意之俗備

設之方惟必殘壞而止耳　余再語一二主目住數數一不能存佛　上樓收食因糕宙告于最

祀推升焦降沙　已作五六千件雅名最升　開箱條多　穢除一獨造　南匯人向來預之前黎

不加奉神以往書先將移不至城外已空而後活　今廟宇為熱精余趣　行人不為用而司解之不

善用之有才實干　留路　其自就陵五歲　余至憫　已劃可用天亡垂之夜乃別

遇十數門入五運勃蔡　二六三月　弔李揚云

往葆樓四房處到收簡來　又訪徐蘇樓到定寧　又別詣廣豐一元買付中西藥錢交蘇去
霖補仲鈔年帖　又向王卿師借寫用大紙仍以契松伊次廿七八定也　歸已夕里燈燭
夜歸知羅梅柳已在同王廿二來退租因不值　余意以我在則必招其子出處然後可已
一世且租予他着羅兩允租另招寫（由伊）踴之事為欠仍落則向羅收欠平　全使咸味陵全
晨之未晚先來返過返而悵尤甚　返陽葉樹該杖相會年程維之商名找來
廿五陰大霧六方過和如二月春時　平林檀拓取將不孝弄巫麻及狠多人陸　静佳吊枝拂毋迎神
譚湖同仁堂一書　徐乳佛耶三嘉古今來下　五廟錢雪之理　張德翀大手筆稅嘉德世聯明德世才　甚闊之
戌月來園訪客已不同于易筆　以太和之名下小之名抑如易太言
薛生之路中又為代號名相會之后子收去已過刷蘇紀言村　三元方言　入廣生近葯白聊帖洗　北市也炯之　又
脩大總之角收卅八　宋園（雜）羅司瑞金去后　余路中西藥子附同　歸　訪伯同來以今典之燈至六次之
知唐李梅過到唐樓　買園　每十斤五付澤炊刻　如之左　并來東注若子
廿六晴大霧後而來衣　寶生等工羅榮茂都之　午刷後　鐘鼓岩來　但若斜下澤便用羅工去　且代等
雨靜十元　將付及該　來到　寶生言也問　蘇生言　余坐園瑞金仍不值　該會務催之一刻條程其
將在從橫蘇之不解工當惡甲於瑞甫到后取廣生一年貨帳帳。　集暗寶樓用　期者已
付足十該矣其鐘（該左）收之由澤一百手蘇年送酬王孫之請　茂出北門付李梅秦子注
四元四角收昌　一元即刷回　我原告矜若青澤　但決買胡伊之楼之本兩　二旦　三月回

余亦先出，晤林霽樵。亭午出城，吉甫亦來。上燈時鄭蘇龕來，責以北上之説。
中友先歸，而反見昌屋，余甚無善。猶伊言[illegible]，隨後而余乃念一數，此事余既進出，即止伊往作
蘇一面露，附逼君南，大臣皆畏見，有鄉言朱桂林之友柱語云，此屋討價一千二百兩，中
余再三斟酌，惜通以同見達，甚覺法不然。桂林言，今日伊兄來，已言收出拜然，自定
為與友仰天再三札，余加作辟之達，友法以同年達，而桂為價往與出主，安設一切付
已嘉顧余遊歸。止甚詳之，而林身此得，甚以穩，實為此，疑出進該議定一延，今時已學出
四更後，借兩廠出局二姓，張西堂教太太三姓家人細論，皆該未宜，於上各年何乃思耕
從留江夜並各股樓來股。後債來到
茫睡仍溫甚查明　璧上　余太姊川　小喜舍　陳　共得　分年　仍存　再分年　議少債該日限日制不能
印識，日轉久嗜即僅權請留。上市來該久意該而君教難，里人不順，改即實，亦以博再元
建四為字，與浙合付二要見，堂契向諸付樣，余坦未見，缺成也，轉不及失，機會亦不可經耳。者
祝推一紙行提樁四歸，來想圍屋元七印諸份並而成。蒼本于祝起見陽金一再理論，仍要夜來
達本家頭店，語設入元易，查詢思屋子去七百件，茍用調四五塊圍，務方出盈，使得放交吾要理取開印
玉居并　余未往　人子浙家高堂　節京已決，治六百千成，而另屋度又達章之菊生下午共出之又工接

不……十八日以一再存鄉代贊修換項也出之恆樣付着與契書四件元詳而之廣安二十
還債欠及吃煤炭油用該中還一元招呼修理豆漿而極乃花所掌深愫一再札之明日加利大識而未
因不敢往對照安生余忘還不安且係吃食其屋桂林之明室以直一百元投歸已夜途中甚覺四暢後
夜付內子良臣曹和之院左右收找　夜為例不安事太遷浪送梅花衣補粉葉一半夜付不痛
共陰雨微寒　設備請年神　捉一仆交相契并押租一元五楊四甲陸紫卿門斗東拱使院試卷冊費占付院
伊軍詳狠些次办差附久而老進右多家坂差持勤索二百揚布價一元十索每院亞揚呼內操扇又須補再四
分請示而實要搗余鄒其遇貴屋抑不許乃久付一元去往晚日再找　君瑞混之執大君去屢見
詢其出會缺於口伊之會首今年華出少已所完不能扣明年留不扣還清債乃詢芻務多之郎吾有百
訪三年矣文詢其近狀決難其多大勢不能必已申科捷一刻茶出大雨在過于文泉居一千福橋六品所珍甫
省卅楊陳科崇四千飯後出之後中詢米全家似業須往廠多費必後余其發修云已來須往開化幸必出
余以過快之以淡如未然了　余表其甚日已絕須出屋請令義止而雪大難其情蓋歎其再三追訣去之之而余乃
或抵舍找票或乃　即北到實君祥之元付祝法利微良收其付同保之再收冊付祥寄禱我出而同鐵店
諸兄弟不善遂領懷及眼鏡惶然于廣取得手撫詢廣洋已解務仍有之言知無何入其中友卿多多食入
同福吸煙祥卿壽之，言伊子不治而　愽者行明正待其業之不採多悼之之大哉亡出括之元
通友卿伊兒呼我余以家等瑞神也傷錢到門借之余家付比粮當三牲已上即更衣對
年神之二更餘福人兩家欢然一堂能以下人……

小滿乡黎明大雨當雖漲尼及如撒至十一點九起已一白不及寸 錢生之來省取與付男由得五角 以斤二百不買 檢查房錢元
于貨有之鈔沼之左 告目中無顧于洋 轩帐查去取用不解何由送入須詢也 共有多如多往來称款尚未結
先吩存樹路帝而不送矣 已去而世傳何由得出個催 查茶 亦使讀書有恒 三下出之政中云 比与錢係來坊至 準兵已来而止生
恐世所云錢已來或票已開乳大四弟即收入棧之據 事無可推諉即先付條令友即照洋壹元家視花票乃能原
慎上午十一日其票也 又詢米屋仍無從且不出條可控託 北列店條發留弁路恒洋可抄用 于是印
還元另尼脩 並另南貨恨收廟信和庆行力仙元載尼仙 李第奉來 此和源泰尼 欽為欠約一元王恒
裙襟件 又且松 郭木匠工日松 市肉當角計斤十五斤
送大成一訂路件似感源留收斤 兰表訪詢屋又致中友之洋已取到付翁 余內字
兰蓮市麩而歸 雪隱月濕衣履 釘靴又隱之痕不止 已垂黑矣
看王梨圃照矣待訪錄 三百年前有于寧甚合 盤而不妄失矣其晉兵与附計中 言全飯
五弟似未合 寢寒殊甚
滿久早起掃灑經教休妻 俾後皆不能勤惰懶已性成近難改 壽兩兒既不將家事 堪心又求於
何惧他人不晝六欧多子也 王岡另全其增 來語有鄭田押借抗再三若它使抗亦案 既至以
庭望辭王再三 然殺不知條 余之無存待久之言 岡另得而不實年之十數次他皆不践租欠不為素
此次三五次催久而不付近王今銀以來已償故乃付洋六角以作米一斗三升 但為欠一斗余亦任勝可為逐
茶生帳如安 呼之作事為不理 秋回後付其工錢 如可卅 伊為偉之 復去味同難物

三下出季弢中论来中册四本，后以长信札之。再叩小东门之建午祖书已汇讫，顺心本子收
四点赴西门，即汇祖丹。刘店清账，旧年欠清，今收玉如蔡旧店厚臣会钱
买米届情，收之店，之余琦留，后且保拟也。一翻为无算。蒙航六益通之，按之年利若大
交书画取祖付恬诗话，午程邦埔计廿，为国之取广建城照一千计件
夜竭祖先神主，歙屋藏。两儿出白我，付信与余黄荣。家人理料，果茉无
明晨换灶，燎佛语事。付诗稿二本。二弢馀静、健归余上上楼。
夜梦似在平安桥边，小桥杂树，烟月微茫，一小舟坐二、两人，持而北，前过人
俱古装，须一桅之首，坐一人持大镜放，若不甚觉，而见罗出远，及楼斜西墙上一灯
东西相对，财余出契料取及也。殊惊起，然而甚怪之。三四鼓后，火星微拼，然回之
似房夜某家向后，欲避，小舟荡漾，烟波间。刘铣无意，因言前去，等为年真
南田尉甚恨也，而又推作踏语
四更再醒，纪其梦录

顧寧人致黃梨洲書有言天下之事有其識者未必遭其時而當其時者或無其識古之君子所以著書待後有王者起得而師之

黃梨洲待訪録（原君）有云古者以天下為主君為客凡君之所畢世經營者為天下也今也以君為主天下為客凡天下之無地而得安寧者為君也是以其未得之也屠毒天下肝腦離散天下子女以博我一人之產業敲剝骨髓離散子女以奉我一人之淫樂視為當然曰此我產業之花息也（原臣）有云緣夫天下之大非一人之所能治而分治以羣工故我之出而仕也為天下非為君也為萬民非為一姓也夫治天下猶曳大木然前者唱邪後者唱許君與臣共曳木之人也若手不執紼足不履地曳木者惟娛笑於曳木之前從曳木者以為良而曳木之職荒矣